Beautiful Visualization

Beautiful Visualization
by Julie Steele and Noah Illinsky

Copyright © 2012 Insight Press
Authorized translation of the English edition of Beautiful Visualization, 1E ISBN 9781449379865 ©
2010 O'Reillly Media, Inc. This translation is published and sold by permission of O'Reilly Media,
Inc., the owner of all rights to publish and sell the same.

이 책의 한국어판 저작권은 에이전시 원을 통해 저작권자와의 독점 계약으로 인사이트에 있습니다.
신저작권법에 의해 한국 내에서 보호를 받는 저작물이므로 무단전재와 무단복제를 금합니다.

아름다운 시각화: 전문가들이 알려주는 데이터 시각화의 비법

초판 1쇄 발행 2012년 5월 19일 **2쇄** 발행 2014년 2월 20일 **편집** 줄리 스틸, 노아 일린스키 **옮긴이** 김진홍 **펴낸이** 한기성
펴낸곳 인사이트 **본문디자인** 윤영준 **제작·관리** 이지연, 박미경 **표지출력** 경운출력 **본문출력** 현문인쇄 **용지** 월드페이퍼
인쇄 현문인쇄 **제본** 자현제책 **등록번호** 제10-2313호 **등록일자** 2002년 2월 19일 **주소** 서울시 마포구 서교동 469-9번지
석우빌딩 3층 **전화** 02-322-5143 **팩스** 02-3143-5579 **블로그** http://blog.insightbook.co.kr **이메일** insight@insightbook.
co.kr **ISBN** 978-89-6626-030-0 책값은 뒤표지에 있습니다. 잘못 만들어진 책은 바꾸어 드립니다. 이 책의 정오표는 http://
www.insightbook.co.kr/07524에서 확인하실 수 있습니다. 이 도서의 국립중앙도서관 출판시도서목록(CIP)은 e-CIP홈페이
지(http://www.nl.go.kr/ecip)와 국가자료공동목록시스템(http://www.nl.go.kr/kolisnet)에서 이용하실 수 있습니다.(CIP제어
번호: CIP2012002199)

아름다운 시각화

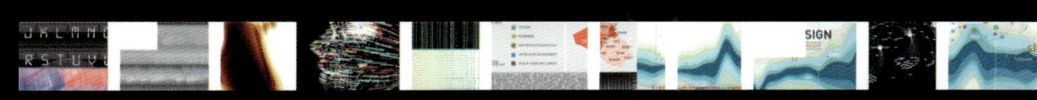

전문가들이 알려주는 데이터 시각화의 비법

줄리 스틸 · 노아 일린스키 편집 | 김진홍 옮김

인사이트
insight

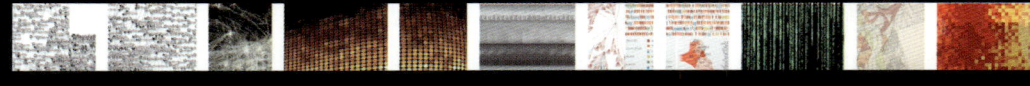

차례

옮긴이의 글   XI
서문   XIV

---

1   아름다움에 대해   **2**
노아 일린스키 | Noah Iliinsky

아름다움이란 무엇인가?   2
고전에서 배우기   4
어떻게 아름다움을 얻는가?   8
실제 적용하기   13
결론   16

---

2   옛날 옛적에 중첩 시계열이 있었는데   **18**
마티아스 샤피로 | Matthias Shapiro

질문 + 시각 데이터 + 맥락 = 이야기   19
효과적인 시각화를 만드는 단계   21
직접 해보는 시각화 작업   29
결론   40

---

3   워들   **42**
조너선 파인버그 | Jonathan Feinberg

워들의 시작   43
워들의 작동방식   51
워들은 좋은 정보시각화인가?   61
워들이 실제로 어떻게 쓰이는가?   64
결론   66

	감사의 글	66
	참고문헌	67

4 색 : 데이터 시각화의 신데렐라
마이클 드리스콜 | Michael Driscoll

왜 데이터 그래픽스에서 색을 사용할까?	70
부분 밀도를 나타내기 위해 광도 사용하기	75
내다 보기. 동영상은 어떨까?	77
방법	77
결론	78
참고문헌	79

5 정보 매핑하기: 뉴욕 도시 지하철 지도를 다시 디자인하기   80
에디 자보어 | Eddie Jabbour(줄리 스틸이 대필)

더 나은 도구의 필요성	80
런던 방문	82
뉴욕 블루스	83
좋은 도구는 다른 좋은 도구를 참고한다	84
크기는 하나의 요소일 뿐이다	85
돌아보기에서 내다보기까지	86
독특한 뉴욕의 복잡성	88
지리는 관계와 관련 있다	90
사소한 것에 목숨 걸기	96
결론	100

6 비행 패턴: 깊게 파고들기   104
애런 코블린, 밸딘 클럼프 | Aaron Koblin, Valdean Klump

데이터와 기법	107
색	108
움직임	108
이상 사례와 오류	112
결론	115
감사의 글	116

7 당신의 선택이 당신이 누구인지를 밝힌다: 사회적 패턴을 발굴하고 시각화하기 — 118
발디스 크레브스 | Valdis Krebs

초창기 소셜 그래프	118
아마존 책 구입 데이터의 소셜 그래프	127
결론	140
참고문헌	141

8 미국 상원 소셜 네트워크 시각화(1991-2009) — 142
앤드루 오드완 | Andrew Odewahn

시각화 구축	143
드러난 이야기	151
무엇이 아름답게 만드는가?	156
그럼 무엇이 아름다움을 해치는가?	157
결론	161
참고문헌	163

9 빅 픽처: 검색과 탐색 — 164
토드 할러웨이 | Todd Holloway

시각화 기법	165
YELLOWPAGES.COM	166
넷플릭스 프라이즈	173
직접 만들어보기	178
결론	179
참고문헌	180

10 소셜 네트워크 시각화의 혼돈에서 아름다운 통찰을 찾아내기 — 182
애덤 페러 | Adam Perer

소셜 네트워크 시각화하기	182
소셜 네트워크를 시각화하려는 사람은 누구인가?	186
소셜액션의 디자인	188
사례 연구: 혼돈에서 아름다움으로	192
참고문헌	201

11 아름다운 역사: 위키백과 시각화하기	202
마틴 와튼버그, 페르난다 비에가스 | Martin Wattenberg, Fernanda Viegas	
집단 편집 묘사하기	202
실전 역사 흐름	211
크로모그램: 한 명씩 시각화하기	214
결론	219

12 테이블을 트리로 교체: 패러럴 셋을 이용하여 목적이 뚜렷한 시각화하기	222
로버트 코사라 | Robert Kosara	
패러럴 셋	224
시각적 재설계	226
새 데이터 모델	229
데이터베이스 모델	231
트리 키우기	233
현실의 패러럴 셋	235
결론	235
참고문헌	236

13 'X 대 Y'의 디자인	238
모리츠 스테파너 | Moritz Stefaner	
요약과 개념적 방향	238
데이터 상황을 이해하기	240
데이터 탐색	241
시각화 초안	244
최종 결과물	249
결론	256
감사의 글	258
참고문헌	258

14 행렬 드러내기	260
막시밀리안 쉬흐 | Maximilian Schich	
다다익선?	261
데이터베이스를 네트워크로 바라보기	263

데이터 모델 정의와 창발	265
네트워크 차원수	267
행렬 매크로스코프	269
복잡함을 줄이기	274
더 많은 행렬 연산	282
정제된 행렬	282
규모 확대	283
심화 응용	285
결론	286
감사의 글	286
참고문헌	287

15 1994년에 있었던 일 : 뉴욕타임스의 기사 검색 API를 이용한 데이터 탐색   292
제르 소프 | Jer Thorp

데이터 얻기: 기사 검색 API	292
데이터 다루기: 프로세싱을 사용하기	295
세 가지 간단한 단계	300
패싯을 이용한 검색	302
연결하기	304
결론	309

16 뉴욕타임스의 하루   312
마이클 영, 닉 빌턴 | Michael Young, Nick Bilton

데이터 수집하기	313
먼저 데이터를 정리하자	314
파이썬, 맵/리듀스와 하둡	315
시각화의 첫 단계	316
장면 1, 테이크 1	319
장면 1, 테이크 2	321
시각화 두 번째 과정	323
저속 촬영하기	328
이것으로 무얼하지?	330
결론	330
감사의 글	333

17 펼쳐진 복잡계 안으로 빠져들어 보기   334

랜스 퍼트넘, 그레이엄 웨이크필드, 지하루, 바삭 알페르, 데니스 애더턴, 조안 쿠체라-도린 |
Lance Putnam, Graham Wakefield, Haru Ji, Basak Alper, Dennis Adderton, JoAnn Kuchera-Morin

다중 모드 무대	334
창의적 생각에 이르는 로드맵	336
프로젝트 논의	340
결론	354
참고문헌	354

18 검시 시각화: 최고의 표준   358

안데르스 페르손 | Anders Persson

배경	359
법의학 연구에 끼친 영향	359
가상 부검 절차	362
가상 부검의 미래	373
결론	375
참고문헌	376

19 시각화를 위한 애니메이션: 기회와 맹점   378

대니엘 피셔 | Danyel Fisher

애니메이션의 원리	380
과학시각화에서의 애니메이션	380
만화영화에서 배우기	381
발표는 탐색이 아니다	389
애니메이션의 종류	391
DynaVis를 이용한 애니메이션 연출	397
애니메이션의 원리	402
결론: 애니메이션인가 아닌가?	403
더 읽을 거리	404
감사의 글	405
참고문헌	405

20 시각화: 찾아보기 — 408
제시카 헤이지 | Jessica Hagy

시각화는 코끼리다	408
시각화는 예술이다	409
시각화는 비즈니스다	410
시각화는 시대를 초월한다	412
시각화는 '바로 지금'이다	413
시각화는 코드이다	415
시각화는 명백하다	416
시각화는 배울 수 있다	418
시각화는 유행어다	419
시각화는 기회이다	420

기고자 — 422

찾아보기 — 429

옮긴이의 글

이 책의 제목인 '아름다운 시각화'(원제 Beautiful Visualization)를 보면 무엇이 떠오를까요? 어떤 이는 잡지 광고나 길거리 포스터에서 흔히 보는 시각 디자인을 떠올릴지도 모르겠습니다. 그렇게 생각해도 아주 틀린 생각은 아닐 겁니다. 이 책은 정보시각화 information visualization라는 주제를 다루고 있는데, 이 주제는 디자인과도 연관이 있기 때문입니다.

정보시각화란 추상적인 정보를 사람이 이해하기 쉽도록 시각적으로 명확하게 표현하는 방법론을 뜻하며, 통계학, 전산학, 사람과 컴퓨터의 상호작용 연구, 컴퓨터 그래픽스, 시각 디자인, 심리학 등 다양한 학제에 걸쳐있는 종합적인 분야입니다. 이런 식으로 정의하면 어렵게 들릴지도 모르겠습니다. 하지만 사실 정보시각화는 우리 삶에 아주 밀접한 분야입니다. 우리가 요새 가끔씩 접하는 각종 소셜 네트워크 그림에서부터, 신문 기사 한 편에 실린 경제 성장률 막대 그래프나, 매일 아침 확인하는 기상예보 지도, 지인에게 장소를 설명하기 위해 대충 그리는 약도도 모두 정보시각화의 일종이라고 볼 수 있습니다. 사람은 다른 감각보다 시각을 통해서 정보를 가장 빠르고 풍부하게 받아들이므로, 정보시각화가 어디에나 있는 것은 무척 자연스럽습니다.

정보시각화가 자연스럽고 일반적인 개념이기는 하지만, 체계적으로 연구가 되기 시작한 것은 1980년대로 비교적 최근입니다. 정보시각화의 관심이 늘어나게 된 계기는 점점 증가하는 정보의 양에 있습니다. 기술의 발달과 정보혁명으로 인류가 관찰하고 기록하는 데이터 양이 폭증하면서, 간단한 방법만으로는 거대하고 복잡한 정보를 쉽게 이해하거나 전달하기가 점점 불가능해지고 있기 때문입니다. 최근에 이슈가 되고 있는 '빅데이터'도 같은 맥락입니다. 빅데이터는 기존의 방법이나 도구로는 수집, 저장, 가공, 검색, 분석하기 어려운 데이터를 뜻하는데, 이런 빅데이터 처리 기술의 가장 마지막에는 시각화 작업이 따르게 되는 경우가 대부분입니다. 아무리 데이터를 빠르게 처리하더라도 그 결과를 사람이 이해할 수 있는 내용으로 시각화하지 않으면 그저 디지털 데이터 덩어리 밖에 되지 못하는 까닭입니다. 빅데이터가 중요해지는 만큼 정보시각화도 점점 그 중요성이 확대되고 있는 것이죠.

그렇다면 우리는 이 정보시각화를 어떻게 배워서 활용해야 할까요? 위에서 언급했듯 정보시각화는 통계학, 디자인 여러 분야에 걸쳐있는 종합적인 기술입니다. 정보시각화를 잘 하려면, 보는 사람에 따라 해석이 달라지지 않도록 정보를 효과적으로 가공해서 명확하게 전달해야 한다는 점에서는 디자인 능력만으로는 해결이 안 되는 부분이 있고, 보는 이의 감각에 직관적인 심상을 심어주도록 시각 요소를 잘 다뤄야한다는 점에서 수학적인 능력만으로도 부족한 점이 있습니다. 그 외에도 효과적이고 아름다운 정보시각화를 하려면 동시에 여러 부문의 기술과 능력이 필요한 경우가 많습니다. 게다가 비교적 학문적 연구의 역사가 짧은 관계로 대학 등지에서 체계적인 강의가 열리는 경우도 드문 편이라, 정보시각화가 어디에나 있고, 우리가 항상 활용하는 것이라도 이를 '잘 배우기'란 현재로서는 아주 쉽지만은 않다고 할 수 있겠습니다.

하지만 길이 없는 것은 아닙니다. 이렇게 체계적으로 배우기 어려울 때 가장 좋은 방법은 보통 다른 전문가들이 수행했던 실제 예제를 직접 보고 배우는 것입니다. 아니, 체계적으로 배울 수 있을 때조차도 전문가의 노하우를 직접 듣는 것은 큰 도움이 됩니다. 그런 면에서 이 책은 정보시각화를 접하고 배우는데 무척 좋은 교재라 할 수 있겠습니다. 정보시각화의 일반론에서부터, 워들 Wordle 같이 웹에서 실제로 인기를 끌었던 각종 시각화 프로젝트, 소셜네트워크와 뉴욕타임스, 위키백과 등의 여러 데이터를 이용한 시각화, 앨로스피어 AlloSphere나 검시 시각화처럼 특수한 시각화까지 광범위한 주제에 대해서 각 분야의 전문가들이 수없이 고민하고 선택했던 방법들이 이 책에 담겨 있기 때문입니다. 이 책 자체가 지금까지 성공적이었던 시각화 사례를 안내해주는 설명서이기도 하고, 정보시각화가 얼마나 다양한 분야에서 효과적으로 쓰일 수 있는지 말해주는 논문집이기도 한 것입니다.

그러므로 최근의 정보시각화 전반, 나아가 단순한 그림 그리기를 넘어 새로운 지식을 발견하고 이를 남에게 효과적으로 전달하는 방법에 관심이 있는 독자라면, 이 책을 시작점으로 삼는 게 훌륭한 선택일 거라 생각합니다. 이 책을 통해 최신 정보시각화의 흐름을 어느 정도 파악할 수 있고, 전문가들의 노하우를 배울 수 있을 것입니다. 또한 책 중간에서 종종 소개되는 여러 프로젝트나, 참고문헌의 자료들, 또는 저자들의 이름을 이용하여 검색엔진에서 검색을 해보면 정보시각화에 대해서 더 풍부하고 다양한 사례 및 관련 정보를 접할 수도 있을 것입니다.

허나 가장 중요한 것은 이런 내용을 바탕으로 독자가 스스로 정보를 드러내고 표현하는 방법을 고민하고, 연구하고, 시도해보는 것이라고 생각합니다. 정보시각화에는 딱 정해진 방법론이라는 게 있지 않으니까요. 내가 가진 정보에 따라, 그 정보를 보려는 독자에 따라, 전달하는 매체에 따라 시각화 방법은 얼마든지 달라질 수 있습니다. 이미 현대에 이르러 우리에게는 한 명이 다 처리할 수 없을 정도로 엄청난 정보들이 넘쳐나고 있습니다. 정보시각화에 대한 지식과 경험은, 이렇게 폭증하는 정보를 이해하고 표현하는데 중요한 도구가 될 것이며, 멀지 않은 미래에 정보시대를 사는 사람들의 필수 능력이 되지 않을까 생각합니다. 꼭 도구로써 배우는게 아니더라도, 정보시각화는 그 자체로 무척 재미있습니다. 아주 세세한 정보(예를 들어 내 주위의 소셜네트워크)에서 전세계적 규모의 데이터(예를 들면, 비행 패턴)를 시각화하고 거기서 아름다운 통찰을 얻는 일은 정보시대 이전의 사람들이 쉽게 겪을 수 없었던 경험이기 때문입니다. 옮긴이로서, 이 책을 정보시각화의 아름다움을 찾는 한국의 독자들에게 소개할 수 있어 다행이라고 생각하고, 도움이 되기를 기원합니다.

덧붙임. 이 책을 번역하도록 소개해주신 한훈님과 책 앞부분 번역에 도움을 주신 박지용 선배님께 감사드립니다.

서문

이 책은 데이터 수집에서 저장, 조직화, 데이터 분석에 이르기까지 데이터에 대한 모든 것을 다루는 『Beautiful Data』(Toby Segaran & Jeff Hammerbacher 저)의 후속작이다. 그 책을 만드는 동안 우리는 시각화, 즉 정보를 예술로서 표현하는 기술이 독립적으로 다루기에 충분히 넓고 깊은 주제임을 깨달았다. 아름답게 작업된, 성공적인 시각화는 단순함으로도 우리를 매혹하고, 한눈에 이해할 수 있게, 그리고 새로운 통찰을 할 수 있게 해준다. 부디 이 책을 통해 시각화 분야에 첫발을 내딛는 사람들이 성공적인 시각화를 위한 전문가의 방법론과 의사결정 과정을 배울 수 있길 바란다.

이 책에 기고할 만한 글을 모으면서 특히 흥미로웠던 점이라면, 여러 저자들이 '아름다운'이라는 단어를 정말 다양하게 해석한다는 점이었다. 이 시리즈의 시초인 『Beautiful Code』(Andy Oram & Greg Wilson 저)에서는 아름다움을 '어떤 문제에 대한 단순하고 우아한 해답'이라고 정의했다. 하지만 시각화(정보와 예술의 결합물)에서는 문제 해결 방법론과 심미적 요소가 자연스럽게 어우러져 지적이고, 감각적이라는 두 측면에서 아름다움을 바라보는 것이다.

여러분이 책에 수록된 다양한 배경지식, 프로젝트와 접근방식을 우리처럼 재미있게 여겨주길 바란다. 그 다양한 내용만큼, 각 장마다 사려 깊고 관찰력 있는 독자들이 탐구할만한 주제가 제시된다. 스토리텔링, 색 사용법, 데이터 세분화 조정 방법, 이용자 탐색방법 등 이 책 곳곳에 엮인 아이디어를 살펴보자. 그 아이디어의 실가닥을 당기면 무엇이 나올지, 또 그게 독자의 작업에 어떤 도움이 될지 생각해보면 좋을 것이다.

이 책의 인세는 아키텍처 포 휴머니티에 기부된다. 이 곳은 세상을 더 낫게 만드는 걸 목표로 건축, 디자인, 개발이 긴급하게 필요한 곳에 관련 서비스를 제공하는 단체이다. 우리는 자신의 디자인이 어떻게 세상에 영향을 끼칠 수 있는지에 대해 여러분이 한번 생각해 보았으면 한다.

이 책의 구성

다음은 이 책을 간단한 요약한 내용이다.

1장 〈아름다움에 대해〉에서는 노아 일린스키Noah Iliinsh가 시각화의 관점에서 아름다움의 의미와, 그 아름다움이 왜 추구할만한 가치가 있는지, 그리고 어떻게 해야 아름다운 시각화를 만들지에 대해 이야기한다.

2장 〈옛날 옛적에 중첩 시계열이 있었는데〉 마티아스 샤피로Matthias Shapir가 시각화에서 스토리텔링의 중요성에 대해 설명하고, 독자 스스로 해볼 수 있는 간단한 시각화 제작을 시범으로 보여줄 것이다.

3장 〈워들〉 '워들Wordle'은 조너선 파인버그Jonathan Feinberg가 만든 유명한 텍스트 시각화 방법이다. 그가 워들을 만들면서 어떤 기술적, 미학적 선택을 했는지, 이 방법이 동작하는 원리는 무엇인지 설명한다.

4장 〈색: 데이터 시각화의 신데렐라〉 데이터의 추가적 차원이 무의식적으로 우리 뇌에 인식 되도록 효과적으로 색을 사용하는 방법을 마이클 드리스콜Michael Driscoll이 보여줄 것이다.

5장 〈정보 매핑하기: 뉴욕 도시 지하철 지도를 다시 디자인하기〉 지하철 지도는 복잡한 시스템을 이해하기 위한 기본적인 시각화 도구이다. 에디 자보Eddie Jabbour가 평범한 지하철 지도들을 분석할 것이다.

6장 〈비행 패턴: 깊게 파고들기〉 에런 코블린Aaron Koblin과 밸딘 클러프Valdean Klump가 미국과 캐나다의 방대한 민간 항공 교통을 시각화하는 방법을 이야기한다.

7장 〈당신의 선택이 당신이 누구인지를 밝힌다: 사회적 패턴을 발굴하고 시각화하기〉 발디스 크레브스Valdis Krebs가 행동 데이터 분석을 통해 구입하는 책과,

관계를 맺는 사람을 통해 우리의 본 모습에 대한 실마리를 찾아낼 것이다.

8장 〈미국 상원 소셜 네트워크 시각화(1999-2009)〉 앤드루 오드완Andrew Odewahn이 미국 상원 내 표결 연합에 대해서 정량적인 증거를 이용하여 정성적인 이야기를 들려줄 것이다.

9장 〈빅 픽쳐: 검색과 탐색〉 토드 할러웨이Todd Holloway가 YELLOWPAGES.COM 와 넷플릭스 프라이즈Netflix Prize 사이트에 적용된 인접성 그래프 그리기 기술을 이용하여, 검색search과 탐색discovery의 동역학을 탐구한다.

10장 〈소셜 네트워크 시각화의 혼돈에서 아름다운 통찰을 찾아내기〉 애덤 페레Adam Perer가 시각화와 통계학 방법론이 융합된 대화형 기술을 이용하여, 혼란스러운 소셜 네트워크를 시각적으로 탐구하는 방법을 알려준다.

11장 〈아름다운 역사: 위키백과 시각화하기〉에서는 마틴 와튼버그Martin Wattenberg와 페르난다 비에가스Fernanada Viegas가 초기 아이디어 스케치부터 과학 논문 출판에 이르기까지, 잘 몰랐던 현상을 시각화를 통해 연구해가는 절차를 이야기한다.

12장 〈테이블을 트리로 바꾸기: 패러럴 셋을 이용하여 목적이 뚜렷한 시각화하기〉에서는 로버트 코사라Robert Kosara가 데이터 구조 또는 데이터베이스 디자인과 시각적 표현 사이 관계를 강조한다.

13장 〈'X 대 Y'의 디자인〉 모리츠 스테파너Moritz Stefaner가 유용하고 정보를 줄 뿐 아니라, 감각적이고 연상을 이끌어 내는 정보 표현방법을 찾아내는 과정을 설명한다.

14장 〈행렬 드러내기〉에서는 막시밀리안 쉬흐Maximilian Schich가 관리형 데이터베이스curated database에서 나타나는, 직관적으로 알기 힘든 구조를 파악하는 방법을 얘기한다.[1]

15장 〈1994년에 있었던 일: 뉴욕타임스의 기사 검색용 API를 이용한 데이터 탐색〉 제르 소프Jer Thorp가 API를 이용하여 뉴욕타임스 아카이브 데이터를 탐색하고 시각화하는 방법을 안내한다.

16장 〈뉴욕타임스의 하루〉 뉴욕타임스 R&D 그룹이 파이썬과 맵/리듀스Map/Reduce 기술을 이용하여 전세계 웹과 모바일 사이트 트래픽 데이터를 조사하는 방법에 대해 마이클 영Michael Young과 닉 빌턴Nick Bilton이 들려줄 것이다.

1
옮긴이 관리형 데이터베이스는 수많은 사람이 업데이트하는 방식으로 관리되는 데이터베이스를 뜻한다. 예: CIA World Factbook, UniProt 등

17장 〈펼쳐진 복잡계 안으로 빠져들기〉 랜스 퍼트넘Lance Putnam, 그레이엄 웨이크필드Graham Wakefield, 지하루Haru Ji, 바삭 알페르Basak Alper, 데니스 에더턴Dennis Adderton와 조안 쿠체라-모린JoAnn Kuchera-Morin 교수가 첨단 시각화/청각화 기술로 가능해진 놀라운 과학 탐험의 세계 앨로스피어AlloSphere를 소개한다.

18장 〈검시 시각화: 최고의 표준〉 안데르스 페르손Anders Persson이 인간과 동물 시체에서 데이터를 수집, 분석하는데 이용되는 이미지 신기술을 검토할 것이다.

19장 〈시각화를 위한 애니메이션: 기회와 맹점〉 대니얼 괴셔Danyel Fisher가 애니메이션으로 시각화를 디자인하는 체계를 세우는 시도를 한다.

20장 〈시각화: 찾아보기〉 큰 그림에 대한 더 나은 아이디어를 시각화를 말한다. 즉 우리가 시각화라고 부르는 '코끼리'의 다양한 면에 대해 제시카 헤이지Jessica Hagy가 통찰력 있는 이야기를 들려준다.

코드 예제 사용법

이 책은 독자의 작업을 돕기 위해 쓰여졌다. 독자들은 보통 이 책에 나온 코드를 독자의 프로그램이나 문서에 사용할 것이다. 코드의 대부분을 다시 작성하지 않는 한, 허가를 받기 위해 우리에게 연락하지 않아도 된다. 말하자면, 이 책에서 몇몇 코드 뭉치를 이용해서 프로그램을 작성한다고 해서 허락을 받을 필요는 없다. 오라일리 책에서 나온 예제 CD-ROM을 판매하거나 배포하는 일은 허락이 필요하다. 이 책을 인용하거나 예제 코드를 옮겨서 질문에 답하는 일은 허가가 필요 없다. 책에 있는 예제 코드 중에 상당 분량을 독자의 제품 문서에 넣을 경우에는 허가가 필요하다.

우리는 저작표시를 환영하기는 하지만, 반드시 쓸 필요는 없다. 저작표시는 보통 제목, 저자, 출판사, ISBN이 들어간다. 다음이 그 예이다. Beautiful Visualization, edited by Julie Steeleand Noah Iliinsky. Copyright 2010 O'Reilly Media, Inc., 978-1-449-37986-5.

독자가 코드를 공정하게 사용하고 있지 않거나, 위의 허가 사항에 어긋난다는 생각이 들면, permissions@oreilly.com으로 언제든지 연락바란다.

감사의 글

무엇보다도, 시간을 들여 전문지식을 공유해준 기고자들에게 감사의 말을 전하고 싶다. 그들 모두의 비전과 경험은 인상적이었고, 우리의 작업에 자극이 되었다.

줄리
지속적으로 응원해준 세상에 대한 내 호기심을 북돋아준 우리 가족, 가이와 바바라, 피트, 맷에게 감사한다. 그리고 끊임 없는 아이디어와 우정을 준 마틴Martin에게도. 넌 나에게 영감을 줬어.

노아
몇 년 동안 이 작업을 지원해준 모두들, 특히 우리 선생님들, 동료들, 가족과 좋은 질문을 던져서 생각할 거리를 준 모든 분에게 감사한다.

1장

아름다움에 대해

노아 일린스키 | Noah Iliinsky

이 장에선 시각화의 맥락에서 무엇이 아름답다 하는지, 아름다움이 왜 추구할 만한 목표인지, 그리고 어떻게 찾을 수 있는지 검토한다. 우선 아름다움의 요소에 대해 이야기하고, 예제와 반례를 찾을 것이다. 그리고 아름다운 시각화를 만드는 주요 단계에 초점을 맞춰 이야기할 것이다.[1]

> 1
> 이 장에서 나는 시각화visualization 또는 시각 요소visual라는 용어를 혼용했는데, 이 용어는 정보를 구조화된 방식으로 표현하는 모든 양식들을 지칭한다. 여기에는 그래프, 도표, 다이어그램, 지도, 스토리보드와 비교적 형식적으로 덜 구조화된 일러스트레이션이 포함된다.

▮ 아름다움이란 무엇인가?

어떤 시각화 자료가 아름답다는 건 무슨 뜻일까? 일반적인 단어의 뜻처럼, 심미적인 아름다움을 말하는 걸까? 그럴 수도 있다. 하지만 시각화의 맥락에서 볼 때 아름다움이란 네 가지 주요 요소로 되어 있고, 심미적aesthetic 판단은 그중 하나일 뿐이다. 물론 아름답다고 말할 수 있는 시각화라면 분명 심미적이어야 한다. 그러면서 동시에 참신성novel, 정보성informative, 효율성efficient이 있어야 한다.

참신성

진정 아름다운 시각화라면 단순히 정보를 전달하는 수준을 넘어서 참신성(데이터에 대한 신선한 관점이나, 독자의 흥미를 끌거나 이해를 새롭게 하는 양식)이 있어야 한다. 많이 쓰이는 양식(예: 산포도scatterplot)은 이해하기 쉽고 효과적이긴 하지만, 대부분 더 이상 놀랍거나 보기에 즐겁지는 않다. 대개 참신성보다는 효과성을 염두에 둔 디자인이 보기에도 즐겁다. 참신성은 세상에 대한 새로운 시각을 효과적으로 보여주는 데서 부수적으로 생기기 때문이다.

정보성

어떤 시각화가 아름답든 그렇지 않든, 이용자가 지식을 얻을 수 있도록 정보에 접점을 만들어 주었다면, 성공적인 것이다. 이 목표를 이루지 못한 시각화는 실패한다. 정보를 전달하는 능력이 시각화의 전반적인 성공 여부를 가르는 데에 가장 중요한 부분이다. 따라서 시각화 디자인의 주된 동인은 정보 전달이 되어야 한다.

효과적인 시각 요소를 만드는 데에는 맥락적, 직관적, 인식적인 관점에서 고려해야 할 사항이 다수 있다. 대부분 이 장의 범위를 한참 넘긴 하지만, 전달하려는 메시지intended message와 이용 맥락context of use, 이 두 가지 요소는 짚고 넘어가려 한다. 데이터 그 자체에 덧붙여, 이 두 요소에 세심히 관심을 기울이면 효과적이고 성공적이고 아름다운 데이터 시각화를 만드는 데 크게 도움이 된다. 이 두 요소에 대해서는 조금 있다가 더 자세히 다룰 것이다.

효율성

아름다운 시각화에는 전달하려는 정보에 대한 명백한 목적과 메시지, 특별한 관점이 있다. 이 정보에 대한 접점은 최대한 간단해야 하지만, 내용과 관련이 있다면 복잡하게 표현할 필요도 있다.

시각화에는 주제에서 벗어나는 내용이나 정보를 너무 많이 듣으면 안 된다. 정보를 한 페이지에 더 많이 포함할수록 독자에게 더 많은 정보를 전달할 수도(또는 그렇지 않을 수도) 있다. 하지만 더 많은 정보를 표시하면 원하는 정보의 부분집합을 찾는데 걸리는 시간도 어쩔 수 없이 길어진다. 관련 없는 데이터는 잡음이나 마찬가지다. 도움이 안된다면 방해만 된다.

심미성

그래프의 구성요소(좌표축이나 레이아웃layout, 형태, 색, 선, 타이포그래피typography)는 아름다운 시각화를 만드는 필요조건이기는 하나 충분조건은 아니다.

시각적으로 매력적으로 보이게 하는 것뿐만 아니라, 독자를 잘 인도하고, 의미를 소통하고, 관계를 나타내고, 결론을 강조하려면 이런 구성 요소를 적절하게 사용해야만 한다.

그래프를 디자인할 때는 일차적으로 정보를 표현하는 목적을 확실히 해야 한다. 정보 표현에 초점을 맞추지 않은 그래프 처리방식은 효율성을 떨어뜨리고, 성공적인 시각화를 막는 장애물이 되곤 한다. 데이터를 표현할 때는 보통 적을수록 많은 것이다. 역시 도움이 안된다면 방해만 된다.

보통 참신한 시각화 처리방식이라고 하면 혁신적인 해법을 생각한다. 하지만 데이터 접근성과 별 상관없이 단순히 참신하게 보이려는 목적으로만 독창적인 디자인을 한다면 거의 대부분 쓸모 없는 결과물을 만들게 된다. 최악의 경우에는 그런 디자인은 단순히 자부심, 또는 무언가 시각적으로 인상적인 걸 만들려는 욕망의 결과물이 될 뿐이다. 대상 독자, 이용 목적이나 기능과는 관련 없는 디자인은 아무짝에도 쓸모가 없다.

▎고전에서 배우기

일상적인 정보시각화의 대다수는 완전히 표준적인 양식을 따른다. 막대 그래프, 선 그래프, 분포 그래프, 파이 그래프, 산포도, 조직도, 흐름도처럼 기본적인 표현 양식이나 변형 몇 가지는 대부분의 소프트웨어로도 쉽게 만들 수 있다. 이런 양식은 아주 흔해서, 시각화를 시작할 때 관례적으로 간편하게 활용된다. 기본 표현 양식에 대한 이론이나 그 쓰임새는 시각화를 만드는 사람이나 보는 사람이나 상당히 잘 이해하고 있어서, 보통의 시각화 문제에 대해서 강력하고 좋은 해결책이 된다. 하지만 고전적 양식도 매우 특별한 데이터 형식에 대해서는 최적이 아닐 수 있다. 또한 시각화가 표준적이고 익숙하다면, 독창적이지 않다는 말도 된다.

인정 받을 만큼 유명하고, 아름다운 시각화는 따로 있다. 그런 시각화는 만드는 이나 보는 이가 잘 아는 일반적인 방식을 꼭 따르지는 않으며(익숙한 시각 요소나 기법을 활용할 수는 있음), 보통 우리가 생각하는 형식과는 거리가 있다. 그 시각화는 일반적인 시각적 규칙을 따르지 않기 때문에 독특한 데이터 형식도 효과적으로 표현하며, 놀랍고 즐거울 여지를 많이 남긴다.

가장 중요한 것은, 아름다운 시각화가 표현하려는 데이터의 특징, 즉 원 데이터raw data에 내재된 속성과 관계를 분명하게 반영한다는 점이다. 아름다운 시각화는 이런 속성과 관계를 잘 드러내서 독자에게 새로운 지식이나 통찰, 즐거움을 전달한다. 이런 예인 아름다우면서도 유명한 시각화 사례 두 가지를 살펴보며, 거기서 원 데이터에 있는 구조를 어떻게 아우르는지 알아보자.

원소 주기율표

우리가 다룰 첫 예제는 멘델레예프Mendeleev의 화학 원소 주기율표이다. 주기율표는 네 개에서 아홉 개 이상의 서로 다른 데이터를 표로 잘 정렬해서 표현한 시각화이다(그림 1-1). 화학 원소는 주기적으로 순환하는 성질이 있는데, 주기율표에서는 이런 주기성을 잘 나타낼 수 있도록 원소 기호들이 행과 열로 정렬되어 있다. 이것이 핵심이므로 다시 한 번 강조하겠다. 주기율표가 천재적인 이유는 물리 화학적 속성이 비슷하게 반복되는 원소들을 재정렬한 점에 있다. 주기율표의 구

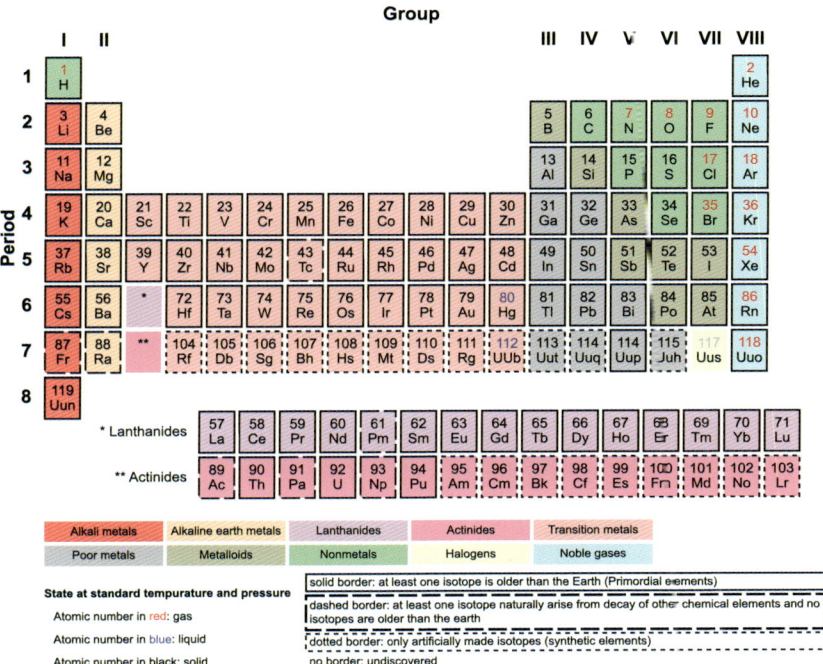

그림 1-1 멘델레예프의 원소 주기율표의 기본 예

조는 표현하려는 데이터를 직접적으로 반영한다. 그래서 주기율표를 보면 해당 화학 원소의 성질을 한눈에 이해할 수 있다. 더 나아가 주기율표에서 빈자리를 보고 아직 발견되지 않은 화학 원소를 매우 정교하게 예측할 수 있다.

원소 주기율표는 확실히 정보성이 있으며, 분명히 효율적이다. 그리고 예전에는 성공적인 시각적 해법이 없었던 문제에 대해 전혀 색다른 접근 방식을 제시한다. 이런 이유로 주기율표는 복잡한 데이터를 표현하는 아름다운 시각화의 고전이라고 생각할 수 있다.

주기율표가 효율적이고 성공적인 이유는 전적으로 시각화 기법을 최소화했기 때문이라는 점에 주목할 필요가 있다. 사실 초창기 버전은 텍스트 뿐이어서 타자기만 이용해서도 작성이 가능했다. 시각화라고 해서 꼭 그래픽 디자인 기법을 많이 쓸 필요는 없다.

런던 지하철 지도

아름다운 시각화 중에 두 번째 고전은 헨리 벡Henry Beck의 런던 지하철 지도(튜브 지도라고도 함. 그림 1-2)이다. 튜브 지도는 시각적 관례와 표준에 영향을 받긴 했으나, 일반적인 지도 제작법에서는 벗어났다. 벡은 전기회로 도안을 그리는

그림 1-2 런던 지하철("튜브") 노선도: 2007 런던 튜브 지도© TfL 런던 운송수단 박물관 소장품(허락하에 사용함)

사람이었다. 그는 전기회로에서 45도와 90도 각도로 선을 그리는데 익숙했으며, 이런 관례를 튜브 지도에도 도입했다. 그 방식 덕분에 지리정보를 정확히 표현해야 한다는 고정관념에서 벗어나서 좀더 단순히 지하철 노선 상황만을 반영하는 추상적인 시각화를 완성할 수 있었다. 보통 지하철을 이용할 때 가장 중요한 정보는 이용객과 지하철 시스템 사이의 논리적 관계이다. 지리적 정보를 정확히 보여주는 지도를 보면 지상에서 어디로 가야 하는지 알기 쉽다. 하지만 지하에 있을 때 접하는 정보는 지하철 역에 관한 것 뿐이다.

런던 지하철 지도는 가장 연관 있는 정보를 강조하는 동시에 불필요한 정보를 대부분 삭제해서, 적절한 정보에 접근하기 좀더 쉽게 해준다. 이 지도는 독특하고 고유한 그래프 형식을 활용하여 지하철 지도의 상징이 되었다. 이 런던 지하철 지도는 걸작으로 널리 인정되며, 두말할 필요 없이 아름다운 시각화이다.

지하철 지도와 주기율표의 어설픈 모방 사례

주기율표와 런던 지하철 노선도가 성공적이어서, 이런 양식이 종종 다른 데이터를 표현할 때 모방되곤 한다. 음식, 마실 것, 동물, 취미 및 심지어 시각화 방법까지 상상할 수 있는 모든 것에 주기율표[2]가 있다. 하지만 이것들은 모두 핵심을 놓쳤다. 마찬가지로 지하철 노선도 형식도 영화 장르[3], IT 기업 간 관계[4], 기업의 인수합병 연대표[5], 런던 이외 다른 도시의 지하철 시스템 등을 표현하는데 이용되었다.

위 사례 중에서 괜찮은 시각화는 타 도시(도쿄, 모스크바 등)의 지하철 지도뿐이다. 비슷한 양식을 활용한 다른 사례는 주기율표와 런던 지하철 노선도가 어떤 면에서 특별한지 짚어내지 못했다. 그것은 바로 원본 데이터와의 확실한 관련성과 원본 데이터를 표현하는 방식이다. 주기성이 없는 데이터를 주기율표로 표현하는 것은 양말을 원자 번호로 정렬하는 것이나 매한가지이다. 거기에는 참조할 만한 구조가 없기 때문에 굳이 주기율표로 표현해야 할 합리적인 이유가 없다. 이런 저런 데이터를 고전적인 주기율표 형식으로 표현하며 창작 연습을 하는 일이 흥미로울지는 모르나, 그 방식의 핵심 가치를 놓치는 일이다.

[2] http://www.visual-literacy.org/periodic_table/periodic_table.html을 참조하자

[3] http://blog.vodkaster.com/2009/06/25/the-top-250-best-movies-of-all-time/map/

[4] http://informationarchitects.jp/wtm4/

[5] http://www.meettheboss.com/google-acquisitions-and-investments.html

▎어떻게 아름다움을 얻는가?

아름답지 않은 시각화가 넘쳐나는 것을 보면 아름다움에 이르는 길이 분명 쉽지만은 않은 듯하다. 그러나 확실한 규칙은 없더라도 아름다운 시각화를 만드는데 쓸만한 방법은 있다고 생각한다.

기본 양식에서 벗어나기

아름다운 시각화의 첫째 요구조건은 참신성, 새로움, 독창성일 것이다. 기본 양식만으로 필요한 만큼 참신한 시각화를 만들기란 불가능하지는 않지만 어려운 일이다. 연속 데이터에는 선 그래프, 불연속 데이터에는 막대 그래프, 지식 전달보다는 예쁜 그림에 관심 있을 때는 파이 그래프를 쓰듯이, 잘 정의된 양식은 대부분 잘 정의되고 합리적인 용례가 있다.

　표준적인 양식과 관례를 활용하면 이점이 있다. 그 이점은 시각화를 만들기 쉬우며, 독자들이 친숙하기 때문에 따로 설명할 필요가 없다는 것이다. 보통 이 관례를 존중하고 잘 활용하는 편이 좋다. 그러나 실용적 양식을 전형적으로만 사용해서는 번뜩이는 독창성을 얻기 어렵다. 기본 양식이 유용하긴 하지만, 제한점도 있다. 단지 다양성을 위한 다양성을 보여주기보다는, 정보 의도에 충실한 강력하고 좋은 해답을 찾으려면 기본 양식은 잠시 옆으로 치워 두는 게 좋다.

　기본 표현 양식을 맞지 않는 상황에 사용하는 위험 요인이 있다. 나는 첫째 열에는 소매점들을 알파벳 순으로 나열하고, 둘째 열에는 소매점이 위치한 도시를 표시한 어떤 제조업체의 웹 사이트를 본 적이 있다. 누가 디자인했든 상관없이 이런 구조는 당연히 이해하기 아주 쉬운 방식이지만, 목록이 어떻게 이용될지는 별로 고려하지 않은 방식이기도 하다. 내가 사는 지역의 소매점 상호를 이미 아는 경우라면, 알파벳 순으로 정렬된 목록도 쓸모 있을지 모른다. 하지만 안타깝게도 내가 사는 지역명은 알아도 소매점 상호는 모르는 경우가 대부분이다. 이런 경우엔 소매점 상호를 알파벳 순으로 정렬하기보다는, 쉽게 접근할 수 있는 (지역) 정보를 기준으로 정렬하는 편이 이해하기에 더 편하다.

정보성을 부여하기

전에 말했듯이 시각화가 성공하려면 정보성, 유용성이 있어야 한다. 창작물이 유용한지 확인하는 데에는 두 가지 큰 분야가 있다. 전달하려는 메시지와 사용 맥락이다. 이 분야에서 나온 통찰을 고려하고 통합하는 건 보통 반복과정으로, 디자인을 해나가는 동안 둘 사이를 왔다갔다하는 과정을 포함한다. 물론 디자인의 접근성을 늘리기 위해 관례적인 요소도 고려해야 한다. 어떤 관례를 조심스럽게 사용하면, 이용자가 데이터에 대한 어떤 내용(예를 들어 미국 정치에 대한 시각화에서 빨강과 파랑의 구분)을 예상하는 데 도움을 줄 수 있다.[5]

[6] 옮긴이 미국에서 전통적으로 빨간색은 공화당, 파란색은 민주당을 상징한다.

전달하려는 메시지

첫째로 고려할 분야는 전달하려는 지식이 무엇인지, 답하고자 하는 질문이 어떤 것인지, 말하고자 하는 이야기는 무엇인지에 대해 생각하는 것이다. 이 단계에서는 시각화의 기능을 개략적으로만 계획해야 한다. 구체적인 양식이나 구현 정도에 대해 생각하는 건 너무 이르기 때문이다. 이 단계는 중요하므로 충분히 많은 시간을 투자할 가치가 있다.

일단 메시지와 목표가 결정되면, 시각화가 어떻게 사용될 것인지 고려해야 한다. 독자와 독자의 요구사항, 용어, 성향 등이 모두 고려 대상이다. 이 단계에서는 독자가 하려는 일이나 시각화에서 얻고자 하는 지식을 구체화하는 것이 큰 도움이 된다. 처음에는 독자의 구체적 요구사항을 잘 이해하기 어렵긴 하지만, 디자인 과정 중에 명심해야 할 핵심적 요소다.

결국 시각화 목적을 독자와 독자의 요구사항 관점으로 간결하게 설명하지 못한다면, 도달할 목표도, 성공을 가늠할 방법도 없는 것이다. 목적을 서술하는 예를 들자면 "우리의 목적은 탑승자가 출발역과 도착역 사이의 경로를 쉽게 결정할 수 있도록 런던 지하철시스템을 보여주는 것" 또는 "내 목적은 화학 원소의 물리적 성질을 뚜렷하게 드러내고, 원소의 특성을 예측할 수 있도록 정보를 보여주는 것" 등을 들 수 있다.

전달하려는 메시지, 독자들의 요구사항과 목적을 명확히 이해했다면, 이제 데이터에 대해 고려해보자. 시각화 목적을 잘 이해하면 데이터의 어떤 측면이 포함되어야 하는지, 어떤 부분이 유용하지 않거나, 좋지 않거나, 심지어 방해가 되는지 효과적으로 골라낼 수 있다.

사용맥락. 디자이너가 이미 아는 내용을 밝히는 시각화와 잘 모르는(미리 결과를 추측하고 있더라도) 내용을 탐구하는 시각화 사이의 차이를 구분하는 것도 중요하다. 전자는 프레젠테이션 도구고, 후자는 조사 도구이다. 둘 다 표준이나 색다른 양식을 활용할 수도 있고, 같은 프로세스나 그래프 처리 방법을 쓸 수도 있다. 그러나 둘의 차이가 이후의 디자인 선택에 영향을 끼치기 때문에, 어떤 종류의 시각화를 할지 명확히 하는 것이 중요하다.

이미 아는 정보를 드러내도록 디자인된 시각화는 텍스트 외에 전달할 데이터가 있는 경우에 어디나 존재한다. 우리가 접하는 그래프와 도표 대부분은 원 데이터에서 드러나는 특정 관점, 메시지, 또는 지식을 전달하는 것을 목적으로 한다. 예를 들어 어느 팀이 어떤 성과를 내고 있는지, 예산이 어떻게 분배되었는지, 회사가 어떻게 조직되었는지, 주어진 입력이 어떤 결과를 낳았는지, 제품을 비교하면 서로 얼마나 다른지 등과 같은 정보를 전달하려는 의도가 있다. 데이터가 다른 지식이나 관점을 보여줄 수는 있지만, 목적과 거리가 멀다면 굳이 디자인할 때 그 메시지 통해 초점을 맞출 필요는 없다. 이런 시각화를 디자인하는 과정에서는 목적이 잘 정의되는 것이 도움이 된다.

새로운 내용을 발견하도록 디자인된 시각화는 보통 과학, 비즈니스 분야 등에서 좀더 특별하고 연구에 관련된 맥락으로 사용된다. 이 경우에는 일반적으로 가설을 검증하거나, 특정 질문에 대한 해답을 구하거나, 어떤 중요한 경향, 행동, 관계성을 식별하는 것이 목적이 된다. 데이터에서 어떤 통찰을 얻을지 명확하지 않기 때문에 이런 류의 시각화는 좀더 도전적인 과제가 된다. 답이 어떤 형태일지 미리 알기 어려우므로 서로 다른 시각화를 몇 개 디자인해보는 편이 도움이 될지도 모른다.

효율성을 주기

시각화에 정보성을 확실히 주었다면, 다음 단계는 효율성을 확실히 따지는 것이다. 시각화가 효율성이 있도록 디자인할 때 가장 중요한 고려사항은 독자가 시각적 주제 대신 다른 시각화 내 요소에 절대로 시선을 빼앗기지 않도록 하는 일이다. 한 페이지 내에 데이터나 시각적 방해물이 적으면, 독자가 원하는 내용을 찾기가 더 쉬워진다. 만약 시각화에 넣으려는 내용이 미리 정해둔 목적에 맞는지 납득이 잘 안 된다면, 그 내용을 버리고 디자인하도록 노력하자.

중요한 내용을 시각적으로 강조하기

핵심적으로 필요한 내용을 찾아냈다면, 어떤 부분(특정 관계성이나 데이터 포인트 등)이 특별히 의미가 있거나 유용한지 따져보자. 특별히 중요한 내용은 다양한 방법으로 시각적인 강조를 할 수 있다. 예를 들면 더 크게, 굵게, 밝게 또는 더 상세하게 표현하거나, 원, 화살표, 꼬리표 등으로 강조 표시를 하는 방법이 있다. 반대로 별 의미 없는 내용은 강하지 않은 색이나 얇은 선을 활용하거나, 덜 상세하게 표현하는 방식 등으로 눈에 띄지 않게 만들 수 있다. 예를 들어 런던 지하철 지도에서 구역은 시각적으로 튀지 않게 만들었다. 구역이 지하철 노선이나 지하철 역만큼 의미 있는 정보는 아니기 때문이다.

관련성을 강조하는 전략은 보통 설명용 데이터에 적용되고, 연구용 데이터에는 잘 활용되지 않음에 유의해야 한다. 즉 디자이너는 강조점을 바꿔서 메시지를 의도적으로 바꾼다. 반면에 미지의 데이터에서 특정 부분이나 다양한 측면을 강조하면, 전체적인 잡음에 묻힐지도 모르는 관련성을 찾는 유효한 방법으로 쓰인다.

좌표축을 사용해서 의미를 담고, 공짜 정보 전달하기

충분한 양의 정보를 유지하면서 시각적 잡음과 텍스트 양을 줄이는 한 가지 좋은 방법은 좌표축axis을 정의해서 시각화의 다른 구성 성분의 위치를 길잡이하는데 활용하는 것이다. 좌표축을 정의하면 멋진 점은 추가 정보를 표시하지 않아도 시각화의 모든 점node이 좌표축이 의미한 값을 나타낸다는 점이다. 예를 들어 주기율표는 명확하게 행(주기)와 열(원소족)로 정의되어 있다. 따라서 어떤 원소가 어느 주기와 원소 족에 속해 있는지 보기만 해도 해당 원소에 대해 많은 정보를 얻게 되며, 정보가 주기율표 칸에 명시적으로 표현될 필요가 없어진다. 또한 좌표축은 특정한 주기에서 원소를 찾거나, 남쪽 지역, 또는 런던 북서쪽 즈음에 위치한 지하철 역을 찾을 때처럼, 집합의 일부분이나 구성원을 찾는데 쓰일 수도 있다.

잘 정의된 좌표축은 정량적 데이터뿐 아니라 정성적 데이터에 대해서도 효과적이다. 좌표축은 정성적인 맥락으로도 (순위가 없고 정렬되지 않은) 영역이나 그룹을 구분한다. 정성적인 좌표축도 관련 값을 찾는데 도움을 주며 정보를 제공할 수 있다.

관련 구분을 따라 잘라내기

마지막으로 시각적 잡음을 줄이고 정보에 좀더 접근하기 좋게 만드는 방법으로 큰 데이터셋을 비슷하고 적절한 시각화 다수로 쪼개는 법이 있다. 접근가능한 정보를 독립적으로 사용할 수 있고 전체 집합의 다른 데이터와 같이 표시할 때 이득이 별로 없는 경우라면, 다수로 쪼개는 방법은 잘 통한다. 여기서 위험한 점이 있다면, 무관해 보이는 데이터셋 사이에, 같이 표시했을 경우에만 예상치 못하게 드러나는 밀접한 상관관계가 있는 경우이다.

관례를 사려 깊게 사용하기

전달하려는 메시지, 사용 맥락, 데이터가 특정 시각화에 주는 영향을 따져본 이후에는 표준 표현 방식과 관례를 살펴볼 가치가 있다. 적절하게 미리 계산된 관례를 사용하면 독자 입장에서는 이해가 빨라지고 기억하기 쉬워진다. 앞 절에서 고려된 요소들과 상충되지 않는다면, 관례적 표현을 사용하는 것이 정말 강력하고 유용한 방법이다. 앞 절에서 언급한 예제에서도 원소 기호, 지하철 노선 색상, 나침반 방향에 기본적이고 관례적인 표현 방식을 활용했다. 이런 관례들은 따로 설명하거나 주목할 것 없이 너무나도 당연하며, 그것이 바로 핵심이다. 관례적인 표현은 쉽게 이해할 수 있고 아주 신속하게 정확한 정보를 전달하기에, 독자들이 인식하려 노력하거나, 디자이너가 창조성을 발휘할 수고를 들일 필요가 없다. 이것이 기본과 관례가 이상적으로 사용되는 경우이다.

심미적 요소를 발판으로 삼기

시각화에 정보성, 효율성 조건이 만족되고 나면, 마지막으로 시각 디자인의 심미적인 면을 최종적으로 고려해볼 수 있다. 심미적인 구성요소는 순수하게 장식용이기도 하나, 시각화의 유용성을 늘리는 기회이기도 하다. 어떤 경우에는 시각처리 방식이 여분의 정보를 담아서 특정 값이나 분류가 위치나 색상, 꼬리표나 크기 등 두 속성으로 동시에 표현되기도 한다. 한 속성을 이용하는 것보다 여러 속성을 동시에 사용하면 독자들이 좀더 쉽고 빠르게 정보를 구분하고, 인식하고 이해하는데 도움이 된다.

심미적인 선택이 이해를 돕는 경우가 또 있다. 친숙한 색 팔레트, 아이콘, 레이아웃, 전체적인 스타일이 연관 텍스트나 의도한 사용 맥락을 가리키는 것이다. 익숙한 형태나 느낌을 통해 독자들은 좀더 쉽고 편안하게 표현된 정보를 받아들인다(친숙한 양식을 쓰는 데만 집중하지 않도록 주의할 필요는 있다. 앞 절에서 좋지 않은 예로 들었던 각종 주기율표나 지하철 양식의 지도에서 저질렀던 실수를 똑같이 범할 수 있기 때문이다).

때로는 디자이너가 시각화의 일부분이나 전체를 저해하는 선택을 하려 할지도 모른다. 이런 예로는 어떤 메시지를 희생하고 특정 메시지를 강조한다거나, 더 예술적으로 보이게 한다거나, 제한된 공간에 들어맞도록 만들거나, 단순히 흥미롭고 재미있어 보이게 하는 일 등이다. 전체 사용성에 대한 영향이나 의도를 잘 파악하고 있는 상태라면 이런 것들은 합리적 선택이다.

▼ 실제 적용하기

앞 절에서 살펴보았던 원리가 성공적으로 적용된, 데이터에 기초한 시각화 예제를 하나 살펴보도록 하자. 그것은 뉴욕타임스에서 만든 2008년 대통령 선거 지도이다.[7] 그림 1-3에 각 주마다 어떤 후보자가 승리했는지 색깔로 표시해서 구분가능한 표준적인 미국 지도가 있다(빨간색은 공화당, 파란색은 민주당 후보가 승리한 지역이다). 이 시각화에서 지도라는 기본 틀을 이용한 것은 두말할 것 없이 합리적으로 보인다. 하지만 지리 정보를 정확히 표현한 점은, 좋게 말하면 적절하지 못한 것이며, 나쁘게 말하면 심각하게 현실을 호도하는 것이다.

뉴저지(펜실베니아 동쪽, 뉴욕 남쪽의 땅콩모양의 주. 주 이름을 써넣기엔 너무 작다)는 8700평방 마일보다 조금 더 넓은 지역이다. 그림 1-4에서 보이듯이, 아이다호, 몬태나, 와이오밍, 노스다코타, 사우스다코타를 합한 지역은 약 476,000평방 마일보다 조금 더 넓으며, 뉴저지의 약 55배 정도 된다. 만약 우리가 정확한 지리정보, 주의 형태, 크기, 위치 등에 관심이 있었다면, 이 지도도 괜찮았을 것이다.

[7] 원본: http://elections.nytimes.com/2008/president/whos-ahead/key-states/map.html

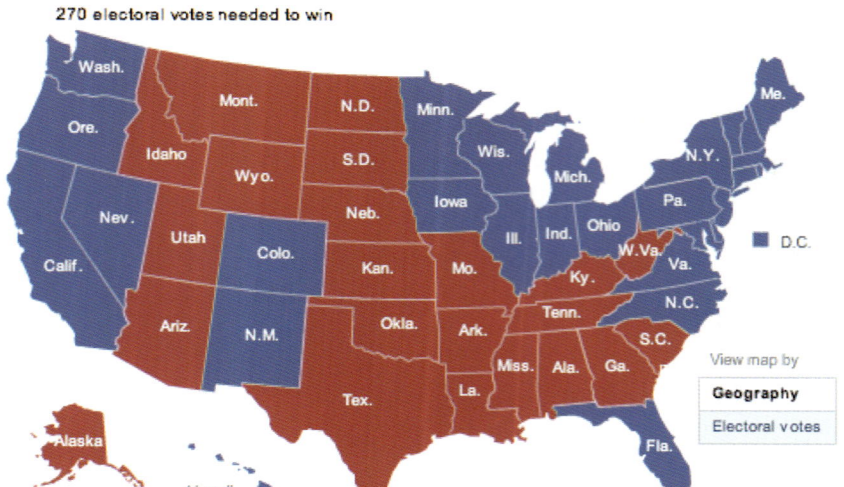

그림 1-3 지리적인 정보를 정확히 표현한 미국 선거결과 지도

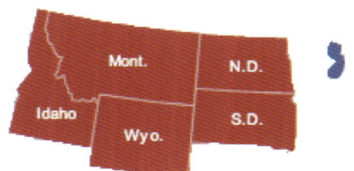

그림 1-4 뉴저지 주의 넓이에 대한 다섯 개 주의 상대적 넓이

하지만 대통령 선거에 관해서 우리가 관심 있는 내용은 각 주의 투표인단수에 기반한 각 정당의 상대적 영향력이다. 사실 이 다섯 주의 투표인단 수를 총합해 봤자 16명에 불과하며 뉴저지의 15명에 비해 한 명 밖에 더 많지 않다. 지리적으로 정확한 지도는 투표인단 수 관점에서 보면 매우 부정확한 지도이다.

해당 주의 면적은 투표인단 수와는 아무런 관련이 없다. 관련 있는 데이터를 정확히 표현하고 시각화의 목적을 달성하려는 맥락에서는 전적으로 다른 종류의 시각화가 필요하다. 이를 위해 뉴욕타임스는 지도를 다른 시각으로 보았다(그림 1-5). 이 그림에서 각 주는 투표인단 수에 대응하는 크기의 사각형으로 표현되었다. 투표인단 수에 비례하도록 지도를 그리는 바람에 해당 주의 지리적 면적에 관한 정밀도나 형태에 대한 정보는 거의 없어졌다. 그러나 각 주의 상대적 위치는 대부분 그대로라 독자가 관심 있는 주를 찾아 경향을 확인할 수 있다. 여기서

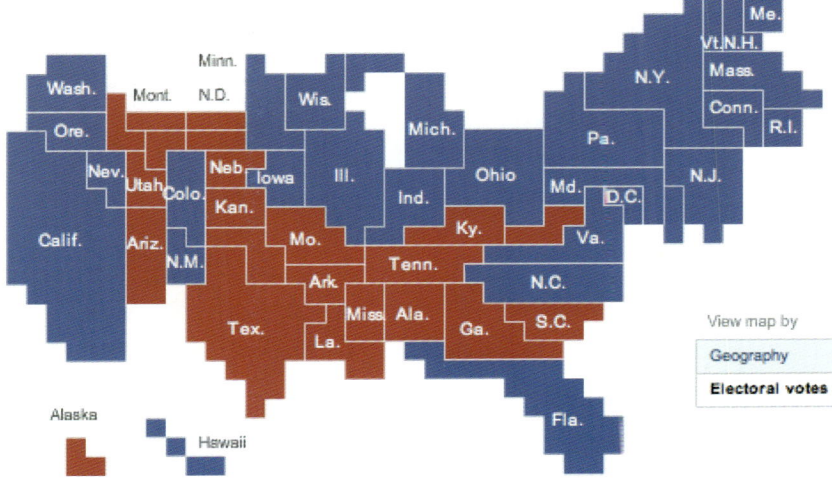

그림 1-5 투표인단 수에 비례하도록 조정한 미국 지도

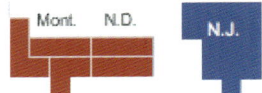

그림 1-6 뉴저지 주에 대한 다섯 개 주의 상대적인 투표인단 수

지리적 정보를 희생해서 얻는 이득은 각 정당이 투표인단 수를 몇 명 확보했는지, 상대적인 영향력은 얼마인지 정확하게 표현할 수 있다는 점이다. 예를 들어 새 지도에서 앞에서 언급한 다섯 주의 크기와 뉴저지 주의 크기를 비교하면 이제 정확하게 16명 대 15명을 나타내는 것을 볼 수 있다(그림 1-6).

여러분은 여기서 잃고 얻은 점을 또 찾아냈을지도 모르겠다. 각 사각형 테두리를 볼 수 없기 때문에 각 주에서 사각형이 15개 있는지 16개 있는지 세는 게 쉽지 않다. 또한 가능하면 각 주의 형태를 유지하기로 결정한 탓에 그림 1-6의 빨강과 파랑 사각형 무더기가 매우 다른 모양으로 보이며, 상대적 넓이를 한눈에 비교하기는 어려워졌다. 이는 관례(이 경우에서는 주의 형태)의 사용과 효율적이고 장식 없는 데이터의 표현 사이에 균형을 맞춘 훌륭한 예이다.

이 시각화에서 성공적인 요소는 디자이너가 표준적이고 기본적인 지도 표현 방식을 버리는 대신 원 데이터에 우선적으로 기반하는 시각화 표현을 찾아낸 점이다. 그 결과 길찾기처럼 평범한 목적에는 잘 맞지 않을지도 모르지만, 의도했던 목적에는 훨씬 더 정확하고 유용한, 매우 특화된 지도를 만들 수 있었다(이 방식은 지리적으로 정확한 정보를 희생하는 대신 특정 정보 탐색 양식에 최적화했던 런던 지하철 지도의 예와 매우 비슷하다).

결론

이 장에서는 시각화 디자인을 성공적으로 하는데 필요한 전략과 고려사항 일부에 대한 간단히 논의했지만, 이는 확고한 기초이다. 아름다움을 얻는 핵심은 시각화의 유용성, 관련성 및 효율성을 유지하는데 초점을 맞추고, 기본적인 양식과 심미적인 디자인을 의도에 맞게 사용하는 것이다. 이 장에서 제시한 원리들을 따르면 여러분의 최종 결과물에 참신성, 유용성, 심미성을 부여하는 데 도움이 될 것이다.

런던 지하철("튜브") 노선도: 2007 런던 튜브 지도 © TfL 런던 운송수단 박물관 소장품

2장

옛날 옛적에 중첩 시계열이 있었는데
정보시각화에서 이야기 전달의 중요성

마티아스 샤피로 | Matthias Shapiro

정보시각화는 기묘한 괴물과도 같다. 현역 전문가practitioner들에게 그처럼 다양한 종류의 기술을 요구하는 지식분야는 아주 소수일 뿐이다. 최고의 시각화가 만들어지려면, 창작자가 여러 재능을 활용하는 것은 물론 다양한 기술 사이를 재빨리 넘나들어야 한다. 게다가 시각화 최종 단계에 이르러서야 초기에 누락시켰던 특정 정보가 전체를 완전히 이해하는데 핵심임을 깨달을 수도 있고, 초기 계산대로 정확한 결과가 나오지도 않기도 한다.

벤 프라이Ben Fry는 오라일리를 통해 출간한 자신의 훌륭한 저서인 『Visualizing Data』에서 정보시각화를 만드는데 필요한 일곱 단계를 제시했다. 바로 정보 획득acquire, 분석parse, 선별filter, 마이닝mine, 표현represent, 개선refine 그리고 상호작용interact이다. 시각화의 각 단계마다 특정 수준의 기술적, 예술적 재능이 필요하며, 이러한 재능이 긴밀하게 통합되어야 한다. 정보 획득과 분석 단계에서 창작자는 정보와 상호작용하는 방법을 상상해야 할 것이다. 표현 방식을 개선하는 과정 선별 과정에서 배제한 정보가 나중에 관련이 있는 정보라고 밝혀지기도 한다. 보통 최상의 시각화는 여러 지식분야에 걸친 능력을 소유한 한 개인이나, 매우 긴밀히 협력하는 작은 팀에서만 탄생되곤 한다. 이렇게 작고 기민한 환경에서 여러 분야의 재능이 어우러져야만 단순한 숫자의 나열보다 더 자연스럽게 개념을 이해하게 해주는 멋진 이미지나 대화형 작품이 만들어진다.

좋은 정보시각화를 창작하는 데 어떤 재능이 필요한지는 이미 널리 알려진 것 같지만, 좀더 형식적인 설정에서 흔히 간과하는 한 가지 재능이 있다(아마도 거의 모든 시각화 창작자가 무의식적으로 거치는 너무도 당연한 과정 중의 일부라 언급할 가치를 느끼지 못하기 때문일 것이다). 그것은 바로 이야기 전달이다.

이야기는 주목하게 하는 멋진 방법이며, 제시된 데이터가 왜 우리 삶과 연관이 있고, 중요한지 이해하게 해준다. 문맥 내에서만 데이터에 의미가 생기므로 인상을 오래 남게 하려면 데이터를 이야기에 녹이는 게 좋은 방법이다. 이야기나 내러티브narrative의 중심 요소로 관찰자(혹은 사용자)의 마음에 남는 정보시각화가 가장 효과적인 것이다.

모든 정보시각화에 이야기가 필수는 아니다. 어떤 정보시각화는 단순히 보기 아름답고 그 자체로 훌륭한 미술 작품이기도 하다. 그러나 시각화는 대부분 목표나 목적이 있으며, 데이터를 특별한 이야기 맥락에서 데이터를 표현한다.

▌질문 + 시각 데이터 + 맥락 = 이야기

시각화에서 이야기 대부분은 데이터가 가장 의미있는 주제와 맥락으로 관찰자를 이끌 수 있는 질문으로 시작한다. 이 작업은 명시적이거나 함축적일 수 있으나, 맥락은 뚜렷해야 한다. 질문은 이야기의 전제나 서론을 포함하며, 데이터가 이야기 줄거리를 맡는 부분까지 관찰자를 이끌어야 한다.

이야기의 핵심 요소의 많은 부분이 시각화 요소를 문맥 속에 위치시키는 과정과 관련이 있다. 시각화의 맥락context은 보통 인포그래픽스나 시각화의 소개글에 있다. 맥락은 다음과 같은 질문에 대한 정보를 담고 있다.

- 어떤 데이터를 지금 보고 있는가?
- 어떤 시간의 틀 속에서 이 데이터가 존재하는가?
- 어떤 주목할 만한 사건 또는 변수가 이 데이터에 영향을 주었는가?

그림 2-1의 시각화에 주목해보자. 사용자가 이 그림에 대해 상대적으로 잘 모르더라도, 이 데이터가 시간축의 함수로 그려져 있고, 그 시간축은 선거와 어떤 식으로 관련되어 있다는 정도는 확실하게 이해할 것이다. 이외에는 사용자가 이 시각화를 이해하기에 도움을 줄만한 쓸모 있는 맥락은 거의 찾아보기 어렵다.

게다가 사용자가 이 시각화에 나온 몇몇 유명한 이름에 익숙하다고 가정한다면, 미국 대선 2년 전의 2008년 당시 대선 후보들과 관련된 어떤 값을 측정하고 있다고 사용자가 이해할 거라 기대할 수는 있다.

전체 맥락 정보는 사용자가 오른쪽 상단 물음표를 클릭해야만 나타나서, 어떤 대선 후보가 해당 주 동안 뉴욕타임스에서 몇 번 언급됐는지 보여주는 시각화한다. 이 정보를 읽어야만, 이 시각화가 뉴욕타임스 기자들이 뉴스거리로 생각하는 후보가 누구인지 간략하게 알려주는 시각화라는 것을 사용자가 파악할 수 있다.

앞서 언급했던 질문 리스트로 돌아가보자. 여러분은 이제 우리가 어떤 데이터를 보고 있으며 시간 틀은 무엇인지 알게 되었다. 이 시각화는 대화형으로 위쪽

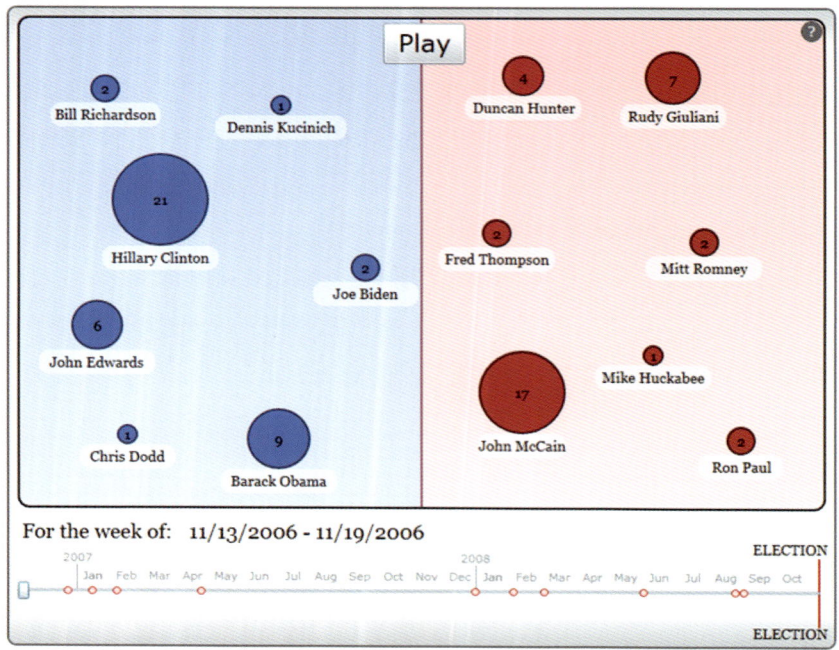

그림 2-1 디자이너 실버라이트에서 발췌한 시각화

'재생Play' 버튼을 누르면, 시간축의 점들이 튀어나와 이 데이터에 영향을 주었을 만한 중요한 사건을 표시해준다.

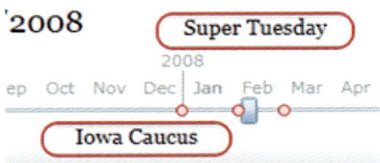

그림 2-2 시각표현을 이용하여 뉴스거리가 됐을 만한 중요한 사건으로 관심을 유도한다.

사용자는 이러한 단서들에다가 미국 대선 경선 과정에 대한 자신의 지식을 더해서 데이터에 대한 추가적인 맥락을 채운다. 그러므로 2008년 4월에서 5월 사이에 민주당 힐러리 클린턴과 버락 오바마 사이에 피말리는 예비 경선 맞대결이 있었기에 두 후보의 소식이 뉴스거리가 많이 되었던 반면, 존 맥케인(3월초 이미 공화당 후보로 확정)은 그 기간동안 두 민주당 후보에게 관심도에서 뒤지고 있었음을 사용자가 기억할 것이다.

'2008년 대통령 선거활동 기간 동안 뉴욕타임스에서 각 후보가 얼마나 자주 언급됐는가?'라는 질문에서 이야기가 하나 나온다. 이 시각화는 눈에 띄는 시각 요소를 그 이야기와 연결하여, 극적이던 2년간의 대선 경선을 1분이라는 시간 동안 회상할 수 있게 해준다.

효과적인 시각화를 만드는 단계

정보시각화를 하는 과정에서, 나는 보통 다음과 같은 핵심 단계를 거친다.

1. 질문을 만들어내기
2. 데이터를 수집하기
3. 시각적 표현을 적용하기

질문 만들기

말하고자 하는 이야기를 이끌어내는 질문을 던지는 일은 꼭 시각화라는 긴 여행의 첫 단계에서만 하는 일은 아니다. 머리 속에 질문을 정리하기 전에 데이터부터 들여다본다고 해서 너무 심란해 하지는 말자. 보통은 데이터에 대해 잘 이해한 이후에야 어떻게 그 데이터에 대한 좋은 질문을 만들 수 있을지 알게 된다. 그러나 질문을 던지는 것은 (또는 마음 속에서 질문을 생각하는 것은) 필요한 데이터를 모으고 선별하려고 할 때 도움이 될 수 있다.

여러분은 더 많은 데이터를 수집하면서 데이터를 탐색하고 질문을 다듬어 갈 수 있다. 예를 들어 미국 총 조사U.S. Census를 수행하는 커다란 과제를 생각해보자. 이 주제는 맥락을 설정하는 데 도움이 되는 데이터 종류도 많고 광범위하므로, 데이터 수집을 시작하기에 좋다. 우리는 다음과 같은 질문에 대해 의미있는 데이터를 찾고 시각화할 수 있다.

· 설문지의 숫자
· 사용한 연필 숫자
· 인구 총 조사 요원들이 걸어다닌 전체 거리

미국 총 조사에 관련된 데이터 중에 내가 가장 좋아하는 데이터는 기간별로 조사에 참여하는 전체 미연방 조사 요원 수이다. 통계를 보면 총 조사 기간 중 3월에서 7월 사이 연방 조사 요원 수는 최대 20만~30만 명으로 정점을 찍는다. 이 조사 요원 숫자는 총 조사 과정이 끝나가며 급격히 감소한다.

데이터

여러분이 진정으로 원하는 데이터를 찾기 어려울 수도 있다. 때로는 자신만의 데이터를 모으려는 노력보다는 쉽게 구할 수 있는 데이터에서 시작하여 전체 그림을 그리는 편이 좋다. 또 앞서 지적한 것처럼 데이터셋에서 시작하여 패턴을 발견하여 질문을 만들어가는 편이 좋을지도 모른다. 취미나 순수한 흥미에서 시작한 것이 아니라, 특정 목적을 위하여 데이터 시각화를 한다면, 아마 작업을 시작하기에 충분한 데이터를 가지고 있을 것이다. 그러나 여러분의 작업에 다른 측면으로 영감을 주거나 정보를 제공할 데이터를 더 찾아봐도 좋다.

데이터 탐색을 해볼만한 곳이 여러 군데 있다. data.gov (http://www.data.

gov)는 다양한 데이터가 있는 가장 큰 데이터 창고 중 하나이다. 이 사이트는 철새 이동 경로, 특허 색인, 미국 국채 수익률 통계, 미연방 회계 데이터에 이르는 방대한 데이터를 보관하고 있다.

그외 훌륭한 데이터 창고로 다음 사이트들을 참고 가능하다.

- 미 연방 총 조사국(http://www.census.gov): 다양한 인구 통계 및 지리정보 데이터
- 노동 통계국(http://www.bls.gov): 미국내 고용 현황에 대한 광범위한 데이터 ('Databases and Tables' 탭을 클릭하여 'Historical news release tables'를 찾는 것이 가장 쉬움)
- 뉴욕타임스 API: API를 통한 국회 표결, 베스트셀러 순위, 기사 검색, 영화평, 뉴욕시 내의 부동산 정보와 거래가 등등을 포함하는 대규모 데이터에 대한 접근

원 데이터가 있다면, 구문분석하고, 정리하고, 집단으로 묶거나 변환해서 패턴을 식별하거나 보여주고자 하는 특정 정보를 추출하려 할 것이다. 이 과정은 데이터 밑작업Data munging 과정으로 알려져 있으며, 이 말은 보통 흥미로운 패턴이 나타날 때까지 데이터를 '가지고 노는' 임시변통의 시도들을 뜻한다. 이 과정이 약간 불투명하거나 평범하게 들려도 걱정하지 않아도 된다. 다음 절에서 데이터 밑작업 예제를 직접 다뤄볼 것이다.

시각 표현을 적용하기

이제 데이터를 확보했으니, 어떻게 그려낼지 정하는 일을 할 차례이다. 이는 데이터를 어떤 방식으로 시각 표현을 하는 것이 관찰자의 이해에 도움이 될지를 결정하는 일이다.

시각 표현이란 데이터에 따라 변화할 수 있는 일종의 시각적 차원visual dimension을 뜻한다. 예를 들어 XY 그래프는 x, y 데이터를 2차원 평면으로 매핑mapping하는 단순한 시각 표현이다. 원 데이터 자체에 바로 알 수 있는 규칙성이 없더라도, 각 점을 매핑해서 시각적 규칙성을 명백하게 보이게 할 수 있다.

그럼 이제 가장 자주 쓰이는 시각 표현들을 검토해보자.

크기

크기는 아마 가장 자주 사용되는 시각 표현일 것이다. 그럴 법도 한 것이, 우리는 두 가지 물체를 구별할 때 그 크기 차이를 매우 빠르게 구분할 수 있기 때문이다. 또한 크기를 이용하면 익숙하지 않은 두 숫자를 비교하는 애매한 상황을 빠져나가는데 도움이 된다. 그림 2-3에서 보다시피, 메타돈methoadone이 영국에서 가장 치명적인 마약이라는 이야기를 듣는 일은 마약에 의한 사망자 숫자라는 맥락 속에서 그 정보를 보는 것은 분명 다르다.

크기 표현이 특히 유용하고 직관적이긴 하지만, 종종 남용되곤 한다. 단순히 창작자가 데이터를 한 가지 방법으로만 시각화하려 했기 때문에 오도하거나 혼란을 낳는 그래프가 많다.

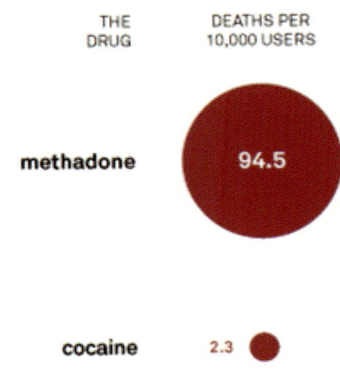

그림 2-3 데이비드 맥캔들레스의 정보시각화 '세계에서 가장 위험한 마약들Worlds Deadliest Drugs'에서

색상

색상은 데이터셋이 방대할 때 매우 훌륭한 표현 방법이다. 사람은 색상의 다양한 색조나 음영을 차이를 높은 해상도resolution로 구분할 수 있다. 기상도를 표현할 때처럼 전반적인 경향성을 나타낼 때 색상으로 구분하는 선택은 자연스럽다. 이러한 이유로 색상은 큰 데이터셋 속에서 규칙성과 특이성을 구분해내는데 사용된다.

그림 2-4는 딱 3개월 동안의 증권 가격 변동 데이터를 멀리 떨어져서 바라본 것이다.

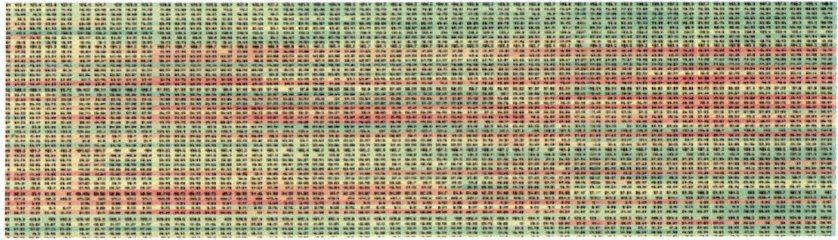

그림 2-4 몇 달간 가장 많이 열람된 Motley Fool CAPS 주식 30종과 그에 따른 적-녹 척도 표현

글자가 너무 작아 읽기 어렵긴 해도, 상승 또는 하락하는 경향이 있는 행을 쉽게 파악할 수 있다.

색상은 데이터셋이 작거나 구별되는 범위 차이가 적은 데이터에 대해서는 적절하지 못하다. 눈에 확연히 드러나는 차이가 없다면, 관찰자가 숙련된 안목이 있더라도 중요한 차이를 구별하기 어려울 수 있다.

예를 들어 값의 범위가 1에서 100인 데이터셋이 있고, 그에 따라 색상 척도가 빨강(1)에서 노랑(50) 그리고 녹색(100)까지 변화하는 경우를 생각해보자. 그리고 이 경우 그림 2-5에서와 같이 10점 차이를 생각해보자. 보다시피 그 차이가 미묘하여 대부분 그 차이를 쉽게 알아채지 못할 것이다.

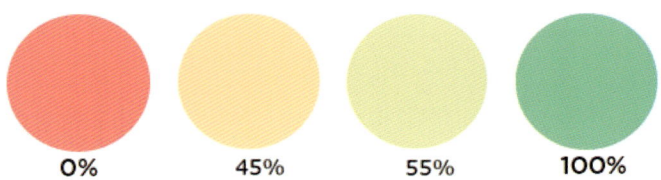

그림 2-5 색상 시각화에서 45%와 55% 차이를 나타내는 표현

만약 관찰자가 45%와 55%의 차이를 구분해야 하는 시각화를 만들려면, 색이 변하는 지점들에 변화를 주거나, 색을 주된 표현 방식으로 사용하는 방법에서 벗어나야 한다.

또한 대략 열 중에 한 명 정도 있는 색약인들을 위해 문자도 같이 표시해야 한다. 최대한 많은 사람이 시각화를 이해하게 하려면 녹색-적색 척도 대신 흑색-백색 척도와 같은 것을 고려하는 것이 좋다. We Are Colorblind(http://wearecolor

blind.com)는 색약인이 이해하기 쉬운 디자인에 대해 설명하는 웹 사이트로, 여기서 더 많은 정보를 얻을 수 있다.

위치

위치를 표현할 때는 어떤 종류의 지도나, 실제 혹은 가상의 장소에 관한 시각 요소에 데이터를 연관시킨다. 위치에 관한 시각화의 일상적인 예로 여객기나 극장에서 좌석을 선택할 때 볼 수 있는 간략한 좌석 배치도가 있다.

그림 2-6은 플로리다 각 자치주의 1996년과 2008년의 범죄율을 플로리다 지도 위에 나타냈다.

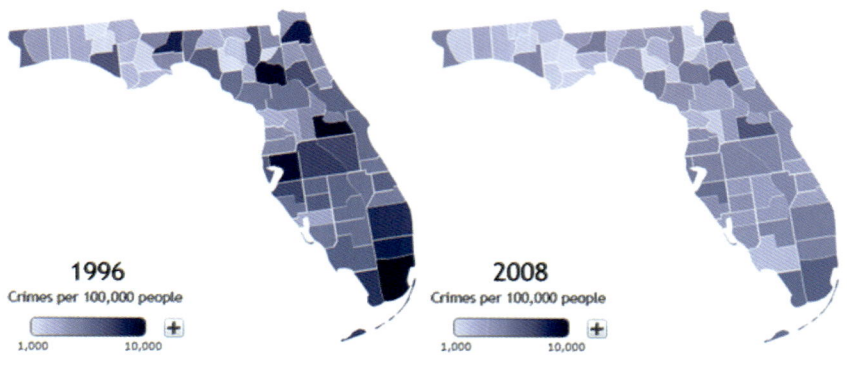

그림 2-6 플로리다의 자치주별 범죄율을 음영으로 표시한 지도

관찰자가 그림으로 표현된 지역에 대해 어느 정도 익숙하다면 위치 표현 방법은 특히 가치 있는 표현 방법이다. 관찰자들은 자신 나름의 정황을 시각화에 투영할 수 있고, 그 지역에 대한 개인적인 경험을 바탕으로 결론을 도출할 수 있다.

네트워크

네트워크 표현은 데이터 점 사이에 짝 관계binary connection를 표현하며, 데이터 점들 사이의 관계를 조망하는데 도움이 된다. 페이스북Facebook의 친구들이나 트위터Twitter의 팔로워followers 관계를 보여주는 네트워크 시각화가 온라인에서 많이 생겨나고 있다.

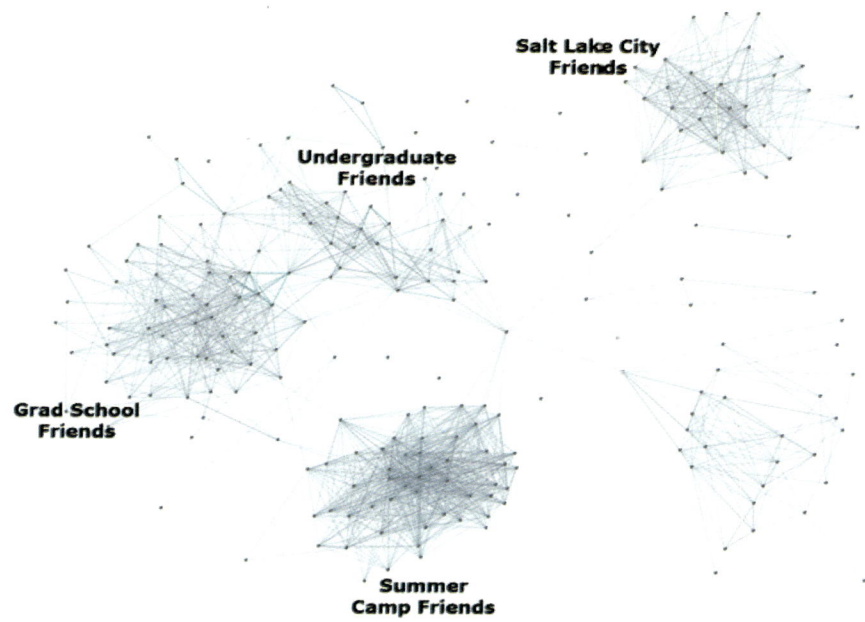

그림 2-7 넥서스Nexus로 시각화한 내 페이스북 친구들의 네트워크

그림 2-7은 나의 페이스북 친구들과 얼마나 많은 사람이 서로서로 친구인지 보여준다.

이러한 네트워크 시각화를 통해 내가 속한(혹은 속했던) 사회의 네트워크를 한눈에 살펴볼 수 있다. 게다가 어떤 네트워크 집단의 밀도와 그 집단의 사회적 친밀도까지도 잘 들어맞는다.

네트워크 시각화에서 한 가지 유의할 점은 부주의하게 그릴 경우 수많은 점 때문에 시각적으로 지저분한 덩어리처럼 보여, 각 연결이 어떻게 유의미한 관계인지 이해하는 데 도움이 되지 않을 수 있다는 점이다.

시간

시간에 따라 변화하는 데이터(주식 호가, 투표 결과 등)는 전통적으로 시간축 위에 그려왔다. 그러나 최근 들어 동영상 기능이 있는 프로그램들을 사용하여 이러한 데이터를 다른 방법으로 표현할 수 있게 되었다. 뉴욕타임스가 간든 '슈퍼볼 경기 중 트위터 사용자들Twitter Chatter During the Super Bowl 같은 동영상(그림 2-8

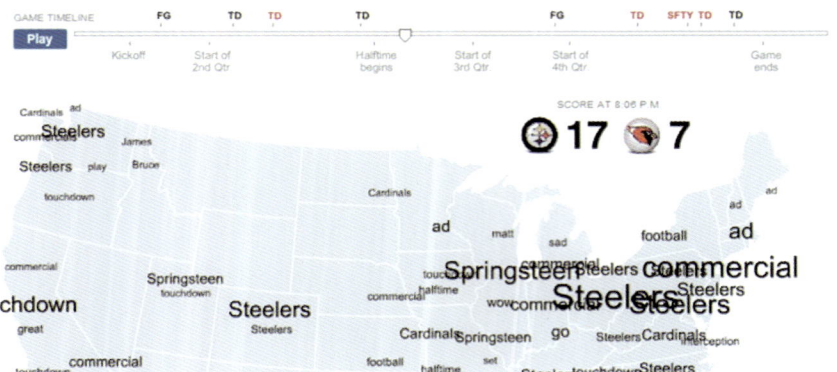

그림 2-8 2009년 수퍼볼 관련 트윗에서 공통적으로 쓰인 말들에 대한 뉴욕타임스 시각화

참고)은 긴 기간 동안의 데이터를 압축하여 그 변화를 가속해서 보여준다. 좌측 상단 재생 버튼을 누르면 동영상이 시작되며, 슈퍼볼 경기 시간 동안 슈퍼볼과 관련된 트윗tweet에 가장 자주 사용된 단어들이 그 횟수에 따라 커지거나 작아진다.

이 시각화는 사용자들에게 경기가 진행되는 동안 어느 시점에서 중요한 사건이 있었는지 전후 관계를 파악하는 데 유용한 실마리를 제공한다. 이 시각화는 사용자에게 주요한 전후 관계를 알려주며 경기가 어떻게 진행되었는지 기억해내는 수고를 덜어준다. 대신 사용자들은 전국적으로 트위터에서 사용된 단어에 집중할 수 있고, 중요한 일이 발생할 때 알아차릴 수 있다.

다중 시각 표현 기법 이용하기

많은 경우 훌륭한 정보시각화는 한 가지 이상의 시각 표현 기법을 사용하여 데이터에 대한 전체 그림을 그린다. 온라인 응용 프로그램인 네임보이저NameVoyager (http://www.babynamewizard.com/voyager)에서 이름의 첫 몇 글자를 입력하면, 그동안 역사적으로 얼마나 많은 사람이 아이들에게 해당 문자로 시작되는 이름을 지어줬는지를 보여준다(그림 2-9).

이 그림에는 두 가지 시각 차원이 이용됐다. 첫 번째는 시간인데, 입력된 문자로 시작하는 이름이 사용된 빈도를 시간축 위에 표현했다. 두 번째는 크기로, 특정한 연도에 태어난 아이의 이름 중 어느 정도가 해당 문자로 시작하는지 색칠된 영역 면적으로 나타냈다.

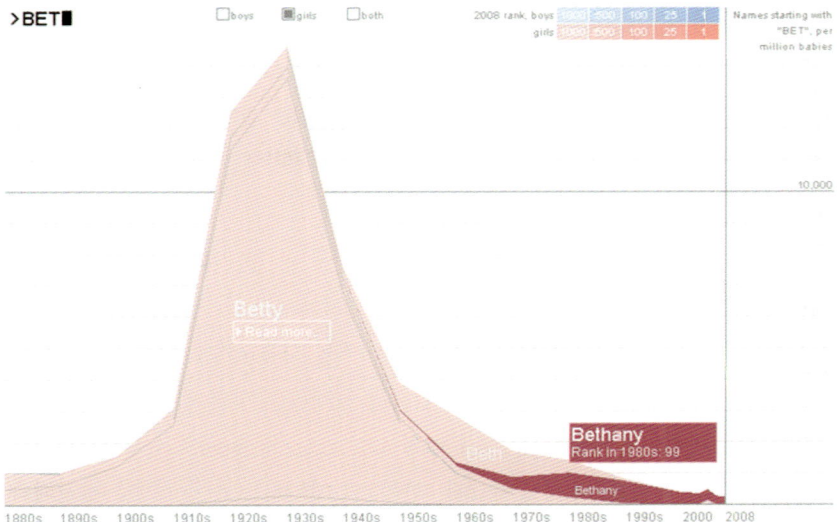

그림 2-9 이름의 빈도수를 연도별로 보여주는 네임보이저의 아이 이름 탐색기 Baby name explorer

이와 같은 유형의 그래프를 **중첩 시계열**stacked time series이라고 하며, 여러 가지 정보를 결합하되 분리해서 표현하는 상당히 표준화된 방법이다.

직접 해보는 시각화 작업

이제까지 일반적인 방법으로 정보시각화의 기초를 알아보았다. 이번에는 시각화를 수행하는 과정을 연습할 것인데, 여기서 흔히 인포그래픽infographic이라고 불리는 정적 시각화를 만들어볼 것이다.

이 연습 과정에는 다음 도구가 필요하다.

- 마이크로소프트 엑셀Microsoft Excel (사용하기 어렵다면 구글 문서도구Google Documents라도)
- 어도비 포토샵Adobe Photoshop (GIMP도 가능)

가능한 실전 과정과 비슷하게 하기 위해서, 앞서 서술한 '질문-데이터-표현' 순서가 아니라 실제로 내가 겪었던 과정대로 재현해보겠다.

데이터 작업

이 시각화 예제를 만들 때, 데이터를 만지작거리며 정보 형태가 명백해지도록 질문을 가다듬는 일부터 시작했다. 정보를 걸러내는 일은 종종 매우 임기응변식 대응이므로, 발견 과정은 일반적으로 기술하기로 한다. 자세한 과정은 이 절의 뒤에서 자세히 논의할 것이다.

데이터 모으기

이 예제에는 쉽게 접근할 수 있고 공개된 데이터를 사용하기로 결정하고, 온라인 정보의 투명성을 위해 미국 정부가 수집하고 공개하는 몇몇 데이터부터 시작하였다. 나는 중고차 현금보상 법안 Car Allowance Rebate System(CARS), 소위 '고물차 현금화' 프로그램을 통해 보상처리된 자동차의 데이터를 이용하기로 결정했다. 내가 사용한 데이터는 홈페이지 http://www.cars.gov/carsreport에서 찾을 수 있는 두 개로 나뉜 엑셀 파일에 수록되어 있다. 이 데이터는 CSV나 MDB 형식으로도 제공된다.

데이터 분류: 탐색 측면

시각화를 다 만들었을 때, 우리는 이 데이터셋을 구성하는 각각의 거래 내역에 대한 어떤 통찰을 얻고 싶을 것이다. 낡아빠진 고물차를 운전하는 한 여성이 오래되고 연비가 떨어지는 차를 처분하고 멋들어진 새 차로 바꾸는 걸 고려하고 있다고 상상해보자.

그 여성이 운전하는 자동차는 어떤 종류일까? 그녀는 현재 운전하는 차와 비슷하지만 새롭고 연비가 더 나은 차로 바꾸는 것을 기대할까(구식 세단에서 신식 세단으로 교체) 아니면 현재 스타일의 차와 완전히 다른 차로 바꾸기를 원할까(SUV에서 문이 두 개짜리인 쿠페로 바꾸는 것처럼)?

우리가 보고 있는 데이터는 각각 그 동기나 운전, 시간, 노력에 대해 보고해야 하는 650,000건 이상의 개별적인 사연의 결과물이다. 우리는 데이터 안에 포함된 개별 이야기를 다 파헤칠 수는 없을 것이다. 그러나 시각화 결과물을 통해 사람들의 선택에 대한 전반적인 이야기를 들려줄 수는 있을 것이다. 우리의 목적은 사용자/관찰자들에게 흥미롭고 새로운 이야기를 들려주는 방법을 찾는 것이다.

이러한 이야기를 찾아내기 위해 데이터를 정리하고, 선별한 순서는 다음과 같다.

데이터를 다운로드한 이후 자동차 입고 내역을 살펴보기 시작했고, 그 데이터들을 서로 다른 방법으로 구별하고자 했다. 애초에 자동차 모델별로 구분하는 게 흥미로워 보였으나, 차량들이 엔진과 변속기 형태에 따라 구분되어 있어 모델별로 구별하기 어려워져 같은 모델이 다르게 구분되는 경우가 있었다.

그러나 차량을 모델별로 구분하는 과정에서 몇몇 브랜드의 경우 보상처리된 차량이 꽤 많이 있었음을 발견했다. 그래서 나는 사람들이 특정 회사 차량을 다른 특정 회사 차량으로 바꾸려 하는 경향성을 찾는데 관심을 두게 되었고, 그에 따라 차량을 브랜드에 따라 구별해 보았다.

경고: '사람들이 어떤 회사 차량에서 다른 회사로 바꾸기를 원하나?' 같은 질문은 시각화를 하기에 곤란한 질문이다. 데이터는 많은 것을 알려줄 수 있긴 하지만, 사람의 동기 같은 복잡한 것에 대한 근사한 정보를 제공하는 데이터는 희귀하다. 데이터를 보여주는 것과 그 의미를 해석하는 것은 또다른 문제이다. 시각화의 일부로 포드 차량을 다른 회사 차량과 교환한 경우가 많기 때문에 사람들이 포드 차를 버리려 한다고 말하는 것은 오류일 것이다. 이러한 언급은 시장 점유율, 판매된 차량의 종류, 대형차 시장에서 포드가 가진 위상, 자동차의 연식 등 많은 중요한 변수를 무시하는 일이다. 최선의 방법은 데이터에서 드러나는 것들을 시각화로 제시하고 사용자나 관찰자들이 나름의 결론을 도출하도록 하는 것이다.

이런 것들을 고려하고 나서 위와 같은 질문을 하는 것은 내부적으로 발견을 유도하게 하는 효율적인 질문이다. 따라서 초기 단계에서 그와 같은 질문을 하는데 주저하지 말자. 다만 마지막 시각화 단계에서 답변하는 일만 피하면 된다.

나는 차량을 브랜드별로 분류한 후 보상처리된 차량 수를 집계했다. 그런 다음 각 보상받은 차 브랜드(혼다, 도요타, GM, 포드, 크라이슬러)와 새로 구매한 신차 브랜드를 비교해보면 흥미로울 것 같았다. 데이터를 모으기 시작하면서 차 브랜드가 매우 많다는 것이 알게 되었으며, 그러다보니 너무 많은 데이터 점을 표현하는 것이 힘들 것 같았다. 그래서 차량을 '모기업', 즉 그 브랜드를 소유하는 회사별로 나누기 시작했다. 예를 들어 렉서스는 도요타의 사업 부서이므로, 나는 렉서스와 도요타 브랜드의 보상처리된 차량들을 모기업인 도요타 아래에 분류했다.

어느 시점부터는 정보를 보여주는 제조사를 국가별로 묶는 것이 가장 매력적인 방법이라고 생각이 되었다. 이렇게 하면 데이터 점수를 10여 개로 줄일 수 있고, 데이터를 그 데이터에서 바로 드러나지 않는 방식으로 묶을 수 있다는 장점이 있다. 이런 방식으로 우리는 데이터에 대한 새롭고 참신한 시각을 얻는다.

데이터 분류: 기술적 측면

데이터를 분류하는 사고의 흐름을 알아보았으니, 이제 실제 파일을 이용하여 같은 과정을 반복하는 일을 연습해보자.

엑셀 파일을 다운받은 후 파일을 열어보면 데이터가 차량 종류(첫째: 트럭, 둘째: 일반 차량) 및 알파벳 순 브랜드명(Acura, Audi, BMW 등)별로 나열된 것을 볼 수 있다. 목적에 맞게 정렬하기 위해 데이터를 차량 제조사별로 범주화하는 편이 가장 편리할 것이다. 이를 통해 나중에 어떤 제조사의 모기업이 어느 국가에 속하는지 판단할 것이다.

엑셀에서 데이터를 정렬하려면, new-vehicle 파일의 New_Vehicle_Make 열이나 trade-in-vehicles 파일의 Trade_in_make 열을 선택하고 메뉴에서 정렬 및 필터 → 내림차순 정렬을 실행한다. 만약 엑셀에서 선택 확장 여부를 옵션이 나오면 클릭하도록 한다.

특정 브랜드의 구매된 모든 차량이나 보상 교환된 차량을 모두 더하기 위해 =SUM(을 입력하고 해당 제조사의 Count 열에 포함된 모든 셀을 마우스로 선택한다. 확인을 해보려면, Acura 구매 수를 모두 더해보자. 이때 결과는 991이어야 한다. 모든 브랜드에 대해 각각 합을 구한 후 데이터를 보기 편하게 하려면, 그 결과를 다른 페이지로 옮겨두자.

한편 지금이 데이터를 가지고 놀아 볼 좋은 타이밍이다. 어떤 차량이 가장 많이 팔렸는지 혹은 어떤 연식 차량이 가장 많이 보상처리 됐는지 조사해보자. 이처럼 작은 데이터셋에서도 수십 가지 흥미로운 질문을 이끌어낼 수 있다. 여러분의 머리 속에 떠오른 한 가지 생각이 새롭고 흥미로운 시각화가 될 수도 있다. 최소한 이것이 데이터를 보는 연습을 할 좋은 기회이다.

이런 종류의 데이터를 분류하는 방법은 많이 있다. CSV 파일을 보기 쉽도록 처리해서 데이터 요약 파일을 만드는 간단한 스크립트나 조그만 프로그램을 만드는 편이 더 효율적일(그리고 더욱 인상적일) 수도 있다. 본 예제에서 엑셀을 사용하는 이유는 프로그램에 익숙치 않은 사람들이 데이터어 부딪혀보고, 시각화 제작에 직접 참여하도록 하기 위해서다.

질문을 정식화하기

이 시점에서는 시각화를 위한 구체적인 질문을 정식화할 수 있도록 우리가 무엇을 하려는지에 대한 꽤 명확한 그림이 보여야 한다. 우리으 질문은 '고물차 현금화 프로그램에서 구매된 차량 브랜드의 국적 비율은 어떻게 되나?'이다.

우리가 대상으로 하는 관찰자들이 이 주제에 그다지 익숙하지 않을지도 모른다는 점을 염두에 둔 상태에서, 위 질문의 맥락에서 시각화를 적절한 준비하기 위해 몇몇 관련 정보를 설정할 수 있다. 여기에 데이터를 맥락화하는 데 도움이 될 만한 목록이 몇 개 있다.

- 이 프로그램은 $2,850,162,400의 비용이 들고, 677,081대의 차량 구매에 필요한 자금을 공급했다.
- 구매된 차량 하나마다 한 대의 차량이 보상처리되고 폐차되었다.
- 이 프로그램은 2009년 7월 1일부터 2009년 8월 24일까지 진행듸었다.
- 이 프로그램에서 보상처리 대상 차량은 연비가 1갤론당 18마일 이하였다.
- 이 프로그램에서 보상처리 대상 차량은 연비가 1갤론당 22마일 이상이었다.

본 시각화를 위하여 우리는 구매된 차량과 폐차된 차량 사이 일대일 대응 관계가 있다는 사실에 주목하였다. 이 점은 버리려는 차와 사려는 차 사이에 흥미로운 균형을(그리고 일종의 드라마를) 만들어냈다. 데이터와 시각화를 통합하면서 이러한 균형 관계를 염두에 두고 시각화를 그에 맞추어 갈 것이다.

이렇게 질문을 구체화함으로서, 우리는 질문이 이끄는 방향으로 데이터를 분류하고 정렬하는 확고한 기본 틀을 마련하였다.

데이터 분류하기

이 단계에서는 연구조사가 약간 필요하다. 브랜드를 국가별로 묶으려면 어떤 브랜드가 어느 나라 회사인지 알아야 한다. 위 두 데이터 파일에는 50개 이상의 브랜드가 나열되어 있어서, 조사에 약간 시간이 걸릴 수 있다. 다양한 자동차 브랜드의 소유주(예를 들어 크라이슬러는 데이터 파일 내에 나열된 브랜드 중 여섯 개를 소유하고 있다)를 알아내는 작업에 관해서는 위키백과Wikipedia가 도움이 된다.

관찰자의 수고를 덜기 위해 데이터를 정리했다(표 2-1 참고).

브랜드	제조사	국가	브랜드	제조사	국가
Jaguar	Tata	England	Hyundai	Hyundai	South Korea
Land Rover	Tata	England	Kia	Hyundai	South Korea
BMW	BMW	Germany	Volvo	Volvo	Sweden
MINI	BMW	Germany	Saab		Sweden
Mercedes-Benz	Daimler	Germany	American Motor	Chrysler	U.S.
smart	Daimler	Germany	Chrysler	Chrysler	U.S.
Audi	Volkswagen	Germany	Dodge	Chrysler	U.S.
Porsche	Volkswagen	Germany	Eagle	Chrysler	U.S.
Volkswagen	Volkswagen	Germany	Jeep	Chrysler	U.S.
Acura	Honda	Japan	Plymouth	Chrysler	U.S.
Honda	Honda	Japan	Ford	Ford	U.S.
Isuzu	Isuzu	Japan	Lincoln	Ford	U.S.
Mazda	Mazda	Japan	Mercury	Ford	U.S.
Mitsubishi	Mitsubishi	Japan	Merkur	Ford	U.S.
Infiniti	Nissan	Japan	Buick	GM	U.S.
Nissan	Nissan	Japan	Cadillac	GM	U.S.
Subaru	Subaru	Japan	Chevrolet	GM	U.S.
Suzuki	Suzuki	Japan	GMC	GM	U.S.
Lexus	Toyota	Japan	Hummer	GM	U.S.
Scion	Toyota	Japan	Oldsmobile	GM	U.S.
Toyota	Toyota	Japan	Pontiac	GM	U.S.
			Saturn	GM	U.S.

표 2-1 브랜드, 제조사, 국가별로 묶은 자동차

하지만 브랜드를 이 방식으로 분류하면 답해야 할만한 질문이 하나 떠오르는 것을 잊지 말자. 예를 들어 재규어사는 전형적인 영국 기업이며 본사가 영국에 있다. 그럼에도 이 회사는 인도 기업인 타타 자동차 소유이다. 재규어는 영국 기업인가 인도 기업인가?

이런 류의 문제를 다루는 '올바른' 방법은 사실 개인적인 선호도이다. 명심할 점은 이런 결정을 하는데 있어 일관성을 유지하고, 관찰자들에게 어떤 방식으로 선택했는지 알려주는 것이다. 보통 시각화 구석에 각주를 다는 것으로도 충분하다.

시각 표현 적용

이제 데이터가 우리가 원하는 형식으로 정리되었다. 보상처리되고 판매된 차량들을 국가별로 정리했다. 이제 데이터를 어떻게 시각적으로 표현할지 정할 시간이다.

우리는 정보의 두 가지 차원을 시각적으로 표현할 것이다. 첫 번째는 국가별로 분류된 차량의 숫자이고, 두 번째는 보상처리된 차량과 판매된 차량을 시각적으로 구분하는 것이다. 보상 판매된 차량과 '고물' 차량 사이 그별은 '이것 아니면 저것'이라 정보에 단계적 차이가 없으며, 시각 표현이 단순화된다. 판매된 차량과 보상처리된 차량을 구분하기 위해 우리는 단순한 색상 기법을 적용할 것이다. 적색은 '보상처리된', 녹색은 '판매된' 차량을 나타낸다.

변동폭이 매우 큰 데이터를 다루기 때문에 크기 표현 기법을 사용하는 편이 적당하다. 크기 표현 방식은 변동폭을 직관적이고 강렬하게 드러낼 것이다. 가장 간단한 구현 방식은 크기가 다른 원이나 막대를 이용하여 보상처리 수와 판매 수를 나타내는 것이다.

면적과 원에 대한 메모

원으로 데이터를 표현하고자 할 때, 원의 반지름이나 지름이 아닌 면적에 변화를 준다는 점을 기억해야 한다. 만약 보상처리 후 판매된 미국 차(575,073대)를 반지름 50픽셀 짜리 원으로 나타낸다면, 엑셀에서는 다음과 같은 방정식을 써서 다른 원의 크기를 계산한다.

SQRT((미국차_반지름^2 * 다른나라차_숫자)/미국차_숫자)

이 점을 지적하는 이유는 원이나 면적으로 정보를 시각화할 때 가장 흔하게 저지르는 실수 때문이다. 원의 반지름이나 지름이 데이터의 크기에 따라 비례하면, 그 면적은 그림 2-11처럼 제곱으로 늘거나 줄어든다. 올바른 상관관계는 그림 2-10과 같다.

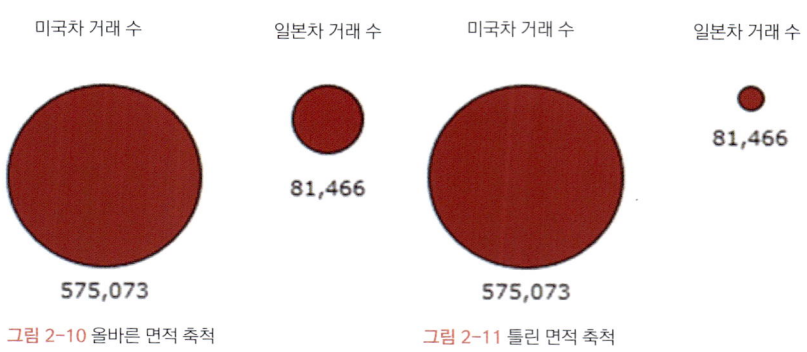

그림 2-10 올바른 면적 축척   그림 2-11 틀린 면적 축척

원의 크기에 대해서 말했지만, 우리는 원을 사용하지는 않을 것이다. 허나 걱정하지 않아도 된다. 여기엔 그만한 이유가 있다.

데이터를 나라별 지도와 같이 보여주기

우리의 정보시각화 이야기에서는 나라가 중심이다. 그러므로 우리는 다양한 나라들의 지도 모양을 사용해서 그 크기를 적절히 조정하는 방식을 이용할 것이다. 이렇게 하면 몇 가지 이점이 있다.

첫째, 나라의 모양은 이 시각화에 시각적인 연결고리visual hook를 더해 준다. 만약 모국이 목록에 있다면 관찰자는 그 모양을 쉽게 구분할 수 있을 것이며 관심을 가질 것이다. 또한 이용자들의 모국 혹은 익숙한 나라에 대한 감정에 파고들 수 있다. 이와 같은 연결고리는 관찰자가 시각화를 좀더 기억하고, 다른 사람에게도 추천하도록 하는 여지가 될 것이다.

둘째, 원 대신 나라 지도 모양을 사용해서 시각화가 상이한 여러 가지 크기로 정보를 전달할 수 있도록 한다. 손톱 크기만한 지도 그림도 쉽게 식별이 되므로,

관찰자들이 이 시각화가 뭔가 국적과 관련이 있음을 이해할 것이다. 손톱 크기만 한 원은 그냥 원들의 집합처럼 보일 뿐이다.

셋째, 원과 막대만 사용한다고 했을 때 국적을 표시하려면 문자를 써야만 한다. 이런 방식이 아주 나쁜 방법은 아닐지라도, 문자를 읽어야만 하므로 관찰자가 시각화 결과물을 이해하는데 필요한 시간이 증가한다. 이는 시각화의 즉각적인 효과를 감소시킬 위험이 있다.

마지막으로 관찰자들은 세계 지도에서 항상 면적이 일정한 나라 모양을 보는 데 익숙하다는 점이 있다. 익숙한 형상들을 꺼내어 남한이 독일보다 크고 미국이 일본보다 작은 것처럼 익숙하지 않은 상황에 놓으면 흥미를 유발할 수 있다. 이는 이야기 구성에서 '예상 밖의 전개twist' 같은 것으로 생각할 수 있다.

나라 모양을 원 대신 사용하기로 했으므로, 목록에 포함된 나라에 대한 시각적 표현 정보를 찾아야 한다. 가장 그럴듯한 방법은 .svg 확장자로 된 나라 이름을 검색해보는 것이다. SVG는 'Scalable Vector Graphics(축척 가능한 벡터 그림)'을 의미하며 월드 와이드 웹 컨소시엄World Wide Web Consortium(W3C)에서 제정한 벡터 그림의 공개 표준이다. SVG는 무료 이미지나 지도에 자주 쓰이는, 잘 알려진 벡터 이미지 표준이며 벡터를 다루는 응용 프로그램이 많이 지원한다.

위키미디어 공용Wikimedia Commons(http://commons.wikipedia.org)에는 다양한 무료, 고해상도 벡터 양식 지도가 있다. 이러한 지도는 축척 변화가 용이하며, 본 예제 같은 프로젝트에 매우 적합하다. 구하기 어려운 지도는 Wikimedia Commons에서 제공하는 세계 지도에서 추출할 수 있다. 이러한 파일들은 어도비 일러스트레이터나 잉크스케이프Inkscape(http://www.linkspace.org)에서 수정 가능한 벡터 파일 형식이나 또는 GIMP에서 비트맵 방식으로 열 수 있다. 일러스트레이터에서 벡터 객체들은 포토샵 프로그램으로 직접 복사 및 붙여넣기가 가능하다.

이제 표현을 간략화하기 위해 어떤 최소 값(1,000+ 차량) 이상으로 보상처리 및 판매된 나라들만 표시할 것이다. 따라서 미국, 일본, 한국, 독일, 스웨덴, 영국의 지도만이 필요한 상황이다.

해당 나라의 이미지를 얻었다면, 이제 예제에 맞게 그 크기를 조절하는 일이 남았다.

시각화 구축

이미지를 응용 프로그램으로 옮기고 나면, 크기를 조절하여 보상처리되고 판매된 자동차 수를 적절히 표현하도록 만들어야 한다.

나는 가장 값이 큰 데이터(이 경우 미국에서 생산된 보상처리 차량인 575,073대)를 선택하여 인포그래픽 전체 틀에 잘 맞도록 크기를 조절하는 실용적 방법을 쓴다. 이러면 다른 그래픽 요소들이 너무 커지지 않도록 만들 수 있다. 이 데이터는 다른 요소의 크기를 결정하는 기준이 될 것이다.

기준 요소의 크기를 정하고 나면, 그 모양에 얼마나 많은 픽셀이 포함됐는지 세어봐야 한다. 포토샵이나 GIMP에 선택된 레이어의 픽셀 수를 쉽게 세는 요령이 있다. 두 응용프로그램 모두 현재 선택된 픽셀 수를 보여주는 'Histogram'이라는 이름의 창이 있는데 이 도구를 사용하여 기준 요소의 픽셀 수를 측정할 수 있다. 그리고 나서 다음 식을 이용하여 다른 형상들의 픽셀 수를 결정한다.

원하는_크기 = 다른숫자 * 기준모양_크기 / 기준수

예를 들어 81,466대의 일본 차량이 보상처리됐다고 하자. 만약 미국 지도가 25,000픽셀이 되도록 크기를 정했다면, 위 방정식으로 일본 지도의 크기를 결정한다.

일본_크기 = 81,466 * 25,000 / 474,073 = 3,542픽셀

보통 엑셀을 사용하여 계산하는 것이 저장하고, 재확인하거나 이를 반복할 때 편리하다.

Histogram의 창 기능을 사용하면, 복잡한 모양의 나라 지도도 크기를 측정해서 적절한 픽셀 수가 되도록 조절할 수 있다.

나라들을 수직축에 배열하여, 이 시각화를 실을 곳(이 책의 한 페이지)의 중심선을 포함하도록 했다. 이렇게 해서 색상 요소에 대칭성을 부여하고 적/녹, 판매/보상처리의 대비를 강조하는 효과를 얻는다.

이제 시각화의 핵심을 완성했다. 소개 문구에 설명을 간략히 추가하고, 재규

어와 랜드로버 브랜드의 소속 국가를 결정한 기준에 대한 각주를 추가하면 그림 2-12처럼 표현된다.

이 시각화는 우리의 설계 기준을 만족한다. 상단의 소개 글을 통해 이야기를 시작하고 있고, 관찰자의 관심을 이끌 수 있도록 흥미롭게 배치되어 있으며, 바로 이해할 수 있다. 우리는 '신차/폐차'의 이분법을 색상 표현과 대칭적인 배치(색약

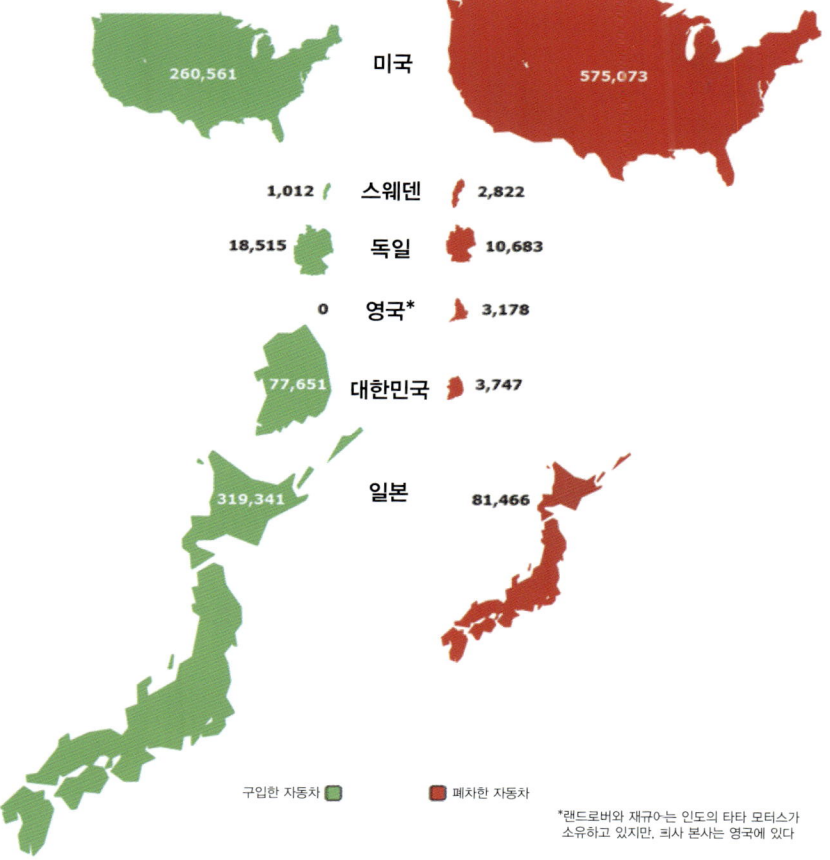

그림 2-12 최종 시각화 결과물

인도 이 인포그래픽을 이해할 수 있도록 하려면 중요함)로 강조하였다. 이 시각화는 우리가 원하는 건 관찰자가 흥미로워 할 만한 이야기란 것을 증명하고 있다.

▍결론

이 예제는 효과적인 시각화를 만드는데 필요한 기술 중 일부만을 다뤘다. 데이터 관련 주제에 관한 배경 지식 뿐 아니라 색상 이론, 타이포그래피typography, 컴퓨

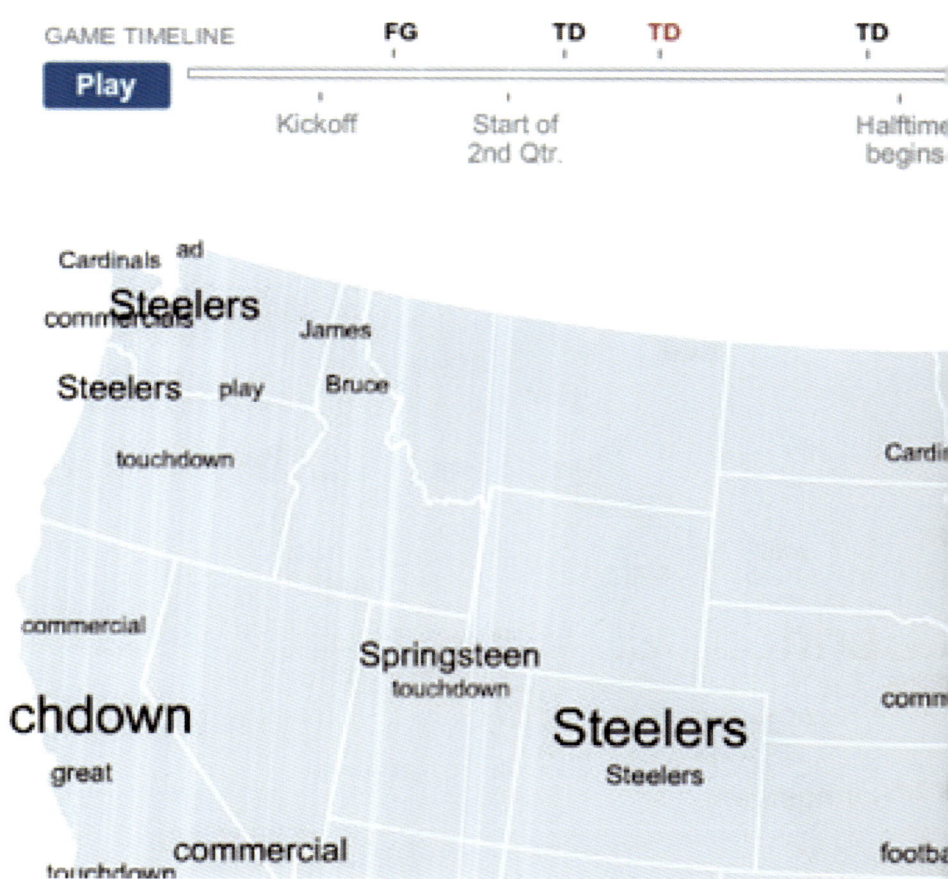

터를 사용한 데이터 마이닝data mining과 프로그래밍 등의 분야에 대한 더 깊은 지식은 매력적인 시각화를 만들어 내는데 도움이 될 것이다.

시각화 제작 과정에 영향을 주는 배경 분야가 다양하긴 하지만, 시각화가 어떤 이야기의 일부라는 면에서 이들 모두를 하나로 통합할 수 있다. 회사의 실적 데이터를 보여주는 단순한 막대 그래프조차도 (경영 방식 변화와 같이) 좀더 큰 맥락에서 볼 때 가치 있고 기억할 만한 정보에서 나온다. 결국 우리가 연관 짓는 맥락과 이야기가 시각화의 영향력을 오래 지속되도록 한다.

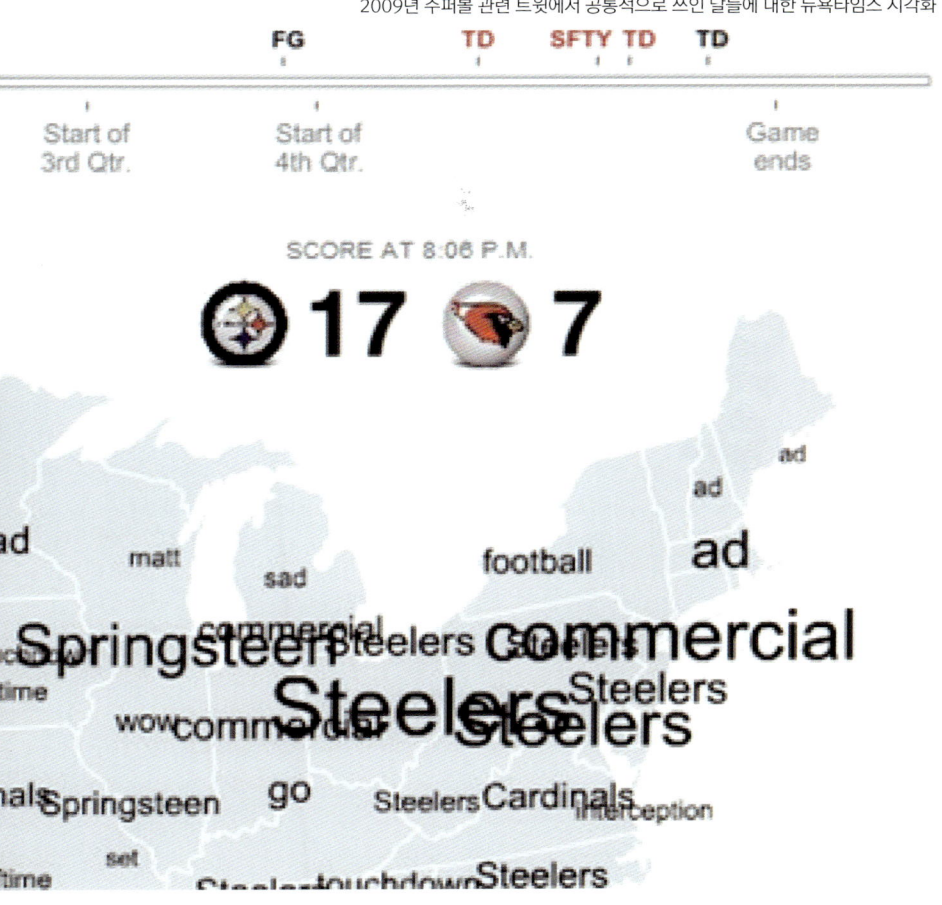

2009년 수퍼볼 관련 트윗에서 공통적으로 쓰인 달들에 대한 뉴욕타임스 시각화

3장

워들

조녀선 파인버그 | Jonathan Feinberg

그림 3-1 이 장의 워들(http://www.profhaater.com/2009110121/wordles-or-the-gateway-drug-to-texualanalysis/를 참조)

지금은 이미 '정보시각화'란 말을 들어 본 적이 없는 사람조차도 다채로운 단어 콜라주를 만들어주는, '텍스트 분석의 입문 마약 같은' 워들을 잘 안다. 워들 Wordle은 del.icio.us나 플리커Flickr 같은 사이트에서 보급된 실용적 목적의 태그 구름tag cloud에 뿌리를 두고 있긴 하지만, 보는 즐거움을 위해 디자인된 것이다.

워들의 시작

2004년에 내 동료 버나드 커Bernard Kerr와 나는, 버나드가 독이어dogear라고 이름 붙인 소셜 북마킹 애플리케이션을 만들었다(Millen, Feinberg, Kerr 2006). 사용자가 콘텐츠에 태그를 붙이는 애플리케이션에는 보통 클릭이 가능한 키워드 묶음을 대략적인 사각형 모양으로 나열하는, 태그 구름 기능이 있기 마련이다. 그런 이유로 독이어를 디자인할 때도 모든 페이지에서 눈에 잘 띄도록 태그 구름을 반드시 넣었다.

그림 3-2 독이어에서 표시되는 나의 태그

나는 태그 구름이 시각적으로 특별히 재미있거나 만족스럽다고 생각해본 적이 없다. 태그 구름이 정보 탐색navigation이나 기타 대화형 작업에 유용하다는 증거는 별로 없다. 그러나 블로거 맷 존스Matt Jones가 del.icio.us 태그를 타이포그래피 관점에서 생생하고 아름다운 이미지(그림 3-3)로 표현해낸 것을 보았을 때는, 정말 기분이 들떴다. 그리고 나 또한 컴퓨터 프로그램을 이용하여 비슷한 무언가를 만들지 못할 이유가 없다고 생각했다. 적어도 'i'의 점을 'g'의 아래쪽 동그라미에 찍는(존스가 만든 태그 구름에서처럼) 어떤 것, 그 당시 태그 그룹을 넘어서는 무언가를 만들어내고 싶었다.

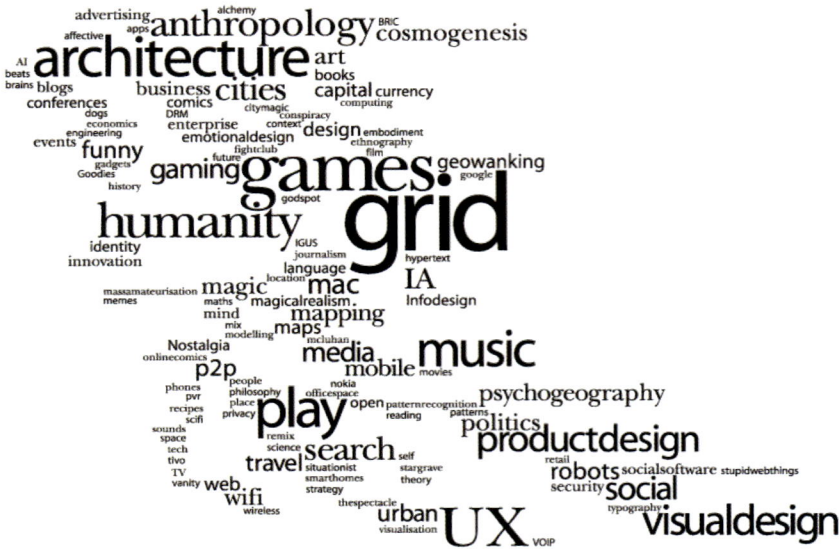

그림 3-3 맷 존스가 만든, 타이포그래피가 눈에 띄는 태그 구름

    나는 한 주 정도 코드를 작성해서, 이용자가 현재 문맥과 관련한 태그들을 클릭해서 독이어를 탐색할 수 있게 해주는 '태그 탐색기'(그림 3-4)라는 자바 애플릿을 만들었다.

그림 3-4 독이어 태그 탐색기

IBM 동료들이 태그 탐색기 화면을 갈무리한 그림을 이력서나 이메일 서명 등에 많이 활용한 점을 보고, 태그 탐색기가 한 개인의 관심 내용을 묘사하는 일종의 초상화로 유용하다는 사실을 금방 확인했다.

그림 3-5 글쓴이의 2006년도 업무용 이메일 서명

IBM이 독이어를 완성했을 때 태그 탐색기는 포함되지 않았고, 나는 그것에 대해 다 잊어버렸다. 몇 년 뒤 우연히 태그 탐색기 코드를 찾아내고 나서 이를 좀더 개발할 가치가 있다고 생각했다.

초기 태그 탐색기는 독이어와 일반적인 태그 구름 방식에단 전적으로 매여 있었다. 나는 전체 '태그' 아이디어에서 단어 구름의 재미만 분리하는 방법을 찾으려던 중이었는데, 태그가 기술에 조예가 깊은 사람에게만 친숙한 반면, 단어 구름은 보는 재미가 있어 일반인도 접하기 쉬워 보였다. 그러다가 단순하게 단어 수를 세는 아이디어는 어떨까라는 데에 생각이 미쳤다. 사실 태그보다는 텍스트를 보는 시스템을 만들기로 한 이상, 단어를 그냥 페이지에 표시하는 것 외에 어떤 기능을 하게 만드는 일은 불필요해 보였다. 나는 찰스 임스Charles Eames가 "누가 재미가 쓸모 없다고 했나?"라고 말한 것처럼, 주로 재미를 위한 디자인을 하기로 마음 먹었다. 결국 이 생각 덕분에 어떤 특성은 유지하고 어떤 특성은 버릴지, 또 인터페이스는 어떻게 디자인할지 정하기 쉬워졌다(그림 3-6).

그림 3-6 워들의 텍스트 분석 사용자 인터페이스

워들(이제 이렇게 부르기로 했다)은 보기에 재미 있으라고 만드는 거라서, 글꼴과 색상 팔레트 같은 표현상 특징을 조금 고려해야만 했다(그림 3-7).

   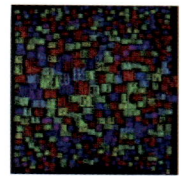

그림 3-7 워들은 다양한 팔레트, 글꼴, 레이아웃 방법을 제공한다.

워들을 단순화하고, 일을 넘어 재미를 강조하려는 내 노력은 몇 배 이상 보상받았다고 생각한다. 전혀 예상하지 않았던 방식으로, 내가 생각조차 하지 못한 사람들이 워들을 사용했다. 워들이 성공한 이유는 1회 복사/1회 클릭하면 바로 만족스러운 결과가 나오도록 만든 웹 애플리케이션 디자인 덕이 어느 정도 있다. 하지만 워들이 시각화 디자인 그 자체의 특수성 때문에 널리 쓰이게 된 거라면, 워들이 무엇인지 그리고 어떻게 동작하는지 자세히 조사하기 전에 그 반대급부도 살펴볼 가치가 있다.

태그 구름 해부

전형적인 태그 구름은 텍스트 줄로 구성된다. 한 줄에 있는 어떤 단어가 다른 것보다 클 경우에 작은 단어의 상단 공백이 어색하게 균형이 맞지 않아 보일 수 있다. 예를 들어 그림 3-8을 보면 'everett hey'가 있는 곳 위쪽에 굉장히 넓은 공백이 있는데, 이는 그 옆의 'everett everette'가 줄의 높이를 결정하기 때문이다.

그림 3-8 공백에서 길을 잃다(http://manyeyes.alphaworks.ibm.com/manyeyes/page/Tag_Cloud.html).

이렇게 단어의 크기가 지나치게 차이가 나서 생기는 들쭉날쭉한 공백을 줄이는 방법 하나는 del.icio.us가 했던 것처럼 단어 가중치를 몇 단계로만 압축해서

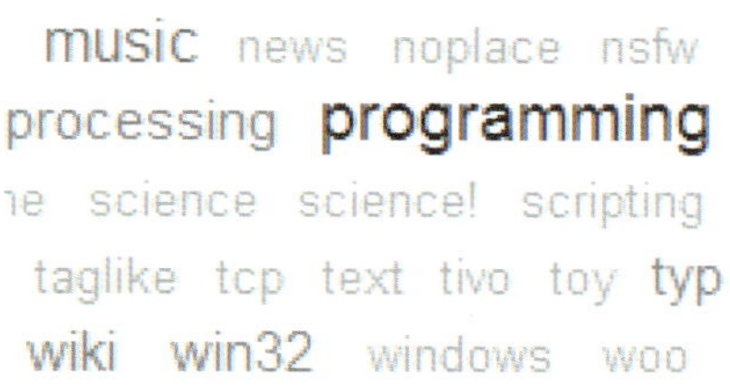

그림 3-9 단어 가중치 사이에 차이를 압축하기

쓰는 방식이다. 그림 3-9에서 'programming' 태그는 55년, 'scripting'은 단 한 번만 사용되었지만, 더 많이 쓰인 쪽의 글꼴이 50% 정도 밖에 더 크지 않다. 그리고 글꼴에 가중치(굵기)를 사용하면 여러 단어의 가중치 차이가 더 강조된다는 것에도 주목하자.

실제로 del.icio.us는 단어 가중치를 (대략적으로) 로그 척도를 통해 조정한다. 태그 경우처럼 원 데이터가 멱함수 분포 power-law distribution를 따르는 경우에는 가중치 척도에 로그나 제곱근을 적용해서 조정하는 편이 합리적이다. 이런 진지하고 실용적인 디자인과 워들이 있는 화려한 세계 사이 더디 즈음에, 더욱 실험적인 인터페이스들이 있다. 일례로 WP-Cumulus 블로그 플러그인은 회전하는 3차원 구 형태로 태그를 보여주는 기능을 제공한다(그림 3-10).

시각화와 정보 탐색을 결합하려는 욕구 탓에 태그 구름의 디자인[1]에 어떤 제약이 생기곤 한다. 하지만 '기능'이라는 압박에서 벗어나면 (즉 더 이상 정보 탐색 기능을 지원하지 않으면) 공간을 마음껏 활용하는 일이 가능해진다.

[1] 태그 구름 디자인에 대해 궁금해서, 친절한 해설을 덧붙인 내용을 살펴보려면 다음 사이트를 방문해보자. http://www.smashingmagazine.com/2007/11/07/tag-clouds-gallery-exampes-and-good-practices/

그림 3-10 WP-Cumulus: 도저히 '태그 구름'을 클릭할 수 없다.

2차원 공간을 채우기

상자 채우기bin-packing라 불리는 문제는 약간의 개선책만 찾아도 컴퓨터 과학 박사 학위를 받는 경우가 많을 정도로 어렵다. 그런데 다행히도 쉽고 훌륭한 방법이 있다. 무작위 탐욕 알고리즘randomized greedy algorithm이 그것이다. 무작위라는 말은 단어를 화면에서 원하는 자리 근처 어딘가에 배치해보고, 다른 단어와 겹치면 다시 자리를 바꾸는 일을 이 알고리즘이 반복하기 때문에 붙은 것이다. 추가로 큰 단어를 먼저 선택한다는 점에서는 탐욕적greedy이다.

워들의 특징은 두 제약 조건으로 결정된다. 우선 적절한(아마도 의미 있는) 가중치가 부여된 단어 목록이 있다고 하자. 이때 모든 단어를 한 번 이상 표시하지 말아야 하고, 글꼴 크기를 바꾸는 일 이외에는 단어의 모양을 변형하지 말아야 한다는 내용이 그 제약 조건이다. 조금 놀랍게도 이러한 조건을 따르지 않으면, 여러 가지 아름답고 흥미로운 시각 효과를 줄 수 있다.

그림 3-11 무작위 탐욕 알고리즘의 힘을 무시하지 말자.

예를 들어 어떤 단어 집합을 팔레트로 해서 몇 번이그 무작위로 단어를 골라 크기 제약 없이 표시한다고 하면, 무작위 탐욕 전략을 써서 거의 모든(사각형 모양 말고도 여러) 영역을 채울 수 있다(그림 3-11).

자레드 타벨Jared Tarbell이 만든 매우 정교한 '감정 프랙탈Emotion Fractal'(http://levitated.net/daily/levEmotionFractal.html) (그림 3-12)에서는, 공간을 계속 되풀이해서 더 작은 사각형으로 무작위로 나눈 후 점점 더 작은 단어를 써넣는다. 이 시각 효과는 임의의 가중치를 바탕으로 무작위로 선택될 후보 단어 집합에 따라 달라진다.

그림 3-12 자레드 타벨의 감정 프랙탈

필요에 따라 단어를 잡아 늘리거나 찌그러뜨려도 된다면, 다른 시각 효과도 가능하다. 예를 들어 그림 3-13은 유서 깊은 트리맵treemap 형식의 변형을 보여주는데, 공간이 사각형 대신 글자로 채워져 있다. 각 단어는 빈도에 비례하는 넓이만큼 영역을 차지하며 원본 텍스트에서 서로 밀접하게 관련된 단어들이 한 사각형 내에 표시된다.

그림 3-13 오바마가 어떤 연설에서 사용했던 단어의 트리맵

프로세싱 스케치와 플래시 애플릿들이 없던 오래 전부터, 사람들은 대중매체나 미술 작품(그림 3-14)에서 이런 종류의 타이포그래피 구성을 시도했음을 짚고 넘어가야겠다. 사람들은 형태로서의 글자와 기호로서의 글자 사이의 경계를 탐구해왔다(그림 3-15). 이런 알고리즘을 탐구하는 목적은 그런 재치있고, 우아한 예제들이 텍스트 데이터 표현 방식에 영향을 미치도록 하는 데에 있다.

그림 3-14 타이포그래피집합 Herb Lubalin and Lou Dorfsman's typographicalassemblage(디자인 스터디 센터 제공)

그림 3-15 우리는 글자로 그림을 만들기 전에, 그림으로 글자를 만들었다.

워들이 진화한 기술적, 심미적인 배경에 대해 간단히 알아보았으므로, 이제 워들이 채택한 기술적, 심미적인 내용에 대해 좀더 자세히 살펴보자.

▶ 워들의 작동방식

워들은 자바 애플릿으로 구현되었다. 여기서 설명할 기술적인 내용 중 일부는 자바에 특화된 것이다. 다른 라이브러리나 프레임워크를 활용하는 여타 프로그래밍 언어를 사용해도 문제는 없지만, 자바가 유니코드 텍스트 처리나 (Java2D API를 이용한) 2차원 그래픽 처리 지원에 강점이 있으므로 자바를 사용하면, 일이 상당히 수월해진다.

텍스트 분석

이제 앞 단계로 되돌아가 워들을 특징 짓던 기본 가정에 대해 생각해보자. 특히 워들이 다룰 '텍스트'가 무엇인지 검토할 필요가 있다.

이런 부류의 텍스트 분석은 이런저런 자연어 처리 작업에 드는 노력에 비하면 간단한 편이지만, 그래도 여전히 지루하게 구현해야 하는 일이다. 이 절에 나오는 작업을 자바로 한다면, 내가 만든 cue.language(http://gthub.com/vcl/cue.language) 라이브러리를 이용하는 편이 편리할지도 모른다. 이 라이브러리는 충분히 가볍고 빠르며, 이미 워들에 포함된 채로 하루에도 수천 번씩 동작하고 있다.

    자연어 분석이 과학 못지 않게 기술의 영역에 있음을 염두에 두자. 또 자연어 분석에 최신 계산 도구를 활용하더라도, 개인적 판단과 감각에 의존해야 할 때가 많다.

단어 찾기

워들의 목적이란 단어에 어떤 가중치가 있어서, 그 가중치로 크기가 결정되는 그림을 그리는 일이다. 그렇다면 워들에서는 무엇을 한 '단어'로 식별할까?

    워들 안에는 갖가지 본문에서 단어를 식별하는 정규 표현식이 있어서[2], 이 표현식을 예제 3-1처럼 주어진 텍스트에 순차적으로 적용하여 단어를 찾는다. 출력은 하나의 단어 목록이다.

> [2] 이 기술에 대한 상세한 설명을 보려면, 자매 책인 『Beautiful Data』에서 피터 노빅이 자연어 처리에 관해 쓴 장을 참조하자.

```
private static final String LETTER = "[@+\\p{javaLetter}\\p{javaDigit}]";
private static final String JOINER = "[-.:/''\\p{M}\\u2032\\u00A0\\u200C\\u200D~]";
/*
A word is:
    one or more "letters" followed by
    zero or more sections of
        one or more "joiners" followed by one or more "letters"
*/
private static final Pattern WORD =
    Pattern.compile(LETTER + "+(" + JOINER + "+" + LETTER + "+)*");
```

예제 3-1 '단어들'을 식별하는 방법

letter레터는 @at 부호이나 +더하기 부호에 덧붙여, 자바 Character 클래스에서 '글자'나 '숫자'로 구분하는 어떤 문자부호를 뜻한다. Joiners연결문자는 다양한 비공백nonspacing 표식과 조합combining 표식 문자에 대응하는 유니코드 M 클래스와 URL에서 흔히 사용하는 구두점 몇 개(워들 이용자들은 URL이 한 '단어'로 취급되길 바랬다), 어포스트로피apostrophe 그리고 보통 어포스트로피처럼 쓰이는 몇 가지 문자부호(PRIME 부호, U+2032)를 포함한다. 워들은 물결표(tilde, ~)를 받아서 출력할 때 이 문자를 공백으로 바꾸어 넣는데, 단어를 구분하는 다른 공백 문자들 대신에 '이 단어들을 하나의 단어처럼 붙여서 표시하라'고 지정하는 연결문자로 편리하게 활용하기 위함이다.

스크립트 결정하기

단어(여기서 '단어'라고 부르는 것들) 목록을 추출하고 나면, 이 단어들을 어떻게 보여줄지 결정해야 한다. 우선 어떤 문자부호를 보여줄 것이지 파악해야만, 그 문자부호를 지원하는 글꼴을 고를 수 있다.

워들의 글꼴 모음은 각 글꼴이 지원 가능한 스크립트에 대응해서 구성되어 있는데, 여기서 스크립트는 알파벳(하나 이상의 언어에서 문자열을 시각적으로 표시하는데 쓰이는 글리프[3]의 모음) 같은 문자체계를 떠올리면 된다. 유니코드 스크립트는 한 개 이상의 블록으로 되어 있다. 그러므로 이제부터 할 일은 입력된 텍스트에 어떤 블록이 대응되는지 찾아내서 이용자가 원하는 글꼴을 고르도록 하는 일이다.

자바는 주어진 코드 포인트code point가 속한 블록이 무엇인지 결정하는 용도로 UnicodeBlock.of(int codePoint) 정적 메소드를 제공한다. 워들에서는 텍스트에서 가장 빈번하게 나타나는 단어를 골라서 각 단어의 맨 앞 문자를 살펴본다. 대부분 그 문자는 라틴Latin 블록에 속하는데, 이럴 경우에는 단어의 뒷 부분에 라틴 보충 문자Latin-1 Supplement characters(지원하지 않는 글꼴 몇 개를 제외해야 함)나 라틴 확장블록Latin Extended blocks(더 많은 글꼴을 제거해야 함)에 속하는 문자가 있는지 살펴본다. 그 후에 최종적으로 가장 자주 나오는 블록을 선택한다.

네트워크 자원 사용을 줄이고 반응성을 높이기 위해서, 워들은 글꼴을 하나씩만 쓰도록 디자인되었다. 조금 더 기능이 많은 단어 구름이라면 단어별로 다른 글꼴로 표시해서 추가적인 시각적 차원, 예를 들면 원본이 다른 텍스트를 구분하는 용도로 정보 차원을 보여줄 수 있을지도 모른다.

이 글을 쓰는 현재 워들은 라틴, 키릴Cyrillic, 데바나가리Devanagari, 히브리, 아랍, 그리스 스크립트를 지원한다. 디자인의 특징으로 워들은 CJKV 스크립트, 즉 중국어, 일본어, 한국어, 베트남어처럼 표의 문자들을 포함하는 스크립트를 지원하지 않는다. CJKV 글꼴은 상당히 커서 일반적인 워들 이용자가 다운로드 받기에 시간이 너무 많이 걸린다(또한 상당량의 대역폭 비용이 든다). 또한 표의 문자 체계의 언어에서 단어를 구별하려면 복잡한 기계 학습 알고리즘과 대용량 런타임 데이터 구조가 필요한데, 이는 워들이 감당하기 어렵다.

[3] 옮긴이 문자의 모양을 나타내는 기호

간단한 유니코드 설명

워들은 유니코드로 된 텍스트만 처리하므로, 앞으로 보게 될 유니코드 관련 용어나 표기법을 이해하려면 알아둬야 할 내용을 소개한다.

유니코드 표준은 부호화된 전세계의 문자 집합과 그 문자를 바이트 열로 컴퓨터에 표시하는데, 필요한 몇 개의 명세서로 되어 있다.

문자부호는 추상적인 개념으로, 문자 언어의 기본단위 역할을 하는 기호들을 가리킨다. 문자부호는 '글자'와 같지 않은데, 예를 들어 어떤 유니코드 문자부호(강세 부호, 움라우트, 영폭 연결자zero-width joiner)들은 다른 문자부호와 조합해야만 의미가 생긴다. 각 문자부호에는 이름이 하나씩 붙으며(예를 들어 그리스 대문자 알파처럼), 숫자 여부, 대문자 여부, 오른쪽에서 왼쪽으로 쓰는 문자인지 여부, 발음 부호 여부 등 여러 가지 속성이 포함되어 있다.

문자부호 집합이나 문자부호 목록repertoire도 추상적 개념으로, 정렬되지 않은 문자부호 모음을 뜻한다. 한 문자부호는 어떤 문자부호 집합에 속하거나 속하지 않는다. 유니코드 표준에서는 보편적인 문자부호 집합(현재 쓰이거나 역사적으로 쓰인 적이 있던 모든 문자언어의 문자부호를 포함하는 집합)을 제공하려 노력하며, 그 이상을 실현하기 위해 꾸준히 표준을 개정하고 있다.

코드화된 문자부호 집합에서는 각 문자부호에 유일한 정수 값(코드 포인트)을 하나씩 부여한다. 문자부호에 코드 포인트가 배정되면, 그 숫자로 문자부호를 참조한다. 관례적으로 코드는 대문자 U, + 부호, 16진수로 이루어진다. 예를 들어 이 장 앞 부분에서 언급한 PRIME 문자부호의 코드 포인트는 U+2032이다.

코드화된 문자부호들은 문자부호가 속한 스크립트에 따라 정리되어 있고, 스크립트는 서로 연관성이 깊은 문자부호로 이루어진 블록으로 구성된다. 예를 들어 라틴 스크립트(대부분의 유럽어 사용 가능)는 기본 라틴(라틴어와 영어를 표현하기에 충분한 문자부호를 포함), 라틴-1 보충(발음 부호와 결합 제어문자combining controls를 포함), 라틴 확장 A, 라틴 확장 B 등의 블록에 속해 있다.

실제로 컴퓨터 화면에 픽셀로 출력해야 할 때가 되면, 컴퓨터 프로그램이 문자열을 해석해서 글꼴을 사용해 글리프glyph들을 문맥의 맞춰 표현한다.

언어를 추측하고 불용어를 삭제하기

텍스트 대부분이 'the', 'it', 'to' 등으로 구성되었다는 사실은 그다지 흥미롭지도 놀랍지도 않은 일일 듯하다. 워들의 결과물이 모두 비슷비슷하게 보이기 때문에 지루하지 않도록, 각 언어의 불용어stop word, 不用語를 제거할 필요가 있다. 그런데 삭제할 불용어 목록을 알려면 우선 텍스트의 언어를 추정해야만 한다.

많은 언어가 같은 스크립트를 사용하기 때문에, 스크립트만으로 언어를 추정하긴 어렵다(예: 프랑스어와 이탈리아어는 라틴 스크립트를 공유한다).

워들은 텍스트의 언어를 추정하는 데에 간단한 접근 방식을 사용한다. 그 방법은 텍스트에서 가장 자주 쓰인 단어 50개를 골라, 그 단어가 각 언어의 불용어들과 몇 번 일치하는지 세는 것이다. 그 결과 가장 많이 겹치는 불용어 목록의 언어를 그 텍스트의 언어로 추정한다.

불용어 목록은 어떻게 만들까? 앞에서 '단어'를 정의할 때와 마찬가지로, 이런 종류의 일은 취향의 문제이지 과학의 문제는 아니다. 일반적으로 큰 말뭉치corpus에서 나타나는 단어 중에 가장 빈도수가 높은 단어를 불용어 후보로 삼는 일부터 시작한다. 하지만 빈도수가 높은 단어가 불용어 같아 보이지 않거나, 빈도수가 낮은 단어가 그저 별 의미 없는 단어 같다면 목록을 약간씩 손봐야 한다.

워들이 사용하는 불용어 목록 대부분은 자신이 쓰는 언어가 더 잘 나오길 바라는 사용자들이 작성해주었다. 도움을 준 사람들의 이름은 워들 웹 사이트에 올라가 있다.

워들의 초기 설정대로라면 다음 단계로 넘어가기 전에 단어 목록에서 해당 언어의 불용어를 삭제하지만, 메뉴 체크박스를 이용해 이 설정을 끌 수도 있다.

단어에 가중치 주기

워들은 각 단어에 주는 가중치 값을 간단하게 정의하며, 수식은 다음과 같다. 가중치 = 단어 빈도수

레이아웃

텍스트를 분석하고 나면 단어 목록이 생기는데, 빈도수에 따른 가중치가 각 단어에 부여된다. 워들은 이 가중치를 임의의 척도로 정규화하며, 이 척도로 결

과 이미지에 영향을 미치는 다양한 상수 값(뒤에서 설명할 계층적 경계 상자 hierarchical bounding box의 리프leaf의 최소 크기 등)의 크기가 결정된다. 이제 단어를 그래픽 객체로 바꾸고 공간에 배치할 준비가 되었다.

가중치가 적용된 단어를 모양으로 바꾸기

워들은 각 단어에 대해서 포인트 크기가 척도 조정된 가중치와 같아지도록 글꼴을 구성한 후에 그 글꼴을 사용해서 Java2D Shape를 생성한다(예제 3-2).

```
private static final FontRenderContext FRC
    = new FontRenderContext(null, true, true);
public Shape generate(final Font font, final double weight, final String word,
                  final double orientation) {
    final Font sizedFont = font.deriveFont((float) weight);
    final char[] chars = word.toCharArray();
    final int direction = Bidi.requiresBidi(chars, 0, chars.length) ?
        Font.LAYOUT_RIGHT_TO_LEFT : Font.LAYOUT_LEFT_TO_RIGHT;
    final GlyphVector gv =
        sizedFont.layoutGlyphVector(FRC, chars, 0, chars.length, direction);
    Shape result = gv.getOutline();
    if (orientation != 0.0){
        result = AffineTransform.getRotateInstance(orientation)
            .createTransformedShape(result);
    }
    return result;
}
```

예제 3-2 문자열을 모양으로 바꾸는 방법

놀이 공간

워들은 각 단어의 경계 상자를 조사해서, 그 넓이를 더하고, 작은 단어들을 큰 단어 근처나 그 내부에 밀집 배치close packing되도록 넓이 합을 조정하는 방식으로 최종 단어 구름이 차지하는 전체 영역을 추정한다. 그 결과로 나온 영역은 목표 종횡비를 맞추도록 비율이 조정된다(종횡비는 결국 레이아웃이 정해지는 순간의 워들 애플릿 크기로 결정된다).

'경기장'(즉 워들 이미지가 위치할 영역)의 크기를 조정하는데 사용되는 상수는 '좋아' 보이고 '잘' 동작할 때까지 값을 이리저리 바꿔어보는 전통적인 방식으로 결정했다. 이때 놀이 공간playing field의 정확한 크기는 상당히 중요한데, 놀이 공간의 경계선이 레이아웃을 정할 때 제한조건이 되기 때문이다. 만약 놀이 공간이 너무 작으면, 배치하는데 시간이 오래 걸리거나 단어 대부분이 놀이 공간 바깥쪽에 위치하기 때문에 결국 동그라미 하나로 뭉치게 된다(워들은 한 단어라도 놀이 공간에 위치하지 못할 경우에는 제약 조건을 완화해서 단어들을 초기 점 주변에 무작위로 분포시키기 때문이다). 만약 너무 크다면, 알아보기 힘든 방울 모양이 된다(모든 단어가 겹치지 않도록 배치가 가능하기 때문이다).

한 가지 조심해야 할 '깨달음'은 특별히 긴 단어가 있으면, 그 크기가 미리 계산한 영역의 너비나 높이보다 한참 더 클 수도 있다는 사실이다. 놀이 공간이 적어도 가장 큰 단어를 포함할 만큼 충분히 넓은지 확인할 필요가 있다.

놀이 공간은 추상적인 부분으로 픽셀이나 인치 그외 다른 측정 단위와 상관없는 좌표계라는 것을 기억하자. 이 추상적인 공간에서 단어 모양shape을 배치하고 중첩intersection 여부를 확인한다. 실제로 컴퓨터 화면에 모양을 픽셀로 그려야 할 때가 되면, 이 공간 척도를 화면에 맞게 조정할 것이다.

배치

단어를 놓을 장소를 마련했으므로, 이제 공간에 단어를 배치할 때이다. 전반적인 배치 전략으로는 단어들을 한 번에 하나씩 놀이 공간에 놓는 무작위 탐욕 알고리즘을 사용한다. 단어가 한번 놓이면 위치를 바꾸지 않는다.

워들에서는 단어 배치 전략을 이용자가 선택할 수 있다. 이 전략들은 각 단어가 어디로 '가기 원하는지' 결정해주어서, 완성된 워들의 모양과 짜임새에 영향을 끼친다. 워들 웹 사이트에서는 중심선center-line과 알파벳 순의 중심선 옵션 선택이 가능하다. 두 전략 모두 단어를 수평 중심선 근처에 위치시킨다(반드시 중심선 위는 아니고, 중심선에서 무작위로 흩어지게 배치한다). 알파벳 순서 전략은 단어를 알파벳 순으로 정렬해서, 해당 x축 좌표에 맞게 분포시키는 방법이다.

더 영리한 배치 전략을 사용하면 재미있는 효과를 볼 수 있다. 예를 들어 군집 데이터clustering data(어떤 단어가 어떤 단어 근처에서 쓰이는지에 대한 정보)를 주고 같은 군집에 속하는 단어 중 바로 전에 배치된 단어 근처에 각 단어가 위치하게 하는 배치 전략이 가능하다(그림 3-16).

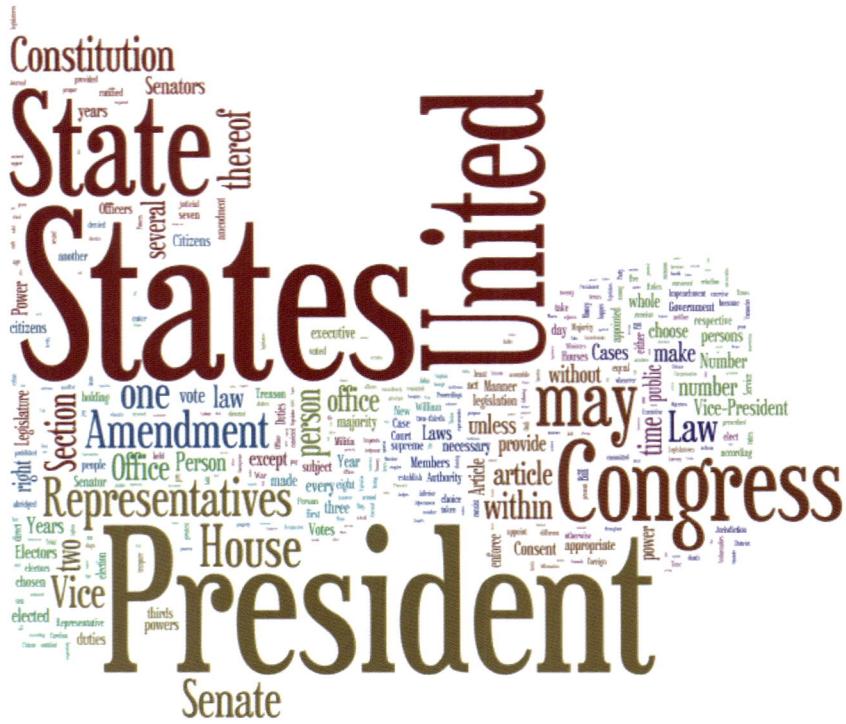

그림 3-16 군집 배치 전략의 결과

단어 모양은 각자의 가중치에 따라 내림차순으로 정렬된다. 레이아웃 과정은 예제 3-3처럼 진행되어 그림 3-17처럼 결과가 나온다.

```
For each word w in sorted words:
    placementStrategy.place(w)
    while w intersects any previously placed words:
        move w a little bit along a spiral path
```

예제 3-3 워들의 비밀 알고리즘이 마침내 밝혀지다! [4]

---

[4] 옮긴이 #단어들을 정렬하고 순차적으로 다음 명령을 수행한다.
#w가 그 전에 위치했던 단어와 겹칠 경우
#소용돌이 경로를 따라 w를 약간씩 이동

워들은 단어를 놀이 공간 사각형 경계 안에 완전하게 넣으려고 시도하기에 일이 약간 더 복잡하게 된다. 이게 바로 전체 크기를 추정하는 일이 중요했던 이유다. 사각형 제약 조건이 있을 때 중첩을 다루는 루틴은 예제 3-4와 같다.

그림 3-17 단어 'Denmark(덴마크)'로 선택된 경로

```
while w intersects any previously placed words:
    do {
        move w a little bit along a spiral path
    } while any part of w is outside the playing field and
            the spiral radius is still smallish
```

예제 3-4 놀이공간에서 단어들 제약조건 설정

중첩 테스트하기

예제 3-4의 의사코드 pseudocode 에는 단어가 다른 단어랑 중첩되면 위치를 옮기라고 간단히 써있긴 하지만, 중첩 여부를 결정하려면 어떻게 해야 하는지는 알려주지 않는다. 스플라인으로 된 spline-based 모양이 서로 중첩하는지 테스트하는데에는 비용이 많이 들며, 비교할 쌍을 모두 골라내는 식으로 접근해서는 감당하기 어렵다. 현재 워들이 계산을 빠르게 하는데 사용하는 기술을 다음에 소개한다.

계층적 경계 상자

첫 단계는 두 단어가 중첩하는지 테스트하는데 드는 비용을 줄이는 것이다. 두 단어의 경계 상자를 대조하면 중첩하지 않는 경우가 간단히 탐지되긴 하지만, 단어 모양이 중첩하지 않는데도 두 경계 상자가 중첩하는 경우는 흔하다. 워들에서는 단어의 경계 상자를 되풀이해서 더 작은 경계 상자로 나누어 리프 노드

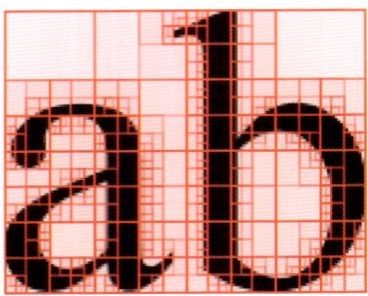

그림 3-18 계층적 경계 상자들

까지 단어 모양을 포함하는 사각형 트리 구조를 만든 후 사각형을 대조하는 연산이 가벼운 점을 이용하여 중첩 여부를 판별한다(그림 3-18). 계층적 경계 상자를 구성하는데 비용이 많이 들기 하지만, 레이아웃을 결정하는 과정에서 비용 회복이 10배 정도는 된다. 충돌을 테스트하려면, 서로 중첩하는 상자들의 계층적 트리를 되풀이하며 탐색해서 두 리프 노드가 중첩하고 끝나는지(중첩 판명) 아니면 모든 가능한 가지 branch가 서로 중첩하지 않고 끝나는지(분리 판명) 확인하면 된다. 리프 사각형의 최소 크기에 주의해서 리프 상자를 살짝 '부풀리면', 단어 사이의 거리가 '저절로' 보기 좋게 된다.

광역 충돌 탐지

중첩 테스트를 위한 단어 쌍을 고를 때, 가장 간단한 접근 방식은 지금 배치할 단어를 이미 배치된 다른 모든 단어와 테스트해보는 것이다. 이 방식으로는 대략 N^2번 정도 겹침 테스트 hit test를 해야 하는데, 100단어 정도만 되어도 정말로 무척 느리다. 그러므로 워들에서는 최대한 겹침 테스트 횟수를 줄이기 위해 추가적인 작업을 한다.

캐싱

한 가지 매우 간단한 개선 방법은 만약 한 단어 A가 어떤 다른 단어 B와 중첩한다면, A를 살짝 이동해도 여전히 B와 겹치는 경향이 있다는 사실에 바탕을 둔다. 그래서 워들은 가장 최근에 중첩했던 후보 단어를 캐시해서 가장 먼저 테스트한다.

공간 인덱싱

겹침 테스트 횟수를 더 줄이기 위해, 계산 기하학에서 영역 4진트리라는 개념을 빌려오는데, 이 트리 구조는 2차원 공간(이 경우에는 워들 놀이 공간)을 더 작은 네 개의 사각형 영역으로 쪼개기를 되풀이한 것이다. 여기서 4진트리는 단어 목록에서 어떤 후보 모양과 비교될 만한 모양들을 능률적으로 추려내는 공간 인덱스의 역할을 한다. 일단 단어가 놀이 공간에 위치하면, 워들은 전체 단어를 포함하는 가장 작은 4진트리 노드를 찾고, 그 단어를 해당 노드에 추가한다. 그러면 다음 단어를 배치할 때 4진트리를 찾아보면 이미 배치된 단어 중에 겹침 테스트를 하지 않아도 되는 단어를 많이 골라낼 수 있다.

효율적인 충돌 탐지에 관한 연구 분야가 따로 있는데, 대부분 크리스터 에릭슨 Christer Ericson이 쓴 「Real-Time Collision Detection(실시간 충돌 탐지)」라는 책에 잘 요약되어 있다. 워들처럼 무작위 그래픽 알고리즘을 가지고 놀아보고 싶은 사람에게 이 책을 추천한다. 4진트리도 그 책에서 논의한 내용을 구현한 것이다.

▍워들은 좋은 정보시각화인가?

워들을 오로지 정보시각화 도구로만 본다면, 디자인으로 이용자를 오도하거나 주의를 분산시킬 요소가 있기 때문에 비판받을 만한 여지가 있다. 내가 생각하기에 워들을 사용할 때 주의해야 할 점은 다음과 같다.

단어 크기 설정이 단순하다

워들은 글꼴 크기를 계산할 때 단어 길이나 모양을 고려하지 않는다. 그 때문에 두 단어가 같은 횟수만큼 출현했어도 글자수가 더 많은 단어가 스크린에서 조금 더 넓은 공간을 차지하게 되어, 긴 단어의 빈도수가 더 많다는 인상을 줄 우려가 있다.

게다가 나는 상대적인 단어 크기가 인지되는 가중치와 어떤 식으로 연관되는지 과학적 근거를 들어본 일이 없다. 게다가 크기를 조정하는 데 흔히 사용하는 요령대로 단어 가중치에 제곱근을 쓰면(단어에는 길이 외에 넓이도 있다는 사실을 고려한 방법이다) 자칫 워들이 지루해 보일지도 모른다.

그림 3-19 'Government(정부)'는 이 연설에서 많이 쓰인 단어지만, 다른 연설보다 훨씬 더 많이 쓰이지는 않았다. 'pleasing(즐거운)'이라는 단어는 두 번 밖에 안 쓰였지만 말뭉치에서 흔하지 않은 단어이다. 'people(사람들)'이라는 단어는 평상시보다 더 많이 쓰였다.

색상은 의미가 없다

극소수의 정보 차원을 표현했던 매체(독자의 컴퓨터 화면)에서 워들에서 색상 사용은 무척이나 자유롭다. 워들에서 색상은 전적으로 아무런 의미가 없으며, 오로지 단어 모양의 경계를 구분하고 미적으로 아름다워 보이게 하는 데만 활용된다.

색상은 다양한 차원, 즉 단어 사이의 군집(어떤 단어끼리 근처에 쓰이는 경향이 있는지 가리키는)과 통계적 유의도 statistical significance를 취임식 연설을 단어 구름으로 표현한 방식(그림 3-19)처럼 나타내는데 쓰일 수 있었다. 또는 둘 이상의 서로 다른 텍스트를 같은 공간에 표시하는 데에도 색상을 활용할 수 있다.

비록 애플릿의 색상 메뉴를 통해 맞춤 팔레트를 만들 수 있긴 하지만, 워들은 색맹인 사용자에 대한 대비를 하지 않는다는 점도 짚고 넘어가야 한다.

글꼴들이 장식적이다

워들의 글꼴 중 대다수는 가독성보다는 미적 요소와 표현의 풍부함을 추구한다.

이 사실은 일정 부분 워들 웹 사이트 디자인과 관련이 있는데, 글자 모양이 상당히 다양하지 않으면 갤러리 페이지가 단조로워 보였을 것이다. 가장 중요한 점은 글꼴이 한 워들 작품 내에서 좋게 보여야 하는 것이므로, 본문 텍스트를 반드시 잘 나타낼 필요는 없다는 뜻일지도 모른다.

워들은 다른 무엇보다 가독성이 중요한 경우를 대비해서 레이 라라비의 Expressway 글꼴을 지원하는데, 이 글꼴은 미국 교통부의 표준 글자체 Standard Alphabets를 본뜬 것이다.

단어 빈도수가 충분히 구체적이지 않다

신약성서의 각 권을 요약할 때 워들을 활용하는 사례를 본 적이 있는데, 페이지마다 'Lord주님'라는 말이 나와서, 각 장이 서로 얼마나 다른지에 대해 알려주는 바가 없다. 단어 빈도수를 세기만 해서는 비슷한 텍스트 사이에 의미 있는 비교를 하지 못한다. 예를 들어 블로그 글을 생각해보자. 어떤 글이 같은 저자가 쓴 여타 블로그 글이나 또는 다른 블로거가 썼지만 주제는 같은 글 혹은 신문 기사에 나오는 언어와 얼마나 어떻게 다른지를 보여주기가 이 상황을 가장 잘 드러내는 예일 것이다.

어떤 단어 사용이 통계적으로 유의미한지 적절히 살펴보면서, 어떤 '기준' 텍스트에 대비한 '견본' 텍스트의 특성을 밝히는 통계적 측정 값이 많이 있다. 단순한 단어 빈도수 말고, 더 미묘한 단어 가중치 아이디어가 있다면, 그 결과를 표시하는 데 워들 레이아웃 알고리즘을 적용할 수 있다.

나는 이 아이디어를 이제까지 모든 대통령 취임 연설을 분석하면서 살펴보았는데, 각 연설을 시간상 가장 가까운 연설 5개, 10개 그리고 전부와 비교했다. 이런 분석은 어떤 단어가 예상 외로 누락된 경우를 찾아내는데 장점이 있었다. 예를 들어 그림 3-20은 해리 트루먼 Harry Trueman 대통령의 1948년 취임 연설에 대한 시각화이다. 왼쪽은 그가 사용한 단어에 대한 워들식 표현이고, 오른쪽은 비슷한 시기의 대통령들이 트루먼 대통령보다 더 자주 사용한 단어들이다. 이 시각화는 트루먼이 외교 정책을 강조했음을 보여준다.

그림 3-20 해리 트루먼의 1948년 취임 연설문. 빨간 글씨는 비슷한 시기의 대통령의 연설문에 비해 해리 트루먼의 연설문에서 눈에 띄게 누락된 단어들이다.

워들이 실제로 어떻게 쓰이는가?

워들은 시각화 전문가나 텍스트 분석 전문가, 또는 컴퓨터에 능숙한 사용자를 위해서 디자인된 것은 아니다. 나는 워들이 최대한 가전제품처럼 간단히 동작하도록 만들려고 노력했다.

   이 글을 쓰는 현재까지 사람들은 1,400,000개가 넘는 단어 구름을 만들어서 워들 갤러리에 저장해왔다. 사람들은 업무상 발표자료나 박사 논문을 요약하거나 꾸미는 데, 신문 기사나 텔레비전 뉴스 방송을 묘사하는 데, 그리고 학대의 희생자로서 고통스럽던 개인적 기억을 꺼내고 요약하는 데에 워들을 사용했다. 여러 분야의 선생님들 사이에서 열정적인 커뮤니티도 생겨났는데, 그 선생님들은 철자 목록을 제시하거나, 주제를 요약하거나, 아직 글자를 모르는 아이들에게 텍스트의 즐거움을 가르치는데 워들을 사용한다.

표 3-1의 조사 결과(Viegas, Wattenberg, Feinberg 2009)가 보여주듯, 사람들은 워들을 사용할 때 마치 무언가를 만드는 것처럼 창의적이라고 느낀다.

	예	중간	아니오
창의적이라고 느꼈다	88	9	4
감정적인 반응을 느꼈다	66	22	12
텍스트에 대해서 새로운 무언가를 배웠다	63	24	13
텍스트에 대한 이해를 더 분명히 했다	57	33	10
기억을 상기시켰다	50	35	15
혼란스럽다	5	9	86

표 3-1 워들을 사용할 때 사람들의 느낌

그러므로 시각화 효능에 대한 전통적인 학문적 측정 기준(즉 '텍스트에 대해서 새로운 무언가를 배웠는가')에 따르면, 워들은 적어도 중간 정도는 성공한 듯하다. 하지만 워들이 빛나는 부분은 의사전달이 되는 미술품을 창조하는 데 있다. 워들을 사용하는 사람들은 마치 무언가를 창조하는 것처럼 느끼며, 창조물이 무언가를 의미 있게 표현하는데 성공적이고, 원본 텍스트를 정확하게 반영하거나 강화한다고 생각한다. 의미 있다는 느낌은 대부부분 직관적인듯 한데, 많은 사람이 단어 크기와 단어 빈도 사이의 연관성을 깨닫지 못하는 점에서 그렇다(대신 크기가 '감정적 중요성'이나 심지어 '단어의 뜻'을 가리킨다고 추측한다).

워들의 특별한 성격은 텍스트의 특별한 성격에서 비롯된다. 단순히 하나의 단어를 화면에 놓아도 단어의 느낌을 보완하거나 뚜렷하게 대비되는 글꼴을 사용한다면, 바로 보는 이의 반응을 이끌어낸다(실제로 갤러리에 한 단어짜리 워들이 수천 개 저장되었다). 둘 이상의 단어를 나란히 놓는다면, 글을 읽고 쓸 줄 아는 사람들이 단어를 순서대로 이해하려는 경향을 이용하는 것이다. 워들에서 뜻밖의 단어 조합은 기쁨, 놀라움 그리고 아마도 시가 의도적으로 불러일으키는 통찰과 깨달음 같은 느낌을 준다.

워들을 전통적인 정보시각화로 활용하기

워들의 특별한 감정적, 그리고 의사소통적 특성에도 불구하고, 분명 전문적인 사용자들이 정보시각화 같은 분석적인 활용할 수 있다. 워들을 꼭 단어 빈도수에 기반하지 않아도 나름의 가중치가 있는 텍스트를 시각화하는데 사용하고 싶은 사람들을 위해서, 워들 웹 사이트는 '고급' 인터페이스를 제공하며, 여기서 임의로 가중치를 준 단어나 구에 선택적으로 색상을 설정한 표 데이터를 입력할 수 있다.

또한 IBM의 알파워크alphaWorks 웹 사이트에 '단어 구름 생성기Word Cloud Generator' 콘솔 애플리케이션으로 더 많은 기능을 활용할 수 있다.

협동collaborative 데이터 시각화 사이트인 매니아이즈ManyEyes에서도 획기적인 단어구(句) 네트워크Phrase Net과 단어 트리 시각화Word Tree Visualization(그리고 더 전통적인 태그 구름)와 함께 워들을 텍스트 시각화 옵션으로 제공한다.

결론

사람들은 보통 그들이 만든 워들 작품을 저장하고 공유하고자 한다. 그들은 워들을 소통하는데 활용한다. 아름다운 시각화가 기쁨을 주는 이유는 무언가 본질적인 것을 밝혀주기 때문이다.

감사의 글

IBM CUE의 마틴 와튼버그Martin Wattenberg와 아이린 그리프Irene Grief에게 나를 이 책의 저자로 참여하게 해줘서 감사하다고 말하고 싶다. 이 장을 정말 주의 깊게 읽고 개선점을 제안해 준 벤 프라이, 캐서린 맥베티Katherine McVety, 페르난다 비에가스Fernanda Viegas와 마틴 와튼버그에게 정말로 감사하다. 워들을 만들고 개선하는데 도움을 준 수많은 사람들에 대한 정보는 http://www.wordle.net/credits에 있으니 꼭 봐주길 바란다.

참고문헌

- Ericson, Christer. 2005. Real-Time Collision Detection. San Francisco, CA: Morgan Kaufmann.
- Millen, D. R., J. Feinberg, and B. Kerr. 2006. "Dogear: Social bookmarking in the enterprise." Proceedings of the SIGCHI Conference on Human Factors in Computing Systems (Montréal, Québec, Canada, April 22–27, 2006). http://doi.acm.org/10.1145/1124772.1124792.
- Viégas, Fernanda B., Martin Wattenberg, and Jonathan Feinberg. 2009. "Participatory visualization with Wordle." IEEE Transactions on Visualization and Computer Graphics 15, no. 6 (Nov/Dec 2009): 1137–1144. doi:10.1109/TVCG.2009.171.

오바마가 어떤 연설에서 사용했던 단어의 트리맵

참고문헌

4장

색 : 데이터 시각화의 신데렐라

마이클 드리스콜 | Michael Driscoll

> 정보에 색을 쓸 때 대참사를 피하는 것이 제1원리가 된다.
> 무엇보다도, 해가 되지 않도록 하라.
> - 에드워드 터프티(Edward Tufte), Envisioning Information

색은 데이터 시각화를 할 때 가장 오용되거나 무시되는 도구이다. 즉 좋지 않은 색을 고르며 색을 오용하고, 소프트웨어에 있는 초기설정만 쓰는 경우는 무시한다. 그동안 기술자나 최종 사용자들이 잘못 취급해왔지만, 잘만 쓰면 색만한 시각화 도구도 없다.

¹ 옮긴이 어린이용 속옷 상표

형광 빨강색 언더루스*Underoos*[1] 속옷을 입고 거리를 나서라 하면 망설이지 않을 사람이 거의 없을 터이다. 인포그래픽에서 색을 고를 때도 그렇게 조심스럽다면 좋을 텐데! 직접 옷을 도안하는 사람은 거의 없지만, 인포그래픽스에서는 목적에 맞게 색 고르는 재단사가 되어야 한다는 점이 그 차이일 것이다(적어도 컬러브루어*ColorBrewer*처럼 괜찮은 색 팔레트가 대중적이 될 때까지는 그렇다).

데이터스포라 랩스*dataspora labs* 사이트의 PitchFX 뷰어에 색을 어떻게 쓸지 고민하면서, 먼저 동기부여가 될만한 질문 하나를 생각하기 시작했다. 왜 데이터 그래픽스에서 색을 사용할까? 다음 절에서 그 질문에 대해서 생각해보자.

왜 데이터 그래픽스에서 색을 사용할까?

간단한 데이터셋에서는 색 하나면 족하다(심지어 하나가 더 낫다). 간단한 예로 그림 4-1에 2008년 메이저리그 투수 오스카 비야레알*Oscar Villarreal*이 던진 287번의 투구에 대한 산포도*scatterplot*가 있다. 데이터에서 2차원 정보(스트라이크 존에서 x와 y좌표 위치)만 설명하는 데에는 흑백만 써도 충분하다. 실제로 이 산포도는 정보를 손실하지 않고 데이터셋을 완전히 표현했다(데이터 점들이 완전히 겹치지 않았다고 가정할 때).

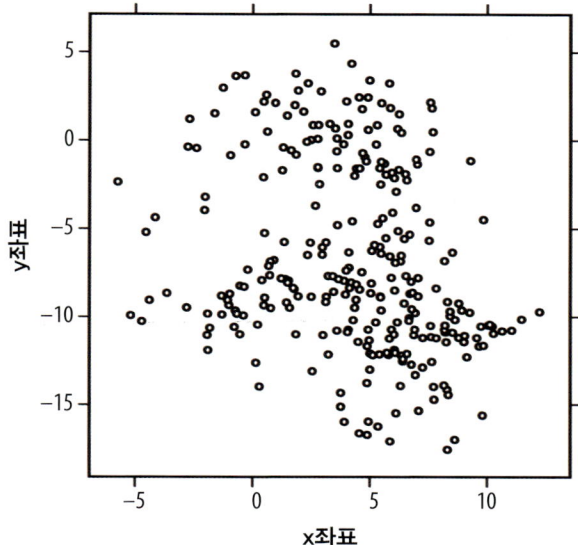

그림 4-1 x/y 평면에 표시된 투구 위치

하지만 더 알고 싶은 정보가 있다면 어떨까? 예를 들자면 어떤 구질의 공(커브, 패스트볼)이 어디로 들어왔는가? 또는 공의 속도는 얼마였을까? 시각화는 2차원 공간에 그려지지만, 시각화가 묘사하는 세상이 그렇게 제한되는 경우는 드물다.

데이터 시각화에서 도전적 과제는 고차원 데이터를 저차원 화면에 투영하는 일은 도전적 과제이다. 다만 그 반대로 데이터에 있는 차원보다 더 많은 차원을 시각화하는 일은 절대로 하지 말아야 한다.

예제로 돌아가서 또다른 데이터 차원(공의 구질 같은) 정보를 그래프에 덧씌우려 할 때 쓸 수 있는 방법이 몇 가지 있다.

1. 기호 사용. 그래픽 기호(원, 삼각형 등)를 바꾸는 방법이 있다.
2. 소형 다중 그래프 small multiples. 작은 도표를 연달아 그려서 추가 차원 공간을 표현하는 방법이다.
3. 색. 데이터에 색을 부여해서 색 공간으로 추가 차원을 표현할 수 있다.

시각화에서 이용할 기법이 무엇이건 데이터의 성격과 화면 매체에 따라서 좌우돼야 한다. 이 세 가지 기법을 예제를 통해 설명하겠다.

1. 기호 바꾸기

그림 4-2에서 네 가지 기호를 이용해서 공의 구질을 분류하는 데이터 차원을 그래프에 추가했다.

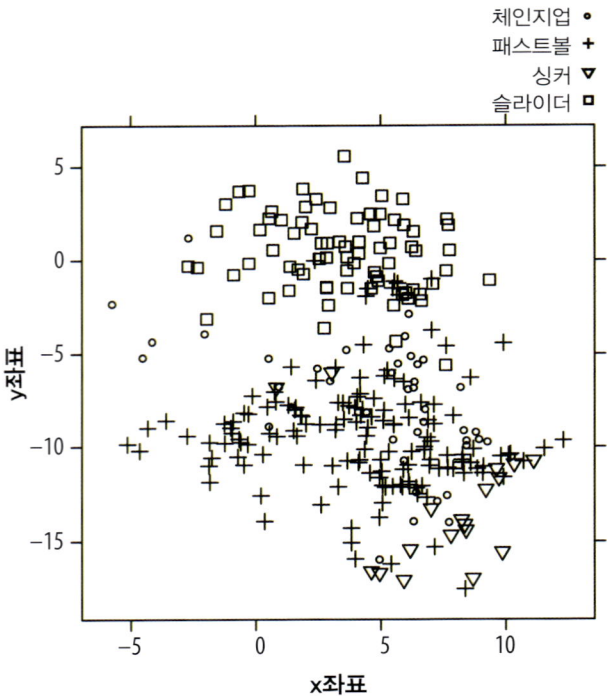

그림 4-2 투구 위치 및 구질(기호로 구별함)

이 시각화는 끔찍하게 실패한 사례라고 생각한다. 이런 그래픽 기호가 머리를 아프게 하는 이유는 두 가지이다. 그래픽 기호를 구분하려면 (학술용어로 '전주의적 처리가 되는preattentively processed' 신호인 색깔보다) 더 주의를 기울여야 한다는 점, 그리고 기호를 표시하고 나서도 의미 분류를 해야 한다는 점이다(체르노프 얼굴Chernoff face처럼 분류와 연결관계가 뚜렷한 상징적인 기호를 쓰면 확실히 더 나았을 것이다).

2. 소형 다중 그래프를 사용하기

에드워드 터프티가 정보 그래픽스 분야에서 소형 다중 그래프의 쓰임새를 알리는 데 많은 일을 하기는 했지만, 추가 차원을 분할 화면에 포개어 넣는 방법은 내력이 깊다. 이 기술은 갈릴레오의 흑점 그림부터 윌리엄 클리블랜드William Cleveland의 격자망 그래프trellis plot까지 두루 쓰였다. 만화에 대한 스콧 맥클라우드Scott McCloud의 역작[2]에서 명료하게 설명했듯이, 칸이 나눠진 그림에는 한 칸짜리 화면에는 없는 이야기 설명력이 있다.

그림 4-3은 투수 오스카가 던진 네 가지 구질의 공에 대한 그래프를 수평으로 배치한 그림이다. 그래프 크기를 줄이려고 위치 정보의 해상도는 조금 포기했다. 하지만 그 덕분에 첫째 그래프에서는 보이지 않던 패턴과(다양한 기호를 썼던) 둘째 그래프에서는 모호했던 패턴이 이제는 뚜렷하게 보인다(오스카는 패스트볼을 낮게, 슬라이더를 높게 던진다).

[2] 옮긴이 스콧 맥클라우드는 미국 만화가이자 만화 이론가이며, 여기서 말하는 '역작'이란 그의 저서 『Understanding Comics: The Invisible Art』를 뜻함

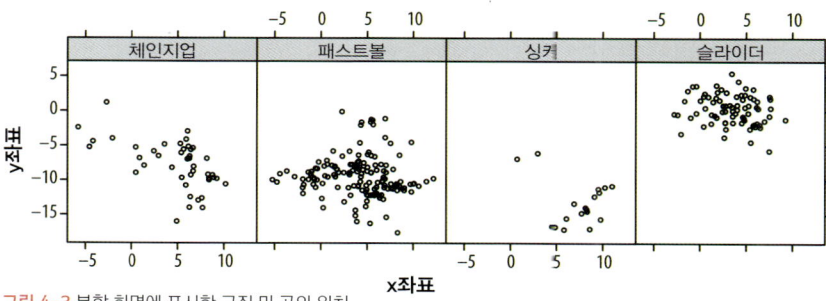

그림 4-3 분할 화면에 표시한 구질 및 공의 위치.

특히 인쇄 매체에서는 1평방 인치당 화소 개수가 컴퓨터 화면의 열 배 이상이므로, 그래프 수를 늘리는 방법이 효과가 좋다. 추가되는 그래프를 행과 열로 배치해서 산포도 행렬로 표현하는 일도 가능하다(R에서 splom 함수를 살펴보자).

3. 데이터에 색 추가하기

그림 4-4에서는 데이터의 네 번째 차원(구속)을 나타내는 수단으로 색을 이용했다. 색 팔레트는 일정한 광도luminosity 수준을 유지한 채 랩Lab 색 공간에서 색이 1차원으로 펼쳐지도록 선택했다(이를 '빨강-파랑' 차원이라고 생각하면 된다).

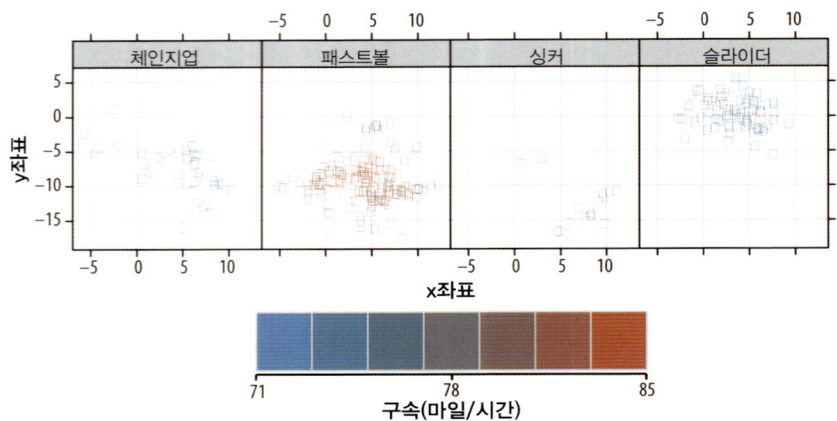

그림 4-4 구질, 공의 위치·1차원 색 팔레트로 구속이 표시되었다.

한편 광도(명도brightness와 비슷하다)가 색의 시각적 영향을 좌우하기 때문에 광도를 상수로 고정해도 이점이 있다. 밝은 색깔이 튀어나와 보인다면, 어두운 색깔은 물러나 보인다. 색조hue와 광도가 변하는 색 단계는 인위적으로 데이터를 강조하게 된다.

반면 광도에는 색조에는 없는 내재적 순서가 있어서 데이터의 (범주적이 아닌) 정량적 차원에 대응시키기 적당하다.

광도는 이후에 다른 차원을 표현하는 데 쓸 생각이므로 구속을 표현하는 데에는 색조를 사용하기로 했는데, 이는 목적에도 충분히 잘 맞는다. 7단계만 차이가 나도록 색을 선택했기에 구속 데이터도 다운샘플링downsampling했다(이때 정보가 손실된다). 만약 색 단계에서 분할을 너무 많이 하면 각 색을 구분하기 어려워진다.

이번에는 앞 그래프와 달리 빈 동그라미 대신 색이 채워진 동그라미를 그래프 기호로 사용해보았다. 이 방식은 각 투구 속도를 색으로 인식하기는 좋아졌다. 색 부분이 적을수록 알아보기 힘들기 때문이다. 하지만 이 결과로 서로 겹치는 점들이 (조그만 그래프로 표현하는 일과 동시에 하니 더욱) 더 늘었다. 그래서 위치 정보의 손해를 더 감수했다(곧 이 정보 일부를 복구할 생각이다).

그럼 왜 색에 신경 써야 할까?

인쇄매체에 비하면 컴퓨터에서는 표시할 공간의 단위가 적은 반면 색 범위는 더 넓게 표현된다. 그래서 색은 보상이 되는 장점이다.

다차원 데이터에서는 색을 통해 추가적인 차원을 한 공간 단위에 넣는 일이 가능하며, 바로 쓸 수 있는 방법이다. 색 차이는 주의를 돌리기도 전에(전에 말했던 '전주의적' 개념) 200밀리초 안에 감지가 된다.

이 그래프에 색을 써야 하는 가장 중요한 이유는 색 자체가 다차원이기 때문이다. 우리가 인지하는 색 공간은 어떻게 나누든 간에 3차원적이다.

이제 색을 시각화에 넣었으나, 속도 한 차원에 대해서만 표현했을 뿐이다. 이는 추가적인 질문을 이끌어낸다.

색이 3차원적이라면, 3차원 정보도 표현이 될까?

이론적으로는 그렇다. 콜린 웨어 Colin Ware (2000)가 빨강, 파랑, 녹색의 세가지 색을 좌표축으로 해서 똑같은 질문에 대한 연구를 수행한 적이 있다(곧 살펴보겠지만 색 스펙트럼을 나누는 유용한 방법이 더 있다). 그렇지만 현실적으로는 쉽지 않다. 사람들이 한 점의 '빨강스러움', '파랑스러움', '녹색스러움'의 양을 가늠하는 일이 가능함은 밝혀졌지만, 직관적이지는 않기 때문이다.

다른 복잡한 요소는 전체 인구에서 적지 않은 비율이 특정 형태의 색각이상을 겪는다는 점이다(일반적인 색약과 달리 적녹색맹으로 알려져 있다). 이 때문에 색 인식이 2차원으로 줄어든다.

마지막으로 우리의 색 감각은 사실 모든 차원에 대해 똑같지 않다. '파랑'보다 노란색에서 인식가능한 영역이 더 적다. '빨강'과 '녹색' 수용체가 단일 장파장 수용체에서 생겨나서 서로 밀접한 관련이 있기 때문으로 생각된다(일설에 따르면 익지 않은 과일에서 익은 과일을 구분하려는 목적으로 생겨났다고 한다).

색각이상자가 많은 관계로, 그리고 3차원을 색으로 나타내는 일이 힘들기 때문에 데이터에서 색으로 2차원 이상 표현하지 않는 편이 가장 좋다고 생각한다.

▌부분 밀도를 나타내기 위해 광도 사용하기

마지막 투구 데이터 시각화로 그림 4-5에서처럼 광도를 데이터 점의 부분 밀도를 표현하는 수단으로 광도를 사용했다. 이는 그래프 기호 크기를 늘려서 손실됐던

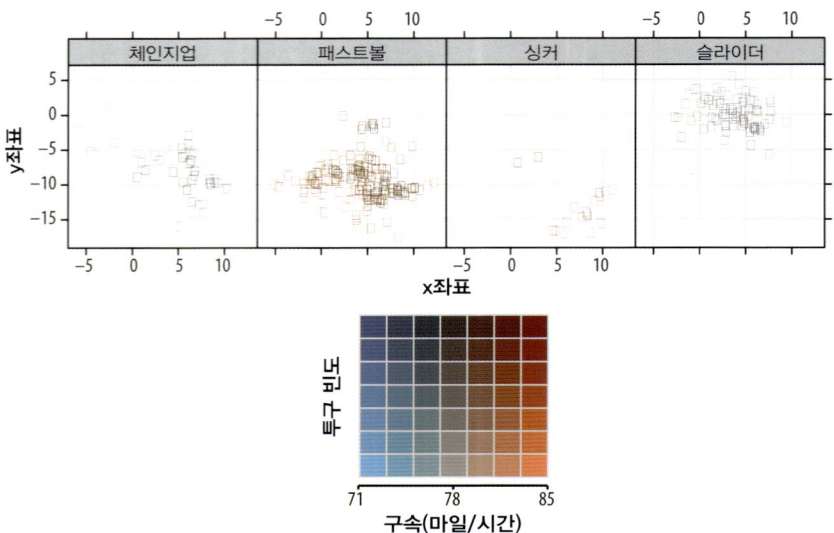

그림 4-5 투구 위치와 구질. 공의 속도와 도달위치 빈도를 2차원 색 팔레트(삽입된 그래프 참조)로 표현함

데이터 정보의 일부분을 되살리는 방법이다.

　여기서 속도에 따라 파랑에서 빨강으로 변하고, 부분 밀도에 따라 광도가 변하는 2차원 색 팔레트를 사용했다. 이후에 자세히 설명하겠지만, 이 그래프는 R에 있는 색 공간 패키지를 사용해서 만들었으며, 이 패키지는 주로 쓰이는 색 공간(RGB, HSV, Lab) 중 무엇으로도 색을 특정하는 기능을 제공한다. 랩 색 공간에서 색도를 광도와 독립적으로 변화시킬 수 있으므로, 이 공간을 2차원 팔레트를 구성하는데 이용했다.

　끝으로 광도 사용에 대해 하나만 더 이야기하자면, 데이터 시각화에서 색 관찰은 프로그래밍 관점에서 오버로딩overloading과 관련이 있다. 말하자면, 우리는 한 가지 목적(사자Lion를 발견하기)으로 진화됐던 인식 기능에 기반해서 다른 목적(선을 관찰하기)으로 색을 사용한다.

　우리가 색을 원하는 어떤 식으로든 쓸 수 있더라도, 가능하면 자연적인 대응관계를 찾아야 한다. 어두운 그림자가 농도를 암시한다는 면에서 밀도를 광도에 대응하는 것은 그럴 듯하게 느껴진다. 마찬가지로 색 공간에서 색을 고를 때 자연에서 관찰되는 색을 선택하는 편이 낫다. 그런 색들은 RGB 색 공간이 만들어지기 몇 백만 년 전부터 우리 눈에 익숙했던 색 팔레트이다.

내다 보기. 동영상은 어떨까?

지금까지 논의는 일반적으로 정적인 그림 요소, 특히 다변량 데이터를 시각화하는 수단으로서 색에 초점을 맞췄다. 나는 한 가지 매우 강력한 차원을 일부러 무시하고 얘기하지 않았다. 바로 시간이다. 그래프를 동영상으로 만들면 시각화에 넣을 수 있는 정보량이 10의 몇 제곱 배로 늘어난다(깜짝 놀랄 만큼 아름다운 예로 에런 코블린Aaron Koblin이 만든 미국과 캐나다에서 비행 패턴 시각화가 6장에서 소개된다). 하지만 시간에 따라 변하는 데이터 구조에 정보를 밀어넣는 데에는 노력이 상당히 많이 필요하며, 단순히 미적으로 보기 좋은 수준을 넘어 정보를 담으면서 데이터를 움직여 보이게 하는 일은 여전히 도전적인 과제다. 동영상 시각화에서 표준적인 양식(정적인 그래프에서 히스토그램, 상자 그래프, 산포도 같은 것)들이 정해지려면 아직 한참 멀었지만, 프로세싱Processing 같은 프레임워크가 좋은 출발점이 되고 있다.

방법

이 장에서 소개된 시각화는 모두 R 프로그래밍 언어와 Lattice 그래픽 패키지로 개발했다. 2차원 팔레트를 구성하는데 쓴 R 코드는 다음과 같다.

```
## colorPallette.R
## 2개의 색조 (col1, col2)와
## 두 개의 광도 (lum1, lum2)를 혼합하여
## (m x n) 2차원 팔레트를 생성하고
## hex RGB 값으로 구성된 행렬로 반환한다.
makePalette <- function(col1,col2,lum1,lum2,m,n,...) {
    C <- matrix(data=NA,ncol=m,nrow=n)
    alpha <- seq(0,1,length.out=m)
    ## for each luminosity level (rows)
    lum <- seq(lum1,lum2,length.out = n)
    for (i in 1:n) {
        c1 <- LAB(lum[i], coords(col1)[2], coords(col1)[3])
        c2 <- LAB(lum[i], coords(col2)[2], coords(col2)[3])
        ## for each mixture level (columns)
        for (j in 1:m) {
            c <- mixcolor(alpha[j],c1,c2)
            hexc <- hex(c,fixup=TRUE)
            C[i,j] <- hexc
        }
```

```
    }
    return(C)
}

## RGB 색상 벡터 또는 행렬을 그린다
plotPalette <- function(C,...) {
    if (!is.matrix(C)) {
        n <- 1
        C <- t(matrix(data=C))
    } else {
        n <- dim(C)[1]
    }
    plot(0, 0, type="n", xlim = c(0, 1), ylim = c(0, n), axes = FALSE,
        mar=c(0,0,0,0),...)

    ## 사각형 그리기용 도움 함수
    plotRectangle <- function(col, ybot=0, ytop=1, border = "light gray") {
        n <- length(col)
        rect(0:(n-1)/n, ybot, 1:n/n, ytop, col=col, border=border,
            mar=c(0,0,0,0))
    }

    for (i in 1:n) {
        plotRectangle(C[i,], ybot=i-1, ytop=i)
    }
}

## 모두 하나로 합치자
## LAB 공간에서 두 개의 색을 만들고 나서
## 광도 값이 60에서 25로 변하도록 2차원 팔레트를 그린다.
library(colorspace)
lightRed <- LAB(50,48,48)
lightBlue <- LAB(50,-48,-48)
C <- makePalette(col1=lightBlue, col2=lightRed, lum1=60, lum2=25, m=7, n=7)
plotPalette(C, xlab='speed', ylab='density')
```

▌ 결론

이 예제가 입증했듯이 주의 깊고 책임감 있게 사용한 색은 고차원 데이터를 시각화하는데 정말로 가치 있는 도구이다. 최종 결과물(2008년 시즌 모든 데이터에 대한 5차원 투구 그래프)은 데이터스포라 랩스(http://labs.dataspora.com/gameday/)에 장고Django 기반 PitchFX 웹 도구를 이용하여 탐색해볼 수 있다.

참고문헌

- Few, Stephen. 2006. Information Dashboard Design, Chapter 4. Sebastopol, CA: O'Reilly Media.
- Ihaka, Ross. Lectures 12-14 on Information Visualization. Department of Statistics, University of Auckland. http://www.stat.auckland.ac.nz/~ihaka/120/lectures.html.
- Sarkar, Deepayan. 2008. Lattice: Multivariate Data Visualization with R. New York: Springer-Verlag.
- Tufte, Edward. 2001. Envisioning Information, Chapter 4. Cheshire, CT: Graphics Press.
- Ware, Colin. 2000. Information Visualization, Chapter 4. San Francisco, CA: Morgan Kaufmann.

5장

정보 매핑하기:
뉴욕 도시 지하철 지도를 다시 디자인하기

에디 자보어 | Eddie Jabbour(줄리 스틸이 대필)

지도는 가장 기본적인 데이터 시각화 중 하나로, 수천 년 동안 제작이 되었다. 하지만 지도는 복잡한 시스템(다섯 개 행정구에 총 26개의 노선과 468개의 역이 위치하는 뉴욕 지하철 시스템은 분명 복잡하다)을 이해하는 도구로서는 아직 완전하지 않다. 킥맵KickMap은 지하철 지도를 더 효과적으로 디자인해서, 궁극적으로는 이용객을 늘려보자는 생각으로 탐구해서 나온 결과물이다.

더 나은 도구의 필요성

나는 퀸즈에서 태어나서 브루클린에서 자랐다. 내가 처음 봤던 지하철 지도는 아버지가 가지고 있던 것이었는데, 그때가 대략 1960년 즈음이었다. 그 지도를 보고 겁을 먹었기에 기억이 생생하다. 지도에는 빨강, 녹색 그리고 검은색 선이 마치 격자처럼 사방으로 뻗어 있고(그림 5-1), 수백 개의 역 이름이 붙어있는 회색 뉴욕이 있었다.[1] 그 지도는 내가 알 수 없는 복잡한 전기 배선도를 생각나게 했으며, 매우 '어른답고 진지'하게 보이고 조금 무섭기까지 했다. 나는 그 지도를 다시 접할 일이 없기를 바랐다.

1
지금은 그 지도가 살로몬 지도Salomon map의 초기 디자인이었다는 사실을 안다. 세월이 지나서 킥맵 제작 연구를 할 때는 그 지도의 디자인적 아름다움을 알아보게 되었다.

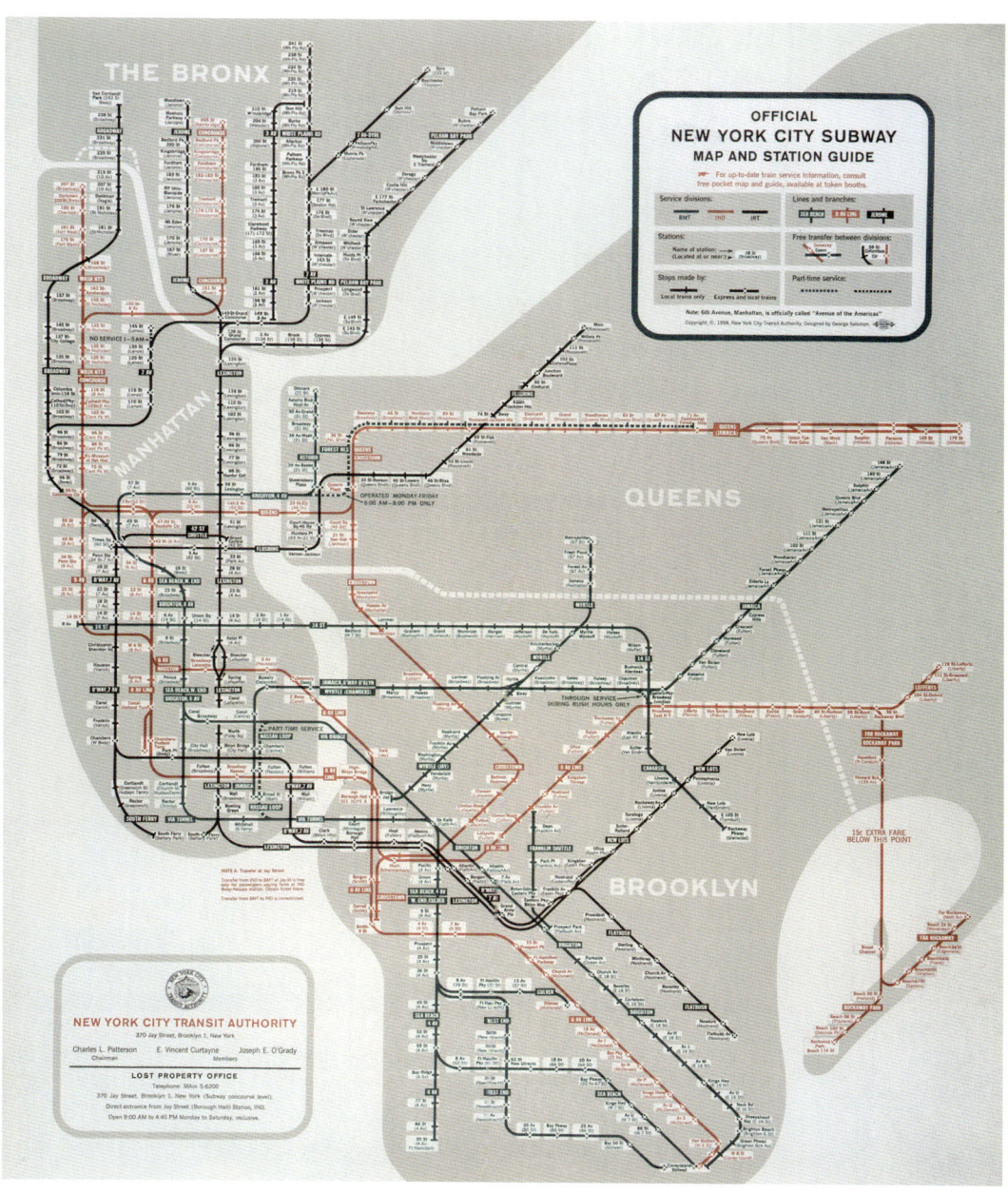

그림 5-1 조지 살로몬이 디자인한 1958년 뉴욕 도시 지하철 지도. MTA ⓒ New York City Transit. 사용 승인 받음

런던 방문

나는 대학에서는 디자인을 전공했는데, 일년의 절반을 런던 대학에서 공부하는 데 할애했다. 가본 적도 없는 거대한 도시에서 나는 아무 아는 사람도 없이 혼자였다. 그러던 중 런던 지하철이 돌아다니기 위한 수단이고, '튜브 지도Tube map'가 그 시스템을 이해하는 핵심임을 알아챘다. 그 지도(호평을 받고 있는 벡 지도가 그림 5-2에 있다)는 정말로 보기 편했다. 단순하고, 선명하고, 색이 기능적으로 정해진데다가, 지하철 이용객이 노선 간 환승역을 이해하기 쉽도록 디자인되었으며, 크기도 작았다. 접으면 주머니에 쏙 들어가, 정보를 다시 확인할 때 바로 꺼내서 찾아보기 좋았다(나는 자주 찾아봤다!).

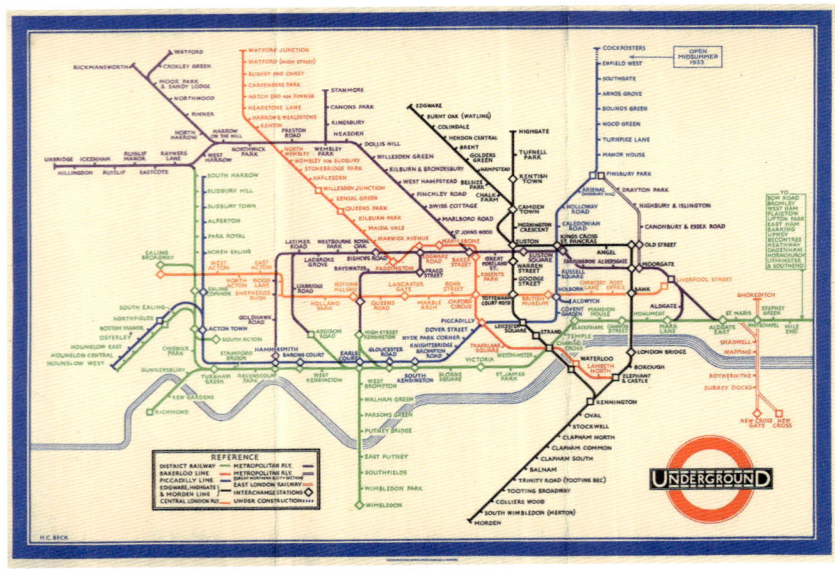

그림 5-2 해리 벡의 런던 지하철 지도는 복잡한 시스템을 단순하고 우아하게 보이도록 한다. 1933, 런던 튜브 지도
© TfL from the London Transport Museum collection. 사용 승인 받음

런던은 중세부터 있던 도시라, 도로 패턴이 일정치 않다. 구부러진 교차로를 지나면 도로 이름이 바뀐다. 기준으로 삼기 좋도록 격자 모양에 일련 번호를 붙인 (뉴욕시 도로 같은) 도로들이 없기에, 도시를 통과해 지나다 보면 방향 감각이 혼란스러워지곤 한다. 벡 지도가 천재적인 이유는 오로지 템즈 강River Thames만 지상

에 대한 시각적 및 지리적 기준점으로 삼아서, 이런 무작위스러운 복잡함에서 질서를 만들어냈다는 점이다. 그 덕분에 이 지도의 배치방식은 상징적으로 인식되어서, 런던이라고 하면 튜브 지도까지도 같이 연상이 되었다. 나는 디자인 전공 학생이었지만, 그 당시에는 튜브 지도의 형식에 대해서 별로 생각해보지 않았는데, 정말 간단하고 사용하기 쉬워서 지하철을 타고 이동하는 것이 수월하다 느껴질 정도였다.

조그맣고 효과적인 지도와 1개월짜리 무제한 '자유 이용권' 조합으로 나는 매일 지하철을 이용해서 런던을 답사할 수 있었다. 나는 어디든지 손쉽게 다녔고, 이 거대한 도시를 내 능력껏 최대한으로 활용했다. 그 튜브 지도는 정보를 정말 빠르고 정확하게 전달해줘서 내게 없어서는 안될 도구이자 생활의 일부분이 되었다. 런던에서 거주한 지 고작 2주만에 나는 런던을 '내 것'이라고 느끼게 되었다. 이 얼마나 환상적이고 힘이 넘치는 기분인지!

참고로 나는 이 소중한 도구에 따뜻한 애착을 느껴서, 체류를 끝내고 도시를 떠나기 바로 전에 근처 지하철 역에 가서 새 튜브 지도를 받아와 뉴욕에 돌아온 후 그 지도를 액자에 넣어두었다.

▎뉴욕 블루스

6개월이 지나서 원래 살던 도시로 돌아오자, 모든 것이 새롭게 보였다. 내가 뉴욕에 돌아왔을 때 어렸을 적 이후 처음으로(진짜다) 지하철 지도를 보았다. 그리고 런던 지도에 비하면 우리 지하철 지도는 디자인이 형편없다고 생각했다.

뉴욕 지하철 지도는 벡 지도와 딴판이었다고 생각했던 것으로 기억한다. 크기는 크고, 보기에 제멋대로인데다가, 어수선하고, 전혀 직관적이지 않았다. 난 이 지도가 여러모로 지하철 시스템을 이용하는데 장애만 된다는 점을 깨달았는데, 지하철 시스템을 이해하고 활용하는 데에 그 단순함이 비결이었던 튜브 지도와는 정반대였다.

물론 지하철 지도를 스스로 만들어볼까 하는 마음도 들었지만, 그 생각을 금방 떨쳐버려야만 했다. 그때는 1970년대 말이었고, 나는 디자이너이긴 했지만, 제도 같은 일을 할 줄 모르는 사람이었다. 컴퓨터가 없던 시절에는 경험 많은 제도사가 아닌 사람이 지도 만드는 일을 맡아서 하는데 필요한 노력과 물리적 시간은 상상이 불가능할 정도였다.

디자인 경력을 지속하면서 뉴욕 지도의 문제점에 대한 생각은 잊어버렸다. 대부분의 뉴욕시민처럼 난 지하철 지도를 별로 사용하지 않았고 전혀 가지고 다니지도 않았다. 이 문제는 어느 정도 접이식 도로 지도만한 지도 크기 때문이었다. 그래서 낯선 장소에 대한 정보가 필요할 때는 역에서 나눠 주는 공짜 지도에서 필요한 부분을 6제곱인치만큼만 찢어내고, 나머지는 쓰레기통에 버려야 할 지경이었다! 나는 종종 관광객들이 그 지도와 씨름하는 걸 보고, 런던 학생 시절에 좋은 경험을 떠올리며 그들이 안 됐다고 여기곤 했다.

▎좋은 도구는 다른 좋은 도구를 참고한다

이제 수년 전에 내가 도시 외곽에서 온 고객과 시내 레스토랑에서 저녁 약속을 했던 어느날 밤으로 돌아가보자. 열차를 기다리면서, 그 고객이 뉴욕 지하철 타기가 겁난다고 내게 털어놓았을 때 나는 놀랐다. 1970년대부터 90년대까지 있었던 범죄와 묵은 때는 사실상 없어진데다가, 반짝거리고 냉난방 잘되는 열차와 깨끗한 역에 대해서 자부심이 있었기 때문이었다. 하지만 시내로 가는 도중에 대화를 하면서, 그의 공포가 복잡한 시스템(모든 노선과 환승역)을 해독 못하는데 있다는 점을 깨달았다. 내 고객은 정말로 견문도 많고 세련된 사람이었으므로, 이런 사람이 시스템을 겁낸다면 그 시스템의 정보를 전달하는 도구, 즉 지도에 정말로 무언가 큰 문제가 있다는 뜻이었다.

그 순간 지하철 지도는 다시 내 마음 속으로 들어와 한동안 떠나질 않았다.

그때가 2002년이었다. 내게는 디자인 대행사와 직원들이 있었는데, 직원들 각각의 컴퓨터에는 최고로 멋지고 훌륭한 그래픽 디자인 도구가 하나씩 설치되어 있었다. 그리고 나는 깨달았다. 지금이라면 어도비 일러스트레이터 같은 그래픽 디자인 프로그램을 이용해서 혼자서도 지하철 지도를 제작할 수 있다는 것을! 그래서 나는 스스로 도전의식을 북돋아 기존 지도에 무언가를 해보기로 결심했다.

크기는 하나의 요소일 뿐이다

주말 동안 새 지도를 제작하는 일을 하기로 결정하고 나서, 처음으로 고려한 건 지도의 크기였다. 뉴욕시 지하철 시스템은 런던의 두 배 정도 되었기에, 튜브 지도보다 두 배 넓은 공간을 쓰기로 결정했다(튜브 지도를 두 배 크기로 늘린다 해도, 현재 쓰이는 뉴욕 지하철 지도 크기의 5분의 1 정도다).

우선 종이로 된 도시 교통국Metropolitan Transit Authority, MTA 공식 지도(그림 5-3에 표시된 지도)를 입수한 후 가위로 잘라, 더 효율적인 방식으로 조합해본 후

그림 5-3 마이클 허츠의 디자인에 기반한, MTA 뉴욕시 지하철 지도 2004년 버전. 시각적으로 복잡한 지도였다. 그리고 지하철 역사 내에 큰 포스터로 이 지도를 붙여놓았는데, 종종 지상에서 18인치도 안 되는 높이에 있는 경우가 많아 읽기 어려웠다. 뉴욕시 지하철 지도 ⓒ 도시 교통국Metropolitan Transportation Authority. 사용 승인 받음

에 그 가능성을 살펴보았다. 이렇게 어렵사리 넓이를 반 이상 줄이고 나니 용기가 생겼다. 56개의 버스 관련 팝업 정보 및 그외 지하철과 관련 없는 정보들이여 사라질지어다! 그리고 나자 실제 지도를 제작하는 힘든 작업이 이어졌다. 나는 모든 지하철 역 이름과 노선을 일러스트레이터 문서에 다 입력했고, 두 달이 지나서야 나만의 더 작은 지도를 완성했다. 그 지도는 접어서 수월하게 지갑에 넣을 수 있었고, 나는 들고 다니며 내 친구들 모두에게 보여주었다. 허나 친구들은 크기가 작다는 점을 좋아하면서도 실제로 아무도 사용하진 않았는데, 공식 지도와 마찬가지로 활용하기 어렵게 하는 주요한 디자인적 문제가 여전히 남아있기 때문이었다.

데이터를 표현한 방식이 최선이 아니었다는 점을 깨닫는 것과 크기를 줄이는 일은 별개였다. 그래서 스스로 '과연 이 모든 데이터를 어떻게 표현할까?'라고 물어보았다.

이 의문에 답하려면, 질문이 몇 가지 더 필요했다.

- 이 지도 전에 어떤 지도가 있었나?
- 예전에 버려진 구상들 중에 아직도 유의미한 것이 있는가?
- 뉴욕시와 그 지하철 시스템의 어떤 면 때문에 그동안 깔끔하고 효율적으로 지도를 만들기 어려웠는가?

▌돌아보기에서 내다보기까지

나는 연구에 뛰어들었고, 이베이eBay에서 오래된 교통 지도를 사들이기 시작했다. 지하철 지도, 뉴욕시 도로 지도 그리고 내가 여행 중에 모았던 전세계 교통지도를 공부했다. 이미 구현된(일부는 훌륭하게) 아이디어에서 가능한 한 모든 디자인적 접근법과 절충안을 골라내었다.

물론 내 아버지가 가지고 있던, 조지 살로몬George Salomon이 디자인한 지하철 지도 외에도 마시모 비넬리Massimo Vignelli가 디자인한 지도도 주의 깊게 연구했는데, 그 지도는 1972년부터 1979년까지 사용되고 나서 토라낙-허츠Tauranac-

Hertz MTA 지도(30년이 지났지만 아직도 주류인 지도)로 교체되었다. 비넬리의 지도에는 바로 관심이 생겼는데, 지도의 크기는 크지만 벡의 튜브 지도에서 보이는 뚜렷한 아이디어, 즉 90도와 45도 각도, 명시적인 혼승역 표시 그리고 개별 노선을 구분하는 색을 차용했기 때문이었다. 너무 많은 정보가 넘쳐나서 전반적으로 보기 불편하기는 하지만, 현 MTA 지도에서도 남기고 싶은 좋은 점은 있었다. 게다가 버려지거나 잊혀진 옛날 아이디어도 자유롭게 킬려왔다.

그림 5-4 마시모 비넬리가 디자인한 1972년 MTA 뉴욕시 지하철 지도. 지도 도식상 지리적으로 왜곡되었지만 여전히 디자인적으로는 우상이다. 뉴욕시 지하철 지도 ⓒ 도시 교통국Metropol tan Transportation Authority. 허가 받고 사용함

독특한 뉴욕의 복잡성

연구를 수행하면서 뉴욕시 지하철만의 독특한 특성이 있음을 깨달았는데, 그 때문에 런던, 파리, 도쿄 같은 경우처럼 도식화 방법을 써서 정확하고 알기 쉬운 지도를 만들기가 어려웠다. 또 순수한 지형도를 사용하는 방법도 좋지 않음이 명백했다. 뉴욕의 독특한 지형과 격자 모양 도로 시스템이 둘 다 지하철 시스템 지도를 제작하는데 영향을 끼치기 때문이다.

뉴욕시 지하철 시스템에는 중요하면서도 서로 상충되는 네 가지 요소가 있어서 도식적 방법이나 지형도를 활용하는 방법만으로는 지도를 만드는 것이 불가능했다.

- 주요 도로가 있는 맨해튼 섬의 지형 폭이 좁은 점. 폭이 6개 구획 밖에 안되는 미드타운Midtown에서 서로 다른 지하철 노선이 17개나 위아래로 지나간다.
- 지하철 터널을 만드는데 '절개식 공법cut-and-cover method'을 사용해서, 격자 모양 도로 패턴을 따르도록 노선을 만든 점. 뉴욕시 지하철은 일반적으로 격자 모양 도로를 따라가므로, 런던 같이 오래된 도시의 경우와 달리 지하철과 지상의 지리 정보 사이에 심리적 연결 고리가 강하게 생긴다.
- 한 노선에서 완행, 급행이 번갈아 운행되는 경우가 많은 독특한 시스템
- 세 지하철 시스템(IRT, BMT, IND)이 경쟁하면서 발전해온 바람에, 하나의 시스템으로 잘 체계화되지 못한 지하철 형성 역사(남부 맨해튼, 브루클린 도심지역, 롱 아일랜드시Long Island City의 밀집된 도로를 따라 경쟁적으로 노선이 구불구불하게 배치되는 등 세 경쟁 노선이 혼란스럽게 얽힌 점이, 알기 쉽고 정확하게 지도를 그리는 데 가장 어려운 부분이다).

킥맵(그림 5-5)은 기존의 많은 지도(19세기까지 거슬러 올라가는)에서 선택적으로 빌려온 아이디어들과 내 자신의 새로운 시도를 조합해서 만들어졌다. 이런 독특한 조합 덕분에 그 전의 지도보다 더 사용하기 편하다고 생각한다. 다음 절에서 내 새로운 생각과 시도에 대해 더 자세히 논할 예정이다.

그림 5-5 2007년에 출시한 킥맵

▼ 지리는 관계와 관련 있다

대부분의 행정구(퀸즈, 브루클린, 맨해튼 그리고 브롱크스)에는 도로 계획에 따라 지하철 지상에 격자 모양 도로가 있다. 그 까닭에 지상의 지리가 직관적인 시작점이 될 뿐 아니라, 사용자 경험의 필수적 요소가 된다. 자신이 있는 위치를 알면(예를 들어 42번 도로와 7번가 교차점이라고 하면) 격자형 도로를 참조해서 방향과 위치를 쉽게 알 수 있다. 이것이 뉴욕시 지하철 지도에서 보이는 수많은 지리적 오류(비넬리 지도에서 50번 도로와 브로드웨이의 교차점이 8번가의 동쪽이 아니라 서쪽에서 끝나는 사례처럼 좋지 않은 경우)가 너무 확연해서 알아채기 쉬운 경우이다.

기존 뉴욕 지하철 지도에서 보았던 한 가지 문제점이라면 지도 디자이너가 실제로 그들의 삶의 한 부분으로서 지하철을 이용해보았는지 믿기 어렵다는 점이었다. 그들이 내린 많은 결정과 지하철의 현실 사이에는 간극이 있다. 디자인 과정의 일부로, 나는 지하철을 타고 가서 내게 익숙하지 않은 주요 교차로에 위치한 모든 지하철 역 출구로 나와보았다. 뉴욕시의 지상과 지하에는 강한 연관 관계가 있으며, 지하철 이용객이 지하철 역 밖으로 나간다고 그 연관성이 없어지지 않으므로, 연관성을 최대한 명쾌하게 표현하는 일이 중요하다. 그렇게 하지 않으면 방향 감각을 상실해 불편한 느낌이 들 것이다.

핵심 사항을 포함시키기

브루클린의 L 노선을 생각해보자. 지하철 승객이라면, 지하철 내에서 떠밀려 가느라, 노선이 주요 도로나 교차로를 따라 휘어지거나 모퉁이를 돈다는 사실을 알아차리지 못한다. 하지만 예를 들어 그레이엄 가(街)Graham Avenue 역 밖으로 나와보면, 메트로폴리탄 가Metropolitan Avenue와 부시윅 가Bushwick Avenue가 90도로 교차됨을 분명히 알 수 있다. 왜 이 사실을 지도에 나타내지 않았을까? 도로가 어떻게 교차되는지 모르는 채로 지하철 역을 나와 표지판을 본다면, 어떻게 된 일인지 알아채기 대단히 어려울 것이다.

비넬리 지도에서 L 노선 부분은 직선으로 묘사되어 있다(그림 5-6(a)). 허츠 지도(그림 5-6(c))에서는 메트로폴리탄과 부시윅 둘 다 보여주지만, 성의 없이 국수 가락 모양처럼 노선을 그려놓았다. 나는 도식화를 하되, 주요 대로를 따르는 경로를 정확하게 묘사하도록 주의 깊게 노선을 그리기로 했으며, 이는 승객에게 도움이 되는 가장 좋은 방법이라고 생각한다(그림 5-6 (b)).

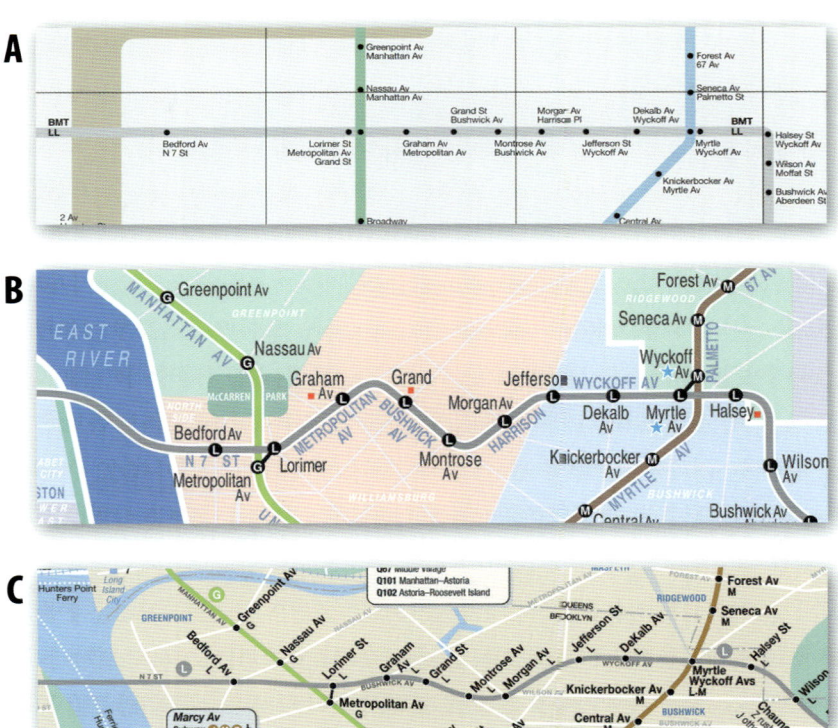

그림 5-6 브루클린의 L 노선의 일부분. (a) 비넬리 지도의 사례 (b) 킥맵의 사례 (c) 토라낙-허츠 지도의 사례

정반대로 나는 때때로 승객에게 도움이 되도록 지리정보를 나름대로 단순한 도식으로 표현하기도 했다. 예를 들어 퀸즈의 주요 도로인, 퀸즈 대로Queens Boulevard는 원래 5개의 농로(農路)여서 그 결과 퀸즈보로 다리Queensboro Bridge에서부터 행정구 동쪽까지 길이 약간 위아래로 구불구불 나 있다. 최근 지도에서는 이런 사실과 지하철 사이의 관련성을 포착하지 못하는데, 그 사실을 완전히 무시하거나(그림 5-7(a)의 비넬리 지도에서처럼), 도호하게 표현(그림 5-7(c)의 최신 MTA 지도에서처럼)했기 때문이다. 내 지도에서는 퀸즈 대로를 하나의 직선으로 디자인했다(그림 5-7(b)). 나는 경로와 그 경로를 따르는(한 노선은 도로

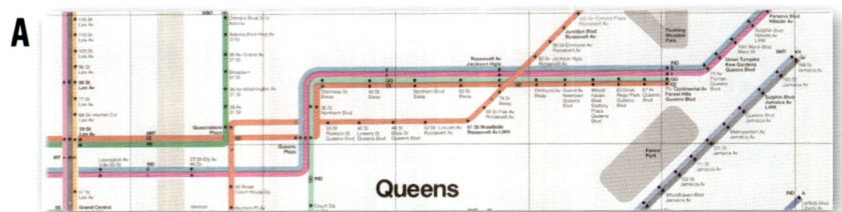

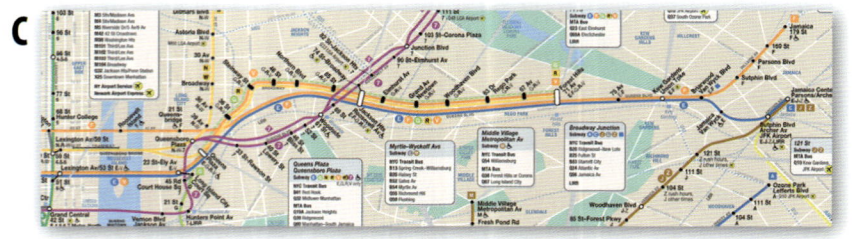

그림 5-7 퀸즈 대로를 도식화한 표현과 지리적 표현 사이의 상반관계. (a) 비녤리 지도, (b) 킥맵, (c) 현 MTA 지도

를 따라 가다가 방향을 틀지만, 다른 노선은 그대로 따라간다) 지하철 노선의 '상반관계trade-off'를 쉽게 알아볼 수 있도록 이런 선택을 했다. 이 경우에는 7번 선은 루즈벨트 가Roosevelt Avenue로 방향을 틀 때까지 퀸즈 대로를 따라가고, R/V/G/E/F선은 브로드웨이에서 내려와서 동쪽으로 간다. 내 도식화 디자인 방식은 퀸즈 도로와 지하철 사이 관련성을 논리적으로 잘 전달하는 데 비녤리 지도나 현 MTA 지도에서는 이런 관련성이 뚜렷하게 나타나지 않는다.

내 생각에 중요한 상반관계 또 하나는 미드타운 맨해튼의 42번 도로의 사례인데, 4/5/6선이 파크 가Park Avenue에서 렉싱턴 가Lexington Avenue로 옮겨가고 있다. 미드타운이나 머레이 힐Murray Hill에서 걸어 내려오는 사람이라면 지하철을 타기 위해 어느 도로까지 가야 지하철 역이 나오는지 알고 싶을 것이다. 비녤리 지도에서는 노선을 직선으로 표시하고, 도로가 바뀐다는 사실을 글로만 써두어

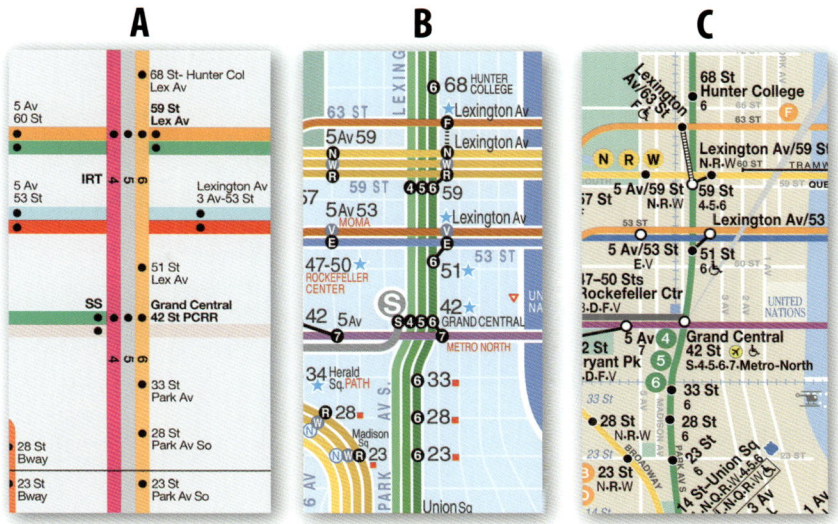

그림 5-8 맨해튼의 4/5/6선의 일부분. (a) 비넬리 지도의 사례, (b) 킥맵의 사례, (c) 현 MTA 지도의 사례

서 정확한 정보를 알기 힘들며, 현 MTA 지도에서는 그저 국수 가락처럼 표현했다. 그러나 내 지도에서는 이용자가 가야 하는 도로와 역의 위치가 확실하다.

잡동사니 생략하기

나는 지상의 몇몇 지리 형태는 표시하는 것이 중요하다 느끼는 동시에 지하의 정보들은 생략하는 것도 중요하다고 생각했다. 지하철에는 터널이 교차하고 겹치는 장소가 몇 군데 있다. 보수작업을 해야 하는 도시 인부나 공공기업체에게는 이런 정보가 중요할지도 모르지만, 일반적인 통근자에게는 시각적인 잡음만 될 뿐이다. 나는 노선을 지도에서 겹치지 않도록 깔끔하게 분리해서 시각적 잡음을 줄이려고 노력했다. 브롱크스의 4번 선과 5번 선을 다르게 묘사한 사례를 보자. 물론 MTA의 경로가 좀더 정밀하지만, 혼란스럽다 승객은 자신들이 어떤 경로로 가는지 이렇게 자세히 알 필요는 없다.

노선 색칠하기

지하철의 지리정보가 중요하긴 하지만, 이용자가 어떤 노선을 타야 원하는 곳으로 가는지 이해하는 일이 더 필수적이다.

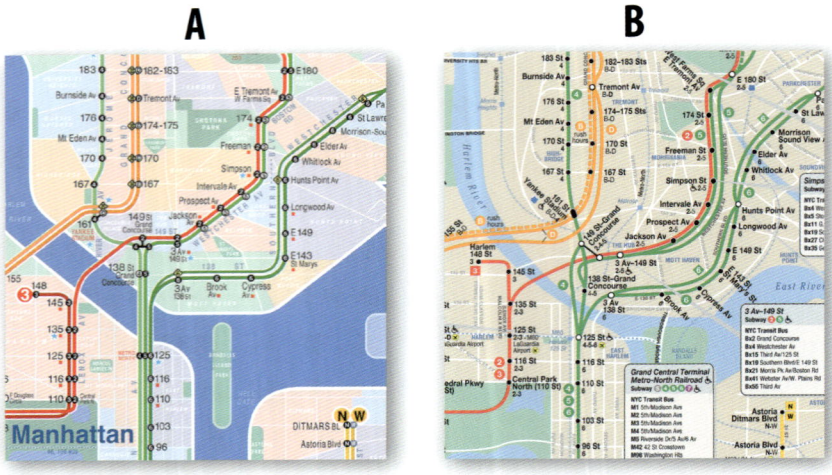

그림 5-9 4번 선과 5번 선의 묘사. (a) 킥맵의 사례, (b) 현 MTA 지도의 사례

    1967년에 MTA는 예전에 살로몬 지도나 초창기 지도가 사용하던 3색 테마 방식을 떠나서 노선마다 색을 따로 사용하기 시작했다. 하지만 시스템을 단순화시키는데 이런 변경은 도움이 되지 않았다. 본질적으로는 26개의 노선에 26개의 색을 무작위로 할당한 셈이라, 한 경로가 죽 이어진다는 사실 말고는 색이 실제로 알려주는 정보가 없었다. 비녤리 지도(그림 5-10(a))는 이런 색 도식을 계승했다.

    토라낙-허츠(현 MTA) 지도는 지하철 노선 여러 개를 도식화된 선 하나로 합쳐서 간단히 표현하려 했으나, 특정 노선의 지하철이 해당 역에 정차하는지 아닌지 확인하려면 역 옆에 일일이 표시해둔 글자를 읽어야만 해서, 실제로 지하철 시스템을 이해하기는 더 어려워졌다(그림 5-10(c)). 이를 올바르게 만드는 방법은 같은 선로를 사용하는 지하철 노선을 묶어서 색상 코드를 주는 것이다. 예를 들어 A/C/E 선은 모두 파란색이고, 4/5/6 선은 모두 녹색이다. 맨해튼을 통과하여 남북으로 달리는 '줄기' 노선을 보면, 노선의 색이 파랑, 빨강, 주황, 노랑, 녹색의 스펙트럼으로 변한다. 이 색은 기억하기 좋아서 승객들이 가고자 하는 일반적인 방향을 구분하는데 도움이 된다.

    이 지도에서는 앞의 두 접근법에서 가장 좋은 요소를 차용했다(그림 5-10(b)). 나는 토라낙-허츠 지도처럼 줄기 노선에 스펙트럼 색을 재사용해서, 실재성을 강조한 반면, 각 경로를 도식화된 선으로 표현해서 알아보기 쉽게 했다. 엄밀히 말

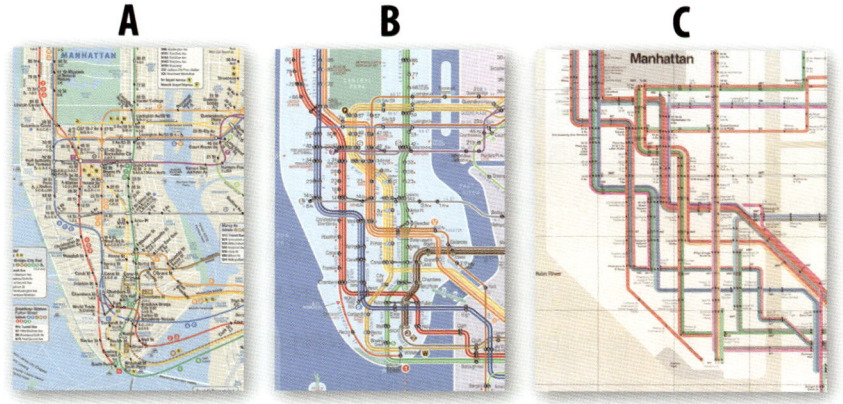

그림 5-10 맨해튼 '줄기' 노선. (a) 현 MTA 지도의 사례, (b) KickMap의 사례, (c) 비넬리 지도의 사례

하자면, 나는 비넬리가 한 대로 26가지 색을 사용한 셈인데, 26가지 노선을 6~7개의 색 계통으로 묶고 한 계통에 속하는 노선별로 음영을 달리 주는 방식 즉 A/C/E 선은 파란색 음영, 4/5/6 선은 녹색 음영 등으로 색을 썼다.

나는 또한 역을 나타내는 동그라미에 노선 ID와 색을 활용했다.[2] 여기서 핵심 아이디어는 지도는 읽기 편하기보다는 빠르게 훑어보기 좋아야 한다는 점이었다. 각 정차 역마다 동그라미 안에 노선 이름을 썼는데, 이 방식 덕에 이용자가 어떤 노선 열차가 어느 역에 서는지 역명 옆 노선 목록을 읽지 않고도 쉽게 알 수 있다. 또한 동그라미에 색을 칠해서, 그 열차가 항상 그 역에 정차하는지, 아니면 주일/주중 또는 혼잡한 시간대/평소 시간대 제한처럼 특별한 조건에서만 정차하는지 여부를 이용자가 한눈에 알아보도록 했다.

마지막으로 뉴욕시에는 내릴 곳을 놓칠 경우, 내려서 편리하게 반대 방향 열차를 갈아타기 어려운 지하철 역이 약 80여개 있다. 나는 그런 역들의 역명 옆에 조그만 빨간색 상자를 표시해두어서, 반대 방향으로 가야 하는 승객들이 그 역 밖을 나가서 도로를 건너 다시 역의 반대편으로 들어와야 하는 일을 피하도록 했다. 현 MTA 지도는 도시 안의 모든 헬리콥터 이착륙장을 표시했지만, 이렇게 간단하면서도 중요한 지하철 관련 정보는 제공하지 않는다. 이는 우선순위를 완전히 착각한 예이다. 나는 위 결정이 종합되면 킥맵을 전에 나왔던 지도보다 더 사용하기 좋게 만드는 혁신이 강조된다고 생각한다.

[2] 작업 과정 중에서 내가 크게 '아하!' 하고 깨달은 순간이다.

▌사소한 것에 목숨 걸기

앞의 결정은 내게 쉬운 일이었으나, 이후 남은 선택들은 좀더 어려웠다. 이는 '어떤 지리적 특성을 진짜로 남겨둘 필요가 있을까? 어떤 각도를 사용해야만 할까? 버스나 연락선 정보는 얼마나 넣어야만 할까?' 같은 문제들이었다.

그래서 첫 시도로 포괄적인 지도(그림 5-5)를 제작하고 나서, 내가 배운 바를 지도에 모두 집어넣고 개선해가는 작업을 하기로 했다.

일단 시험해보자

자동차 업체에서 '시험용 노새test mule'라고 불리는, 모든 가능한 실험적인 기능을 잔뜩 추가한 원형prototype 또는 시제품preproduction 자동차를 제작하는 일은 흔하다. 그리고 보통 그 자동차에 일련의 운전성 테스트를 해보고 나서 어떤 기능을 제거해야 하는지(그 기능이 필수적이지 않거나, 또는 제대로 작동하지 않을 경우에) 결정한다. 나는 이 지도에도 같은 작업을 했다. 우선 내가 가능하면 넣고 싶은 모든 요소를 추가한 버전(그림 5-11)을 하나 만들었다. 일러스트레이터의 레이어 기능이 여기서 도움이 되었는데, 나중에 레이어 톤tone을 낮추거나 안보이게 할 수 있기 때문에 편하게 지도에 많은 것을 집어넣었다.

시험용 지도를 이용해서 다양한 절충안을 평가해보았다. 예를 들어 다음과 같은 것이다.

격자형 도로
   지하철 정보에 방해되지 않는 선에서 도로 구조를 다 표시하려 한다. 그 결과 시험용 지도에서는 최종 디자인 결과물보다 도로나 도로 명칭이 훨씬 더 많음을 알 수 있다.

해변
   나는 녹지 공간을 중요시한다. 그래서 뉴욕시민들이 차 대신 지하철을 이용해서 해변으로 가는 길을 알 수 있어야 한다고 생각했다. 시험용 지도에는 시가 운영하는 수영장 정보도 넣었는데, 나중에는 모두 삭제했다.

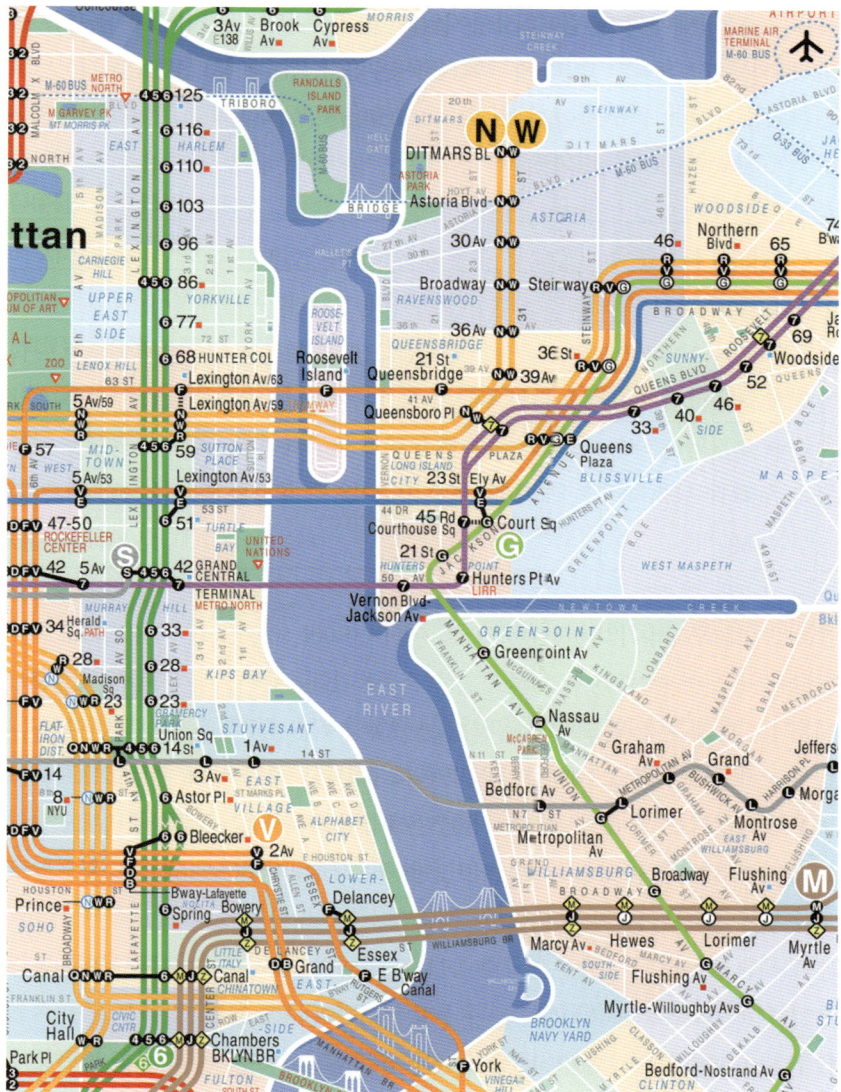

그림 5-11 지하철 지도의 '시험 노새' 버전. 일단 많은 정보를 넣고 편집과정에서 잘라냈다.

해안선 정보

실제 사람들(말하자면 우리 어머니 같은 분들)이 사용하기 쉬워야 한다는 점이 중요하며, 그들은 내가 시험용 지도에 넣은 자세한 지리정보(스테인웨이 후미Steinway Creek나 월러바웃 만(灣)Wallabout Bay 같은)에는 크게 관심을 두지

사소한 것에 목숨 걸기 97

않을 것이다. 그런 점이 지도를 단순화하고, 도식화하는 이유다. 하지만 나는 뉴욕시를 사랑하는 사람이나 지도 매니아가 감상할 만한 무언가도 포함시키고 싶었다. 그래서 지도에는 그런 내 바람을 드러낸 사례가 있다. 예를 들어 지하철에 관련한 업적에 경의를 표하자는 생각에 스미스/9번가 역이 넘어서 지나야 하는 고와누스 운하 Gowanus Canal 같은 정보를 포함시켰다(지하철 역 중에서 가장 높은 해발 91피트에 위치한다).

각도 디자인

최종 디자인에서 각도를 많이 표준화했지만, 명료성을 위해서 필요할 때는 표준을 깨기도 했다. 나는 각도의 노예가 아니다. 도식화도 좋지만, 승객이 언제든지 쉽게 지상 정보를 이해하도록 만드는 일이 내 목표였다. 또한 런던 튜브 지도에서처럼, 읽기 쉽도록 역명을 일관되게 수평으로 배치하고, 억지로 임의의 각도로 역명을 써넣는 일은 피했다.

다리와 터널

이 프로젝트의 목표 중 하나는 사람들이 자동차 대신 지하철을 타도록 돕는 도구를 제안하는 일이다. 그래서 자동차 다리와 터널을 지도에서 모두 삭제하기로 했다(상징적인 브루클린 다리는 제외했다). 되도록 승객들이 지하철을 계속 탑승하게 해서, 자동차를 타려는 유혹에 빠지지 않고 지하철을 타고 돌아다니는 경험을 유지하기를 바랐다.

이런 대부분의 선택은 다음에 제시하는 원리에서 영향을 받은 것이다.

이용자는 사람일 뿐이다

뉴욕에는 운전자의 방향을 찾는데 도움을 주고 심리적으로 안심시키는 어떤 상징물이 있다. 그 상징물이 친밀한 어떤 것을 대표하므로, 지도는 상당히 정서적이기도 하다. 그래서 지도를 친밀하게 느끼게 하려면 상징물들을 유지해야 한다고 보았다. 나는 지리적으로 정밀한 지형 지도를 디자인한 것이 아니라, 관계의 관점에서 정서적, 지리적으로 정확한 지도를 디자인한 것이다. 맨해튼은 맨해튼 같이 보이고, 센트럴 파크는 녹색이고, 허드슨 강은 파랗고. 지하철 역은 도로나 다른 역에 비하면 (델란시 가Delancey Street는 바워리Bowery 동쪽에 있는 등) 정확한 위치에 있다.

같은 이유로 기념물이나 장소(자유의 여신상, 엘리스 섬Ellis Island, 브루클린 다리)도 포함했다. 그리고 그곳의 이름만 적는 대신 1930년대 지하철 지도에서처럼 친숙한 모양을 그려 넣었다.

지역들로 구성된 도시

어머니를 만나러 지하철을 타고 갈 때 95번가 역에서 만나지 않고, 브루클린 베이 리지에 있는 어머니 댁에서 만날 것이다. 이는 뉴욕의 중요한 측면으로, 뉴욕은 지역들로 구성되어있어 오래 거주한 시민들이라면 지역명을 먼저 떠올리게 된다. 즉 지역명이 기준이 되는 틀이다. 우리는 워싱턴 헤이츠에서 베이 리지로 간다고 말한다.

현 MTA 지도는 지역명 일부를 표시했지만, 짙은 파란색 글자로만 쓰는 바람에 역명과 혼동이 되며 지역 영역을 구분하는데 보탬은 되지 않는다. 말하자면, 정보에 체계가 없다. 적어도 1840년대부터 도시 지도를 그릴 때 그랬듯이 눈에 거슬리지 않는 색(파스텔 색조)으로 지역을 표현하고, 검은색 역명과 혼동하지 않도록 지역명을 흰색으로 표시하는 방법으로 지하철 지도의 명료성과 기능성을 양보하지 않고도 정보 레이어들을 표현하는 일이 가능해졌다.

그리고 이 요소들은 문자 그대로 일러스트레이터에서 따로 구분된 디지털 레이어들로 만들어졌다. 그래서 지역 정보 레이어를 켜거나 꺼보면서 정말로 넣을 필요가 있는지 결정하거나, 그 정보가 있거나 없을 때 지하철 지도를 조금씩 변형해보는 일을 할 수 있었다.

다 들어맞는 크기는 없다

기능 구분은 어떤 유용한 시각화나 도구에서도 중요한 열쇠라고 생각한다.

레이어를 나누어 작업하면, 이점은 지도를 다른 사용자 인터페이스에 맞게 바꾸어 적용하기 좋다는 점이다. 킥맵은 아이폰이나 아이패드 응용프로그램으로도 제공되는데, 그 기기에서는 이용자가 확대 축소함에 따라 지도의 상세 정보가 자동으로 변한다. 모바일 앱 뿐만이 아니라 도시 통근자는 여전히 매우 다양한 상황에서 지하철 지도를 본다. 접이식 종이 지도라든지, 역에 걸린 큰 지도, 지하철 차량에 게시된 지도(의자 바로 뒤에 있어 읽으려면 다른 사람 귀 뒤를 주의해서 봐야 하는)나 온라인에서 볼 수 있는 지도도 있다. 지금은 장소마다 기본적으로 같은 지도를 접하지만, 꼭 그래야만 하는 것은 아니다. 지도는 사용 맥락 및 특정 환경에 따라 약간씩 다르게 최적화해야 한다.

나는 엠파이어 스테이트 빌딩을 넣고 싶었지만, 미드타운이 너무 어수선해 보여서 넣지 않았다. 내 목표는 끝까지 진짜로 간단하고 기능적인 지하철 지도를 만드는 것이었다!

각 버전은 사용 맥락에 따라 나름의 디자인을 지녀야 한다. 일례로 역에 걸리는 커다란 지도에는 지역을 표시해야 하지만, 열차 내에 있는 지도는 승객들이 다음 역에서 하차 여부 같은 결정을 빨리 내리도록 정보를 간단히 표시해야 한다. 그리고 열차에 버스 정보를 표시할 필요가 있을까?

사용 맥락이 물리적인 것만은 아니다. 뉴욕에서 오후 11:00시 이후에는 26개 노선이 19개로 줄어든다. 그래서 주간/저녁용 킥맵에 이 정보를 추가해서 그림 5-12 같은 야간용 지도를 만들었다. 이를 이용하면, 야간 노선 운행 여부를 알기 위해 보기 어려운 범용 지도를 보지 않아도 된다(아이폰 외에도 열차 내에서도 볼 수 있다).

야간용 지도를 만들 때는 주간/저녁용 버전을 단순화하고, 쓸모 없는 도로 및 지역 관련 정보들 대부분을 없앴다.

덧붙여 나는 벡이 만든 지하철 지도의 단순하고 우아한 미적 감각을 정말로 좋아하는데, 야간용 지도의 단순한 형식은 그 지도에 경의를 표하는 셈이다!

▶ 결론

결국 나는 킥맵이 대부분의 내 목표를 달성했다고 생각한다. 좀더 쉽게 지하철을 이용할 수 있도록 노선과 환승역을 가능한 명백하게 표현했으며, 승객이 역 밖으로 나왔을 때 근처 장소를 알기 쉽게 표현해서 지하철이 친숙하고 편안하게 느껴지도록 했다.

그림 5-12 야간용 킥맵은 오후 11:00시부터 아침 6:30시까지 다니는 노선만 표시한다.

하지만 주요 목표는 내 지도를 출판해서 지하철 승객 손에 들어가도록 하는 일이었다. MTA가 내 디자인을 거절하고 나서, 나는 지도를 배포할 대안을 찾았는데 바로 애플의 아이튠즈였다. 아이폰, 아이팟 터치, 아이패드용으로 무료 버전과 유료 버전 두 앱이 있다.

나는 사용자 경험을 최대한 매끄럽고 쾌적하게 만드는 노력에 초점이 맞추어 모든 선택을 했다. 아이튠즈에서 250,000명이 넘는 사람(혹은 다운 횟수)들이 킥맵을 받아줘서, 나는 무척 감명을 받았다. 정말 잘된 일이지만 여전히 킥맵이(또는 이보다 더 나은 지도가) 현재 지하철 지도를 대체하길 바라고 있다. 나는 사람들이 타의 추종을 불허하는 뉴욕의 24시간 지하철 시스템을 이용하면서 편안하고 나아가 행복하게 느끼길 바란다. 지하철 시스템이 복잡하긴 하지만, 사람들이 얼마나 이용하기 쉬운지 안다면(지도가 방해가 되는 대신 친구가 된다면), 승객수는 늘어날 것이다.[3] 이는 결국 시스템에 도움이 될 뿐 아니라, 여기서 살고, 일하고, 방문하고, 숨쉬는 모두에게도 도움이 된다.

3
나는 많은사람이 뉴욕의 훌륭한 상징으로 지하철 지도에 열정을 가지고 있다고 생각한다. 지도는 도시에 영양을 공급하는 동적인 모세혈관으로 지하철의 모습을 보여준다. 개념적으로나 역사적으로나 이는 사실이다. 새로운 거주 구역에 상업 지구와 연결되는 저렴한 교통수단을 만들어 '영양을 공급'해서, 도시를 꾸준히 성장하고 번창하게 할 목적으로 지하철이 건설되었다.

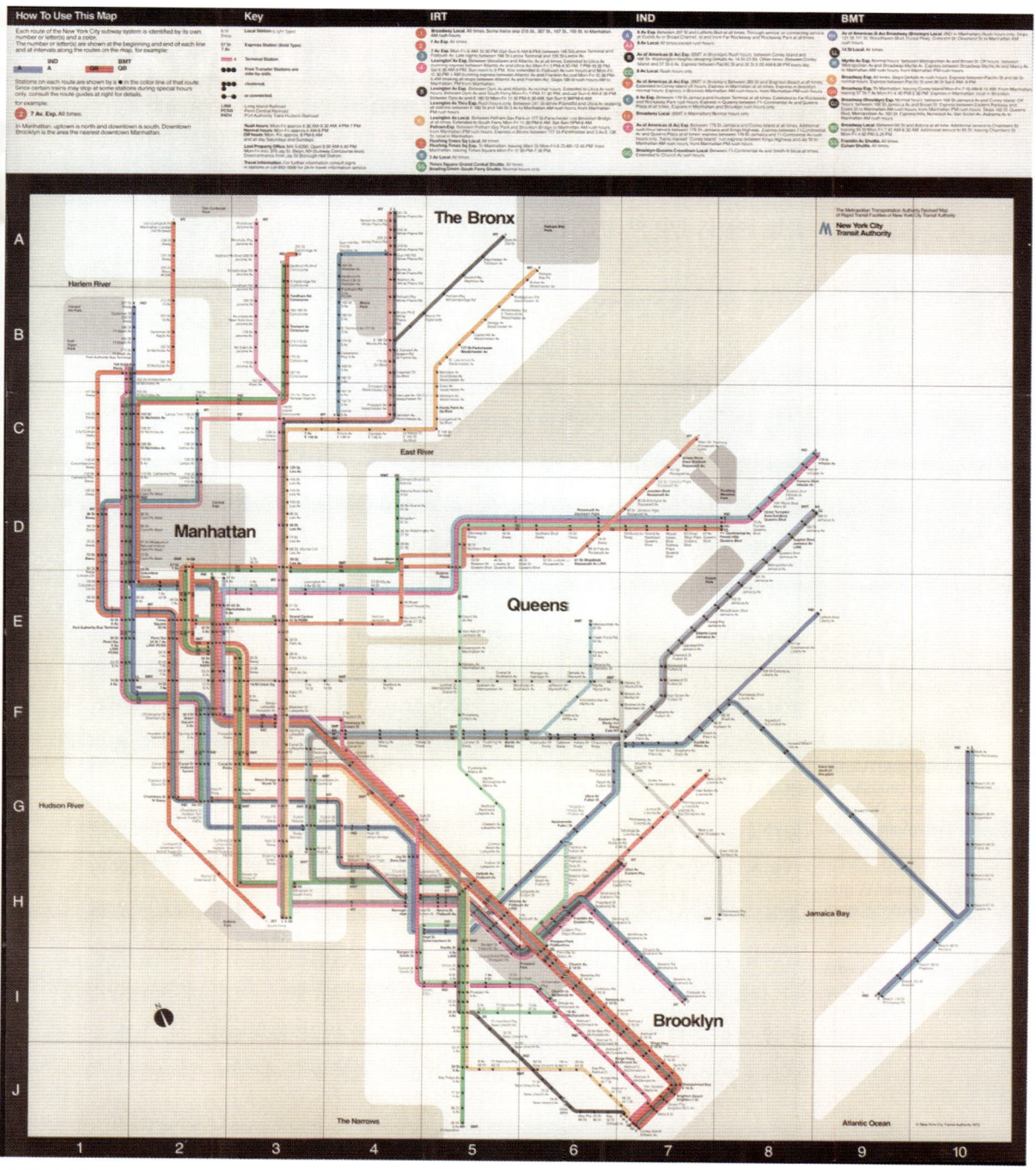

마시모 비넬리가 디자인한 1972년 MTA 뉴욕시 지하철 지도

6장

비행 패턴: 깊게 파고들기

에런 코블린, 밸딘 클럼프 | Aaron Koblin, Valdean Klump

하늘에는 길이 있다. 보이지는 않지만, 뚜렷하게 구분되는 도로가 있어 하루에도 수천 대의 비행기가 가로지른다. 이 사실은 개인이 관찰해서는 짐작 못할 수 있으나, 비행 관련 원 데이터를 그림으로 그려보면 다른 면을 볼 수 있다.

비행 패턴Flight Pattern은 미국과 캐나다의 국내선 항공 교통을 시각화하기 위해 2005년에 시작한 프로젝트다. 이 프로젝트에서는 두 매체를 이용했다.

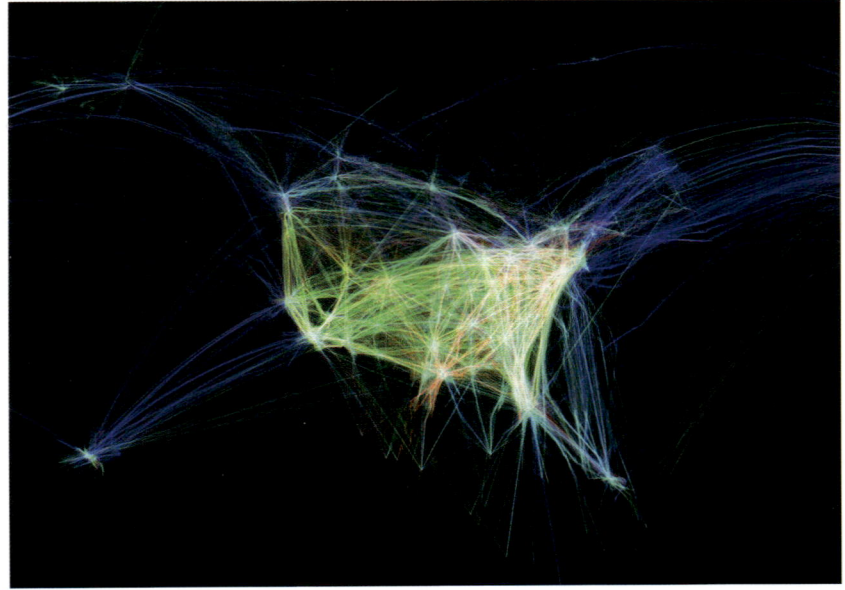

그림 6-1 비행 패턴, 미국과 캐나다 공항에 도착하고 출발하는 비행기의 위치정보를 시각화

첫째는 정지 사진으로 24시간 동안 미국과 캐나다의 공항에서 출발하거나 도착하는 항공기들의 궤적을 나타냈다. 둘째는 비디오 영상으로 같은 데이터를 움직이는 영상으로 보여준다. 이 장에서는 동영상 이미지 몇 개를 보여주고, 그 영상을 만드는데 사용했던 기술을 이야기할 예정이다. 그리고 내가 이 프로젝트를 왜 그렇게 흥미롭다고 생각했는지, 독자들도 왜 그렇게 느꼈으면 하는지를 이야기할 것이다.[1]

먼저 내가 생각하는 이 시각화에서 가장 눈에 띄는 두 가지 특성을 살펴보자. 첫 번째는 비행기들이 다른 비행기의 비행 궤적을 정확하게 따라가는 경향이다. 데이터를 시각화하기 전에는 공항 근처의 비행기들끼리 빽빽한 무리를 이루고 나머지는 멀찍이 분산되어 있을 거라 생각했다. 그러나 실제로는 반대의 현상을 발견했다. 비행기 사이의 비행궤적은 뭉치는 경향이 있었으며, 비행기들이 이착륙할 때 즈음에만 분산되는 모습을 보였다(그림 6-2, 6-3).

생각해보면 이는 꽤 흥미로운 현상이다. 하늘에는 자연적인 방해물이 전혀 없이 훤히 트여있으므로 어떤 항로든 항공기가 비행할 수 있는 것 같다. 그렇지만 비행 패턴을 보면 마치 다양한 목적지 사이에 미리 지정된 길이 있는, 즉 일종의 항공 고속도로 시스템이 하늘에 있는 것 같아 보인다. 아마 여러분도 도로를 식별할 수 있을 것이다.

왜 이런 일이 일어날까? 솔직히 나도 잘은 모른다. 이런 경로가 생기는 이유는 가장 효율적이기 때문일지도 모른다. 어쨌든 내가 생각하기에 가장 그럴듯한 설명은 여러 가지 요소, 말하자면 비행기의 자동조종 시스템, 정부가 규정한 항로, 항공사가 선택한 방향, 항공교통관제 시스템, 붐비는 지역에서 교통량 제한 규칙 그리고 풍향이나 기압 같은 기상학적 요소가 조합되면서 결정된다는 것이다. 어쨌든 이 현상은 완전히 열린 공간에서 논리적인 체계성을 보여준다는 점에서 상당히 인상적이라고 생각한다. 이런 이유로 나는 '패턴'이라는 단어를 프로젝트 이름에 포함시켰다.

비행 패턴에서 두 번째로 인상적인 특징은 미국과 캐나다의 항공교통 시스템의 방대함을 시각화할 수 있다는 점이다. 이 점이 내가 데이터 시각화를 정말 가치 있다고 생각하는 부분이다. 하늘을 바라보거나 관련 통계 값을 읽는 것만으로는 미국과 캐나다에서 일어나는 항공교통의 전체 모습을 파악할 방법은 없다. 하

---

[1] 이 장에서 쓰인 모든 사진은 온라인에서 고해상도 이미지로 받아볼 수 있다. 흥미가 있다면 다음 웹 사이트를 방문해보길 바란다. http://www.aaronkoblin.com/work/flightpattern. 이 사이트에서 사진을 확대해서 볼 수 있을 뿐만 아니라 비행기의 비행고도나 모델과 제조사별로 색을 달리해서 볼 수도 있다. 또한 동영상도 볼 수 있다.

그림 6-2 그림 6-1의 부분을 확대한 그림. 처음에 전체 데이터에서 나타날 거라 내가 기대했던 모양으로 항로가 모든 방향으로 뻗어있다.

그림 6-3 일반적으로 나타나는 패턴을 보여주는 확대 그림. 뚜렷하고 밝은 선은 비행기가 많이 지나다니는 항로를 뜻한다.

지만 시각화를 통해서라면 가능하다. 비행 항로를 모아서 보면, 부분보다 전체, 즉 시스템을 볼 수 있다. 무엇보다 나는 시스템은 아름답다고 생각한다. 시스템은 항로만이 아니라 인구지리학적 요소, 나아가 이동하고자 하는 인류 욕구를 반영하는 지형도를 드러내 보여준다.

데이터와 기법

비행 패턴은 데이터 시각화에 특화된 프로세싱이라는 프로그래밍 언어를 이용해 만들었다. 비행 관련 데이터를 입수하고 나서(데이터 입수는 항상 중요한 단계다), 나는 각 데이터 점의 위도와 경도를 컴퓨터 화면에 표시되는 2차원 지도에 표시하는 간단한 프로세싱 프로그램을 작성했다. 동시에 각 지점에 고도나 항공기 모델을 가리키는 특정 색을 더했다. 그리고 나서 모든 이미지를 TGA 파일 형식으로 변환해서 저장했다.

 비디오 작성은 조금 더 까다로웠다. 항공기를 움직이는 점으로 표현하는 방식으로는 각 비행기의 진행 방향을 나타내기 어려웠다. 그 대신 각 데이터 점 사이에 선을 긋고, 일정 시간 간격(데이터셋에 따라 3분이나 5분 간격)이 지나면, 4%의 검은색 불투명 레이어를 전체 지도에 입혔다. 이렇게 하면 시간이 지남에 따라 오래된 항로가 배경으로 사라져서, 비행 방향을 보는데 도움이 된다.

 비행 패턴에 사용한 데이터는 항공기 상황 전시기Aircraft Situation Display to Industry, ASDI 피드feed를 처리한 버전으로 FAA[2]가 공개한 모든 국내선 항로 기록 데이터이다. 그 피드는 항공산업과 연관 있는 회사에만 공개된다. 그러나 내 동료인 스콧 헤셀스Scott Hessels 덕택에 2005년에 있던 비행 데이터 중 28시간 분량을 받을 수 있었다. 맨 처음 시각화는 UCLA의 디자인·미디어아트 프로그램의 가브리엘 던Gabriel Dunne과 함께 완성한 '천체 역학Celestial Mechanics' 프로젝트의 일부였다.

 내가 작업했던 초기 데이터셋은 2005년 3월 19-20일에 있었던 141,029번의 비행 데이터로, 매 3분간 샘플링해서 만든 총 6,871,383개 데이터 점 정보가 들어있었다. 3년 후 2008년에는 다른 데이터셋을 받아서 와이어드Wired 잡지와 일했다. 이 데이터는 2008년 8월 12-13일에 있었던 205,514 번의 비행을 포함하며, 매 1분

[2]
'민간(Civilian)'이란 FAA가 추적하는 비행 중 군사 영역이 아닌 모든 상업적, 개인적 비행을 일컫는다

간 샘플링해서 만든 26,552,304개 데이터 점으로 이루어졌다.

 데이터의 출처는 ASDI 피드이며, 각 데이터 점마다 다음 정보가 담겨있다.

- 위도
- 경도
- 고도
- 항공기 제조사
- 비행기 모델
- 타임스탬프
- 항공편 번호

 데이터를 직접 보고 싶다면, 현재 http://www.fly.faa.gov/ASDI/asdi.html에서 FAA가 제공하는 ASDI feed 샘플을 XML 형식으로 받아볼 수 있다.

▶ 색

비행 패턴은 복잡한 지도 제작 기술은 전혀 사용하지 않고, 단순히 데이터가 말하는 그대로 그린 것이다. 하지만 같은 비행 항로라도 다른 이야기를 하는 데에는 색이 중요한 역할을 한다. 그림 6-4부터 6-9에 그 예제가 있다.

▶ 움직임

비행 패턴의 움직임을 보면 비행기의 방향이나 시간에 따른 교통량을 포함한 새로운 정보를 볼 수 있다. 이 시각화는 어떤 하루의 저녁에서 다음날 저녁까지 있었던 비행을 추적하여 온 나라가 잠들고 깨어나는 모습을 보여준다.

 내 웹 사이트에 3차원 공간의 z-축에 비행기 고도까지 표현한 3차원 시각화 동영상을 올려놓았다. 육지의 가로방향 축척에 비해서 z-축을 식별하기 좋도록 고도를 상당히 과장했으며, 빽빽해보이지만 흥미로운 시각화가 되었다. 인쇄해서 보기는 힘드니 관심이 있다면 직접 온라인에서 보길 추천한다.

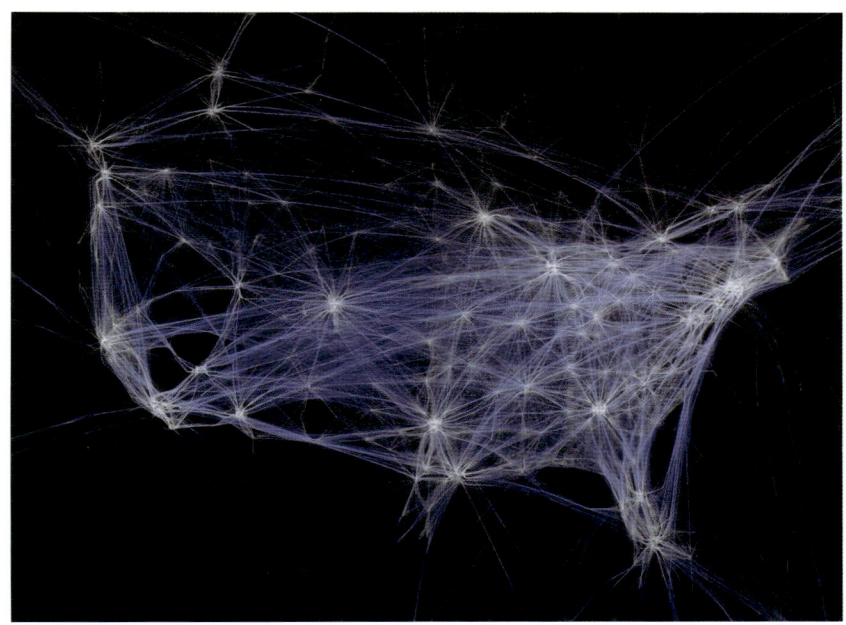

그림 6-4 이 지도에서 색은 고도를 뜻한다. 흰색은 비행기가 지표면에 있다는 뜻이다.

그림 6-5 애틀랜타 공항의 확대 그림. 활주로의 배치가 뚜렷하게 보인다(색은 고도를 뜻한다).

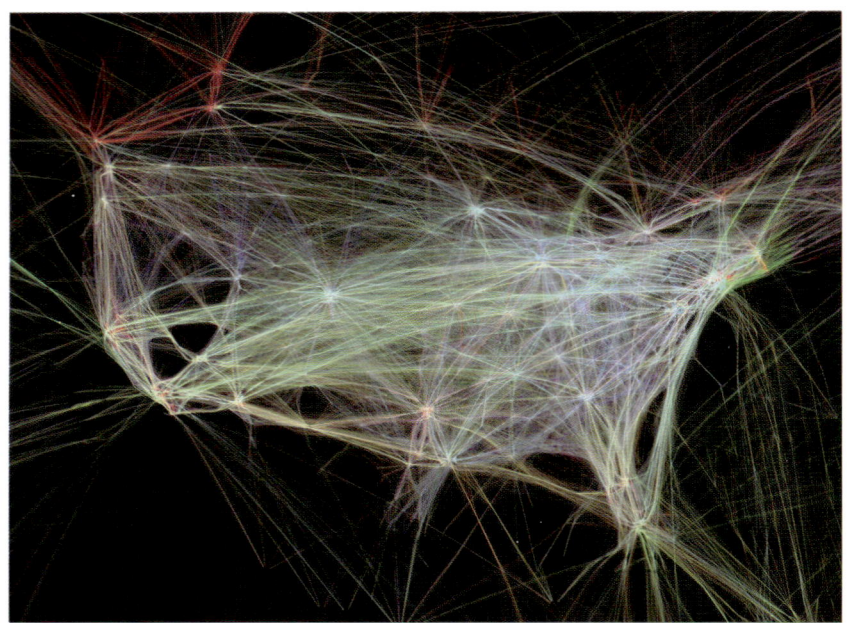

그림 6-6 이 지도에서 색은 비행기 모델을 구분하는데 쓰였다.

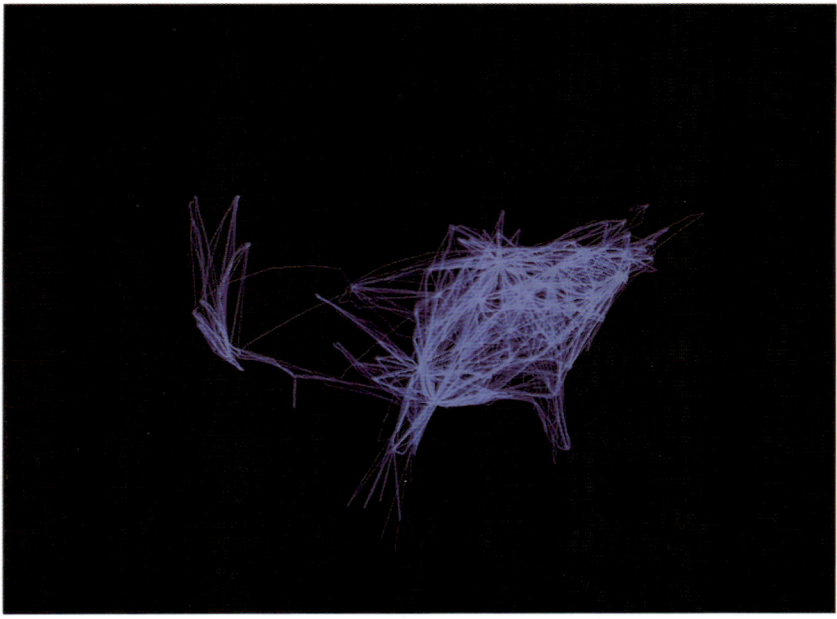

그림 6-7 한 비행기 모델에 대한 지도. 엠브라에르 사(社)의 ERJ 145 중형 항공기*Embraer ERJ 145 regional jets*의 비행 항로만 보여줌

110   6장 비행 패턴: 깊게 파고들기

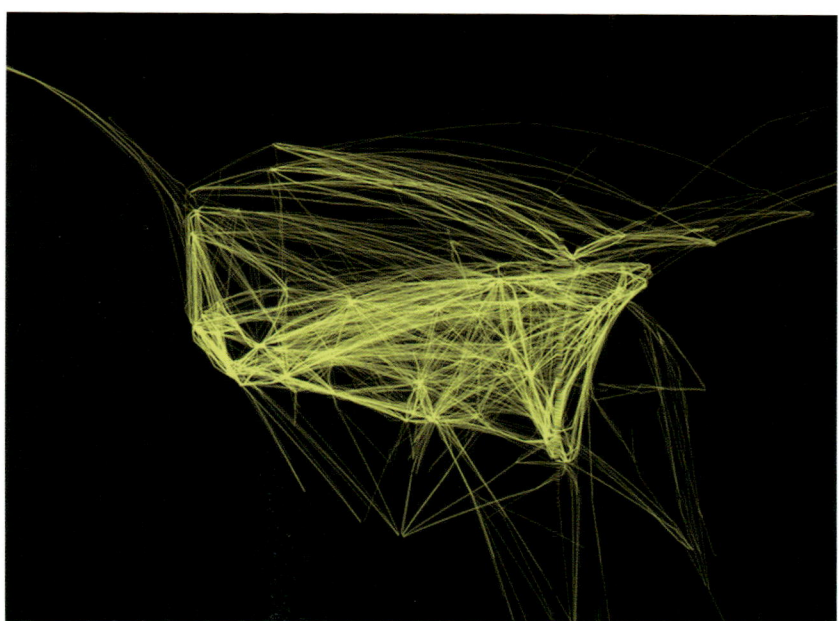

그림 6-8 또 다른 비행기 모델에 대한 지도. 보잉 737의 비행항로

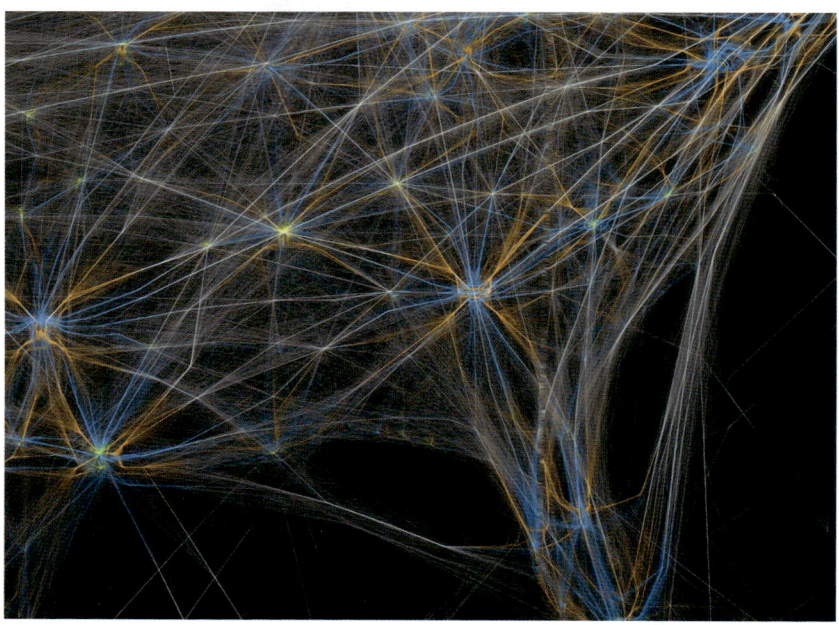

그림 6-9 이 지도에서 각 색은 이륙과 착륙을 나타낸다. 즉 오렌지색은 하강하는 비행기, 파란색은 상승하는 비행기를 가리킨다.

색

이상 사례와 오류

다른 데이터셋과 마찬가지로, 비행 패턴에서 사용한 데이터에도 수많은 오류error와 이상 사례anomaly가 있으며, 일부는 제거됐다. 예를 들어 데이터에서 가장 빠른 비행기를 찾아보았더니 전 미국을 6분 만에 횡단하는 비행기를 찾을 수 있었다. 이는 당연히 오류다. 어떤 비행기는 극적으로(그리고 불가능한 수준으로) 남북을 지그재그로 움직이며 국토를 횡단하고 있었다. 이 또한 오류다. 이 비행 데이터 두 개는 모두 제거했다.

하지만 내가 내버려둔 다른 이상 사례도 있다. 예를 들어 북대서양을 건너오는 비행 항로는 들쭉날쭉해 보인다(그림 6-12). 나는 이 데이터를 시각화에 남겨두기로 결정했는데 유럽에서 미국으로 오는 비행기를 보여주는 것이 중요하기 때문이었다. 왜 이런 오류가 있는지는 잘 모르겠다. 비행 계기나 ASDI의 데이터 처리과정에서 생긴 문제이거나 데이터 제공자가 저지른 오류일 수도 있다. 오랜 고민 끝에 그냥 데이터를 그 모양 그대로 두기로 결정했다. 또한 최단 거리 비행을 찾아보는 과정에서 3,000대 이상의 비행기가 공항을 떠나지도 않은 채 위치 정보를 기록했음을 확인했다. 이런 이상 사례도 남겨두었다.

시각화를 주의 깊게 보면 어떤 흥미로운 특성을 알아차릴 수 있다. 일례로 네바다 주 상공에 비행 제한 구역이 뚜렷하다(그림 6-13). 소수의 비행기가 비행 제한 때문에 생긴 어두운 부분을 건너가는 걸 보면 이 구역이 완전히 제한되지는 않은 것처럼 보인다.

크고 유기적인 데이터를 다룰 때는 항상 에러와 이상 사례를 만나게 되며, 이를 어떻게 다룰지 고심하는 것이 중요하다고 생각한다. 사례마다 나는 스스로에게 묻는다. 데이터 처리를 한다면 이 데이터의 통합성을 깨는 일이 될까? 답이 그렇다고 한다면 그냥 원 데이터 그대로 내버려 두는 쪽이, 오류가 분명하다면 전부 제거하는 편이 최선이다. 이상 사례는 제거하기보다는 오히려 환영해야만 한다(그리고 흥미로운 이야기가 있는지 조사하는 것도 잊지 말자).

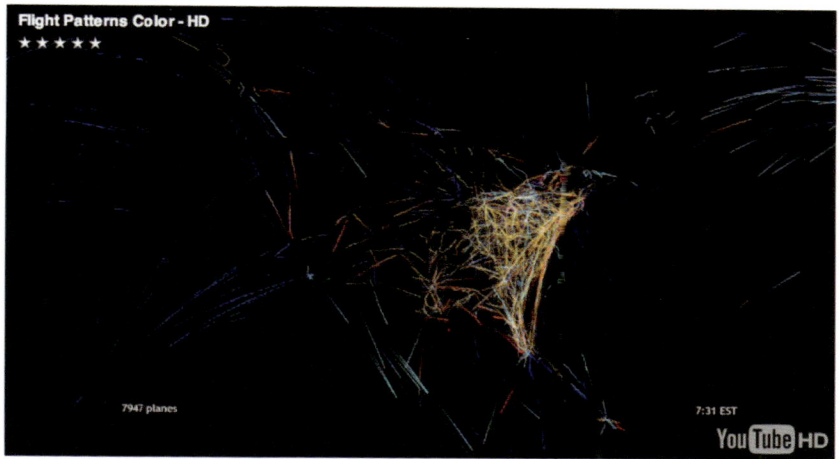

그림 6-10 동부가 깨어나다. 이 정지화상은 2005년 3월 20일, 동부시각 다침 7:31 현황으로 동부에서 활발하게 움직임이 있는 반면 서부에서는 사실상 고요한 모습을 보여주고 있다(북동쪽에 하와이에서 오는 야간 항공편 몇 대를 제외하면).

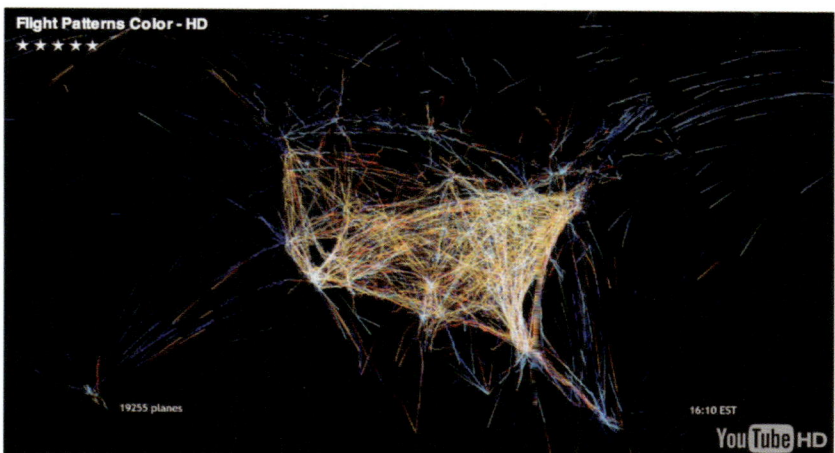

그림 6-11 동부시각 오후 4:10에는 이야기가 전혀 다르다. 공중에 비행기 19,255대가 떠있어서 비행 교통량이 최고인 순간이다.

이상 사례와 오류 113

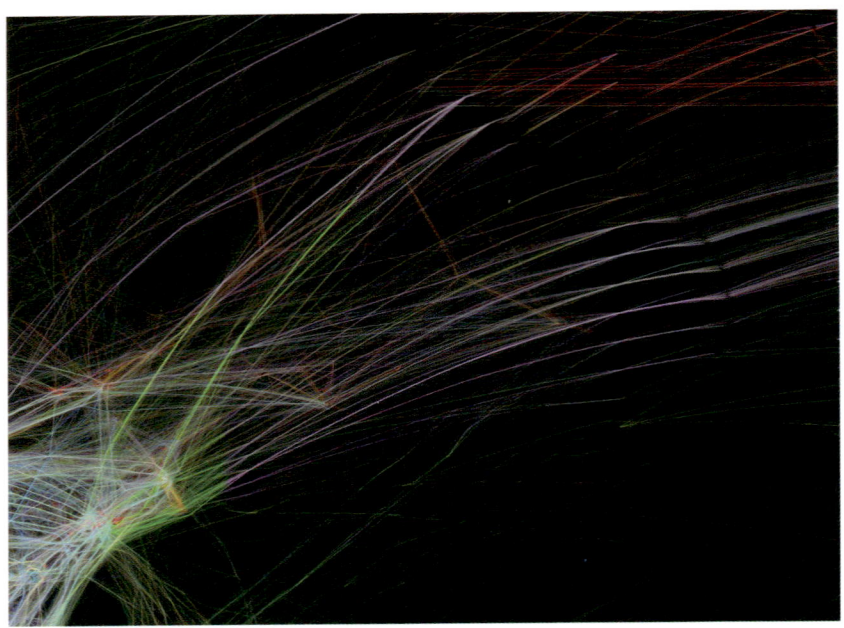

그림 6-12 북대서양을 건너는 비행 항로에 약간 이상한 점이 보인다.

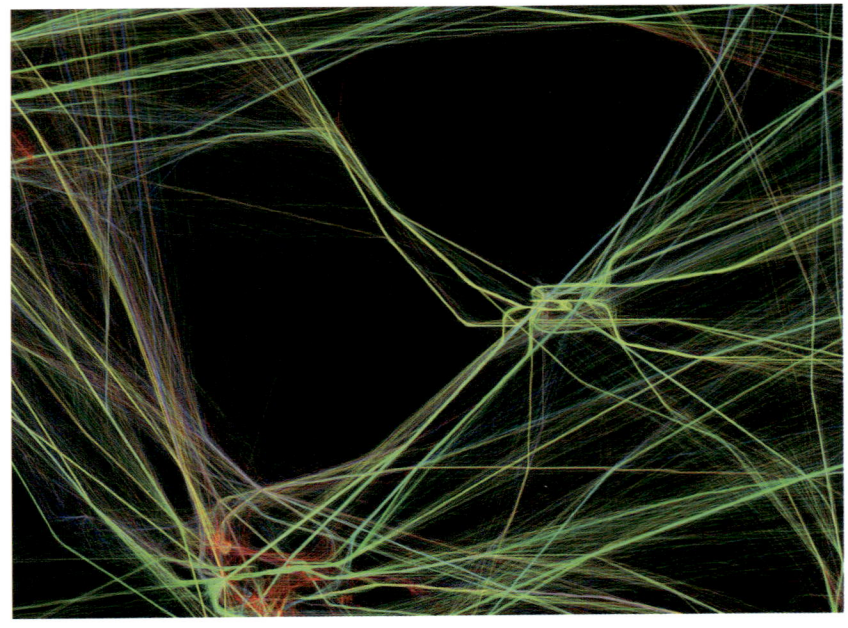

그림 6-13 미국 남서부에 있는 비행 제한 구역을 확대한 사진

▌결론

비행 패턴은 단순한 데이터 시각화이며, 그 단순함 덕분에 눈길을 끄는 흥미로운 시각화가 되었다. 그 이유 중에 하나는 이 프로젝트가 내가 알기로는 이제까지 한 번도 공개적으로 시각화된 적이 없는 항공 교통체계 지도를 보여주기 때문이다. 둘째로 이 시각화는 전적으로 원 데이터로만 만들었음에도 이해하기 쉽다. 공항들이 북미의 지리적 개념과 잘 일치하는 점들을 이룬다. 비슷하게 가장 조밀한 비행 항로는 인구밀도가 높은 곳으로 수렴하며, 이건 우리가 예상했던 바이다.

마지막으로 비행 패턴 프로젝트가 아주 흥미로운 이유는 심리적 안정을 주기 때문이다. 지도와 연관시키기에는 조금 이상한 감정일지 모르겠다 하지만, 비행 패턴은 항공교통체계의 질서정연함을 시각화하고, 비행기가 어떻게 이곳저곳 이동하는지에 대한 신비를 풀어주면서 상공 34,000피트에서 16A 좌석에 앉아 있을 때 그저 논리적 시스템의 작은 부분일 뿐이라는 사실을 느끼게 해준다. 그렇게 시스템이 거대한 규모로 잘 운영된다는 사실에 나는 편안함을 느낀다. 미국과 캐나

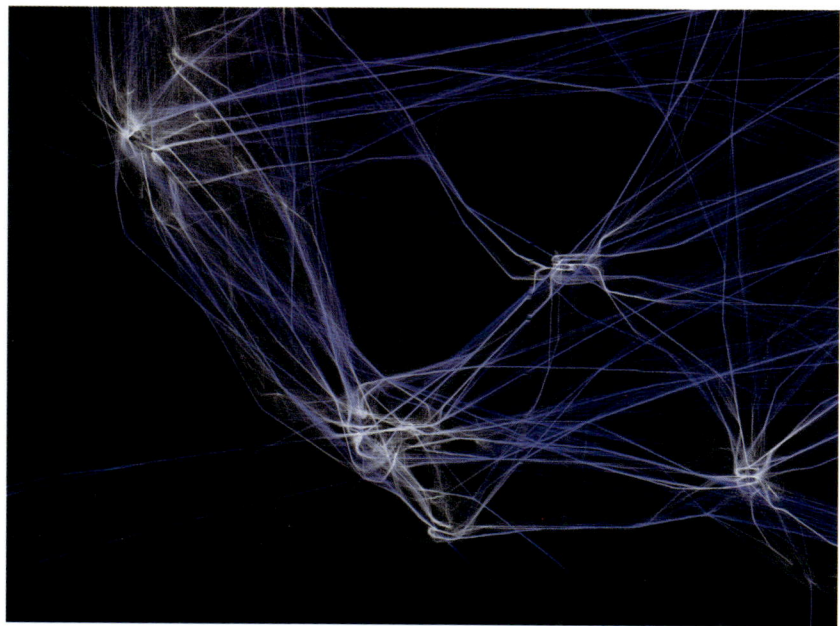

그림 6-14 미국 남서부를 확대한 사진. 몇 개의 공항을 알아 볼 수 있는가?

다에서만 하루에 200,000회가 넘는 비행이 있음을 생각하면, 우리는 정말 하늘에다 길을 냈으며, 그 길 하나하나가 출발지에서 도착지까지 수천 명의 사람을 놀랄 만큼 안전하게 안내하고 있다는 것을 알 수 있다. 이런 점에서 비행 패턴은 데이터 시각화 이상, 즉 바로 현대 항공 여행의 기적을 나타낸 전시품이다.

▌감사의 글

비행 패턴에 대한 아이디어와 착상은 UCLA의 두 동료인 가브리엘 던Gabriel Dunne과 스콧 헤셀스에게 빚졌다. 2005년에 우리는 항공 우주 시스템을 동영상으로 보여주는 '천체 역학'(Celestial Mechanics, http://cmlab.com)이라는 예술 프로젝트를 시작했다. 그 프로젝트에서 작은 부분이 항공기 비행 데이터에 대한 것으로 두 동료가 그 데이터를 제공해줘서 비행 패턴을 만들 수 있었다. 데이터를 입수하는데 더 많은 도움을 준 UCLA의 마크 핸슨Mark Hansen와 와이어드 잡지 (특히 칼 데토레스Carl DeToress)에게도 감사한다.

비행 패턴. 미국과 캐나다 공항에 도착하고 출발하는 비행기의 위치정보를 시각화

7장

당신의 선택이 당신이 누구인지를 밝힌다: 사회적 패턴을 발굴하고 시각화하기

발디스 크레브스 | Valdis Krebs

데이터 마이닝Data mining과 데이터 시각화는 밀접한 연관이 있다. 데이터에서 복잡한 패턴을 찾아내고 더 깊은 해석을 위한 시각화를 하려면 인간 정신 능력과 함께 컴퓨터의 능력이 필요하다. 이 능력을 잘 이용한다면 데이터 처리와 패턴 인식을 효율적이고, 정교하게 하는 데 훌륭한 조합이 된다.

이 장에서는 몇 개의 데이터셋을 탐구해서 데이터 이면의 흥미로운 인간 행동에 대한 통찰을 해볼 생각이다. 사회 행사에 참석하거나 물품을 구매하는 행동으로 생겨난 패턴에는 사람들의 생각과 행동에 대한 단서가 있다. 보통 우리가 하는 단순한 행동과 선택으로 우리가 누구인지 그리고 누구와 비슷한지 밝혀지곤 한다.

▎초창기 소셜 그래프

1930년대에 한 그룹의 사회학자와 민속학자들이 조촐한 '데이터 마이닝' 실험을 하나 한 적이 있다. 연구자들은 미국 남부에 있는 조그만 마을의 여인 집단의 사회적 구조를 찾아내고 싶어했다. 그들은 지역 신문에 공개되는 데이터를 적극 활용했는데, 18명의 여인이 14개의 사회 행사에 참석한 기록을 담은 작은 데이터셋이었다.

연구자들은 '이 여인 집단의 사회적 구조(오늘날 소셜 그래프social graph라 불린다)를 알아낼 수 있을까?'라는 점이 궁금했다. 이를 알아내기 위해 학자들은 다음 질문을 생각했다.

- 누가 누구의 친구인가?
- 여인들은 어떤 사회적 집단에 속해 있는가?
- 사회적 구조에서 핵심적 역할을 하는 사람은 누구인가?

네트워크 구조를 식별하려면 보통 침투성 인터뷰invasive interview 및 설문조사가 따른다. 그냥 공공 활동을 조사하는 것만으로 네트워크 구조를 알아내는 일이 가능할까? 실제 질문은 이렇다. 사회적 선택으로 그 사람이 누구인지, 무엇을 좋아하는지 알 수 있을까?

어떤 인간 체계, 조직 또는 공동체가 어떻게 움직이고, 그 구성원들이 어떻게 행동하는지 이해하려면 그 집단 내의 실제 연결관계를 보는 게 중요하다. 소셜 네트워크 분석Social Network Analysis(이하 SNA)은 최근 인기를 끄는 사회과학 방법론으로 마케팅, 조직 효용성 증대, 경제 네트워크 구성, 질병 발생 추적, 사기와 부정행위 적발, 온라인 소셜 네트워크에서 발견되는 패턴 분석, 테러리스트 네트워크 교란 등에 활용되는 방법이다. 이 SNA 기법은 남부 여인 데이터셋에 내재된 네트워크 구조를 나타내는데도 활용이 되며, 조금 뒤에 살펴볼 것이다.

SNA는 20세기 초 계량사회학sociometry에서 시작됐다. 사회과학 역사학자들 사이에서는 야코프 모레노Jacob Moreno의 같은 학교 학생들 사이의 친구관계에 대한 그림(sociogram: 교우도(交友圖))이 매우 유명하며, 경영학자들은 20세기 초부터 진행됐던 호손Hawthorne 공장 노동자에 대한 유명한 연구와 '배전기 권선실Bank Wiring Room' 노동자들의 업무 상호작용에 대한 스케치를 꼽는다. 그림 7-1에 권선실 노동자의 친구 관계가 그려져 있다.

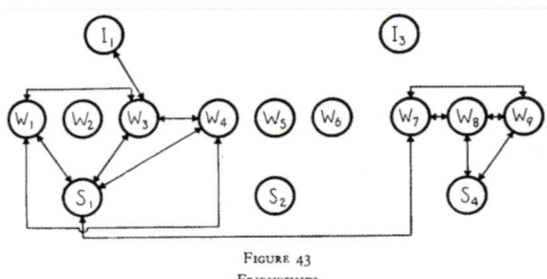

그림 7-1 노동자의 업무 흐름을 연구하는 데 사용한 20세기 초기의 소셜 그래프

SNA는 인간 시스템을 노드Node와 링크Link에 대응한다. 노드는 보통 사람이며, 링크는 사람 사이의 관계나 어떤 흐름을 뜻한다. 링크에는 방향성이 있는 경우도 있다. 노드가 한 가지 종류만 있을 때, 예를 들어 모레노와 호손 연구에서처럼 노드가 사람일 때는 단일 모드 분석one-mode analysis이라고 한다.

그러나 남부 여인 연구는 약간 더 복잡한 형태의 사회 분석, 즉 이중 모드two-mode 분석에서 시작했다. 노드는 사람과 사교 행사라는 두 가지 분류를 뜻하고, 링크는 어떤 사람이 어느 행사에 참석했는지를 나타낸다. 이 두 모드에 대한 소셜 그래프가 그림 7-2에 있다. 왼쪽에 파란 노드가 여인들이고, 오른쪽에 녹색 노드가 그들이 각각 참석한 행사이다. 사람은 동그라미로, 행사는 사각형으로 표시되어 있다.

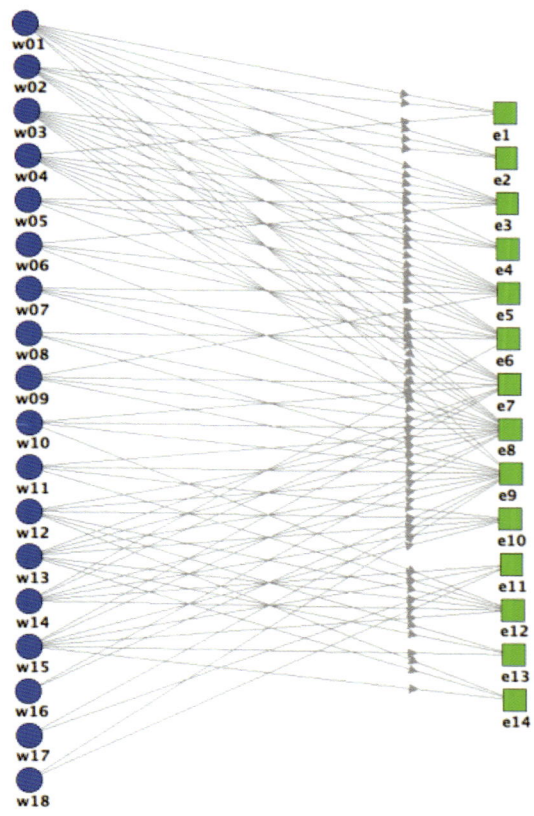

그림 7-2 이중 모드 관점에서 본 남부 여인의 사교 행사 데이터셋

이 다이어그램에서 다양한 결론이 나온다. 예를 들면 다음과 같은 내용을 알 수 있다.

- 여인 #3은 여인 #18보다 더 많은 행사에 참석했다.
- 행사 #8은 참석자가 가장 많았다.

이렇게 간단히 관찰한 내용 외에 여인들의 사회적 구조나 행사의 관계 같은 뚜렷한 패턴은 이중 모드 분석에서는 드러나지 않는다. 이런 내용을 깊게 이해하기 위해 소셜 네트워크 분석에서 널리 쓰이는 노드-링크 변환 기법을 활용해서 이중 모드 데이터를 단일 모드로 바꾸는 일이 가능하다. 처음 변환할 때는 행사 노드를 골라서 노드 대신 링크로 볼 것이다.

여인 X와 여인 Y가 둘 다 행사 Z에 참석했으면, 두 여인은 서로 연결된다.

여인들이 같이 참석하는 행사가 많을수록, 연결도 더 강해진다. 여기서 행사의 네트워크로 초점을 옮겨볼 수도 있다.

만약 여인 C가 행사 A와 B에 모두 참석했다면, 두 행사는 서로 연결된다.

두 번의 행사에 더 많은 여인들이 참석했다면, 그 행사 사이에 연결도 강해진다. 일단 이중 모드 네트워크를 단일 모드 네트워크로 변혼하고 나면, 링크의 강도를 측정하는 방법은 많이 있다. 이 사례에서는 어떤 사건의 동시발생 빈도수를 합하는 가장 간단한 방법을 썼다.

행사 네트워크가 그림 7-3에 표시되어 있다. 굵은 선은 드 행사에 연결이 강하다는 뜻인데, 바꿔말하면 두 행사에 모두 참석한 여인들이 더 많다는 뜻이다. 이 SNA 소프트웨어는 고급 그래프 레이아웃 알고리즘을 적용해서 누가 누구와 연결되었는지에 따라 네트워크를 정리해준다. 그래서 네트워크 내에서 노드의 위치는 노드의 연결관계와 연결 간의 연결관계로 결정된다.

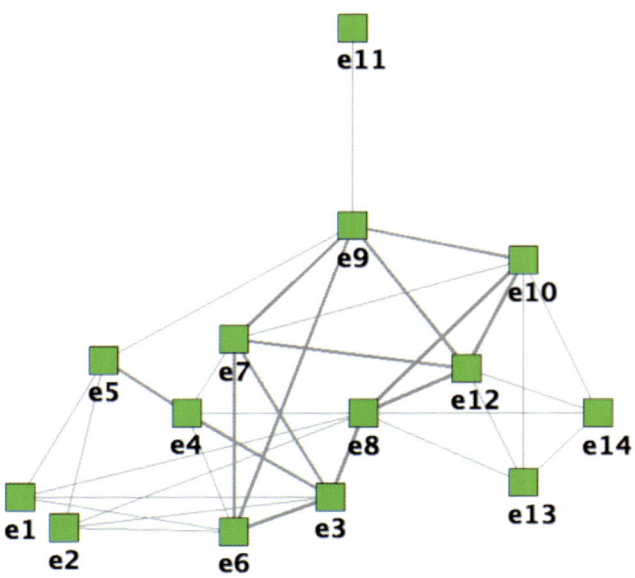

그림 7-3 행사에 공통으로 참석한 사람들 정보를 이용한 행사 노드의 배치

연결이 더 잘된 노드가 그래프의 중심으로 끌리며, 연결이 덜된 노드는 가장자리로 밀려난다. 그러므로 한눈에 보기에도 이 사교 행사 일정 중에 어떤 행사가 가장 중요했는지 분명하다. 하지만 아직도 가장 관심이 가는 그림은 보이지 않는다. 바로 이 작은 마을의 여인들 간에 나타나는 소셜 네트워크이다. 우선 네트워크를 드러내기 위해 나만의 점진적 포함gradual inclusion 방법을 사용했는데, 이 방법은 구조 내에서 가장 강한 연결부터 더 약한 연결tie까지 점진적으로 멤버십 문턱값threshold을 낮춰가며 노드들끼리 연결을 늘려가는 방법이다. 보통 이 방법에서는 매우 약한 연결이 사회적 잡음social noise으로 간단히 무시된다. 이때 작은 데이터셋에서 연결 강도가 약한 것을 제거하려면 조심스럽게 진행해야 한다. 하지만 노드와 선택이 수백만 가지나 있는 데이터셋에서 사회적 잡음에 대한 기준을 조정하는 작업은 보통 그리 민감하지 않은 편이다.

5점 척도를 활용해서 5점은 가장 강한 연결, 1점은 가장 약한 연결로 했을 때, 강도=5인 링크부터 점진적 포함시키는 방법을 썼다. 다른 말로 하자면, 참석한 행사가 가장 많이 겹치는 여인들을 식별했다. 그림 7-4는 행사 참석 여부에 기초로 가장 강한 연결이 표시되어 있다.

그리고 나니 바로 두 개의 무리 형태가 보였다. 한 무리에는 여인 #1, #2, #3, #4가 속하고, 다른 무리에는 여인 #12, #13, #15가 있다. 노드에 색깔을 다르게 주어서 두 집단의 구성원을 구분했다.

다음으로 한 단계 낮은 강도=4의 연결을 포함시켰다. 이 결과로 각 무리에 새로운 구성원이 속하게 되는데, 두 무리 사이에 어떤 연결이 나타나지는 않았다. 그림 7-5에서 보이듯 여전히 두 무리는 분리되어 있다.

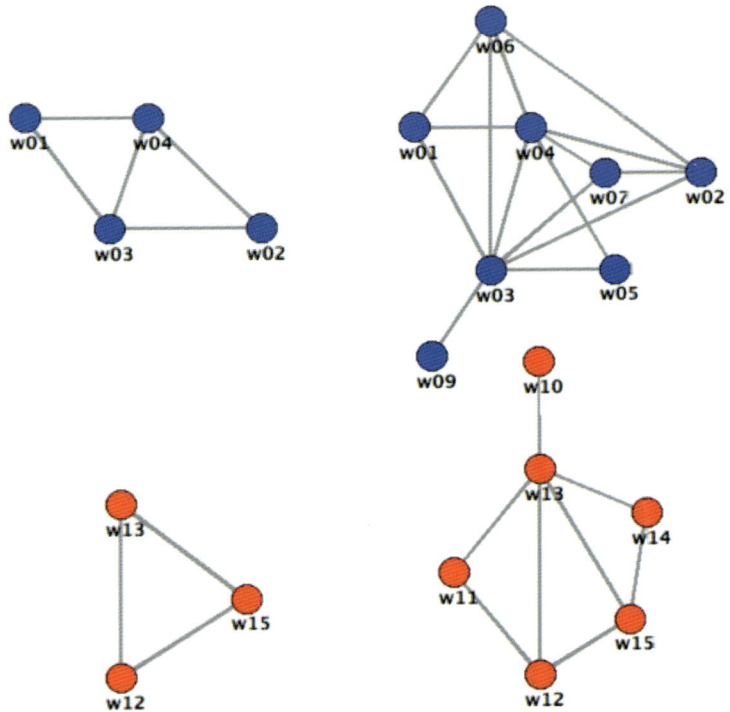

그림 7-4 행사에 공통으로 참석한 여인의 정보를 기반으로 구한 가장 강한 연결

그림 7-5 행사에 공통으로 참석한 여인의 정보를 기반으로 구한 상위 두 개 강도의 연결

강도=3인 연결을 넣으니 그림 7-6에서와 같이 집단 사이에 연결 부위가 드러났다. 이렇게 집단 내에서 가장 강한 연결이 나타나고, 집단 사이에는 더 강도가 약하고 빈도가 적은 연결이 나타나는 현상은 대다수 사회 구조에서 일반적인 현

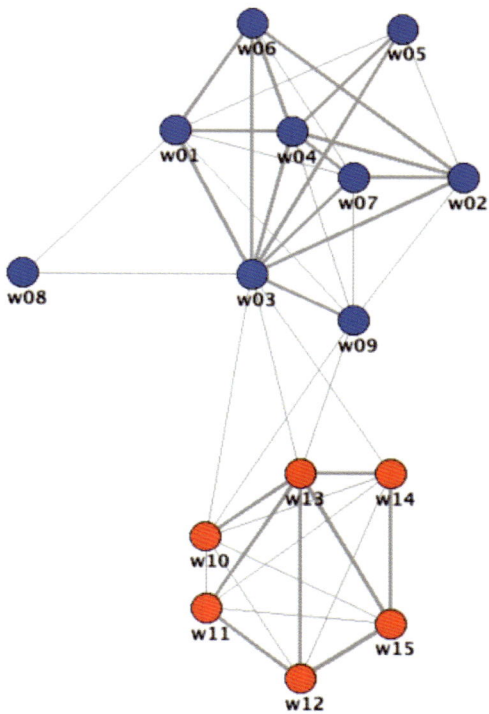

그림 7-6 더 약한 연결을 점진적으로 포함시킨 결과 두 집단 사이에 다리가 놓였다.

상이다. 각각의 집단 내에서도 약한 연결이 있는데, 집단 내의 모든 사람이 다른 모든 구성원과 강하게 연결되지는 않는다는 사실을 가리킨다.

이 사회 구조에는 여전히 노드 몇 개, 즉 여인 #16, #17, #18이 빠져 있다. 이들은 앞선 점진적 포함 과정에서 연결 기준을 만족하지 않았다. 아마도 이 여인들은 마을에 새로 왔거나, 그다지 사교적이지 않아서 행사에 조금 밖에 참석하지 않은 관계로 어느 집단에 속할지 결정하기 더 어려운 경우일 것이다. 이 세 명의 여인은 링크 문턱값을 강도=2로 낮추고 나서야 네트워크에 연결되었다. 이제 모든 여인이 네트워크에 연결되었고, 원래 두 집단은 그대로 남았다. 여인 #16은 유일하게 한쪽 집단에 분명히 속하지 않는 사람인데, 양쪽 무리에 똑같이 드물게 연결되어 있다. 그래서 그 여인은 '이도 저도 아닌 무리(어느 쪽에도 속하지 않는다!)'의 구성원으로 분류하고 보라색으로 표시했다. 최종적으로 드러난 소셜 그래프가 그림 7-7에 표현되어 있다.

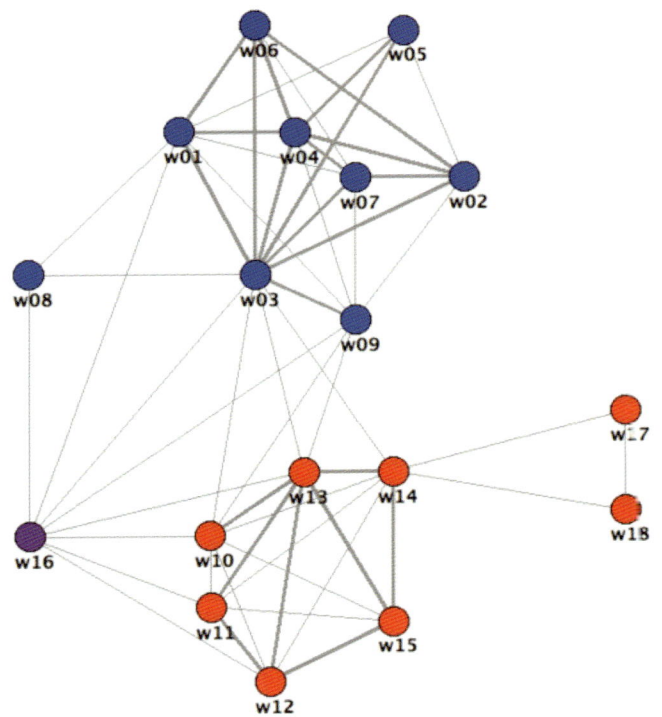

그림 7-7 행사에 공통으로 참석한 사람의 정보를 기반으로 드러난 소셜 그래프

이제 18명의 여인들이 모두 지역 사교 행사 참석에 따른 소셜 네트워크에 자리를 잡았다. 이 소셜 네트워크는 이 작은 마을의 사회 구조에 대한 몇 가지 흥미로운 사실을 보여준다.

- 구분이 되는 두 가지 사회적 무리가 존재한다.
- 무리들은 서로 연결되어 있다. 두 집단이 겹치는 것은 관심이나 관계에 있어 어떤 공통성이 있음을 말한다.
- 네트워크에 다양한 역할role이 나타난다. 어떤 여인은 연결책으로, 두 집단에 다리 역할을 하는 반면, 다른 여인은 내부 핵심 구성원으로 자신이 속한 집단에서만 관계를 맺는다.

그림 7-7 같은 소셜 그래프는 마케팅이나 입소문 캠페인 목적으로 활용 가능하

다. 보통 이런 간단한 예제가 제공하는 정보보다 더 많은 정보를 모을 수 있지만, 이 데이터에서도 몇 가지 추론이 가능하다.

- 아마도 여인 #6은 여인 #12가 하는 일이나 말에 영향 받지 않을 것이다.
- 아마도 여인 #4는 파란색 무리 내에서 영향력이 가장 클 것이다. 여인 #4는 그가 속한 집단 내 구성원 모두와 현재 맺은 관계를 강화하는 사람일 것이다.
- 파란색 무리의 여인 #9는 경계를 확장하는 사람boundary spanner, 즉 두 무리 사이에 다리를 놓는 사람이며 아마도 집단 내에 새로운 생각이나 의견을 도입할 것이다. 여인 #9가 적어도 하나의 강한 연결, 즉 집단 내부에서 잘 연결되어 있는 여인 #3과 연결된 점은 좋은 일이다. 집단에 새로운 생각을 가져오는 사람들은 보통 내부적으로 연결이 강하고 잘 되어 있는 자기편이 적어도 한 명은 필요하다.
- 여인 #16, #17, #18은 마을에 새로 왔거나, '단체에 가입하기 좋아하는 사람'이 아닐지 모른다. 이들은 집단 내의 소식을 입수하는 통로는 있지만, 연결이 약하기 때문에 진짜로 개인적인 정보는 접하지 못할 수도 있다.

이렇게 작은 데이터셋에서도 데이터 마이닝 알고리즘마다 결과가 다르게 나오곤 한다. 수년간 다양한 사회학자와 네트워크 과학자들은 새로 만든 알고리즘을 적용하고 어떤 패턴이 나오는지 관찰하면서 이 흥미로운 작은 데이터셋을 재검토해왔다. 그림 7-8에 가장 유명한 연구 중 21개의 결과가 표시되어 있다. 우리의 결과는 린턴 프리먼Linton Freeman의 연구 #13의 결과(Freeman 2003)와 일치하는데, 여인 #1-9가 하나의 집단에 속하고, 여인 #10-15와 #17-18이 다른 집단에 속하며, 여인 #16은 두 집단에 모두 속한다. 프리먼은 소셜 네트워크 분석 분야(Freeman 2004)를 수립한 핵심 연구자로, 특히 오늘날에도 널리 쓰이는 초창기 네트워크 측도를 만드는 데 중요한 역할을 했다(Freeman 1979).

표 7-1에 구성원의 분류가 여러 개 나와 있다. 대부분의 연구는 매우 비슷한 결과를 내었으며, 모두 분리되는 두 개의 무리를 찾아냈다. 하지만 누가 어느 무리에 속하는지에 대해서는 결과가 완전히 일치하지 않는데, 특히 여인 #8-18이 그런 경우이다.

		1	2	3	4	5	6	7	8	9	10	11	12	13	14	15	16	17	18
1	DGG41	W	W	W	W	W	W	W	W	WW	W	W	W	W	W	W	W	W	W
2	HOM50	W	W	W	W	W	W	W	WW			W	W	W	W	W		W	W
3	P&C72	W	W	W	W	W	W	W	W	W	W	W	W	W	W	W	W	W	W
4	BGR74	W	W	W	W	W	W	W		W	W	W	W	W	WW	WW		W	W
5	BBA75	W	W	W	W	W	W	W	W	W	W	W	W	W	W	W	W	W	W
6	BCH78	W	W	W	W	W	W				W	W	W	W	W	W			
7	DOR79	W	W	W	W	W	W	W		W	W	W	W	W	W	W			
8	BCH91	W	W	W	W	W	W	W	W	W	W	W	W	W	W	W	W	W	W
9	FRE92	W	W	W	W	W	W	W		W	W	W	W	W	W	W	W		
10	E&B93	W	W	W	W	W	W	W		W	W	W	W	W	W	W			
11	FR193	W	W	W	W	W	W	W	W	W	W	W	W	W	W	W	W	W	W
12	FR293	W	W	W	W	W	W	W	W	W	W	W	W	W	W	W	W	W	W
13	FW193	W	W	W	W	W	W	W	W	W	W	W	W	W	W	W	WW	W	W
14	FW293	W	W	W	W	W	W	W		W	W	W	W	W	W	W		W	W
15	BE197	W	W	W	W	W	W	W		W	W	W	W	W	W	W			
16	BE297	W	W	W	W	W	W	W	W	W	W	W	W	W	W	W	W	W	W
17	BE397	W	W	W	W	W	W	W	W	W	W	W	W	W	W	W	W	W	W
18	S&F99	W	W	W	W	W	W	W	W	W	W	W	W	W	W	W		W	W
19	ROB00	W	W	W	W	W	W	W	W	W	W	W	W	W	W	W	W	W	W
20	OSB00	W	W	W	W	W	W	W	W	W	W	W	W	W	W	W	W	W	W
21	NEW01	W	W	W	W	W	W	W	W	W	W	W	W	W	W	W	W	W	W

그림 7-8 남부 여인 사교 행사 데이터셋에 대해서 네트워크 과학자가 연구한 21개 결과

이 표는 구성원 분류를 잘 보여주지만, 네트워크에서의 역할과 사회적 거리를 보여주지는 않는다. 그림 7-7의 네트워크 도해는 사회적 구조에 있는 미묘한 차이와 네트워크가 망가지는 지점, 즉 어디서 가장 잘 쪼개질 거 같은지를 밝혀준다. 예를 들어 여인 #3이 이사를 간다고 한다면, 네트워크는 가장 크게 분열될 것이다. 여인 #3이 나가면 여인 #4와 여인 #9이 어떻게 반응할지 관찰하면 재미있을 것이다.

아마존 책 구입 데이터의 소셜 그래프

아마존닷컴에서는 구매 데이터 요약 정보에 쉽게 접근 가능하다(아마존에서는 개인 식별이 되지 않는 방식으로 거래 데이터를 수집한다). 아마존이 제공하는 책 구매 데이터는 그림 7-3의 사교 행사 네트워크와 비슷한 네트워크를 형성한다. 아마존에서는 같은 사교 행사에 참석하는 사람들 대신, 같은 책을 구매한 사람이 서로 연결된다. 둘 다 어떤 사람이 다른 사람과 같은 선택을 하기 때문에 연결이 생성되는 셈이다.

아마존은 물품 페이지마다 다음 정보를 제공한다.

> 이 물품을 구매한 고객들이 같이 구매한 물품(Customers Who Bought This Item Also Bought)

사람들이 두 개의 물품을 구입하면 그 사이에 연관관계가 생긴다. 더 많은 사람이 두 물품을 같이 구입하면, 연관관계가 강해지며 해당 물품이 같이 구매한 물품 목록의 상위로 올라온다. 대체로 사람이 노드가 되지만, 이 경우에는 아마존의 고객들이 네트워크의 링크이고, 고객들이 구입한 물품이 노드이다. 결과적으로 아마존 데이터로 고객의 선택과 선호에 대한 유의미한 정보를 제공하는 네트워크를 생성할 수 있는데, 개별 고객의 개인 데이터는 노출되지 않는다. 즉 패턴은 드러나지만, 개인정보는 보호된다. 약간의 데이터 마이닝과 데이터 시각화로 우리는 아마존 고객들의 습관과 선택에 관해 큰 통찰을 얻을 수 있다. 즉 개인적인 선택에 대한 정보 없이 사람들의 집단을 파악할 수 있는 것이다.

특정 책 주위의 네트워크 결정하기

인간 네트워크에서 가장 기본적인 규칙 중 하나는 '유유상종'이다. 친구의 친구끼리 친구가 되고, 동료의 동료끼리 동료가 된다. 연결이 밀집된 군집이 사회적 공간의 여기저기에서 나타난다. 우리가 시각화하는 소셜 네트워크에서도, 비슷할수록 가까이 위치하는 것이 관찰된다.

아마존에서 판매하는 인기 있는 컴퓨터 서적인, 토비 세가란Toby Segaran과 제프 해머배커Jeff Hammerbacher의 『Beautiful Data』를 살펴보자. 이 책의 아마존 페이지는 여러 정보 중에 제품 설명, 출판 상세 정보 그리고 '같이 구입한' 책의 요약 목록 정보를 제공한다. 이 목록은 우리가 보고 있는 책에 대해서 무엇을 알려줄까? 네트워크 연구자인 나는 이 책에 대한 조사를 웹 페이지의 같이 구입한 책 목록으로 한정짓지 않았다(네트워크에서 1단계). 나는 각 책의 링크를 따라 찾아낸 책 목록을 네트워크로 합치면 어떻게 될지 알고 싶었다(네트워크에서 1, 2단계).

네트워크 동역학을 이해하는 핵심은 하나의 노드 주위 또는 관심 집단 내부나 바깥의 연결 패턴의 창발을 인지하는 능력이다. 나는 관심 서적이 놓여진 네트워크를 보고 싶었다. 그런 연결 관계를 관찰하면 네트워크 이웃, 즉 그 책을 둘러싼 네트워크에 대한 이해가 높아져서, 고객이 더 똑똑한 구매를 하도록 도울 수 있다.

특정 노드에서 네트워크의 두 단계를 찾아보는 일은 소셜 네트워크 분석에서 자기 네트워크ego network를 분석할 때 일반적인 절차이다. 자기 네트워크를 통해 누가 네트워크 이웃인지, 이웃끼리 어떻게 서로 연결되었는지와 이 구조가 자기 자신, 즉 초점을 맞춘 노드에 영향을 줄지를 알 수 있다.

『Beautiful Data』와 같이 구매한 책 정보를 수집하고 나서 다음 질문을 던졌다.

- 이 책과 이웃 책은 어떤 주제를 다루는가?
- 추가로 어떤 주제가 『Beautiful Data』의 독자들의 관심을 끌까?
- 『Beautiful Data』가 위치하는 곳이 크고 연결이 많이 된 군집의 중심일까? 아니면 몇 명만 관심을 두는 집단의 일부일까?

그림 7-9는 『Beautiful Data』를 둘러싼 책 네트워크이다. 각 노드는 아마존에서 구입한 책을 뜻한다. 같이 구매한 책들은 회색 선으로 연결되고, 화살표는 연결 방향을 가리킨다. 빨간색 노드는 오라일리 미디어에서 출판된 책이고, 노란색 노드는 다른 출판사에서 출판된 책이다. 네트워크에서는 연결 숫자가 아니라, 연결이 어디로 이어지는가가 네트워크의 장점이다. 네트워크의 황금 규칙은 부동산의 황금 규칙인 위치, 위치, 위치와 같다. 부동산에서 물리적 위치, 즉 지리가 중요하듯이 네트워크에서도 노드 주위의 연결 패턴으로 결정되는 가상 위치가 중요하다. 그림 7-9의 노드는 그래프 공간에서 같이 구매한 책 연결을 통해 자기 조직화된다. 비슷한 책은 같은 주제의 군집으로 스스로 조직되어, 책들의 군집 이면에 놓인 사람들의 관심 집단을 드러낸다. 그림 7-9에는 주제별로 뭉친 두 개의 뚜렷한 그룹이 보인다.

- 우측 하단의 그룹은 모두 프로그래머와 프로그래밍에 대한 책이다.
- 그래프 상단의 그룹은 모두 시맨틱 웹Semantic Web에 관한 책이다.

그림 7-9에서 여러 군집이 나타나긴 하지만, 나중에 보게 될 군집만큼 뚜렷하진 않다. 그림 7-9의 군집은 서로 섞이고 겹쳐있는데, 특히 최신 프로그래밍 절차 및 방법론에 대한 책 주위가 그렇다.

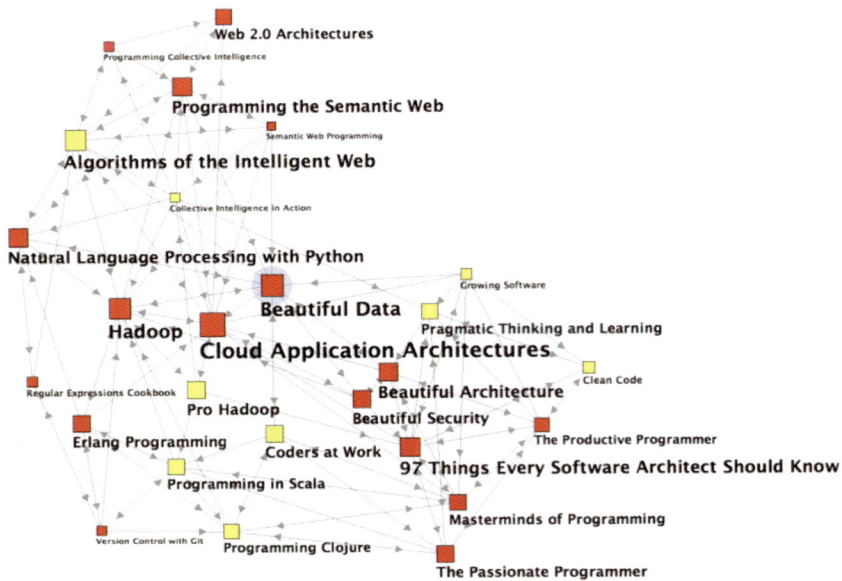

그림 7-9 『Beautiful Data』 네트워크 이웃 책들

그림 7-9에 같은 주제의 군집 외에도, 노드 색깔로 구분된 출판사별 군집이 표시되어 있다. 여기서 빨간색 책은 빨간색 책끼리 연결되고, 노란색 책은 다른 노란색 책과 연결된다. 이는 오라일리의 책을 좋아하는 사람들은 오라일리에서 출판된 다른 책을 사는 경향이 있음을 가리킨다. 또한 비슷한 크기의 노드끼리 연결되는 패턴도 약하게 보인다. 그래프에 전반에 걸쳐 전역적인 영향을 주는 큰 노드는 다른 큰 노드와 연결되며, 보통 중간 및 작은 크기의 노드끼리 서로 연결된다. 이 패턴은 보통 인간 네트워크에서 보이는, 유유상종의 패턴이다. 하지만 이 패턴은 인터넷 같은 물리적 구조에서 보이는, 수많은 작은 노드가 몇 개의 매우 큰 노드에 연결되는 뚜렷한 '바퀴중심과 바퀴살hub-and-spoke' 패턴은 아니다. 이런 네트워크는 보통 '척도 없는 네트워크scale-free network'라고 불린다.

다음으로 나는 각 노드(책)의 네트워크 측도를 조사했는데, 어느 노드가 연결망에서 좋은 위치를 잡고 있는지 보기 위함이었다. 이 네트워크는 월드 와이드 웹World Wide Web과 상당히 유사한, 방향성 있는 네트워크directed network라, 구글의 페이지랭크PageRank와 비슷한 영향력 측도를 계산했다. 이 측도는 각 노드 주위의 방향성 있는 링크direct llink와 없는 링크indirect link를 둘 다 활용해서 계산된다. 웹에서와 마찬가지로 잘 연결된 노드는 더 많은 영향력을 전달한다. 이 측도는 값이 전달하는 매출이나 인기도를 반영하지는 않는다. 그 대신 수많은 아마존 구입자들이 같이 속해있다고 느끼는 것, 즉 유유상종인 책이 무엇인지를 드러낸다. 큰 노드는 같이 구매한 책 패턴에 기반한 관심 집단에 더 큰 영향을 끼친다.

일반적인 네트워크 측도 중에 하나로 구조적 동등성structural equivalence이 있다. 이 측도는 네트워크에서 비슷한 역할을 노드를 골라낸다. 네트워크에서 동등한 노드끼리는 서로 교체가 가능할 것이다. 창작자로서의 나는 내 책이 다른 책과 대체 가능하지 않기를 바란다! 하지만 독자로서의 나는 동등한 선택을 하고 싶다. 그림 7-9에서 『Beautiful Data』와 가장 비슷한 링크 패턴을 보이는 두 책은 『Cloud Application Architectures』와 『Programming the Semantic Web』이다.

아마존이 가치를 덧붙인 서비스 중 하나는 독자가 제출하는 서평이다. 어떤 책의 구매를 고려하는 사람은 많이 쌓여있는 서평의 도움을 받는다. 하지만 유감스럽게도 서평은 왜곡이 가능하다. 개인적 네트워크가 큰 창작자는 순식간에 최근에 아마존에 등록된 그의 책을 극찬하는 서평을 수십 개 이상 받는다. 또는 악의를 품은 독자가 그 반대로 나쁜 서평을 남길지도 모른다. 오로지 독자의 서평만으로 비교 구매를 하는 것은 위험 요인이 있다.

어떤 책을 살지에 대해서라면 개별 리뷰보다는 책 네트워크 도해가 더 나은 척도일지도 모른다. 어떤 책이 다른 비슷한 책으로부터 많이 연결되었다는 사실은, 그 책을 구매하는데 돈을 쓴 고객들의 핵심 선택을 반영한다. 당연히 구매 행동은 무작위가 아니며, 비교와 고려를 바탕으로 한 것이다. 아무런 글을 쓰지 않았어도, 구매 결정은 무엇보다도 더 나은 서평이 된다.

내가 시각화한 책 네트워크는 가장자리 노드peripheral nodes(즉 매우 적은 연결이 있는 노드)를 네트워크에서 제거하도록 설계되었다. 그림 7-9의 네트워크는 3-핵 네트워크3-core network(각 노드가 적어도 다른 노드와 3개의 연결을 가지고 있는 네트워크)이다. 이렇게 하기 위해서 들어오는 링크가 한 개뿐이거나 두 개인 노드는 모두 삭제되었다. 삭제된 노드는 다른 관심 집단으로 연결되는 노드이거나, 새롭거나 매우 오래된 책 또는 이 집단에서 '같이 구매한' 링크가 매우 적은 책이다.

결과를 이용하기

관심 집단 도표는 다른 물품에도 비슷하게 적용할 수 있다. 만약 내가 어떤 물품, 창작자, 예술가, 와인 생산 연도, 브랜드, 영화 또는 노래에 익숙하지 않다면, 그런 것을 제공하는 회사를 네트워크 이웃으로 판단하고 싶을 것이다.

다음은 관련 질문이다.

- 어떤 노드가 이 품목을 가리키는가?
- 어떤 집단의 구성원인가?
- 집단의 중심인가?
- 다른 집단 사이에 다리 역할을 하는가?
- 동등한 대안이 있는가?

아마존의 고객으로서 나는 아마존이 판매하는 다양한 물품이 어떤 관심 집단에 소속embeddedness(네트워크에서의 맥락)되는지 볼 수 있어서 더 똑똑한 결정이 가능한 거 같다. 넷플릭스나 애플의 아이튠즈 같은 여타 판매처에서도 아마 새로운 영화나 노래, 예술가를 추천하기 위해 비슷한 분석을 할 것이다. 판매회사는 수많은 고객들과 그들이 무엇을 선택하거나 같이 정리하는지에 대한 정보를 모아서 그림 7-9과 같은 제품 대 제품 네트워크나, 그림 7-7과 같은 사람 대 사람 네트워크도 만들 수 있다. 두 그림은 영향에 대한 그럴듯한 패턴과 고객이 무엇을 기준으로 여러 물품을 함께 구매/대여/다운로드를 하는지를 나타낸다.

다음은 아마존 분석을 하면서 얻어낸, 네트워크에 대한 경험법칙이다.

- 만약 당신이 구조적으로 동등한 두 논픽션 책 중에 하나를 읽었다면, 서둘러 두 번째 책을 읽으려 하지 않을 것인데, 두 번째 책이 아마도 첫 번째 책과 같은 내용일 것이기 때문이다. 반면 구조적으로 동등한 소설은 많이 읽고 싶어할 것이다(컴퓨터 관련 SF 추리소설cyber-thriller은 아무리 봐도 질리지 않는다).
- 만약 책 A, B, C가 좋았고, 비슷한 책을 읽고 싶다면, A, B만이 아니라 C에도 연결된 책을 찾으면 된다. 이런 책은 네트워크에서만 찾을 수 있는데, 브라우저 창을 세 개 띄워서 목록을 직접 비교하기 전에는 이런 관련성을 찾아내기 어렵다.

- 만약 당신이 주제 X에 대한 책을 딱 한 권만 보고 싶다면, 주제 X에 대한 책 집단 내에서 네트워크 영향력 점수가 가장 높은 책을 찾자. 이 영향력 점수는 구글 페이지랭크 접근법을 따르며, '입소문'이 가장 많이 난 책을 가리킬 것이다.
- 찾는 책이 재고가 없다면, 그 책과 구조적으로 동등한 책을 찾아보자. 아마도 그 책들의 내용은 비슷할 것이며, 재고가 있을지도 모른다.

책의 저자나 홍보 담당자는 기존의 책 네트워크에 대한 지식을 활용해서 네트워크 상에서 공백hole이나 틈새gap에 해당하는 책을 출판하는 일이 가능하다. 출판사는 마케팅 상황에 대응하기 위해 주마다 진화하는 책 네트워크를 검토하게 될지 모른다. 물론 이런 일에는 아마존이 여전히 강자이다. 아마존은 모든 데이터를 가지고 있으며, 지금까지는 아무도 손대지 않은, 데이터 분석 및 적용의 가능성 측면에서 풍부한 장점이 있다.

정치 서적들의 소셜 네트워크

아마존의 책 네트워크를 시각화하면 어떤 책을 구입할지 선택하는 일만이 아니라, 특정 관심 영역에 대한 커다란 추세와 패턴을 파악하는 데도 도움이 된다. 그 중에 연구해볼만한 기회가 무르익은 분야라면 바로 정치이다. 아마존의 구입 패턴은 종종 정치적 신념이나 정치적 선택에 대해서 전국적으로 설문 조사를 한 효과를 내곤 한다.

책 네트워크에서는 아마존에서 동일 고객이 어떤 두 책을 구매하는 일이 자주 있을 경우에 두 책이 연결된다. 나는 '같이 구매한' 책 데이터를 소셜 네트워크 분석 소프트웨어인 InFlow 3.1에 입력하기 전에는 노드를 배열하거나 색상을 부여하지 않았다. 이 소프트웨어에는 노드의 레이아웃을 각 노드의 연결에 따라 결정하는 알고리즘 기능이 있다. 이 소프트웨어를 통해 창발하는 패턴을 찾거나 어떤 군집을 식별하고 나면, 각 집단의 책을 검토해서 파란색, 빨간색, 보라색 군집 중에 어디에 자연스럽게 속하는지 보았다(2000년 미국 대통령 선거 동안 널리 쓰이게 된 이 색상 분류는 보수는 빨간색, 진보는 파란색이라는 관례를 따른다. 보라색은 빨간색과 파란색의 혼합색으로 두 주요 정당 사이에 위치하는 책을 나타낸다).

나는 2003년부터 정치 관련 서적 구매 패턴에 대한 소셜 네트워크 분석을 해오고 있었다. 가장 처음에 그렸던 네트워크에서는 두 개의 정치적 군집이 보였다. 그중 우파적 책은 빨간색, 좌파적 책은 파란색으로 표시했다. 2003년의 네트워크를 분석해본 결과, 딱 한 책만 빨간색과 파란색 군집에 동시에 속했다. 얄궂게도 그 책의 제목은 『What Went Wrong(무엇이 잘못되었나)』였다. 그림 7-10에 그 네트워크가 있다.

그림 7-10 2003년의 정치 관련 서적의 분리

2004년 미국 대선 몇 달 전 데이터로 그린 2004년 네트워크(그림 7-11)에서는, 몇 권의 책이 두 군집에 동시에 속했다. 또다시 적어도 베스트셀러에 한해서, 좌우파 사이에 걸친 사례는 매우 적었다. 양편의 사람들은 기존의 자신의 사고의 틀에 맞는 책을 더욱 더 읽는 것 같았다. 빨강과 파랑 책을 둘 다 읽는 독자가 없다고 말할 수는 없지만, 그런 사람들은 소수로 보였다. 나는 가장 빈번하고 강한 연결에 초점을 맞춰서, 아마존의 베스트셀러와 그 책들과 같이 구매된 책 중에 가장 공통되는 사례만 보았다(인간 네트워크에서 가장 강한 연결만 조사했을 때처럼). 아마존 데이터를 더 깊게 들여다보면(만약 아마존이 허락한다면) 파랑과 빨간 책 사이에 더 약하고 빈도수가 적은 연결이 관찰될지도 모른다. 양측의 책을 다 읽는 작은 소수파를 찾을 거라 예상하는데, 그중 다수는 학계에 있거나, 양측의 논쟁점을 다루는 강의를 듣거나 가르치는 입장일지도 모른다.

나는 2005년부터 2007년까지의 아마존 데이터를 써서 정치 관련 서적 네트워크를 계속 만들었는데, 여전히 동일하게 빨간색/파란색이 강하게 구분되었다. 시간에 따라 책은 변하지만, 전반적인 네트워크 패턴은 동일하게 유지되었다. 이 패

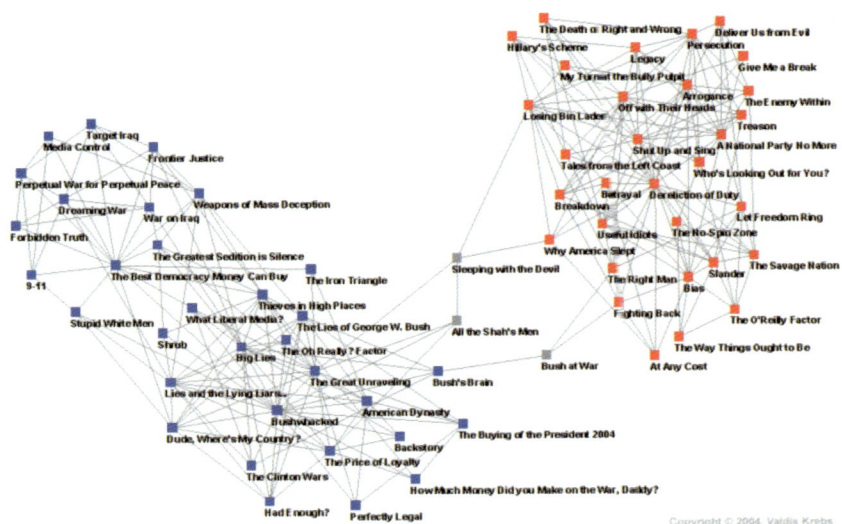

그림 7-11 2004년의 정치 관련 서적의 분리

턴이 얼마나 강할지 테스트해보기 위해서, 데이터 수집 방법을 실험해보았다. 강한 패턴이 내 방법의 인위적인 결과였는가 하면, 그건 아니었다! 데이터 수집 방법과 상관없이 내가 일반적으로 인정되는 기법인 '눈덩이 추출snowball sampling' (Heckathorn 1997) 같은 방법을 쓰는 한, 결과는 항상 빨간색과 파란색 군집으로 구분되는 강한 패턴이었다. 이따금 다른 수집 방법을 쓰면 새로운 책 몇 권이 살짝 섞이는 부분에 가긴 했지만, 전반적인 패턴은 안정적으로 유지됐다. 정치 관련 서적 네트워크의 창발은 데이터 수집 방법이나 버림 값cut off의 변화에 민감하지 않았으며, 이는 패턴이 강하고 지속적임을 뜻했다.

2008년에 미국 대선이 다가오면서, 나는 정치 네트워크의 순간 화상을 찍어보기로 했다. 대선일이 다가오면 어떻게 변할까? 나는 다음 세 가지 주요 시점에 네트워크를 갈무리했다.

- 예비선거 기간이 끝난 후
- 마지막 전당 대회 이후
- 11월 선거일 바로 전

기존의 빨강과 파랑 패턴이 지속될 거라 생각했지만, 대선 국면이 바뀌면서 어떤 재미있는 패턴이 나타날지도 궁금했다.

2008년 6월, 경선을 통해 주요 정당의 후보자가 결정된 이후 정당 정치 논객이 예측한 패턴으로 돌아갔다. 그해 1월 아이오와 주 간부회의에서 오바마는 "우리는 붉은 주red states와 푸른 주blue states의 모임이 아니라, 아메리카 합중국the United States America이다"라고 말했고, 맥케인은 그의 보라색 '이단아maverick'의 근본을 분명히 선언했다. 하지만 책 데이터는 어떻게 말했을까?

그림 7-12는 2008년 6월에 생성된 네트워크이다. 약간의 실험 삼아 옅은 파란색을 새롭게 더했다. 아마존 판매 데이터에 따르면 이 책들은 다른 파란색 책과 뭉친다. 하지만 저자와 책 제목을 보면, 옅은 파란색 책은 일반적인 파란색 주제와 이전 단계의 파란색 지지자들과 잘 맞지 않는다. 이 시점에서 일반적인 보수주의, 무당파, 자유주의들은 모두 빨간색 독자들보다 파란색 독자들에서 더 많이 연결된다. 빨간색 중에는 조지 윌George Will의 책만 나머지와 연결 다리를 두고 있

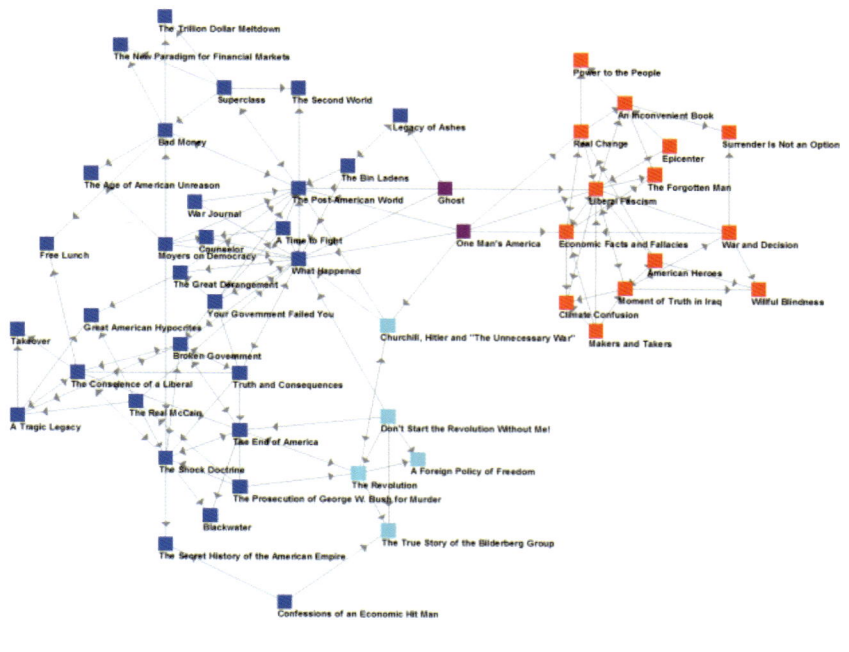

그림 7-12 2008년 6월의 정치 관련 서적 구매 패턴

으며, 우측에 '구보수주의'와 '네오콘(신보수주의)' 사이에 분리가 나타났는데, 2008년 여름에 구보수주의는 네오콘보다는 진보주의에 더 가까웠다.

2008년 8월에는 반(反)-오바마 책이 몇 권 출시되었다. 오바마 자신이 서문을 써 준 '친-오바마' 서적 한 권에 대해서도 시사회가 열리고, 아마존에서 판매되었다. 그림 7-3은 이런 책을 읽는 사람이 누구인지 보여준다. 친-오바마 책인 『Change We Can Believe In』은 확실히 파란 군집에 속하는데, 이미 친-오바마 책을 구입한 사람들이 이 결정적인 책도 구매했음을 가리켰다. 마찬가지로 반-오바마 책인 『The Obama Nation』과 『The Case Against Barack Obama』도 이미 반-오바마 책들을 구매한 사람들이 구매하고 있다. 하지만 반-오바마 책 중에 하나는 보라색 책인 『The Late Great USA』에 연결된다. 나라 상태가 마음에 들지 않는 어떤 부동층 유권자가 이 책을 읽으며 오바마 쪽으로 마음을 정한 것이었을까?

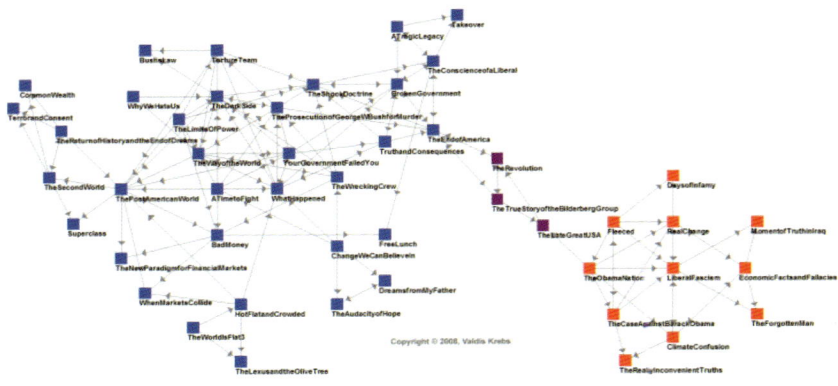

그림 7-13 2008년 8월의 정치 관련 서적 구매 패턴

맥케인에 대한 책은 반대하는 책이나 지지하는 책 경우 둘 다 아마존에서 가장 잘 팔리는 정치논쟁 서적 중에 없었다. 그렇다면 이 시점에 이미 유권자들이 맥케인에 대해 잘 알고 있거나, 혹은 그에게 관심이 없었던 것일까? 그림 7-13의 네트워크에서 책 사이에 연결 패턴은 2008년 여름 끝무렵 가장 영향력 있는 정치관련 서적이 『What Happened(거짓말 정부)』와 『The Post American World』였음을 알려준다. 둘 다 현재 선거를 다루는 책이 아니었다! 『What Happened(거짓말 정부)』는 조지 W. 부시의 전 언론담당비서가 쓴 책이지만, 파란색 독자만 구매하고 있다.

아마존 책 구입 데이터의 소셜 그래프 **137**

소셜 네트워크 분석과 데이터 마이닝, 데이터 시각화를 통해서 두 가지 범주의 결과를 얻을 수 있다.

· 예상 내의 결과/통찰 대 예상 외의 결과/통찰
· 긍정적인 결과/통찰 대 부정적인 결과/통찰

이 범주들은 그림 7-14처럼 서로 교차된다. 내가 참여했던 수많은 소셜 네트워크 분석 프로젝트를 통해 고객들이 보통 예상하지 않았던 사실, 즉 문제로 이어지는 예상 외의 패턴들(특히 부정적이면서 예상외의 패턴)을 볼 때 가장 좋아한다는 것을 깨달았다.

긍정적 예상 내	긍정적 예상 외
부정적 예상 내	부정적 예상 외

그림 7-14 소셜 네트워크 분석에서의 발견 도식

그림 7-14의 발견 도식을 활용해서 최근 네트워크를 조사해보자. 2008년 10월 말, 양당의 대선 유세가 막바지로 치닫고 있어서, 정치 관련 서적 구매 패턴을 한 번 더 들여다보았다. 선거 전 네트워크 지도가 그림 7-15에 표시되어 있다. 이 네트워크에서는 약간의 기대외 패턴이 나타났고, 예상 내 패턴도 하나 있었다.

전 네트워크와 다르게 빨간색과 파란색 군집을 잇는 다리 역할의 책이 한 권도 없다. 양측이 완전히 분리된 것이다! 빨간색과 파란색은 공통되는 게 하나도 없는 상황이다. 이 패턴은 선거 운동기간 중의 유세장에서 증명된, 커다란 대립과 적대감을 반영하고 있다. 당시의 정치적 쟁점과 커다란 경제 문제는 논의되지 않고 있

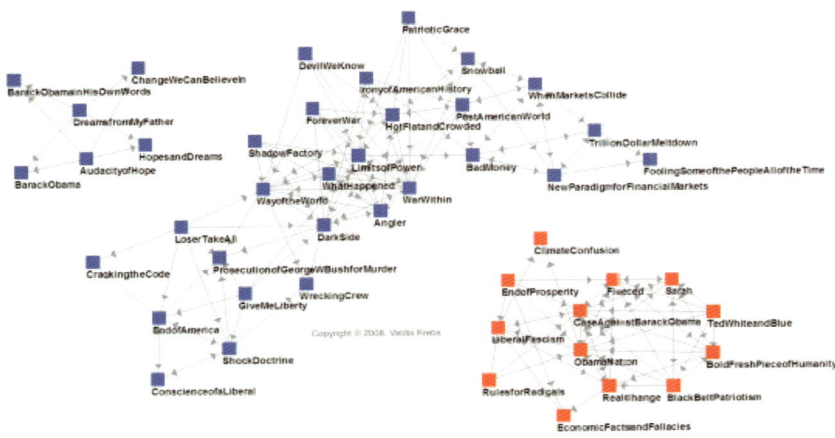

그림 7-15 2008년 11월 선거 몇 주전 정치 관련 서적 구매 패턴

다. 이 패턴은 각 선거 운동의 매일 활동에 따라 부정적이고 예상한 결과로 분류될 수 있다.

그림 7-15의 시각화로 드러난 추가적인 사실은 우파 독자들이 지역사회조직가community organizier의 핵심 서적인 『Rules for Radicals(급진주의자를 위한 규칙)』을 구입하고 있다는 것이다. 이 집단은 지역사회조직가를 조롱해왔다! 왜 중도우파 독자들이 보통 중도좌파 독자에게 인기 있는 이 책을 사고 있을까? 우파들이 지역사회조직가의 원리에 기반한 오바마의 선거운동이 그렇게 성공적이었는지 알려고 했던 것일까? 이는 예상 외의 패턴이지만, 긍정적이냐 부정적 어느 쪽으로 생각할지는 아마도 독자가 어느 편이냐 따라 다를 것이다.

마지막 예상 외의 패턴은 오바마에 긍정적인 책을 사는 사람은 다른 정치 관련 서적을 사지 않는다는 사실이었다. '오바마에 관한' 군집은 정치적 논쟁을 담은 다른 군집과 분리된다. 이 패턴은 이런 독자들이 오바마와 이번 선거에 대해서만 관심이 있고, 일반적으로는 정치에 관심이 없음을 뜻한다.

선거 바로 전 정치 관련 책 네트워크에서 예상 내의 패턴도 하나 금방 눈에 띄었다. 2004년 이래로 공화당원보다 민주당원이 더 많이 등록되었으므로, 직관적으로 봐도 파란 책이 더 많았던 게 이치에 맞는다. 반대로 우파는 그 메시지를 전파하는 더 소수의 책에 집중했다(책 네트워크는 소수의 책이 아주 많이 구매되는 경우를 반영하지 않는다. 물론 아마존이 이 데이터를 공개하지 않기 때문에 알 수 없었다). 이는 아마도 다른 이유에서 양 진영에 긍정적이고 예상 내의 패턴으로 보일 것이다. 우파는 이를 더 집중된 것으로 보고, 좌파는 반대로 다양한 의견이 결여된 것으로 해석할 가능성이 높다. 역으로 좌파는 좌파진영 책 수가 많다는 사실을 의견이 다양하다는 측면에서 긍정적으로 보고, 우파는 메시지가 집중되지 않고 산만한 거라 해석할 가능성이 높다.

결론

이 장에서 제시된 시각화들이 설명하듯, 우리의 선택은 우리가 누구이며, 누구와 비슷한지 드러낸다. 우리가 한 결정이 우리 자신의 어떤 측면만이 아니라, 어떤 집단에 속하는지도 알려준다. '유유상종'이란 점에서 어떤 이의 선택을 통해 그 사람이 속한 집단 내 다른 사람의 행동에 대해서도 많은 것을 파악할 수 있다. 미래에(예를 들어 웹에서), 여러 선택은 무의식적일지도 모른다. 근처 스마트 기기가 주인을 찾기 위해 스마트폰과 통신한다든지 하는 일이 있을 수도 있다. 이런 기기는 이 장에서 조사했던 패턴을 찾도록 프로그램되어 있을지도 모른다. 몇몇 용감한 이렇게 선택적으로 전형적인 패턴을 깨도록 기기를 프로그램할 수도 있다. 예를 들어 빨간 책 독자의 스마트 기기가 파란 책 독자가 누군지 알려주면, 그와 의견을 교환하기 위해 대화를 시작하거나 하는 일도 가능할 것이다.

아마존 데이터는 서로 다른 집단에 속한 개인의 정보가 전혀 없이도, 정치적 선택과 행동에 대한 깊게 통찰하는 일이 가능함을 보여주었다. 책 구매에 따른 커다란 규모의 정치적 패턴을 이해하는 데에 개인정보 데이터가 노출될 필요는 없다. 더 놀라운 일은 간단한 시각화를 통해서 이 데이터가 전국 유권자를 대상으로 고비용 설문조사를 해서 얻어낸 정보와 맞아 떨어진다는 점이다. 아마존 데이터를 한 시간 정도 수집하고 살펴보기만 해도, 수천 시간 동안 유권자를 조사하고 인터뷰한 데이터를 분석한 내용과 어느 정도 같은 내용이 간파된다. 파레토의 80/20 규칙Pareto 80/20 rule이 여기서도 잘 적용되는데, 20%보다 훨씬 적은 시간만 투자해도 80%의 통찰을 얻는 게 가능하다. 이는 데이터 마이닝을 데이터 시각화와 적절하게 조화시키면 훌륭한 보상을 얻을 수 있다!

참고문헌

- Davis, Allison, B.B. Gardner, and M.R. Gardner. 1941. Deep South: An Anthropological Study of Caste and Class. Chicago: University of Chicago Press.
- Freeman, Linton C. 1979. "Centrality in social networks: I. Conceptual clarification." Social Networks 1: 215 - 239. http://moreno.ss.uci.edu/27.pdf.
- Freeman, Linton C. 2003. "Finding social groups: A meta-analysis of the southern women data." In Dynamic Social Network Modeling and Analysis, eds. Ronald Breiger, Kathleen Carley, and Philippa Pattison. Washington, DC: The National Academies Press. http://moreno.ss.uci.edu/85.pdf.
- Freeman, Linton C. 2004. The Development of Social Network Analysis: A Study in the Sociology of Science. Vancouver, Canada: Empirical Press. http://aris.ss.uci.edu/~lin/book.pdf.
- Heckathorn, D.D. 1997. "Respondent-driven sampling: A new approach to the study of hidden populations." Social Problems 44: 174 - 199.
- Mayo, Elton. 1933. The Human Problems of an Industrial Civilization. New York: MacMillan.
- Moreno, Jacob L. 1934. Who Shall Survive? A New Approach to the Problem of Human Interrelations. Foreword by Dr. W.A. White. Washington, DC: Nervous and Mental Disease Publishing Company.

8장

미국 상원 소셜 네트워크 시각화(1991-2009)

앤드루 오드완 | Andrew Odewahn

2009년 초반 많은 뉴스 기사가 초당적 협력bipartisanship이 와해된 사실을 중점으로 다뤘다. 이런 보도의 상당수가 전형적인 일명 '카더라' 통신이었지만, 그중에 특히 내 주의를 끈 기사가 하나 있었다. 슬레이트 지(誌)의 부주필인 크리스 윌슨 Chris Wilson이 작성한 훌륭한 기사로, 투표 성향 데이터와 그래프[1] 시각화를 보조 정보로 활용해서 알렌 스펙터Arlen Specter 상원의원이 정당을 바꾼 일을 설명하는 기사였다(Wilson 2009). 두 개의 커다란 정당 군집(파란색은 민주당, 빨간색은 공화당)이 그래프에 표시되었는데, 꾸준히 정당의 노선을 초월한 투표를 한 상원의원이 몇 명이 가는 선[2]이 되어 두 집단을 잇고 있었다. 이들 중 한 명이 바로 스펙터 상원의원이었다.

이 기사로 몇 가지 생각이 들었다. 우선 본질적으로 정성적인 이야기에 대한 정량적 증거를 보는 일은 정말로 멋졌다. 한눈에 봐도 스펙터 의원에게 무언가 흥미로운 일이 일어나고 있으며, 그가 탈당할 거라는 조짐이 보였다. 나는 다른 뉴스 기사에서도 비슷한 증거가 나타나는지 궁금했다. 그 예로 상원에서의 다양한 연대coalition(14인의 갱단Gang of Fourteen, 뉴잉글랜드 중도파New England Moderates, 남부 공화당파Southern Republicans)가 어떤 의안을 지원하거나 방해하는지에 대해 집중 보도하는 기사가 아주 많았다.

미국의 사회 교과서에서는 상원이 하원과 달리 이런 연대가 약화되도록 설계됐다고 가르친다. 상원은 단일한 조직으로 주마다 2명씩, 6년마다 선출되는 100명의 상원의원이 있다. 선거는 교대로 진행되어서 대략 상원의원의 3분의 1이 2

---

[1] 옮긴이 이 장에서 그래프는 네트워크와 같은 말로 쓰였다.

[2] 이 장의 맥락에서 '그래프'는 노드와 링크의 집합을 뜻하며, x, y 데이터 그래프를 뜻하지 않는다.

년마다 새로 선출되는데, 이는 상원에서 연대가 변하더라도 급격하게 바뀌지는 않음을 뜻한다. 상원의원들이 당을 바꾸거나, 은퇴하거나, 중도에 사망할 가능성은 있지만, 그렇게 빈번하지는 않다.

결정적으로 직위 자체가 엄청난 이점이다. 일단 상원에 입성한 의원이 재선에 실패하는 경우는 그렇게 자주 있는 일은 아니다.

나는 그래프 시각화로 큰 그림을 그려서, 상원 구조의 시간에 따른 역동적인 변화를 드러낼 수 있을까 하는 점이 궁금했다. 만약 고등학교 때 배웠던 내용(상원이 본질적으로 보수적인 조직이며, 말 그대로 변화에 반대하는 경향이 있다는 것)이 사실이라면 그래프가 비교적 안정적인 모양을 유지해야 한다. 만약 그런 모양이 아니라면, 2009년에 미국의 진로를 결정했던 엄청나게 중요한 사건과 기자들이 그런 사건을 다뤘던 방식에 대해 새로운 시사점을 열지도 모른다.

이 장에서는 선거 데이터를 활용해 위와 같은 의문을 시각적으로 조사한 방식을 설명할 예정이다. 우선 실제 시각화 제작 단계를 검토하는 일부터 시작할 것이다. 다음으로 독자들에게 그 결과를 보여주고, 조사했던 18년간의 그래프 변화를 논의하며 약간의 역사적인 맥락도 이야기하고, 상원의 '고등학교 사회 교과서' 관점의 가치에 관한 일반적인 결론을 이끌어낼 것이다. 그 이후에 이 시각화가 왜 (흥미로울 뿐만 아니라) 아름다운지 이야기하고, 시각화 중에 드러난 수많은 흠에 대해서도 조사할 것이다. 마지막으로 시각화를 하는 과정에서 얻은 내용을 공유할 생각인데, 여러분이 그 내용을 새로운 작업에 활용할 수 있기를 바란다.

시각화 구축

나는 윌슨이 자신의 글에서 제시한 기본적인 가이드라인부터 시작했다.

- 노드는 상원의원을 나타내며, 각 노드는 숫자로 된 숫자표가 붙어있으며, 그 숫자는 상원의원 이름의 알파벳 순에 대응된다.
- 노드의 색깔은 정당에 기초한다. 일반적인 관례대로 공화당은 빨간색, 민주당은 파란색이다(무당파Independents에는 녹색을 사용하고, 데이터 원본에 해당 정당 정보가 없는 경우에는 노란색을 주었다).

- 두 상원의원이 어떤 기간 동안 65% 이상 투표 내역이 겹칠 경우 해당되는 두 노드를 링크로 연결한다.

여기에 덧붙여 민주당원이 왼쪽에, 공화당원이 오른쪽에 오도록 그래프 방향을 조정하기로 했다. 그리고 상원의 진화 과정을 알고 싶었기에, 데이터를 의미 있는 기간으로 묶어서 그래프를 각각의 기간마다 그렸다.

나는 생각 끝에 1회의 입법 회기 legislative session를 기본 시간 단위로 결정했다. 입법 회기는 2년이며, 1월 3일에 시작해서 1월 3일에 끝나는데, 보통 '국회 Congress'로 불린다. 각 국회에는 숫자가 연속해서 붙는다. 예를 들어 제 104회 국회는 1995년 1월 3일부터 1997년 1월 3일까지이며, 제 105회 국회는 1997년 1월 3일부터 1999년 1월 3일에 해당하는 식이다(이 글을 쓸 때는 제 111회 국회가 열리는 중이었다).

회기 단위는 두 가지 이유에서 매력적이다. 첫째로 회기는 고정된 기간 중에 가장 짧은 기간이다. 상원은 동적인 조직으로 특히 선거가 있는 해에는 언제라도 의원들이 바뀌는 경우가 있으므로, 2년 이상의 기간을 잡을 경우 일부 새로운 상원의원이 투표 기록에 등장해서 의원 사이의 관계가 엉망진창이 될 우려가 있다. 둘째는 더 단조로운 이유인데, 2년 단위로 데이터가 작성되었기에 회기를 한 단위로 선택하는 편이 매우 편리했기 때문이다.

이 사전 준비를 제외하면, 시각화 구축에 관련한 세 가지 단계가 있었다. 상원의원 및 투표 내역에 대한 원 데이터 수집, 상원의원들이 얼마나 긴밀하게 공조하는지를 나타내는 친밀도 행렬 affinity matrix 계산 그리고 그 관계를 그리기 위해 그래프비즈(그래프 시각화 도구세트)에 정보 입력하기가 바로 그것이다. 다음 절에서는 이 세 가지 단계를 각각 깊이 있게 설명한다.

원 데이터 수집

이 시각화는 주로 두 가지 종류의 데이터, 즉 개별 상원의원의 메타데이터(이름, 정당 등)와 장기간에 걸친 투표 기록이 필요하다. 처음에는 피드를 통해 정부 데이터를 제공하는 큰 사이트(data.gov, Thomas.com 등)가 많아서, 역사 데이터

부족이 가장 큰 장애로 보였다. 국회 회기 중에 특정 표결이 이루어진 대로 데이터가 공개되었지만, 과거의 전체 표결 기록을 얻기는 어려웠다.

운 좋게도 GovTrack이란 곳(http://govtrack.us)을 발견했는데, 이 곳은 스스로 '국회를 감시하는 시민 프로젝트'라고 홍보하는 사이트였다. 이곳에서는 주로 다른 대형 정부 사이트와 마찬가지의 데이터를 제공하긴 하지만, (다른 사이트 중에서) 1991년까지의 피드와 그 이전 연도의 일부 기록까지 모아서 XML 파일로 만들어주는 매우 유익한 일도 한다. 이 프로젝트에서 제 102회기 이후의 전체 기록을 활용하였지만, 1991년 이전 데이터는 완전하지 않았다. 프로젝트에서 사용했던 전체 데이터는 GovTrack 사이트의 'Source Data' 페이지에서 무료로 내려받을 수 있다. 문서화도 훌륭하게 되어 있어서, 데이터 다운로드 방법과 데이터 구조의 설명을 쉽게 찾아볼 수 있다.

GovTrack의 상원의원 관련 메타데이터는 people.xml이라는 파일에 저장되어 있다. 이 파일은 두 가지 버전이 있는데, 현직 의원 데이터만 포함된 현재current 파일과 예전에 의원이었던 인물의 데이터도 포함된 역사historical 파일이다.[3] 이 프로젝트에서는 역사 버전 파일을 사용했다.

[3] http://bit.ly/4iZib를 보자.

이 두 파일에서 개별 상원의원(또는 하원의원)에 대한 정보는 ⟨person⟩ 요소element에 있으며, 의원별로 유일한 ID가 있어서 GovTrack 데이터셋에서 일관되게 쓰인다. 정당에 대한 정보는 ⟨role⟩이라는 자식 요소에 있다. 다음은 하원의원과 상원의원을 모두 지낸(그리고 물론 대통령도 지낸) 존 케네디John Kennedy 항목의 사례이다.

```
<person id='406274'
    lastname='Kennedy' firstname='John' middlename='Fitzgerald'
    birthday='1917-05-29' ... >
    <role type='rep'
        startdate='1947-01-01' enddate='1948-12-31'
        party='Democrat' state='MA' district='11' />
    <role type='rep'
        startdate='1949-01-01' enddate='1950-12-31'
        party='Democrat' state='MA' district='11' />
    ...
    <role type='sen'
        startdate='1959-01-01' enddate='1960-12-31'
        party='Democrat' state='MA' district='' />
</person>
```

GovTrack의 표결 관련 데이터는 2년의 입법 회기별로 정리되어 있다. 투표 정보는 호명투표roll call별로 기록되어 있는데, 호명투표는 상원의원들이 모여 어떤 의안에 대해 '찬성Yea' 또는 '반대Nay'를 투표하는 방식이다. 보통 한 회기 중에 호명투표를 수백 번 정도 한다.

GovTrack은 호명투표별로 데이터를 XML 파일로 저장했다. 다음 목록은 s1995-247.xml이라는 호명투표 파일을 발췌한 내용인데, 이 투표는 제 104회 국회에서 벨 오퍼레이팅 컴퍼니Bell operating companies에게 상용 장거리 모바일 통신 서비스interLATA commercial mobile services를 허용할지 여부에 대한 표결이었다(일부 투표는 꽤 따분하다). 한 ⟨voter⟩ 요소당 people.xml 파일의 아이디와 연결되는 하나의 id가 있음에 주목하자.

```
<roll
    where="senate" session="104" year="1995" roll="247"
    when="802710180" datetime="1995-06-09T11:03:00-04:00"
    updated="2008-12-30T13:34:55-05:00"
    aye="83" nay="4" nv="13" present="0">
    ...
    <voter id="400566" vote="+" value="Yea" state="MN"/>
    <voter id="300016" vote="-" value="Nay" state="WV"/>
    <voter id="400559" vote="-" value="Nay" state="WA"/>
    <voter id="300011" vote="0" value="Not Voting" state="CA"/>
    <voter id="400558" vote="0" value="Not Voting" state="GA"/>
    ...
</roll>
```

이 파일들, 즉 인물 역사 파일과 여러 호명투표 파일 전부에 원하는 데이터가 모두 담겨 있었다. 하지만 people.xml 파일과 GovTrack 전체 데이터셋에 걸쳐 수천 개나 있는 호명투표 파일 내에 저장된 6MB 이상의 데이터를 나는 더 편리한 형식으로 보고 싶었다. 그래서 이 시각화에 필요한 데이터 일부분만 추출해서 SQLite 데이터베이스에 저장하는 스크립트를 작성했다. 데이터베이스 도식schema이 그림 8-1에 그려져 있다. 단순성을 위해 의원의 정당은 가장 최근의 ⟨role⟩을 참고해서 결정했는데, 후에 날 괴롭히는 요소가 되었다.

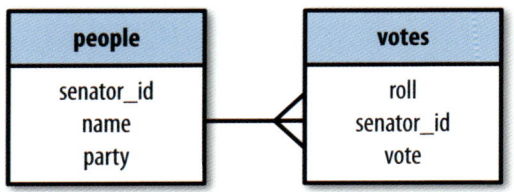

그림 8-1 시각화에 필요한 원 데이터를 표현한, 간단한 데이터베이스 도식

투표 친밀도 행렬 계산

원 데이터를 좀더 다루기 좋은 형식으로 바꾸고 나서, 그래프의 링크에 해당하는 친밀도 계산에 뛰어들 준비가 되었다. 이는 다른 상원의원이 같은 의안에 같은 방식으로 투표하는 횟수를 합산해서 친밀도 행렬 affinity matrix을 구성하는 일을 뜻한다(그림 8-2). 이 행렬을 이용하여 링크 조건들에서 손뗄 수 있었다.

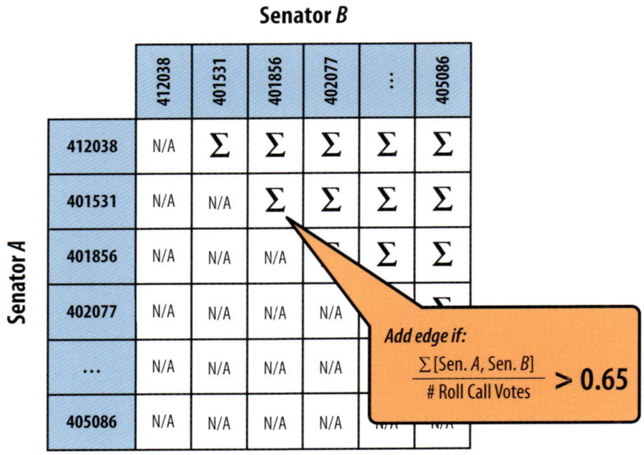

그림 8-2 친밀도 행렬

다음 의사코드에 기본 논리가 설명되어 있다.

```
# 투표 테이블에서 개별 호명투표를 모두 선택한다.
roll_list =
    select
        distinct roll
    from
        votes
# roll_list 내의 호명투표 정보를 처리한다.
for roll_idx in roll_list:
```

시각화 구축 | 147

```
# '찬성' 투표 처리하고 나서 '반대' 투표를 처리한다.
for vote_idx in ["Yea", "Nay"]:
    # 이 호명투표에 표를 던진 상원의원들을 찾는다.
    same_vote_list =
      select
          senator_id
      from
          votes
      where
          roll = roll_idx and
          vote = vote_idx
    # 이제 리스트의 모든 상원의원 쌍의 빈도수 합계를 구한다.
    for senator_a in same_vote_list:
        for senator_b in same_vote_list:
            affinity_matrix [senator_a, senator_b] += 1
            affinity_matrix [senator_b, senator_a] += 1
# 원 행렬을 링크로 변환한다.
N = length(roll_list) # 해당 회기의 투표수를 뜻함
for senator_a in affinity_matrix.rows:
    for senator_b in affinity_matrix.columns:
        if (affinity_matrix[senator_a,senator_b] / N) > 0.65 then:
            add an edge between Senator A and Senator B
```

계산된 결과 데이터가 꽤 무겁기 때문에 데이터베이스 테이블에 계산 결과를 따로 저장했다.

그래프비즈로 데이터 시각화

마지막 단계는 이 모든 데이터(상원의원 메타데이터와 투표기록)를 일련의 그림으로 그리는 일이다. 그래프비즈*GraphViz*(http://www.graphviz.org)는 오픈소스 그래프 시각화 패키지로, 이 작업에 딱 맞는 도구다.

그래프 시각화는 다양한 레이아웃 알고리즘에 대한 연구 분야로 노드와 링크의 추상적인 표현 방식을 택해 그림으로 바꾸는 일이다. 여기서는 그래프비즈의 'neato' 레이아웃 알고리즘을 사용했는데, 이 알고리즘은 노드를 양의 전하를 가진 입자로, 링크를 용수철로 시뮬레이션하는 방식으로 동작한다. 그래서 노드는 서로를 밀어내고, 링크는 연결된 노드를 서로 잡아당긴다. 처음에 모든 노드가 평면에 무작위로 퍼져서 놓이면, 알고리즘을 통해 인력과 척력의 균형을 시뮬레이션해서 전반적으로 '최적'으로 배치되도록 각 노드의 최종 x, y 좌표를 계산한다 (그래서 이런 알고리즘을 힘 유도성 레이아웃*force-directed layout* 알고리즘이라고 부른다). 그림 8-3에 그 개념이 설명되어 있다.

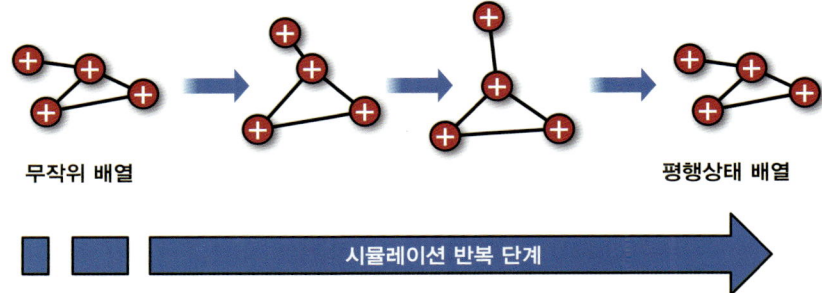

그림 8-3 그래프비즈에 포함된 힘-유도성 레이아웃 알고리즘인 neato는 알고리즘은 노드를 대전된 입자로, 링크를 용수철로 놓고 시뮬레이션을 해서 노드를 배치한다.

이 과정에서 드러나는 구조들은 기반 데이터 내 연결의 밀도에 비례한다. 그래서 밀접하게 연결된 상원의원의 집단은 다른 부집단subcluster을 밀어내는 부집단을 형성한다. 링크를 부여할 때 투표 친밀도에 근거한 분리 값으로 링크가 있고 없고가 조정되기 때문에 그 값이 그래프에서 관찰되는 군집 정도를 결정한다는 사실도 기억할 필요가 있다. 회기 내 표결의 대다수가 대부분의 상원의원이 찬성표를 던지는 통상적이며 절차상의 사안이기 때문에 분리 값을 매우 낮은 수치(가령 20%)로 쓰면 네트워크의 하부구조가 상대적으로 적어진다. 반대로 매우 높은 수치(가령 95%)를 쓰면 가장 강한 연결 쌍만 나타나기 때문에 매우 편파적인 그래프가 되며, 단순히 점들이 가끔씩 연결된 채로 무작위로 모여있는 듯 보일 것이다. 분리 값이 65%인 경우가 이런 갈등 관계 사이에서 가장 균형이 잡힌 형상으로 보였다.

DOT라고 불리는 언어는 그래프비즈에 노드와 링크 정보를 전달한다. DOT는 복잡하지 않다. 노드는 유일한 레이블을 이용해서 선언되고, 링크는 두 개의 (또는 둘 이상의) 노드 레이블을 -> 표시로 연결하는 식으로 선언된다. 그외 다양한 속성(색상, 레이블 등)은 해당 오브젝트 옆 꺾쇠 괄호square bracket 안에 쓰는 식으로 정의한다.

다음은 DOT 파일 예제이다(Gansner, Koutsofios, North 2006).

```
digraph G{
    a[shape=polygon,sides=5,peripheries=3,color=lightblue,style=filled];
    c[shape=polygon,sides=4,skew=.4,label="helloworld"];
    d[shape=invtriangle];
```

```
e[shape=polygon,sides=4,distortion=.7];
a -> b -> c;
b -> d;
}
```

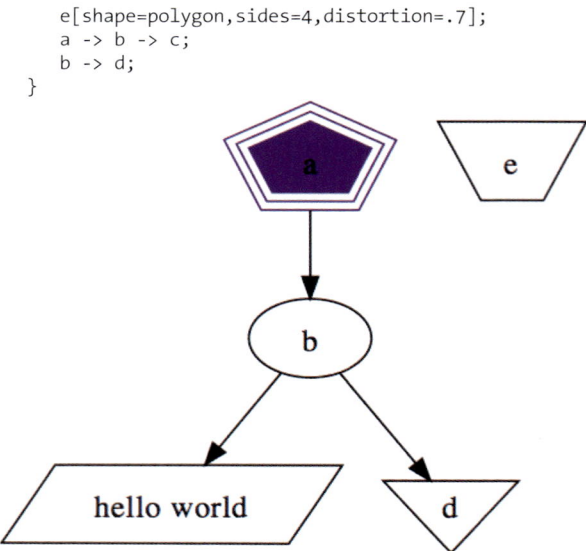

그림 8-4 그래프비즈에서 생성한 견본 그림

이제 상원을 시각화하려면 DOT 파일을 작성해서 그래프비즈에 넣기만 하면 된다. 이를 위해 전 단계에서 데이터베이스에 저장한 정보(상원의원의 ID, 알파벳 순 숫자표, 정당에 따른 노드 색깔, 친밀도 행렬로 만든 링크)를 모두 모아 DOT 형식을 따르는 틀template에 맞춰 정리하는 스크립트가 필요하다. 아래 코드를 보자.

```
1 Digraph {
2
3 #for $senator in $vote_data.nodes:
4     $senator['id'] [
5         shape="circle",
6         style="filled",
7         color = $senator['color'],
8         label = "$senator['label']"
9         fontsize = "128",
10        fontname = "Arial",
11    ];
12 #end for
13
14 #for $e in $vote_data.edges:
15     "$e['senator_a']" -> "$e['senator_b']" [arrowhead = none];
16 #end for
17 }
```

3번과 14번 줄의 for 루프는 각각 노드와 링크를 차례대로 처리할 목적으로 사용되었다. 굵은 글씨 항목은 되풀이될 때마다 값이 대체되는 변수이다.

드러난 이야기

필요한 스크립트를 모두 짜서 데이터를 그림으로 바꾸니 놀랄 만큼 일관된 이야기가 모습을 드러냈다.

그림 8-5는 1991년 1월 3일부터 1993년 1월 3일까지 열린 제 102회기 때의 상원 구조 그림이다. 이 회기는 조지 부시 대통령 재임기간과 1년이 겹쳤고, 첫 번째 걸프 전쟁이 발발했으며, 빌 클린턴이 대통령으로 선출되었다(1992년 회기 도중). 투표 집단이 둘로 구분되긴 했지만, 상원의원의 수(중간 영역의 노드)과 링크(중간을 가로지르는 연결) 관점에서 중간에 상당한 정도로 겹치는 게 분명히 보였다.

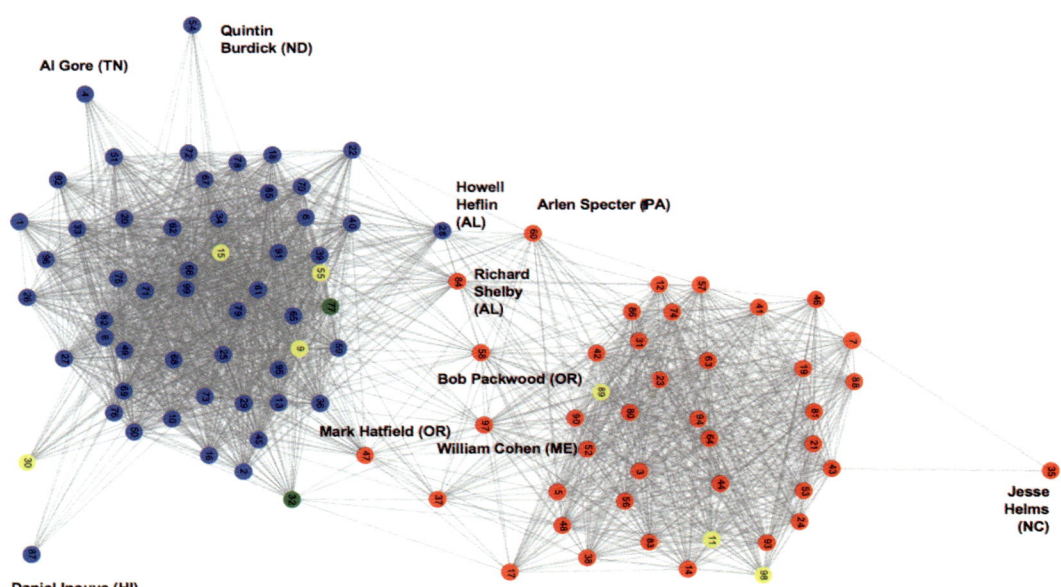

그림 8-5 제 102회기 상원 구조(1991년 1월 3일부터 1993년 1월 3일까지)

그림 8-6은 2년 뒤 제 104회기 당시의 구조를 보여준다. 이 회기는(그리고 이전 2년) 은 '공화당 혁명Republican Revolution' 기간으로, 공화당이 거의 40년 만에 처음으로 하원과 상원을 모두 탈환한 때이다. 이 기간은 당파성이 강했던 시기로 정부 폐쇄나, 공화당의 '미국과의 계약'[4] 그리고 (국가적 사건으로) 오클라호마 시의 머라 연방 빌딩Murrah federal building에서의 폭탄 테러[5] 같은 사건이 있었다. 이 상원 그래프에서는 두 개의 당이 똘똘 뭉친 작은 공으로 뚜렷하게 분리된 모습이 보인다.

4
옮긴이 1994년 선거 때 미 공화당의 캠페인. 이 캠페인은 공화당이 40년만에 하원을 구체적인 목표와 재원 조달 방법, 달성하지 못했을 때의 책임에 대해서 계약이라는 형태로 제시한 게 특징이다. 이 캠페인으로 40년만에 공화당이 하원을 탈환할 수 있었다.

5
옮긴이 1995년 4월 19일 오클라호마 시의 머라 연방 빌딩에서 일어났던 폭탄 테러 사건. 이 건물에는 미국 연방정부의 사무실이 있었다. 범인인 티모시 맥베이는 사건 발생 2년 전에 텍사스의 종교집단인 다윗파의 집단 자살 사건을 연방정부가 제대로 처리 못했기 때문에 범행을 저질렀다고 밝혔다. 이 사건으로 사망한 사람은 168명이고, 600여명이 부상을 입었다.

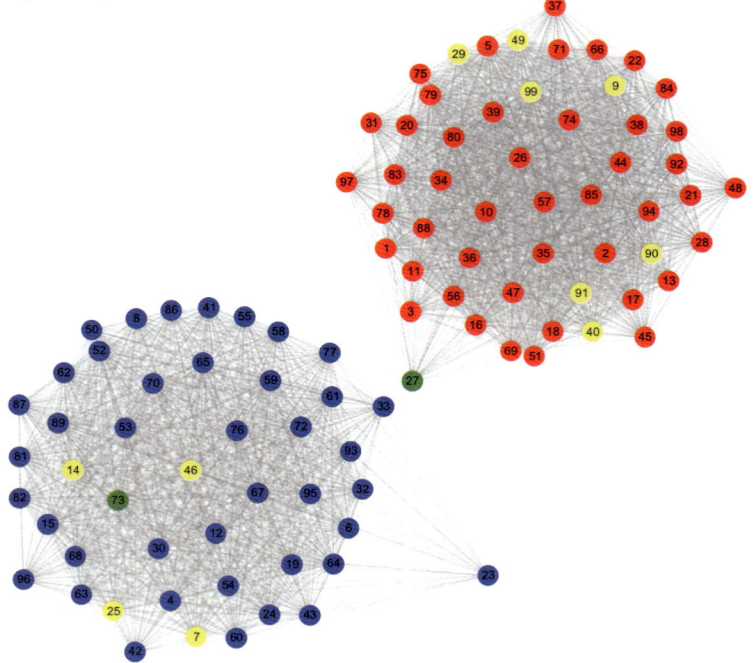

그림 8-6 제 104회기 상원 구조(1995년 1월 3일부터 1997년 1월 3일까지)

그림 8-7에 6개 회기 때의 모습이 나열되어 있다.
이들 회기 내에 발생한 사건이나 관심을 끌만한 구조는 다음과 같은 것이 있다.

- 제 105회기(1997년 1월 3일~1999년 1월 3일). 이 회기 중에 공화당이 장악한 하원이 클린턴 대통령 탄핵안 표결을 했다. 민주당 구역에서 뚜렷한 분리가 나타나는데, 이 실험 기간 동안 규칙적으로 발생했다.

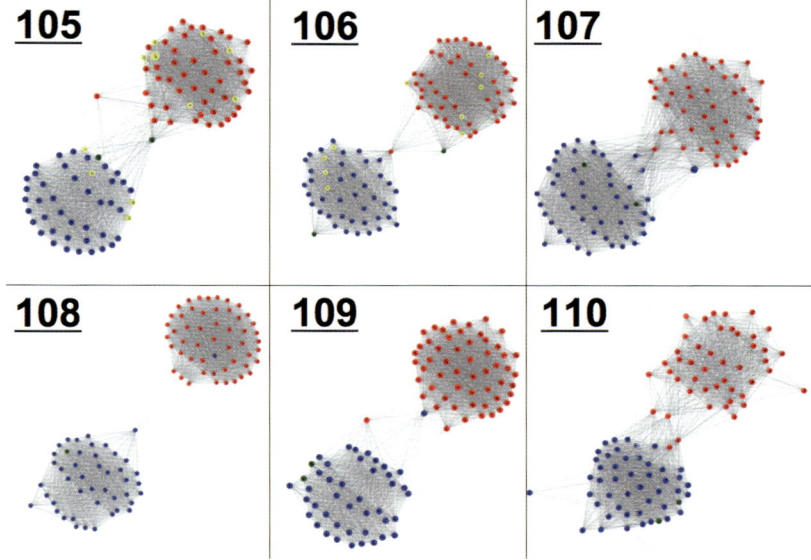

그림 8-7 제 105회기에서 제 110회기까지의 상원 구조(1997년 1월 3일부터 2009년 1월 3일까지)

- 제 106회기(1999년 1월 3일~2001년 1월 3일) 이 기간 중에 클린턴 대통령에 대한 탄핵재판이 상원에서 열렸다. 하원처럼 상원도 공화당이 잡고 있었지만, 탄핵안은 부결되었다. 흥미롭게도 이 회기 중에 공화당 구역이 뚜렷하고 현저하게 분리가 되는데, 이는 전체 18년 간의 조사기간 중에 이렇게 뚜렷한 적은 흔치 않다.
- 제 107회기(2001년 1월 3일~2003년 1월 3일) 9월 11일의 테러(그리고 나중에 상원을 겨냥한 탄저균 테러)가 이 회기 중에 일어났으며, 이라크 전쟁이 인가되었다. 진보적으로 분류되는 소수의 상원의원으로 구성된 민주당 구역에서 약간의 분열이 있었지만, 중심에서의 강도가 새로워진 기간으로, 1991년 이래로 어떤 때보다도 정당 노선을 넘어서는 강한 연결이 있었다.
- 제 108회기(2003년 1월 3일~2005년 1월 3일). 이 회기 중에 이라크 전쟁이 발발했다. 이 기간은 벤 넬슨Ben Nelson(민주당, 네브라스카 주)이 올림피아 스노우Olympia Snowe(메인 주), 수잔 콜린스Susan Collins(메인 주), 놈 콜맨Norm Coleman(미네소타 주)로 구성된 소수의 공화당 온건파 집단과 투표 성향이 비슷했던 점을 예외로 두면, 104회 국회와 거의 유사했다. 나머지 공화당은 꽤 응집되어 있는 반면 민주당은 약간의 분열이 남아있다.

6
옮긴이 톰 딜레이는 2005년 1월 당시 미국 공화당 하원 원내대표였다. 2002년 선거 당시의 불법 정치자금 수수 및 돈 세탁 사건에 연루되어 2005년에 사퇴했다. 잭 아브라모프는 워싱턴의 거물 로비스트로 1994년 이후로 공화당의 핵심 인물들을 대상으로 다양한 로비활동을 해오다 2006년 당시 탈세 및 사기 혐의로 기소되어 징역형을 받았다.

7
옮긴이 테리 샤이보는 1990년에 식물인간 판정을 받고 영양 공급관에 의존해 15년간 연명해온 인물이다. 공급관 제거를 요구하는 남편과 테리 샤이보의 부모 사이에 7년간 법정소송이 진행되었는데, 이는 세계적인 안락사 논쟁을 낳았다. 처음에 재판을 담당한 플로리다 주 법원은 공급관 제거를 판결했으나, 플로리다 주지사의 개입으로 이 재판은 연방 대법원까지 상고되었다. 나중에 미 상하원과 부시 대통령까지 나서서 공급관 제거를 반대하는 긴급법안을 마련하는 등 사법부와 입법, 행정부의 대립양상을 띠는 우여곡절을 겪었으나, 결국에는 공급관이 제거되어 그는 사망했다.

8
옮긴이 2005년 미국을 강타했던 대형 허리케인 카트리나에 대한 대응 미숙을 지적하며 부시 대통령이 미 연방재난관리청 청장에게 했던 말

- 제 109회기(2005년 1월 3일~2007년 1월 3일) 공화당에게는 끔찍한 기간이었다. 톰 딜레이Tom Delay와 잭 아브라모프Jack Abramoff의 스캔들[6] 법안 표결 시 깊은 분열을 초래했던 테리 샤이보Terry Schiavo 사건[7], 허리케인 카트리나 사건에 대한 대응 실패('브라우니, 당신은 일을 아주 엉망으로 했어!')[8]가 모두 이 회기 중에 일어났다. 그럼에도 불구하고 공화당 구역은 놀랄만큼 긴밀하게 연결되어 있다. 반면에 커다란 민주당 구역이 작고 더 진보적인 그룹으로 쪼개지는 일이 지속되었다.

- 제 110회기(2007년 1월 3일~2009년 1월 3일) 이 회기 동안 민주당이 상원과 하원을 모두 장악했다. 이전과 달리 민주당 구역은 뚜렷하게 통합되어 보이는 반면, 공화당 구역은 쪼개지고 흩어져 있다.

그림 8-7의 6개 회기 중에서 104회기 때처럼 완전히 쪼개진 경우는 없지만, 주요 구역 중 하나(또는 양쪽 모두)에서 균열이 있는 패턴은 일관되게 보인다. 제 111회 국회에서(이 글을 작성할 때 진행됐던 회기) 처음 여섯 달은 이런 패턴이 더욱 더 뚜렷하게 지속되었다. 그림 8-8에서 보듯이 민주당은 110회기 이후로 거

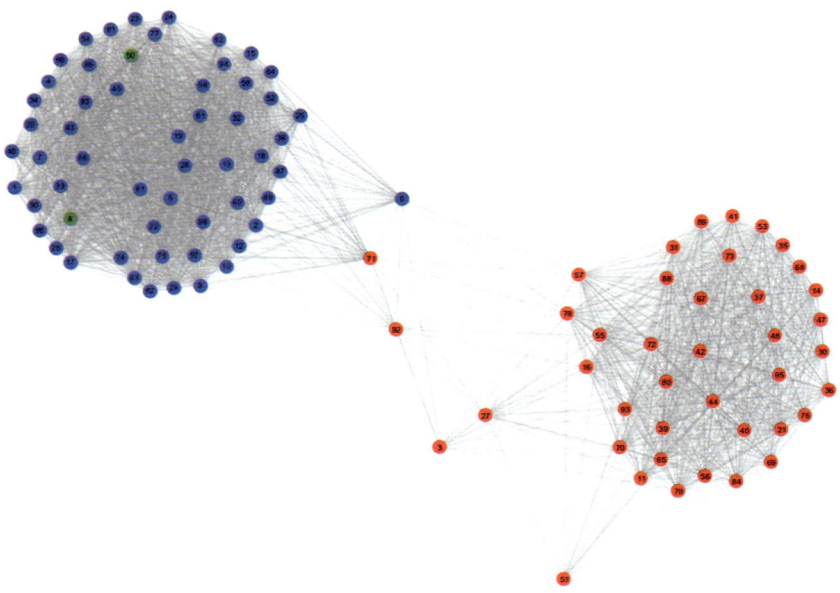

그림 8-8 제 111회기의 처음 6개월간 상원 구조(2009년 1월 3일~2009년 7월 1일 무렵)

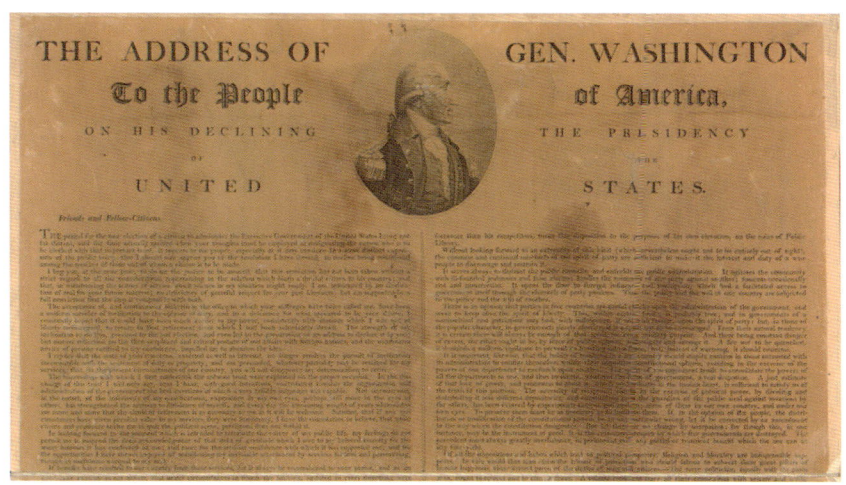

그림 8-9 1796년 조지 워싱턴의 퇴임사. 미국 의회 도서관의 희귀본과 특수 수집품 자료실 소장[9]

9 http://en.wikipedia.org/wiki/George_Washingtons_Farewell_Address

의 같은 크기의 집단으로 분열되었다. 공화당에서는 핵심 보수층을 주변으로 떨어져 나간 온건파들이 둘러싼 모습이 보인다.

그러므로 2009년 여름의 화제였던 연대 관련 이야기는 실제로 데이터가 뒷받침하는 것으로 보인다. 사실 상원은 적어도 1991년부터 연더관계, 정당 그리고 핵심 방향을 결정하는 주요인사들이 교체되는 역동적인 장소였다.

물론 돌이켜보면 이는 그다지 새로운 사실이 아니다. 연대관계가 교체되는 패턴은 아마도 미국의 창건까지 거슬러 올라가며, 조지 워싱턴이 1796년 퇴임사에서 경고한 바 있다(그림 8-9).

다음은 초대 대통령이 정당의 파벌주의에 대해서 이야기했던 내용이다.[10]

10 http://avalon.lay.yale.edu/18th_centry/washing.asp

불행하게도 이런 주의는 인간 마음의 가장 강한 열정에 뿌리를 두고 있기에 인간 본성과는 떼놓기가 불가능합니다. 이는 다소 억눌리거나, 통제되거나, 억제되는 정도의 차이는 있지만 모든 정부에서 여러 형태로 나타납니다. 하지만 민주적 형식의 정부에서 가장 강한 최악의 적으로 나타납니다.

파벌이 번갈아 권력을 잡는 것은 파벌간 분쟁으로 인해 자연스럽게 생기는 복수심에 때문에 첨예해지며, 여러 시대의 여러 국가에서 가장 무시무시한 범죄 행위를 저지르게 했는데, 그 자체로 소름끼치는 독재입니다.

'여러 시대의 여러 국가'에게 하는 워싱턴의 경고는 그 당시처럼 오늘날에도 진실이라는 인상을 준다. 그러므로 2009년의 연대관계에 대한 이야기가 뉴스가 될지는 몰라도, 근본적인 패턴은 실제로 꽤 오래된 것이다. 등장인물만 변할 뿐, 이야기는 똑같다.

무엇이 아름답게 만드는가?

이 책에 기고해달라는 요청을 받았을 때, 처음 들었던 생각 중 하나는 '그런데 내 그래프는 너무 볼품없잖아!'였다. 숫자표에는 일관성이 없었고 다소 삐딱하게 그려졌으며, 정당을 결정한 방식에도 어느 정도 확연한 오류가 있었다(곧 이런 실수에 대해 자세히 설명할 것이다). 하지만 깊게 생각해보니 시각화에서 근본적인 한 가지를 올바르게 했기에 단점이 있더라도 눈감아 줄 만하다는 생각이 들었다.

서로 관련된 상원의원들의 네트워크를 시각적 뼈대로 정한 선택은 이 시각화가 아름다운 시각화로 보이게 하는 핵심 요소였다. 그 이유를 알려면, 상당 부분이 서로 같지만 다른 방식으로 시각화하는 다른 묘사 방식과 비교하는 편이 가장 좋을 것이다. 당파성 지표에 관한 시계열 도표(McCarty, Poole, Rosenthal 2008)를 표현한 그림 8-10을 생각해보자.

이 도표에는 아무런 문제가 없으며, 1970년대 중반에 공화당원 사이에서 보수주의가 줄어드는 사실을 아주 잘 보여준다. 시민권에 대한 공포를 냉소적으로 이용하여, 한때 확실히 민주당 지역이었던 남부를 공화당 지지로 돌려세웠던 닉슨Nixon의 '남부 전략Southern Strategy'의 영향력을 그래프가 얼마나 잘 반영하는지 살펴보면 더욱 더 흥미로워진다. 하지만 이 그래프가 정확하게 요점을 짚고 있지만, 독자를 동조시키는 추가적인 요소가 없으며, 전후 이야기를 알려면 약간의 학습이 필요하다.

소셜 그래프의 접근 방식은 이와 같지 않다. 예를 들어 점 하나가 상원의원 한 명을 뜻한다는 것을 알고 나면, 자연스럽게 '주 집단에서 크게 벗어난 저 사람은 누굴까?'라고 궁금해하기 마련이며, 그 사람이 '이단아' 존 맥케인이라는 사실을 알게 되면 기뻐할 것이다. 당파심의 증가를 도표에서의 단순한 선으로만 보는 게 아니라, 반대되는 두 진영이 서로 힘을 겨루는 와중에 약간의 사람만이 중간에서

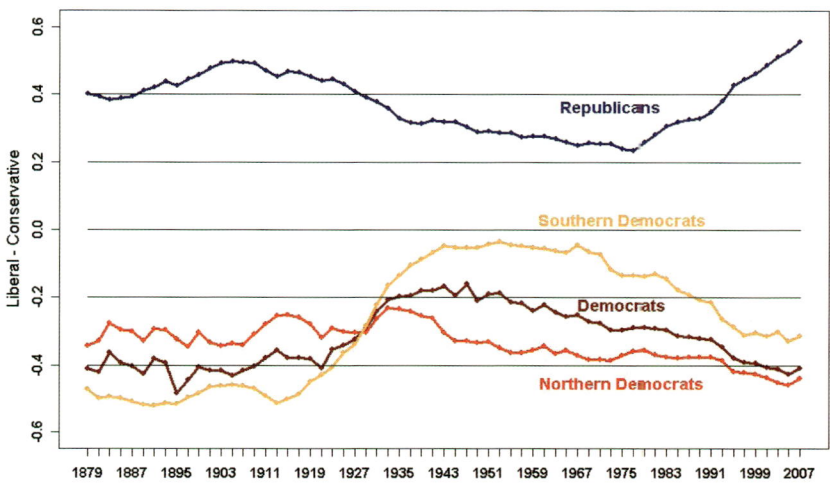
그림 8-10 양당주의 관련 시각화. 흥미로우나 특별히 아름답지는 않다.

연결되는 장면이나, 제 104회 국회에서 초당적 협력이 완전히 깨지고 두 정당이 고슴도치처럼 몸을 웅크려 방어하는 듯한 모습 또는 당시의 폭넓은 사건에 대한 대응으로 각 진영에서 내부 갈등이 있는 모습을 보는 것도 흥미로운 일이다.

또한 이런 공감 요소가 가능해서 그래프가 그저 흥미로울 뿐 아니라 아름다워졌다. 선 그래프는 사실을 매우 명쾌하게 설명하지만, 정보를 더 조사하고 씨름하고자 하는 호기심을 불러일으키는 경우는 적다. 좋은 이야기와 마찬가지로, 아름다운 시각화는 관찰자에게 궁금증을 생기게 하고, 탐험하고 발견하는 느낌을 줘야 한다.

이런 요소를 올바로 갖춘다면, 사람들은 약간의 흠 정도는 너그럽게 봐줄 것이다. 그리고 내 프로젝트는 이런 몇 가지 요소를 갖추고 있었다.

▶ 그럼 무엇이 아름다움을 해치는가?

최종적으로 보이는 그래프의 모습에 꽤 만족했지만, 아직 바꿀 부분이 조금 있다. 문제의 대부분은 데이터에 너무 많은 가정을 했기 때문이다. 다음 절은 그에 대한 설명이다.

숫자표

시각화의 핵심 목표는 특정 상원의원의 상세한 정보보다는 의원 사이의 전체적인 관계 구조를 밝히는 것이었다. 그렇지만 간혹 특정 노드가 어떤 인물을 나타내는지 알면 쓸모가 있는데, 예를 들어 한 노드가 정당 간의 중심 '다리'나 연결선(예: 올림피아 스노우, 벤 넬슨)으로 나타나거나, 혼자 떨어져있는 경우(예: 존 맥케인)이다. 나는 전반적인 패턴에 초점을 맞추면서도, 이런 '관심이 가는' 노드를 빠르게 식별하는 기능을 넣고 싶었다. 내가 생각한 해답은 각 상원의원마다 이름의 알파벳순에 따라 숫자를 할당하고, 그 숫자표를 해당 노드에 붙이는 방법이었다.

이 방법은 회기별로는 쓸만했지만, 회기가 하나 이상이 되면 연속성이 심각하게 깨지는 문제가 있었다. 그 이유를 알기 위해 표 8-1를 보자. 이 표에는 11번의 회기 동안 숫자표가 1, 50, 100였던 상원의원이 나열되어 있다.

세션	숫자표 1	숫자표 50	숫자표 100
101	Alan Cranston Pete	Domenici	Wyche Fowler
102	Alan Cranston	Paul Simon	Wyche Fowler
103	Alan Simpson	Paul Wellstone	William Roth
104	Alan Simpson	Sam Nunn	William Roth
105	Alfonse D'Amato	Daniel Akaka	William Roth
106	Ben Campbel	Evan Bayh	William Roth
107	Ben Campbell	Evan Bayh	Zell Miller
108	Ben Campbell	Jeff Bingaman	Zell Miller
109	Barack Obama	John Ensign	William Frist
110	Charles Hagel	John Thune	Wayne Allard
111	Kirsten Gillibrand	Joseph Lieberman	Tom Udall

표 8-1 11번의 회기 동안 1, 50, 100의 숫자표에 해당했던 상원의원

이상적으로 각 상원의원 숫자표는 모든 그래프에서 같아야 한다. 하지만 훑어보기만 해도 전혀 숫자가 같지 않다는 사실을 알 수 있다. 1988년부터 코네티컷

주의 상원의원이었던 조셉 리버만Joseph Lieberman의 사례를 보자. 간단히 알파벳 순대로 하면 리버만 의원의 숫자는 11개의 그래프에서 각각 50, 54, 59, 65, 66, 73, 76, 77이다. 다른 상원의원도 대부분 마찬가지이다. 버락 오바마 정도를 제외한 다른 대부분의 상원의원은 여러 번 재선되었기 때문에, 이런 방식으로는 전혀 숫자가 일관되게 매겨지지 않았다.

더 나은 방법은 11번의 회기 동안의 모든 상원의원 목록을 하나로 만들고, 각 의원에게 유일한 숫자표를 주는 방식이다. 물론 숫자가 100이 넘어간다는 반대급부는 있지만. 목록을 알파벳 순서 대신 각 상원의원이 처음 선출된 연대 순으로 정렬한다면 받아들일만 했다. 다른 해법으로는 동적이고 대화형인 시각화를 만드는 방법인데, 예를 들자면 각 노드에 마우스 커서를 갖다 대면 팝업 윈도우가 나와서 추가적인 메타데이터를 확인하는 방식이다. 하지만 시각화를 출력 가능하도록 디자인하는 것이 목표라서 이 방법을 택하지는 않았다.

방향

상원의원 숫자표 할당 외에도 시각화에서 민주당이 왼쪽에, 공화당이 오른쪽에 나타나도록 방향을 잡고 싶었다. 이렇게 하면 기존 관례에도 맞을 뿐 아니라, 다양한 그래프 사이에 배치가 일관된 덕분에 어떤 연속성이 생기기 때문이었다. 그러나 이 전략은 구현하기 어려운 걸로 판명이 되었는데, neato 레이아웃 알고리즘의 특성 때문이었다.

앞에서 설명한 힘 유도성을 이용한 방법은 추상적인 그래프 데이터 내에 감춰진 복잡한 구조를 드러내는데 탁월하다. 하지만 무작위성 정도에 따라 배치가 달

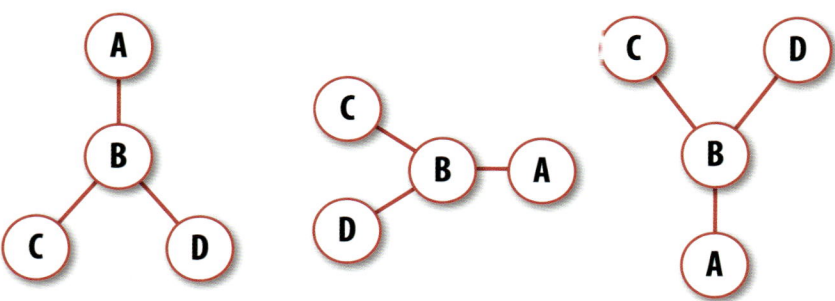

그림 8-11 동일 그래프에 대한 힘 유도성 배치 방식. 세 가지는 동등하다.

라지기 때문에 매번 같은 결과가 나오지는 않는데, 그래프의 일반적인 구조는 같지만, 그 방향이 상당히 달라진다. 그림 8-11의 사례는 단순한 그래프의 배치 방식 세 가지인데, 셋 다 동등한 것이다.

결국 어쩔 수 없이 이미지 파일을 직접 편집해서 방향을 돌리는 방법을 썼다. 이 해결 방법으로 그래프를 원하는 방향으로 맞출 수는 있었지만, 숫자표의 글씨도 같이 회전하는 바람에 전체적으로 약간 이상하게 보이는 부작용이 생겼다. 그림 8-12의 도식이 그 이유를 설명하고 있다.

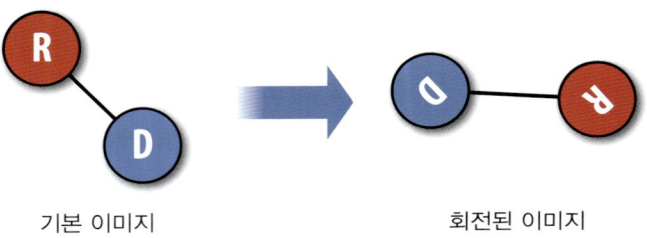

기본 이미지　　　　　　　　　회전된 이미지

그림 8-12 그래프 레이아웃 알고리즘으로 생성된 이미지를 민주당은 왼쪽에, 공화당은 오른쪽에 위치하도록 회전시키면 예기치 못하게 레이블도 같이 회전하는 부작용이 생긴다.

돌이켜보면, 방향을 프로그램으로 고치는 데 시간을 투자하는 편이 좋았을 것이다. 예를 들자면 두 클러스터의 회전중심을 계산하고, 전체 그래프가 원하는 방향이 되도록 회전시키는 각도를 계산하는 중간 단계를 추가하는 방법이 있다. 이렇게 하면 장기적인 관점에서 노력이 상당히 절약되었겠지만, 당시에는 지나친 수고로 생각했다.

정당 소속

주요 문제 중에 마지막은, 어리석게도 '상원의원이 소속 정당을 거의 바꾸지 않으니, 각 의원의 최근 소속 정당을 모든 그래프에서 사용해도 되겠다'라고 가정한 게 화근이었다. 이 시각화에서 가장 큰 실수였다.

예를 들어 조셉 리버만을 (또!) 고려해보자. 리버만 의원은 민주당 경선에서 네드 러몬트Ned Lamont 후보에 패배한 이후 무소속이 되었다. people.xml 파일에서 리버만 의원에 해당하는 내용은 다음과 같다.

```
<person id='300067' lastname='Lieberman' firstname='Joseph' ... >
    <role startdate='1989-01-01' enddate='1994-12-31' party='Democrat' .../>
    <role startdate='1995-01-01' enddate='2000-12-31' party='Democrat' .../>
    <role startdate='2001-01-01' enddate='2006-12-31' party='Democrat' .../>
    <role startdate='2007-01-01' enddate='2012-12-31' party='Independent' .../>
    ...
</person>
```

파일을 보면 알 수 있듯, 리버만 의원은 소속을 바꾸기 전에 18년 동안 민주당 상원의원을 지냈다. 그러나 파일의 마지막 항목에서 무소속으로 되어있기에, ETL(추출extract, 변환transform, 로드load) 과정에서도 무소속으로 분류되었다. 그래서 리버만 의원은 제 102회부터 제 109회 국회에 이르기까지, 민주당의 파란색 바다 가운데에 있는 녹색 점으로 (잘못) 표시되었다.

이런 문제를 피하려면, GovTrack에서 추출한 〈role〉 요소 내 날짜 범위만큼 소속 정당 정보를 확인하도록 ETL 프로세스를 설계해야 했다. 이 문제는 그래프 방향 결정 문제와 마찬가지로 당시에는 별 문제가 아닌 듯 보였다. 돌이켜 생각해보면 익숙하지 않은 데이터에서 '가정을 단순화'하는 경우에 주는 교훈이었다.

결론

이 프로젝트를 하면서 관찰했던, 독자들이 자신의 작품을 만들 때 도움이 될만한 몇 가지 내용에 대해 이야기하고 끝마치려 한다.

데이터 밑작업Data munging에 시간을 쏟을 준비를 하자.
 GovTrack을 발견했을 때, 프로젝트가 간단해질 거라 생각했다. 어쨌든 데이터가 모두 신뢰할 만하고, 깔끔하게 XML 파일로 저장되어 있기 때문이다. 그러나 실제로 원 데이터를 프로젝트에 맞는 형식으로 바꾸는 데 시간이 무척 많이 들었다. 이 프로젝트에 투자한 시간 중에 어림잡아 80%가 단순히 데이터를 변환하는 데 들었다. DOT 틀을 작성하는 것보다 데이터에서 원하는 부분을 추출하고, 데이터베이스 로더loader와 도식schema을 작성하고, 친밀도를 계산하는 스크립트를 짜는데 훨씬 많은 시간이 걸렸다. 이런 현상은 매우 흔하므로, 프로젝트의 데이터와 씨름하는 자신을 발견하더라도 좌절할 필요는 없다. 그냥 이 분야가 가진 특성의 일부분일 뿐이다.

되도록 자동화하자.
    데이터를 조작하기 시작하면, 꼼수를 써서 단숨에 해치우고 싶은 마음이 든다. 그래서 셸 스크립트, SQL 구문 그리고 어쩌면 엑셀 작업 등을 엮어서 원하는 데이터를 얻으려 한다. 정말로 데이터셋을 딱 한 번만 사용할 생각이라면 이런 방법도 괜찮다. 하지만 아마도 작업이 성공적이거나 흥미롭다면, 뒤로 돌아가 작업 내용을 바꾸고, 다시 만들거나 개선하고 싶은 마음이 들 것이다. 그럴 때가 되면 머리를 긁으며 '음, 이걸 계산하는데 어떤 스크립트를 실행했지?'하고 자문하는 자신을 발견하게 될 것이다. 그러므로 프로젝트 빨리 진행하기 위해 1회성 도구를 날림으로 만들 생각이더라도, 시간을 들여 자동화된 스크립트를 개발하고 최소한의 문서화를 해두어야 한다. 머지 않은 미래에 자기 자신에게 고마운 마음이 들 것이다.

시간을 어떻게 표현할지 숙고하자.
    사람들은 흔히 과거에서부터 무엇이 어떻게 바뀌었는지, 미래에는 어떻게 보일지에 관심을 두기 때문에 시각화에서 시간을 어떻게 표현할지 반드시 생각해두어야 한다. 어떤 경우에는 그림 8-10의 시계열 예제처럼 시간이 명시적으로 표시된다. 하지만 다른 경우에는 배경으로 표현된다. 이 장의 프로젝트를 예를 들면 영화 장면처럼 그림의 진행 과정을 나열해서 시간에 따른 움직임의 느낌을 전달했다. 어떤 경우라도, 영화에서처럼 시간에 따라 페이스를 맞추거나 움직이는 뚜렷한 느낌이 있다면 독자의 작업이 더 매력적으로 만드는데 도움이 될 것이다.

'좋은' 때가 '충분히 좋은' 때가 되는 순간을 결정하자.
    나중에 난처한 문제에 발목을 잡히지 않도록 데이터 작업을 미리 해보는 게 중요하긴 하지만, 그만하면 되었다는 순간을 아는 것도 바람직하다. 정말로 초정밀도가 요구되는 시스템(예를 들자면 제트기의 전방표시장치heads-up display)

이 아니라면, '자주, 빨리 출시'하는 편이 더 낫다. 작업물을 사람들에게 보여주고, 반응을 얻고, 기대했던 반응인지 확인하고 나서 다음 진행으로 이 과정을 반복하라.

저널리스트처럼 문제에 접근하자.

이 책의 다른 장에서도 훌륭한 시각화는 많이 이야기를 하야 한다고 주장하는데, 그 주장에 대체로 동의한다. 그러나 이런 관점에는 시각화를 만드는 사람들은 창작자storyteller라는 생각이 들어있다. 내게 창작자는 구성plot에 맞도록 인물과 상황이 있는 이야기를 창안하는 사람으로 느껴진다. 그래서 나는 '창작자'라는 말 대신 '저널리스트'가 더 정확한 비유라고 생각한다. 저널리스트도 이야기를 하지만, 그 이야기는 (이상적으로는) 객관적이다. 저널리스트의 목표는 사실을 하나씩 발굴해서, 골치 아프고 복잡한 내용을 풀어내어, 조리에 맞는 그림으로 엮어내는 일이다. 결국 시각화가 담아내는 이야기가 데이터에 있는 사실에 얼마나 충실한지가 시각화의 아름다움을 진정으로 결정하기 마련이다.

▶ 참고문헌

- Gansner, Emden, Eleftherios Koutsofios, and Stephen North. 2009. "Drawing graphs with DOT." http://bit.ly/4GlYAp.
- McCarty, Nolan, Keith T. Poole, and Howard Rosenthal. 2008. Polarized America: The Dance of Ideology and Unequal Riches. Cambridge, MA: MIT Press. http://polarizedamerica.com.
- Wilson, Chris. 2009. "The Senate Social Network: Slate presents a Facebook-style visualization of the Senate." http://bit.ly/FD5QY.

9장

빅 픽처: 검색과 탐색

토드 할러웨이 | Todd Holloway

검색과 탐색은 정보 검색information retrieval의 두 방식이다. 검색은 친숙한 양식으로, 구글같은 웹 검색 엔진이 그 전형적인 예이다. 검색 엔진에 발견적 측면이 있긴 하지만 더 직접적인 탐색 시스템의 예가 있는데, 예를 들어 아마존의 물품 추천이나 넷플릭스Netflix의 영화 추천 시스템 같은 것이다.

이 두 종류의 검색 시스템은 엔진 속이 엄청나게 복잡하다는 점이 공통점이다. 출력 결과는 질의 내용이나 검색 항목만 아니라, 시스템 이용자의 집합 행동collective behavior에 따라 결정되기도 한다. 예를 들어 넷플릭스에서 무슨 영화에 어떤 평점을 주었는지에 따라 다른 이용자에게 추천될 영화가 결정되며, 아마존에서는 책을 리뷰하거나, 구매하거나, 심지어 장바구니에 넣고 나중에 삭제한 경우에도 다른 이에게 추천될 책에 영향을 미칠 수 있다. 마찬가지로 구글에서 검색 결과를 클릭하면(또는 결과를 클릭하지 않아도), 나중의 검색 결과가 영향을 받는다.

이런 복잡함 때문에 시스템 동작과정을 설명하기 어렵다. 우리는 검색 결과의 성공과 실패를 정량화하거나, 어떤 시스템 변화가 다른 것보다 나은지 평가하는 성능 측정치를 주로 믿는다. 이런 측정치는 시스템이 점진적으로 나은 결과를 내는데 도움이 된다.

이 시스템들의 동작방식을 이해하는 추가적인 접근 방법은 정보시각화를 활용하는 것이다. 시각화를 하면 때때로 측정치만으로는 알기 어려운 통찰을 얻곤 한다. 이 장에서는 어떻게 특정 시각화 기법이 특정 시스템 동역학의 큰 그림을 보여주는지 설명할 예정이다. 우리가 살펴볼 첫 번째 시스템은 YELLOWPAGES. COM이라는 검색 엔진이다. 목표는 사이트에서 이용자의 검색 행동(결과적으로 시스템 자체 디자인을 개선하는데 활용될 행동)에 대한 큰 그림을 보는 일이다. 두 번째는 최근에 끝난 넷플릭스 프라이즈Netflix Prize라는 백만 달러 상금의 예측 모델링 대회에서 제공한 데이터셋으로 구축한 영화 추천 시스템이다. 이 시각화가 이용자 선호에 바탕한 탐색 모델에 내재하는 문제점들을 이해하는데 도움이 될지 모른다.

시각화 기법

이 장에서 설명할 기법은 같은 종류의 항목(앞 예제에서는 검색어, 뒤의 예제에서는 영화)을 비교하는 기법이다. 전제는 간단하다. 비슷한 항목을 가까이, 서로 다른 항목을 멀리 배치한다. 이 예제는 게슈탈트Gestalt 근접성 원리에 기반하는데, 이는 사람들은 가까이 있는 것을 한 묶음으로 지각하는 경향이 있다는 원리이다.

그러므로 시각화를 구성하는 처음 단계는 항목을 서로 다르거나 비슷하게 판단하는 기준을 정하는 일이다. 이 기준은 무엇이든 될 수 있다. 넷플릭스 프라이즈 예제에서는 유사한 이용자끼리 평점을 매기는 행동에 따라 영화의 유사도를 정의했다. 이용자 평가를 활용하는 데에는 매우 그럴듯한 이유가 있다. 하나 이용자 평가가 아니라 영화 장르나 배우 같은 속성도 유사도를 정의하는 데 활용할 수도 있다.

유사도를 정의하고 나면, 이 유사도 값을 2D나 3D 좌표로 바꾸는 좌표화 과정이 필요하다. 좌표화 방법에는 크게 두 가지가 있다. 하나는 고차원 공간을 2차원이나 3차원 같이 더 낮은 차원으로 변환하는 수식을 활용하는 것이다. 다른 접근 방법은 항목을 네트워크의 노드로 보고, 비슷한 노드를 링크로 연결하는 방식이다. 그러면 좌표화 과정은 연결된 노드를 가까이, 연결되지 않은 노드를 멀리 배치하는 일이다. 이 장에서는 후자의 네트워크 기반 접근 방식을 쓰고, 그에 필요한 특정 도구나 알고리즘을 살펴볼 예정이다.

좌표화 작업 이후에는(즉 항목에 좌표를 주고 나면) 항목을 표시하는 기호(예제에서는 간단히 원으로 표시)를 그 좌표에 위치시킨다. 시각화에 필요한 마지막 단계는 이름표 배치(꽤 까다롭다)와 추가적인 분석 내용을 덧씌우는 일이다.

YELLOWPAGES.COM

최근까지도 종이책으로 된 전화번호부에서 사람이나 서비스업체를 찾는 일은 꽤 흔했다. 서비스업체란은 옐로 페이지스Yellow Pages로 불렸다. 이 페이지에는 사업체들이 범주로 묶여있고, 범주는 알파벳 순으로 정렬되어 있는 단순한 방식이었다.

YELLOWPAGES.COM(그림 9-1)은 내가 다니는 회사인 AT&T가 소유한 웹 사이트로, 종이책으로 된 전화번호부와 기본적으로 같은 목적을 지닌, 현대식 지역 사업체 검색 엔진이다. 당연한 얘기지만, 온라인에서는 인쇄된 전화번호부와 같은 방식으로 수백만 사업체를 범주나 알파벳 순으로 정리하는 데에 한정되지는 않는다.

그림 9-1 YELLOWPAGES.COM, 지역 사업 검색 엔진

게다가 이런 검색 엔진을 디자인하고 개선하는 작업에는 입력된 검색어에 따라 사업체 목록을 정리하는 방법과 정리하는데 활용할 속성을 이해하는 일이 포함된다. 그러기 위해 이용자의 행동양식을 살펴보면, 미리 생각했던 바를 입증하거나 뒤집을 수 있어 도움이 된다.

검색 로그

YELLOWPAGES.COM은 사이트에 입력되는 모든 검색어 로그를 남기므로, 그 데이터를 서비스를 개선하는 데 활용할 수 있다. 다음은 2008년 12월에 입력된 상위 5개 검색어이다.

1. Restaurants(음식점)
2. Movie theaters(영화관)
3. Pizza(피자)
4. Walmart[sic](월마트)
5. Animal shelters(동물 보호소)

상위 5개 항목에는 사람들이 범주(예: 음식점)를 훑어볼 때 쓰는 '둘러보는 browse' 검색어인와 사람들이 특정 사업체(예: 월마트)를 찾을 때 쓰는 '찾아보는 search' 검색어가 섞여 있다. 우리는 시각화에서 검색어 로그를 '항목들 items'로 사용하고, 이용자가 검색한 행동의 유사도에 따라 항목에 좌표를 매길 생각이다. 이 방식으로 시스템에서 검색 행동 양식에 대한 큰 그림을 볼 수 있기를 바란다.

YELLOWPAGES.COM의 검색 로그는 현재 AT&T의 소유물이다. 만약 검색 엔진의 주요 검색 로그 내용을 보고 싶다면, AOL이 2006년부터 로그를 공개하고 있다. 구글 검색창에 'AOL query log'라고 입력하면, 500MB짜리 파일을 공개한 미러 Mirror 사이트를 찾을 수 있다.

범주 유사도

앞에서 말했듯이, 우리는 시각화를 실제 이용자 행동에 기반하게 하고 싶다. 예를 들어 이용자가 한 검색어를 입력하고, 다른 검색어를 입력했을 때 동일한 사업체에 클릭하는 경향이 있다고 하면 두 검색어를 서로 가까이 배치하고 싶은 것이다. 하지만 실제로 이렇게 하기엔 데이터가 완벽하지 못하다. 즉 평균적으로 같이 클릭되는 사업체가 별로 없다. 이 점을 극복하기 위해 우리는 한 발 물러서서 이용자가 한 검색어를 입력하고, 다른 검색어를 입력했을 때 동일한 사업체 범주를 클릭하는 경향이 있으면, 두 검색어가 비슷하다고 정의할 것이다. 그리고 이 유사도 정의를 이용해 좌표를 매길 것이다.

분석의 기본 요소로서 시각화

AT&T 응용 연구실에서는 검색어를 분석하는 도구를 많이 만들어 왔다. 그런 도구 중 하나가 검색어가 특정 업체를 참조하는 목적(예: 월그린스 Wallgreens)인지 또는 업종을 둘러보려는 목적인지(예: 약국) 판별해보는 예측 모델이다. '찾아보는' 대 '둘러보는' 검색 사이에 쪼개지는 부분에 대한 큰 그림을 보기 위해, 이 예측 내용을 시각화 맨 앞에 겹쳐 보여줄 수 있다.

한 검색어가 두 가지 부류 중 어디에 속하는지 보여주는 데 사용할 만한 시각적 부호화 방법은 많이 있다. 우리가 채택한 방법이자 가장 확실한 방법은 노드를 색칠하는 방안이다. 이 시각화에서 녹색은 노드는 특정 업체를 검색하는 목적으로 예상되는 검색어를 뜻하고, 나머지는 검은 색으로 표시된다. 한편 맞지 않는 색깔도 조금 있는데, 예측 모델에서 에러를 반영한다.

그림 9-2를 보면 'Goodwill(굿윌)'과 'Salvation Army(구세군)' 검색어가 녹색인데, 특정 업체에 대한 검색어임을 (정확하게) 예측했다는 뜻이다.

그림 9-2 '찾아보는' 검색어는 녹색으로 칠한다.

시각화

최종 시각화는 그림 9-3과 같다. 시각화는 2008년 12월에 상위 4,600개 검색어를 보여준다. 이런 종류의 시각화를 볼 때는 좌표축이 없음을 기억해두자. 즉 모두 상대적이라는 것이다. 그리고 비슷한 검색어는 서로 근처에, 비슷하지 않은 검색어는 떨어져 있다. 또 원들은 검색어를 나타낸다. 원 중에 일부는 검색어로 된 이름표가 붙어있다. 원의 크기와 이름표의 크기는 둘 다 로그에서 해당 검색어의 빈도에 따른 것이다. 그래서 자주 나타나는 검색어는 금방 눈에 띈다.

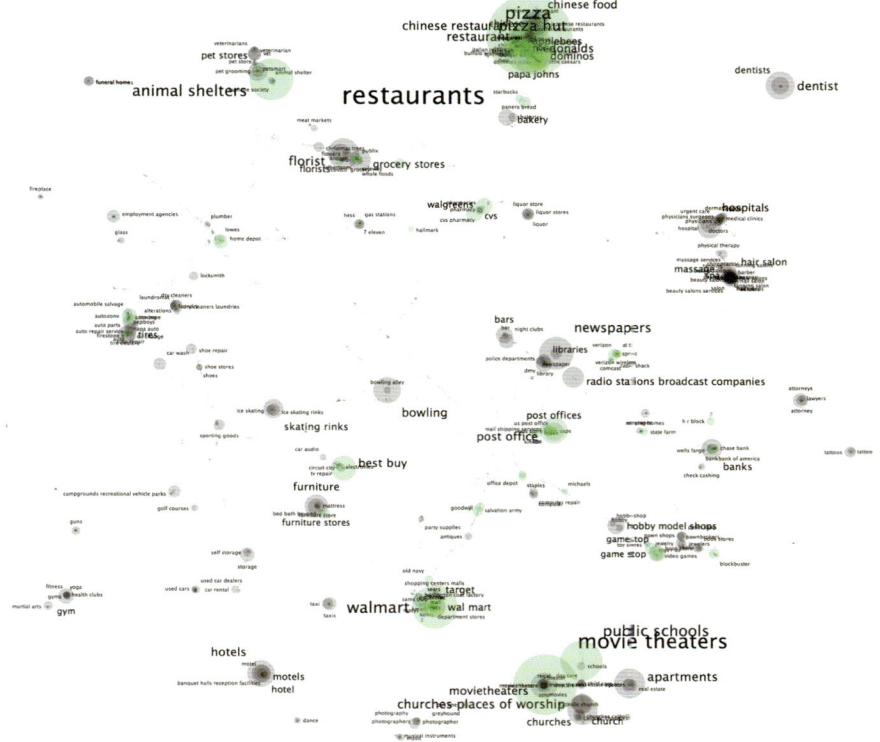

그림 9-3 YELLOWPAGES.COM의 상위 4,600개 검색어

그림 9-3을 보면 이 검색 시스템이 가장 자주 이용되는 분야를 식별하기 쉽다. 'Restaurants(음식점)'이 두드러지고, 'Wallmart(월마트)'와 'Best Buy(베스트 바이)' 같은 소매점도 그렇다. 이 엔진이 업체 검색용이라는 점에서 음식점과 소매점에 대한 검색어가 빈번하다는 사실은 놀랍지 않을지도 모른다. 아마도 예측이 잘 되지 않은 부분은 'public schools(공립학교)', 'churches(교회)'와 'apartments(아파트)' 같이 아래쪽에 지역사회 관련 검색어를 포함한 큰 영역이다.

이런 종류의 시각화는 크기가 크다. 인쇄 용지 한 장에는 잘 들어가지 않으므로, 가장 좋은 방법은 큰 포스터로 출력하거나 컴퓨터에서 확대 가능한 버전으로 보는 것이다. 확대 가능하게 보려면, 구글 맵스Google Maps 또는 기가팬Gigapan이나 마이크로소프트의 시드래곤Seadragon 같은 응용프로그램에서 불러오는 방법 등이 있다.

이 시각화는 책으로 출판되었으므로 특정 몇 부분을 확대해서 그 부분을 논의해가며 시각화와 시각화가 주는 장점을 살펴볼 예정이다.

그림 9-4는 지역사회와 관련된 사업을 참조한 것으로 보이는 검색어 군집 cluster을 확대한 그림이다. 이와 같이 실제 이용자 행동 묘사를 보는 일은, 아마도 시스템 사용법에 대한 믿음을 확인하거나 아니면 놀래키거나, 디자인 변경을 유도하는 방식으로 검색 엔지니어에게 인상을 남길지도 모른다.

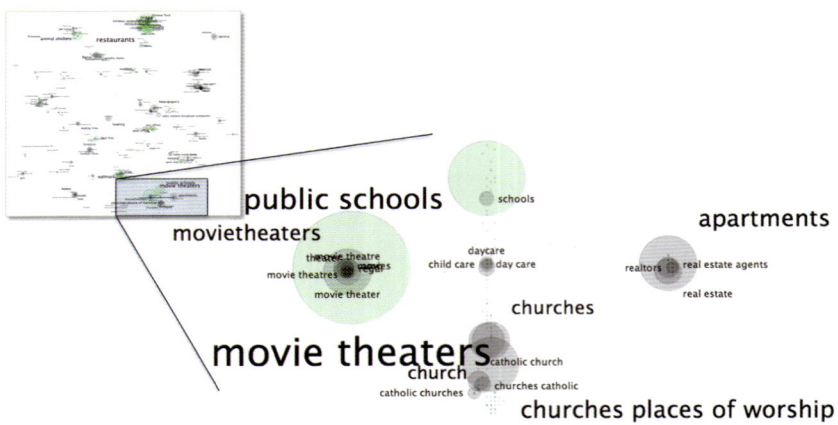

그림 9-4 그림 9-3에서 한 군집을 확대한 그림

그림 9-5에 나온 군집은 한 특성으로 묘사하기 상당히 쉬워 보이지만, 두 가지 지적할 만한 사항이 있다. 게임스톱GameStop의 같으면서도 다른 철자에 주목해보자. 아마도 철자에 상관없는 검색 결과에 이용자들이 같은 방식으로 행동할 거라 예상되므로, 시각화에서 이 검색어들이 서로 가까이 배치될 것이라고도 예상되어야 한다. 아마도 가장 흥미로운 점은 전당포pawnshop 관련 검색어가 서점

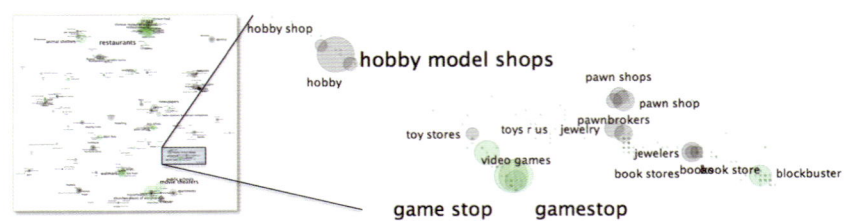

그림 9-5 대체로 취미에 관련된 업체의 군집

bookstore과 게임 판매점game store 관련 검색어 근처에 위치한다는 사실이다. 이용자의 어떤 검색 행위나 클릭이 이런 패턴을 형성하는가?

이 시각화 기법은 단순히 한 군집 내에서의 근접 정도 뿐 아니라 군집끼리 근접도도 본다는 면에서 강력하다. 하나는 약국pharmacy 관련이고 다른 하나는 주류 판매점liquor store 관련인 두 군집이 그림 9-6에 있는데, 상대적으로 가까이 위치한다. 이 사실은 이용자가 약국이나 주류판매점을 검색할 때 비슷한 업체를 클릭하는 경향이 있음을 보여준다. 인쇄된 전화번호부에서 두 종류의 업체는 분리된 범주에서만 찾을 수 있지만, 검색 엔진에서는 검색 결과를 보여주어서 이런 행동에 따른 연관관계를 고려할 수 있도록 한다.

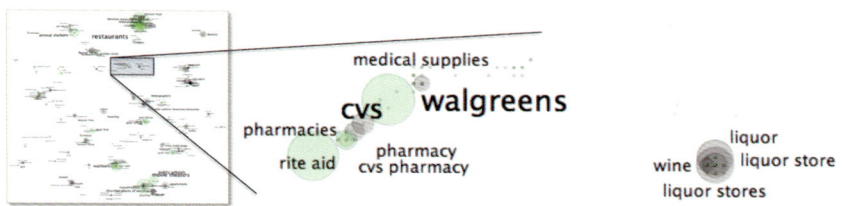

그림 9-6 근처의 두 군집(약국과 주류 판매점)

기법의 장단점

시각화의 '큰 그림' 중에 하나를 살펴보았으니, 이 기법의 장단점을 논해보자.

이 기법의 가장 큰 이점은 규모 확장이 가능하며, 전적으로 알고리즘을 통해 작동한다는 점이다. 그림 9-3의 시각화는 4,600 항목만 표현했지만, 알고리즘에 따라 수백만 항목으로 늘릴 수 있다(분명히 수백만 항목을 쓸모 있게 보려면, 확대나 화면이동 기능을 인터페이스에서 지원할 필요가 있다).

이 기법의 추가적인 이점은 다른 분석내용을 그 위에 표시할 수 있는 안정적이고 전체적인 기본 배경으로 쓸 수 있다는 점이다. 일례로 우리는 녹색과 검정을 찾아보고, 둘러보는 검색을 구분하는 용도로 활용했다. 물론 다른 분석내용도 얼마든지 쉽게 추가할 수 있다. 데이터만 있다면 특정 검색을 하는 이용자의 평균 연령이나, 특정 검색어를 입력하고 나서 또다시 시스템을 이용할 가능성에 대한 예측을 보여줄 수 있으니 흥미로울 것이다. 예측 내용을 시각화 위에 겹쳐서 표시한다면 검색 시스템이 좋은 성과를 내거나 잘 못하는 부분에 대해 개관할 수 있을지도 모른다.

한편 이 기법의 가장 큰 단점(그리고 비판점)은 정확한 비교가 불가능하다는 점이다. 즉 특정 두 항목의 쌍 사이의 관계를 정량화해서 설명하기 어려운데, 이런 엄밀한 분석에는 다른 시각화 기법이 더 효과적이다. 이 기법은 구체적인 답을 준다기보다는, 데이터셋에 대한 새로운 질문을 불러일으키거나 어떤 질문에 대한 답이 무엇일지 힌트를 준다.

또다른 단점은 사람들이 이런 그림을 해석하는 방법에 대해 아직 교육 받지 않았다는 점을 들 수 있다. 산포도, 막대도표 bar chart, 파이차트 pie chart 등은 몰라도, 확실히 대규모 네트워크 그림에 대해서는 아니다.

한 가지 기술적인 문제점(그림 9-7에 있는 또다른 흥미로운 군집이 보여주듯)은 너무 많은 항목에 이름표를 붙이기 어렵다는 점이다. 이 장의 시각화에서는 서로 겹치는 경우를 최소화하도록 이름표를 최적으로 배치하는 자동 알고리즘을 사용한다. 그래도 겹치는 경우는 불가피하다. 아마도 기법을 발전시키다 보면 이 문제점을 해결하는 새롭고 창의적인 해법이 나올 것이다.

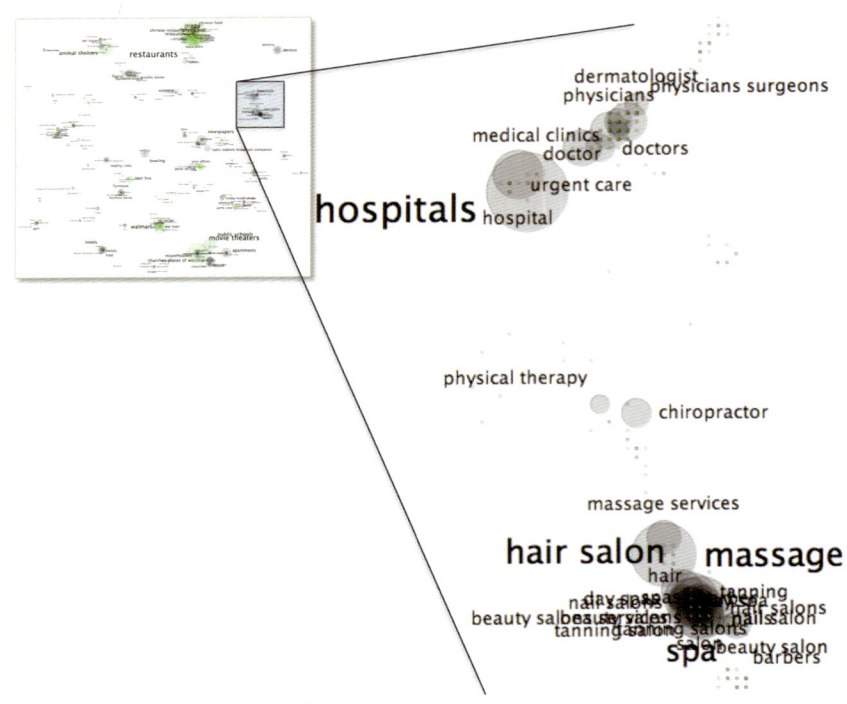

그림 9-7 이름표를 읽기 어려운 군집의 예

앞에서도 언급했지만 이 시각화의 마지막 문제점은 고차원 데이터셋을 2차원이나 3차원 데이터셋으로 축소하는 것과 일반적으로 관련이 있다. 축소 과정에서 정보가 손실되기도 하므로, 흥미로워 보이는 한 집단이 정말로 데이터셋에서의 흥미로운 사실을 반영하는지, 아니면 단순히 축소 과정에서 생긴 현상인지 확신하기 어렵다.

넷플릭스 프라이즈

개인이 자신의 웹 경험을 조정하게 하려는 비전과, 그 목표를 달성하려는 노력이 오래 전부터 있어왔다. 차후 이런 개인화로 사람들이 음식점, 책, 음악, 영화, 그 외 관심을 끌만한 무언가를 찾는데 도움을 주게 될 정도로 웹 서비스들이 사람들의 취향을 잘 이해하게 될 것이다.

넷플릭스는 영화를 메일과 온라인으로 대여해주는 회사로, 고객에게 적절한 추천을 해주는 시스템을 운영한다. 그 시스템은 한 고객이 높게 평가한 영화 외에도, 취향이 비슷한 고객이 높게 평가한 영화도 참고하여 추천을 한다. 2006년 가을 넷플릭스는 이 추천 알고리즘을 10퍼센트 개선하는 사람에게 100만 달러 상금을 수여하는 대회인 넷플릭스 프라이즈를 열었다. 이 대회를 위하여 넷플릭스는 17,700편의 영화의 1억명의 이용자 평가 데이터셋을 공개했다. 그 데이터셋은 온라인 UCI 기계 학습 저장소UCI Machine Learning Repository(http://archive.ics.uci.edu/ml/)에서 찾아볼 수 있다.

이 데이터셋으로 탐색 시스템을 구성하기 어려운 이유는 데이터가 너무 많다는 점과 너무 적다는 사실 두 가지를 들 수 있다. 일단 전부를 설명하는 방법이나 그냥 둘러보기만 하는 간단한 기법을 사용하기에는 데이터가 너무 많다. 하지만 정밀한 추천을 하려는 관점에서는, 데이터가 원하는 양보다 적다. 평가 점수의 분포도 전혀 균일하지 않다. 이용자 대다수가 약간의 영화단 평가하고, 영화 대다수에는 평가가 거의 없다. 이런 이용자나 영화에 대해서는 정밀한 예측을 하기가 어렵다.

선호 유사도

많은 추천 시스템에서 활용되는 잘 알려진 유사도 척도 하나는 코사인 유사도 cosine similarity이다. 이 기법에 대한 실용적 개론을 Linden, Smith, York 2003에서 찾아볼 수 있다.

영화의 경우 한 영화를 높게 평가한 이용자들이 다른 영화도 높게 평가하거나, 반대로 하나를 낮게 평가한 이용자들이 나머지도 낮게 평가한다면 두 영화가 유사하다는 사실을 그 척도 자체가 직관적으로 가리킨다.

우리는 넷플릭스 데이터셋 내의 모든 영화 17,700편 사이에 유사도 데이터를 만드는 데 이 유사도 척도를 활용한 후 데이터에 기반해서 좌표를 줄 것이다. 실제 영화 추천 시스템을 구축하는 것에만 관심이 있다면, 단순히 한 이용자가 높게 평가한 영화와 유사한 영화를 추천하기만 하면 될지도 모른다. 하지만 먼저 추천 시스템의 동역학을 파악하는 것이 목표이다.

이름표 붙이기

YELLOWPAGES.COM의 시각화는 노드가 더 적고 이름표가 더 짧다든지 하는 등 여러 이유로 넷플릭스 프라이즈의 경우보다 이름표 붙이기labeling가 쉬운데, 주로 노드가 더 균일하게 분포하기 때문이다. 넷플릭스 프라이즈 시각화에는 군집이 많이 있지만, 영화 대부분은 소수의 군집에만 속한다. 많은 평가를 받은 영화만 볼 때조차도 이런 불균형 현상은 뚜렷하다.

이름표를 붙이는 데 이용할 수 있는 두 가지 접근방법을 고려해보자.

- 상위 영화의 이름표를 먼저 붙이고, 다른 영화는 무작위로 골라서 붙인다. 이 방식은 가장 인기 있는 영화를 포함하는 군집을 찾아내지만, 군집의 밀도 때문에 이름표를 읽기는 어려울지도 모른다.
- 페이지를 격자로 나누어서, 각 격자 위치마다 노드를 약간씩만 골라내어 이름표를 붙인다. 이 방식으로 모든 군집에 일정 수준의 이름표가 붙는 것이 보장된다.

그림 9-8의 시각화에서는 일반적인 영화와 평가를 많이 받은 영화(더 큰 원으로 표현된다)가 둘 다 매우 균일하지 않은 분포를 보이기 때문에 첫 번째 전략을

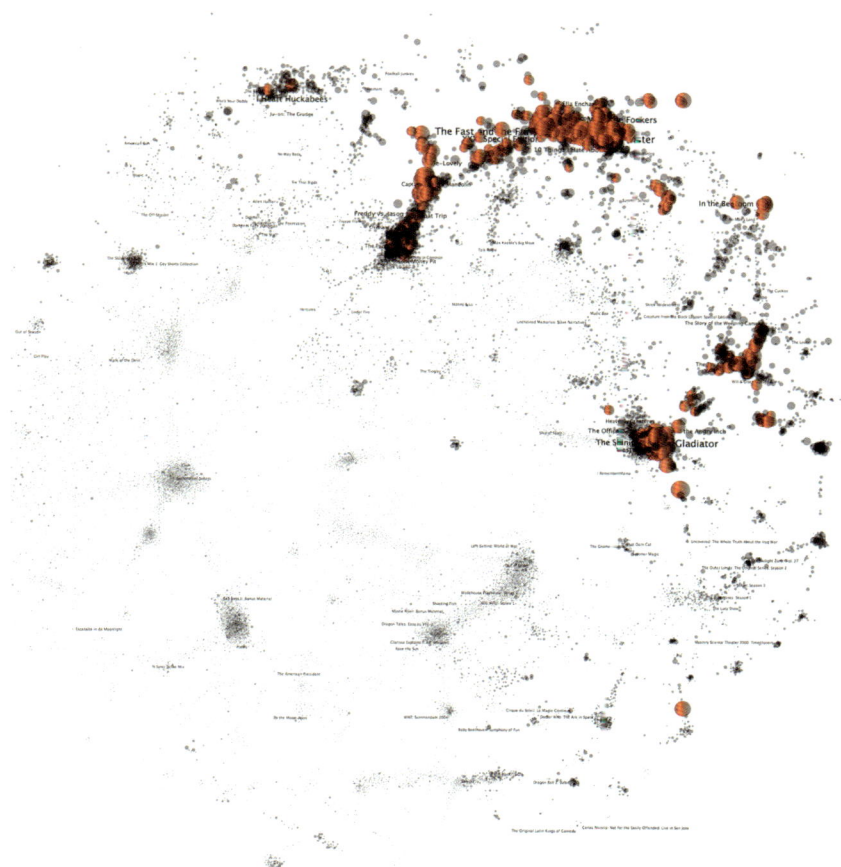

그림 9-8 넷플릭스 데이터셋에 포함된 17,700편의 영화에 대한 시각화

사용했다. 하지만 그 다음에 시각화를 확대해서 본 그림들에서는, 가독성을 위해 두 번째 전략을 사용했다.

자세히 보기

평가 정보 외에 넷플릭스 프라이즈 데이터셋에 있는 유일한 데이터는 영화 제목과 개봉 날짜이다. 하지만 넷플릭스 프라이즈 대회 참가자들은 선호도 예측에 영화 내 폭력 묘사 정도나 이용자의 성별 같이 숨어 있는 속성이 중요함을 알아냈다. 결국 유추해보면 군집 일부는 이런 속성으로 설명 가능해 보인다. 하지만 이용자 선호에서 여타 다른 군집이 왜 나왔는지는 설명하기 어렵다.

우리가 살펴볼 첫 군집(그림 9-9)은 〈스타 트렉〉, 〈엑스 파일〉, 〈듄〉 등을 포함하는데, SFscience fiction라는 장르가 주요 특성으로 보인다. 〈갤럭시 퀘스트〉는 풍자적인 SF이긴 하지만 마찬가지로 SF이다. 코미디 탐정물인 〈탐정 몽크〉는 이 군집에서 특이한 사례로 보인다. 하지만 선호를 기준으로 묶었고, 선호도는 꼭 장르로만 결정되진 않는다. 이런 이례적인 경우에는 〈탐정 몽크〉를 평가한 횟수가 너무 적어서, 이 군집에 배치된 게 오류일지도 모른다는 설명이 가능하다. 즉 실제 넷플릭스 이용자의 선호도를 반영하지 못했다는 뜻이다. 이것이 시각화를 만드는 것과 마찬가지로 넷플릭스 프라이즈 대회의 과제 자체가 어려운 주요 이유다. 평가가 별로 없는 영화의 이용자 선호도를 예측하기는 힘들기 때문이다.

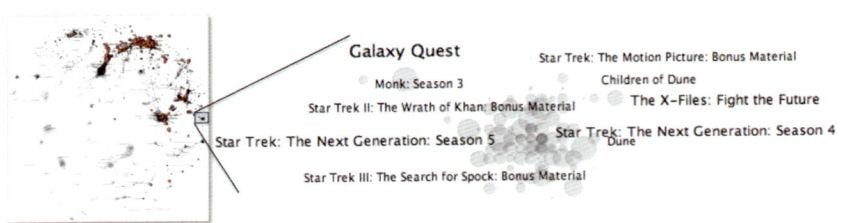

그림 9-9 SF 영화들의 군집

다른 군집을 설명하는 것은 더 어려운 도전이다. 그림 9-10의 예제를 보자. 〈마가렛 조〉, 〈더 맨 쇼〉, 〈록키 호러 픽쳐 쇼〉 같은 영화(모두 논란이 많은 코미디이다)는 특정 이용자 집단은 선호하는 반면, 다른 이용자들은 싫어하므로 하나의 군집으로 분류될 법하다. 하지만 만약 그게 사실이라면 '왜 비슷한 종류의 유머 감각을 지닌 다른 영화들은 이 군집에 속하지 않는가? 이 특정 영화들 사이

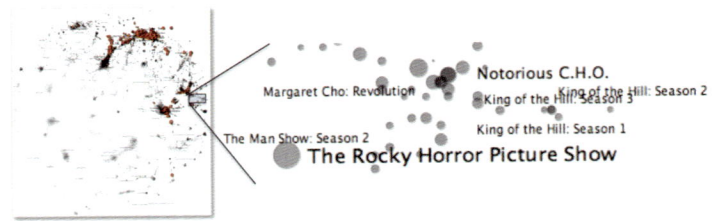

그림 9-10 비슷한 유머 감각을 지닌 영화들의 군집

에 끌어당김이 왜 그렇게 강해서 다른 군집에 분포하는 대신 한 군집을 이루었는가?' 같은 것도 생각할 만하다.

그림 9-11은 이용자 선호도가 직관적으로 이해가 되도록 반영되는 다른 군집의 예이다. 만약 이 영화들이나, 이 영화들을 높게 평가한 이용자에 대한 추가적인 속성이 열람 가능하다면, 어떤 속성으로 이 군집에서 드러난 선호를 설명할 수 있을까?

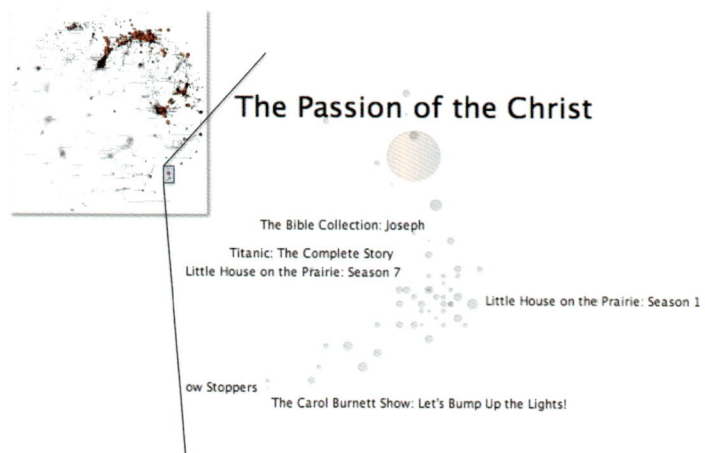

그림 9-11 '가족용' 영화의 군집

그림 9-12의 군집을 설명하는 시도는 이 군집에 속하는 대부분의 영화가 블록버스터 액션 영화라는 사실에 초점을 둘지도 모른다. 〈데블스 에드버킷〉이 액션 영화가 아닌 다른 장르의 영화로 여기더라도, 주연 배우(키아누 리브스)가 여러 영화에 출연하므로, 그가 주연을 맡은 다른 영화도 같은 관람자의 관심을 끌었을 수 있다.

그림 9-12 액션 영화 군집

그림 9-13의 군집은 더 크고, 조금 더 특징짓기 어렵지만, 이용자 선호도는 잘 반영되어 있다. 이 영화 대부분이 어떤 '기분 좋은' 매력이 있는데, 주로 사랑 이야기를 다루고 있는 것이 특징이다.

그림 9-13 '기분 좋은' 영화 군집

이미 언급한 문제점 하나는 영화 점수 평가를 별로 하지 않은 이용자에게는 영화 추천이 그다지 좋지 않을지도 모른다는 점인데, 시스템이 그 이용자의 선호를 아직 모르기 때문이다. 우리는 이를 두고 초기 기동 문제cold start problem라고 일컫는다. 사실상 어떤 이용자가 여러 영화에 점수를 매기는 경우에도 이 문제는 발생한다. 예를 들어 어떤 남자가 원래는 최근에 보았던 영화 부류를 별로 좋아하지 않지만, 여자친구와 데이트할 때 보고 나서 데이트 진행 상황에 따라 영화에 평가를 내렸다고 해보자. 이후에 그 남자가 직접 자신이 볼 영화를 빌리기 시작한다면, 그때는 그의 선호를 반영하는 평가 데이터가 부족하여 그가 좋아할만한 영화를 찾아주기 어려울 것이다. 넓게 보면, 데이터 희소성 문제를 확장하는 맥락으로 이 문제를 설명할 수 있다.

▼ 직접 만들어보기

여러분은 자신이 좋아하는 데이터셋을 추가해서 여기서 소개된 시각화와 비슷한 것을 만들어보는데 관심이 있을지도 모른다. 그리고 이런 일을 하는데 사용할만한 도구는 많이 쌓여있다. 우리는 처음에 데이터를 구문 분석parse하고 유사도를 계산하는 데 펄Perl을 사용했다(물론 펄 대신 다른 언어를 써도 된다). 그리고 숀 마틴Shawn Martin이 만든 자유 소프트웨어인 DrL(http://www.cs.sandia.gov/~smartin/software.html)에 이 유사도를 넘겨주었다. DrL은 앞에서 설명한 그래프 방식을 사용해서 유사도를 각 노드의 좌표값으로 변환한다. DrL의 강점은 좌표가 고차원 구조를 반영하도록 재귀적으로 동작한다는 점이다. DrL의 대안으로 좋은 것은 그래프비즈GraphViz(http://www.graphviz.org)이다.

이 시점에서 펄을 이용하여 크기, 색상, 노드 이름표 같은 추가적인 정보를 좌표에 합쳤다. 최종적으로 완성된 데이터셋은 상업용 그래프 시각화 라이브러리인 yFiles(http://www.yworks.com/en/index.html)로 전달되어 레이아웃을 결정하고 이름표를 표시한 후 .png 파일로 전체 시각화를 렌더링했다. yFiles가 대단히 유용한 패키지이긴 하지만 이 단계를 생략할 수도 있다. 예를 들자면 이름표를 표시하지 않고 펄을 이용해서 곧바로 EPS 파일을 생성할 수 있다.

결론

이 장에서 소개한 두 예제는 시각화 기술을 매우 직접적으로 적용한 사례이다. 이런 종류의 예제를 더 보고 싶다면, 인디애나 대학Indiana University의 케이티 보너 Katy Boner가 관리하는 대규모 시각화 컬렉션 사이트인, 온라인 플레이스 앤 스페이스 전시Places & Spaces exhibit(http://www.scimaps.org/maps/browse/)에 사례가 많이 있으니 살펴보자.

이런 종류의 시각화가 아직 활발한 연구 분야임을 말할 만하다. 최근 발전 내용은 제약 조건을 통합하도록 이 기술을 확장하는 일에 초점을 두고 있다. 시스템 생물학 분야에서 단백질 사이 상호작용을 표시하려 할 때 제약 조건들을 이용하는 활용 사례가 하나 있다. 유사도 척도는 두 단백질 사이에 상호작용의 수에 바탕을 둔다. 필요한 제약 조건이란 세포핵nucleus 내의 단백질에는 특정 원 영역 안의 좌표를 주고, 세포질cytoplasm 내의 단백질에게는 더 큰 원 영역 안의 좌표를 주되, 세포핵 영역과 겹치지 않도록 하는 것이다. 마찬가지로 세포막membrane 위의 단백질들은 원의 테두리 위에 두되, 유사도에 따라 뭉쳐있도록 배치한다. 이 장에서 논의한 탐색과 검색 시스템 시각화와 마찬가지로, 이 시각화는 통찰을 불러일으키거나 현재의 직관을 확인하는 큰 그림을 보여준다. 이런 시각화가 도움이 될만한 다른 영역을 생각해내는 것은 여러분의 역할로 남겨두겠다.

참고문헌

- Linden, Greg, Brent Smith, and Jeremy York. 2003. "Amazon.com recommendations: Item-to-item collaborative filtering." IEEE Internet Computing 7, vol. 1: 76 - 80.

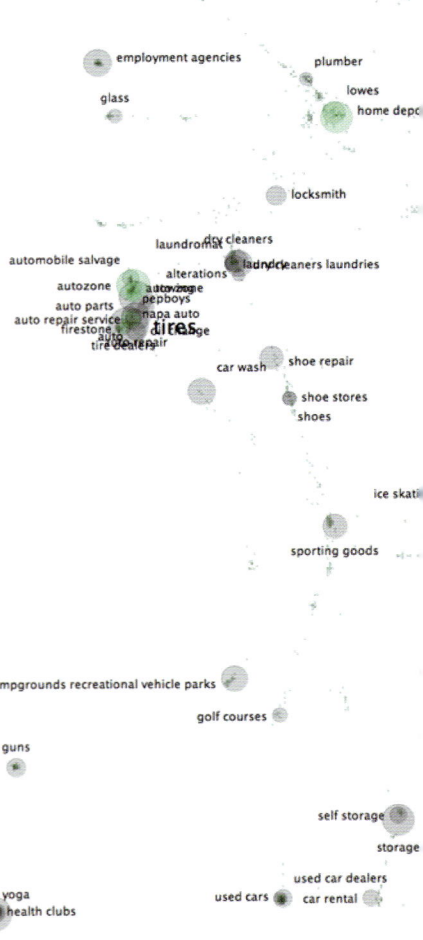

YELLOWPAGES.COM의 상위 4,600개 검색어

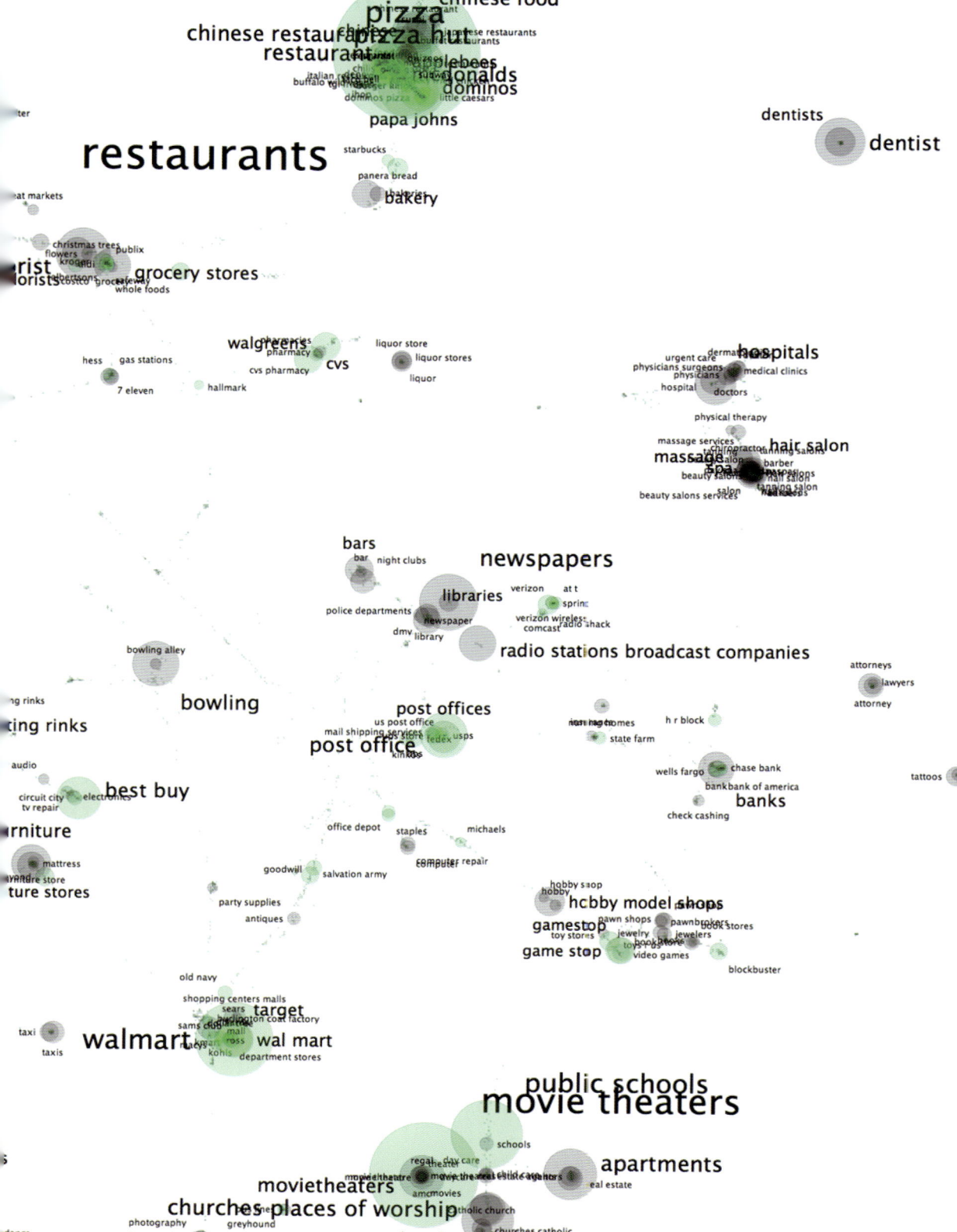

10장

소셜 네트워크 시각화의 혼돈에서 아름다운 통찰을 찾아내기

애덤 페러 | Adam Perer

> 시종일관 내 목표는 표식들을 통일되고 일관된 전체로 모으고 병치해서
> 그 내용을 설명하는 것이다.
> - 마크 롬바르디, 2000

마크 롬바르디Mark Lombardi는 아마도 네트워크 레이아웃에 대한 완벽한 인간 알고리즘이었을 것이다. 롬바르디는 금융 및 정치 스캔들에 대한 복잡 네트워크를 그리는 데 전념한 예술가다. 그는 노드가 겹치지 않고, 링크가 교차하는 일이 드물며, 곡선으로 부드럽게 이어지는 네트워크를 꾸준히 그려왔다(그림 10-1). 컴퓨터 계산으로 소셜 네트워크를 시각화하면 이 정도로 훌륭하고 세세하기 어렵다. 스프링의 탄성 개념을 넣은 물리학 모형으로 네트워크 레이아웃을 계산하는 몇 가지 고급 알고리즘이 있긴 하지만, 롬바르디의 그림만큼 어떤 경향이나 패턴을 돋보이게 하지는 못한다. 이 장에서는 시각화와 통계학이 통합된 대화형 기법을 통해 이렇게 혼돈스러운 소셜 네트워크 시각화를 사용자가 깊게 파고들 수 있도록 하기 위한 내 노력들을 자세히 설명할 것이다.

소셜 네트워크 시각화하기

최근 디지털 정보량의 증가로 데이터 분석의 황금시대가 열렸다. 데이터가 풍부해지면서 사람들은 과학적, 사회적, 문화적, 경제적 현상을 설명하려는 목적으로 탐색적 데이터 분석exploratory data analysis을 더 자주 하게 되었다. 데이터 접근이 중요하기는 하지만 패턴을 이해하고 특이점을 식별하고 차이를 발견하는 능력이 없다면 결국에는 충분치 못하다. 최근의 데이터베이스는 조사하기에는 너무 거대해서 데이터 처리 및 상호작용을 위한 계산 도구 없이 다루기 어렵다.

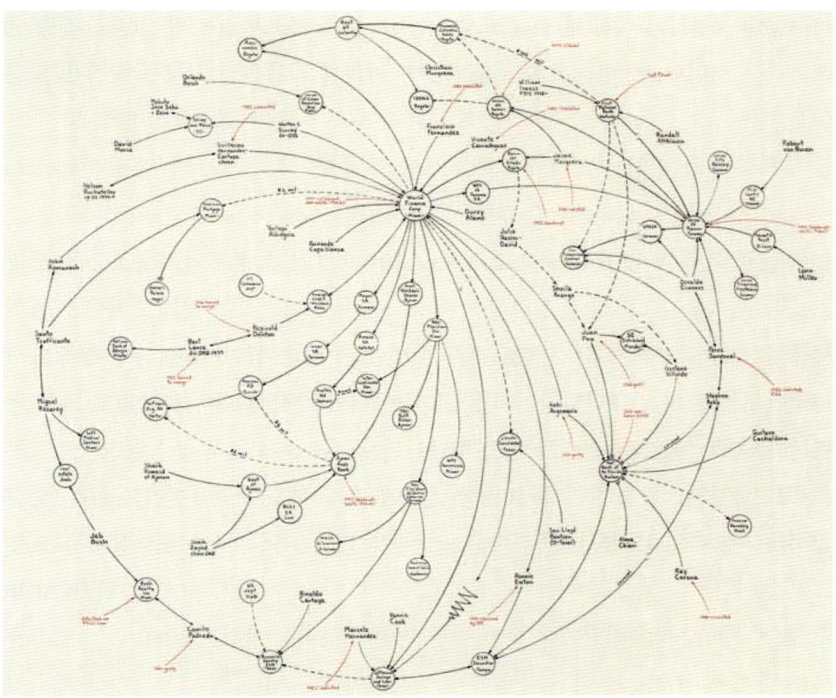

그림 10-1 예술가인 마크 롬바르디가 손으로 그린 소셜 네트워크의 예. 『세계 금융 회사, 마이애미, 플로리다 1970-79(제6판)』 1999, 뉴욕 브루클린 PIEROGI 갤러리 제공

    인간의 가장 강력한 감각 기관, 즉 눈은 냄새, 소리, 맛, 촉감을 위한 기관보다 대역폭bandwidth과 처리 능력이 훨씬 더 크다. 그러므로 정보시각화를 통한 데이터 표현은 인간의 가장 강력한 지각 능력을 최대한 효과적으로 활용하는 방법이다. 하지만 정보시각화가 모두 똑같지는 않으므로 효과적인 표현방식을 고르기란 어려운 일이다. 모든 정보시각화에서 분석에 중요한 패턴이나 차이, 특이점이 뚜렷하게 드러나지는 않는다. 게다가 어떤 정보시각화도 "우리가 예상하지 않았던 정보를 인지하게 해주지는 않는다"(Tukey, 1977).

    데이터 분석 분야에서 연결된 데이터를 네트워크로 이해하는 추세가 늘어나고 있다. 네트워크 분석에서는 데이터의 속성만을 보기보다는 데이터의 연결관계와 그 결과로 나타나는 구조에 초점을 둔다. 내 연구는 이런 네트워크를 이해하는데 중점을 두고 있는데, 네트워크가 최근에 화제가 되는데다가 본래 도전적인 데이터 분석 문제이기도 하기 때문이다. 네트워크는 시각화하거나 탐색하기 어려운데, 분석을 할 때 가장 문제가 되는 점은 주제와 관련한 패턴을 찾기가 난해하다는 것이다. 이와 같은 어려움에도 데이터를 네트워크로 보는 시각은 사회학자, 정보관계 분석가, 생물학자, 커뮤니케이션 전공자, 계량서지학자, 먹이 그물 생태학자 등 여러 전문가에게 매력적이다. 늘어나는 소셜 네트워크 분석Social Network Analysis, SNA의 인기는 말콤 글래드웰Malcolm Gladwell의 『티핑 포인트』, 알버트 라즐로 바라바시Albert-László Barabási의 『링크』, 던컨 와츠Duncan Watts의 『Small World-여섯다리만 건너면 누구와도 연결된다』같이 유명한 베스트셀러 서적에서 확인되며, 또 그런 책의 영향을 받기도 했다. 셀 수 없이 많은 분석가가 자신만의 네트워크 데이터를 분석하고 싶어하나, 아직 충분히 개발되고 널리 쓰이는 도구나 기법은 별로 없는 현실이다.

네트워크 분석가들은 개별 요소들 대신에 관계에 초점을 맞추어 사회적, 문화적, 또는 경제적 현상을 설명한다. 여기서 각 요소가 어떻게 연결되는지는 요소 그 자체만큼이나 중요하다. 소셜 네트워크 분석이 있기 전에는, 분석가들은 대체로 개인에 내재한 속성만 고려하고 어떤 행위의 사회적 양상, 즉 개인이 상호작용하는 방식과 서로에게 끼치는 영향은 무시했다(Freeman 2004). 그러나 데이터 분석가들이 소셜 네트워크 연구집단에서 새롭게 개발한 기법을 활용하게 되면서 구조에 있는 패턴, 네트워크에서 메시지나 자원의 흐름, 그리고 개인이 주위환경에 어떻게 영향 받는지가 밝혀지게 되었다.

실제로 소셜 네트워크를 시각화하면 무질서해 보이며, 특히 커다란 네트워크를 시각화하면 그렇게 보인다. 시각화가 인간의 강한 지각력을 지렛대 삼기에는 좋으나, 어지러운 표현방식, 겹쳐 보이는 링크, 읽기 어려운 노드 이름표 때문에 시각적 탐색의 이점이 종종 훼손되곤 한다. 이런 상황에서 복잡하고 정적인 시각화를 이해하려면 대화형interactive 기법이 필요하다. 내재된 속성inherent attributes은 성별, 인종, 연봉, 교육 수준처럼 데이터셋에 존재하는 속성이다. 화면을 확대, 이동하거나, 노드와 링크에 내재된 속성으로 정보를 선별하는 등의 상호작용을 활용하면 복잡한 시각화를 간단하게 만들 수 있다. 다만 이런 기법으로 복잡 네트워크를 어느 정도 이해할 수는 있어도 전체 이야기를 파악하기는 어려운데, 특히 연결이 단단히 밀집된 작은 세상 네트워크small-world network에서 더욱 그렇다(van Ham 2004). 내재된 속성에는 소셜 네트워크 분석에 핵심적인 구조적, 위상적 정보가 빠져있다. 우리가 주로 기여한 바는 계산된 속성computed attributes을 이용하여 사용자의 작업을 반영하도록 정보시각화를 확장하는 것이다. 계산 속성은 적절한 통계적 중요도 측정치(예: 연결수degree 또는 연결도 중심성betweeness centrality), 군집 알고리즘clustering algorithm이나, 데이터 마이닝 전략을 이용해 계산된다.

소셜 네트워크 분석에서 계산된 속성을 활용하는 접근법은 특히 가치가 있는데, 소셜 네트워크 분석가들이 내재된 속성만으로는 전체 이야기를 알 수 없다고 믿게 되었기 때문이다. 사실 여러 소셜 네트워크 분석가들은 네트워크를 조사할 때 편향을 피하기 위해 내재 속성을 무시하고 데이터의 구조조 특성에만 초점을 맞춘다. 계산 속성은 풍부한 통계 기법으로 계산되며, 사회학에서 그래프 이론에 이르기까지 여러 네트워크에서 흥미로운 특징을 숫자로 드러내준다. 소셜 네트워크 분석가들은 긴밀하게 유대를 맺는 사람들의 집단, 문지기 역할을 하는 사람이나 또는 중심에서 가장 영향력이 강한 개인을 찾아내는데, 이를 위해 다양한 알고리즘이 존재한다.

시각화 도구들은 대부분 복잡한 데이터를 이해하기 쉬운 시점으로 투영하는데 목적을 둔다. 하지만 데이터에서 중요한 특성을 드러내는 계산 속성을 제공하는 도구는 드물다. 사용자가 통계 패키지와 시각화 패키지를 필요할 때마다 전환하며 쓰는 방법이 있긴 하지만, 이는 분석 흐름상 새로운 내용을 발견하기에는 비효율적인 방법이다.

소셜액션SocialAction(http://www.cs.umd.edu/hcil/socialaction)은 벤 슈나이더만Ben Shneiderman과 내가 이런 문제를 해결해보기 위해 제작한 소프트웨어이다. 소셜액션은 사용자가 통계와 시각화의 장점을 빠르게 통합할 수 있도록 의미 있는 계산 속성을 그때그때 제공한다. 소셜액션에는 중요한 개인, 관계, 군집들을 찾아내는 통계학적 알고리즘이 포함되어 있다. 통계적 결과값은 전형적인 표 형식으로 표시되는 대신에 노드와 링크에서 의미 있는 계산 속성을 함께 볼 수 있도록 네트워크 시각화에 통합되어 표시된다. 사용자는 계산 속성을 이용해서 동적으로 쉽게 노드와 링크를 필터링하여 재미있는 데이터점을 찾을 수 있다. 시각화는 통계적 결과를 단순화해서, 분포, 패턴, 추세, 차이, 특이점 같은 특성을 발굴하고 이해하게 돕는다. 통계는 보통 혼란스러운 시각화의 개념을 단순화해서, 이용자들이 통계적으로 유의한 노드와 링크에 초점을 맞추게 해준다. 시각화와 통계가 통일된 인터페이스 내에서 풍부하게 상호작용하도록 해서 사용자가 잡다한 소프트웨어를 관리할 필요 없이 통찰이나 가설 설정에 집중할 수 있도록, 유려하고 효율적이고 시각적인 분석 시스템을 만들 수 있었다. 이후에 이런 통계와 시각화 간의 풍부한 상호작용에 대해서 설명할 예정이나, 이것이 왜 필요한지 그 동기에 대해서 먼저 알아보자.

소셜 네트워크를 시각화하려는 사람은 누구인가?

학계나 업계에서 일하는 소셜 네트워크 분석가에 대한 현장 연구를 해본 결과, 소셜 네트워크 분석에서 순수한 통계분석이 가장 일반적인 분석 기법으로 밝혀졌다. 연구 논문이나 보고서에서 네트워크 시각화를 많이 쓰기는 하지만, 보통 분석을 마치고 난 후에 의사소통 목적으로 사용된 것이었으며 네트워크 시각화를 탐색적 분석에 필수로 사용한 것은 아니었다.

소셜 네트워크에 시각적 이미지를 사용하기 시작한 역사는 'Visualizing Social Networks'(Freeman 2000)에 설명되어 있는데, 그중에 1934년 야코프 모레노 Jacob Moreno의 소셜 네트워크 시각화가 시발점 중 하나로 알려져 있다. 그림 10-2를 보면, 소년들이 삼각형 노드로, 소녀들이 원형 노드로 표시되어 있다. 이 시각화를 보면 학급의 각 학생들은 상세히 몰라도 다음 사실은 금세 알아차리게 된다.

1) 소년들은 소년들과 친구이다
2) 소녀들은 소녀들과 친구이다
3) 어떤 용감한 소년이 한 소녀를 친구로 꼽았다(소녀가 소년을 친구로 꼽지는 않았지만)
4) 두 명의 소녀가 고립된 집단을 이룬다

이 시각화는 읽기 쉽고 잘 배치된 네트워크가 어떻게 개인 간의 사회적 구조를 설명하는지에 대한 전형적인 예이다.

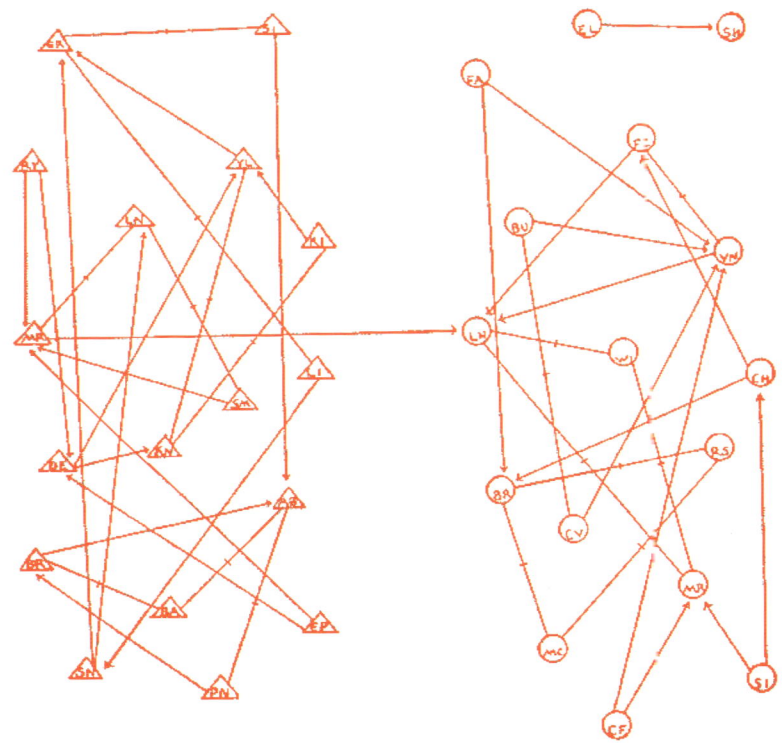

그림 10-2 초창기 소셜 네트워크 시각화 중 하나. 야코프 모레노가 그린, 4학년 학생들의 친구관계 선택

　소셜 네트워크 데이터는 각 관계마다 데이터 차원의 수가 늘어나면 극도로 복잡해진다. 네트워크 시각화에 익숙한 사람들과 통계에 익숙한 전문가들은 노드나 링크 수가 많을 때 네트워크를 쓸모 있게 시각화하기가 매우 어렵다는 점에 공감할 것이다. 커다란 네트워크 시각화는 보통 노드와 링크가 뒤엉킨 집단 모양으로 '네트시각화 득도'(벤 슈나이더만이 만든 신 용어로, 노드가 각각 구분되고 링크도 연결을 따라가보는 게 가능한 상태를 일컫는다)에 이르는 경우는 매우 드물다. 네트워크 시각화로 군집이나 가장자리 노드의 흔적이 보일지 몰라도, 보통 이렇게 복잡한 시각화를 깊게 이해하기는 어렵다.

　처음에 논의했던 바는 순수하게 통계학적인 방법으로는 패턴과 추세를 찾기 어렵다는 점이었다. 두 번째로 논의한 내용은 네트워크 시각화로 약간의 통찰은 가능해도 유용성을 찾기는 힘들다는 것이다. 정말 그렇다면 소셜 네트워크 연구자는 어떻게 해야할까? 시각화와 통계를 밀접하게 통합해서, 아름다운 시각화에 도달하라. 소셜액션은 바로 이 목표에 초점을 맞춰 설계되었다.

소셜액션의 디자인

구조적 분석가들은 소셜 네트워크를 가늠하는 통계적 측도를 수없이 제안해왔다. 하지만 네트워크가 달라지면 측도가 다른 의미를 가지는 경우가 있기 때문에 네트워크를 해석하는 체계적인 방법은 아직 없다. 분석가는 네트워크의 핵심 양상을 놓치고 싶어하지 않기에, 이는 문제가 된다. 연구조사를 더 쉽게 조사하기 위해, 나는 소셜 네트워크 학술지를 검토하고 소셜 네트워크 분석가를 인터뷰해서 가장 자주 쓰이는 측정량을 표로 만들었다. 그런 다음 이 측정량을 이용자 작업 중심으로 6개로 분류했다. 즉 개관Overview, 노드 순위매기기Rank Nodes, 링크 순위매기기Rank Edges, 노드 그리기Plot Nodes, 군집 찾기Find Coummunities, 링크 종류Edge Types이다. 다음 절에서 각각의 작업에 관한 특성을 자세히 설명할 예정이다. 하지만 먼저 그 과정의 주요 목표부터 설명하겠다.

벤 슈나이더만의 시각적 정보 찾기 주문Visual Information-Seeking Mantra('먼저 개관하고, 확대 축소 및 선별 작업을 하고 나서, 필요한 상세 정보를 보자 Overview first, zoom and filter, then details on demand' (Shneiderman 1996))은 소셜 네트워크 분석가가 하는 복잡한 작업을 체계화하는 길잡이 역할을 한다. 분석은 네트워크 개관부터 시작된다. 그림 10-3(a)을 보면 밀도, 지름, 요소의 수 같은 전체 네트워크 측도가 계산되어서, 힘 유도성 레이아웃force-directed layout 의 네트워크와 함께 표시된다. 사용자는 시각화를 통해서 네트워크의 구조, 군집, 깊이에 대한 감을 잡으며, 통계를 통해 시각적 발견을 정량화하고 확인한다. 네트워크가 작거나, 순수하게 네트워크의 위상구조에만 관심이 있다면 이 단계만으로 충분할지도 모른다.

더 유능한 분석가라면 네트워크의 개별 요소를 더 깊게 이해하고 싶어할지도 모른다. 사용자는 소셜 네트워크 분석에서 일반적인 통계적 중요도를 적용해서 노드(또는 꼭지점)와 링크(또는 모서리)를 측정할 수 있다. 예를 들어 연결수degree(가장 연결이 많은 노드), 연결도betweenness(문지기 역할), 접근도

closeness(정보를 잘 받는 위치의 노드)나 그외 다른 측도를 이용하여 노드에 순위를 매기는 일이 가능하다. 사용자가 측도를 하나 선택하면 그 측도 순위대로 노드가 표로 나열된다. 소셜액션에서는 각 노드마다 색상이 부여되며, 색상 범위는 녹색(낮은 순위), 검은색(평균 순위), 빨간색(높은 순위)이다. 이로서 순위가 매겨진 모든 항목 중에서 각 노드가 어디에 위치하는지 표시가 된다. 네트워크 시각화는 각 노드는 대응되는 색상으로 칠해지며 일제히 갱신된다. 이제 사용자는 전체 네트워크를 훑어보고 중요한 노드가 어디에 위치하는지 확인할 수 있다(그림 10-3(a)).

사용자가 계속해서 더 많은 내용을 파악하도록, 소셜액션은 시각적 정보 찾기 주문의 2번째 단계(필터링과 확대/축소)로 넘어가는 기능을 제공한다. 이 부분은 다른 대다수의 소셜 네트워크 분석 패키지를 쓸 때 사용자가 막히는 부분이다. 단순히 화면 이동과 확대/축소만 하는 기능은 충분하지 않은데, 네트워크 부분별로 확대/축소를 하면 사용자가 전체적인 구조를 볼 기회를 놓치게 되며, 복잡하게 엉킨 네트워크도 전혀 풀리지 않는다. 소셜액션에서는 사용자가 제어하는 통계 값으로 탐색하는 기능이 있다. 즉 사용자는 범위 슬라이더로 기준 값을 조정해서 네트워크의 어떤 부분이 기준에 맞지 않으면 안 보이게 할 수 있다. 속성이나 중요도 등으로 필터링하면 사용자가 관심을 두는 종류의 노드에 집중할 수 있고, 동시에 시각화도 단순해진다(그림 10-3(b)).

통계 측도와 시각적 표현으로 전체적인 추세를 이해하더라도, 각각의 노드가 표현하는 내용에 대한 이해가 없으면 분석이 불완전한 경우가 많다. 소셜액션은 다른 대부분의 네트워크 시각화와 달리 이름표를 항상 표시한다. 또한 사용자가 글꼴 크기나 글자 길이를 조정해서 강조할 부분을 결정할 수 있다. 시각적 정보 찾기 주문의 3단계(필요한 상세 정보 보기)에 따라, 어떤 노드를 택하면 그 속성 값을 모두 열람하는 것이 가능하다. 또 노드 위에 마우스 커서를 올려 놓으면 해당 노드의 링크와 이웃 노드도 강조되어서, 네트시각화 득도를 달성하게 된다(그림 10-3(c)).

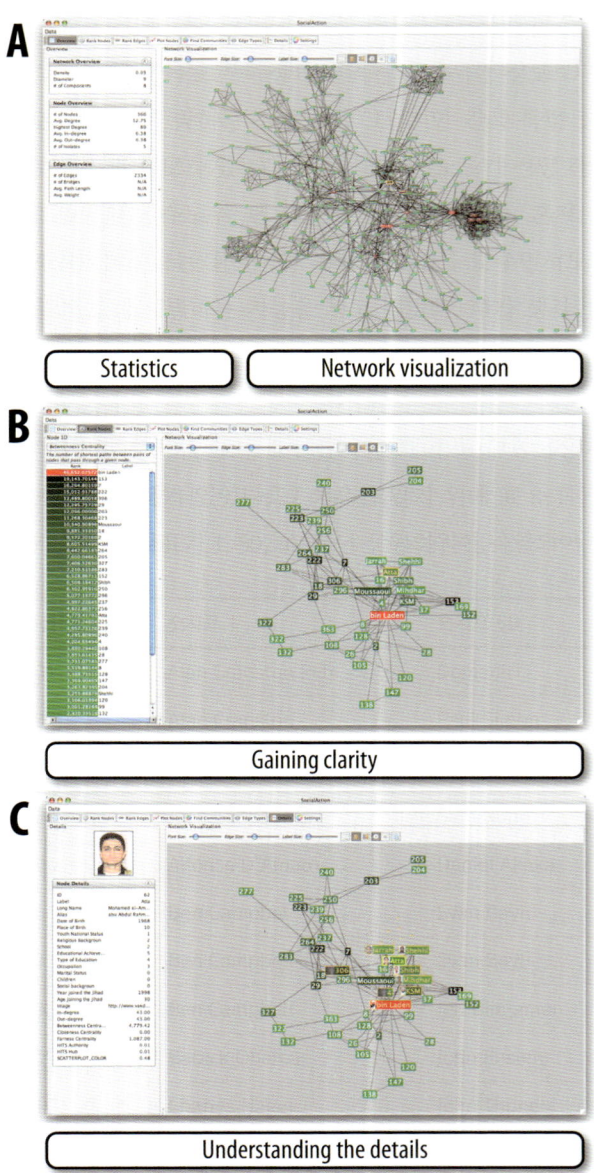

그림 10-3 (a) 통계 쪽의 인터페이스를 통해서, 통계 알고리즘을 선택해서 중요한 노드를 탐색하고, 클러스터를 식별하는 등의 일을 할 수 있다. 시각화와 통계 인터페이스는 통합되어 있다. 노드 색상은 순위에 따라 결정되며, 빨간색 노드가 통계적으로 가장 중요한 노드이다. (b) 문지기 역할을 하는 노드를 통계적 알고리즘으로 찾는다. 시각화를 단순화하기 위해 중요하지 않은 노드는 슬라이더를 이용하여 동적으로 제거 가능한데, 이때 노드 위치와 네트워크의 구조는 변하지 않는다. (c) 노드 이름표는 항상 상위에 표시되어서 사용자가 데이터 표현 내용을 이해할 수 있게 한다. 사용자가 노드를 선택하면, 노드 이웃이 시각적으로 강조되고 상세 정보가 왼편에 표시된다.

좀 가볍기는 하지만, 또다른 예로 페이스북의 소셜 네트워크를 살펴보자. 여기서 만약 일반적인 네트워크 레이아웃 알고리즘으로 네트워크를 시각화하면, 잭슨 폴락Jackson Pollock의 작품처럼 어지러운 모양이 나온다. 이런 모양은 호기심을 자극하는 면이 있기는 하지만 분명 롬바르디의 작품처럼 우아하지는 않다. 하지만 어떤 통계(이 경우에는 집단을 식별하도록 설계된 군집 알고리즘)를 활용하면, 훨씬 더 실용적인 결과를 얻는다. 예전에는 다수의 노드와 링크들이 뒤얽혀 있는 상태였다면, 이제는 의미 있는 범주들로 분류된 소셜 네트워크가 된다. 여기서 내 고등학교 친구들, 대학교 친구들, 대학원 친구들, 마이크로소프트 동료들 등 여러 군집을 관찰할 수 있다(그림 10-4). 소중한 알고리즘 친구 덕분에, 의미가 없던 그림이 아름다워졌다.

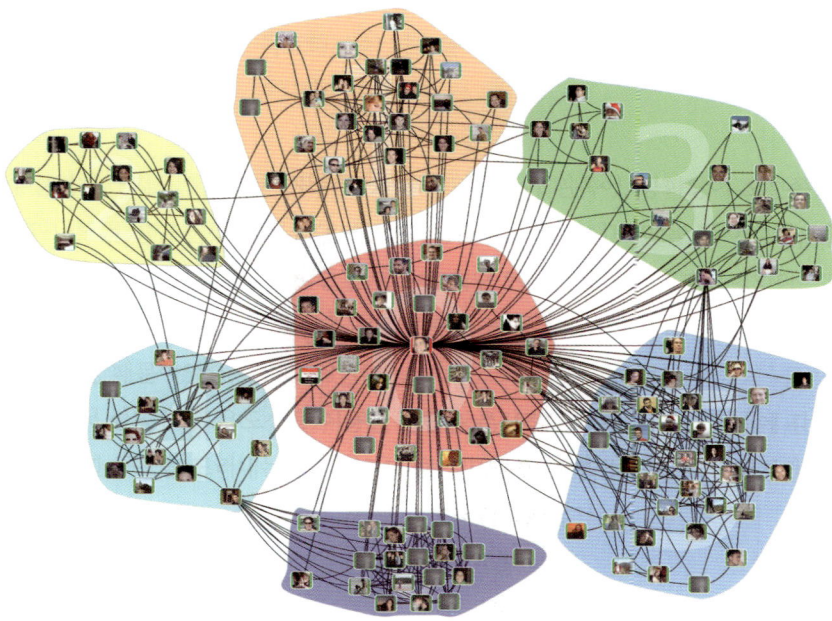

그림 10-4 페이스북 소셜 네트워크의 시각화. 네트워크에 군집 알고리즘을 적용해서, 내 인생의 여러 측면을 보여주는 7개의 의미 있는 친구 집단을 찾았다. 네트워크를 묶어서 표현하지 않으면 너무 뒤엉켜 있어 그 의미를 알아보기 어렵다.

요약하자면, 통계와 시각화를 합치면 탐색적 데이터 분석에 훌륭한 해법이 된다는 것이다. 시각화는 통계적 결과를 단순화하고, 전반적인 패턴과 추세에 대한 이해도를 높인다. 통계는 결과적으로 때때로 혼란스러운 시각화의 개념을 단순화하고, 통계적으로 유의미한 노드와 링크에 집중하게 해준다.

사례 연구: 혼돈에서 아름다움으로

궁극적으로 무엇이 네트워크 시각화를 아름답게 하는가? 18세기 스코틀랜드 철학자인 데이비드 흄David Hume(1742)은 이렇게 썼다.

> 아름다움은 사물 그 자체 내에 존재하는 성질이 아니다. 아름다움은 단지 사물을 바라보는 사람 마음 속에 존재하며, 각자의 마음은 아름다움을 달리 지각한다.

그러나 아름다움에 대한 흄의 관점은 논쟁이 되었다. 스코틀랜드 동료 철학자인 헨리 홈Henry Home(케임즈 경Lord Kames)은 아름다움이 합리적인 규칙 체계로 분석 가능하다고 믿었다.

데이터에 기반해서 시각화하는 문제를 접하게 되면 나는 케임즈 경 편에 선다. 통찰을 제공하는 일은 곧 아름다운 시각화에 대한 성공의 척도가 된다. 분석가는 직관을 검증하고, 예외나 특이점을 식별하거나, 잠재적인 패턴을 찾아내려 한다. 버지니아 공대Virginia Tech의 교수인 크리스 노스Chris North는 통찰의 특성을 복잡하고complex, 깊고deep, 정성적이고qualitative, 예상 외unexpected이며, 의미 있는relevant 발견으로 규정했다. 도움이 되는 말이기는 하지만, 어쩌면 통찰을 측정하는 일은 아름다움을 측정하는 것만큼 복잡하다는 느낌이 든다. 연구소에서 이루어지는 전통적인 방식의 통제 실험이 과학적 검정에 효과가 있다는 사실은 입증이 되었지만, 통찰에 대해서도 통제 실험이 가능할까? 예를 들어 새로운 입출력 방식을 창안했다고 하면, 학습 시간이나 작업 수행시간, 오류율을 측정하는 통제 실험으로 둘 이상의 사용방식을 비교할 수 있을까? 전형적인 실험에서는 20-60명의 피실험자가 10-30분 정도 도구를 학습한 이후에, 동일한 2-20개의 작업을 1-3시간 동안 수행한다. 그리고 t 검정t-test[1]이나 ANOVA(Analysis of variance, 분산분석) 같은 통계적 방법을 적용해서 평균 값에 유의한 차이가 있는지 조사하곤 한다. 이런 요약통계는 특히 이용자 간에 분산이 작을 때 효과적이다.

1
옮긴이 t 분포를 이용한 통계 분포 검정 방법. 정규분포를 따르는 두 집단에서 관찰된 표본평균 사이에 유의미한 차이가 있는지 검증하는 데 많이 쓰인다.

하지만 통찰을 어떻게 측정 가능한 작업들로 쪼갤 것인가? 첫 번째로 어려운 점은, 분석가가 보통 기본적인 문제를 탐색하는 데이터 분석을 하는데 며칠이나 몇 주가 소요되기 때문에 그 작업 과정을 연구소에서의 통제 실험으로 재현하기가 거의 불가능하다는 점이다(수많은 전문가를 필요한 시간만큼 동원한다 하더라도). 두 번째 어려움은 탐색 작업은 원래 잘 정의가 안되어서, 사용자에게 어떤 작업을 수행하라고 말했던 내용이 관찰 내용과 잘 맞지 않는다는 점이다. 세 번째는 사용자마다 기술과 경험이 다 달라서, 수행 성과의 분산이 커지고 요약 통계의 유용성이 떨어진다는 점이다. 통제된 연구에서는 탁월한 성과가 예기치 못한 특이점으로 보이지만, 사례 연구에서는 발견이 어떻게 이루어지는지에 대한 통찰을 주는 생산적이고 핵심적인 사건이 된다. 네 번째로 나는 도구를 정량적으로만 분석하기보단 사용자가 겪는 문제점이나 좌절, 또는 그 외에 신나는 성공 이야기를 듣고 싶었다. 그런 이유로 체계화되고 반복 검증된 사례 연구 방법으로 방향을 돌려 소셜액션이 아름다운 시각화를 만드는지 알아보기로 했다.

이후에는 실제로 소셜액션을 써서 데이터 시각화를 하는 분석 사례에 대해 간략히 설명할 것이다. 마크 롬바르디에게 경의를 표하기 위해 나는 다음에 설명할 내용으로 정치인 네트워크 및 테러리스트의 비밀 네트워크를 선택했다.

상원 표결의 소셜 네트워크

국회 분석가들은 미국 상원의 당파 연합partisan unity에 관심을 가진다. 예를 들어 컨그레셔널 쿼터리Congressional Quaterly[2]는 민주당과 공화당의 주류가 서로 반대되는 입장으로 투표했을 경우 각 투표 내용을 식별해서 당파 연합을 계산한 후에, 각 상원의원 별로 소속 정당의 노선에 따라 투표한 비율을 집계한다. 이 측도는 연도별로 각 상원의원들이 정당 노선에 얼마나 충성하는지 파악하는 데는 유용하지만, 국회의 전반적인 패턴을 많이 드러내지는 못한다.

당시 유에스 뉴스 & 월드 리포트US News & World Report지(誌)의 부편집장이었던 크리스 윌슨Chris Wilson은 2007년 미국 상원의원들의 투표 패턴에 관심을 갖게 되었다. 윌슨은 전략, 초당적 협력, 지리적 연합 같은 상원의 패턴을 데이터셋에서 찾아내는 일을 착수했다. 윌슨은 상당한 노력을 들여서 금개 데이터베이스로부터 투표 데이터를 뽑아냈지만, 통상적인 분석 방법으로는 별다른 패턴을 발견할 수 없었다.

[2] 옮긴이 미국의 정치 전문 소식지. http://www.cq.com

윌슨은 소셜 네트워크 분석이 그가 찾던 답을 내줄 거라 믿었다. 윌슨의 데이터에는 2007년 처음 6개월 간 각 상원의원이 투표 결과를 담고 있었는데, 그때는 민주당이 한 석 차이로 다수당이 되었던 때이다. 소셜 네트워크는 투표 방향이 같은 경우를 통해 추정할 수 있다.

윌슨은 한 의원에 대해 한 상원의원이 다른 상원의원과 투표 방향이 같을 경우 둘을 링크로 연결하는 방식으로 네트워크를 구성했다. 각 링크의 강도는 두 의원이 같은 방향으로 투표한 정도에 따른다(예: 버락 오바마와 힐러리 클린턴은 203번 같은 방향으로 투표했고, 오바마와 샘 브라운백Sam Brownback은 59번만 같은 방향으로 투표했다). 이렇게 하면 논란의 여지가 없는 결의안에 모든 상원의원이 찬성투표를 던지는 사례 탓에 매우 밀집된 네트워크가 나온다(예: 결의안 RC-20, '지하철의 영웅' 웨슬리 오트리Wesley Autrey의 행동을 기리는 결의안)[3]. 그 결과 모든 상원의원이 서로 연결되어 시각화된 네트워크가 얽키고설킨 거대한 거미줄을 닮게 되었다.

소셜액션은 사용자들이 중요도 측도에 따라 링크의 순위를 매기는 기능을 제공한다. 윌슨은 네트워크 시각화를 비교하기 위해 동적으로 중요도가 떨어지는 링크를 제거하는 데 이 기능을 이용했다. 예를 들어 문턱값으로 180번의 투표(약 60% 투표 일치)를 설정하면, 그림 10-5처럼 된다. 이렇게 꽤 낮은 문턱값에도 당파성이 강하게 보이며, 투표한 경향이 민주당과 가장 비슷했던 공화당 상원의원

3
옮긴이 2007년 뉴욕 지하철에서 어떤 청년이 간질병 증상을 보이며 철로 위로 떨어지자, 웨슬리 오트리가 같이 철로에 뛰어 들어 청년을 구한 사건

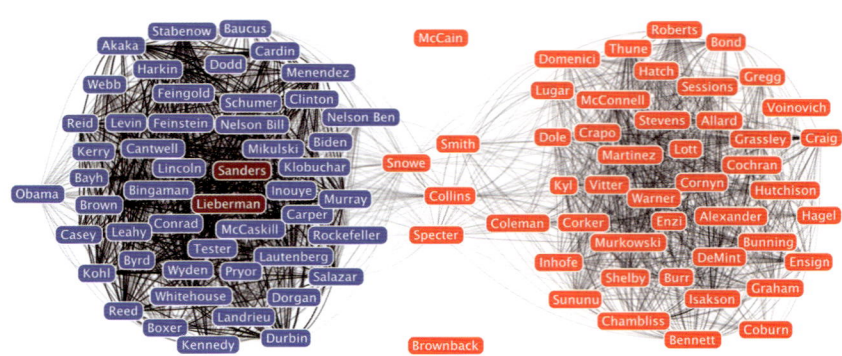

그림 10-5 이 시각화는 2007년에 미 상원의 투표 패턴을 나타내고 있다. 빨간색 공화당은 오른쪽에, 파란색 민주당은 왼쪽에 두 명의 무소속 의원과 같이 위치한다. 링크들은 투표 기록의 유사도를 뜻하며, 2007년에는 민주당이 충성심이 더 강했음을 보여준다. 노스이스턴 주 출신의 공화당 의원 네 명은 민주당과 같은 방향으로 투표한 경우가 많다. 맥케인과 브라운백 의원은 대선 후보 경선 중이라, 연결이 될 만큼 투표를 자주 하지 못했다.

(콜린스, 스노우, 스펙터, 스미스)들이 눈에 띈다. 이 시각화를 보면 이번 상원에서 양당이 당파적이긴 하지만, 공화당은 민주당보다는 덜 당파적이라는 사실을 알 수 있다.

다른 예기치 못한 사실은 문턱값을 올려도 민주당이 공화당보다 더 긴밀하게 통합되어 있다는 사실인데, 그 증거로 민주당 쪽이 훨씬 더 밀도가 높고 까맣게 연결되어 있다. 각 링크는 조금씩 투명하지만 민주당 쪽 링크가 계속 겹쳐서 어두운 덩어리로 보이며, 그에 반해 공화당 쪽 연결은 훨씬 밀도가 낮다. 윌슨은 민주당 간부회의가 소속 의원들을 당의 노선에 계속 따르도록 하는데 성공한 사실(입법 전술들을 검토해보면 이 사실이 중요했다)을 이 상호작용이 아름답게 설명한다고 생각했다. 통계와 시각화의 통합으로 이런 사실을 발견할 수 있었다.

각 정치인의 투표 패턴을 결정하기 위해 윌슨은 소셜액션에서 통계적 중요성 측도를 활용했다. 모든 노드의 순위를 매기고, 순위를 시각화하고, 중요하지 않은 노드를 걸러내는 기능으로 여러 사실을 발견할 수 있었다. 예를 들어 윌슨은 연결도 중심성betweeness centrality 통계가 '정량적으로 상원의원의 무게 중심을 측정하는 훌륭한 방법'으로 밝혀졌다고 말했다. 소셜액션은 오직 몇 명의 상원의원만 중심에서 동료 의원들과 연결되어 있다는 사실을 분명히 보여주었다. 또한 윌슨은 소셜액션의 대화형 클러스터링 알고리즘을 '민주당 내 지리적 연합을 밝혀내는 데' 활용했다. 이런 발견은 윌슨이 소셜액션으로 분석하기 전에는 파악하지 못했던 내용의 일부일 뿐이다.

윌슨은 소셜액션으로 밝혀낸 사실에 감명을 받았다. 통계와 시각화가 긴밀한 통합된 덕분에 윌슨은 새로운 사실을 발견하고, 그 내용을 유에스 뉴스 & 월드 리포트와 미 의회의 동료들과 소통할 수 있었다. 소셜액션은 미국 내에서 정말 많은 관심을 끌어서, '유에스 뉴스 & 월드 리포트'지에서도 온라인 사이트에 소셜액션 기능을 넣기를 바랐을 정도였다. 윌슨은 이 사례연구를 마친 후에 슬레이트Slate지로 이직했지만, 아직도 조사보도에 소셜액션을 활용하고 있다. 소셜액션을 활용하는 분석은 이미 메이저리그에서 스테로이드를 복용한 선수들의 소셜 네트워크(http://www.slate.com/id/2180392)를 분석하는 데도 활용되었으며, 앞으로도 더 많은 기사가 계획되어 있다.

테러리스트 소셜 네트워크

테러리즘과 테러 대응에 대한 연구를 위한 국가 컨소시엄The National Consotium for the Study of Terrorism and Responses to Terror, START은 미국 국토 안보 센터의 부서이다. START에는 '테러리스트 네트워크를 분열시키는 시기적절한 방법을 제공하고, 테러의 발생을 억제하며, 테러리스트의 위협에 직면한 미국 사회의 회복력을 증진하는 것을 목적'으로 하는 세계적인 연구팀이 있다. 이 팀의 구성원 중 한 명이 제임스 헨드릭슨James Hendrickson으로, 그는 '전세계적 성전Global Jihad'의 소셜 네트워크를 분석하는데 관심을 두고 범죄학 박사학위 과정을 진행 중이다.

이전의 연구들은 테러리스트 조직들을 키우고 유지시키는 과격 급진화에 중점을 두고 있었다. 심리학적 관점에서는 과격급진화 과정이 잘 설명되어있긴 하지만, 테러리즘의 집단역학에 대한 이론들은 집단의 크기나 범위, 역학관계를 적절하게 가늠하는 데서 크게 실패했다고 헨드릭슨은 믿었다. 헨드릭슨은 지하드의 구성원이 이루는 관계의 밀도나 종류를 비교해서 구성원들의 테러 공격 연루 여부에 대한 예측력을 평가하자고 제안했다. START의 객원연구원인 마크 세이지먼Marc Sageman은 베스트셀러 서적인 『Understanding Terror Network』를 저술하기 위해 지하드에 관여한 350명 이상의 테러리스트 데이터베이스를 모았다. 헨드릭슨은 이 데이터를 갱신하고 정식으로 소셜 네트워크 분석을 적용해서 그 결과를 박사학위 논문에 넣었다.

세이지먼의 데이터베이스에는 테러리스트 용의자별로 30개 이상의 변수 정보가 있다. 이 변수 중에는 여러 종류의 관계, 즉 친구, 가족, 학교 인맥 등이 포함되어 있다. 헨드릭슨은 두 개인을 연결하는 관계의 종류가 테러 공격 참여 여부에 크게 영향을 끼칠 거라 가정했다. 그는 UCINET을 이용해서 분석을 시작했고, 가설의 일부를 검토할 수 있었다. 하지만 그는 UCINET으로는 새로운 가설을 세우거나 탐구하기가 쉽지 않다고 생각했다. 처음에 헨드릭슨은 분석에 시각화를 활용하는 생각에 회의적이었다. 그는 사람이 그림을 보고 판단하기보다는 정량적으로 통계적 유의성을 증명하는 쪽을 선호했다. 하지만 헨드릭슨은 소셜액션에서 시각화에 대응하는 통계값을 빨리 살펴볼 수 있어서 걱정을 덜었다고 말한다.

특히 소셜액션의 복합적 기능이 헨드릭슨의 작업에 도움이 되었다. 소셜액션에는 사용자가 새로운 데이터셋을 불러오지 않아도 여러 관계의 부류를 분석하는 기능이 있다. 시각화는 선택된 관계 링크를 표시하지만, 이해를 돕도록 노드의 위치는 고정된다. 새롭게 선택된 구조에 따라 통계적 결과도 자동으로 재계산된다. 예를 들어 지하디스트jihadist들의 '친구Friend' 관계만 선택했을 때의 그림이 그림 10-6(a)에 있다(그림10-3(a)은 모든 종류의 관계를 표시해서 더 밀집되게 보이니 대조해보자). 여기서 노드는 연결수로 순위가 매겨지며, 빨간색 노드

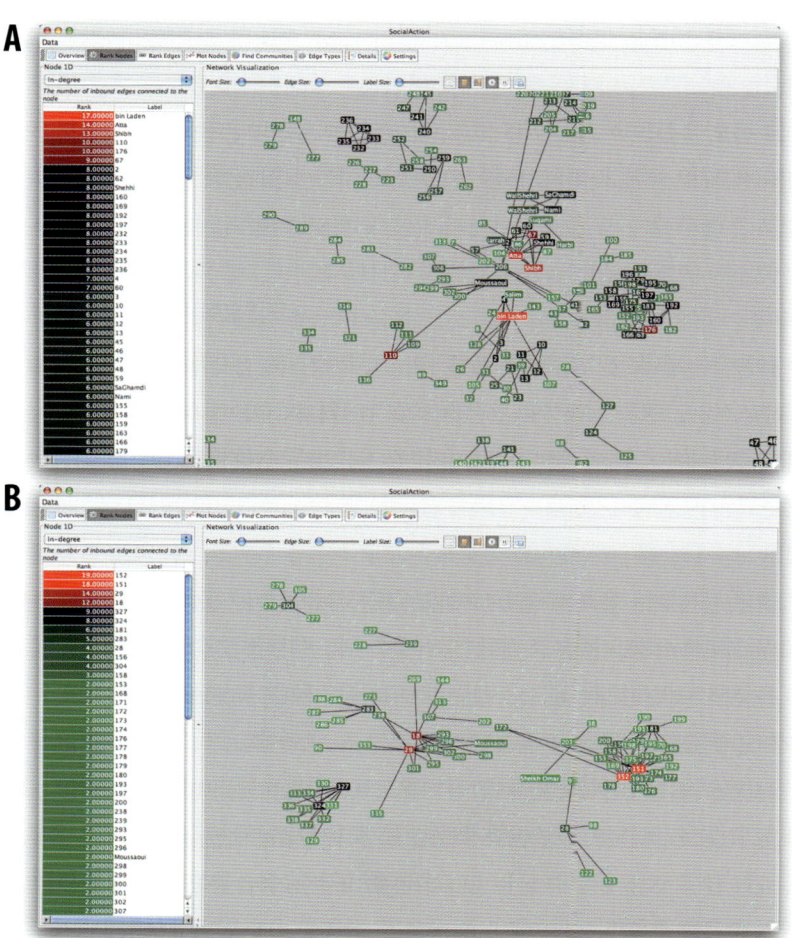

그림 10-6 '전 세계적 성'의 소셜 네트워크는 복합적인 면을 보인다. 위쪽 시각화 (a)는 친구 관계 네트워크로, 빈라덴의 친구가 가장 많다. 아래쪽 네트워크 (b)는 종교적 관계로 그린 네트워크로 앞의 네트워크와는 매우 다르게 보인다.

는 가장 친구가 많은 노드이다. 지하디스트인 오사마 빈 라덴Osama Bin Laden과 모하메드 아타Mohamed Atta(9/11 테러 사건에서 주요 역할을 했다)는 가장 높은 순위가 매겨졌다. 그러나 종교적 관계로 봤을 때는 핵심 지하디스트들이 다르게 나타났다(그림 10-6(b)).

노드의 통계적 속성을 분석하고 난 후에 헨드릭슨은 개인의 속성을 이해하는 데 관심을 갖게 되었다. 예를 들어 헨드릭슨은 "한 개인의 사회경제적 상태나 교육 수준이 테러리스트 네트워크 상에서 그의 지위에 영향을 미칠까?"와 같은 질문에 흥미가 있었다. 물론 소셜 네트워크 데이터로 인과관계를 추리하기는 어렵지만, 상관관계는 보일지 모른다. 소셜액션에서 통계적으로 순위를 매기는 것처럼 사용자도 속성에 따라 순위를 매기거나 걸러낼 수 있다. 헨드릭슨은 대학을 졸업하지 않았거나, 종교적 배경과 전문적 기술지식이 없는 사람을 제외하고 나머지 결과를 분석했다. 노드 속성과 통계적인 선별 및 도해 기능의 조합으로 평소의 작업 흐름이 간소화되었는데, 만약 소셜액션의 쉬운 탐색 기능이 없었다면 그렇게 자유롭게 생각하지 못했을 거라고 그는 평했다. 헨드릭슨은 이 분석에서 영감을 받아 아직 데이터로 표현되지 않은 새로운 속성을 생각해내서 더 많은 가설을 시험해볼 수 있었다. 그는 현재 세이지먼의 데이터베이스에 새로운 속성을 덧붙이며 소셜액션을 이용해 시각적, 통계적으로 패턴을 찾고 있다.

헨드릭슨은 소셜액션을 활용하여 그의 박사학위 논문에 새로운 아이디어를 덧붙였다. 이 사례 연구를 시작하기 오래 전부터 헨드릭슨은 이 데이터셋을 관찰하고 다른 SNA 소프트웨어로 분석을 해왔지만, 통계학과 시각화가 통합된 소셜액션을 이용해서 전보다 새롭고 재미있는 방식으로 연구를 수행할 수 있었다.

그 결과로 START 센터도 START의 데이터베이스에 접근하고자 하는 내, 외부 사용자에게 소셜액션을 기본 도구로 제공하는 일에 관심을 두고 있다.

START 센터는 시간에 따른 네트워크의 진화를 관찰하는 데도 소셜액션을 활용하고 있다. 전 세계 테러리스트 네트워크를 생각해보자면, 두 사람이 같은 곳에서 테러 공격을 저질렀거나, 동일한 무기를 사용했거나, 같은 지역 출신일 경우 서로 연결해볼 수 있다. 링크에도 시간적 특성이 있는데, 예를 들어 링크가 특정 연도의 테러사건을 가리키도록 설정이 가능하다. 답하고자 하는 질문 종류에 따라 다른 링크 종류를 쓸 수도 있다. 그림 10-7과 같이 네트워크와 함께 누적 히스토그램을 열람하는 기능도 있다. 여기서 선은 각각의 노드를 뜻하고, 각 열은 링크 종류를 가리킨다. 각 열에서 노드에 해당하는 영역의 두께는 해당 링크 종류로 이루어진 네트워크에서 노드의 순위를 가리킨다. 색상은 전체 링크 종류에 대한 노드의 전반적인 순위에 따라 달라진다.

그림 10-7에 제시된 누적 히스토그램 두 개는 시간에 따른 테러리스트 네트워크의 진화를 보여주고 있다. 이 네트워크에는 두 가지 종류의 노드가 있다. 하나는 테러리스트 집단이고, 다른 하나는 테러리스트에게 테러를 당한 국가이다. 그림 10-7(a)와 같이 국가 노드는 알파벳순으로 누적되어 표시되고, 그림 10-7(b)

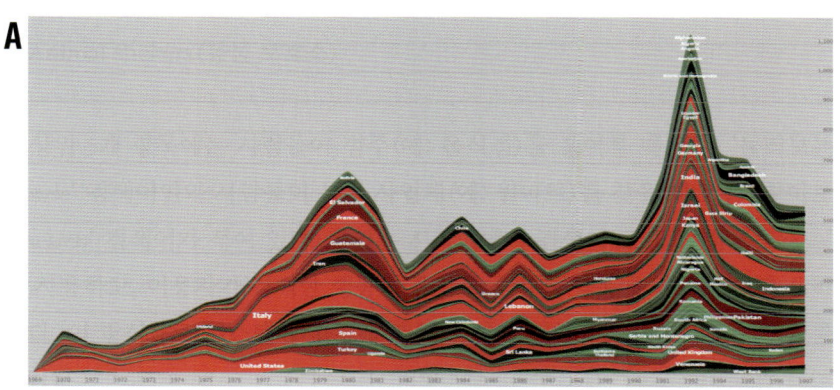

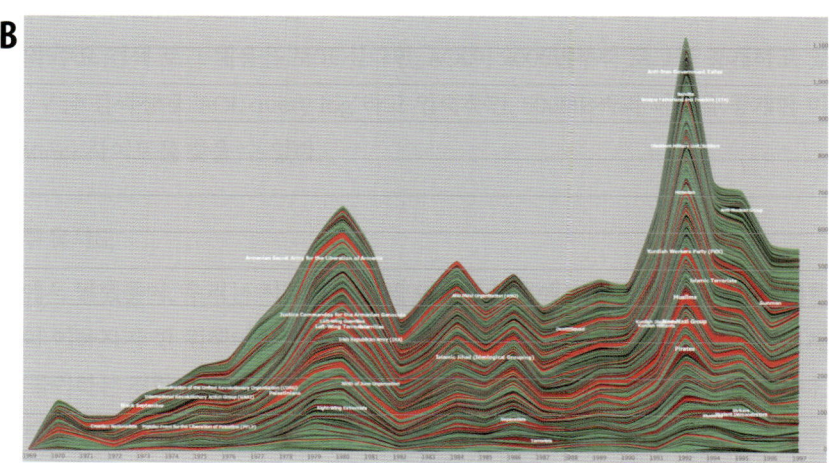

그림 10-7 두 개의 진화하는 네트워크에서 시간에 따른 추세가 누적 히스토그램으로 그려져 있다. 위쪽 시각화(a)는 국가 노드의 진화를 표시하고, (b)는 테러리스트 집단 노드의 진화를 보여준다.

에는 모든 테러리스트 집단이 나타나 있다. 여기서 각 연도별 노드의 두께는 노드 연결수에 따라 결정된다. 노드의 색상도 연결수에 따라 정해지는데(연결수가 높은 노드는 빨간색, 낮은 노드는 녹색), 값이 최고점을 찍은 연도에 해당 노드의 이름표를 붙였다(1992년에 테러가 가장 많았다). 이 그림에서 다양한 추세가 해석이 되는데, 이탈리아가 예전보다 더 다양한 집단에게 터러를 당했다든지, 인도에서 최근 몇 년간 테러활동이 정점을 찍고 있다든지 하는 것이다.

국가 수보다 테러리스트 집단의 수가 훨씬 더 많기 때문에, 그림 10-7(b)가 조금 더 해석하기 어렵다. 그러나 이 시각화는 대화형 기능을 제공하므로 사용자가 테러리스트 집단을 그 이름에 따라 선별해서 볼 수 있다. 그러므로 분석하는 사람이 '아르메니아Armenia'라는 단어를 치면, 단체명에 아르메니아라는 단어가 들어간 테러리스트 집단(아르메니아 해방군Armenian Secret Army for the Liberation of Armenia, 아르메니아 정의 특공대Justice Commandos for the Armenian Genocide)만 보이게 된다.

그림 10-7에 있는 시간에 따른 시각화는 2007년에 뉴욕 과학관New York Hall of Science에서 열린 네트워크 동역학 시각화 경연대회(http://vw.indiana.edu/07netsci/)에서 전시되었다. 대회 심사위원 중 한 명의 말을 옮기며 이 장을 끝마치려 한다. 이 말에는 소셜액션의 목표이자 아마도 아름다운 시각화를 창작하기 위한 본질이 될 만한 내용이 강조되어 있다.

> 네트워크는 '기술적으로 정밀'하고 시각적으로 매력적일 뿐 아니라, 전체적인 조망을 해주는 방식이어야 가장 잘 해석됩니다. 네트워크는 충분한 경험이 없는 관찰자가 전문가의 영역으로 건너가는 다리를 만들어줍니다. 데이터의 땅을 여행하는 일은 이제 매우 즐길만 하며, 어쩌면 근처의 여행사에서 특별 요금으로 여행상품을 선보일지도 모르겠습니다. 애덤 페러의 시각화는 모순되게 매력적인 테러리스트 네트워크의 땅으로 여행을 떠납니다. 테러리즘 분석으로 지적인 여흥과 시각적 즐거움을 추구하는 일은 아마도 테러의 본질을 흩트리는 방법 중 하나일 것입니다. 공포에 사로잡히지 않고 분석을 통해서요. 그리고 바라건대, 이런 분석을 통해서 결국 우리는 테러를 더 이성적으로 대처하게 될 것이며, 이 결과는 테러리즘이 우리에게 주입시키려 하는 것과 정반대가 될 것입니다.
>
> —인고 귄터Ingo Gunther
> 도쿄 음악 미술 국립 대학(Tokyo National University for Fine Arts & Music, Japan)

참고문헌

- Freeman, Linton. 2000. "Visualizing Social Networks." Journal of Social Structure. http://www.cmu.edu/joss/content/articles/volume1/Freeman.html.
- Freeman, Linton. 2004. The Development of Social Network Analysis: A Study in the Sociology of Science. Vancouver, BC, Canada: Empirical Press.
- Hume, David. 1742. Essays: Morale, Political, and Literary.
- Moreno, J.L. 1934. Who Shall Survive? Washington, DC: Nervous and Mental Disease Publishing Co.
- Shneiderman, Ben. 1996. "The Eyes Have It: A Task by Data Type Taxonomy for Information Visualizations." In Proceedings of the IEEE Symposium on Visual Languages. Washington, DC: IEEE Computer Society.
- Tukey, John. 1977. Exploratory Data Analysis. Boston: Addison-Wesley.
- van Ham, Frank. 2004. "Interactive Visualization of Small World Graphs." In Proceedings of the IEEE Symposium on Information Visualization. Washington, DC: IEEE Computer Society.

11장

아름다운 역사: 위키백과 시각화하기

마틴 와튼버그, 페르난다 비에가스 | Martin Wattenberg, Fernanda Viegas

위키백과 초기 시절에 온라인 백과사전 작업과정을 보여주는 시각화 몇 개를 만든 적이 있다. 이 장에서는 초기 스케치에서부터 실행되는 프로그램, 나아가 과학 논문에 이르기까지 시각화를 만들었던 전 과정에 대해 설명할 예정이다. 이 장에서 여러분이 받을 메시지는 다음과 같다. "모든 단계마다 실제 데이터로 작업하는 것은 중요하다", "초기 단계에 개략적인 시각화로 시작하면 도움이 된다", 그리고 마지막으로 "시각화는 더 큰 분석과정의 일부에 불과하다"이다. 또한 시각화가 언제 어디서 도움이 되는지 파악하기부터 시각화가 '완성됐다'라고 말할 수 있는 때가 언제인지 결정하기까지 다루면서 시각화 프로젝트를 성공시키는 직관적인 방법들을 설명할 것이다.

집단 편집 묘사하기

이 이야기는 2003년부터 시작한다. 우리는 IBM의 협력적 사용자 경험 연구 랩Collaborative User Experience Research Lab에서 사람들이 온라인에서 어떻게 협력하는가 연구하는 일을 했다. 우리는 인터넷에서 새로운 형태의 협동이 이루어지는 것을 보고 이를 더 조사해보고 싶었다. 처음엔 고를만한 사례가 많았지만(당시 '웹 2.0'이 막 떠오르던 참이었다), 특히 위키백과가 우리 마음을 사로잡았다.

2003년은 온라인 백과사전이 탄생한 지 2년밖에 지나지 않은 시점이었고, 위키백과 사이트는 아직 잘 알려지지 않았으며, 아는 사람들 사이에서도 백과사전의 열린 편집 모델에 심각한 회의론이 있었다. 우리도 조금은 회의적인 생각이 들었지만, 그래도 위키백과에는 흥미롭고 도움이 되는 문서가 많았다. 무슨 일이 일어나고 있을까? 어떻게 그렇게 무계획적인 과정을 통해 좋은 문서가 나오는 것일까? 순수한 호기심뿐만 아니라 이렇게 무언가 잘 이해가 가지 않는 느낌은 종종 연구할 내용이 많다는 방증이 된다. 우리는 어떻게 위키백과의 문서들이 그렇게 고품질이 되었을까? 왜 다른 온라인 집단에서는 그렇게 자주 나타나는 비정상적이고, 어리석고, 유치한 행동들이 위키백과에서는 보이지 않는 걸까? 같은 주제를 조사하고. 연구해보기로 결정했다.

데이터

이 의문에 답하려면 많은 정보를 알아야 했다. 첫 단계는 (우리가 했던 시각화 프로젝트에서 항상 그랬듯이) 원 데이터를 찾는 일이었다. 위키백과의 경우에는 데이터베이스에 기록된 숫자 목록이 아니라 문서 편집판과 편집 역사의 모음이 데이터였다. 초기에 위키백과 설립자가 선택했던 현명한 조치 중 하나는 모든 페이지에서 전체 편집판의 역사를 누구나 볼 수 있게 했다는 점이다. 나중에 알게 된 사실이지만, 이 선택이 위키백과의 회복력에 큰 영향을 미치고 있었다. 하지만 연구를 시작했을 당시에는 그저 데이터를 얻을 수 있어서 기쁘다는 마음이 전부였다.

기쁜 마음은 곧 약간의 현기증과 뒤섞였다. 이렇게 방대한 데이터를 직접 살펴보다 보니 혼란스러워졌기 때문이다. 데이터가 지나칠 정도로 많아서 다양한 시각화 기법을 동원해야만 했다.

글을 가볍게 읽는 사람에게 위키백과란 그저 대량의 문서 모음일 뿐이며 전통적인 백과사전과 별다를 바 없지만, 그 이면의 구조는 매우 복잡하다. 이제는 많은 사람이 아는 사실이지만, 위키백과에 각 페이지에는 독자가 문서를 편집할 수 있도록 링크가 달려있다. 조금 덜 알려진 사실로는 토론*discussion*과 역사라고 적혀있는 링크가 두 개 있다는 점이다. 전자는 독자와 편집자가 해당 문서에 대해 토론하는 토론 문서*talking page*로 연결된다. 이 문서는 해당 문서 내용에 대한 논쟁에서부터 숙제를 도와달라는 요청까지 다양한 내용을 담고 있으며, 위키백과의 '비 콘텐츠' 페이지를 대표한다. 하지만 곧바로 우리의 관심을 끌었던 것은 해당 문서의 '편집 역사edit history'로 이어지는 링크였다.

'편집 역사'(그림 11-1)는 편집자, 편집했던 시각 그리고 편집 요약 글과 이전에 있었던 모든 편집판으로 연결되는 링크 목록으로 되어 있다. 편집 요약 글은 선택 사항(편집자가 편집 목적을 설명할 기회)이지만, 편집 시각과 편집자는 자동으로 기록된다. 편집자가 위키백과에 가입하지 않았다면 편집자 이름 대신 IP 주소가 남는다.

편집 역사는 2003년에도 많았지만 지금은 방대한 수준이다. 물론 문서마다 편집 횟수도 다르다. 처음에 데이터를 살짝 살펴보았더니 'Cat(고양이)'에 대한 문서는 54개 편집판 밖에 없었던 반면, 'Microsoft(마이크로소프트)'에 대한 문서는 198개의 판(텍스트로 총 6.3메가바이트)이 있었다. 우리는 사이트에서 직접 편집 역사를 다운로드하는 프로그램을 만드는 일부터 착수했다. 그러나 이내 이 방법이 위키백과 서버에 부담을 주기 때문에 예의에 어긋난다는 생각에, 위키백과 측이 친절하게 무료로 제공하는 한 개짜리 대형 파일을 사용하기 시작했다. 만약 이 데이터 중 무엇이든 가볍게 시각화해보고 싶다면, 해당 스냅샷snapshot의 최신판을 다운로드하는 것이 가장 좋은 방법이다.[1]

1 http://en.wikipedia.org/wiki/Wikipedia:Snapshots

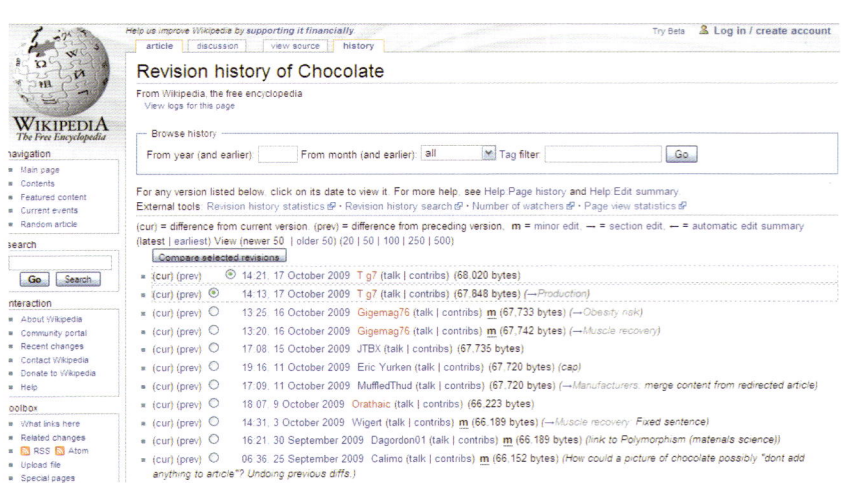

그림 11-1 위키백과 'Chocolate(초콜릿)' 항목의 토론 페이지. 누가 편집했는지, 언제 완결되었는지 등, 문서의 모든 변경사항이 이 페이지에 기록된다.

역사 흐름: 편집 역사를 시각화하기

위키백과에서는 두 편집판 간에 덧붙여지거나 삭제된 단어를 diff로 보여주기는 하지만, 우리는 그동안의 *모든* 문서 편집 내용을 전체적으로 살펴보고 싶었다.[2] 그래서 역사 흐름history flow이라고 이름 붙인 새로운 시각화 기술 개발에 착수했다.

수중에 데이터가 있었지만, 곧바로 그래픽 코드를 작성하는 단계로 넘어가지는 못했다. 그 전에 잇따른 문서 사이에 diff(차이)를 계산해야 했기 때문이다. 두 파일의 어디가 어떻게 다른지 알아내는 통상적인 작업으로, 버전 관리 소프트웨어 같은 개발 도구나 마이크로소프트 워드 같은 일반 프로그램을 사용하면 할 수 있다. 하지만 diff는 미묘한 작업으로, 오래 전부터 연구되었지만(아니면 오히려 연구가 많이 되어서일지도 모른다), 최선의 방법은 딱히 없는 것으로 알려져 있다.

가장 큰 문제는 텍스트의 차이점을 묘사하는 방법이 유일하지 않다는 점이다. 예를 들어 다음 두 문장을 생각해보자.

- The quick brown fox jumped over the big post(그 빠른 갈색 여우는 큰 기둥을 뛰어 넘었다).
- The big brown fox jumped over the clay pots(그 큰 갈색 여우는 점토 단지들을 뛰어 넘었다).

대부분 알고리즘은 단어 'quick'이 삭제되고, 'clay'가 삽입되었다고 판별한다. 하지만 'big'은 어떤가? 한 문장에서는 삽입되고 다른 쪽에서는 삭제된 것일까? 또는 단순히 문장 끝 부분에서 시작 부분으로 이동했을 뿐일까? 마찬가지로 단어 'post'가 삭제되고, 'pots'로 바뀌었을까? 아니면 'post'의 글자들이 'pots'로 재정렬된 것일까? 이 해석 모두 논리에 일관성이 있으므로, 특정 문맥에 맞는 알고리즘을 고르는 것이 목표이다. 이 사례에서는 편집자들이 텍스트 말모듬chunk을 옮기는 경우, 즉 문서 내의 단어나 문장을 한 곳에서 다른 곳으로 옮기는 경우는 잦지만, 단어의 철자를 고치려고 단어 내 글자 위치를 바꾸는 경우는 드물다고 가정했다. 그래서 길이가 긴 구절의 이동을 추적하는 데 쓰는 폴 헤켈Paul Heckel 알

[2] 옮긴이 두 개의 파일 간 차이에 대한 정보를 출력하는 프로그램이나 그 출력 결과를 뜻함

고리즘을 선택하되, 단어 크기의 토큰token을 기본 단위로 삼는 방법을 사용했다. 알고리즘은 두 문자열 사이에 대응관계 집합을 출력하며, '파일 A의 단어 #5가 파일 B의 단어 #127에 대응한다' 같은 형식이 된다.[3]

> [3] 정확히 말하자면, 이 알고리즘은 우선 각 문서에서 딱 한 번씩만 나오는 토큰 중에서 확실히 일치되는 쌍을 먼저 찾고, 그 쌍의 인접 말뭉들이 서로 일치하는지 확인하는 방식으로 확장해가며 적용된다.

헤켈의 알고리즘은 구현하기에 복잡하지 않아서, 분석을 시작할 모든 준비가 금방 끝났다. 이제 백과사전 내 모든 문서에 대해서, 각 텍스트의 편집판과 판 사이 '대응' 집합이 생겼다. 하지만 이를 어떻게 표시해야 할까? 우선 시간에 기반한 데이터이므로, x축을 순서열로 사용해서 맨 오른쪽에는 첫 번째 판, 그 다음에는 두 번째 판 같은 방식으로 표시하는 편이 이해하기 쉽다. 이는 한 문서의 역사에 대한 우리의 시각과 잘 들어맞는데, 그것은 문서의 각 부분을 어떤 '강'의 '지류(支流)'로 생각하는 것이었다. 일단 처음에는 x축을 순서열 정보를 나타내는 데만 쓰고 편집판 사이 공간에 픽셀 수가 일정하도록 했다. 그러나 나중에는 편집 날짜에 따라 판 사이 간격을 주는 기능을 추가해서 시간적으로 가까운 판끼리는 공간상으로도 가깝게 배치되도록 했다. 이후에 데이터를 관찰하는데 이 두 가지 방식이 모두 중요하다는 사실이 밝혀졌다.

다음은 문서 위치와 구절 사이에 대응관계를 표현할 차례였다. 각 편집판을 수직선으로 표시하기로 하고, 선 길이가 문서 길이에 대응되도록 했다. 실제로 y축은 각 판의 문서 위치를 나타냈다. 이렇게 그리고 나니, 그림 11-12(코드 작성을 하기 전 칠판에 손으로 그려본 스케치 같은 예제)처럼 한 판에서 다음 판까지 선을 그어서 해당 대응관계를 표시하는 방법도 쉽게 찾아졌다.

처음으로 계산한 버전은 대략 그림 11-3 같이 생겼는데, 이 그림은 2003년의 'Abortion(낙태)' 페이지를 표시하고 있다. 대강 만들어서 다소 혼란스럽게 보이지만, 뚜렷한 구조가 나타나며 버그로 의심되는 특징까지도 조금 발견된다. 일례로 판 4에 간격이 하나 눈에 띌 것이다. 데이터를 눈으로 직접 점검해보았지만, 이 간격은 오류는 아니었다. 우리는 악의적인 편집자가 문서 대부분을 지워버린 편집판을 발견한 것이었다. 아하! 시각화 덕분에 벌써 이 문서의 편집 역사 중에 있었던 핵심 사건 하나를 발견한 셈이었다.

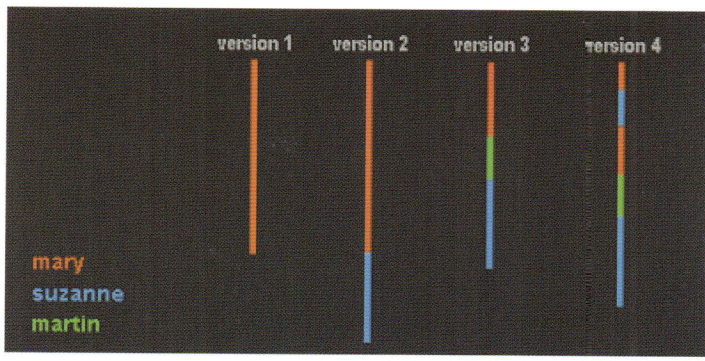

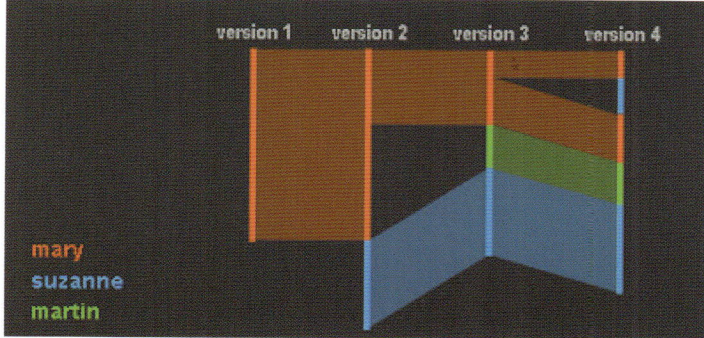

그림 11-2 도식으로 나타낸 역사 흐름의 시각화 메커니즘

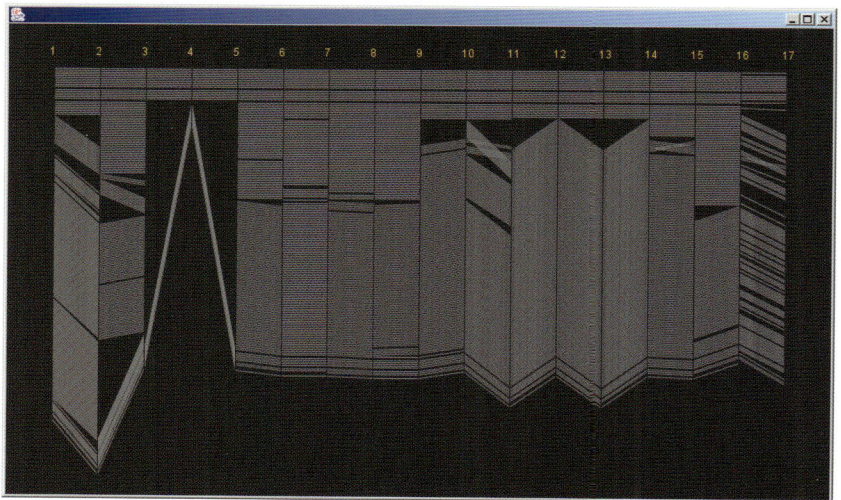

그림 11-3 역사 흐름의 초기 버전. 편집판이 편집판이 달라져도 내용이 바뀌지 않은 글 조각끼리 간단하게 선으로 연결했다.

매번 원본 문서의 내용을 직접 찾아 확인하기가 번거로웠기에 우리는 오른쪽 칸에 각 편집판의 원본 내용을 보여주는 기능을 재빨리 추가했다. 이렇게 전반적인 내용을 확인할 수 있는 시각화 원형 prototype을 먼저 마련하고 나서 상세 내용을 보여주는 기능을 나중에 추가하는 편이 좋으며, 시각화 개발을 할 때는 이런 식으로 하는 것이 보통이다. 이는 사용자들이 항상 바라는 기능이기도 하면서, 처음의 개관이 맞는지 확인해보는 데 꼭 필요한 방법이기도 하다. 아직 이 시각화는 뼈대만 있어서 이해하기 어렵기 때문에 대응관계를 '칠하기'로 했다. 즉, 각 평행선 사이에 색을 칠해 넣었다. 그림 11-4가 그 결과다.

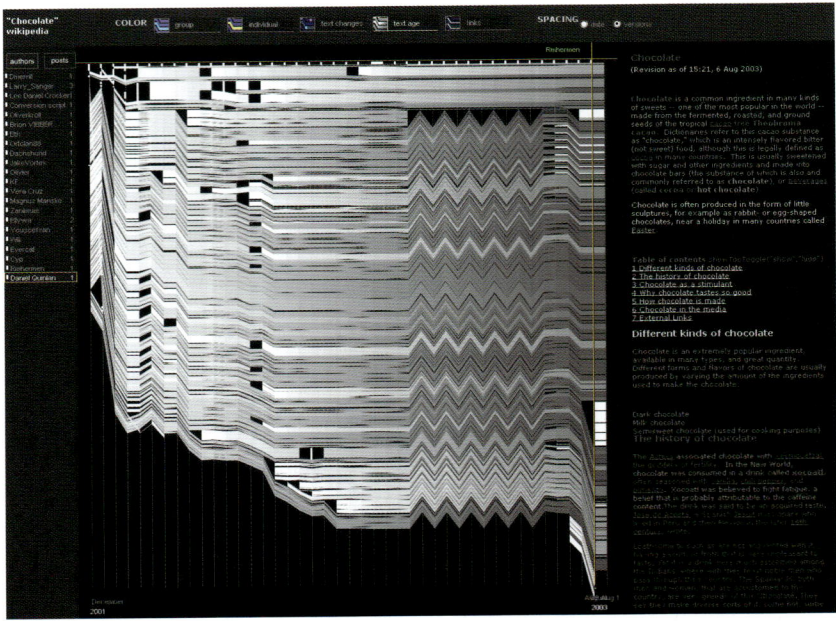

그림 11-4 위키백과에 수록된 'Chocolate(초콜릿)' 표제 문서의 나이를 보여주는 역사 흐름 다이어그램이다. 어두운 부분은 오래된 구절을 뜻한다.

결과로 나온 그림은 덜 복잡하고 더 해독하기 쉬워 보인다. 사실 대응 구절을 잇는 다각형에 색칠을 하면 다른 차원의 변수를 자연스럽게 표시할 수 있다는 사실을 깨달았던 시점이 바로 이때였다.

편집판의 나이

우리는 오랜 시간 변하지 않는 편집판이 역사가 짧은 편집판보다 더 품질이 좋은지, 또는 그 둘을 구별하는 다른 방법이 있는지 등이 궁금했다. 문서 변수는 단순한 수치 변수이므로 그림 11-4처럼 흑백 척도로 묘사하는 편이 적절하다. 이는 처음으로 색상 효과를 추가해본 것으로 그에 따른 장점이 두 가지 있었다. 즉, 문서 나이에 대한 정보가 전달될 뿐 아니라, 다양하게 변하는 희색 음영 덕분에 다이어그램 모양이 전반적으로 더욱 읽기 쉬워졌다는 점이다. 복잡한 다이어그램에 정보를 추가하면 실제로 가독성이 뚜렷해지곤 하는데, 직관과 다르기는 하지만 보통 시각화를 할 때 이런 현상은 자주 일어난다.

원저자

어쨌든 우리의 진짜 목표는 집단 편집 이면에 있는 인간 동역학human dynamics을 보는 일이었고, 이를 위해 원저자authorship를 표시할 필요가 있었다. 각 편집마다 원저자 정보(로그인한 편집자의 사용자명, 또는 익명 참여자의 IP 주소)가 붙어 있기 때문에, 필요한 데이터는 이미 다 있는 상황이다. 그럼 편집자 개개인에 색깔을 어떻게 지정해야 할까? 결국 편집에 참여한 사람들이 서로 구별이 되도록 색상의 범위를 넓게 활용하되, 여러 페이지에서 한 참여자는 동일한 색상으로 표시되도록 하고자 했다. 동시에 로그인한 참여자와 익명 참여자도 구분하려 했다.[4]

생각 끝에 소프트웨어를 이용하여 색상의 밝기brightness와 채도saturation를 무작위로 골라 각각의 편집자를 표시하는, 흔치 않은 방식을 택했다. 하지만 편집자 이름의 자바 '해시코드hashcode'에 따라 색상이 결정되었으므로 전적으로 무작위는 아니었다. 해시코드 기법을 활용하면 다이어그램 전탄에서 색상에 일관성이 생기며, 색상이 변화하는 폭이 최대한 넓어진다. 이때 익명의 편집자는 밝은 회색 음영으로 표시했다.

그 결과 시각적으로 극적인 효과가 생겼다.(그림 11-5). 한눈에 보기에도, 익명의 편집자가 다수인 페이지(회색 바다)와 로그인한 참여자가 전부 혹은 대부분을 편집한 페이지(색상으로 뒤덮인) 사이에 차이점이 금방 드러났다. 또한 소수의 편집자들이 내용의 대부분을 작성한 문서도 알아보기 쉬웠다. 덧붙여 화면 왼쪽에 범례를 달아 색상과 저자명을 연관지었다.

[4] IP 주소와 실제 참여자 사이에 뚜렷한 상관 관계가 없기 때문에 IP 주소에 따라 익명의 사용자에게 다른 색깔을 부여하는 것은 사실상 신뢰성이 떨어지는 방법으로 보인다. 다른 시간에 공동 네트워크를 통해 로그인하면 서로 다른 사람이라도 같은 IP 주소를 받을 가능성이 있지만, 역으로 같은 사람이 다른 IP 주소를 통해 편집하는 일은 드물기 때문이다.

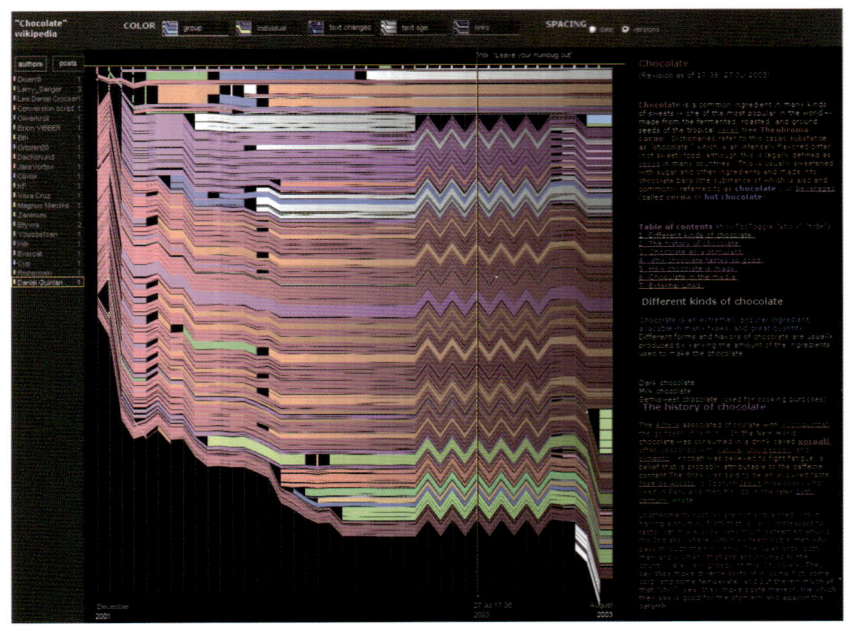

그림 11-5 색상을 넣은 역사 흐름. 각 색상은 한 편집자가 작성한 텍스트를 뜻한다.

개별 편집자

다음으로 우리는 개별 편집자들이 기여한 내용을 바로 보기 편하도록 하고 싶었다. 그래서 범례에서 편집자 이름을 클릭 가능하도록 만들었다. 특정 편집자를 선택하면 그 사람이 편집한 부분이 밝은 크림색으로 강조되고, 나머지 영역은 더 어둡게 변하는 식으로 다이어그램 색상이 달라졌다(그림 11-6). 물론 이렇게 하기 전에 다른 방식 몇 가지도 시험해보았다. 단순하게 선택된 편집자의 색상은 밝게 나머지 사람들의 색상은 희미하게 처리하면 선택 내용이 눈에 잘 띄지 않았으며, 선택된 사람을 흰색으로 표시하면 익명 편집자의 회색 음영과 혼동이 되었다.

이후 다른 속성과 표현 방식을 몇 개 추가하긴 했지만, 프로그램이 가지고 놀기 재미있어진 바람에 개발 작업은 느려지고 있었다. 아마도 너무 재미있었던 것 같다! 그렇게 우리 둘은 코드를 작성하는 대신 다양한 패턴에 매료되어 문서를 하나씩 넘겨보는 데 많은 시간을 보냈다.[5] 시각화 개발 과정에서 이런 현상이 나타나면 늘 좋은 신호다. 그리고 사람들이 책상 옆을 지나다가 화면에 표시된 그림에 이끌려 우리와 길게 이야기하게 되는 현상을 보니 더 좋은 예감이 들었다.

5
아직도 연구해보지 못한 대안이 많이 있다. 벤 프라이가 프로세싱 개발환경 진화 과정을 보여줄 용도로 독립적으로 만든 리비저니스트 revisionist(http://benfry.com/revisionist/) 라는 버전 이력 다이어그램에서 우리는 하나의 시각화의 평행우주를 언뜻 보았다. 그는 색상과 상호작용 기능 대신에 전체적인 모양을 활용했는데, 문서의 위치를 y축 상에 배치하고 우아한 곡선을 사용해서 시간에 따른 변화를 추적하기 쉽도록 표현했다.

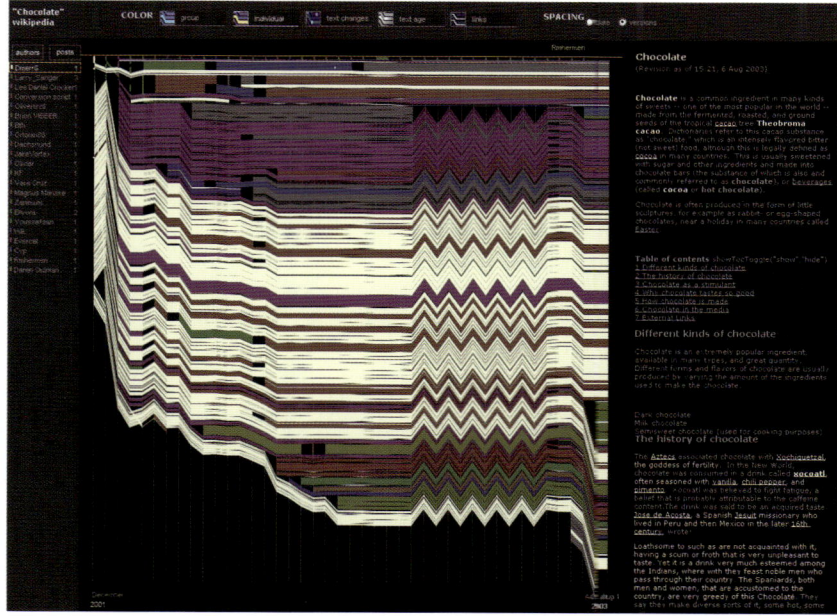

그림 11-6 한 편집자가 오랫동안 기여했음을 크림색으로 보여준다.

    이 시각화는 각 문서에 관련된 편집자 집단, 각 편집자가 변경한 내용의 종류, 진행 방향에 대한 의견 충돌의 발생을 빠르게 짐작하도록 해준다. 우리는 끝도 없이 많은 문서를 시각화하려는 충동과 싸우는 대신에, 시각화 기법 연구는 적어도 지금은 충분하다고 결론 내렸다. 무엇보다 조사를 뒷받침할만한 협동 패턴을 보여준다는 초기 목표는 분명히 달성되었다. 그래서 우리는 그 다음으로 시각화로 학문적 결론을 얻는 쪽으로 관심을 돌렸다.

▌실전 역사 흐름

    문서들을 검토했을 때처럼, 이번에도 탐색 모드로 시작했다. 우리는 다이어그램을 하나씩 검토하며 무엇이 정상이고 무엇이 이상한지 천천히 감을 잡기 시작했다. 우리는 구별이 되는 행동 부류를 몇 가지 발견했는데, 편집자들이 반복해서 다른 사람의 변경을 되돌리는 '편집 전쟁'이 그 일례로, 시각화에서는 두드러지는 지그재그 패턴으로 나타났다. 더 중요한 점은 그림이 우리에게 보여주는 어떤 단

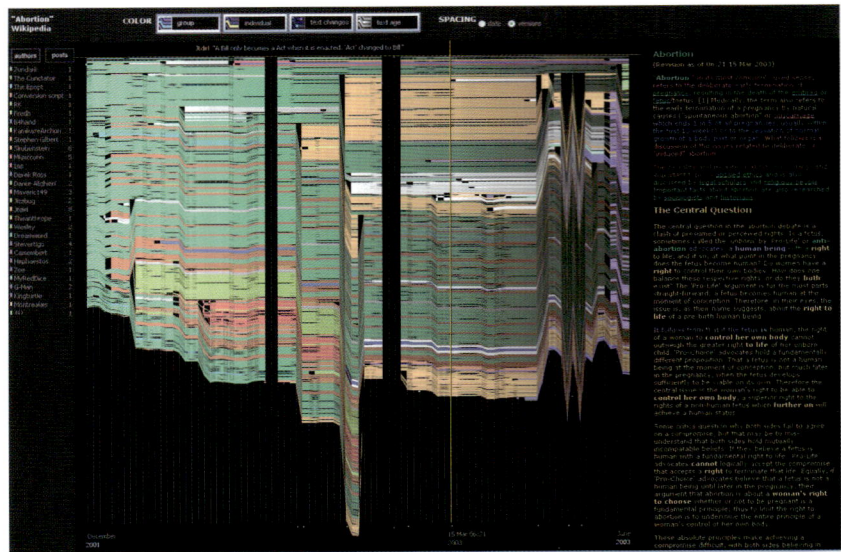

그림 11-7 판 사이 간격을 균등하게 표현한 'Abortion' 문서의 편집 역사. 검은색 틈은 '대량 삭제', 즉 한 편집자가 특정 문서의 모든 내용을 지우는 문서훼손 행위를 나타낸다.

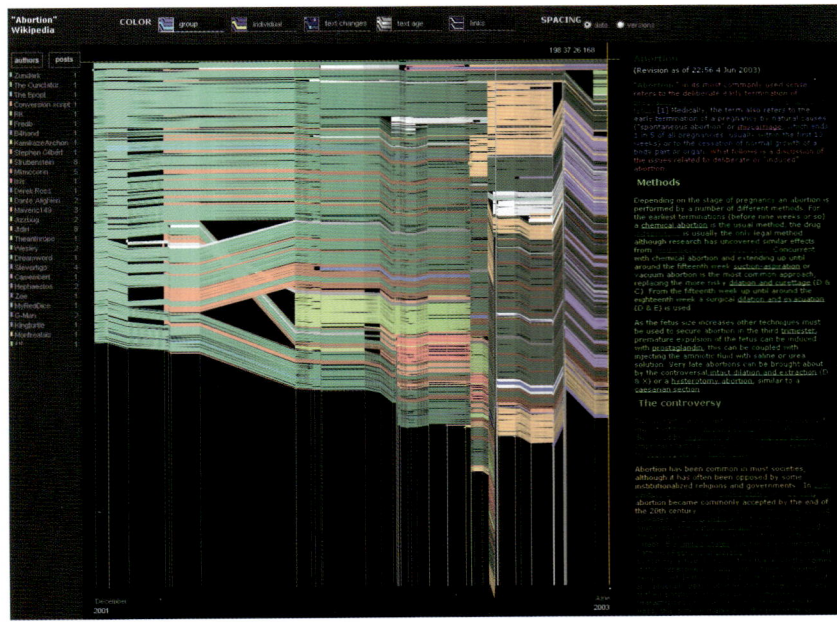

그림 11-8 판을 시간 간격으로 배치해서 본 'Abortion' 문서의 편집 역사

서를 추적하기 시작했다는 점이다.

앞서 말한 'Abortion'처럼 종종 훼손되는 문서를 조사하는 일은 우리가 어떻게 시각적 단서를 추적해서 정성적인 연구에서 정량적인 연구로 전환했는지에 대한 좋은 예이다. 그림을 보니 문서훼손 사례가 보통 몇 분밖에 지속되지 않는다는 사실이 명백해졌다. 역사흐름 다이어그램에서 판 사이의 간격을 균등하게 가정했을 때 악의적으로 삭제했음을 나타내는 특유한 검은색 갈라진 틈 패턴이 보였는데, 판 간격을 편집일로 해서 보면 이 틈은 보통 사라졌다(그림 11-8).

하지만 많이 발견되는 패턴이라고 해서 곧바로 과학적인 증거가 되지는 않는다. 그렇게 생각되는 문서들이 우연하게도 특별히 논란이 많은 문서이거나, 잘 관리되는 경우일지도 모르기 때문이다. 문서훼손이 발생한 후에 빠르게 복구되는 현상이 정말로 광범위한지 확인하려면 훨씬 더 많은 페이지를 고려해야 했다. 그래서 우리는 위키백과 편집판 데이터베이스 전체를 한번 훑어보았다. 동료인 쿠샬 데이브Kushal Dave의 도움을 받아, 특히 심각한 문서훼손 사례를 식별하는 기준을 세우고, 이 기준에 맞는 편집판을 모두 조사하는 프로그램을 작성했다. 문서훼손 사례가 있는 편집판 중 대다수는 몇 분 이내에 원상 복귀되는 것으로 밝혀졌으며, 이를 통해 위키백과 편집자들이 변경 내용을 면밀히 감시한다는 사실을 알 수 있었다.[6]

결과 알리기

주관적 느낌을 통계로 확인함으로서 퍼즐의 마지막 조각을 맞췄으며, 처음에 위키백과에 관해 궁금했던 내용에 대해 만족스러운 해답을 얻었다. 대다수가 파괴적인 행동에 대한 흔적을 알아보지 못하는 이유는 이런 행동이 존재하지 않아서가 아니라, 빠르게 수정되기 때문이다. 우리는 이 결과를 정리해서 과학 논문으로 제출했으나, 거기서 그치지 않았다.

특정 숫자를 구하는 일에는 과학적 논증을 뒷받침할 뿐 아니라 결과를 설명하기 쉽게 하는 무언가가 있다. 결론적으로 시각화는 숫자에 깊이와 상세함을 더함으로서 신뢰성을 높인다. 우리는 학계 외부에서도 우리 결과에 관심 있어 한다는 사실을 깨달았다. 위키백과의 내부 동작 원리를 잘 모르는 사람들은 온라인 공공 백과사전에서 일어나는 편집의 마술과 드라마에 금방 끌렸다. 반면 오픈소

[6] 우리는 문서 길이가 극적으로 감소하는 사례 외에도, 페이지에 외설스러운 내용이 있는 경우도 찾았다. 확실히 모든 문서훼손 사례를 식별하지는 못했지만, 골라낸 편집판들은 분명 대체로 악의적이었다.

스 스타일의 편집 방식을 알고 있는 학자들은 이미지의 명료함과 한꺼번에 표시되는 정보의 풍부함에 경탄했다. 역사흐름 프로젝트는 온라인 집단을 시각화함으로서 문화적 호기심과 과학 연구 양 측면에서 그 가치를 입증했다.

▎크로모그램: 한 명씩 시각화하기

2006년 우리는 위키백과를 다시 방문했다. 위키백과는 번성하고 있었고, 우리는 사람들이 관련된 내용(특히 편집판을 많이 작성한 활동적인 참여자들의 핵심적인 소규모 그룹)에 대해 더 알아보고 싶었다. 그들이 시간과 에너지를 분배하는 전략은 무엇이었을까? 특히 이 데이터가 요하이 벤클러Yochai Benkler의 '동료 생산peer production'[7] 모형과 일치하는지에 가장 큰 관심이 있었는데, 이 모형은 위키백과에서부터 리눅스 탄생에 이르기까지 여러 활동을 통일하는 모형이었다.

재주가 많은 인턴인 케이트 홀린바크Kate Hollenbach와 작업하면서, 우리는 다른 이용자를 차단하거나 페이지를 삭제하는 등의 특별 권한을 가진 슈퍼유저superuser인 사이트 관리자 'admins'들의 편집 역사를 분석해보기로 했다. 관리자들은 통상적으로 편집 역사가 길며, 위키백과 커뮤니티에서 헌신적인 핵심 이용자를 대표한다.

이 데이터를 이해하려는 첫 시도로 시간에 따른 활동도 레벨을 나타내는 일련의 도표와 그래프들을 만들게 되었다. 활동도 도표를 제작하는 일 자체는 복잡하지 않았다. 이 데이터를 표시하는 표준적 방법은 시간을 x축으로 하고, 편집 횟수를 y축으로 하는 선 도표line chart를 그리는 것이다. 우리는 명백하기는 하지만 정보 가치가 없어 보이는 이런 일련의 도표들을 연구 대상으로 삼았다. 하지만 역사흐름 다이어그램의 경우와 달리, 예상 못했던 패턴이나 앞으로 조사할 내용에 대한 명백한 단서를 찾지는 못했다.

이 간단한 그래프가 데이터를 너무 많이 요약한다는 점, 즉 수천 개의 편집판을 수치 시계열 하나로 압축하는 바람에 중요한 정보가 결국 사라진다는 점이 한 가지 문제점으로 보였다. 우리는 시각화 프로젝트에서 전형적인 결정 상황에 직면하고 있었다. 데이터를 두루 살펴볼 때 '얼마나 지면 가까이에서 날아야 하는가?'라는 질문에 대해 흥미로운 소규모 패턴이 있는지 없는지 선험적으로 알 방

---

[7] 옮긴이 수많은 개인들이 자발적으로 조직되어 생산에 참여하고, 그 결과를 공유하는 방식으로 재화나 서비스를 생산하는 사회경제적 현상을 가리키는 용어. 동료 생산은 계층 구조로 된 기업 조직에 기반하는 전통적인 기업 생산과 대비되는 개념이다. 위키백과, 리눅스 프로젝트 등이 동료 생산 모형의 예다.

법은 없다. 하지만 30,000피트 상공에서는 쓸만한 것이 보이지 않기에, 더 접근하여서 살펴보는 수밖에 없었다.

모든 데이터를 보여주기

'지면'에 더 가까이 가기 위해 각 편집자가 편집한 페이지를 하나씩 보기로 했다. 위키백과 편집은 반복적이고 복잡한 일로, 우리가 만든 시각화가 그런 내용을 반영할 필요가 있다고 느꼈다. 어려운 점은 어떤 관리자가 100,000번의 편집을 했다는 사실이었다(가장 활동적인 참여자는 평균적으로 2년에 걸쳐서 10분당 한 번 정도 편집했다)! 이렇게 많은 데이터 점을 그림으로 이해가 쉽도록 표현하는 시각화 기법은 별로 없어 보였다.

그렇지만 방대한 데이터셋을 렌더링하는데 뛰어난 기법이 한 가지 있다. 학술 문헌에서 픽셀 채우기<i>pixel-filling</i> 시각화로 불리는 이 방법은 각 데이터 점을 하나의 픽셀이나, 기껏해야 매우 작은 사각형 하나로 표시한다. 픽셀 채우기 시각화 방법은 정보를 화면에 최대한 빽빽하게 채우는데, 바로 그 밀도가 섬세한 아름다움을 만든다. 이는 예술가 제이슨 샐러빈<i>Jason Salavon</i>이 전체 영화 장면을 픽셀로 표현하는 방식으로 만든 작품에서 영감을 받아 이 기법을 더 탐구한 것이다.[8]

우리는 이 기법을 적용해서 관리자가 이제까지 편집한 각각의 내용을 작은 사각형으로 표시했다. 그리고 시간의 흐름에 따라 왼쪽에서 오른쪽, 위에서 아래로 읽히도록 사각형들을 사각형으로 배치했다. 그러면 공간적 위치가 연속적인 순서 정보를 나타내므로, 활용할 변수가 딱 하나 남는데, 바로 색상이다. 이는 기본적으로 정의상, 모든 픽셀 채우기 시각화에서 통하는 이야기이다. 보통 색상은 수치 데이터 차원을 표현하는 기울기<i>gradient</i>로 정의된다. 여기서 어려운 점은 가장 중요한 변수(문서 제목과 편집자 의견)가 미가공 텍스트라는 점이다.

이런 텍스트들을 색상으로 바꾸어 표현하는 데는, 역사 흐름에서 사용한 해시 코드 기법을 활용하는 편이 자연스러울 듯하여, 이 기법을 쓰고 나니 패턴이 보였다. 한 편집자가 같은 페이지를 연이어 편집한 경우에는 색상 막대가 길게 나타났다. 한편 어떤 경우에는 반복 패턴이 전혀 보이지 않았는데, 이는 여기저기 페이지를 떠돌며 한 번만 편집하고 다시 돌아보지 않는 경향이 있는 편집자를 가

[8] 2000년에 샐러번은 'The Top Grossing Film of All Time, 1x1'라는 제목의 작품으로 영화 '타이타닉'을 묘사했다. 이 작품에서 영화의 각 프레임을 하나의 점으로 표시했는데, 점의 색상은 해당 프레임에 있는 모든 색의 평균치였다.

리켰다. 그런데 전보다 더 상세히 관찰하는데도, 유용한 정보가 보이지 않는다는 느낌을 계속 받았다. 일례로 문서 제목에는 해시코드 기법으로는 포착하지 못하는 구조가 있었다. 서로 관련된 문서들은 흔히 같은 구절로 시작한다(예 'List of' or 'USS'). 우리는 각 문자열의 첫 번째 글자로 색상을 결정하는 알파벳 색상 체계를 사용하면 이런 구조가 유지된다는 점을 깨달았다. 그림 11-9는 알파벳 색상 체계를 설명하고, 그림 11-10은 어떻게 다이어그램이 구성되는지 보여준다.

그림 11-9 위키백과 편집 요약글에서 주로 쓰이는 단어별 색상의 예

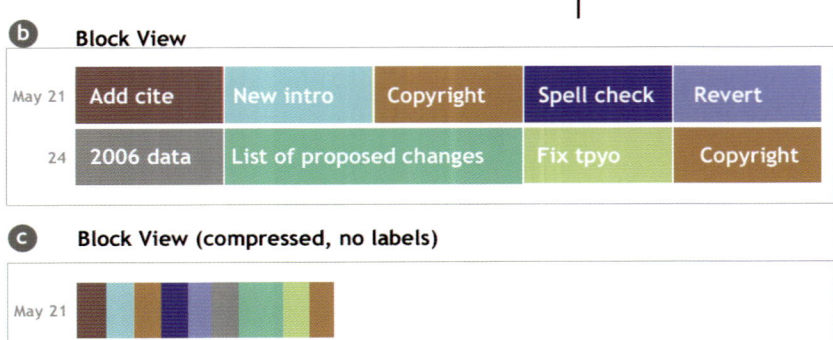

그림 11-10 편집별 요약글을 시각화하는 크로모그램의 구성 방식

216 11장 아름다운 역사: 위키백과 시각화하기

우리가 본 것

이 색상 체계를 적용하고 나니, 그림에 초점이 생겼다. 시각화한 편집 역사들은 여전히 복잡하고 자세히 볼 필요가 있었지만, 훨씬 더 많은 종류의 패턴이 보였다. 다음에 나오는 이미지에 우리가 관찰한 내용이 보인다.

그림 11-11은 두 가지 주요 색깔로 구성되어 있는 문서 제목 편집 역사를 나타내고 있다. 이 패턴은 'births(탄생)'과 'death(죽음)'이라는 단어와 관련된 것으로 밝혀졌다. 전형적인 제목은 'Births in 1893(1893년생들)'이다. 이 편집자는 유명한 사람의 탄생일과 사망일 정보를 해당 연도 페이지에 입력하는 중이었다.

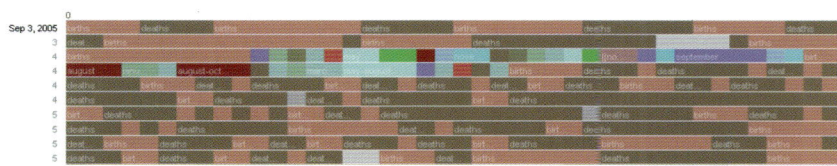

그림 11-11 'birth'와 'death' 문서 편집

어떤 편집자는 좋아하는 주제를 찾아서 그것만 계속 편집한다. 그림 11-12는 보라색 투성이인데, 여기서 보라색은 'USS' 또는 'United States Ship' 접두사를 뜻한다. 이 편집자는 미 해군the United States Navy의 특정 선박에 대한 페이지를 편집하는 중이었다.

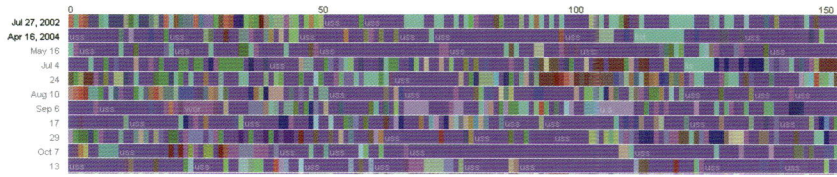

그림 11-12 1,000번 이상의 편집이 대부분 'USS'로 시작하는 문서이다.

다이어그램 몇 개를 훑어보고 나니, 색상 배열이 조밀하고 무작위처럼 보이다가 때때로 중간에 같은 색조가 연달아 나오는 패턴에 익숙해졌다. 그래서 그림 11-13에서 몇몇 부분이 무지개 같은 색깔로 된 것을 보았을 때는 깜짝 놀랐다.

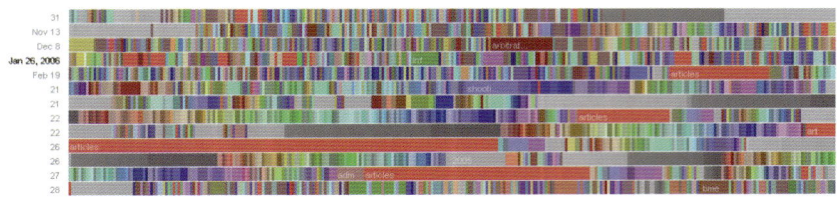

그림 11-13 무지개 패턴

눈길을 끄는 이 패턴은 문서 제목들이 알파벳 순서로 배열되어 있음을 뜻한다. 우연히 알파벳 순으로 짧게 배열될 수는 있지만, 패턴이 많은 데다가 어떤 구간은 상당히 길었다. 이것은 제일 먼저 조사할 만한 가치가 있는 완벽한 예제였다. 왜 이런 일이 일어나고, 또 위키백과에는 어떤 영향을 끼칠까?

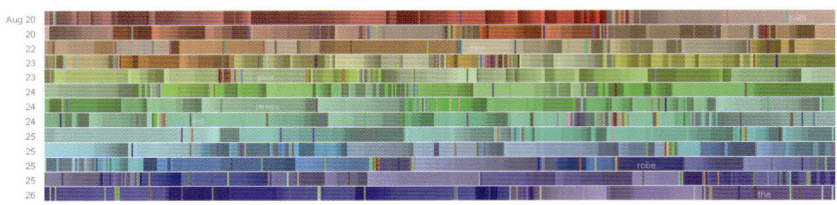

그림 11-14 '봇'

몇몇 무지개 패턴은 애매했다. 그 밖에는 그림 11-4와 같았다. 누가 이렇게 체계적으로 편집을 했을까? 이용자 페이지를 조사해보았더니, 이런 일이 '봇bot'(자동으로 편집을 수행하도록 설계된 소프트웨어 프로그램) 때문임을 깨닫게 되었다. 이 편집 내용은 대량의 문서를 지리적 위치에 따라 기계적으로 분류하는 것이었다.

데이터 분석하기

역사 흐름 프로젝트 때처럼, 우리는 통계를 통해 시각적 인상의 일부(예를 들면 알파벳 순으로 편집해서 나타나는 무지개 문제)를 검증해보기로 했다. 먼저 이런 배열을 식별하는 프로그램을 작성하고 그 배열이 우연히 나타날 확률을 계산해서, 이 현상이 무작위 사건이 아님을 검증했다. 그리고 나서 한발 더 나아가 '만약 많은 사용자가 알파벳 순으로 편집한다면, 알파벳 순서에서 빠른 글자로 시작하는 제목의 문서에 더 많은 관심이 쏠린다는 뜻일까?'라는 것을 알아보기로 했다. 특히 처음에 낙관적으로 생각하고 수많은 페이지를 편집하려 하다가, 중도에 포기하는 사람들도 있을 법했다. 이 가설을 테스트하기 위해 데이터를 모으고 나서, 문서 제목의 알파벳 순서와 편집 횟수 사이에 음의 상관관계를 발견했는데, 이를 통해 'a'로 시작하는 제목의 문서가 'z'로 시작하는 문서보다 더 자주 편집된다는 직관이 확인되었다. 그 관련성이 완전하지는 않았지만(예를 들어 글자 L은 가장 많이 편집되었는데, 문서 제목이 리스트*list*의 'l'로 시작하는 경우가 많았기 때문이다), 통계적으로 유의할 만큼은 뚜렷했다.

무지개 패턴 덕에 편집자들이 다른 이의 작업 외에도 자기 자신의 작업을 조작하기 위해 어떻게 목록을 사용하는지 더 자세히 들여다보게 되었다. 이 현상은 작업이 작은 단위로 나뉘고 사람들이 시간을 그 벤클러의 동료 생산 모형에 잘 들어맞도록 사용한다는 것을 알았다. 그 모형에서는 작업을 작은 단위로 쪼개고 사람들이 자신의 시간을 배분한다. 이 시각화로 우리는 연구를 시작할 때 던졌던 의문에 대한 만족스러운 해결에 도달하게 되었다.

▎결론

이 이야기가 보여주는 것처럼, 시각화를 창작하는 일은 잘못 시작하거나 막다른 골목에 다다르는 길을 수반한다. 이 길에서 우여곡절이 있더라도, 마구잡이로 가는 것은 아니다. 이 장의 두 예제는 모두 일관된 과정을 따르며, 우리는 그 과정을 통해 수십 개의 시각화를 개선해왔다. 이제까지 시각화 프로젝트에서 핵심이라고 깨달은 세 가지 금언은 다음과 같다.

실제 데이터로 작업하라!
좋은 데이터를 얻기란 보통 어렵고 성가신 일이다. 데이터베이스를 얻는 법적 계약을 진행하든 웹에서 정보를 모으는 프로그램을 작성하든 간에, 시각화를 위한 재료를 얻는 일은 어렵다. 아마도 그 이유 때문에 많은 사람이 데이터를 모으면서 시각화도 디자인하는 일을 동시에 하려 한다. 경험상 이런 시도는 대부분 실수로 볼 수 있다. 예를 들어 크로모그램 프로젝트에서도 알파벳 순 색상 체계

가 의미 있을지도 모른다고 깨달았던 때는 관련 문서 제목을 보고 난 후였다.

우선적으로, 그리고 자주 시각화를 하라. 하지만 그만둘 때를 파악하라!
다른 종류의 소프트웨어를 개발할 때처럼, 되풀이하며 작업하는 것은 중요하다. 우리가 했던 프로젝트는 각각 일련의 스케치에서 시작됐다. 역사 흐름에서는 이 스케치들이 결국 최종 시각화로 발전했다. 크로모그램에서는 스케치를 버리고 데이터를 다른 관점으로 보았다. 각각의 사례마다 상세함의 정도(즉 입자의 크기the amount of 'granularity')를 조절했다. 역사 흐름에서 저자별로 색상을 추가하고 편집 나이를 표시하니 다이어그램에 초점이 생겼다. 크로모그램의 경우 데이터를 가장 정밀한 수준으로 보기 전에는 쓸만한 내용을 전혀 찾지 못했다. 그만둘 때에 대한 신호에 주의를 기울였기 때문에 되풀이 과정Iteration이 영원히 반복되지는 않았다. 역사 흐름이나 크로모그램 둘 다 손질할 여지가 더 많지만 보려 했던 것을 보고 있다고 느끼는 단계에는 도달했다.

더 큰 과정을 감지하라!
시각화는 일련의 더 큰 분석 과정 중에 한 단계에 불과하다. 이 일련의 작업은 질문(위키백과가 왜 잘 되는가?)이나 방대한 영역의 조사(위키백과 편집자들이 어떻게 그 작업을 해내는가?)에서 시작해서 분석, 문서화, 결과 프레젠테이션으로 끝난다. 좋은 시각화는 일련의 작업들의 연결고리를 중시해서, 초기 연구를 진행하도록 올바른 정보를 담아내고 이후의 분석을 이끌고 결과를 전달하는데 도움이 되는 정확한 관점을 유지한다.

위키백과에 수록된 'Chocolate(초콜릿)' 표제 문서의 역사 흐름 다이어그램. 각 색상은 같은 편집자가 작성한 텍스트를 뜻한다.

12장

테이블을 트리로 교체: 패러럴 셋을 이용하여 목적이 뚜렷한 시각화하기

로버트 코사라 | Robert Kosara

원래 학술 소프트웨어 프로젝트는 처음 아이디어에서부터 논문으로 써도 될 만큼 다루기 어렵고 복잡하고 독창적인 무언가로 성장하는 경향이 있다. 논문에 싣기 위해 기능들을 마지막 순간에야 추가하는 경우도 종종 있는데, 이때 기능들을 프로그램에 어떻게 잘 통합할지, 내부 설계에 어떻게 잘 맞도록 할지는 별로 고려되지 않곤 한다.

그 때문에 학술 프로그램의 상당수는 설계가 뒤엉키고 버그가 많으며 솔직히 창피한 수준의 프로그램이 된다. 결국 논문이 출판되어도 프로그램은 출시를 못하게 되고, 시각화 과정에서 근본적인 문제(이론적으로는 재현이 가능하지만, 실제에서는 드물게 일어나는 문제)를 드러내게 된다. 수많은 프로그램과 신기술들이 기존의 것을 기반으로 하지 않고 급조되곤 한다.

가장 좋은 모델은 최대한 빨리 소프트웨어를 출시하고 나서, 프로젝트의 전반적인 목적에 맞도록 소프트웨어를 개선하고 재설계하는 것이다. 하지만 이렇게 되는 경우는 드문데, 재구현(또는 완전한 리팩터링refactoring)에는 학술적 가치가 없기 때문이다. 그렇게 하는 대신 사람들은 다음 프로젝트를 시작해버린다.

처음에 구현했던 패러럴 셋Parallel Sets(http://eagereyes.org/parallel-sets)의 원형prototype도 별다를 바 없긴 했지만, 우리는 아이디어가 학문 영역 외에서 실제로 활용되려면 작동하는 프로그램이 있어야겠다고 생각했다. 그래서 그동안 핵심 내부 구조에 대해 쌓아왔던 이해를 바탕으로 패러럴 셋을 다시 설계하기 시작했다. 그 과정에서 프로그램을 개선했을 뿐 아니라 기반 아이디어를 명확하게 나타내도록 시각화 내용도 수정했다.

범주형 데이터

시각화 기법 수백 개가 각종 문헌에서 소개되지만(매년 문헌도 추가된다), 범주형 데이터categorical data를 특별히 다루는 기법은 얼마 되지 않는다. 범주형 데이터는 특별한 의미가 있는 값 몇 개로만 구성된다(숫자로만 구성된 연속 수치형 데이터continuous numerical data와는 반대이다). 범주형 데이터의 예로는 성별(남성 또는 여성)이나 인종, 건물 종류, 사용되는 난방용 연료 등 전형적인 인구 조사 데이터가 있다. 실제로 수많은 분석 작업에서 범주형 데이터는 필수다. 우리가 이 기법을 설계하는 데 사용했던 데이터는 고객 대상 설문조사 데이터로, 객관식 문항이 99개에 응답자가 거의 100,000명에 달할 정도로 분량이 많았다. 응답자는 세제나 여타 가정용품 같은 소비재에 대한 질문 외에도 가정 수입, 자녀 수, 자녀의 연령 등 인구 통계학에 관한 질문을 받았다. 정보를 정밀하게(구체적인 연령 같은 정보) 수집 가능한 경우에도, 이후의 분석에 도움이 될 만한 집단으로 정보값을 분류했다. 이런 방식으로 모든 정보 차원을 순전히 범주형 데이터로 만들었기에 보통의 방법으로는 시각화하기가 거의 불가능해졌다.

  이 장에서 패러럴 셋을 설명하며, 사용할 데이터셋은 바로 타이타닉호에 탑승한 사람에 대한 데이터이다. 우리에게는 표 12-1에서처럼 승객 개개인의 좌석 등급(1등석, 2등석, 3등석 또는 승무원석), 성별, 나이(어른 또는 어린이), 생존여부에 대한 정보가 있다.

차원(Dimension)	값
좌석 등급	1등석, 2등석, 3등석, 승무원
성별	남성, 여성
나이	어린이, 어른
생존 여부	그렇다, 아니다

표 12-1 타이타닉호 데이터셋

범주형 데이터에 특별히 잘 맞는 시각화 기법은 실제로 세 개 정도밖에 없는데, 트리맵(Shneiderman 2001), 모자이크 그림(Theus 2001), 패러럴 셋이 그것이다. 그 이유는 데이터는 값이 띄엄띄엄 있는 반면에 시각 변수들(위치, 길이 등)은 대부분 값이 연속적이라 둘이 잘 어울리지 않기 때문이다. 몇몇을 제외한 나머지 데이터 차원이 연속적이라면 범주형 데이터를 수치형*numerical* 데이터처럼 취급해도 괜찮지만, 전부 범주형 데이터라면 그렇게 할 수도 없다(그림 12-1). 대부분의 수치형 데이터는 그 자연 분포에서 개략적인 값의 개수 분포를 구하는 게 가능하지만, 값의 종류가 몇 가지 안 될 때는 분포를 구하는 것이 사실상 불가능하다.

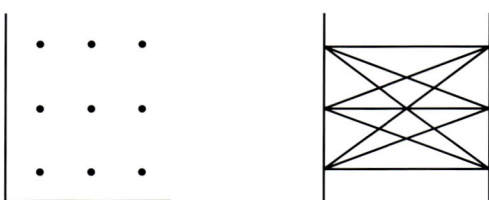

그림 12-1 고전적인 기법을 사용하여 범주형 데이터를 시각화함. 산포도(왼쪽)와 평행 좌표계*Parallel Coordinates*(오른쪽) 두 경우 모두 너무 많은 데이터가 겹쳐 그려진 바람에, 간단한 요령(데이터점을 조금씩 옮겨 그리는 방법 등)을 써도 정보가 별로 전달되지 않는다.

패러럴 셋

패러럴 셋 또는 ParSets(Bendix 2005, Kosara 2006)는 범주형 데이터 시각화에 특화된 기법으로 고안됐다. 우리는 고객 설문조사 데이터를 분석하는 전문가들과 이야기를 하면서 그들이 던지는 질문이 설문조사의 개별 응답보다는 답변의 부류, 집합 또는 교집합에 기초하는 경우가 많다는 점을 깨달았다. 5세 이하 자녀를 세 명 이상 둔 사람 중에 유명 상표의 세제를 구입하는 사람은 몇 명인가? 다른 말로 하자면, 집합 A에 속하는 구성원들 중에 집합 B에도 속하는 사람은 몇 명인가? 타이타닉호 생존자 중에 1등석 승객은 몇 명인가(즉 좌석 등급 차원에서 '1등석' 범주에 속하는 동시에, 생존자 차원에서 '그렇다' 범주에 속하는 사람은 몇 명인가)? 그중에 여성은 몇 명인가(즉 그중에 성별 차원에서 '여성' 값인 사람은 몇 명인가)? 같은 질문 등이다.

이 이야기는 수천 개의 데이터 점을 각각 그리기보다는, 데이터에 존재하는 집합과 부분집합, 그리고 그 집합의 크기를 같이 보여주기만 하면 된다는 뜻이다. 이론적으로 생각해보면 집합의 개수와 상대적 크기가 변하지 않는 경우 실제 데이터셋의 크기와 패러럴 셋 기법은 별 상관없음을 알 수 있다.

패러럴 셋은 데이터를 집합들로 표시하는 아이디어 외에 평행 좌표계Parallel Coordinates(Inselberg 2009)라는 유명한 고차원 수치형 데이터 시각화 기법에 강하게 영향을 받았다. 두 방법 모두 축을 평행으로 배치한 덕분에 트리맵이나 모자이크 그림처럼 계층적으로 포개진 구조보다 해석 및 대조가 쉬우며, 특히 차원의 수가 늘어날수록 더 그렇다. 이런 방식으로 배치하면 상호작용을 효과적으로 설계하기도 더 쉬워진다.

패러럴 셋(그림 12-2)의 처음 버전에서는 상호작용보다는 범주를 먼저 고려했다. 범주들을 각 축에다 상자로 표시했는데, 그 크기는 각 범주가 대표하는 모든 데이터 점의 비율에 대응한다. 통계학 용어로 이 비율은 주변분포marginal

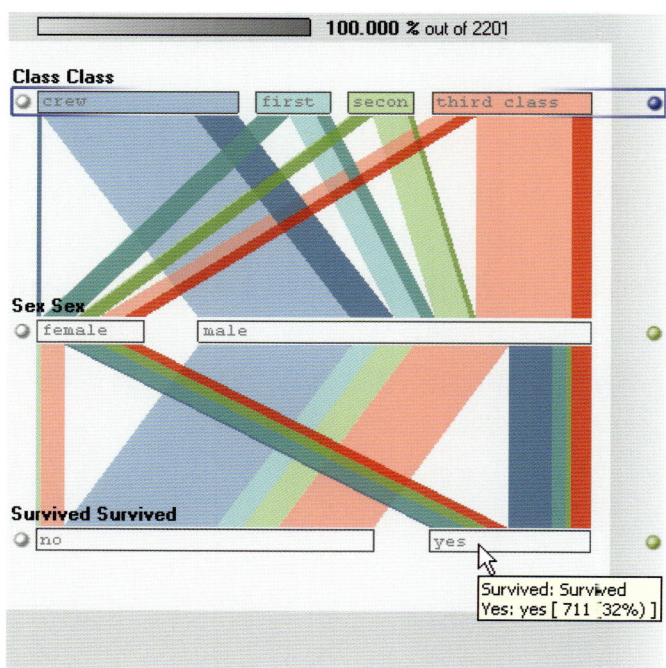

그림 12-2 패러럴 셋 초기 디자인

distribution(또는 주변확률marginal probability)라고 한다. 각 축은 기본적으로는 막대도표인데, 막대가 나란히 서있는 대신 기울어져 있다.

그림 12-2의 막대들을 해석해보면, 타이타닉호 탑승자의 좌석 등급 중에 승무원이 많고, 3등석이 그 뒤를 따르는 것이 쉽게 보인다. 1등석은 3등석보다 한참 적지만, 실제로 2등석보다는 많다. 탑승자 대다수가 남성(거의 80%)이고, 탑승자 중에 대략 3분의 1만이 생존한 점도 아주 명백하다.

리본은 서로 겹치는 범주를 잇는다. 예를 들면 1등석과 여성의 교집합이 얼마나 되는지 보여줘서, 1등석 승객 중 여성의 비율이 얼마인지 표시한다. 리본은 막대도표의 나열보다 패러럴 셋이 더 나은 요소인데, 동시에 여러 축의 분포를 보기 때문에 다른 방법에서는 찾아내기 어려운 패턴을 식별하고 비교하는 것이 가능하기 때문이다.

타이타닉호 사례에서는 좌석 등급마다 여성의 분포가 같지 않음이 명백하다. 1등석 승객은 거의 50% 정도가 여성인 반면, 2등석, 3등석으로 갈수록 점점 남성이 대다수를 차지한다. 승무원은 95% 이상이 남성이다.

그런데 분명 리본 아이디어는 유용하긴 하지만, 약간의 문제점도 있다. 리본을 넓이 순으로 정렬해서 더 넓은 것을 먼저 그리는데, 결국에 좁은 리본이 맨 위에 그려져서 눈에 너무 띈다. 또한 범주가 많으면 리본도 많아져서, 결국 결과 그림이 읽기에 너무 복잡해지고 상호작용 기능을 넣기도 어려워진다.

패러럴 셋에서 상호작용은 중요한 기능이다. 사용자는 그림에 마우스 화살표를 올려놓아서 실제 숫자 값을 확인하거나, 범주와 차원을 재정렬하고, 차원들을 그림에 추가(또는 삭제)할 수 있다. 축에서 범주를 크기에 따라 정렬하는 기능 외에도, 더 큰 범주로 작은 범주들을 합치는 기능도 있다(예: 모든 승객의 좌석 등급을 하나로 합쳐서 승무원 등급과 더 잘 비교되게 하기).

▎시각적 재설계

패러럴 셋에서 어떤 식으로 리본을 정렬하여 한 축에서 다음 축으로 연결되게 할지 결정하려면 상당히 다양한 실험을 해야 했다. 그러다가 괜찮아 보이는 정렬 방법 두 개를 생각해냈는데, 각각 표준standard과 묶음bundled 방식이라고 이름 붙였다. 표준 방식에서는 리본을 상단의 범주 기준으로만 정렬하기 때문에, 분기 구조는 보여도 차원이나 범주가 많을 때는 시각적으로 상당히 복잡한 그림이 나온다. 묶음 방식에서는 상, 하단 범주로 묶어서 리본이 최대한 평행하도록 배치하는데, 리본의 각 부분을 수직적으로 분리한다는 뜻이다.

이후 이 기법을 재구현하기 시작하고, 시각적 구조를 좋게 표현하는 방식을 찾아보면서야 우리가 그동안 쭉 트리 구조를 다루었음을(그리고 표준 방식이 해결 방안임을) 깨달았다. 데이터 점의 전체 집합은 트리의 루트 노드이며, 각각의 축에서 범주로 세분화된다(그림 12-3). 이 리본은 트리를 표현하는데, 노드를 모아서 막대로 표시했기 때문에 예상했던 바와 달라 보일 뿐이다.

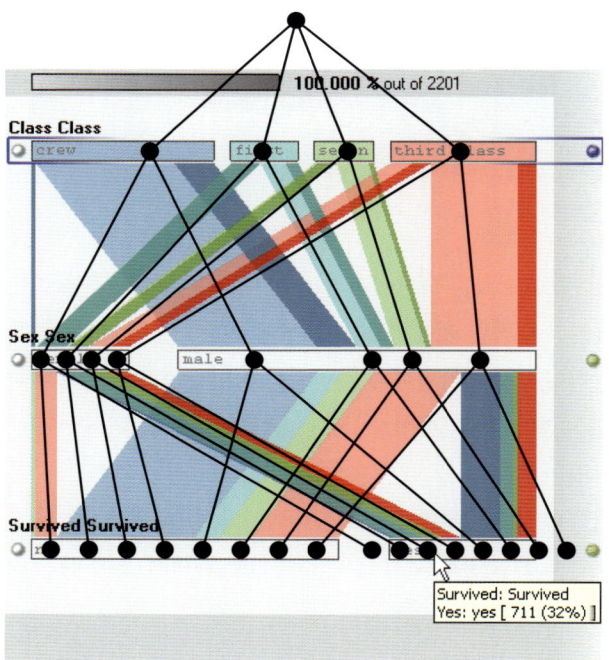

그림 12-3 패러럴 셋의 트리 구조. 각 단계의 노드를 모아서 막대로 표시하고, 노드 사이를 리본으로 연결했다.

이렇게 시각적 표현을 크게 바꾸지 않은 채로 재구현 작업을 계속했지만, 트리에 대한 생각은 머리에서 떠나지 않았다. 그래서 하루는 내 자신에게 질문을 던졌다. 막대를 줄이고 리본에만 집중하면 어떨까? 그랬더니 트리 구조가 훨씬 더 명확해졌다(그림 12-4).

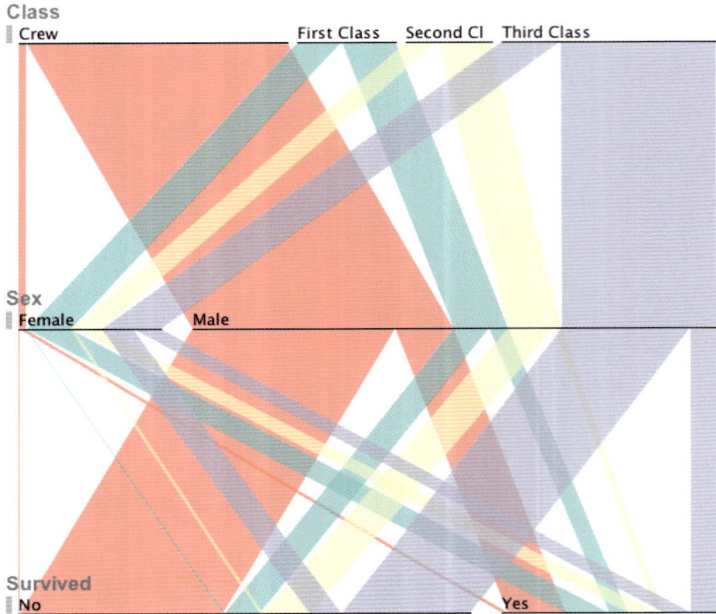

그림 12-4 트리 구조를 훨씬 더 명확하게 보여주는, 새로운 패러럴 셋 디자인

이 간단한 변화로 범주를 표시하는 상자에서 리본이 나타내는 트리 구조로 초점이 이동했다. 새 디자인의 패러럴 셋에서도 여전히 이용자가 마우스 화살표를 선 위에 대면 상자가 나타나지만(시각화에 상호작용성이 있음을 암시하기 위함이다), 이는 단지 목적을 위한 수단일 뿐이다. 정말 관심을 둬야 할 핵심 정보는 부분집합이 분리되는 모습이다.

구조적 명확성이 개선된 데다가 범주 이름표와 데이터 차원의 계층구조가 잘 드러나도록 타이포그래피를 잘 활용한 덕분에 새 디자인의 패러럴 셋이 훨씬 더 보기 좋아졌다.

데이터를 집합의 관점에서 보는 아이디어는 새롭지 않다. 폴라리스*Polaris*(Stolte, Tang, Hanrahan 2002)나 타블로*Tableau*도 비슷한 아이디어이다. 즉 개별 값을 모아서 부분집합으로 분리한다는 아이디어를 바탕으로 개발됐다. 계층구조가 없는 데이터(최근에 트리맵으로 많이 표시되는 데이터)에 트리맵을 적용할 때도 동일한 변환 과정을 거친다. 데이터를 트리 구조로 만들면 데이터를 계층 구조로 표시하는 시각화라면 무엇이든 활용 가능하다. 이 경우에는 트리 구조 자체보다 노드의 크기를 강조하는 트리맵을 쓰는 편이 자연스럽다.

프로그램을 약간만 고쳐서 디자인을 바꾸어 보았는데도, 시각적 변화 내용을 보니(그리고 재구현한 프로그램의 성능이 별로였다는 좀에서도) 데이터 모델의 기초 설계가 잘못되었다는 점이 명백해졌다.

새 데이터 모델

기존 프로그램에서는 데이터가 들어오는 방식대로 큰 테이블 하나로 저장했다. 나중에 추가 데이터 차원을 생성하는 기능을 더했지만 기본 원리는 바뀌지 않았다. 즉, 표시 방식이 변경될 때마다 프로그램이 데이터셋 전체를 탐색하여 범주 조합의 개수를 세어야 했다. 데이터셋이 커지면 계산 속도도 상당히 느려지고 메모리도 많이 필요했다.

데이터를 집합으로 보면 데이터점 하나하나에 관심을 가질 필요가 없다는 점이 큰 이점이다. 실제로 중요한 것은 부분집합이기 때문이다. 그러므로 다음 단계는 자연스럽게 데이터를 모든 가능한 조합으로 분류하고 나서 거기서 사용자가 흥미 있어 할 만한 부분집합을 계산하는 일이 되었다.

이 방식은 통계학에서 교차표cross-tabulation나 피벗 테이블pivot table로 불린다. 데이터 차원이 두 개인 경우에 교차표는 열과 행 각각에 데이터 차원의 범주들이 자리하는 표가 된다(그림 12-5).

Class	Sex		
	female	male	
first	145　44.6% 30.8%　6.6%	180　55.4% 10.4%　8.2%	325 　　14.8%
second	106　37.2% 22.6%　4.8%	179　62.8% 10.4%　8.1%	285 　　12.9%
third	196　27.8% 41.7%　8.9%	510　72.2% 29.5%　23.2%	706 　　32.1%
crew	23　2.6% 4.9%　1.1%	862　97.4% 49.8%　39.1%	885 　　40.2%
	470 　　21.4%	1731 　　78.6%	2201 　　100%

그림 12-5 타이타닉호 데이터셋에서 좌석 등급과 성별 차원의 교차표

이 표에는 두 종류의 숫자, 즉 합계와 백분율이 있다. 각 칸의 왼쪽 상단에는 해당 범주 조합에 속하는 사람들의 합계가, 우측 하단에는 전체 데이터에 대한 백분율이 표시되어 있다. 백분율은 사전 백분율 a priori percentage(또는 확률)이라고 불린다. 하지만 보통 더 관심을 끄는 것은 조건부 백분율 conditional percentage(또는 확률)로, 서로 다른 분류들의 구성 요소를 말해주는 개념이다. 각 칸의 오른쪽 상단에는 행에 해당하는 범주를 알고 있을 때 열에 해당하는 범주에 속하는 사람을 찾을 확률이(예: 1등석 승객 중 여성은 몇 명인가?) 나타나 있으며, 왼쪽 하단에는 주어진 열에 해당하는 범주에서 각 행에 해당하는 범주를 찾을 가능성이 백분율(예: 전체 여성 중 몇 퍼센트가 1등석 승객이었나?)로 표시되어 있다.

데이터가 완전히 범주형이기 때문에 데이터에 대한 모든 정보가 교차표에 담겨 있으며 저장해야 할 내용도 교차표 하나면 된다. 만약 교차표에서 원본 데이터를 복구하고 싶다면, 그저 각 칸마다 표시된 범주 조합의 개수만큼 데이터 행을 생성하면 된다. 데이터가 더 많이 필요한 경우는 데이터셋에 수치 값으로 된 열이 있을 때 뿐이다. 교차표에 데이터 차원이 두 개 이상 있을 경우에는 약간 더 복잡하지만 기본 원리는 같다. 고차원 배열의 차원 개수는 데이터셋에 있는 데이터 차원 수와 같으며, 각 칸에는 해당 값의 조합의 빈도수가 기록된다.

하지만 가능한 조합의 개수는 차원 수가 늘어남에 따라 상당히 빠르게 증가해서 실제로 대부분의 데이터셋의 데이터 행 개수보다 훨씬 더 많아진다. 예를 들어 미국 인구 조사 데이터에서 1%에 해당하는 시험용 데이터 표본 개수가 1,236,883건 밖에 안 되는 반면, 가능한 조합의 개수는 소유/임차, 건물 크기, 건물 종류, 건설 연도, 이주 연도, 방 개수, 난방용 연료, 부동산 가치, 세대 유형, 가족 사용 언어 차원만 사용해도(100개 이상의 차원에서 일부만 뽑은 것이다) 무려 462,000,000개나 된다!

여기서 중요한 점은 차원 수가 많은 경우에 가능한 조합 중 대부분이 실제 데이터에서는 나타나지 않는다는 점이다. 그러므로 데이터가 있는 경우만 세어서 그 정보를 저장하는 편이 낫다. 현재는 간단하게 각 행마다의 모든 항목 값을 나열한 정수 배열을 만들고 그 배열을 해시 테이블 hash table의 키 key 값으로 사용해서 저장하는 방식으로 이를 구현하고 있다. 거의 대부분의 경우에 해시 테이블로 저장하는 편이 원본 데이터로 저장하는 것보다 공간을 덜 차지한다.

데이터베이스 모델

여기서 사용하는 데이터베이스는 기본적으로 해시 테이블을 직접 매핑한 것으로, 해시 테이블에는 범주 조합별 합계가 저장되어 있다. 데이터셋은 각 테이블에 따로 저장되며, 데이터 차원이 테이블의 열이 된다. 데이터 행에는 교차표의 한 칸에 해당하는 범주의 값과 함께 그 조합의 빈도수 정보가 들어있다. 그리고 키 key라고 불리는 필드field가 추가로 있는데, 키 값은 데이터 행 별로 유일하며, 수치 데이터를 보기 위해 테이블을 결합join할 때 사용한다.

데이터 집계aggregating는 보고 싶은 데이터 차원 및 전체 빈도수를 선택select하고, 그 결과를 차원별로 묶어서group 보여주는 SQL 질의를 이용하면 된다(표 12-2).

좌석 등급	성별	생존 여부	합계
First	Male	Yes	62
First	Male	No	118
First	Female	Yes	141
First	Female	No	4
Second	Male	Yes	25
Second	Male	No	154
Second	Female	Yes	93
Second	Female	No	13
Third	Male	Yes	88
Third	Male	No	422
Third	Female	Yes	90
Third	Female	No	106
Crew	Male	Yes	192
Crew	Male	No	670
Crew	Female	Yes	20
Crew	Female	No	3

표 12-2 타이타닉호 데이터셋에 좌석 등급, 성별, 생존 여부 차원만 포함하도록 질의를 수행한 결과

```
select class, sex, survived, sum(count) from titanic_dims
group by class, sex, survived;
```

데이터베이스는 빈도수를 합산해서 시각화에 필요한 값으로만 된 저차원 교차표를 결과로 반환한다.

이론적으로 데이터 웨어하우징data warehousing 및 온라인 분석 처리Oline Analytical Processing, OLAP와 매우 유사하다. 대부분의 데이터베이스에는 정규 테이블에서 집계를 생성하는 특정한 cube 또는 rollup 키워드가 있다. 이 방식은 특별한 사전 처리가 필요 없다는 점이 장점이지만, 원본 값을 모두 저장하려면 디스크 공간이 더 많아야 하며 속도도 느리다는 단점이 있다. 데이터를 명확하게 구조화해서 데이터 읽기를 빠르게 하고 집계 성능을 좋게 하면, 새로운 데이터가 추가될 때의 처리비용은 늘어나더라도 대부분의 일반 작업은 상당히 빨라진다.

현재 패러럴 셋 프로그램은 수치 차원을 표시하지 않지만 데이터베이스에 저장은 한다. 수치 데이터는 다른 테이블에 따로 저장되는데, 한 열은 하나의 수치 데이터 차원에 대응되며 각각의 행에는 키 값이 있다. 그러므로 교차표에서 수치 데이터 차원을 집계할 때는 합계count 대신에 간단한 결합 질의가 활용될 수 있다. 이때 표준 SQL 집계 함수(sum, avg, min, max)는 모두 사용 가능하다. 최종적으로는 프로그램 내에서 사용자가 수치 데이터를 골라 막대나 리본의 척도를 조정하거나, 집계 함수를 선택해 적용 가능하도록 할 예정이다.

현 버전의 패러럴 셋은 데이터를 지역 SQLite 데이터베이스에 저장한다. SQLite는 파일 하나로 작동하는 매우 재미있는 오픈소스 데이터베이스이다. 이 데이터베이스는 내장형embedded 응용프로그램에 많이 사용되며 데이터 손상(어떤 기기들은 항상 정전을 대비해야 한다)에 대해 복원성이 탁월하다. 비록 상용 데이터베이스의 기능을 모두 지원하지는 않지만 SQLite는 작고, 빠르고, 설정이 따로 필요 없다. 이런 장점 덕분에 SQLite는 데이터 저장소로 꼭 알맞으며 질의 언어가 있다는 점도 추가적인 이점이다.

트리 키우기

교차표를 데이터베이스에 저장하고 검색하는 일은 일부에 불과하다. 패러럴 셋을 표시하려면 트리가 필요하기 때문이다. 패러럴 셋 프로그램은 사용자가 데이터 차원을 변경하거나 재정렬할 때마다 데이터베이스에 질의를 보내 교차표를 새로 얻는다. 그리고 나서 결과 데이터를 훑으며 트리를 구성한다. 표 12-2를 자세히 살펴보면 그 과정을 관찰할 수 있다. 하나의 열에서 여러 번 나타나는 값은 트리에서 노드 하나인 셈이며, 표 12-3처럼 한 노드의 오른쪽 노드들만 바뀐다.

좌석 등급	성별	생존 여부	합계
First	Male	Yes	62
		No	118
	Female	Yes	141
		No	4
Second	Male	Yes	25
		No	154
	Female	Yes	93
		No	13
Third	Male	Yes	88
		No	422
	Female	Yes	90
		No	106
Crew	Male	Yes	192
		No	670
	Female	Yes	20
		No	3

표 12-3 표 12-2의 질의 결과에 내재된 트리 구조

프로그램이 할 일이란 결과 셋result set을 행 단위로 받아 더 이상 노드가 없을 때까지 왼쪽에서 오른쪽으로 노드를 조사하며 트리를 구성하는 것이 전부다. 끝 노드가 추가되면 해당 개수를 데이터베이스 행에서 가져온다.

데이터베이스에는 리프 노드에 해당하는 빈도수만 저장되며, 내부 노드들에 대한 값은 저장되지 않는다. 그러나 내부 노드의 빈도수를 계산하기는 무척 쉬운데, 단순히 리프 노드에서 루트 노드까지 재귀적으로 각 노드의 자식 노드에 해당하는 빈도수를 합산하면 된다.

빈도수 합계도 결국 비율을 구하기 위한 재료로, 한 노드에 대한 모든 합계 값을 알면 바로 비율이 계산이 된다. 실제로 막대와 리본을 표시할 때는 백분율을 사용한다. 즉, 각 범주별 사전a priori 백분율을 전체 너비 대비 비율로 생각해서 막대 길이를 결정하고, 조건부 백분율(리본 위쪽의 범주 내에서 아래쪽 범주가 차지하는 비율)을 전체 막대 길이 대비 비율로 보고 리본의 너비를 결정한다(그림 12-6).

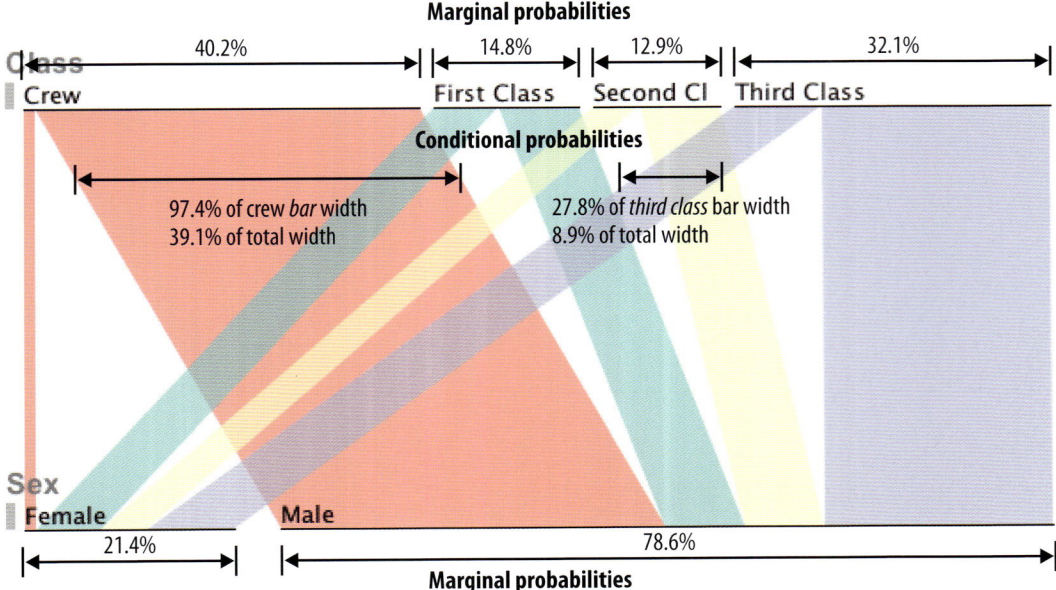

그림 12-6 각 리본의 너비는 전체 데이터 셋에 대한 주변확률proportional fraction, 비율 값과 함께 각 범주 내의 조건부 확률을 나타낸다.

현실의 패러럴 셋

프로그램이 2009년 6월에 공개된 이후에 750번 이상의 다운로드 회수를 기록했다(2010년 7월 현재). 우리는 자신만의 데이터에 패러럴 셋 프로그램을 적용하는 데 성공했던 여러 사람들에게서 이야기를 들었다. 그리고 VisWeek 2010의 발견 전시회 Discovery Exhibition(http://discoveryexhibition.org)에서 세 건의 프로그램 활용 사례에 대한 연구를 발표하여 상도 받았다. 이 발표 내용은 조 마코 Joe Mako(Mako Metrics), 조너선 마일스 Jonathan Miles(gloucesterchire City Council, UK), 캄 틴 성 Kam Tin Seong(Singapore Management University)과 같이 작성한 것이다.

특히 조 마코의 활용 사례가 흥미로운데, 프로그램을 여러 단계로 처리되는 데이터의 흐름을 시각화하는 데 활용했기 때문이었다. 그는 리본 색상이 최종 결과에 따라 결정되도록 데이터 흐름의 마지막 단계를 가장 위쪽에 배치했고, 이를 통해 어디서 문제가 발생했는지 쉽게 알아볼 수 있었다. 실제로 패러럴 셋으로 흐름을 시각화한 사례와 시각적으로 비슷한 것(개념적으로 비슷하지는 않다)으로 샌키 도표 Sankey diagram라는 시각화 기법이 있다. 샌키 도표에서 흐름이 한 방향으로만 흐르고 갈라지기만 한다면(합쳐지지 않는다면) 패러럴 셋으로 모방이 가능하다. 조너선 마일스와 캄 틴 성이 프로그램을 활용한 방식은 조 마코의 방식보다 원래 목적에 더 가까웠으며, 각각 설문조사 결과와 은행 고객에 대해 재미있는 통찰을 보여주었다.

결론

학계는 참신성의 가치를 더 높게 치지만, 분명 기존의 아이디어를 더 명쾌하고 세련되게 꾸준히 발전시키는 사례가 있다. 그 결과가 곧바로 각종 사안과 기법들을 더 잘 이해하게 되는 경우로 이어지지는 않지만, 더 사용하기 쉽고 더 많은 통찰을 제공하는 좋은 도구를 만드는 결과로 이어진다.

패러럴 셋을 재설계하는 과정에서 우리는 시각적 표현방식과 데이터 표현방식(데이터베이스 디자인도 포함해서)이 어떻게 관련되는지 보았다. 우리는 우리 자신의 기법에 내재한 모델을 이해함으로써 더 나은 시각 디자인을 만들었고, 이는 결국 훨씬 개선된 데이터베이스 및 프로그램 모델로 이어졌다.

참고문헌

- Bendix, Fabian, Robert Kosara, and Helwig Hauser. 2005. "Parallel Sets: Visual analysis of categorical data." In Proceedings of the IEEE Symposium on Information Visualization, 133–140. Los Alamitos, CA: IEEE Press.
- Inselberg, Alfred. 2009. Parallel Coordinates: Visual Multidimensional Geometry and Its Applications. New York: Springer.
- Kosara, Robert, Fabian Bendix, and Helwig Hauser. 2006. "Parallel Sets: Interactive exploration and visual analysis of categorical data." IEEE Transactions on Visualization and Computer Graphics 12, no. 4: 558–568.
- Shneiderman, Ben, and Martin Wattenberg. 2001. "Ordered treemap layouts." In Proceedings of the IEEE Symposium on Information Visualization, 73–78. Los Alamitos, CA: IEEE Press.
- Stolte, Chris, Diane Tang, and Pat Hanrahan. 2002. "Polaris: A system for query, analysis, and visualization of multidimensional relational databases." IEEE Transactions on Visualization and Computer Graphics 8, no. 1: 52–65.
- Theus, Martin. 2002. "Interactive data visualization using Mondrian." Journal of Statistical Software 7, no. 11: 1–9. http://www.theusrus.de/Mondrian/.

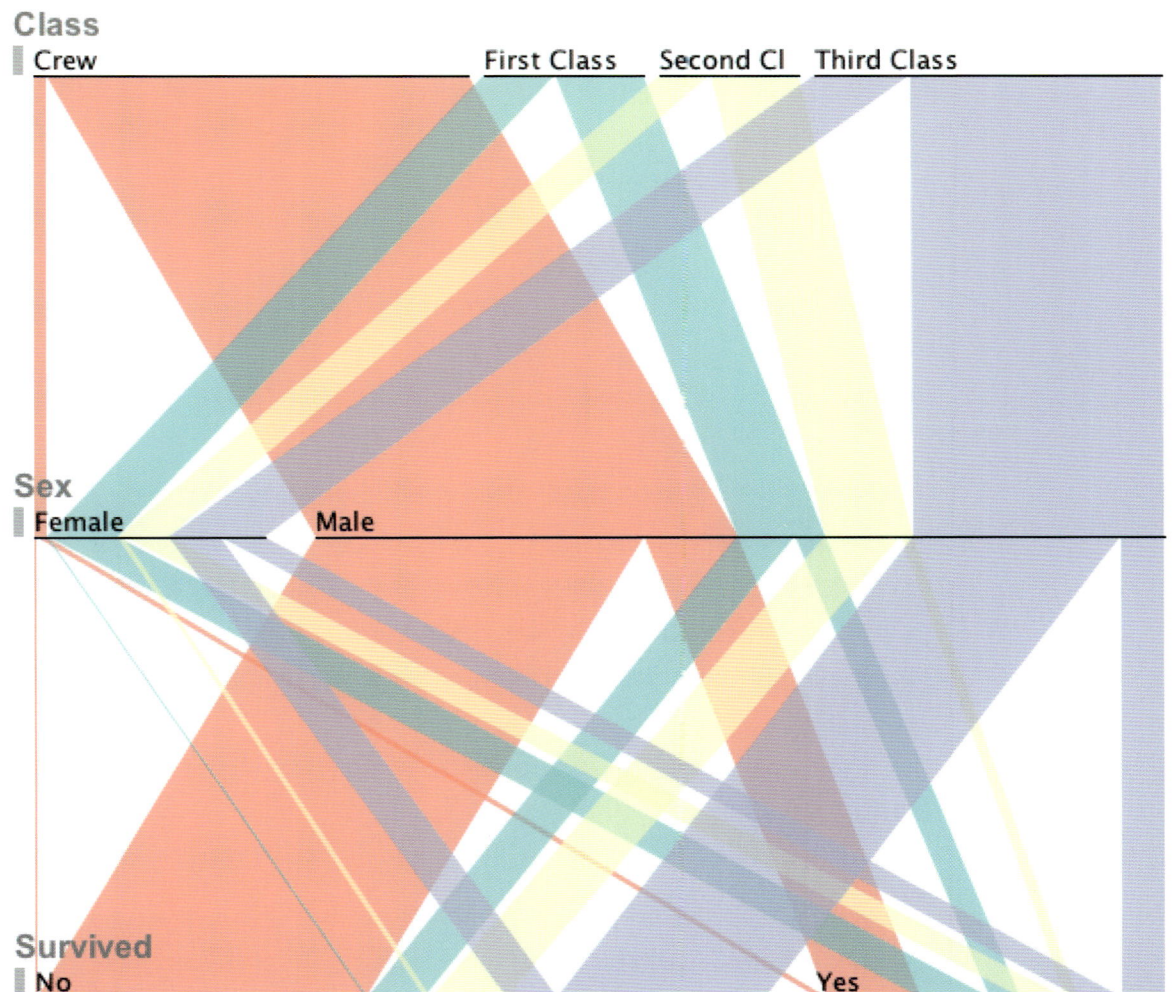

타이타닉호의 좌석등급, 성별에 따른 생존자 남녀구분에 따른 생존율을 보여주는 패러럴 셋 디자인

13장

'X 대 Y'의 디자인
아르스 일렉트로니카 아카이브를 정보적·심미적으로 탐색하기

모리츠 스테파너 | Moritz Stefaner

이 장은 미디어아트 분야에서 유명한 공모전인 프릭스 아르스 일렉트로니카Prix Ars Electronica에 1987년에서 2009년까지 출품되었던 모든 작품을 시각화하는 프로젝트 'X 대 YX by Y'에 대한 설명을 담고 있다. 이 시각화 프로젝트의 최종판은 대형 프린트 연작으로 되어있으며, 여러 기준에 따라 나뉘어 있다. 이 장에서는 최종판에 이르는 과정과 구체적인 디자인 상의 결정을 하게 된 이유에 대해 설명한다.

▌요약과 개념적 방향

2009년 봄, 미디어·예술 연구를 위한 루트비히 볼츠만 연구소Ludwig Boltzmann Institute for media.art.research에서 프릭스 아르스 일렉트로니카의 출품작 데이터베이스 작업 건으로 연락이 왔다. 미디어아트 축제인 아르스 일렉트로니카는 2009년으로 30돌을 맞이했는데, 그에 맞춰 공모전을 22년간 거치는 동안의 모든 출품작을 시각적으로 분석하는 도전 과제를 우리가 맡기로 한 것이었다. 출품작 정보를 담고 있는 이 데이터베이스는 이제껏 한 번도 분석된 적이 없었다.

프로젝트 개시 회의에서 우리는 목표에 대해 논의했다. 시각화 프로젝트 전반을 담당하는 크리에이티브 팀장인 디트마어 오펜후버Dietmar Offenhuber는 공모전 역사를 다음 세 가지 관점으로 접근하여 서로 다른 시각화를 만들 생각이라고 설명했다.

정량적 분석

다년 간 출품된 작품들을 보고 공모전에 대해 말할 수 있는 것이 무엇인가? 다양한 분야가 어떻게 다르고, 어디서 출품을 했으며, 그 가치는 시간에 따라 어떻게 변했는가?

사회적 네트워크

해당 연도에 누가 심사위원을 했는가? 상을 받은 아티스트를 포함하여, 사람들이 어떤 식으로 서로 연결되어 있나?

미술사적 맥락

수상작이 끼친 영향은 무엇인가? 어디서 인용되고, 어떤 미디어아트 분야에 영향을 주었나?

내가 맡을 프로젝트는 첫 번째 범주가 될 예정이었다. 구체적으로 말하자면, 출품작 데이터를 조사해서 어떤 가설과 통찰을 이끌어내고, '아르스 세계'의 특징을 공모자에게 잘 설명할 만한 적절한 시각화를 찾아낼 수 있을지 연구하는 일이었다.

그림 13-1의 표가 표현하는 내용처럼 아르스 일렉트로니카 아카이브을 연구하는 미술사학자와 같이 관심의 초기 방향을 설정해보았다. 데이터베이스를 세세히 확인하지 않더라도, 출품작의 수상 여부 외에 창작자, 국가, 연도, 수상 분야, 핵심단어keyword 같은 기초적 요소에 대해 연구해야 한다는 생각이 들었다. 그림 13-1의 표는 이런 기초적 요소 조합에 대한 선험적 관심도를 나타내고 있다. 즉 전문가들이 흥미로운 결과가 나올 거라 예상하는 부분이다. 예를 들자면 수상자를 국가별로 구분하거나 (또는 그 데이터를 출품작의 전체 통계와 비교하거나) 수상 분야와 창작자 사이에 관련성을 관찰하는 일이다.

	Author	Country	Year	Category	Keywords	Winner?
Author			×	✕	×	×
Country			×	×	×	✕
Year					×	
Category					×	
Keywords						×
Winner?						

그림 13-1 속성 조합에 대한 초기 관심정도를 나타낸 행렬

▸ 데이터 상황을 이해하기

다음 단계로 산도르 헤람호프Sandor Herramhof 같이 분석 가능한 데이터를 살펴보기 시작했다. 수년 동안 여러 데이터베이스 스키마마다 관례도 다르게 사용되고, 세부적인 모델링 수준도 다양한 경우가 많아서 데이터를 개략적으로나마 살펴보기도 무척 어려웠다. 일례로 한 데이터베이스에는 추가 정보가 텍스트 필드 내에 XML 형식으로 저장되어 있었는데, 그것도 몇몇 출품작에 대해서만이었다. 데이터를 개략적으로 보는 과정을 쉽게 하기 위해서 나는 dbcounter라는 노드박스nodebox용 짧은 스크립트를 개발했는데, 이를 이용하여 커다란 범주형 데이터셋을 빠르게 살펴보는 일이 가능했다.[1] dbcounter는 CSV 파일을 읽으면서 유일한 속성 값을 모두 찾고, 속성 값의 빈도를 세어 그 결과 값을 영역형 도표area chart로 그린다. 회색 부분(그림 13-2)은 값이 누락되거나 NULL인 경우를 가리킨다. Dbcounter는 데이터베이스 내용을 전반적으로 이해하는 데, 특히 누락된 값을 찾아내거나 데이터의 차이점을 이해하는 데에 유용했다.

이 그래프를 통해서 데이터베이스에 관한 몇 가지 사실이 뚜렷해졌다.

- 몇 년에 걸쳐 데이터베이스 스키마를 통합해 온 바람에 Land(독일어로 '국가') 나 'sYear'처럼 쓸모 없어 보이는 필드가 많이 보인다.
- 명칭, 연도, 분야 정보에 대한 기록은 상당히 완전하다.
- 국가, 회사, 웹 주소 정보는 기대했던 바에 많이 못 미친다.

[1] http://well-formed-data.net/archives/306/dbcounter-quick-visual-database-stats를 보자.

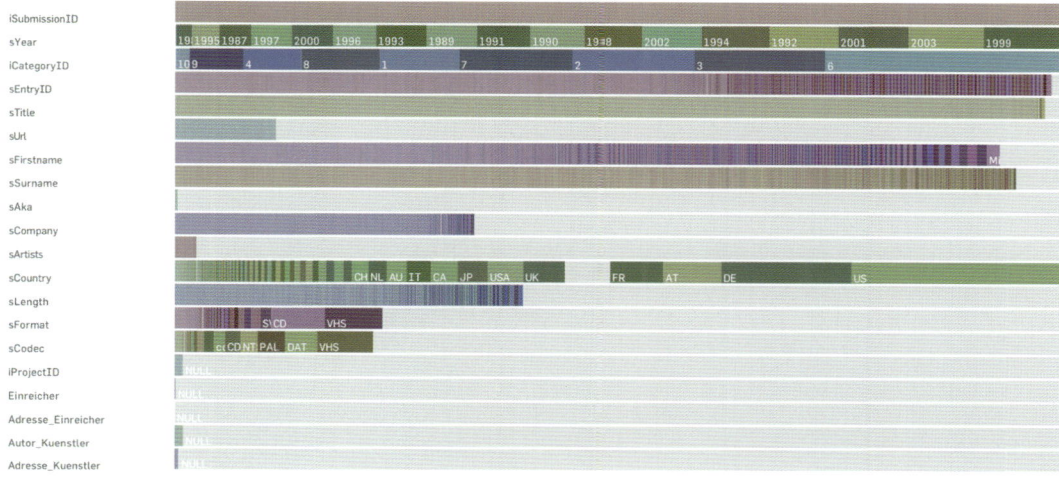

그림 13-2 노드박스 스크립트 dbcounter로 생성한 데이터베이스 내용 개요

한편 이렇게 빠르게 초기 분석을 해보면 어떤 종류의 속성 조합에 데이터가 많고 의미가 있는지 파악이 된다. 또한 데이터베이스 이행migration 작업 도중에 데이터 개선점을 찾거나, 필드가 통합될 수 있는지, 정보를 더 채워 넣어야 하는지 개략적으로 알아보는 데에도 이런 분석이 유용했다. 예를 들어 국가 필드를 포함하는 데이터베이스로 작업하는 팀에서는 사실 가능한 한 정보를 많이 채워 넣으려 하고 있었다("그것은 정말로 재미있는 정보 같았고, 우리는 이미 거의 다 완료했어요").

데이터 탐색

각각의 필드에 대해 정량적 분석을 한 후에 그 다음 단계는 데이터를 임시로 부분집합으로 잘게 쪼개고, 상관관계를 조사하고, 데이터에서 결함이 나타나는 이유에 대한 단서를 찾는 일이었다. 이 단계에서 타블로tableau[2]라는 상용 프로그램을 사용했는데, 이 프로그램은 여러 표현이 가능하고 유연한 작업환경을 갖추고 있으며, 사용자가 대화형 그래프를 통해서 스프레드시트나 데이터베이스에 있는 데이터를 탐색할 수 있는 기능을 제공한다. 예를 들어 우리는 데이터에서 가장 큰 결함과 카탈로그 본문catalog text처럼 다른 매체에서 누락된 정보를 찾을 목적

2
옮긴이 http://www.tableausoftware.com/

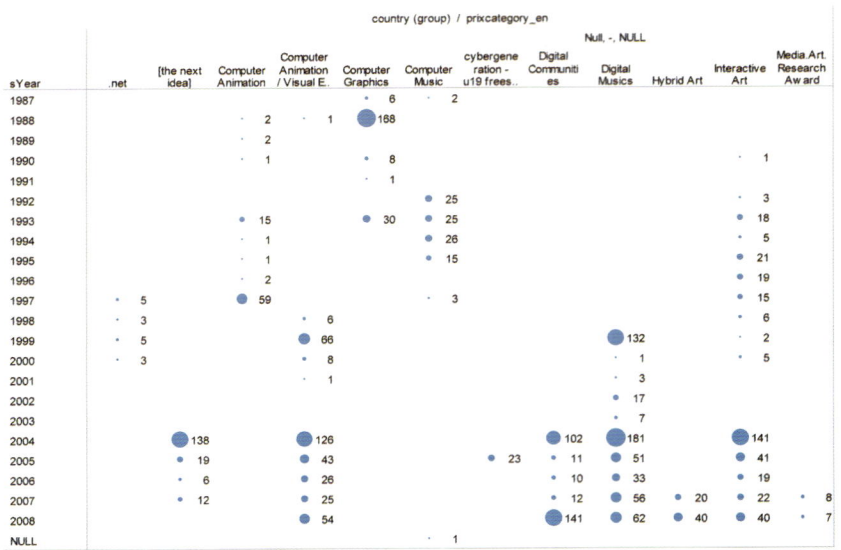

그림 13-3 국가 정보가 누락된 출품작 그래프. 연도와 분야로 분리해서 표시

으로 타블로를 활용해서, 연도별과 분야별로 국가 정보가 누락된 출품작들의 특성을 나타냈다(그림 13-3). 그래픽 사용자 인터페이스를 통해 '출품 횟수와 출품 분야 간에는 어떤 연관이 있는가?'와 '연도가 지나면 연관관계가 어떻게 바뀌는 가?' 같은 질문에 대한 답도 간단히 찾을 수 있다.

데이터 탐색 과정 중에는 출품된 작품의 분야 관점에서 기업의 특성을 바라보는 일도 있었다. 예를 들어 그림 13-4 도표를 자세히 살펴보면 재미있는 이야기가 숨어있을 것 같다. 하지만 여러 데이터베이스마다 다양하게 표기된 기업명을 수작업으로 한참 정리해야 한다는 사실도 분명했다.

출품작의 초기판 세계지도를 생성할 때도 타블로를 이용했는데(그림 13-5), 출품 분야 분포를 각 국가별 파이 그래프로 그렸다. 이 초기 지도에서는 유럽/미국 중심으로 행사가 열리는 특징이 보인다. 우리는 데이터 분포가 비대칭일 경우 이렇게 지도를 간단히 그려보는 방법이 비효율적일지도 모른다는 점을 깨달았고, 나중에 설명하겠지만 이는 더 정교한 방법을 만드는 계기가 되었다.

또한 데이터 일부는 마이크로소프트 엑셀에서 분석했는데, 연도에 따른 경향를 조사하거나 데이터 부분집합의 속성 분포를 대조하는 작업을 할 때 엑셀의 영역형 누적 그래프 stacked charts 그리기 기능이 무척 훌륭하기 때문이었다. 그 예

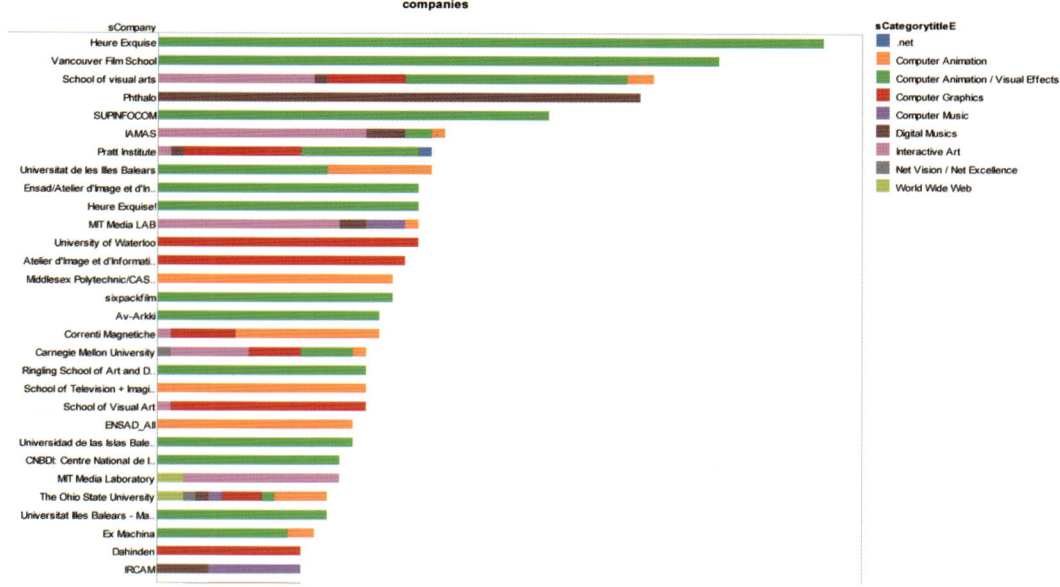

그림 13-4 기업 또는 기관의 출품작. 분야가 색으로 구분되었다.

그림 13-5 국가별 출품작 세계지도. 분야별로 분리해서 표시

로서 그림 13-6에 출품작의 상대적인 비율과 각 국가별로 수상한 상의 종류를 표시했다. 이 그래프를 보면 미국에서 제출한 출품작이 전체에서 약 30%에 해당하지만 황금 니카*Golden Nicas*상(최우수상)을 수상한 경우는 60%가 넘는 것으로 보

인다. 그러나 검증된 전체 데이터셋을 나중에 분석해 본 결과, 이런 경향이 그렇게 강하지는 않다는 사실이 밝혀졌다. 또한 상과 상을 받은 나라 사이에 관련성은 복잡하고 민감한 문제라, 각 분야별 출품작 숫자 같은(예를 들어 1980년대 컴퓨터 그래픽스 분야는 다른 분야에 비해 출품작 숫자가 압도적이다) 데이터의 여러 측면을 고려해야만 충분히 이해가 된다는 점을 깨달았다. 그래서 재미있을 여지가 많았지만, 설명이 가능하고 맥락에 맞는 경우에만 하기로 했다.

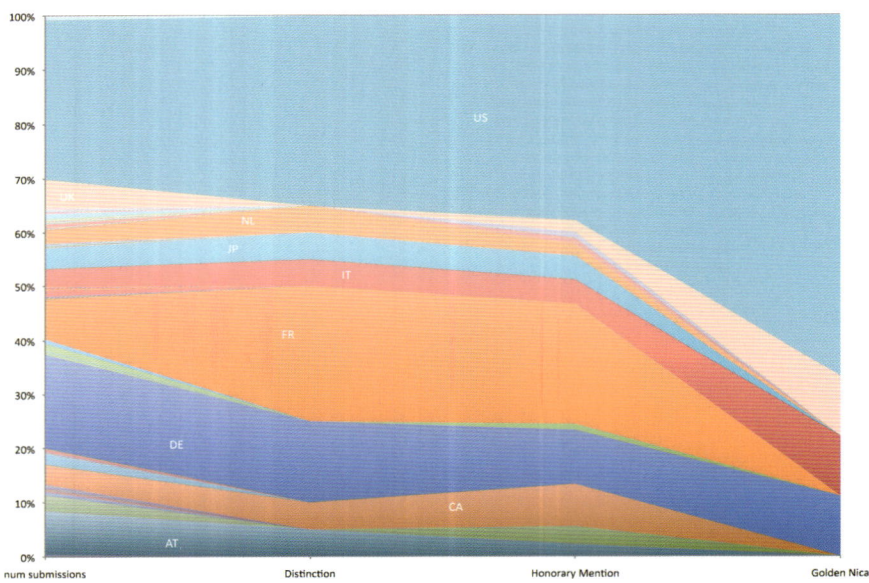

그림 13-6 국가별로 수상한 상들

▸ 시각화 초안

분석 과정을 통해 데이터에 대한 안목이 생겼고, 그 덕분에 동료들이 데이터베이스를 정정하고, 정리하고, 보완할 기회도 (아마도 동료들이 바랐던 것보다 더) 충분히 생겼다. 톰 아미티지Tom Armitage가 BERG 블로그에 쓴 "Toiling in the data mines: What data exploration feels like(데이터 광산에서 노역하기: 데이터 탐색이란 어떤 느낌인가)"[3]라는 제목의 글에서 용어를 빌려오자면, 나는 무엇이 이용가능available하고, 유의미significant하며, 흥미로운지interesting, 그리고 데이터

3
옮긴이 http://berglondon.com/blog/the-data-mines-what-data-exploration-feels-like/를 보자.)

척도scale는 어느 정도인지에 대해 괜찮은 감을 지니게 되었다. 이제 다음 단계는 시각화 원리를 연구하는 일이었다.

여러 시각화 견본을 빠르게 제작할 목적으로 플레어flare[4] 라이브러리를 활용하는 플래시 액션스크립트3로 전환했다. 플레어 라이브러리는 대화형 시각화를 생성하는 범용 프레임워크로, 나는 플레어를 이용해서 전에 엑셀의 누적 그래프를 쓸 때보다 더 많은 정보를 탐색했다. 이 그래프를 보면서 누적 영역 그래프를 연달아 생성하기보다는 개별 데이터 점(예: 그림 13-7에서 수직축의 개별 연도)을 강조하는데 더 힘을 쏟아야겠다는 결론을 얻었다. 아르스 일렉트로니카 경우 출품이 1년 단위로만 이루어지므로, 데이터 점을 이어 그리면 현실을 오도하거나 왜곡할 우려가 있었다.

이런 생각은 더 섬세한 그래프 개발로 이어졌다. 이 그래프는 데이터 점 중간 부분을 눈에 잘 띄지 않게 해서, '확고한' 연도별 사건이 있고 중간부분은 단지 연결하는 부위라는 개념을 뒷받침하도록 했다.

[4]
http://flare.prefuse.org/

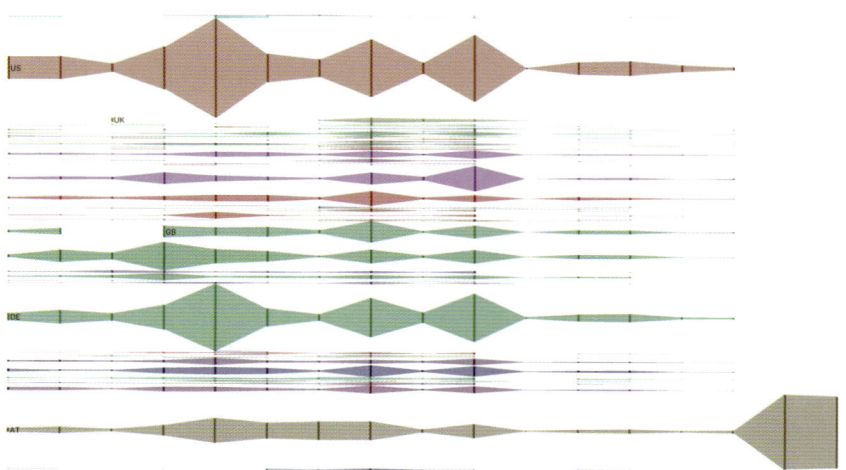

그림 13-7 국가별 출품 분야를 표시하는 최초 시도

여러 해 동안의 영역형 누적 그래프를 분야별로 탐색해보니 개념적 관점에서 다뤄야 할 문제점이 추가로 드러났다. 아르스 일렉트로니카의 출품 분야는 다년 간 꾸준히 구조적인 변화를 겪었다. 예를 들어 '컴퓨터 음악' 분야는 1991년에는 없었지만, 그 전후 연도에는 있었다. 그리고 1999년에는 컴퓨터 음악 분야가 폐지

되고 '디지털 음악'이 새로운 분야로 추가되었다. 이런 상황을 다룰 때 최선의 방법이 무엇인가는 개념적으로 미묘한 질문이다. 두 분야가 이름만 다르고 같은 분야라 볼 수도 있지만, 한편으로는 그렇게 보면 상황을 너무 단순화하는 것일지도 모른다.

이런 결정에는 전문가의 견해나 디자이너의 관점을 고려해서, 정확하고 실용적이되 이해가 가능하도록 체계적으로 접근해야 한다. 우리는 토의 끝에 두 분야를 독립적으로 취급하는 대신, 같은 색으로 표시하는 방식으로 문제를 풀기로 했다(그림 13-8).

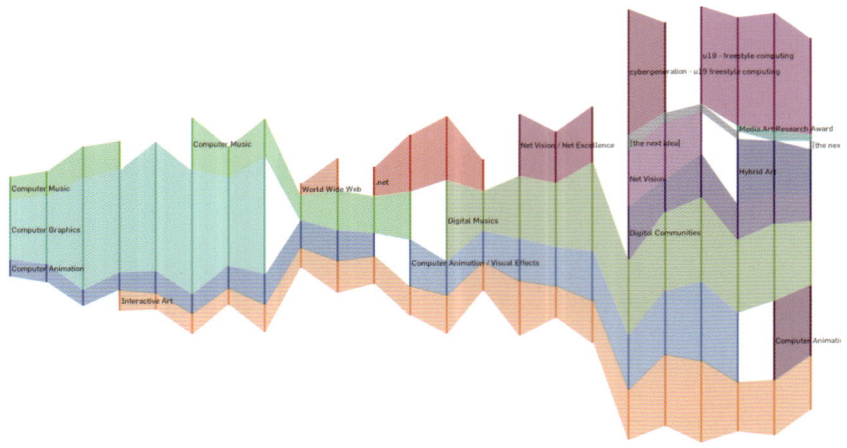

그림 13-8 수년 간에 걸친 출품 분야

또한 나는 그래프를 분석하면서 함축적이고 연상을 불러오는 시각화의 의사소통 특성에도 더 관심을 가지게 되었다. 나는 이런 특성이 거북했다. 플레어 그래프가 시각적으로는 매력적이었지만 너무 섬세한 데가 있었다. 그리고 훨씬 더 큰 걱정이 있었다. 미디어아트 전시회처럼 문화적인 현상을 순수하게 정량적으로 접근하는 방식이 흥미롭기는 했지만, 데이터의 크기나 다양성에 대한 감도 없이 마치 너무 큰 붓으로 그림을 그리는듯한 느낌이 있었던 것이다. 효과적인 시각화는 요약하기 및 우선순위 매기기와 밀접한 연관이 있긴 하지만, 그저 추상적인 그래프를 그린다고 주제를 제대로 다루는 것은 아닐 것이다. 개별 출품작들을 경시하거나 숨기지 않으면서 총합, 비율, 상호관련성을 표시하는 방법은 없을까?

시각적 원리

출품작들을 각각 하나의 시각적 표지visual marker로 나타내고 싶다는 생각은 밀집 픽셀 모자이크 표현 방식dense pixel mosaic display(Kein 2000)을 탐구하는 일로 이어졌다. 나는 화면에 점이 일반적으로 얼마나 들어가는지 감을 잡기 위해, 우선 무작위 데이터를 이용하여 빠르게 테스트를 해보았다(그림 13-9).

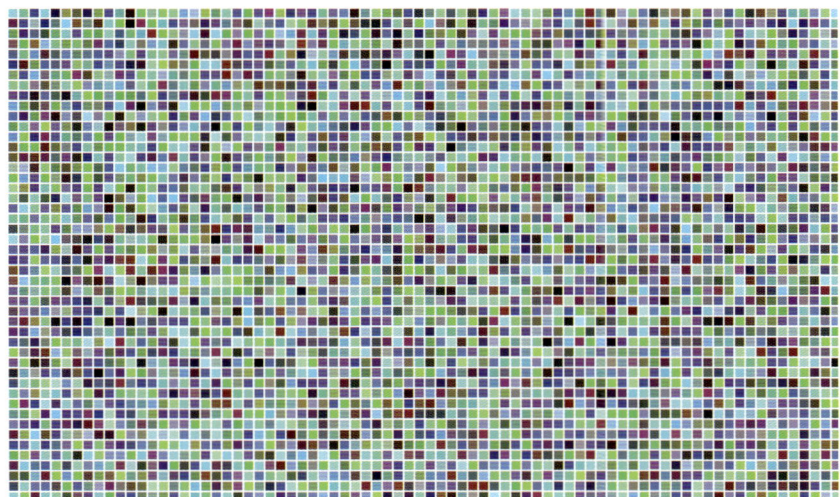

그림 13-9 밀집 픽셀 표현 방식 실험하기

그 결과가 꽤 고무적이어서 QR 코드를 더 탐구해보기로 했다. URL 정보를 담는데 쓰는 QR 코드를 영역 기반이나 픽셀 기반의 데이터 그래픽스로도 만들어낼 수 있을까? 또다른 아이디어로는 와튼버그Wattenberg(2005)의 방법, 즉 공간 채우기 곡선space-filling curve에서 선분에 색상을 부여하여 트리맵과 유사해 보이는 다이어그램을 만드는 방법(소위 '지그소 맵jigsaw map')에서 선분을 따라 무언가를 해보는 것이었다.[5]

그러나 진짜 '바로 이거야'라고 깨달은 순간은, 전 프로젝트에서 활용했던 공간배치 알고리즘을 떠올렸을 때였다. 그 알고리즘은 황금각도golden angle(원에서 '황금분할golden section'에 대응하는 각도로 137.5도이다)를 기초로 위치를 계산해서, 해바라기 씨앗의 배열을 흉내낸다. 이 배치 방식은 커다란 원에 작은 요

[5]
http://www.research.ibm.com/visual/papers/158-wattenberg-final3.pdf

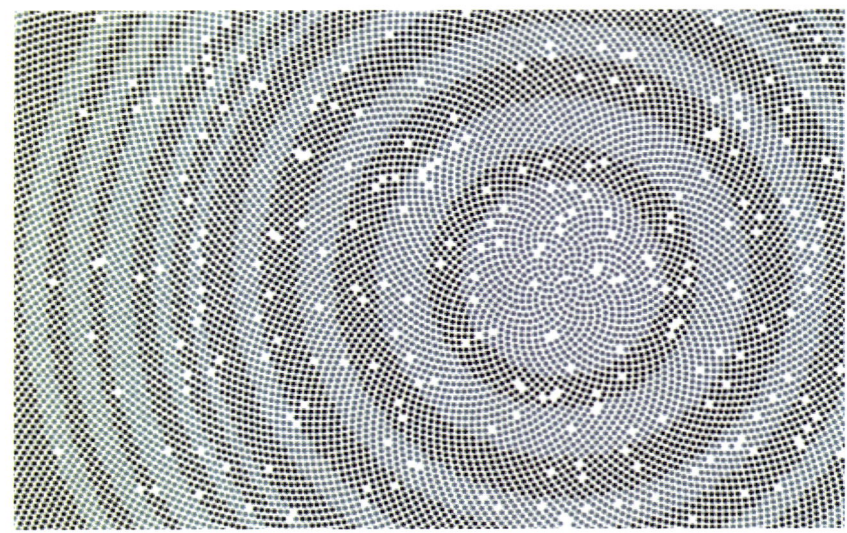

그림 13-10 해바라기 씨앗 배열대로 출품작을 점으로 채워 넣음

소들을 가장 효율적으로 채워 넣는 방법이며, 시각적으로도 매혹적이다. 그림 13-10은 처음에 몇 시간 동안 만들어본 시험작으로, 교대로 나타나는 어두운 색의 고리(나무줄기 단면의 나이테를 연상시킨다)가 연도를 뜻하고, 누락된 점은 상을 받은 출품작을 가리킨다.

시각적으로 복잡하기는 하지만, 이런 배열을 생성하는 과정은 간단한 규칙으로 기술된다. 즉, n번째 점이 위치하는 반지름은 n의 제곱근에 척도 상수를 곱한 값으로 계산된다. 그리고 점이 위치하는 각도는 바로 전의 점의 각도에서 황금각도만큼 증가시킨 것이다(2*pi/phi = 약 137.5도).[6]

점을 동질적이고 균일하게 분포시키려면 숫자의 정밀성이 중요하다. 예를 들어 137.4도를 사용하면, 특징적인 이중 소용돌이가 한 방향만의 소용돌이로 되고, 점 사이 거리도 변하기 시작한다. 황금각도를 쓰면 점을 무한정으로 추가 가능하며 점들은 이웃 점과 균일한 거리에 위치하게 된다. 그럼 왜 이런 일이 발생할까? 원을 나눌 때 유리수를 쓰면 머잖아 각도가 반복되는 결과를 낳기 때문이다. 가장 단순한 예로 점을 반원만큼 이동해서 배치하면 항상 두 개의 각도만 나온다. 어떤 유리수 분수를 사용하든 결국 반복이 일어나서 가능한 각도 집합이 유한하다는 사실을 증명할 수 있다. 그런 이유로 점이 최적으로 분포하도록 채우려면, 무리수

[6] 옮긴이 저자는 극좌표계 상에서 점을 배치하는 방법을 설명하고 있다. 극좌표계에 대한 설명은 http://100.naver.com/100.nhn?docid=26210에서 찾아볼 수 있다.

를 사용해야만 하는 것이다. 그리고 가장 이상적인 무리수(분수로 근사하기가 가장 어려운 무리수)가 있다. 이 값이 바로 황금분할을 나타내는 phi다.

▌최종 결과물

길잡이가 될만한 시각적 원리를 찾고 나니, 이제 미결 문제 및 가능한 데이터 조합이 이제 자연스럽게 스스로 만들어낸 제한 조건을 따르게 되었다. 예를 들어 이 원리를 통해 모든 항목 집단이 원 모양이 된다. 이제까지 논점을 보면 분야별 분포가 중요하므로, 분야마다 색상 코드를 모든 시각화에 등일하게 설정하기로 하고, 하나의 '기본 단위'에 해당하는 분야 집단을 같은 색으로 표시했다(예를 들어 '컴퓨터 애니메이션과 영화' 영역에 속하는 분야는 모두 주황색이다). 덧붙여 출품작의 수상여부를 나타내는 모양을 도입했다(원은 비수상작, 다이아몬드는 수상작이다).

전에 논의했듯이 나는 개념적 수준에서 총합과 각 출품작의 합계 간 관련성에 흥미가 있었다. 그래서 이 정보를 최종 시각화에 포함시킬 방법을 찾았다. 원 주위나 원 위에 총합계의 숫자를 꼬리표로 겹쳐 써보는 등의 실험을 했으나 표현 방식이 어수선해지는 실패를 몇 번 겪고 나서야, 훨씬 더 단족스러운 대안을 찾게 되었다. 그것은 점의 패턴 자체로 숫자를 표현하는 것이었다! 분야마다 색상 코드를 설정한 바람에 점 자체를 바꿀 수는 없었기에, 점을 순서대로 배치하되 숫자 모양을 가리는 점은 바로 다음에 예정된 위치로 건너뛰게 하는 식으로 마치 그 숫자가 원 위에 표시된 것처럼 보이게 했다(그림 13-11).

그림 13-11 점 배치 순서를 건너뛰어서 만들어낸 숫자

점은 단지 미리 계산된 다음 위치로 가기 때문에 점의 전체 숫자는 동일하지만 원의 크기는 미미하게 증가한다. 다만 원에 숫자가 표시될 만큼 점이 충분히 있을 경우에만 이 원리가 적용된다. 그래서 점이 최소한 100개 이상인 경우에만 숫자를 표시했다.

모든 출품작

그림 13-12에 최근 22년간 프릭스 아르스 일렉트로니카의 출품작이 모두 표현되어 있다. 나무 그루터기와 비슷하게 가장 오래된 출품작이 중심에 위치하며 최근 출품작이 주위를 둘러싸고 있다. 이 그림이 기본이며, 다른 그림들은 각자의 분석 데이터에 따라 그린 파생 버전이다.

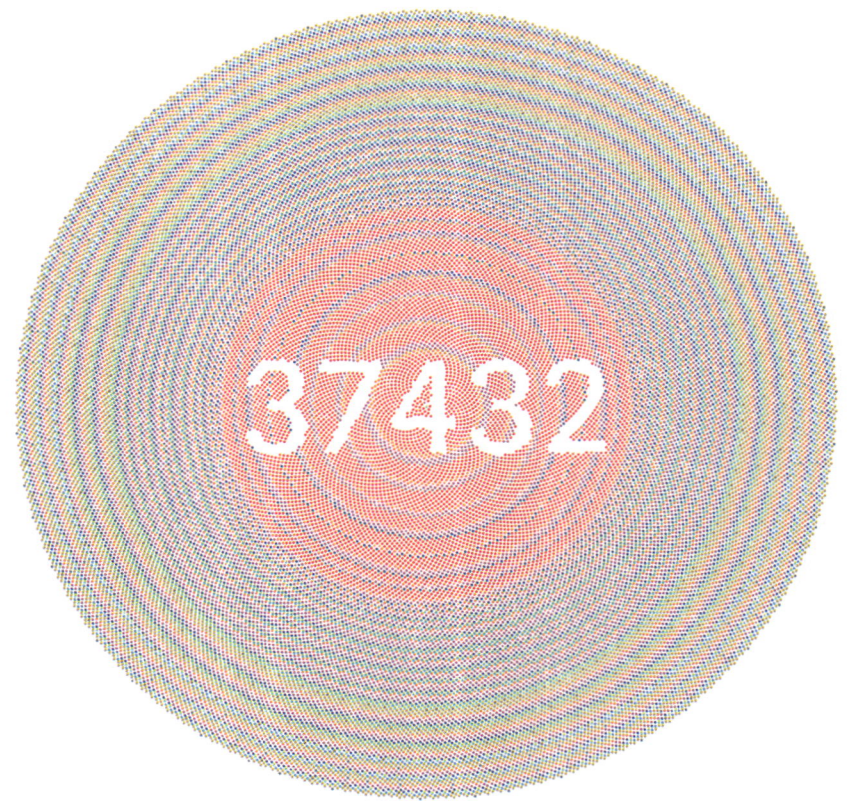

그림 13-12 모든 37,432개 출품작. 출품작을 분야에 따라 색으로 구분하고 출품 연도에 따라 안쪽(예전)에서 바깥쪽(최신)으로 배치했다.

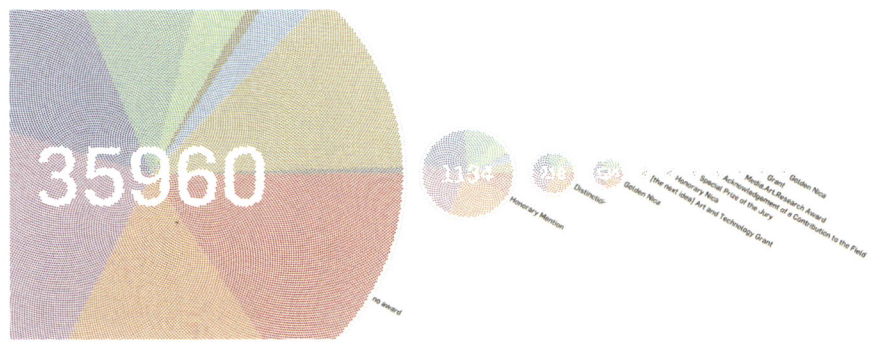

그림 13-13 받은 상에 따른 출품작들

수상별

그림 13-13의 다이어그램은 전체 프로젝트에 충분히 동기 부여를 했다. 수상한 (또는 받지 못한) 상별로 출품작을 분리해보니 전체 출품작 중 4%만이 특별상, 우수상 또는 황금 니카상을 수상했음이 드러났다. 나머지 96%의 출품작은 눈에 띄지 않는다. 아직까지도. 그래서 앞으로 그릴 더 분석적인 그림에서는 데이터 내의 분야별 분포를 파이 그래프로 표시하기로 했는데, 고리 모양이 지각을 왜곡하는 일을 피하기 위함이었다.

분야별

그림 13-14는 분야별 출품작을 정량적으로 분석한 그림이다. 그러면서 동시에 분야당 수상한 프로젝트의 비율이 얼마나 되는지를 각 원의 오른쪽 부분에 다이아몬드 점으로 구성된 파이 조각으로 희미하게 나타냈다. 그림을 보면 컴퓨터 그래픽스 분야에 (한 분야당) 출품작 수가 가장 많으나, 출품작 개수당 상을 받은 경우 (해당 분야가 생긴지 약 7년 밖에 안 되었다)가 적음을 알 수 있다. 원의 위치는 플레어의 CirclePackingLayout 알고리즘으로 계산되었다 (Wang et al. 2006).

국가별

그림 13-15는 출품자의 국가별 지도이다. 뉴욕타임스의 올림픽 메달 지도[7]에 영향을 받아, 원의 위치는 서로 겹치지 않되 해당 국가의 위치와 비슷하도록 물리적 강체 모형을 이용해 계산되었다 (최적화 과정의 스냅 사진이 그림 13-16에 있다).

[7] http://www.Nytimes.com/interactive/2008/08/04/sports/olympics/20080804_MEDAL COUNT_MAP.html을 참조하라.

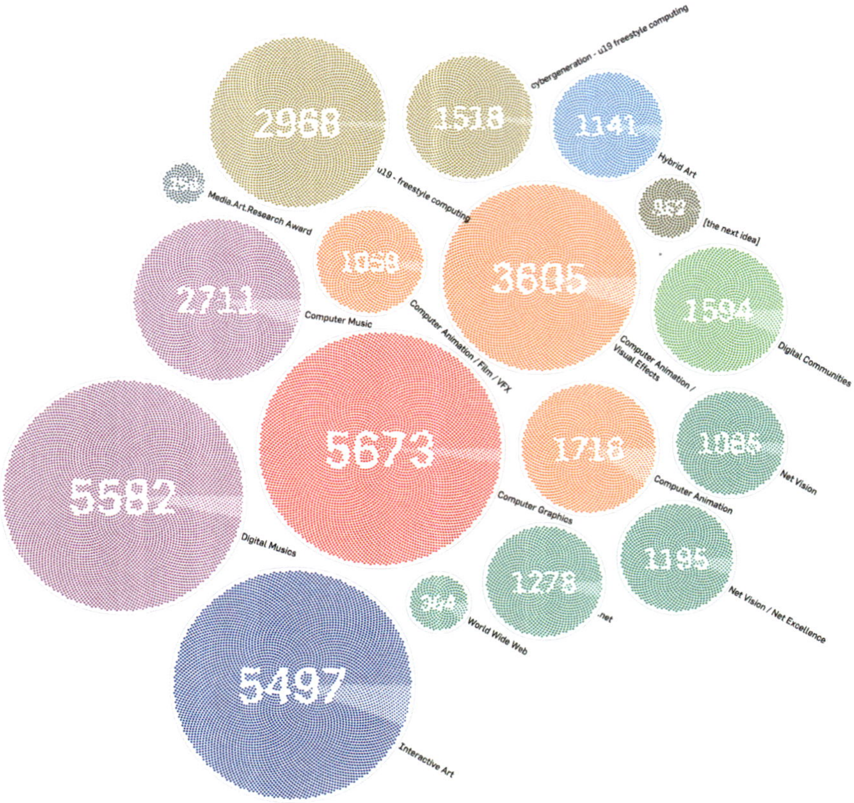

그림 13-14 분야별 출품작

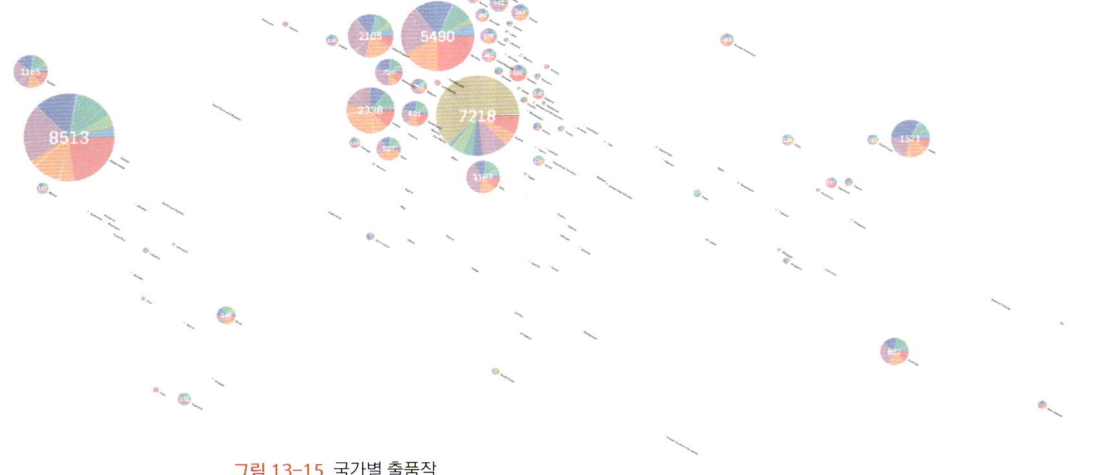

그림 13-15 국가별 출품작

13장 'X 대 Y'의 디자인

국가명의 좌표를 얻는 데에 온라인 애플리케이션인 맵스프레드mapspread[8]를 사용했는데, 이 애플리케이션에서 일괄-질의batch-query를 통해 지리 좌표를 표 데이터로 얻을 수 있다. 하지만 일부 국가명이 분리가 안 되거나(동유럽의 정치적 지형이 특히 최근 몇십 년 동안 꽤 많이 바뀌었다), 애매한 경우가 있어 수작업으로 데이터를 조금 수정해야 했다. 실제로 시각화 최종판에서조차 러시아와 터키 사이에 위치한 동유럽 국가인 '조지아Georgia' 국가명이 실수로 미국 옆에 표시되었다.

지도를 자세히 검토하자 미디어아트가 유럽/미국 중심이라는 특징이 드러났으며, 남미, 아프리카, 러시아 또는 (일본을 제외한) 아시아에서는 기여가 매우 적었다. 역사적으로 볼 때 프랑스와 스페인에서 제출한 출품작 중 상당수가 컴퓨터 애니메이션과 영화 영역(주황색)이었다. 이탈리아, 스웨덴 그리고 영국의 출품작은 음악 분야(보라색)에, 일본의 출품작은 인터랙티브 아트interative art (파란색)에 더 집중되는 경향이 있었다. 반면 영국과 미국의 출품작은 적어도 초창기에는 컴퓨터 그래픽스(빨강)에 쏠려 있었다. 오스트리아 출품작 중 거의 3분의 2는 (오스트리아만의) U19 분야에 속했다.

[8] 옮긴이 mapspread.com 서비스를 만든 회사인 Poly9는 2010년에 애플Apple 사에 인수되었으며, 2010년 9월부터 해당 서비스는 중단되었다.

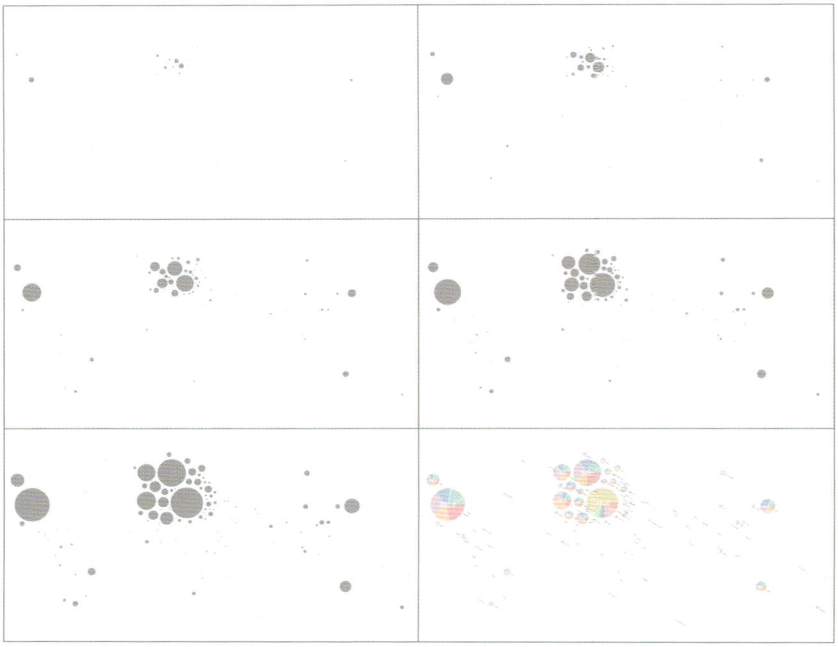

그림 13-16 지도를 최적화하는 과정 중의 스냅 사진

연도별

그림 13-17에 나열된 파이 그래프를 보면 대회 역사가 세 기간으로 분명하게 나뉘는 게 보인다. 1995년에는 갑작스럽게 출품작 수가 감소했는데, 그 해에 컴퓨터 그래픽스 분야가 폐지되고 월드 와이드 웹 분야가 신설되었다. 이 감소 현상에 대해 가능한 설명 중 하나는 한 해에 컴퓨터 그래픽스 분야에 여러 작품을 제출하는 경우가 다반사였다는 점이다. 2004년 이후에는 더욱 더 분야가 다양화되고 출품작이 급속히 늘어나는데, 대체로 19세 이하의 오스트리아 아티스트를 위한 U19 분야가 신설되었기 때문이다.

그림 13-17 연도별 출품작

연도 및 분야별

그림 13-18은 연대표 *timeline*의 행렬판으로, 이 그림을 통해 분야 집단 각각의 발전 상황을 면밀히 살펴볼 수 있다. 색상 코드를 설정하거나 행을 선택할 때 몇년 사이에 분야 명칭이 변하더라도 같이 묶어서 표현했다(역으로 이름은 바뀌지 않았지만, 연도가 바뀌면 성향이 달라지는 분야도 주의해야 한다). 1년짜리 그래프에 비하면 이 그림으로 어떻게 애니메이션/영화, 음악, 최근 인터랙티브 아트 *interactive art*가 장기적으로 중추가 되었는지 쉽게 살펴볼 수 있다.

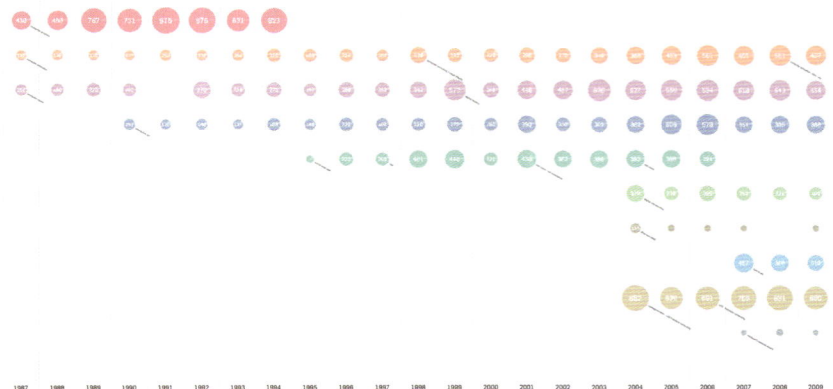

그림 13-18 분야와 연도별 출품작

그림 13-19 전시회의 포스터

그림 13-20 손으로 쓴 부가설명용 화살표 스티커

전시

'아카이브를 지도로 그리기Mapping the Archive'는 브루크너하우스Brucknerhaus 역사 라운지 전시장에서 전시되었고, 디트마어 오펜후버Dietmar Offenhuber, 에벌린 민스터Evelyn Minster, 하우메 누알라르트Jaume Nualart, 게르하르트 디르모서Gerhard Dirmoser와 내가 제작한 6개 관점의 데이터 시각화를 특색으로 한다(그림 13-19).[9]

데이터에서 각각의 이야기를 발견하기 쉽도록, 재미있는 내용을 강조하고 설명해주는 조그만 화살표를 달았다(그림 13-20). 또한 방문자들에게 주석을 달아달라고 부탁해서 질문과 논평을 두세 개 받았다.

[9] 이 시각화들은 모두 http://vis.mediaartsearch.at 에 온라인 문서로 기록되어 있다.

▸ 결론

여기서 소개한 시각화는 2009년 여름에 아카이브 데이터베이스를 담당하는 기술진 외에 정보 표현의 의미론적 관점에 대해 논평하는 미디어아트 전문가들과 아이디어와 정보를 꾸준히 교환하여 개발한 것이다.

나는 이 일을 정보 미학information aesthetics[10]이라는 새로운 전통의 한 부분으로 보았다. 정보시각화라는 학문적 분야는 대개 일반적인 시각 매핑 방식의 특성을 찾고, 시각화 결과물의 가독성과 이해가능성을 최대화하는 일과 연관된다. 정보 미학은 이런 분야에서 나온 결과를 바탕으로 한다. 하지만 정보 미학은 디자인 분야의 하나로, 특정 데이터셋에 기반한 정보를 감각적으로 표현하는 방식 즉 명시적인 데이터 표현 수준에서, 사용성과 가독성이 있을 뿐 아니라 디자인 작품의 '명제적 밀도propositional density[11]' (요컨대 시각화의 연상적 특성과 '행간'을 보여주는 능력)를 늘리는 표현 방식을 찾으려 노력하는 분야이다. 정보 미학은 이런 접근법으로 전통적인 정보시각화, 사용자 인터페이스 디자인, 그리고 예술 영역 사이에 위치한다.

나는 이 장에서 정보 미학 분야의 핵심 특징을 설명하려 했다. 우선 정보 미학 결과물을 만드는 과정을 살펴보는 게 중요하다. 내 경험상 디자인 초기 단계에서부터 실제 데이터로 작업하는 것이 핵심이다. 이론적으로는 초기에 개발된 대부분의 시각화가 현실의 데이터 구조에도 잘 맞아 떨어져야 하나, 시각화가 흥미로운 정보를 전달하는지, 염두에 둔 질문에 쓸모 있는 답을 하는지 또는 새로운 질문을 유도하는지 등의 여부는 오로지 실제 데이터로 작업할 때 결정된다. 시각화 개발 과정은 부트스트랩bootstrap 방식이 되어야 한다. 즉, 어떤 시각화 방식이나 데이터 처리 방식을 더 파고들어야 하는지 알려면 일찌감치 써봐야 한다. 우리 경우에는, 보통의 도구를 활용해 초기에 시각화 실험을 한 덕분에 어떤 데이터 필드를 사용해야 하고 어떤 데이터 조합이 "재미있는 냄새가 나는지" 이해할 수 있었으며, 구체적이고 실전적인 예제를 기반으로 앞으로의 디자인 특성을 논하기도 좋았다.[12] 만약 설계자가 최종 산출물을 만드는 과정에서 시각적 탐색을 통해 결정을 바꿀만한 여지를 두지 않는다면, 새로운 질문을 이끌어내지 못하거나 흥미

---

[10] 레브 마노비치Lev Manovich가 처음 제안한 용어로 라우Lau와 반데 므웨르Vande Moere 논문(2007)에 자세히 설명되어 있다.

[11] 윌리엄 리드웰William Lidwell이 정의함(2009)

[12] 옮긴이 특정 작업을 계속 반복하며 정답을 찾아가는 방식을 뜻한다.

로운 이야기가 없는 뻔한 결과를 얻게 될 가능성이 높다.

　언어학으로 비유하자면, 문장이 문장성분들의 조합으로 구성되어 있기에 의미론 분야가 문장의미 연구와 관련이 있는 것과 같다. 하지만 화용론, 즉 언어가 사회적 맥락에서 어떻게 사용되고 있는지에 대한 연구도 같이 고려해야만 언어가 완전히 이해된다는 사실이 널리 알려져 있다. 어떤 단어나 표현에 함축된 의미는 무엇인가? 의미에서 무엇이 연상되는가? 그리고 아무 말도 하지 않음으로서 표현되는 것은 무엇인가? 주어진 맥락에서 어떤 형태의 표현이 예상되며, 기준에 맞지 않는 것은 무엇인가? 이런 것들이 다뤄볼만한 주제일 것이다.

　정보를 표현하는 시각적 언어의 구문론과 의미론을 이해하려는 노력이 많이 있었으며, 이제는 정보 미학을 통해 시각적 언어의 화용론에 대한 연구의 문이 열리고 있다. 이 장에서 소개된 작업을 예로 들면, 우리가 선택한 시각적 원리는 복잡한 사회현상을 순수하게 정량적인 시각으로 접근함으로써 생겨나는 내적 긴장관계에 기인한 것이다. 22년간의 미디어아트 역사의 면면을 담고 있는 이렇게 엄청나게 풍부하고 다양한 데이터셋을 쪼개서 '한두 개의 숫자'로 압축함으로써 우리는 어떤 이야기를 하고 있는 것일까? 이 시각화 양식은 이런 긴장관계를 포착해서 그 일부를 해결하려 노력한 결과이다.

　이러한 점을 고려해볼 때 시각화에서 '미학'의 개념은 '아름다운 그림'보다 훨씬 의미가 더 크다. 물론 사용하는 재미는 중요하며 오래 전부터 과소평가되었던 요소이다. 사용자 경험user experience에 대한 연구에 따르면 즐겁고 자극을 주는 환경에서의 상호작용이 중요한 경우가 많다고 밝혀졌다.

　하지만 스티브 잡스Steve Jobs가 했던 유명한 말처럼 '디자인은 어떻게 보이고 느끼는지가 아니라, 어떻게 기능하냐의 문제'이다. 정말로 미학적인 시각화는 아름다울 뿐 아니라 어떤 현상의 모호한 특성을 손에 잡힐 듯 표현해서, 이용자나 독자가 다면적이고 풍부한 세상을 탐구하게 하는 방식으로 '기능'한다.

　그것은 바로 '어떻게 더 큰 구조에서 정보를 특징지을 수 있는가? 외부 데이터베이스에 접속해서 관찰한 패턴에 대해 설명을 찾을 수 있을까?'이다. 예를 들어 아르스 일렉트로니카 사례에서 국가별 출품작 통계를 해당 국가에 대한 더 많은 정보와 비교해보면 유용한 정보를 얻을지도 모른다. 출품작 수는 경제력과 관련이 있을까 아니면 디지털 정보를 이해하고 활용하는 능력과 관련이 있을까? 또는 관계가 더 흐릿해 보이는 다른 요소와는 어떨까? 이런 종류의 정보에 대해서 오픈 데이터 소스가 더욱 더 많이 생길수록, 우리가 분석하고 표시하는 데이터셋 내에서 발생하는 패턴의 중요성을 이해하는데 있어 적절한 맥락과 기준점을 제시하는 것이 점점 더 중요해지고 있다.

감사의 글

미디어아트 연구를 위한 루트비히 볼츠만 연구소(린츠Linz)와 특히 기회를 주고 전문 정보를 알려준 디터 다니엘스Dieter Daniels와 카티아 크바스테크와 대규모 데이터 수집과 처리를 한 산도르 헤람호프Sandor Heraamhof, 시각화 작업에서 창조적으로 조정 역할을 한 디트마어 오펜후버와 전시 포스터 디자인과 분야별 색상 팔레트 설정을 담당한 울레 뮌스터Ule Munster에게 감사한다.

참고문헌

- Keim, D.A. 2000. "Designing pixel-oriented visualization techniques: Theory and applications." IEEE Transactions on Visualization and Computer Graphics 6, no. 1: 59-78.
- Lau, Andrea, and Andrew Vande Moere (2007). "Towards a model of information aesthetic visualization." In Proceedings of the International Conference on Information Visualisation. Washington, DC: IEEE Computer Society.
- Lidwell, William. 2009. "More with less." ACM interactions 16, no. 6: 72-75.
- Wang, Weixin, Hui Wang, Guozhong Dai, and Hongan Wang. 2006. "Visualization of large hierarchical data by circle packing." In Proceedings of the SIGCHI Conference on Human Factors in Computing Systems. New York: ACM Press.

· Wattenberg, Martin. 2005. "A note on space-filling visualizations and space-filling curves." In Proceedings of the 2005 IEEE Symposium on Information Visualization. Washington, DC: IEEE Computer Society.

14장

행렬 드러내기

막시밀리안 쉬흐 | Maximilian Schich

이 장에서는 관리형 데이터베이스curated database에서 이질적인 원본 데이터들과 관리자가 지역적으로 활동한 결과로 생겨나는, 직관적으로 이해하기 어려운 구조를 탐구한다. 이 장의 예제는 내 전문 분야인 미술사와 고고학 분야에서 선택했다. 하지만 여기서 제시된 연구 결과, 즉 복잡한 데이터베이스 구조를 시각화하는 일은 생물학 연구 데이터베이스나 디비피디아DBpedia, 프리베이스Freebase 같은 대규모 협업 결과물 그리고 시맨틱 웹Semantic Web 등 구조화된 데이터 집합에 다양하게 적용된다. 이런 데이터 집합의 속성은 단순하지는 않지만 모두 유사하며, 기록 데이터를 활용하거나 데이터를 개선하려면 에너지와 자금을 어디에 어떻게 써야 할지 결정할 때 중요하게 활용된다.

미술사와 고고학 분야의 관리형 데이터베이스에는 도서관 목록 및 참고문헌 목록, 그림 보관소, 박물관 소장품 목록 외에도 더 종합적인 연구 데이터베이스 등 여러 종류가 있다. 데이터베이스는 아주 복잡한 모델로 디자인되기도 하며, 데이터가 충분히 많을 때는 아주 단순한 예에서도(겉으로는 아무리 간단해 보여도) 어떤 연결 관계조차 혼란스러울만큼 복잡할 수 있다. 어쩌면 사람이 만든 모든 사물이 주제의 대상이 될지도 모른다. 일례로 국회 도서관 분류시스템은 예술가와 요리책에서 물리학 전문서적까지 모든 것을 취급한다.

나는 복잡해 보일 만큼 충분히 크지만, 효율적으로 검토할 수 있을 만큼 충분히 작은 데이터셋을 이 장의 예제로 골랐다. 선택한 데이터셋은 '르네상스 시대에 알려진 고미술 및 고건축 조사 데이터'(http://www.census.de)라고 불리며,

1947년에 리하르트 크라우트하이머Richard Krautheimer, 프리츠 작슬Fritz Saxl, 카를 레만-하르트레벤Karl Lehmann-Hartleben이 처음으로 만들기 시작한 데이터베이스이다. CENSUS에는 서구 르네상스 시대의 스케치북, 드로잉, 여행안내서 같은 문서에 기록된 여러 고대 기념물(로마 시절의 조각품이나 건축 등)에 대한 정보가 수집되어 있다. 여기서 우리는 그래프-기반 데이터베이스 시스템(CENSUS 2005)에서 전통적인 관계형 데이터베이스 형식(CENSUS BBAW)으로 이전했던 2006년 바로 전 시점의 데이터베이스 현황을 살펴보고, 이전과 현재 및 미래의 상태와 비교할 예정이다.

▎다다익선?

10년 이상 미술 연구 데이터베이스를 다루는 동안 가장 호기심을 자극했던 문제는 프로젝트의 품질을 어떻게 측정하는지에 대한 것이었다. 인문학 데이터베이스는 학술 논문처럼 자주 인용되는 경우가 드물어서, 보통 논문을 평가할 때 사용하는 기준을 적용하기 어렵다. 그 대신 평가는 대부분 여러 가지 피상적 기준, 즉 표준에 얼마나 충실한지, 사용자 인터페이스의 품질이 얼마나 좋은지, 프로젝트 제목이 얼마나 멋진지, 프로젝트 설명에 최근에 유행하는 용어가 사용되었는지 등에 집중된다. 평가 방식은 보통 데이터베이스 내용에 관련된 기록 개수를 보거나, 몇 가지 세부 항목에 대해 질문을 해보는 등 몇 안 되는 측정법에서 그치고 만다.

데이터 모델을 위한 참조 모형인 CIDOC-CRM CIDOC Conceptual Reference Model이나 데이터 교환을 위한 규약인 OAI-OMH Open Archives Initiative Protocol for Metadata Harvesting 같은 표준 정의의 문제점은, 보통 그 틀 내에서 수집되고 처리되는 데이터의 성질에 대해 아무런 정보도 없이 선험적으로 적용된다는 점이다. 사용자 인터페이스도 마찬가지로, 내용의 특징에 대해 알려 주는 게 종이 인쇄물에서 가로 세로의 비율보다 나은 게 없다. 더군다나 데이터 표준과 사용자 인터페이스는 둘 다 시간에 따라 변하므로, 평가 기준의 의미를 판별하기 더 어려워진다. 프로그래머라면 다들 아는 사실이지만, 옛 포트란Fortran 언어로 작성한 알고리즘도 최신 파이썬 스크립트로 작성한 알고리즘만큼이나 훌륭하며, 심지어 계산 속도도 훨씬 빠를 수 있다. 그러기에 프로젝트를 평가할 때 특정 시스템을 편애하는 일을 피해야 한다. 즉 특정 표준을 사용한다고 해서 다른 표준을 선호하는 사람들의 평가를 두려워해서는 안된다.

한편 오픈 액세스Open Access처럼 누구나 좋아하는 표준을 적용할 때조차 의심스러운 면이 있다. 오픈 액세스가 현재 여러 프로젝트에 긍정적인 영향을 주긴 하지만, 관리형 데이터베이스에 적용하려면 그 의의가 명확하지 않다. 복잡하지만 자유로운 사용자 인터페이스에 정말로 만족해야 할까?(참고: Bartsch 2008, 그림 10) 아니면 심도 있는 데이터 분석과 학술적인 재활용이 가능하도록 정교한 API를 갖추며 주기적으로 전체 데이터베이스(참고: Freebase)를 복사, 저장하는 편을 선호해야 할까? 그리고 오픈 액세스가 된다면 누가 사기업의 데이터 관리자에게 월급을 주는가?

결국 우리는 프로젝트의 실제 내용을 봐야 한다. 이 장에서 설명하겠지만, 데이터베이스를 평가할 때 어느 특정 항목을 평가할지에 대해 일반적인 정보가 없기에, 몇몇 세부 항목 요소만 봐서는 이해되는 내용이 별로 없다. 어디에나 존재하고, 이 장의 그림 거의 대부분에서도 보이는 긴 꼬리long tail 현상(Anderson 2006, Newman 2005, Schich et. Al. 2009, note 5)을 보면, 데이터가 많은 몇몇 항목만 가지고 데이터베이스의 전체 모습을 추정하는 게 별로 좋지 않은 생각임을 알게 된다. 말하자면, 오로지 판테온Pantheon 신전만 보고 CENSUS에 있는 다른 모든 고대 기념물을 추정할 수는 없다는 이야기이다.

가장 자연스럽게 쓰이는 측정 기준은 데이터베이스의 기록 개수이다. 기록 개수는 거의 모든 프로젝트 설계서에 명시된다. 백과사전에는 모든 문서 수(참고: 위키백과), 생의학 데이터베이스에는 화합물, 유전자, 단백질이 기록된 수(참고: Phosphosite 2003-2007 또는 Flybase 2008) 표시되며, 검색 엔진도 예전부터 (하지만 훨씬 더 마지못해) 검색된 페이지 수를 제공한다(Sullivan 2005). 그러므로 CENSUS 프로젝트에서도 숫자가 나열되는 게 자연스럽다.

그림과 문서, 위치, 인물, 시대 및 양식, 사건, 연구 논문과 삽화를 포함하는 200,000건 이상의 항목이 있다. 약 6,500개의 유적이 수록되어 있으며, 유적 항목은 12,000건 그리고 문서 항목은 약 28,000건이다.[1]

1
출처: http://www.census.de에서 2009년 9월 14일에 가져옴

보통 전시 목록에 200여 개의 항목만 있어도 많은 경우이므로, 물론 미술사의 관점에서 인상 깊은 숫자이기는 하다. 하지만 기록 개수만 따로 떼어볼 때 데이터베이스의 품질을 평가한다는 측면에서는 좋은 척도가 아님은 쉽게 입증된다. 검색 엔진에서 유사 복제본을 처리하는 문제로 골머리를 앓듯(예: Chakrabarti 2003, 71페이지), CENSUS 같은 연구 데이터베이스에서도 원 데이터가 불확실하거나, 항상 그렇듯 의견의 다양성 때문에 뚜렷한 중복이 생기는데, 이를 제거해서 데이터를 정규화하는 게 목표이다. 그림 14-1는 중복 현상이 눈에 띄는 사례이다. 여기서 정규화 전후에도 링크의 전체 개수는 그대로 남는데(그림 14-2), 항목 개수 대신에 링크 개수의 비율(이 예제에서는 3/6 대 3/4)을 이용해서 품질을 더 의미 있고 유사하게 측정하고 있다.

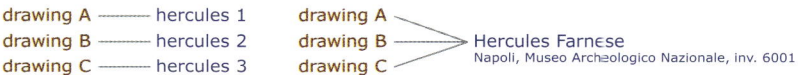

그림 14-1 기록 개수를 줄여 데이터셋 품질을 향상하기

분명히 어떤 데이터베이스의 품질을 측정하려면 더 정교한 척도가 필요하다. 진짜로 데이터셋의 가치를 알고 싶다면, 일반적으로 사용되는 지표로는 잘 보이지 않는 전반적인 구조를 봐야 한다. 어떤 데이터셋을 접할 때 예측이 되는 내용이라면, 전반적 구조가 평범하지 않은 복잡계의 특성을 가질 거라는 사실 뿐이다. 본래 관리자가 접할 수 있는 원 데이터나, 관심을 두는 내용이 매우 이질적이기에 지역적 활동에서 복잡성이 생겨난다(Chua 2005). 게다가 관리자마다 데이터 모델 정의에 대한 인상이 서로 다르기 마련이다. 그 결과 구조적 복잡성이 예측하기 어려워지기 때문에, 의미 있는 방식으로 측정하고 시각화해야 한다.

데이터베이스를 네트워크로 바라보기

다른 분야와 마찬가지로, 미술사와 고고학 분야에서도 구조화된 데이터는 관계형 데이터베이스나 객체지향 데이터베이스, 스프레드시트, XML 문서, RDF 그래프 같이 다양한 형식으로 되어있다. 또한 위키, PDF, HTML 페이지 그리고 (아마도 다른 분야서는 더 많이) 전통적인 종이 문서에서도 부분적으로 구조화된 데이터를 찾아볼 수 있다. 모든 형식의 세부사항을 무시한다면, 보통 다음 세 가지 영역이 기반에 깔린 기술적 구조가 된다.

- 데이터 모델 관례Data model convention. 색인 카드를 보관하는 나무 상자에 있는 단순한 격리판부터, 독자가 가장 잘 사용하는 언어로 표현된 복잡한 온톨로지Ontology까지
- 데이터 형식화 규칙Data-formatting rules. 디스플레이 틀로서 '렌즈' 같은 개념이나(Pietriga et al. 2006) 미리 정의된 질의 명령어
- 데이터 처리 규칙Data-processing rules. 데이터 형식화 명령어에 따라 작동

이때 무엇보다 가장 먼저, 선택한 데이터 모델 관례가 접근 가능한 데이터와 어떻게 상호관계를 맺는지에 관심이 갔다.

토비 세가란이 『Beautiful Data』에서 지적한 대로, 데이터 모델 관례의 스펙트럼에는 양 끝 단이 있다. 한쪽 끝은 새로운 종류의 정보가 들어올 때마다 데이터베이스가 새 테이블, 기존 테이블에서 새 필드, 새 색인, 테이블의 새 연결로 수정되며, 데이터베이스 모델이 더 복잡해지는 경우이다. 반대 쪽에는 어떤 유형의 데이터도 지원 가능하도록 데이터를 기본적으로 테이블 대신에 그래프로 표현하는, 매우 기본적인 도식(그림 14-2처럼)으로 구성하는 방식이다.

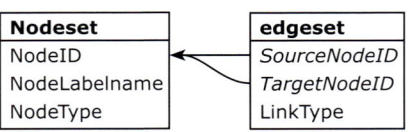

그림 14-2 데이터베이스를 노드와 링크로 된 기본적인 도식으로 묘사

이런 형식으로 모든 데이터베이스를 네트워크로 간주할 수 있다. 데이터베이스 항목은 네트워크의 노드가 되고, 데이터베이스 관계는 노드 간 연결(모서리 또는 링크)로 묘사된다. 미술 연구 데이터베이스를 네트워크로 생각한다면, 노드 유형이 많이 생긴다. 즉 **기념물**Monuments과 **문서**Documents 같이 실물을 나타내는 항목 외에도 **인물**Persons, **장소**Locations, **날짜**Dates 또는 **사건**Events 등이 노드가 된다(참고: Saxl 1947). 그리고 '드로잉 A는 사람 B가 그렸다' 같은 두 노드 사

이에 관계가 링크가 된다. 그러므로 다양한 노드 유형 사이의 관계에 따라 링크 유형도 다양해지곤 한다.

네트워크에서 노드 유형와 링크 유형은 전통적인 데이터 모델 관례에 따라 선험적으로 정의되며, 수많은 관리자가 편집한 대량의 데이터가 포함된다. 덧붙여 네트워크 표현 방식에는 복잡 네트워크 과학에서 빌려온 컴퓨터 계산 분석법을 직접 적용이 가능하며, 이를 통해 접근 가능한 모든 데이터를 전체론적으로 개관할 수 있다. 그 결과 데이터베이스를 개념화했을 당시에는 알지 못했던, 정규 지역 질의로는 찾아내기 어려운 숨겨진 구조를 알아낼 수 있다. 결과적으로 우리는 가치평가에서 품질을 측정하는 일반적인 척도를 벗어난다. 그리고 데이터가 실제로 데이터 모델 관례에 얼마나 잘 맞는지, 적용된 표준이 적절한지, 원본 데이터가 다른 데이터베이스에 접근하는 게 맞는지 살펴볼 수 있다.

▍데이터 모델 정의와 창발

데이터베이스의 기본 구조를 파악하기 위해 처음으로 살펴보려는 내용은 바로 데이터 모델이다. 그리고 가능하다면, 모형 내에서 실제 데이터의 분포를 알아보는 지표도 살펴볼 생각이다. 그림 14-2에 정의된 것처럼 데이터베이스의 그래프 표현에서 시작하면 일이 간단하다. 알아야 할 내용은 노드와 링크 집합 뿐인데, 이런 집합은 테이블의 관계 집합에서 쉽게 만들어진다. 여기서 데이터베이스가 RDF 덤프 형식(Freebase 2009)이나 링크 데이터(Bizer, Heath, Berner-Lee 2009)일 경우에는 공짜나 다름없다. 여기서 사이토스케이프Cytoscape(Ahannon et al. 2003) 같은 그래프 시각화 프로그램(생물학 네트워크 과학 연구 집단에 뿌리를 둔 오픈소스 응용프로그램)에는 노드-링크 다이어그램을 간단히 그리는 기능이 있다. 그렇게 그린 다이어그램(그림 14-3)은 정규 실체-관계Entity-Relation, E-R 데이터 구조 다이어그램(Chen 1976)과 비슷한 방식으로 데이터 모델을 묘사하는데, 여기에 실제 데이터의 정량적 정보를 추가할 것이다.

그림 14-3의 CENSUS 데이터 모델은 메타네트워크metanetwork로, 그림 14-2의 그래프 데이터베이스 도식에서 추출한 것이다. 여기서 노드 유형은 전부 메타노드metanode인데, 각 링크 유형은 두 메타노드를 연결하는 메타링크metalink로 묘

사된다. 메타노드의 크기는 실제 노드 개수, 메타링크의 선 굵기는 실제 링크 개수를 뜻하며, 데이터베이스 모델에서 데이터 분포를 효과적으로 나타낸다. 이 예제를 보면 유형별로 노드 크기와 링크 굵기가 자릿수가 4에서 5까지 바뀔 정도로 상당히 이질적이다. 고빈도 노드 유형이나 링크 유형은 대부분의 저빈도 유형보다 실제에서 훨씬 더 자주 관찰된다. 이 사실은 보통 전통적인 E-R 데이터 구조 다이어그램으로 잡아내기 어려우며, 이 때문에 흔히 사람들이 특정 데이터베이스 모델에서 관련이 별로 없는 영역에 관해 장황하게 논의하곤 한다.

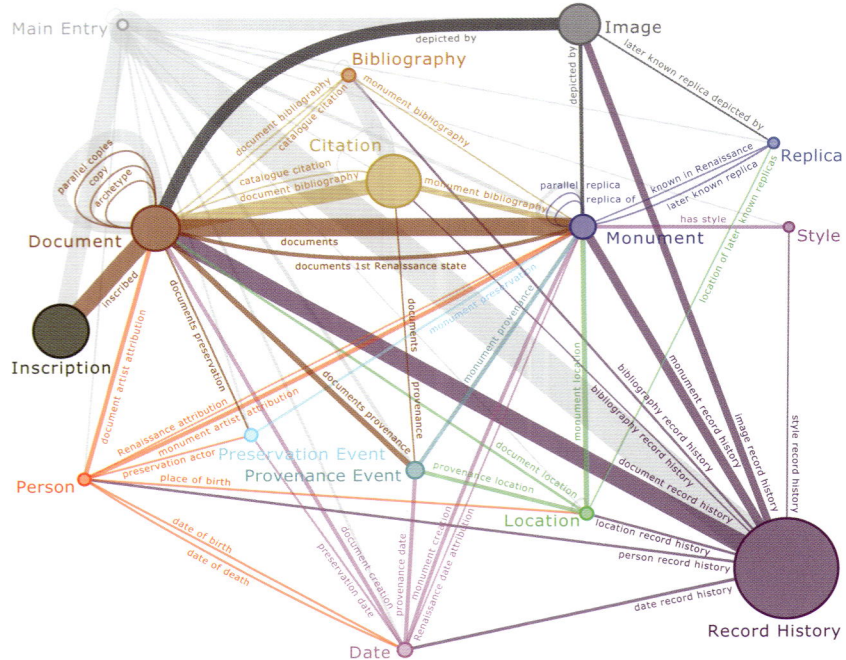

그림 14-3 가중치 있는 노드-링크 다이어그램으로서 CENSUS 데이터 모델

그림 14-3에서 확인되듯 노드 유형과 링크 유형이 나타나는 횟수가 이질적이라는 점은 이 사례에만 국한되지는 않는다. 이런 이질성은 유형의 개수가 미리 정해졌거나 관리자가 유형을 더 늘릴 수 있는지 여부와는 관계 없이, 연구 데이터베이스(Schich, Ebert-Schifferer 2009), 대규모 참고문헌 목록(Schich et al. 2009), 프리베이스, 링크 데이터 클라우드 등 여러 데이터셋에서 관찰된다. 내가

지금까지 접했던 사례를 보면, 노드 유형 대비 노드 개수와 링크 유형 대비 링크의 개수가 모두 오른쪽으로 기운 right-skewed 분포 특성을 보였는데, 이는 긴 꼬리 (Anderson 2006, Newman 2005)로 알려져 있으며, 정규 가우스 분포와 달리 평균을 공유하지 않다는 특성이 있다. 웹 페이지의 하이퍼링크- 유사한 긴 꼬리 구조, 즉 단일 노드 유형에 단일 링크 유형으로 된 네트워크를 이루는데, 10년 이상 상당 수준 연구된 네트워크이다(Science 2009). 그림 14-3을 보면, 노드 유형과 링크 유형으로 더 구조화된 네트워크에서도 이질성이 관찰된다는 점이 명백하다.

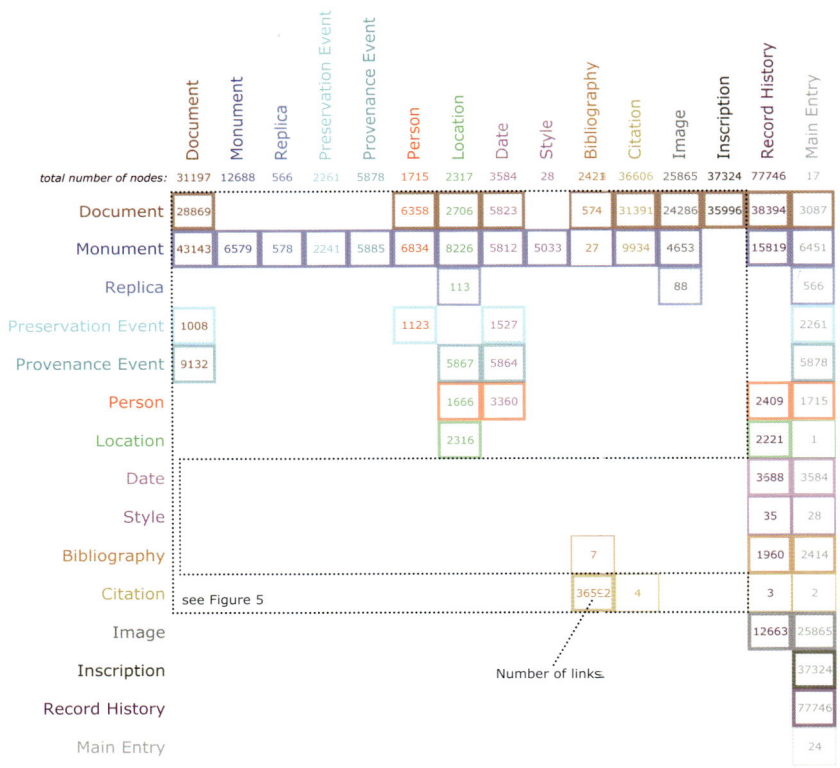

그림 14-4 가중치 있는 인접 행렬로 표현한 CENSUS 데이터 모델

네트워크 차원수

그림 14-3을 자세히 살펴보면, CENSUS 데이터베이스에서 중심되는 차원이 **기념물**과 **문서**이며, 추가적인 정보가 둘러싸고 있음이 보인다. **기념물**과 **문서**는 둘

다 실체가 있는 사물이란 점에서 같지만, 가운데 있는 기록문서documentation 링크에서 전자는 링크의 끝점이고 후자는 시작점이라는 점이 다르다. 보통 어떤 사물이 **기념물**이면서 **문서**가 될 수 있지만, 서로 다른 시대(고대Classical Antiquity와 서구 르네상스Western Renaissance)에 속하기 때문에 CENSUS에서는 그 둘을 다른 노드 유형으로 구분한다. 말하자면, 고대 로마 조각이나 건축은 르네상스의 드로잉, 스케치북, 글 등에 문서화되어 있다.

이런 주요 차원 외에 **복제품**Replica이라고, 실체가 있는 사물을 표현하는 노드 유형이 또 하나 있는데, 이는 르네상스 시대로 정의한 기간 이후에만 발견되며, 나중에 복제된 **기념물**로 알려진 것들을 가리킨다. 만약 CENSUS가 고대부터 현대까지의 모든 시기를 아우르도록 일반화한다면, 특정 노드를 향하거나 특정 노드에서 시작하는 링크들의 존재여부로 모든 기능이 정의된다는 점에서 **기념물**, **문서**와 **복제품**을 실체가 있는 사물을 가리키는 하나의 노드 유형으로 합치는 게 합리적일 것이다. 1980년대 초반에 데이터 모델이 창안되었을 때만해도 관계형 데이터베이스의 기능 제한에 따라 그 디자인이 영향을 받았다. 지금은 이런 제한이 없으므로 위와 같은 변경도 무리가 없다.

그림 14-3에서 실체가 있는 사물들 주위에 **인물**Persons, **장소**Locations와 시대 범위(**날짜**와 **양식**) 같은 노드 유형이 분포되어 있다. 이런 차원 사이의 관계는 대부분 방향성 있는 링크로 모형화된다. 예를 들어 각 **인물**은 탄생지나 탄생일 방향으로 연결되는데, 단일 인물에 대해서 **탄생 사건**Birth Events이 둘로 주장될 경우에는(베네치아Venice 1573과 볼로냐Bologna 1568 같은 경우) 추가 설명 없이 차이점을 구분하기는 불가능하다.

지름길 링크의 다른 예로 문서 창작자 속성document artist attribution과 르네상스 시기의 처음 상태 기록문서1st Renaissance state documentation가 있다. 이 경우에도 추가 설명 없이 구분은 불가능하다. CENSUS 관리자는 창작자 속성에 여러 견해를 기록하는 대신, 한 명을 결정하도록 지침을 받는다. 르네상스 시기의 처음 상태 보고서는 그 정의상 개체가 하나 뿐이다. 그 외의 상태는 보존 이력 Preservation Events으로 문서화되는데, 이로서 데이터 모델이 확실히 단순화된다.

보존 이력 및 **유래 이력**Provenance Events은 앞에서 언급한 지름길 링크 중에 눈에 띄는 예외이다. 여기에는 특정 **기념물**을 어떤 **인물**이 변경했는지, 또는 어느

장소 및 **날짜**에 특정 문서로 문서화되었는지 정보가 담겨있다. **보존 이력** 및 **유래 이력**은 둘 다 쉽게 구분 가능하다.

문서에 따라 의견이 다른 경우는 여러 **사건**처럼 각각의 **기념물**, **인물**, **장소**, **날짜**에 따라 반영된다. 실체가 있는 사물과 마찬가지로, **사건**의 본질은 어떤 링크의 존재로 정의된다. 그 덕분에 CENSUS에 영감을 받은 빈켈만 말뭉치*Winckelmann Corpus*(2000) 같은 프로젝트에서처럼 데이터 모델을 더 일관화하는 것이 가능하다. 보통 **사건**은 특정 링크 유형이 조합되어, 별 모양 모티프*star motifs*(참고: Milo et al. 2002)로 불리는 모양으로 압축된다. 오늘날 사건 위주의 구성은 프리베이스*Freebase* 같은 여러 데이터베이스 모델에서 표준으로 다루는 기능이며, 이런 유형을 합성 값 유형*compound value types*이라고 부른다. 이론적으로 유형별 링크로 된 여타 네트워크에서도 어떤 **사건**을 찾아볼 수 있는데, 그 사건들이 명시적이지는 않더라도, 내재적으로 별 모양 모티프로 나타나기도 한다(링크 데이터 그래프 *Linked Data graph*처럼).

CENSUS는 예를 들면 (현대) **참고문헌***Bibliography* 같은, 다양한 메타차원을 제공함으로서 권위 있는, 즉 인용할 만한 정보원이 되었다. **참고문헌**은 **인용***Citations*으로 세분되는데, 결과적으로 이 둘은 다른 노드 유형으로 분리되었다. 또다른 원본 차원으로 **이미지***Image* 노드 유형이 있는데, 주요 사진 도서관에서 가져온 사진 정보를 담고 있다. **참고문헌**과 **이미지**도 실체가 있는 사물의 기능을 나타내며, 인접한 링크들로 정의된다.

그외의 노드 유형으로 관리자가 노드에 취했던 행위를 기록하는 **기록 이력** *Record History*과 CENSUS를 관계형 데이터베이스로 전환하면서 의미가 없게 된 **주요 항목***Main Entry*이 있다. 예전의 그래프 기반의 시스템에서는 테이블의 부족으로 **인물**, **장소** 등을 묶어서 탐색하기 편하도록 **주요 항목**으로 데이터베이스의 장을 나누었다.

▌ 행렬 매크로스코프

그림 14-3의 노드-링크 다이어그램은 CENSUS 데이터 모델을 묘사하는 한 가지 방법일 뿐이다. 노드와 링크로 된 네트워크라면 무엇이든지 그림 14-4와 같은 인

접 행렬adjacency matrix로 묘사된다(참고: Garner 1963, Bertin 1981, Bertin 2001, Henry 2008). 여기서 표의 수직 열과 수평 행들은 노드의 유형을 뜻하며, 표의 칸마다 링크 정보가 있다. 예를 들어 태어난 장소라면 **인물** 행에 해당하는 칸에서 **장소** 열의 칸으로 **링크**가 있다고 상상하면 된다.

노드-링크 다이어그램에서처럼 인접행렬에서도 두 노드 유형 사이에 나타나는 링크의 개수를, 그림 14-3에서는 선 굵기가 개수를 뜻했지만, 이제는 해당 칸에 명시적으로 숫자를 기록한다. 이때 표현 방식을 행렬로 전환할 때의 주요 차이점이 돋보인다. 즉 노드보다는 링크에 주목하게 되는 것이다. 그림 14-4의 행렬을 보면 노드 유형 간에 연결 외에도, 어떤 노드 유형들끼리 직접 연결이 되지 않는지 바로 뚜렷하게 보인다는 사실이 눈에 띈다. 말하자면, 행렬은 양의 상관관계만이 아니라 음의 상관관계도 나타낸다는 것이다. 일례로 **참고문헌** 노드 유형에서 창작자, 출판 장소, 출판 날짜까지 링크가 연결되어 있지 않다. CENSUS에 이 정보가 있기는 하지만, 노드의 상세 정보 텍스트나 노드의 축약된 레이블(예: Nesselrath 1993)에 내포되어 있을 뿐이다. 물론 노드-링크 다이어그램에서도 이렇게 정보가 없는 경우가 분간이 되지만, 행렬에서 확인하는 방법이 더 확실하다.

우리는 두 노드 유형 간 링크의 총 개수를 넘어서, 여러 유용한 정보를 행렬 칸에 집어넣었다. 그림 14-5를 보면 두 노드 유형 사이에 발생하는 모든 노드와 링크로 된 노드-링크 다이어그램이 칸마다 있는 게 보인다. 이 다이어그램들은 레이아웃 알고리즘(사이토스케이프Cytoscape 응용프로그램에 일부 기능인, yFiles 계통적 레이아웃 알고리즘 같은 기능을 활용했다)으로 생성되었으며, 이 알고리즘은 계산적 관점에서 상대적으로 비용이 많이 들지 않았다. 이제 데이터 모델 행렬 안에, 데이터베이스의 모든 노드-링크 데이터가 명시적으로 보이게 되었다.

그림 14-5의 결과를 보면, 데이터베이스에 대해서 많은 정보를 습득할 수 있다. 언뜻 보아도, 구조가 더 복잡해 보이는 칸은 약간만 있는 반면, 두 노드만 따로 연결되어 있는 다이어드dyad나 별 모양만 단조롭게 있는 칸이 대다수임이 확인된다. 관찰 사실 또 하나는 모든 칸마다 연결이 끊어진 네트워크disconnected network, 즉 구성성분(연결된 노드의 집단)들로 분리된 네트워크가 있다는 점이다. 여기서도 구성성분 크기의 평균이 넓게 퍼져있다는 사실이 아주 재미있다. 긴 꼬리는 어디에서든 관찰된다. **문서-장소**Document-Location 칸이 두드러지는 예

로, 하나의 장소에 연결된 문서가 훨씬 더 적어지면서 크기가 뚜렷하게 감소하는 별 모양이 나열되어 있다. 하지만 **문서-이미지**Document-Image 칸처럼 가장 균일한 경우에도, 큰 연결 집단은 수가 더 적으며 아주 많은 다이어드가 뒤를 잇는다.

장소-장소 Location-Location 칸은 긴 꼬리 형태가 좀 희미한 경우이다. 이 칸에는 지리적 위치가 계층을 이루고 있는데, 세계를 나타내는 노드가 루트 노드이고, 국가, 지역, 마을으로 세분되며 개별 소장품까지 내려간다. 여기서도 **장소** 당 세부구분의 개수는 이질적인 방식으로 분포한다. 세부구분은 대부분 이탈리아 내에 있으며, 그 외의 세계는 거의 보이지 않는다. 예상대로 가장 눈에 띄는 **장소**는 로마 시이며, 이 노드는 수많은 소장품들로 세분화된다. 로마를 보면 운동 감각 호문쿨루스homunculus 모형[2]에서 손의 감각에 해당하는 뇌의 부분이 지나치게 큰 점이 연상된다(Penfield and Rasmussen 1950, Dawkins 2005, 243-244페이지). 마치 CENSUS 내에 '로문쿨루스romunculus'[3]가 있는 것처럼 보인다. 대뇌의 운동 피질mortor cortex에서 손과 눈 기능의 조정과 손의 촉각에 해당하는 영역이 지나치게 큰 것처럼, CENSUS의 장소 계층 구조는 로마에 있는 조각 소장품으로 편향되어 보인다. 그리고 평범한 사람보다 피아노 연주 대가의 대뇌 피질에서 손 재간에 해당하는 영역이 더 큰 것처럼, CENSUS의 특징은 전문화로 보인다. 울리세 알드로반디Ulisse Aldrovandi의 유명한 책(1566과 1562)에서 수천 개의 로마 조각 작품 목록을 나열한 것과 같다(참고: Schich 2009, 124-125페이지).

그림 14-5에서 재미있는 특징이 하나 더 있는데, 불균일하게 큰 별모양이 여러 칸에서 발견된다는 점이다. 11,927건의 **문서** 노드가 '바르트쉬Bartsch 1854-1870' **참고문헌** 노드나, 이탈리아나 로마에서 태어난 1,146명의 **인물** 노드에 연결되는 사례 같은 경우처럼, 어떤 별모양은 데이터에서 자연스럽게 나오는 속성이다. 하지만 대부분의 큰 별모양은 미식별 **기념물**, 미상의 **인물**, 미정 **장소**, 미정 **날짜**, 미상의 양식 같이, 미정 항목과 관련된 데이터 결함이다. 미정 노드들은 앞으로 관리가 용이하도록 확실한 정보 간극을 메꾼다. 이 데이터셋에는 총 1,350개의 미식별 **기념물**, 5,992개의 창작자 미상 **기념물**, 5,531개의 장소 미상 **기념물**, 2,752개의 날짜 미상 **기념물**, 2,465개의 양식 미상 기념물, 483건의 행위자 미상의 **보존 이력**, 559건의 장소 미상의 **유래 이력**이 있다. 분명 이런 미정 항목이 오류는 아니다. 예를 들어 **날짜** 미상 속성은 르네상스 날짜 속성이 부정확한 경우, 그 잘

[2] 옮긴이 호문쿨루스는 라틴어로 '작은 사람'이라는 뜻으로, 여기서는 인간 몸의 각 부위를 담당하는 뇌 영역의 크기 비율을 본떠 만든 인체 모형을 뜻한다. 운동피질과 감각피질에 따라 각각 운동 호문쿨루스, 감각 호문쿨루스가 있다

[3] 옮긴이 로마Roma + 호문쿨루스Homunculus = 로문쿨루스Romunculus

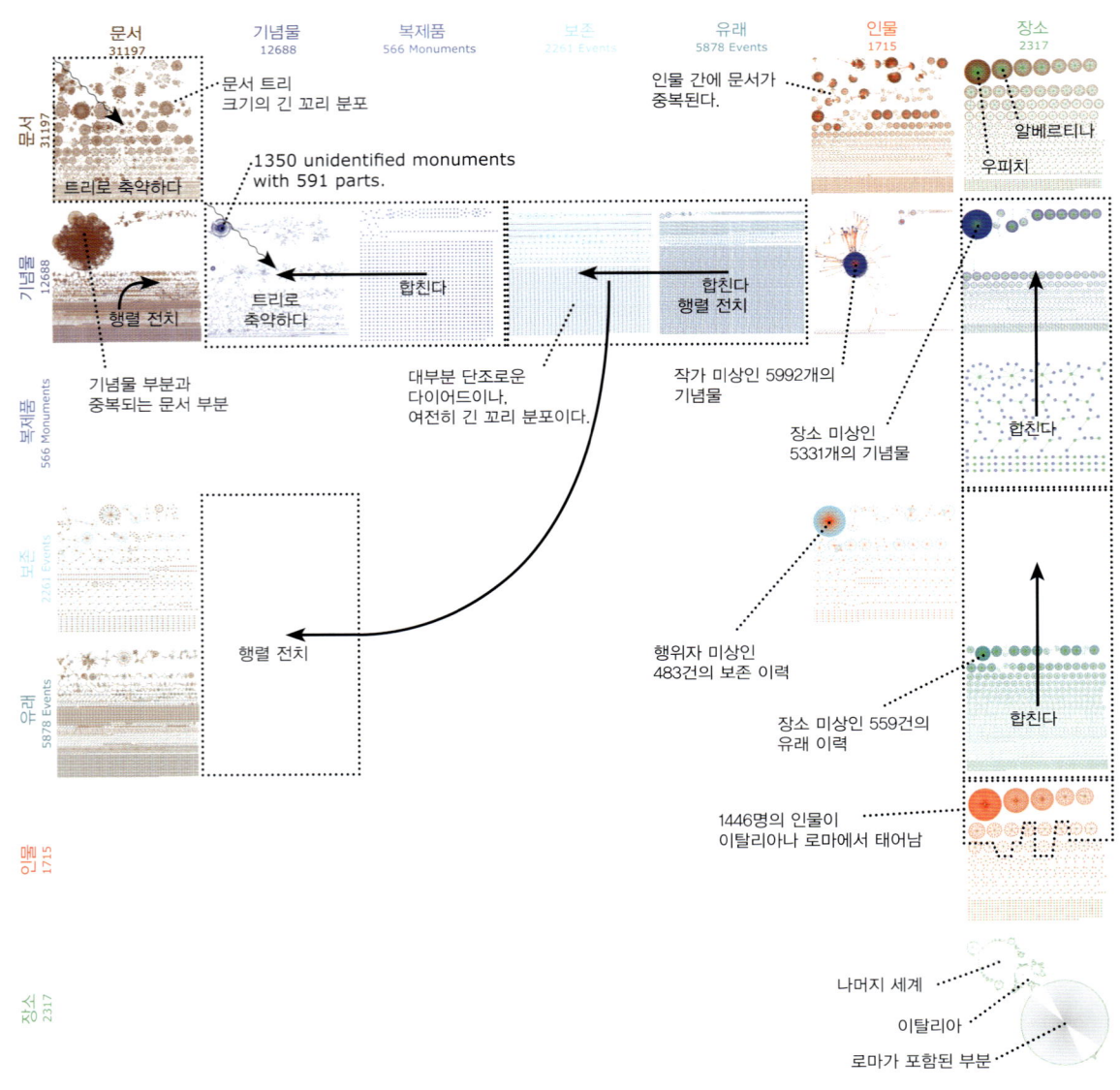

그림 14-5 인접 행렬로 표현하고, 노드-링크 다이어그램으로 내용을 덧붙인 CENSUS 데이터 모델, 즉 실제 데이터

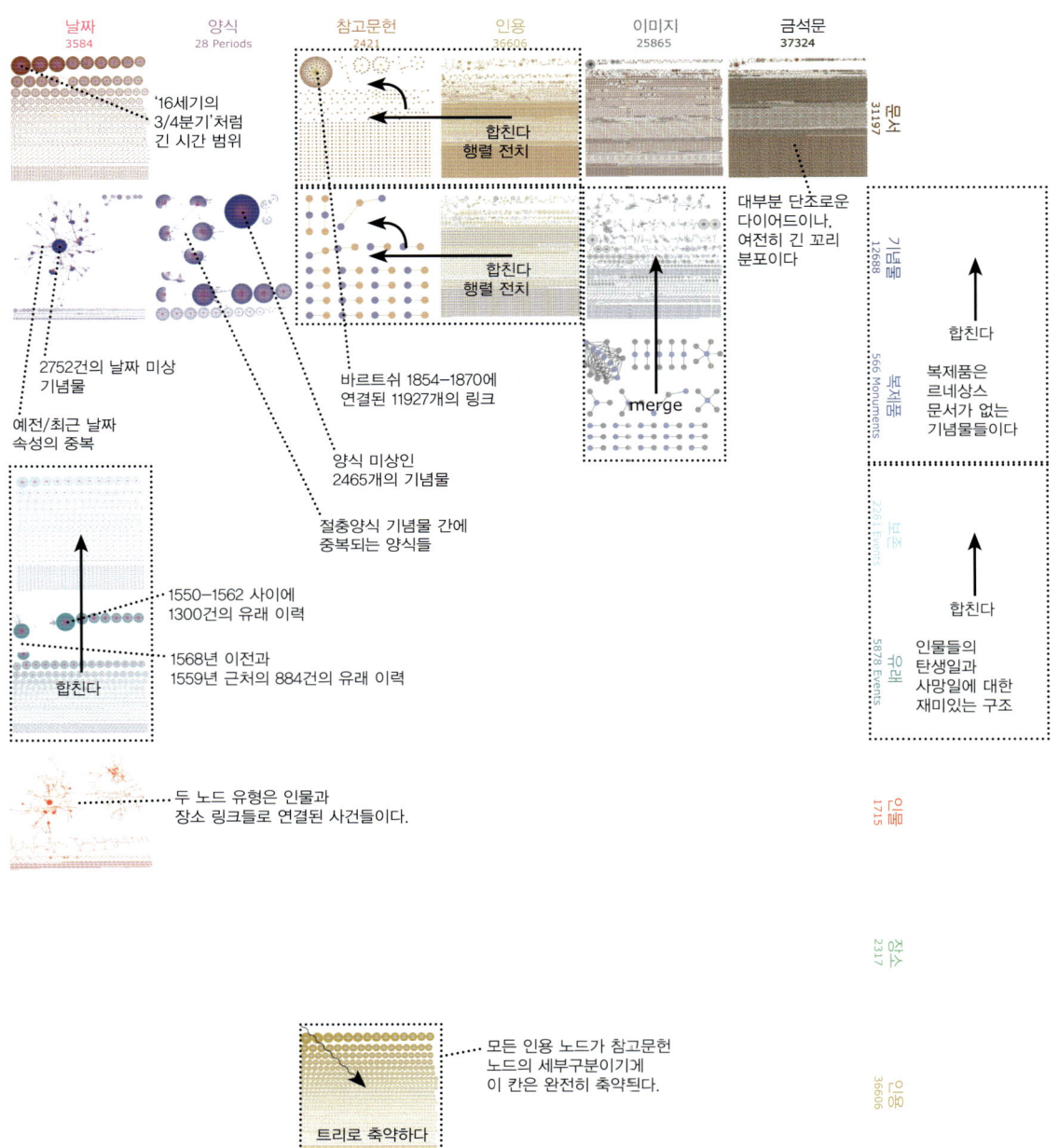

행렬 매크로스코프

못을 밝힐 수 있다. 하지만 미정 항목의 개수를 보면 우리의 지식이 얼마나 불완전한지 느끼게 된다. 또 하나 고려해야 할 점으로, 만약 각 칸의 네트워크 구조를 분석하고 싶다면, 미식별 노드를 쪼개야(또는 비정규화해야만)한다는 점이 있다. 그렇게 하지 않으면 **장소** 미정 노드가 여러 다른 장소에 있는 관련 없는 노드에 연결될지 모른다.

▌복잡함을 줄이기

잠시 그림 14-3을 돌아가 보면, CENSUS 데이터베이스에 31,197건의 **문서** 기록이 있는데, 오로지 3,087개만 **주요 항목** 밑의 문서 권한document authority에 연결되어 있음이 보인다. 이것은 중요한 사실, 즉 데이터베이스 내에 큰 **문서** 노드가 노드의 트리로 표현된다는 사실을 가리킨다. 사실 데이터베이스에는 3,087건의 **문서**만 있는데, 여기에는 페이지, 그림 그리고 그런 그림이나 본문 단락 내 사분면을 나타내는 28,110개의 부차적인 노드가 포함된다. 지금까지는 이 데이터베이스에 대해서 별로 말하지 않았던 사실이다. **기념물**도 마찬가지인데, 여기서도 적은 비율의 기록(특히 건축물Architecture 범주)이 건축 부품, 방 그리고 건축물의 세세한 특징 등을 나타내는 노드의 트리로 세분화된다. 세 번째 예제는 **참고문헌**으로 최신 학술 서적의 본문 단락처럼 **인용**으로 세분된다.

그림 14-5에서 이런 세부구분 때문에 특정 하위노드들을 가리키거나 하위노드에서 나오는 특정 링크, 즉 전체 **기념물**에서 전체 **문서**로 연결되는 링크 대신 일부의 **기념물**이 일부의 **문서**와 이어지거나, 기둥 밑단 장식의 특징에서 스케치북 그림의 사분면을 잇는 링크가 생겨난다. 이런 세부구분들은 심각한 정보 손실 없이 데이터를 보존하는 기능을 한다. 그러나 이런 설정으로는 보통 해결 가능한 질문이 너무 한정적이다. 데이터에서 더 흥미로운 전반적 속성을 찾아서, 어떤 기념물이 기록된 스케치북이 얼마나 많은가(일반적으로 그림이 얼마나 많은지가 아니라), 또는 여러 책에서 얼마나 많이 인용되었는가(일반적으로 인용이 얼마나 많은지 아닌) 같은 질문에 답하려면 행렬을 정제해야 한다. 이 문제에 대한 한 가지 해결책은 그림 14-6에 있는 세분화된 **문서**, **기념물**, **참고문헌**의 **인용** 노드를 축약해서, 그림 14-7(a)처럼 되도록 행렬을 전부 다시 그리는 방법이다.

문서, 기념물 그리고 참고문헌의 인용 트리를 노드 하나로 축약하는 방법은 다음과 같다(Schich 2009). 그림 14-6(a)에서 원본 문서 트리를 보면, 책 노드 하나에 페이지가 두 개 있으며 그림으로 세분되어 있다. 각각의 링크는 여러 기념물이나 기념물의 부분을 가리킨다. 여기서 우리는 트리를 축약하기 위해서 그림 14-6(a')처럼 책을 하나의 노드로 표현하고, 세부구분에 연결될 모든 링크를 합쳤다. 최대한 정보를 보전하기 위해, 축약된 세부구분의 개수를 반영하는 가중치를 새로운 노드에 할당하고, 책 내에서의 링크 개수를 의미하도록 가중치를 링크에도 부여했다. 그리고 그림으로 보면 가중치는 노드 크기와 선 두께에 대응된다. 책 노드가 클수록 축약된 트리 안에 하위노드가 더 많고, 선이 더 두꺼울수록 링크가 더 많다는 뜻이다. 그림 14-6(b)/(b')은 실제 데이터 사례로, 원본 행렬의 문서-문서 칸에 있던 문서 트리가 전부 하나의 노드로 축약되었다. 그림 14-6(c)/(c')은 문서-기념물 칸의 네트워크를 확대한 그림으로, 원래는 단조롭고 간단해 보이던 패턴이 축약하고 나서 더 복잡하고 흥미로워졌다.

그림 14-6(c')의 정제된 칸에서 가장 두드러지는 특징은 CENSUS의 전체 **기념물**과 **문서** 중 거의 90%를 연결하는, 최대 연결 성분Giant Connected Component(GCC)이라는 패턴이 출현한다는 점이다. 이 패턴은 여러 가지 다른 복잡 네트워크에서도 발견되는 상전이 현상으로, 정보의 전파현상과 관련해서 함축하는 바가 많다(Newman, Barabasi, Watts 2006, 415-417, Schich 2009, 171-172). GCC의 핵심부를 보면 건축 기념물이 커다랗게 군집을 이룬 모양을 볼 수 있는데, 이 군집에는 여행안내서, 스케치북, 도시 지도와 같은 큰 개요 **문서**들과 연결되어 있다. 예상 외의 특징으로는 **문서** 노드가 많이 연결된 붓 모양의 구조가 GCC의 가장자리에서 주도적으로 나타난다는 점이 있다. 확실히 CENSUS의 전체 **기념물** 중에 큰 비율이 하나의 **문서**에만 연결되어 있는데, **문서**에 대한 정보가 충분하지 않거나 (어떤 이유에서건) 관리자가 정보를 모르고 정규화를 못했기 때문이다.

문서, 기념물, 참고문헌 트리가 축약된 결과는 전체 행렬에 영향을 끼친다. 사실상 대각선에 있는 **문서-문서**와 **기념물-기념물** 칸은 원형 인용archetype citation과 동종 복사 관계 같은 재미있는 링크만 약간 남기고 줄어들었다. 그리고 **인용-참고문헌** 칸은 완전히 축약되어 사라졌다.

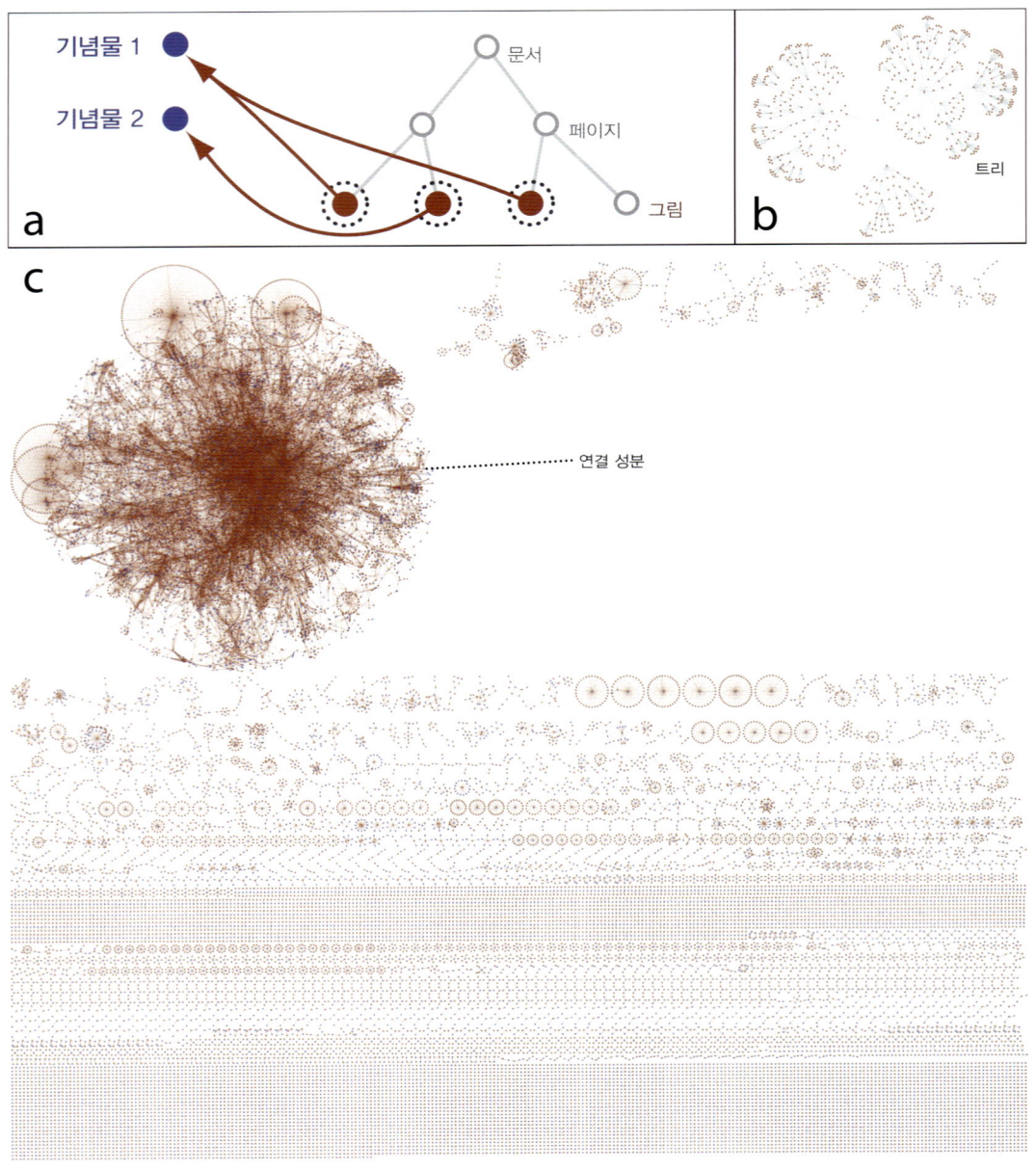

그림 14-6 원 데이터의 세분화된 항목들을 축약하면 복잡하고 재미있는 특징이 나타난다.

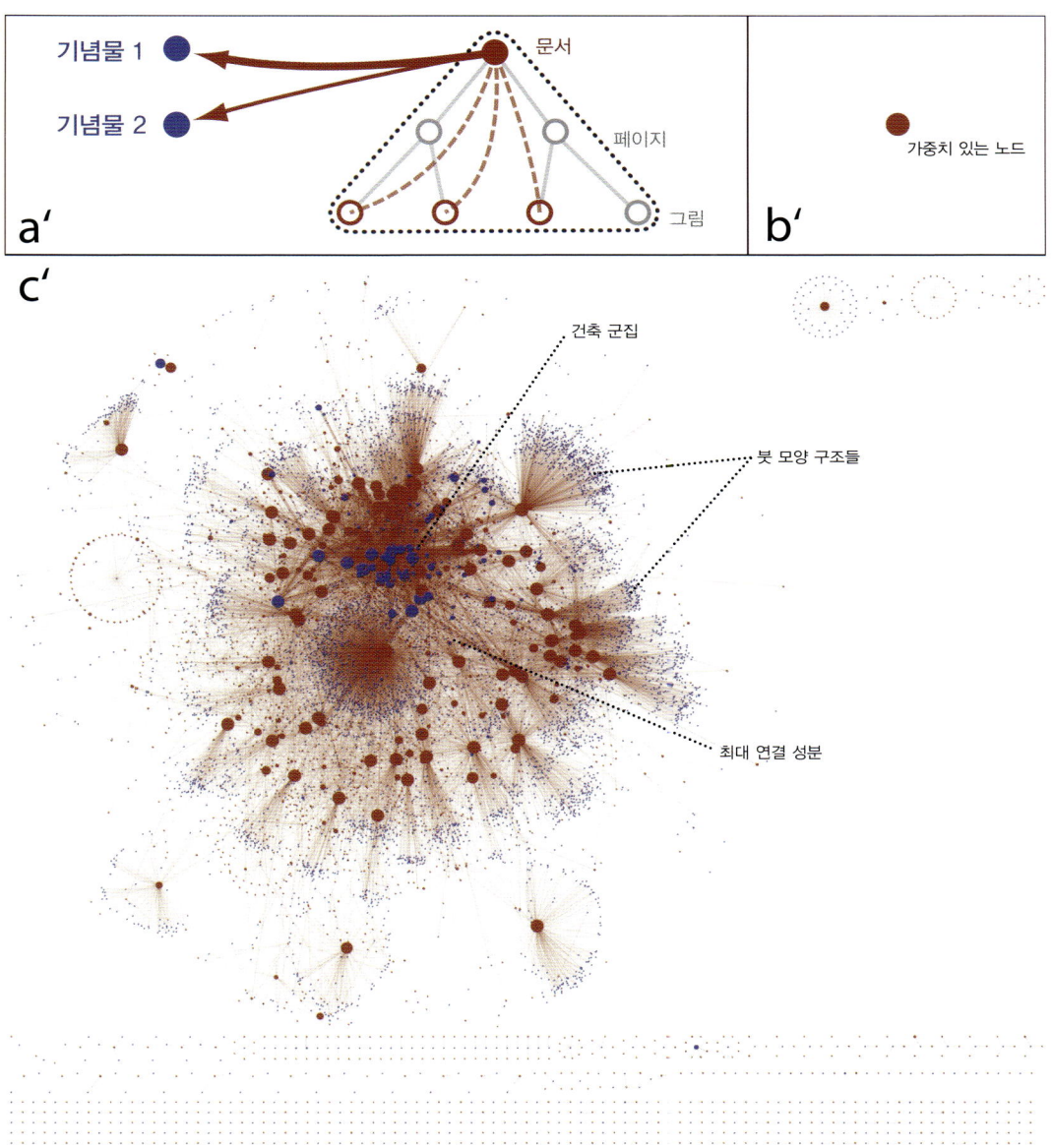

복잡함을 줄이기

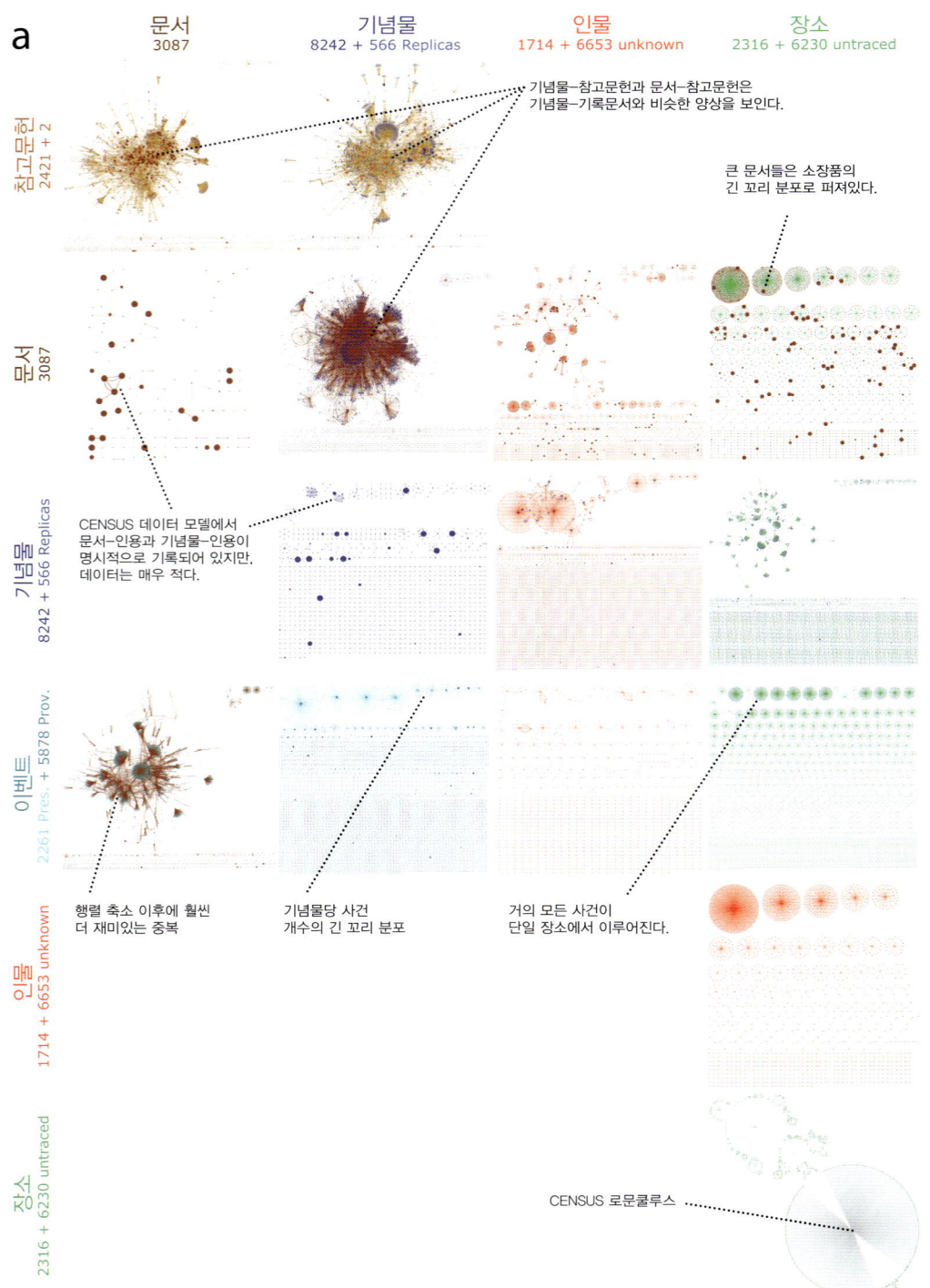

그림 14-7 노드-링크 다이어그램을 덧붙인(a) 그리고 기본 가중치 형태의(b) 정제된, CENSUS 데이터 모델 행렬

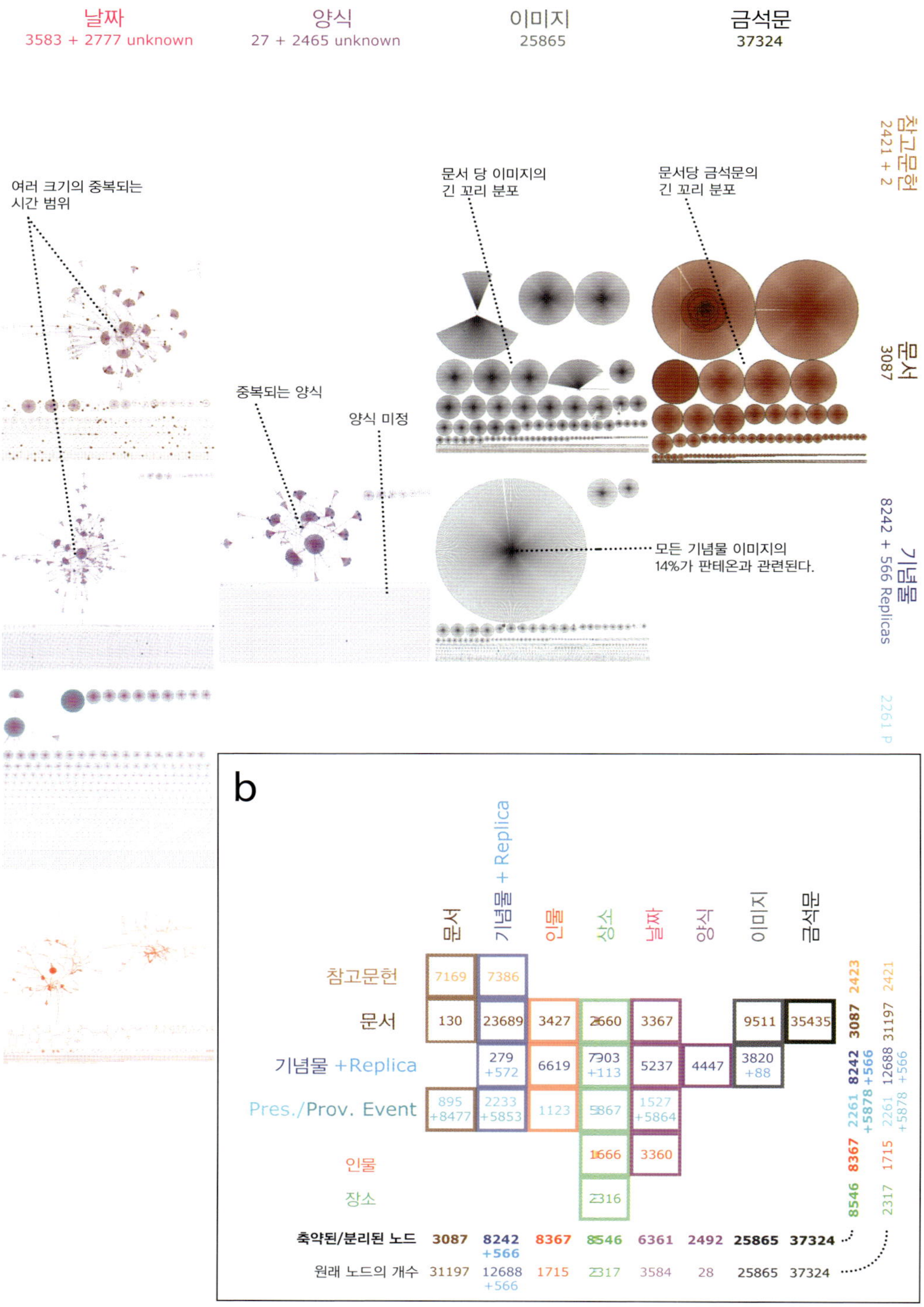

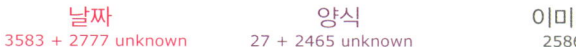

	날짜	양식	이미지	금석문
	3583 + 2777 unknown	27 + 2465 unknown	25865	37324

여러 크기의 중복되는 시간 범위

참고문헌 2421 + 2

문서 당 이미지의 긴 꼬리 분포

문서당 금석문의 긴 꼬리 분포

중복되는 양식

양식 미정

문서 3087

모든 기념물 이미지의 14%가 판테온과 관련된다.

기념물 8242 + 566 Replicas

2261 P

b

	인물	기념물+Replica	문헌	사건	장소	이미지	금석문		
참고문헌		7169	7386						2423 / 2421
문서	130	23689	3427	2660	3367		9511	35435	3087 / 31197
기념물 +Replica		279 +572	6619	7903 +113	5237	4447	3820 +88		8242 +566 / 2261 +5878 +566
Pres./Prov. Event	895 +8477	2233 +5853	1123	5867	1527 +5864				2261 +5878 +85+ / 8367
인물				1666	3360				1715 / 8546
장소				2316					2317
축약된/분리된 노드	3087	8242 +566	8367	8546	6361	2492	25865	37324	
원래 노드의 개수	31197	12688 +566	1715	2317	3584	28	25865	37324	

복잡함을 줄이기

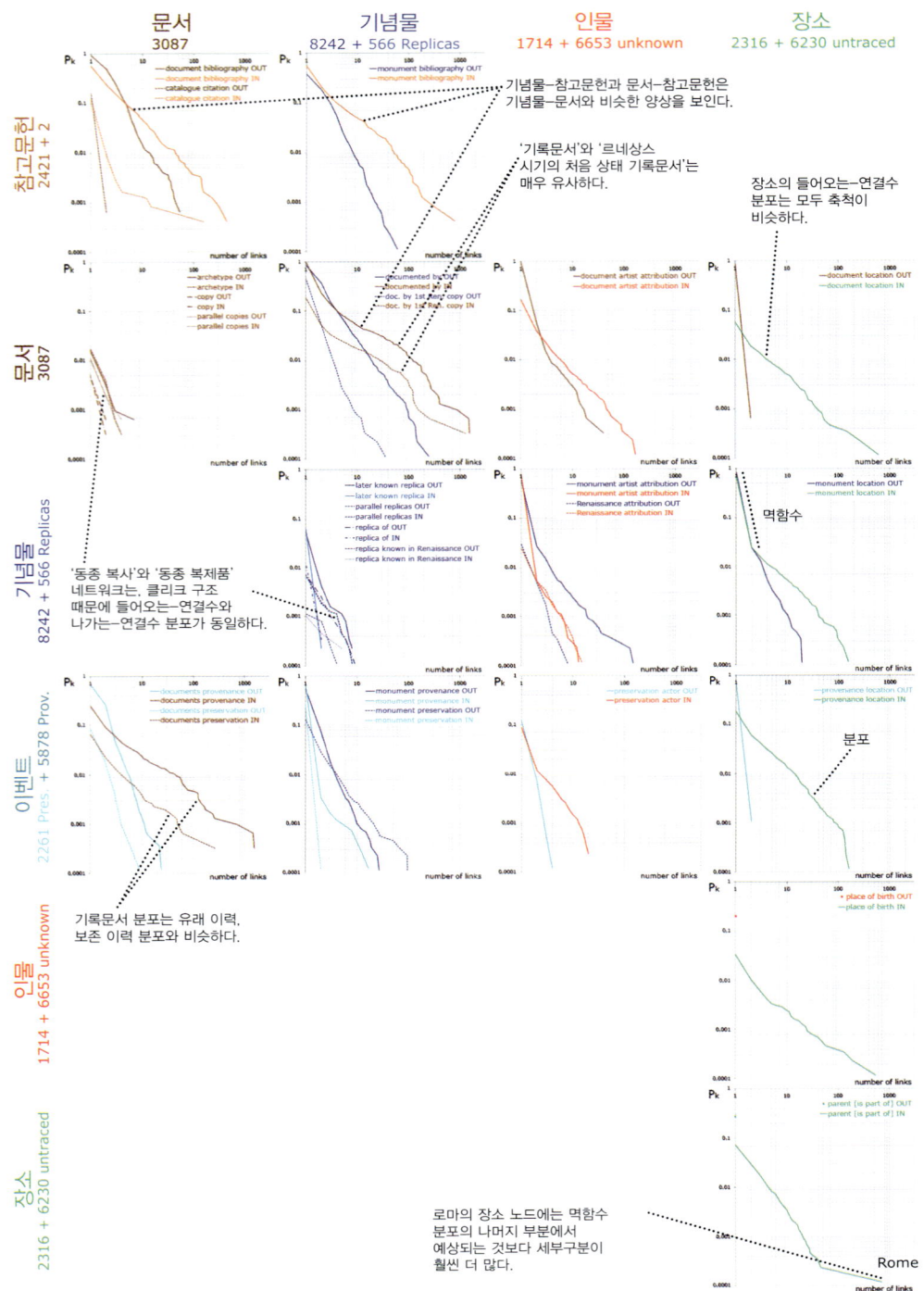

그림 14-8 연결수(또는 도수) 분포 그래프를 덧붙인, 정제된 CENSUS 데이터 모델 행렬

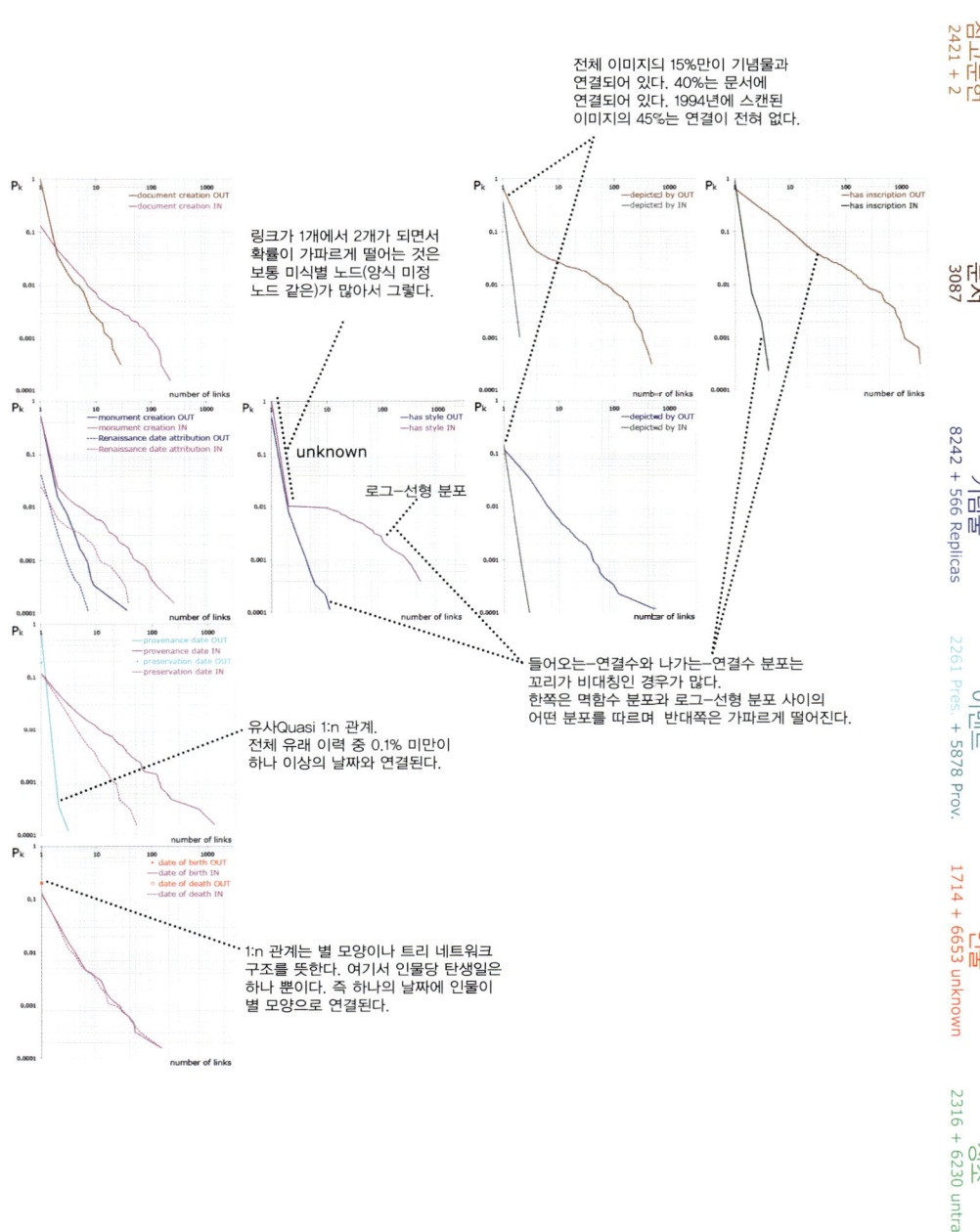

복잡함을 줄이기

더 많은 행렬 연산

미정 노드unknown node들을 쪼개고, 세부구분의 트리를 하나로 축약하는 일 외에도, 그림 14-5의 원본 행렬에 적용해볼만한 연산이 여러 개 있다. 일례로 어떤 인접 행렬이 있으면 정보 손실 없이 수평축과 수직축을 따라 행과 열을 정렬(또는 치환)하는 일이 가능하다(Bertin 1981, Bertin 2001). 또한 **기념물-사건**을 **사건-기념물**로 바꾸거나, **참고문헌** 열 전체를 행으로 전환해서 링크의 방향을 사실상 뒤바꿀 수도 있다. 마지막으로 동등한 노드 유형(**유래 이력**과 **보존 이력**이나, **기념물**과 **복제품**, 또는 **참고문헌**과 **인용** 등)을 **사건**, **기념물**, **참고문헌** 등의 상위 노드로 만들어 합치는 방법도 있다. 이렇게 하면 행렬에서 열과 행의 개수가 줄어들어서 각 칸에서 시각화를 위한 공간이 더 확보된다. 그외에도 행렬 시각화에 대한 문헌을 보면 해볼만한 행렬 연산이 매우 많이 있다(Henry 2008).

정제된 행렬

그림 14-7(a)와 (b)는 지금까지 이야기한 정제 연산이 모두 적용된 최종 결과이다. 행렬은 이제 전반적으로 더 간결하며 명확해지고, 정보성은 강화되었다. 이제는 CENSUS 데이터 모델에서 데이터가 어떻게 분포되었는지 쉽게 확인이 된다. **기념물-참고문헌**과 **문서-참고문헌**은 확실히 **기념물-기록문서**처럼 데이터가 풍부하며 양상도 비슷하다. 반면 **문서-문서**와 **기념물-기념물**의 의존성 관계(인용)의 경우에는 데이터 모델에서 각각의 링크가 명시적으로 기록되어 있음에도 데이터가 별로 없다. 아마도 데이터를 관리하고 편집하는 작업흐름이 이런 종류의 정보를 체계적으로 수집하기 좋게 설정되지 않은 것 같다.

원본 행렬과 마찬가지로 정제된 칸에서도 구성성분의 크기가 긴 꼬리 분포를 따른다. 일부 칸은 여전히 별 모양이 대부분이며, **기념물**당 **사건**, **문서/기념물**당 **이미지**, **문서**당 **금석문**, **장소**당 **사건**의 개수가 그에 해당한다. **문서-장소** 칸이 흥미로운데, 플로렌스Florence의 우피치Uffizi 미술관에서 스케치북 하나로 된 개인 소장품 목록까지, 즉 소장품 규모가 작은 것부터 큰 것까지 큰 문서들이 전반적으로 퍼져있다.

다른 칸에는 더 중복되는 구조가 나타나는데, **문서**와 **기념물**에서 중복되는 날짜(또는 시간 범위)나, 콘스탄티누스 개선문Arch of Constantine 같은 몇몇 절충양식 **기념물**(콘스탄티누스 개선문에는 로마 제국의 여러 시기에 만든 돌을새김 장식을 그대로 옮겨와 장식으로 사용하였다)이 그 예이다. 예상대로 **기념물-문서**와 관련 **참고문헌**은 중복이 가장 복잡한데, CENSUS 프로젝트의 주요 초점이기 때문이다.

규모 확대

네트워크 분야에 관련한 독자라면 CENSUS보다 훨씬 큰 데이터셋(즉 시맨틱 웹만 봐도)의 경우에는 그림 14-7(a)에서 노드-링크 다이어그램을 행렬 안에 그리는 방식이 적합하지 않다고 지적할지도 모르겠다. 확실히 이는 큰 문제이므로, 요점은 정말로 큰 데이터베이스에서 어떻게 척도조정을 해서 이 접근법을 사용할 것인가이다. 한 가지 해법으로는 연결수 분포 그래프, 또는 훨씬 더 정교한 네트워크 측도를 이용해서 데이터 모델 내의 실제 데이터를 파악하는 것이다.

그림 14-8에 행렬 칸마다 링크 유형 전부에 대해 들어오는-연결수(OUT)와 나가는-연결수(IN)의 누적 분포(Broder et al. 2000, Newman 2005)가 그려져 있다. 링크들이 시작 노드 유형에서 나오고(OUT) 끝 노드 유형으로 들어가므로(IN), 각 칸마다 링크 유형별로 두 가지 분포가 있다. 각 그래프의 x축은 링크의 개수 k를 가리키며, y축은 적어도 k개의 링크가 연결된 노드를 발견할 확률을 뜻하는, 누적 확률 P(k)를 가리킨다. 여기서 분포들은 log-lcg 척도로 그려져 있는데, 눈금 표시가 y축에서는 100%에서 0.01%까지 빠르게 떨어지고, x축에서는 1에서 3000까지 빠르게 증가한다(보통 선형 눈금 그래프에서는 각 분포의 기울기가 너무 가파라서 재미있는 것을 전혀 볼 수 없음). 그래프에 증 모양 정규 분포가 하나도 없는 게 눈에 띄는데, 말하자면 정규 분포가 있어야 사람들의 평균 키 같은 것이 예측된다. 정규 분포가 없는 대신, 아름다운 멱함수 법칙에서부터 로그-선형 분포에 이르기까지 그리고 사이에 뚜렷하지 않고 울퉁불퉁한 분포까지 다양한 긴 꼬리 분류가 있다.

IN과 OUT 분포 쌍은 거의 대부분 비대칭으로 보인다. 예를 들어 **탄생 날짜**

Birth Date는 **인물**과 1:n으로 연결되며, n은 상당히 이질적으로 분포한다. 이 정보 영역은 사물대신 인물에 초점을 맞춘 인물 연구 데이터베이스에서 기대하는 것과 마찬가지로, 의견이 다양하다고 가정하지 않으므로 별로 놀라운 일이 아니다. **유래 이력**에서 **장소**가 나타나는 경우 같을 때는 유사 1:n 조건이 생기는데, 한 사건이 하나 이상의 장소에 연관되는 경우가 일어날 확률은 매우 적지만, 불가능하지는 않기 때문이다. 비대칭 중에 가장 흥미로운 사례는, 중심이 되는 기념물-기록문서 링크처럼 순수한 n:n 관계에서 나타나며, 링크의 양 방향에서 분포의 기울기가 서로 다르다. 지금 당장은 이 비대칭을 어떻게 완벽하게 설명할지는 확실하지 않다. 하지만 수많은 데이터 원본을 비교해 본다면, 분포의 모양이 다른 이유가 다양한 요소, 즉 접할 수 있는 원본 데이터가 제한되거나, 관리자의 주의력이나 인식이 제한되는 등의 이유에 기인한다는 점이 뚜렷해질 것이다.

CENSUS에서 링크 관계가 대칭인 경우는 **문서-문서** 칸의 동종 복사와 **기념물-기념물** 칸의 동종 복제품의 사례뿐이다. 이상적으로는 관련 노드가 완전히 연결된 '클리크clique'를 이루기 때문에 들어오는-연결수와 나가는-연결수 분포는 동일해야 한다. 하지만 실제에서는 분포의 꼬리로 내려갈수록 큰 클리크가 유지되기 어렵기 때문에, 두 링크 유형이 더 비대칭이 된다. 2003년에 내가 CENSUS 프로젝트에 추천한 대로, 미정 원형 문서에 링크를 n개 연결하는 것이 n개의 동종 복사 간에 n*(n-1)개의 링크를 일일이 연결하는 것보다 더 합리적이다.

그림 14-7과 마찬가지로 **기념물-참고문헌**과 **기념물-기록문서**가 동등한 것 같은 어떤 관계의 양상은 그림 14-8에서도 확인된다(Schich, Barabasi 2009). 이 칸에는 뚜렷한 유사성이 있을 뿐 아니라, 하나의 칸에서도 여러 링크 유형이 기능적으로 동등함이 확인된다. 확실한 예제는 **문서-기념물** 칸에 있는 일반적인 기록문서와 첫 르네상스 기록문서의 분포에서 기울기가 거의 비슷하다는 점이다. 그리고 **사건-기록문서** 칸에 있는 유래 기록문서와 보존 기록문서도 마찬가지이다. 들어오는-연결수 분포는 장소 열의 모든 칸에서 매우 유사하다. 이 규칙의 두 가지 예외는 **장소**마다 **기념물**이 1에서 2로 바뀔 때 확률이 급격하게 떨어지는 점(미식별 기념물이 많아서임)과 **장소-장소** 칸의 분포에서 꼬리가 갑자기 꺾이는 부분이다(로문쿨루스 현상에서 기인함).

마지막으로 관찰한 내용은 노드 유형별 노드 수의 비율인데, 각 링크 유형별 네트워크 내에 이 정보가 내재되어 있다. 예를 들어 각각의 그래프에서 y축 절편을 보면 전체 **이미지**의 15% 미만이 **기념물**에, 40% 미만이 **문서**에 연결되어 있음을 확인 가능하다. 이 때문에 역으로 우리는 1994년 CENSUS 프로젝트의 출판 협력자가 스캔한 24,000개의 이미지 중에 적어도 45%가 여전히 2005년의 데이터베이스 내에서 연결이 없다고, 확신을 갖고 결론 내릴 수 있는 것이다.

심화 응용

이 장에서 이야기한 시각화는 다양한 활동의 출발점이 될 수 있다. 자금 제공자 및 프로젝트 관리자가 설정한 목표를 평가하는 일 외에도, 흥미로운 연구 주제를 발굴하는 일도 해볼만하다. 즉 내 박사 학위 논문에서 기념물 기록문서와 시각적 문서 인용을 다루었듯, 이 행렬의 모든 칸은 폭넓은 조사 대상이다(Schich 2009). 여러 칸에서 나타나는 재미있는 상호작용은 어떤 연구(예를 들어 시공간에 걸쳐 다양한 사건에 관련한 사물이나 사람들의 궤적을 만들거나(González, Hidalgo, Barabási 2008), 네트워크 상호작용의 효과를 탐구하는(eicht and D'Souza 2009) 것과 결합할 만하다. 마지막으로 빈켈만 말뭉치와 CENSUS와 비슷한 데이터 모델을 이미 활용하는 데이터베이스나, CIDOC CRM 같이 동일한 표준으로 매핑될 수 있는 데이터베이스를 비교하는데, 이런 류의 시각화를 여럿 활용해보는 일도 가능하다. 또 여기서 논의한 방법대로 데이터베이스를 분석해보는 대신 분리된 네트워크들을 비슷한 시각화로 조합해보는 것도 재미있을지 모른다. 상상 가능한 네트워크 세계에서 그 조합의 후보를 쉽게 찾아볼 수 있다(예를 들어 사회 과학 분야에서 인용, 공저자coauthorship, 이미지 태그 데이터 베이스나, 생물학 분야에서 유전자 전사, 단백질-단백질 상호 작용과 유전자 질환 데이터베이스).

문서, 기념물, 참고문헌 트리를 축약할 때 쓴 방법 말고도 다른 방식도 많이 있다. 예를 들어 특정 하위 트리에 집중시키거나, 블록-모델링block-modelling (Wassermann, Faust 1999, 394-424페이지)이나 커뮤니티 찾기community finding (ancichinetti and Fortunato 2009, Ahan, Bagrow, Lehmann 2009) 같이 보다 정교한 방법을 쓰거나, 실질적으로 네트워크에서 노드와 링크가 실제로 어떻게 정의되는지 질문하는(Butts 2009) 방식이 있다.

마지막으로 행렬과 노드-링크 다이어그램을 조합하는 방법도 확장이 된다. 예를 들어 노드-링크/행렬조합이나(Henry, Fekete, McGuffin 2007) 확장 가능한 이미지 행렬scalable image matrix을(Schich, Lehmann, Park 2008) 데이터 모델의 관련 칸에 배치하는 법을 생각할 수 있다.

결론

이 장에서 보여주었듯 정보를 덧붙이고 정제한 데이터 모델 행렬은 데이터베이스 평가에 매우 유용한 데다가, 단순히 데이터베이스를 사용하거나 일반적인 품질 척도를 봐서는 알기 어려운 데이터의 속성을 드러내준다. 데이터가 링크 데이터, RDF 그래프 또는 관계형 테이블의 공개된 덤프 파일 형식 등으로 접근 가능해질수록, 여기에서 제시한 방법을 자금 제공자나 프로젝트 자체 내에서 거의 자동화된 절차에 따라 매우 빠른 시간 안에 적용할 수 있을 것이다.

여기에서 살펴본 시각화는 전체 CENSUS 데이터베이스의 큰 그림을 종합적으로 그려본 첫 시도로, 초기 데이터 모델 정의 외에도 수집된 데이터에서 발생하는 복잡한 구조도 볼 수 있었다. 시각화를 해보면서 우리는 프로젝트 설명에서 제시된 여러 숫자가 불완전하거나 잘못된 경우를 확인했다. 분석을 통해 알아낸 새로운 숫자가 초기에 제시된 숫자보다 더 작지만, 우리는 분석 과정에서 보통 작은 것이 더 많은 것, 그리고 더 많은 것은 다른 것(Anderson 1972)이라는 점을 배웠다.

감사의 글

베네치아에서 열린 NetSci09와 마운틴 뷰Mountain View에서 열린 SciFoo09에서 내 발표를 들어준 청중들과 보스턴에 있는 노스이스턴 대학의 BarabasiLab의 동료들에게 유용한 의견을 주어서 감사한다고 말하고 싶다. 또한 데이터를 제공해준 뮌헨 고고학 재단Stiftung Archaologie in Munich의 랄프 비에링Ralf Biering과 빈첸츠 브린크만Vinzenz Brinkmann 그리고 내 연구 자금을 제공해준 독일 연구 재단German Research Foundation(DFG)에게도 감사를 표한다. CENSUS 데이터베이스에 관련한 종합적인 참고문헌을 보려면 Schich 2009, 13페이지, notes 20-25를 참조하자.

참고문헌

- The presented visualizations are available online in large resolution at http://revealingmatrices.schich.info.
- Ahn, Yong-Yeol, James P. Bagrow, and Sune Lehmann. 2009. "Link communities reveal multi-scale complexity in networks." http://arxiv.org/abs/0903.3178v2.
- Aldroandi, Ulisse. 1556/1562. "Appresso tutte le statue antiche, che in Roma in diversi luoghi, e case particolari si veggono, raccolte e descritte (...) in questa quarta impressione ricorretta." Le antichitá della cittá di Roma. Ed. Lucio Mauro. Venice.
- Anderson, Chris. 2006. The Long Tail. New York: Hyperion. http://www.thelongtail.com.
- Anderson, P.W. 1972. "More is different." Science 177, no. 4047: 393-396.
- Bartsch, Adam. 1854-1870. Le Peintre-Graveur, nouvelle edition. v. 1-21. Leipzig: Barth.
- Bartsch, Tatjana. 2008. "Distinctae per locos schedulae non agglutinatae" - Das Census-Datenmodell und seine Vorgänger. Pegasus 10: 223-260.
- Bertin, Jaques. 1981. Graphics and Graphic Information Processing. Berlin: de Gruyter.
- Bertin, Jacques. 2001. "Matrix theory of graphics." Information Design Journal 10, no. 1: 5-19. doi: 10.1075/idj.10.1.04ber.
- Bizer, Christian, Tom Heath, and Tim Berners-Lee. 2009. "Linked data-The story so Far." International Journal on Semantic Web & Information Systems 5, no. 3: 1-22.
- Broder, Andrei, Ravi Kumar, Farzin Maghoul, Prabhakar Raghavan, Sridhar Rajagopalan, Raymie Stata, Andrew Tomkins, and Janet Wiener. 2000. "Graph structure in the Web." Computer Networks 33, no. 1-6: 309-319. doi:10.1016/j. physletb.2003.10.071.
- Butts, Carter. 2009. "Revisiting the foundations of network analysis." Science 325, no. 5939: 414-416. doi: 10.1126/science.1171022.

- CENSUS. 1997-2005. Census of Antique Works of Art and Architecture Known in the Renaissance. Ed. A. Nesselrath. Munich: Verlag Biering & Brinkmann/Stiftung Archäologie. http://www.dyabola.de.
- CENSUS BBAW. 2006. Census of Antique Works of Art and Architecture Known in the Renaissance. Ed. Berlin-Brandenburgische Akademie der Wissenschaften and Humboldt-Universität zu Berlin. http://www.census.de.
- Chakrabarti, Suomen. 2003. Mining the Web: Discovering Knowledge from Hypertext Data.San Francisco, CA: Morgan Kaufmann.
- Chen, Peter P.S. 1976. "The entity-relationship model-Toward a unified view of data." ACM Transactions on Database Systems 1, no.1: 1-36. doi: 10.1145/320434.320440.
- Chua, Leon O. 2005. "Local activity is the origin of complexity." International Journal of Bifurcation and Chaos 15: 3435-3456. doi: 10.1142/S0218127405014337.
- Crofts, Nick, Martin Doerr, Tony Gill, Stephen Stead, and Matthew Stiff, eds. 2006. Definition of the CIDOC Conceptual Reference Model (CIDOC-CRM), Version 4.2.1. http://www.cidoc-crm.org/docs/cidoc_crm_version_4.2.1.pdf.
- Dawkins, Richard. 2005. The Ancestor's Tale. A Pilgrimage to the Dawn of Life. London: Phoenix.
- DBpedia. 2009. DBpedia. Sören Auer, Christian Bizer, and Kingsley Idehen, admins. Leipzig: Universität Leipizig; Berlin: Freie Universität Berlin; Burlington, MA: OpenLink Software. http://dbpedia.org.
- Doreian, P., V. Batagelj, and A. Ferligoj. 2005. Generalized Blockmodeling (Structural Analysis in the Social Sciences). Cambridge: Cambridge University Press.
- Flybase. 2008. Rachel Drysdale and the FlyBase Consortium. FlyBase. Drosophila: 45-59. doi: 10.1007/978-1-59745-583-1_3. See also http://flybase.org/static_pages/docs/ release_notes.html.
- Freebase. 2009. Freebase. San Francisco, CA: Metaweb Technologies. http://

- www.freebase.com. For data dumps, see http://download.freebase.com/datadumps/.
- Garner, Ralph. 1963. "A computer-oriented graph theoretic analysis of citation index structures." In Three Drexel Information Science Research Studies, ed. Barbara Flood. Philadelphia, PA: Drexel Press.
- González, Marta C., César A. Hidalgo, and Albert-László Barabási. 2008. "Understanding individual human mobility patterns." Nature 453: 779-782. doi: 10.1038/nature06958.
- Henry, Nathalie, J-D. Fekete, and M. McGuffin. 2007. "NodeTrix: A hybrid visualization of social networks." IEEE Transactions on Visualization and Computer Graphics 13, no. 6: 1302-1309.
- Henry, Nathalie. 2008. "Exploring large social networks with matrix-based representations." PhD diss., Cotutelle Université Paris-Sud and University of Sydney. http:// research.microsoft.com/en-us/um/people/nath/docs/Henry_thesis_oct08.pdf.
- Lagoze, Carl, Herbert Van de Sompel, Michael Nelson, and Siemeon Warner. 2008. The Open Archives Initiative Protocol for Metadata Harvesting. Protocol Version 2.0 of 2002-06-14. http://www.openarchives.org/OAI/2.0/openarchivesprotocol.htm.
- Lancichinetti, A., and S. Fortunato. 2009. "Community detection algorithms: A comparative analysis." Physical Review E 80, no. 5, id. 056117. doi: 10.1103/PhysRevE.80.056117.
- Leicht, E.A., and Raissa M. D'Souza. 2009. "Percolation on interacting networks." arXiv 0907.0894v1, http://arxiv.org/abs/0907.0894v1.
- Milo, R., S. Shen-Orr, S. Itzkovitz, N. Kashtan, D. Chklovski, and U. Alon. 2002. "Network motifs: Simple building blocks of complex networks." Science 298, no. 5594: 824-827.
- Nesselrath, Arnold. 1993. "Die Erstellung einer wissenschaftlichen Datenbank zum Nachleben der Antike: Der Census of Ancient Works of Art Known to the Renaissance." Habilitation thesis, Universität Mainz. Available at the CENSUS office at HU-Berlin.

- Newman, Mark E.J. 2005. "Power laws, Pareto distributions and Zipf's law." Contemporary Physics 46: 323-351. doi:10.1080/00107510500052444.
- Newman, Mark E.J., Albert-László Barabási, and Duncan J. Watts, eds. 2006. The Structure and Dynamics of Networks. Princeton, NJ: Princeton University Press.
- Penfield, W., and T. Rasmussen. 1950. The Cerebral Cortex of Man: A Clinical Study of Localization of Function. New York: Macmillan.
- Phosphosite. 2003-2007. PhosphoSitePlus™, A Protein Modification Resource. Danvers, MA: Cell Signaling Technology. http://www.phosphosite.org.
- Pietriga, Emmanuel, Christian Bizer, David Karger, and Ryan Lee. 2006. "Fresnel-A browser-independent presentation vocabulary for RDF." In The Semantic Web- ISWC 2006, vol. 4273, Chapter 12. Eds. I. Cruz, S. Decker, D. Allemang, C. Preist, D. Schwabe, P. Mika, M. Uschold, and L. M. Aroyo. Berlin, Heidelberg: Springer Berlin Heidelberg.
- Saxl, Fritz. 1957. "Continuity and variation in the meaning of images." Lecture at Reading University, October 1947. In Lectures. London: Warburg Institute.
- Schich, Maximilian. 2009. "Rezeption und Tradierung als komplexes Netzwerk. Der CENSUS und visuelle Dokumente zu den Thermen in Rom." Ph.D. diss., Humboldt- Universität zu Berlin. Munich: Verlag Biering & Brinkmann. urn:nbn:de:bsz:16-artdok-7002.
- Schich, Maximilian, and Albert-László Barabási. 2009. "Human activity-from the Renaissance to the 21st century." In Cultures of Change. Social Atoms and Electronic Lives. Exhibition Catalogue: Arts Santa Mónica, Barcelona, 11 December 2009 to 28 February 2010. Gennaro Ascione, Cinta Massip, and Josep Perelló eds. Barcelona: Arts Santa Monica. urn:nbn:de:bsz:16-artdok-9582.
- Schich, Maximilian, and Sybille Ebert-Schifferer. 2009. "Bildkonstruktionen bei Annibale Carracci und Caravaggio: Analyse von

kunstwissenschaftlichen Datenbanken mit Hilfe skalierbarer Bildmatrizen." Project report. Rome: Bibliotheca Hertziana (Max-Planck-Institute for Art History). urn:nbn:de:bsz:16-artdok-7121.
- Schich, Maximilian, César Hidalgo, Sune Lehmann, and Juyong Park. 2009. "The network of subject co-popularity in classical archaeology." urn:nbn:de:bsz:16-artdok-7151.
- Schich, Maximilian, Sune Lehmann, and Juyong Park. 2008. "Dissecting the canon: Visual subject co-popularity networks in art research." 5th European Conference on Complex Systems, Jerusalem (online material). urn:nbn:de:bsz:16-artdok-7111.
- Science. 2009. Special Issue on Complex Systems and Networks. Science 325, no. 5939: 357-504. http://www.sciencemag.org/content/vol325/issue5939/#special-issue.
- Segaran, Toby. 2009. "Connecting data." In Beautiful Data. Sebastopol, CA: O'Reilly Media.
- Shannon, Paul, Andrew Markiel, Owen Ozier, Nitin S. Baliga, Jonathan T. Wang, Daniel Ramage, Nada Amin, Benno Schwikowski, and Trey Ideker. 2003. "Cytoscape: A software environment for integrated models of biomolecular interaction networks." Genome Research 13, no. 11: 2498-2504. doi: 10.1101/gr.1239303.See also http://www.cytoscape.org.
- Sullivan, Danny. 2005. "Search engine sizes." Search Engine Watch. http://searchenginewatch.com/2156481.
- Wassermann, Stanley, and Katherine Faust. 1999. Social Network Analysis: Methods and Applications, Fourth Edition. Cambridge: Cambridge University Press.
- Wikipedia. "Wikipedia: Size comparisons." http://en.wikipedia.org/wiki/Wikipedia:Size_comparisons.
- Winckelmann Corpus. 2000. Corpus der antiken Denkmäler, die J.J. Winckelmann und seine Zeit kannten. Winckelmann-Gesellschaft Stendal, ed. DVD and online database. Munich: Verlag Biering & Brinkmann/Stiftung Archäologie.

15장

1994년에 있었던 일 :
뉴욕타임스의 기사 검색 API를 이용한 데이터 탐색

제르 소프 | Jer Thorp

2009년 2월에 뉴욕타임스는 28년간의 데이터(보도 기사, 영화 평론, 사망 기사, 정치 통계)에 접근하는 키key를 모두 공짜로 제공한다고 발표했다. 그렇게 막대한 데이터 더미(약 2천 6백만 개의 기사)를 바라보면, 중요한 세 가지 의문이 떠오른다. '어떻게 필요한 데이터를 얻을 것인가? 데이터로 무엇을 할 수 있을까? 그리고 왜 처음부터 고민해야 할까?'이다. 이 장에서는 이런 의문에 답을 하려 한다. 우리는 뉴욕타임스 기사 검색 API(http://developer.Nytimes.com/docs/article_search_api)를 이용해서 정보에 접근하는 방법을 알아보고, 실제 시각화 예제를 살펴보며 예술가, 사업가, 디자이너, 사회 과학자들에게 오픈 데이터의 새로운 시대가 어떤 식으로 열리고 있는지 알려주고자 한다.

▌ 데이터 얻기: 기사 검색 API

'API'라는 약어는 세 글자만으로는 뜻이 거의 없으며, 심지어 원 단어인 Application Programming Interface(애플리케이션 프로그래밍 인터페이스)를 봐도 뜻을 알기 어렵다. 소프트웨어 개발에 관련한 어떤 종류의 개념이라도 이 상당히 포괄적인 용어를 적용할 수 있겠지만, API는 보통 소프트웨어 일부분을 다른 부분과 소통하는 부분을 가리키는 개념이다. 데이터베이스를 데이터를 적재해둔 물리적인 창고라고 한다면, API는 공공에 개방된 물류 배송 부서인 셈이다.

일반적으로 API와 상호작용하는 일은 상당히 간단하다. API에 요청(꽤 간단하거나 매우 복잡할 수 있다)을 보내면, API는 정보를 특정 형식으로 반환한다. API와 통신할 때 사용하는 구문이나 API가 요청 받은 정보를 반환할 때 사용하는 형식은 API마다 다르다. 어떤 API는 상당히 제한적인 반면, 어떤 API는 온갖 유용한 함수들을 다 사용 가능하게 해준다. 다행히도 뉴욕타임스 기사 검색 API는 아주 탄탄하게 잘 구성된 API에 속한다.

그래서 이 API에 무엇을 요청할 수 있을까? 간단한 요청 몇 가지면, 이 API로 다음 질문을 포함해서 거의 무한대의 질문에도 답할 수 있다.

- 1982년에 얼마나 많이 기사가 게재되었는가?
- 사기 행위에 대한 기사 중에서 무슨 조직이 가장 많이 언급되었는가?
- 1991년 패션 기사 중에서 'hypercolor'란 단어는 몇 번 사용되었는가?

쉬운 질문 하나부터 시작해보자. 1994년 기사 중에 O.J. 심프슨Simpson에 대해 언급한 기사는 몇 건인가?

API에 이런 질문을 하는 방법이 몇 개 있는데, 모두 다 특정 URL에 어떤 인수를 추가해서 HTTP 요청으로 보내는 방식이다. 다음은 요청 중 가장 간단한 예이다.

http://api.Nytimes.com/svc/search/v1/article?query=O.J.+Simpson

이 요청으로 데이터베이스에 있는 기사 중에(1981년부터 현재까지)에서 'O.J. Simpson'이라는 문자열이 포함된 기사들은 전부 반환된다. 1994년 기사만 보려면, 질의에 '추가사항extra'을 두 개 더하면 된다.

http://api.Nytimes.com/svc/search/v1/article?query=O.J.+Simpson&begin_date=19940101&end_date=19950101

마지막으로 API에서는 누가 정보에 접근하고 있는지 추적해서, 미리 정해진 제한을 넘겨서 실행하지 못하도록 할 필요가 있다. 따라서 AFI에 접속할 때마다 API

키Key를 넘겨주어야 하는데, 이 키는 뉴욕타임스가 이용자마다 유일한 값으로 할당한 문자열이다.[1]

> 1 독자의 Nytimes.com 계정으로 접속해서 http://developer.Nytimes.com으로 이동한 후 'Getting Started(시작하기)' 제목 아래 'Request and API Key(API 키 요청)' 링크를 클릭하자.

http://api.Nytimes.com/svc/search/v1/article?query=O.J.+Simpson&begin_date=19940101&end_date=19950101&api-key=1af81d######################:##:#######

이 요청 내용을 브라우저 주소 입력창(# 표시에는 독자의 API 키를 입력해야 한다)에 붙여넣어서 실행해보면, 어떤 결과가 나올 것이다. 소스보기를 해서 API가 실제로 반환하는 데이터를 확인해보자. 반환된 데이터는 JSON이라는 특정 형식으로 되어있는데, 이 장의 뒷부분에서 더 자세히 논의할 것이다.

이 데이터의 끝부분에 앞의 질문에 대한 해답인 2,218이 표시되어 있다.

우리는 이 모든 과정을 멋진 패키지로 묶을 생각이기는 하지만, 이 요청은 이번 장에서 우리가 하려는 모든 일의 근본이다. 기사 검색 API에 보내는 요청은 모두 일반적으로 다음과 같은 방식으로 구성되어 있다(그림 15-1).

URL 기본 + 질의 + 패싯(facets) + 추가사항(extras) + API 키

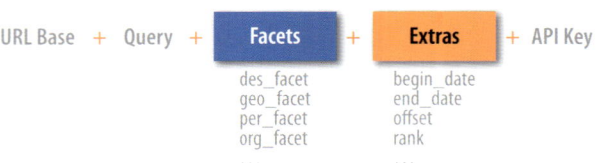

그림 15-1 뉴욕타임스 기사 검색 API에 보내는 요청은 항상 동일한 핵심 부분으로 구성된다.

위 요소 중 일부(질의, API 키)는 반드시 필요하고, 어떤 부분은 선택 사항(추가사항, 패싯)이다. 하지만 기본 구조나, API에 질의를 보내고 응답을 받는다는 기본 형식은 절대로 변하지 않는다. 그래도 우리가 진짜로 원하는 바는 API에 질의를 많이 보내서 응답을 많이 받는 것이다. 그러려면 웹 브라우저에 요청 내용을 붙여넣는 방식보다는 더 나은 시스템을 만들어야 한다.

데이터 다루기: 프로세싱을 사용하기

1990년대에 미국 예술가인 마크 롬바르디는 정치 및 금융 사기 사건과 관련된 인물들과 기업 사이에 연결관계를 폭로하는, 굉장히 복잡한 드로잉 연작(그가 narrative structures(설명적 구조)라고 부르는)을 창작했다. 롬바르디는 신문 기사와 잡지들을 꼼꼼하게 찾아서, 발견한 내용을 손으로 직접 기록했을 것이다. 그에게는 질의를 보낼 API도 없었고, 응답을 저장할 데이터베이스나 소프트웨어 같은 것도 없었다. 그 대신 롬바르디는 14,000장 이상의 색인 카드에 모든 질문과 해답을 기록하고, 그것을 활용해 역사적인 다이어그램을 그려냈다(그림 10-1 참고).

색인 카드 수천 장과 몇 주의 여가 시간이 갑자기 생기지 않는 한, 이 모든 질문과 답을 관리하려면 더 빠른 방법을 생각해야 한다. 컴퓨터를 이용하면 방법은 아주 많으며, 이런 작업을 수행하는 소프트웨어 도구나 프로그래밍 언어도 다양하다. 나는 프로세싱이라는 언어를 사용해서 데이터 작업을 하곤 하는데, 이 장의 예제에서도 사용할 생각이다. 프로세싱은 자유롭게 다운 받을 수 있으며, 상대적으로 사용하기 쉽다. 나는 이 장에서 여러분이 이미 프로세싱을 받아서 설치를 마쳤다고 여길 것이다(이 부분에 도움이 필요하다면, http://www.processing.org 를 방문해보자).

바로 이전 절에서 어떻게 기사 검색 API에 요청을 보내고, JSON 형식으로 응답을 받는지 설명했다. 이제 프로세싱을 활용해서 요청을 관리한 후 응답을 분석해서 저장하여 결과를 화면에 표시하려 한다. 이 과정에서 반환된 JSON을 처리하는 일이 가장 복잡한 부분이다. 독자들이 직접 엔진을 구성해서 처리하는 방법을 한참 설명하는 대신 이 처리 과정을 훨씬 간단하게 할 목적으로 내가 미리 만들어 둔 프로세싱 코드를 활용할 것이다. 이 라이브러리에 기사 검색 API를 다룰 때 필요한 핵심 기능을 많이 만들어 넣어 두었는데, 이 라이브러리는 http://www.blprnt.com/libraries/Nytimes에서 받을 수 있다.

라이브러리를 프로세싱에 설치하는 법은 간단하다. 압축 폴더를 프로세싱 스케치북의 libraries 디렉토리에 단순히 끌어다 놓으면 된다(도움말이 필요하다면, http://www.processing.org을 찾아보자). 만약 라이브러리 내부가 궁금하면 이 프로젝트는 오픈소스이므로 검색을 조금만 해보면 알 수 있다. 하지만 지금은 라이브러리 기능을 이용해서 이러저러한 유용한 일을 할 수 있다는 사실만 알면 된다. 그럼 이 라이브러리를 이용해서 O.J. 심프슨 관련 질의를 보내는 법부터 알아보자.

제일 먼저 Sketch® Import Library(스케치® 라이브러리 불러오기) 드롭다운 메뉴에서 NYTArticleSearch 라이브러리를 불러온다. 그리고 화면 크기 값과 아무 것도 없는 하얀 배경을 설정하자.

```
import blprnt.Nytimes.*;
size(800,350);
background(255);
```

이제 라이브러리를 API 키로 초기화한다.

```
TimesEngine.init(this, "YOUR-API-KEY-GOES-HERE");
```

다음으로 질문(질의 *queries*)과 답(응답 *responses*)을 관리할 TimeArticleSearch 오브젝트를 생성한다.

```
TimesArticleSearch mySearch = new TimesArticleSearch();
```

이 작고 간단한 오브젝트는 기사 검색 API로 수행하는 기능들을 거의 대부분 제공한다. 앞의 1994년도 예제와 비슷한 질의를 보내되, 이번에는 1994년과 1995년 두 연도에 대한 결과를 요청해보자.

```
mySearch.addQueries("O.J.+Simpson");
mySearch.addExtra("begin_date","19940101");
mySearch.addExtra("end_date","19960101");

TimesArticleSearchResult r = mySearch.doSearch();
println("RESULTS ABOUT O.J.:" + r.total);
```

http 요청 하나만 보냈던 처음 예제보다는 더 복잡해 보일지도 모르나, 이번에는 JSON을 다루지 않아도 되고, 검색 결과를 마음대로 설정할 여지도 많다. 기사 검색 API에는 검색 요청을 구성하는 옵션이 많아서, 아주 구체적이거나 매우 일반적인 요청도 할 수 있다.

잠시 검색 내용을 생각해보자. 우리는 지금 1994년과 1995년에 게재된 기사 중에 'O.J. Simpson'이란 문자열이 포함된 기사를 찾아달라고 API에 요청하려 한다. 그렇다면 Orenthal James Simpson에 대해 이야기하는 기사는 어떨까? 또는 그냥 O.J.는? 또는 'The Juice(주스)'는?[2] 기사 검색 API의 강력한 점 중 하나는 API가 뉴욕타임스 편집 구조에 결합되어 있다는 점이다. 타임스에 어떤 기사가 게재되면, 편집 정보로 색인이 달린다. 이 편집 정보는 사람이 추가하며, 표준화되었고, API로 접근이 가능해서 이를 이용하면 훨씬 더 효과적인 검색이 가능하다. 이 예제에서는 'O.J. Simpson' 문구를 검색하기보다는 O.J. Simpson에 대한 적절한 인명 패싯(이 경우에는 'SIMPSON, O J')이 추가된 기사들을 찾으면 된다. 기사 본문에서 O.J. 이름을 어떤 식으로 썼든 간에, 그를 참조하거나 언급한 기사라면 편집부 직원은 해당 패싯을 추가할 것이다. 그래서 이런 방식으로 검색한다.

[2] 옮긴이 O.J. 심프슨의 별명. O.J.가 Orange Jucie의 약자로 해석될 수 있다는 점이나, Juice가 전기나 전력을 뜻하는 은어라는 이유로 붙은 별명이라고 한다(출처: http://en.wikipedia.org/wiki/O._J._Simpson).

```
import blprnt.Nytimes.*;
size(800,350);
background(255);

TimesEngine.init(this, "YOUR-API-KEY-GOES-HERE");

TimesArticleSearch mySearch = new TimesArticleSearch("YOUR-API-KEY-GOES-HERE");

mySearch.addFacetQueries("per_facet","SIMPSON, O J");
mySearch.addExtra("begin_date","19940101");
mySearch.addExtra("end_date","19960101");

TimesArticleSearchResult r = mySearch.doSearch();
println("RESULTS ABOUT O.J.:" + r.total);
```

패싯을 사용할 때는 어떤 패싯이 사용 가능한지, 그리고 그 표준 '명칭'이 무엇인지 알아내는 것 말고는 까다로운 점은 없다. 이 정보를 알아내려면 http://prototype.Nytimes.com/gst/apitool/index.html에 있는 뉴욕타임스 API 요청 도구 NYTimes API Request Tool를 이용하는 편이 간단하다. 이 도구를 이용하면 귀찮은 코드 없이도 검색 질의를 테스트하고 결과를 얻을 수 있으며, API 키도 필요 없다. O.J.에 알맞은 per_facet을 알아보려면, 그림 15-2처럼 검색 질의 필드에 'O.J. Simpson'을, 패싯 질의 필드에는 'per_facet'을 입력하면 된다.

물론 1994년과 1995년에 일어난 사건은 꼭 흰색 포드 브롱코Ford Bronco 사건[3]이나 손에 잘 맞지 않는 장갑[4] 사례 외에도 많다. API 도구를 사용하면 해당 기간 동안 일어난 다른 사건들에 대한 적절한 패싯을 모을 수 있는데, 이를테

[3] 옮긴이 O.J. 심프슨 검거 당시 심프슨이 이 포드 브롱코 차를 타고 경찰과 추격전을 벌이는 장면이 미국 언론에 생중계되었다.

[4] 옮긴이 O.J. 심프슨 재판 때 검사가 제시한 증거 중에 피묻은 장갑이 있었는데, 이 장갑이 심프슨의 손에 잘 맞지 않았으며, 그 사실이 심프슨 무죄 판결에 중요한 역할을 했다.

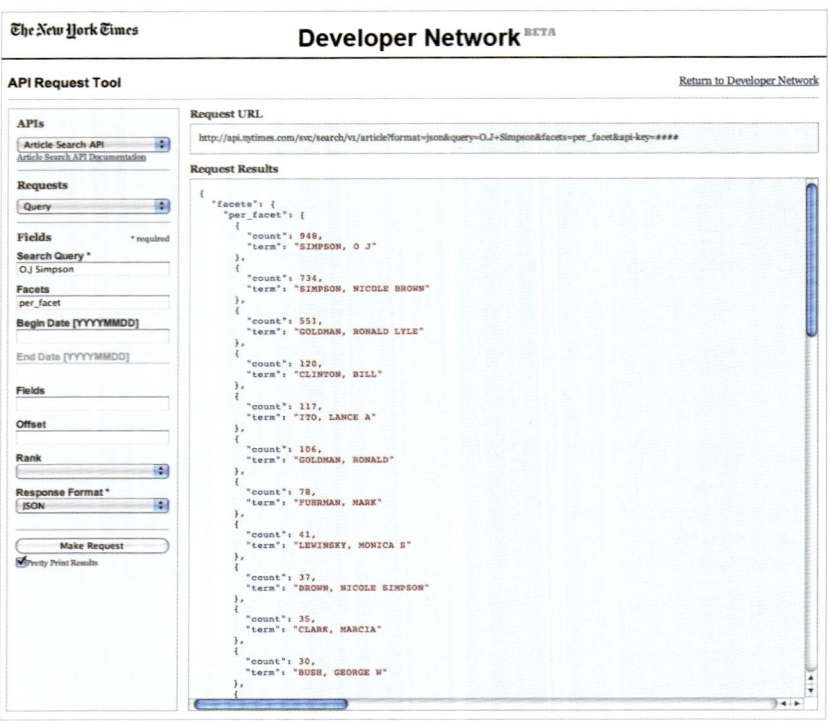

그림 15-2 API 요청 도구로 사람, 주제, 장소에 대한 공식 패싯을 찾는다.

면 남아프리카에서 인종차별 정책의 종말(geo_facet=SOUTH AFRICA)이나 르완다의 대량학살(geo_facet=RWANDA) 같은 사건이다. 이렇게 검색할 때마다 TimesArticleSearch 오브젝트를 새롭게 생성하거나, 매번 패싯 질의를 지우고 이전에 생성한 오브젝트를 재사용하면 된다. 후자를 이용하는 방법은 다음과 같다.

```
import blprnt.Nytimes.*;
size(800,350);
background(255);

TimesEngine.init(this, "YOUR-API-KEY-GOES-HERE");
TimesArticleSearch mySearch = new TimesArticleSearch();

// OJ 검색
mySearch.addFacetQuery("per_facet","SIMPSON, O J");
mySearch.addExtra("begin_date","19940101");
mySearch.addExtra("end_date","19960101");
TimesArticleSearchResult r1 = mySearch.doSearch();
println("OJ:" + r1.total
```

```
// South Africa 검색
mySearch.clearFacetQueries();
mySearch.addFacetQuery("geo_facet","SOUTH AFRICA");
TimesArticleSearchResult r2 = mySearch.doSearch();
println("South Africa:" + r2.total);

// Rwanda 검색
mySearch.clearFacetQueries();
mySearch.addFacetQuery("geo_facet","RWANDA");
TimesArticleSearchResult r3 = mySearch.doSearch();
println("Rwanda:" + r3.total);
```

이렇게 하면 TimesArticleSearchResult 오브젝트가 세 개 생기는데, 각각 결과 값으로 총 기사 수 정보를 담고 있다(나중에 이 오브젝트에서 다른 쓸만한 정보도 살펴볼 예정이다). 이제 이 데이터로 (아주) 간단한 시각화를 해볼만한 때가 된 것 같다. 그림 15-3을 보자.

```
// O.J. 막대
fill(255,0,0);
rect(0,50,r1.total,50);

// 남아프리카 막대
fill(0,255,0);
rect(0,150,r2.total,50);

// 르완다 막대
fill(0,0,255);
rect(0,250,r3.total,50);
```

그림 15-3 1994년과 1995년 뉴욕타임스 기사 중에 O.J.(적색), 남아프리카(녹색), 르완다(청색)이 언급된 빈도수를 비교하는 간단한 그래프

사실 이 시각화는 전혀 흥미롭지 않다. 하지만 보물로 가득 찬 거대한 뉴욕타임스 기사 검색 데이터베이스에 들어가 시각적인 탐색을 하려면 배워야만 하는 개념은 거의 대부분 여기에 구현되어 있다. 또한 내가 가장 복잡한 데이터 시각화를 할 때도 꼭 거치는 세 단계 절차에 대한 아주 아주 간단한 모형이기도 하다.

세 가지 간단한 단계

길라잡이 설명은 잠시 쉬고 시각화 프로젝트의 기본적인 절차에 대해 생각해 보자.

1. 어떤 데이터를 구한다.
2. 데이터를 유용한 구조로 변환한다.
3. 데이터를 시각화한다.

이 단순한 절차는 프로젝트 작업 중에 대개 두 번 정도 반복되는데, 그중 한 번은 연구 단계에서, 다른 한 번은 제작 단계에서 하게 된다. 연구 단계는 데이터를 파헤쳐서 무언가 유용하고 재미있는 정보를 찾아내기가 과제이므로 시각화는 최대한 간단하게 하고 '데이터 수집' 과정을 여러 번 반복해야 한다. 그에 반해 제작 단계는 일단 데이터를 확인해야만 시작된다. 이 말은 데이터 수집에는 시간이 거의 들지 않고(이미 데이터가 있으므로) 시각화에 시간을 훨씬 많이 쓰게 된다는 뜻이다.

연구 단계와 제작 단계는 2단계, 즉 데이터를 유용한 구조로 변환하는 단계를 공유한다. 이 구조란 무엇인가? 무엇이 유용한 것인가? 내게는 이 절차가 보통 개개의 데이터 조각들을 오브젝트(관련 정보를 같이 저장하는 프로그래밍 구조) 개념으로 변환하는 일을 뜻한다. 또한 대체로 이 오브젝트를 어떤 컬렉션(데이터를 정렬하거나 검색하기 쉽게 만드는 리스트나 집단)으로 분류하는 일도 포함된다.

O.J. 예제에서 데이터 처리 과정 중 상당 부분은 프로세싱 스케치 맨 앞부분에서 불러왔던 뉴욕타임스 프로세싱 라이브러리로 처리되었다. 이제 검색할 때마다 생성하는 오브젝트를 알아보자. API 요청을 관리하기 위해서는 TimesArticleSearch 오브젝트를 생성한다.

```
TimesArticleSearch mySearch = new TimesArticleSearch();
```

그리고 API가 반환하는 값을 저장하기 위해서 TimesArticleSearchResult 오브젝트를 생성한다.

```
TimesArticleSearchResult r1 = mySearch.doSearch();
```

이 수수해 보이는 TimesArticleSearchResult(TASR) 오브젝트에는 각 검색 결과와 관련한 정보 더미가 있다. 지금까지는 결과로 반환된 오브젝트에 total이라는 속성으로 저장된 정수 값을 호출하는 일이 전부였다.

```
println("RESULTS ABOUT O.J.:" + r.total);
```

하지만 TASR 오브젝트에는 이보다 훨씬 더 많은 정보가 있다! 정말로 1994/1995년 뉴욕타임스 기사 중에 O.J. 패킷으로 표시된 713건의 기사에 대한 제목, 저자, URL, 발췌문 등의 정보가 조그만 TASR에 담겼있다. 이런 데이터 조각은 각각의 TASR 안에 TimesArticleObject로 저장되어 있는데, articles라는 배열 내에 깔끔하게 정렬되어 있다. 기본적으로 TASR은 검색 결과 중 처음 10개를 저장한다. 만약 그 결과 목록에서 첫 번째 기사를 작성한 사람을 알고 싶다면, 이렇게 하면 된다.

```
println("FIRST HEADLINE:" + r.articles[0].title);
```

또는 10번째 기사의 웹 URL을 알고 싶을 경우에는 이렇게 쓴다.

```
println("10th ARTICLE URL:" + r.articles[9].url);
```

또는 각 기사의 제목 목록을 뽑는 방법은 다음과 같다.

```
for (int i = 0; i < r.articles.length; i++) {
    println("AUTHOR #" + i + ": " + r.articles[i].author);
};
```

이제 우리는 기사 검색 API가 우리 손가락 끝에 올려놓은 '데이터 빙산'의 끝부분을 보기 시작한 셈이다. 지금까지 아주 기본적인 세 종류의 검색을 해보았고, 편리하게 몇 개의 TASR 오브젝트로 압축된 2,000건의 기사를 결과로 얻었다. 검색 결과를 (적어도 일부라도) 어떻게 얻는지 알았으므로, 이제 검색 결과를 더 영리하게 얻는 방법을 살펴보자.

패싯을 이용한 검색

지금까지 예제를 통해 패싯을 이용해 검색하여 원하는 결과가 나오는지를 확인하는 방법을 살펴보았다. 하지만 패싯도 검색 결과에 포함될 수 있다는 이야기는 아직까지 하지 않았다. 패싯 결과들로 개별 검색에서 훨씬 더 많은 정보를 알아내거나, 기사 데이터베이스에 저장된 패싯(사람, 국가, 주제) 사이에 관련성을 발견할 수도 있다. 간단하지만 매우 실용적인 예제에서 시작해서 검색을 최적화하는 데 패싯 결과를 어떻게 활용하는지 알아보자. 이전 예제에서 우리는 1994년과 1995년 기사 중에서 geo_facet이 르완다인 488건의 기사 결과를 검색했다. 만약 이 결과를 더 쪼개서 1994년에 게재된 기사가 월별로는 몇 건인지 알려면 어떻게 해야 할까? 앞에서 설명했던 방법과 동일하게 하되, 월별로 개별 검색을 12번 하면 된다. 그리고 해당 월의 결과가 적절하게 반환되도록 begin_date와 end_date 추가사항의 값을 바꾸면 된다. 하지만 이 방법은 일이 많아 보인다. 그렇지 않은가?

지금쯤 짐작했겠지만, 패싯 결과를 활용하면 이보다 더 나은 방식으로 검색할 수 있다. 실제로 검색을 한 번만 해도 원하는 결과가 나온다. 이전 예제에서 한 방식과 똑같이 검색을 구성하는 것부터 시작하자.

```
TimesArticleSearch mySearch = new TimesArticleSearch();
mySearch.addFacetQuery("geo_facet","RWANDA");
```

Begin/end_date 추가사항으로 검색 연도를 1994년으로 제한하는 대신, 이번에는 publication_year 패싯을 활용하려 한다.

```
mySearch.addFacetQuery("publication_year","1994");
```

그리고 이제 마법을 약간 부려보자. 일반적인 검색이 반환하는 내용(커다란 기사 목록)과 마찬가지로, API에게 어떤 패싯을 반환하라고 요청할 것이다. 여기서는 public_year 패싯이다.

```
mySearch.addFacets("publication_month");
```

검색을 수행하면, 다른 데이터와 같이 패싯 결과가 TASR에 적재될 것이다.

```
TimesArticleSearchResult r = mySearch.doSearch();
```

TASR을 통해서 publication_month 결과에 접근하려면, 보고 싶은 특정 패싯에 관한 TimesFacetObject 배열을 요청하면 된다(TASR에는 서로 다른 패싯 결과가 얼마든지 들어간다).

```
TimesFacetObject[] months = r.getFacetList("publication_month");
```

이제 특정 월, 예를 들면 1월(1994년)에 결과가 몇 건인지 알아낼 수 있다.

```
println("January results: " + months[0].count);
```

1년치 결과 전부를 그래프로 그리는 일도 가능하다(그림 15-4).

```
for (int i = 0; i < 12; i++) {
    fill(random(150,255),0,0);
    float w = width/12;
    rect(i * w, height, w, -months[i].count * 3);
};
```

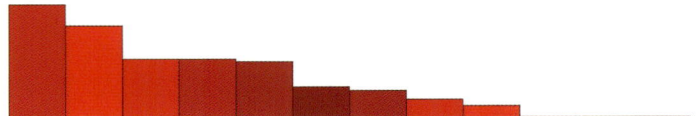

그림 15-4 1994년 뉴욕타임스 기사 중에 르완다를 언급한 기사의 월별 빈도수

겉으로 보기에는 1년 동안 르완다를 언급한 기사를 검색하는 아주 간단한 프로그램을 만든 것이다. 하지만 사실 이 조그만 스케치 프로그램은 겉보기보다는 훨씬 더 확장 가능하다. 이 프로그램은 1981년부터 지금까지 어떤 패싯 용어를 언급한 내용이든 모두 그래프로 그릴 수 있다. 이 간단한 코드를 확장해서 더 탄탄한 그래프용 도구로 만들기는 그다지 어렵지 않다. 그 과정을 여기에 자세히 짚고 넘어가고 싶은 마음이 있지만, 시간을 절약하고 페이지도 아끼기 위해서 미리 프로세싱 스케치를 만들어두었다. http://www.blprnt.com/examples/nytime에 뉴욕타임스 그래프메이커 *GraphMaker*를 내려받는 링크가 있다.

가능한 실용적인 예를 들기 위해서 지금까지는 기사 데이터베이스에서 하나씩 검색을 해보았다. 이제 API를 이용해서 사람, 장소, 주제 사이에 연결 내용을 알아볼텐데, 아마 이전보다 더 흥미진진할 것이다.

연결하기

어떤 검색 요청이든, API가 검색한 기사에서 검색어와 같이 언급된 패싯 목록을 반환하라는 요청이 가능하다. 예를 들어 르완다와 같이 언급된 나라들이나, O.J.에 대한 기사에서 같이 나오는 사람들이나, 남아프리카 인종차별정책의 종말에 대한 기사와 가장 많이 연결되는 주제가 검색 가능하다.

또한 더 개괄적인 요청도 가능하다. 검색어 없이 시간 프레임을 설정해서 해당 기간 동안의 기사를 모두 요청할 수 있다. 이 기사에 따른 패싯 목록을 요청한다면, 특정 월, 연도 또는 연대에 가장 많이 나온 패싯이 무엇인지 아는 일도 가능하다. 실례로 1994년에 가장 많이 언급된 인물이 누구인지 알아내보자. 우선 검색 오브젝트를 생성하고 질의는 빈 칸으로 둘 것이다(공란 대신 + 표시를 사용한다).

```
TimesArticleSearch mySearch = new TimesArticleSearch();
mySearch.addQueries("+");
```

이제 1994년에 한정된 기사만 검색하되 결과로 반환되는 검색 오브젝트에 per_facet이 포함되도록 요청해보자.

```
mySearch.addFacetQuery("publication_year", "1994");
mySearch.addFacets("per_facet");
```

그리고 검색을 실행하자.

```
TimesArticleSearchResult r = mySearch.doSearch();
```

이제 1994년에 기사들에서 가장 많이 언급된 인물들의 목록이 필요하다면 아래처럼 하면 된다.

```
TimesFacetObject[] stars = r.getFacetList("per_facet");
for (int i = 0; i < stars.length; i++) {
    println(stars[i].term);
};
```

이 코드는 이렇게 상당히 각양각색의 인물을 출력한다.

```
CLINTON, BILL
GIULIANI, RUDOLPH W
CUOMO, MARIO M
CLINTON, HILLARY RODHAM
PATAKI, GEORGE E
SIMPSON, O J
SIMPSON, NICOLE BROWN
KERRIGAN, NANCY
GINGRICH, NEWT
RABIN, YITZHAK
CORTINES, RAMON C
ARAFAT, YASIR
RENO, JANET
WHITMAN, CHRISTINE TODD
BERLUSCONI, SILVIO
```

이 목록은 뉴욕타임스가 지역 신문이면서 동시에 도내, 국제 신문이라는 사실을 떠올리게 한다. 이 사실을 염두에 두면, 이스라엘의 수상인 이츠하크 라빈 *Yitzhak Rabin*(1994년 노벨 평화상 수상자)이 뉴욕시의 교육감인 라몬 코르티네스 *Ramon Cortines*보다 기사에 조금 밖에 더 실리지 않은 사실이 그다지 이상해 보이지는 않을 것이다. 검색 범위가 넓어서 좋을지도 모르지만, 특정 '버전'의 기사만 나오기를 바라는 경우도 있다. 이 경우에도 패싯을 활용하면 가능하다. 이번에는 desk_facet을 사용해서 해외 데스크에 게재된 기사만 요청할 것이다.

```
mySearch.addQueries("+");
mySearch.addFacetQuery("publication_year", "1994");
mySearch.addFacetQuery("desk_facet","Foreign Desk');
mySearch.addFacets("per_facet");
TimesArticleSearchResult r = mySearch.doSearch();

TimesFacetObject[] stars = r.getFacetList("per_facet");
for (int i = 0; i < stars.length; i++) {
    println(stars[i].term);
};
```

이 질의는 더 세계적인 인물들이 결과로 나온다.

```
CLINTON, BILL
ARISTIDE, JEAN-BERTRAND
YELTSIN, BORIS N
ARAFAT, YASIR
RABIN, YITZHAK
CHRISTOPHER, WARREN M
BERLUSCONI, SILVIO
MANDELA, NELSON
GOLDSTEIN, BARUCH
BOUTROS-GHALI, BOUTROS
CEDRAS, RAOUL
CARTER, JIMMY
POPE
KIM IL SUNG
MAJOR, JOHN
```

특정 키워드나 패싯 검색이 없이도 이 목록이 생성된다. 이 인물 중에 한 명이나 몇 명을 골라 그 인물과 관련된 상위 순위 인물 목록을 요청할 수 있다. 여기서는 1994년에 이츠하크 라빈과 관련한 인명 목록을 요청할 것이다.

```
mySearch.addQueries("+");

mySearch.addFacetQuery("per_facet","RABIN, YITZHAK");
mySearch.addFacetQuery("publication_year", "1994");
mySearch.addFacetQuery("desk_facet","Foreign Desk");
mySearch.addFacets("per_facet");
TimesArticleSearchResult r = mySearch.doSearch();

TimesFacetObject[] stars = r.getFacetList("per_facet");

for (int i = 0; i < stars.length; i++) {
    println(stars[i].term);
};
```

위 질의로 다음 목록이 반환된다.

```
ARAFAT, YASIR
HUSSEIN I
CLINTON, BILL
PERES, SHIMON
GOLDSTEIN, BARUCH
ASSAD, HAFEZ ALCHRISTOPHER,
WARREN M
CHRISTOPHER, WARREN
WAXMAN, NAHSHON
MUBARAK, HOSNI
SHARON, ARIEL
ABDELSHAFI, HAIDAR
BHUTTO, BENAZIR
BOUTROS-GHALI, BOUTROS
```

이제 단순한 검색 결과 외에 그 결과 간에 연결관계도 구할 수 있다. 앞의 목록에 있는 나머지 인물에 대해서도 라빈 수상에 대해서 한 방식을 반복하면, 225명의 인물이 포함된 '상위 목록super list'을 얻는다. 하지만 이 상위 목록에는 중복이 있는데 앞의 라빈 수상에 관한 목록에 있던 인물(아라파트Arafat, 클린턴Clinton, 골드스타인Goldsteiin, 부트로스-갈리Boutros-Ghali)이 이미 첫 목록에도 등장했다.

이 관련성은 뉴욕타임스 데이터베이스에서 볼 수 있는 데이터의 매혹적인 면이다. 데이터를 조사하면 인물, 장소, 주제 사이의 보이지는 않지만 뚜렷한 관련성을 찾아낼 수 있다. 그림 15-5에 바로 앞에서 이야기한, 255명의 인물 목록이 네

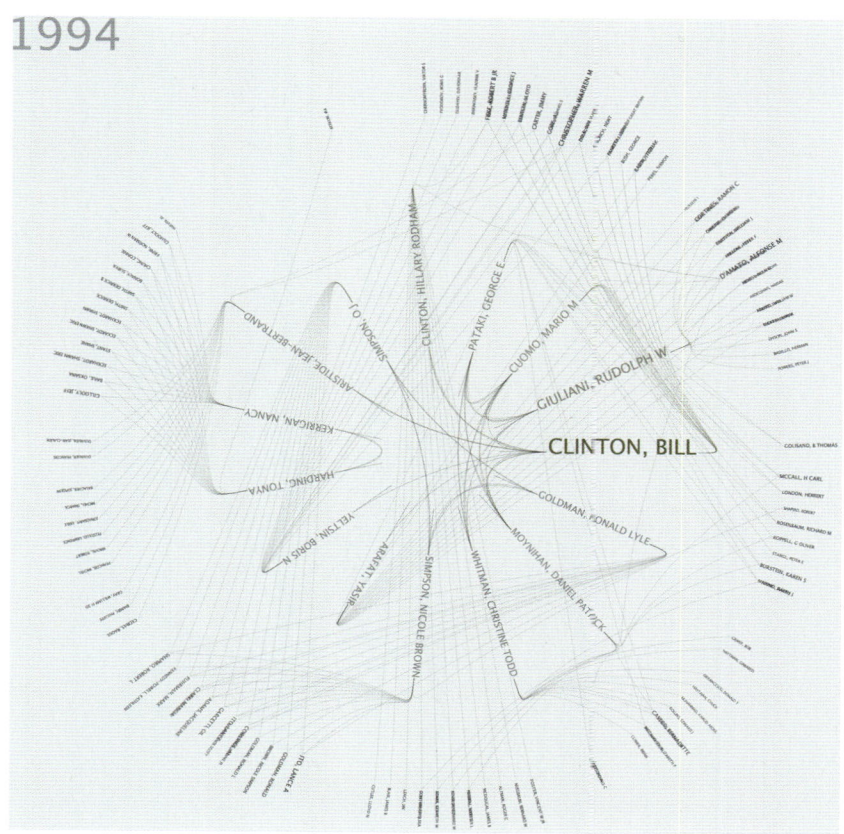

그림 15-5 1994년에 가장 뉴스가치가 높았던 인물을 표시한 네트워크 다이어그램

연결하기   307

트워크 다이어그램으로 표현되었다. 여기서 선은 기사에서 같이 언급된 인물을 연결한다.

하단의 이미지는 막대한 양의 뉴스 정보를 추출해서 하나의 그림으로 만든 것이다. 보통의 데이터 검색 시스템으로 이런 종류의 다이어그램을 그리려면 시간이 무척 오래 걸린다. 이미 살펴 보았듯 뉴욕타임스 기사 검색 API를 활용하면 그 과정이 더 간단해진다.

바로 앞 예제가 조금 더 흥미로워지도록 인물과 단체를 결합해보자. API에 질의를 31개만 보내면, 수백 명의 사람, 기업, 국가가 1994년 기사에서 어떻게 서로 연관됐는지 표현하는 이미지를 하나 만들 수 있다(이 예제의 소스코드 전부가 http://ww.blprnt.com/examples/Nytimes에 있다). 그림 15-6이 그 결과이다.

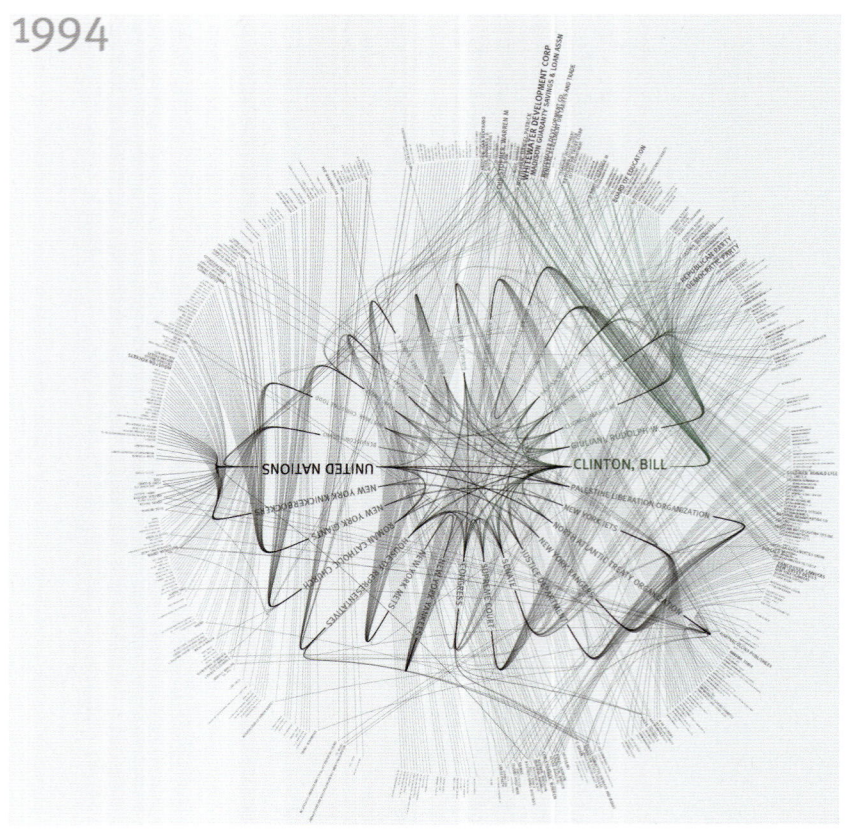

그림 15-6 1994년의 뉴욕타임스 기사에서 가장 여러 번 언급된 인물 및 단체들을 표현하는 그래픽

결론

뉴욕타임스 API는 여러 분야의 연구자에게 정보를 풍부하게 제공한다. 뉴욕타임스 데이터베이스는 역사적인 기록인 동시에, 새로운 콘텐츠가 매일 매분마다 생기는 라이브 피드*live feed*이다. 물론 뉴욕타임스 데이터베이스가 아무리 방대하더라도, 결국 매주 폭발적으로 늘어나는, 거대한 오픈 데이터 목록에 속하는 일부분일 뿐이다. 사실 우리는 오픈 데이터에 대한 첫 번째 문제 '어떻게 데이터를 활용 가능하게 하는가?'를 지나, 두 번째 문제이자 더 큰 문제 '매머드처럼 거대한 양의 정보를 어떻게 최대한 활용할 수 있을까?'로 넘어간 듯하다.

내 생각에는 접근 가능한 데이터에 가능한 많은 사람이 접근해서 탐색하도록 하는 것이 이 문제에 대한 해답이다. 대규모 오픈 데이터 계획 다수가 이미 데이터를 다룰 줄 아는 사람, 즉 소프트웨어 개발자, 컴퓨터 과학자, 훈련된 정보 전문가들에게 데이터를 제공하는데 집중한다. 게다가 일반적으로 이 데이터를 기업 규모에서 유용하게 만드는 데 초점이 맞춰져 있다. 하지만 이 튜토리얼에서 살펴보았듯 간단한 질의를 요청하는 간단한 도구를 이용해서 데이터셋 일부를 탐색할 수 있었다. 오픈 데이터라는 새로운 영역에서 진짜로 가치 있는 발견을 하고 싶다면, 이 기술을 저널리스트, 사회학자, 역사가, 예술가, 과학자들의 손에 넘겨주어야 할 것이다.

내가 독자에게 바라는 바는, 탐색하라는 것이다. 기사-검색 데이터베이스에 파고 들어서, 여러분만의 질문을 던지고, 그 해답을 공유하라. 그리고 이것은 시작일 뿐이다. 여러분이 이 장에서 배운 기술들을 활용하여 수많은 API를 탐구할 수 있고, 찾아야 할 해답이 수없이 많다. 행운을 빈다!

1994

1994년의 뉴욕타임스 기사에서 가장 여러 번 언급된 인물 및 단체들을 표현하는 그래픽

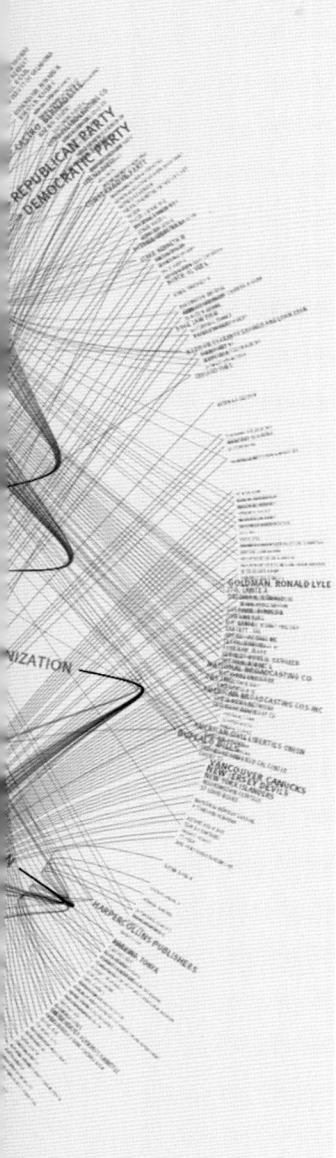

16장

뉴욕타임스의 하루

마이클 영, 닉 빌턴 | Michael Young, Nick Bilton

뉴욕타임스 웹 사이트 독자가 누구인지 궁금한 적이 있는가? 우리는 그랬다. 또한 독자가 하루 중 주로 언제 사이트를 방문하는지, 콘텐츠를 소비하는 데 사용하는 기기가 무엇인지, 그리고 어디에 사는지도 궁금하다. 뉴욕, 파리, 아니면 보이시 Boise[1]일까? '우리는 누가, 언제, 어떻게? 왜?'까지 모든 질문에 대해서 생각한다.

이 장에서 소개하는 연구 시각화는 뉴욕타임스 연구개발 랩에 있을 때 바로 이 주제에 대해 점심을 먹으며 간단히 이야기하다가 개발하게 된 것이다. 곧 보겠지만, 우리는 매우 간단한 위치기반 데이터 모음으로 작업을 시작했는데, 곧 그 데이터의 양과 시각화의 가능성 때문에 작업에 몰두하게 되었다. 결국 우리는 전세계 지도와 미국 지도 위에 Nytimes.com과 mobile.Nytimes.com 사이트로 오는 하루 단위 트래픽을 표시하는 시각화를 만들었다.

첫 단계로 수집된 데이터를 조사하는 일부터 시작했다. 뉴욕타임스 웹 사이트는 페이지뷰가 한 달에 수억 번 정도 되며, 순방문자 수는 1천7백만에서 2천1백만 사이에서 왔다갔다 한다. 웹 사이트 외에도 모바일 웹 사이트, 타임스 리더 AIR 애플리케이션, 아이폰 앱, API 등 콘텐츠에 접근할 수 있는 경로는 많이 있다.

이 실험에서는 표준 Nytimes.com 사이트와 모바일 버전 웹 사이트(mobile.Nytimes.com)를 골라 분석하기로 했다. 문제를 단순하게 하려는 목적도 있지만, 이 두 데이터셋만 해도 조사 및 시각화해야 할 정보량이 어마어마했기 때문이었다.

두 번째 단계는 지도에 기반해서 시각화를 만드는 일이었다. 24시간 동안 웹 사이트와 모바일 사이트 방문자의 트래픽 패턴과 그 변동을 보여주는 시각화였다.

---

[1] 옮긴이 미국 아이다호주(州)의 주도(州都)이다.

시각화 단계를 진행하면서 우리는 사이트 방문자 수가 막대할 뿐 아니라 방문하는 시간대도 다양함에 놀랐다. http://bit.ly/nytdayinlife에 있는 동영상을 보면, Nytimes.com 사이트에는 저녁 동안 내내 비교적 활동적으로 이용자가 방문하며, 자정 무렵부터 새벽 5시까지는 일정한 심장박동처럼 들어온다. 미국 동부에서 독자들이 깨어나기 시작하면, 트래픽이 갑자기 불어나서 시각화가 확대되는데, 사람들이 잠시 쉬고 돌아와 일간 뉴스를 확인하는 듯한 점심시간 무렵에도 비슷한 팽창이 일어난다. 웹 사이트와 모바일 사이트에 접속하는 독자 수를 비교하는 일은 흥미진진했다. 뒤에 다른 시각화들이 보여주듯, 어떤 시간대에는 모바일 사이트에, 다른 시간대에는 웹 사이트에 트래픽이 더 몰리는 경향이 보였다.

이 데이터를 살펴볼 기회가 더 있다면, 추가로 해보고 싶은 흥미로운 일이 있다. 바로 동영상을 만드는 절차를 자동화해서 하루 단위 또는 뉴스 속보 때문에 트래픽이 급등하는 순간에 동영상을 찍는 일이다. 또한 수집된 데이터와 시각화 코드를 최적화 할만한 여지도 (늘 그렇듯이) 아주 많이 있다. 마지막으로 더 구체적인 데이터를 시각화하는 일에 대해 이야기했다. 예를 들어 아이폰 같은 특정 기기로 접속하는 일별 트래픽 양을 보여준다든지, 캘리포니아에 있는 이용자들이 읽는 기사에 지역 코드를 붙여서, 그들이 뉴욕에 대한 기사를 읽는지 아니면 지역 근처 기사를 보는지 알아보기 같은 것이다. 큰 뉴스나 중요한 기사가 있던 날 그 뉴스가 웹, 소셜 네트워크, 특정 지역 등에 어떻게 퍼져나가는지 패턴을 찾아보는 일도 있다.

이렇게 나열하자면 끝이 없다. 그림 하나가 수천 개의 단어를 표현한다면, 데이터셋 하나는 수천 개의 이야기를 말할 수 있다고 생각한다.

데이터 수집하기

시각화 작업에 뛰어들기 전에 먼저 시각화 뒤에 있는 데이터에 대해 논의해보자. 24시간 동안 Nytimes.com과 mobile.Nytimes.com에서 발생하는 트래픽을 시각화하려면 뉴욕타임스 접속 기록에서 필요한 데이터를 추출하고, 활용하는 절차를 생각해야만 한다. 지리 정보 기반으로 일일 사이트 방문수를 시각화하려 하므로, 필요한 데이터는 다음과 같다.

- 24시간 동안 웹과 모바일 사이트에 방문하는 시각의 타임스탬프
- 각 이용자/방문의 위도와 경도

원raw 접속 기록에는 웹 사이트와 모바일 사이트에 접속하는 사람에 대해서 유용한 정보(각 방문자가 사용하는 브라우저 종류 같은)가 많이 있다. 하지만 우리 의도에는 불필요한 정보가 많아서 걸러내야 한다. 또한 그 기록에는 각 이용자/방문의 위경도 정보가 없어서, 데이터를 '주무르는massaging' 과정에 포함시켜야 하는 내용이다.

뉴욕타임스 웹 사이트는 (닐슨에 따르면)[2] 트래픽 기준으로 뉴스 사이트 중 상위 5위이며, 대략 1개월에 2억이라는 순방문자 수를 기록한다. 이 양은 하루 동안 웹 사이트와 모바일 사이트를 통틀어 수백만 페이지뷰(또는 히트 수)에 상당하는 분량이다. 그리고 이는 우리가 시각화를 위해 수집하려는 데이터이다.

[2] http://blog.nielsen.com/nielsenwire/online_mobile/msnbc-and-cnn-top-global-news-sites-in-march/

▌먼저 데이터를 정리하자

원 접속 기록을 처리하는 첫째 단계는 데이터를 '정리하는' 일이다. 데이터 정리는 어떤 종류의 웹 기록을 다루든 간에 반드시 거쳐야만 하는 기본적인 과정이다. 여기서 시각화를 하거나 로그 데이터에서 기타 분석을 할 때, 우리가 관심 있는 내용은 웹 사이트와 모바일 사이트에 사람이 방문한 수 뿐이며 웹 스파이더, 로봇, 정보 수집기가 방문한 수는 관심이 없다. 그래서 사람이 아닌 방문자를 식별하고 그 방문자 수를 제외하는 자바 코드를 실행해서 관련 없는 데이터를 제거했다. 하루치 접속 기록 원 데이터는 웹 사이트의 경우 (압축해서) 약 500~700MB, 모바일 사이트의 경우 압축해서 80~100MB 정도가 된다. 데이터를 정리하는 동안, 각 이용자 방문의 정확한 위치를 알 수 있도록 IP를 위경도로 바꾸는 작업도 했다. 원 접속 기록에는 이용자가 쓰는 IP 주소 정보가 있는데, 상용 데이터베이스를 이용하여 이 정보를 변환했다. 이런 종류의 변환을 하는데 쓸만한 GeoIP 데이터베이스를 제공하는 회사는 많이 있다. 예를 들면 맥스마인드(http://www.maxmind.com/)사(社)는 상용 데이터베이스 외에 무료 버전도 제공하며 데이터베이스에 접속할 수 있도록 다양한 클라이언트 라이브러리를 함께 지원한다.

데이터를 정리하고 위치 정보를 적절하게 부여하자마자, 데이터를 처리하는 마지막 과정을 해야 했다. 원 접속 기록을 수집, 저장, 정리하는 과정에서 새로 정리된 데이터가 여러 파일로 나뉘었기 때문에 시각화에 사용하려면 하루치 데이터로 된 파일 하나로 정렬할 필요가 있었다. 정리된 하루치 Nytimes.com 기록 데이터는 파일 360개에 저장되어 있고, 각각은 대략 압축해서 30~40MB이다. GeoIP 정보 같은 필드가 각 줄마다 추가되었기 때문에 원본 파일보다 정리된 로그파일 크기가 더 컸다. 모바일 사이트 데이터셋은 크기가 훨씬 작아서 정리된 데이터가 파일 하나로 저장되었는데 대략 (압축해서) 70MB였다. 우리는 해당 날짜의 정리된 로그파일들을 각각 조사해서, 방문위치의 위경도 정보를 방문시각 순으로 정렬한 목록을 저장한 파일 한 개(하나는 웹 사이트, 또 하나는 모바일 사이트용)로 만들어야 했다. 결과 파일은 이런 식이다(줄 단위).

```
00:00:00,-18.006,-070.248
00:00:00,-22.917,-047.080
00:00:00,-33.983,0151.100
00:00:00,014.567,0121.033
...
```

파이썬, 맵/리듀스와 하둡

마지막 단계로 파이썬을 이용해서 정리된 로그파일에서 불필요한 데이터를 모두 걸러내고, 쉼표로 구분된 형식으로 데이터를 출력하고 나서, 데이터를 정렬하는 일을 하는 맵/리듀스 스크립트를 작성했다(연구개발 부서에서는 데이터 수집, 처리, 구문분석을 하는데 보통 파이썬을 사용한다. 큰 데이터셋을 시각화할 때는, 어려운 일은 모두 파이썬으로 처리하고, 나중에 시각화 응용프로그램에서 읽고 분석하기 쉬운 파일로 만든다). 우리는 맵/리듀스 map/reduce 코드가 아마존 일래스틱 맵리듀스 Amazon's Elastic MapReduce 웹 서비스를 활용하도록 만들었는데, 이 서비스를 이용하면 하둡을 이용하여 여러 EC2 인스턴스로 파이썬 맵/리듀스 작업을 실행할 수 있다. 아마존 EC2 인스턴스는 RAM, CPU 코어와 메모리를 다양한 '용량'(소형 small, 중형 medium, 대형 large 등)으로 제공하기 때문에, 다양한 EC2 인스턴스에 맵/리듀스 코드를 실행해서 비용대비 처리시간을 최적화되는 '완벽한 지점 sweet spot'을 찾는 실험을 했다. 이 과정은 장치 숫자(4에서 10대)와

EC2 인스턴스 크기(소형과 중형)에 따라, 약 10-20분(몇 달러 정도 비용에 해당) 정도 걸렸다.

맵/리듀스 (하둡) 작업 결과는 아마존 S3 버킷Amazon S3 buckets에 여러 개의 정렬된 파일로 출력된다. 시각화에 활용할 파일(하나는 웹, 하나는 모바일용) 하나로 데이터를 저장하기 위해서, S3에서 로컬 장비로 출력 파일을 복사한 후에 전통적인 방법인 sort -m을 써서 파일을 합쳤다. 이제 데이터를 원하는 형식으로 만들었으므로, 시각화 제작에 착수할 준비가 되었다.

시각화의 첫 단계

다시 말하지만, 프로젝트 목표는 nytime.com과 mobline.Nytimes.com의 하루치 트래픽을 시각화해서, 일일 사이트 방문 양상이 어떤 식으로 전개되는지 관찰하는 일이었다. 우리는 특정 지역 또는 전세계적으로 어떤 흥미로운 패턴이 나타나는지 확인하고 싶었다. 하루 동안 미국 내 어디서 그리고 언제 모바일 트래픽이 급등하는가? 중국이나 인도 같은 나라에서도 미국처럼 이동전화 보급률이 높은 지역에서는 모바일 사이트 접속이 더 많은 경우가 있을까? 이른 아침, 출근 시간, 점심 시간, 퇴근 시간 같은 하루 중 특정 시간에는 웹과 모바일 사이트 방문 양상이 어떨까? 이런 질문 중 일부는 기본적인 사이트 트래픽 보고서에서도 해답을 찾을 수 있지만, 우리는 일반적인 보고서에 시각적 정보를 넣어서, 일일 트래픽이 지리적 관점에서 어떤 식으로 관찰되는지 사람들이 알게 하고 싶었.

첫 시도로 간단한 세계지도에 Nytimes.com에 방문 기록을 작은 노란색 원으로, moblile.Nytimes.com 사이트 방문을 작은 파란색 원으로 하루에 걸쳐 초단위로 표시했다. 하지만 세계 지도 외에도 미국에 초점을 맞춘(또는 확대한) 지도도 그려보고 싶다.

앞으로 세세히 설명하겠지만, 시각화 개발 첫 단계는 주로 배우는 경험이다. 이렇게 큰 데이터셋을 시각화하고 이해하는 데에는 도전적인 요소가 많았고, 그 경험을 바탕으로 최종 시각화를 얻어낸 것이었다. 현재 버전이 되기까지 코드를 몇 번이나 재작성했으며, 아직도 시간이 있을 때마다 수집된 데이터와 시각화를 개선하고 있다.

프로세싱

프로세싱(디자인에 중점을 둔 오픈소스 프로그래밍 언어 및 IDE)은 몇 가지 이유로 우리가 선택한 시각화 도구였다. 첫째로 뉴욕타임스 연구개발 부서NYTimes R&D group에서 이미 몇 명이 소규모 시각화 프로젝트에 프로세싱을 활용해 본 경험이 있었는데, 센서가 달린 장치를 데이터 수집 용도로 이용하는 일이었다. 게다가 우리는 벤 프라이와 케이시 레아스Casey Reas(프로세싱의 제작자), 에런 코블린이 프로세싱으로 작업한 일에 대한 열혈팬이라서, 프르세싱이 이 데이터셋을 시각화하는 완벽한 도구라고 생각했다.

시각화에서 필요한 첫 번째는 사이트 방문자의 위치를 나타내는 위경도 숫자 쌍을 2차원 지도에 표시하는 프로세싱 코드였다. 에런 크블린이 친절하게도 그가 전 프로젝트에 썼던 코드(위경도를 x, y 좌표로 바꾸어주는 간편하고 훌륭한 자바 클래스)를 보내주었다. 그 라이브러리에 위경도 숫자 쌍을 입력하기만 하면 x, y 좌표를 출력해주었다. 그리고 이 값을 프로세싱의 드로잉 API에 넘겨서 Nytimes.com과 mobile.Nytimes.com 방문자 위치를 나타내는 점을 찍도록 했다.

배경 지도

배경 지도를 만드는 일(단순히 세계지도를 그리는 일)은 생각보다 시간이 많이 걸렸다. 우선 정밀한 미국 지도와 세계 지도를 찾아야 했다. 데이터를 한참 찾아본 끝에, 세계 모든 도시의 위경도가 표시된 UCLA 대학 CENS 그룹의 데이터셋을 이용하기로 했다. 처음에는 프로세싱 프로그램이 실행될 때마다 지도 데이터를 직접 그렸지만, 생각보다 시간이 너무 오래 걸렸다. 지도 데이터는 앞으로 바뀔 일이 없기 때문에, 결국 지도를 작은 JPEG 파일로 만들어서 배경에 출력하기로 했다(그림 16-1과 16-2). 이 방식으로 (큰 데이터셋을 분석하는 데 요구되는) 몇 분의 렌더링 시간과 계산 자원이 절약되었기에, 앞으로 모든 데이터 출력이나 동영상에서 배경 그림을 쓰기로 했다.

이제 방금 처리한 데이터를 어디에 표시할 것인가?

이제 위경도를 표시하는 코드와 지도 데이터가 있으므로 트래픽 데이터를 지도 위에 그릴 준비가 되었다. 처음에는 특별한 뉴스 속보가 없는 날(2009년 2월 15

그림 16-1 미국 인구 지도

그림 16-2 세계 인구 지도

일)의 데이터를 무작위로 골라 표시해보았다. 그날은 웹 사이트와 모바일 사이트 둘 다 평균적인 트래픽과 방문수를 기록하는 날이었다.

주어진 날짜에 웹 사이트와 모바일 사이트에서 발생한 매 조회/히트별로 타임 스탬프와 위경도 데이터가 저장된 정리 및 정렬되고, 지리정보가 부여된 데이터 파일을 기억하는가? 이제 웹 및 모바일 로그파일을 뜯어서 조회/히트별로 방문자가 있는 장소를 지도에 표시하는 프로세싱 프로그램을 만들 생각이다.

▌장면 1, 테이크 1

프로세싱 프로그램은 대부분 setup과 draw 루프 두 부분으로 되어 있다. 프로세싱의 setup() 함수 내에서는 변수 초기화, 입력 파일 열기, 글꼴 불러오기 같은 프로그램에 필요한 각종 설정을 할 수 있다. draw 루프는 프로세싱 코드의 핵심 부분이다. 프로세싱의 draw() 함수는 보통 초당 30에서 60번 호출된다(프레임 속도 frame rate와 같다).

처음 버전은 아래와 같다(개략적인 의사코드로 표현).

```
void setup()
 - 모바일과 웹 로그 파일을 둘 다 연다
 - 세계 지도를 그리는데 필요한 데이터를 불러온다
Void draw()
 - 세계 지도를 그린다
 - 로그 파일에서 1초 분량의 로그 데이터를 읽어온다
 - Nytimes 모바일 사이트 각 방문/히트마다 노란 점을 그린다(로그파일에서 불러온 1초 분량 데이터에 대해서)
 - Nytimes 웹 사이트 각 방문/ 히트마다 파란 점을 그린다(로그파일에서 불러온 1초 분량 데이터에 대해서)
```

이 코드는 나름의 문제가 있긴 하지만 화면에 무언가를 표시한다. 이 프로그램을 실행하면 매일 웹 사이트와 모바일 사이트 트래픽 양상에 따라 시간 순으로 지도에 점들이 표시된다. 시간에 따라 발생하는 트래픽 패턴을 보니 놀라웠다. 전 세계에 반짝이는 빛이 뿌려져 있어 마치 지도가 살아 있는 듯 보였다(그림 16-3).

첫 단계만으로도 훌륭하기는 했지만, 코드도 접근방식도 수정해야 할 부분이 있었다. 다음 절에서는 우리가 해결해야 했던 세 가지 주요 분야에 대해 설명한다.

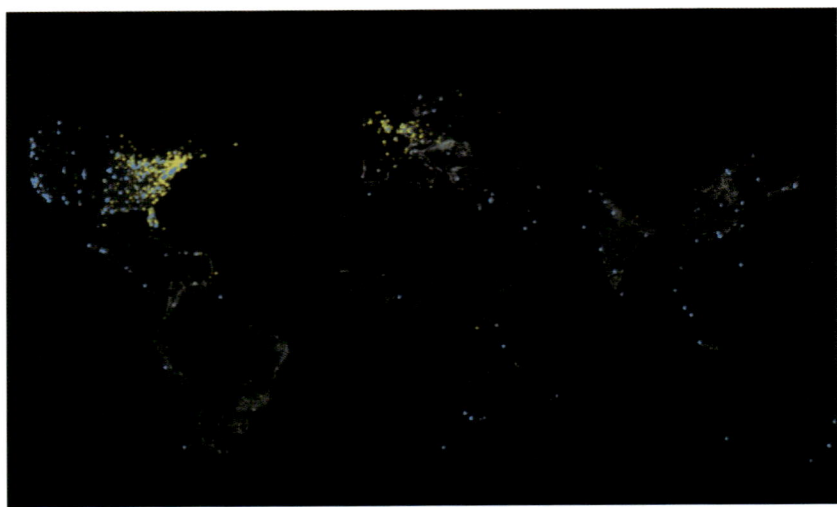

그림 16-3 전세계에서 Nytimes.com과 mobile.Nytimes.com에 접속하는 트래픽을 보여주는 초기 시각화. 노란색 원은 웹 사이트, 파란색 원은 모바일 사이트의 트래픽을 뜻한다.

척도가 없다

우선 초기 시각화에서는 각 지역에서 오는 웹 사이트와 모바일 사이트 트래픽 양을 가늠할 만한 척도를 전혀 표시하지 않았다. 하루 중 특정 시간에 같은 장소에서 웹 사이트와 모바일 사이트에 접속하는 사용자는 많이 있을 것이다(예를 들어 뉴욕에선 매우 높은 트래픽 흐름이 발생한다) 때로는 수천 명의 사람이 모두 동일한 장소에서 웹 사이트에 접속할지도 모른다.

시각화 초기 버전에서는 입력 로그파일에 있는 각 위치(위경도 쌍)마다 원을 지도에 똑같은 크기로 표시하고 있다. 어느 정도 척도를 표시하기 위해 각각의 장소에서 오는 트래픽의 시각적 표현(파란색과 노란색 원)을 접속자 수에 따라 조정할 필요가 있다.

두 번째로 노란색(웹)과 파란색(모바일) 점이 크기가 동일한데다가 (draw 루프에서) 웹 트래픽을 나타내는 점을 모바일의 경우보다 먼저 그리는 바람에, 두 사이트에서 동시에 히트가 발생할 경우에 노란 색 점이 파란색 점에 가려 보이지 않는 경우가 생겼다. 이는 이 시각화에서 좋지 않은 부분이었다.

시간 감각이 없다

처음 단계 시각화에서는 각 방문이나 페이지뷰마다 사람들이 사이트에 얼마나 오래 머무르는지는 고려하지 않았다. 단순히 각 방문마다 지도에 점을 하나씩 그리고, 시각화가 끝날 때까지 지우지 않았다. 그래서 지금은 트래픽 흐름이 꾸준한 몇몇 대도시에서는 표가 나지 않지만, 하루에 방문횟수가 몇 안 되는 작고 외딴 도시에서는 하루 종일 트래픽이 발생한다는 인상을 준다.

이 문제는 척도 문제와 연계해서 고칠 필요가 있다. 말하자면, 각 장소마다 얼마나 많은 사람이 사이트에 접속하는지, 그리고 특정 기사 페이지나 전체 사이트에 머무르는 시간은 얼마인지 정밀하게 묘사하는 방법을 찾아야 한다.

제일 중요한 점은, 매 초마다 이 작업을 해야 한다는 점이다!

저속 촬영

최종적으로는 이 시각화를 뉴욕타임스 사내에 쉽게 공유 가능하도록 일일 트래픽에 대한 저속 촬영 Time-lapse 동영상을 만들고 싶었다. 이 문제를 풀기 위해서 우리는 draw 루프에서 그린 프레임을 파일로 저장해서 깔끔한 동영상을 생성해주는 프로세싱용 동영상 라이브러리를 사용하기로 했다.

장면 1, 테이크 2

이전 버전의 코드를 수정해서 프로세싱 무비메이커 MovieMaker 라이브러리를 통해서 시각화를 파일로 갈무리하는 기능을 추가했다.

또한 사이트에서 발생하는 각 히트가 방문 유지 시간을 적절하게 반영하도록 프로그램에 기능을 추가했다. 평균적으로 사람들은 한 번 방문할 때마다 3~4분 정도 머문다. 그러므로 루프가 반복될 때마다, 지도에 점을 찍고 그 점을 24시간 내내 지우지 않는 대신에 3분 동안 점이 천천히 희미해지도록 했다. 물론 모든 히트가 이용자 한 명이 3분씩 방문함을 뜻하지는 않는다. 로그파일에 있는 히트의 대다수는 동일한 이용자 또는 이용자들이 오랜 시간 동안 사이트에 있는 여러 페이지를 돌아다녀서 기록된 것이다. 하지만 처음부터 너무 복잡하지 않도록 일단 각 히트는 '3분짜리 방문'이라고 생각했다.

표현 방식을 다소 단순화했으므로 이제는 하루 동안 모든 방문/히트에 해당하는 점을 3분 동안 점점 희미해지도록 표현해야 했다. 이 말은 메모리에 오브젝트를 많이 저장해야 한다는 뜻이었다. 사이트에서 매일 발생하는 히트마다, 해당 히트의 '수명', 즉 그 점이 화면에 표시되는 시간(3분)을 기록하는 프로세싱 오브젝트를 하나씩 생성해서 수명이 다 될 때까지 점을 점점 희미하게 하는 데 활용했다.

그러면 이제 프로세싱의 draw 루프로 돌아가보자. 여전히 웹과 모바일 로그파일에서 매초 분량의 데이터를 읽어 왔지만, 이제는 각 히트가 발생할 때마다 수명 값을 3분으로, 불투명도를 100%(이 값은 매 draw 루프가 반복될 때마다 감소)로 초기화한 Hit 오브젝트도 생성했다. 그리고 로그 데이터를 읽어온 후 메모리에 있는 Hit 오브젝트를 하나씩 처리했다. 각각의 Hit 오브젝트에서는 히트별로 남은 수명에 기반하도록 해당 점의 투명도를 바꾸고 다시 그려서, 3분 동안 서서히 희미해지게 한다. Hit 오브젝트의 수명이 다하면, 메모리에서 제거하고 해당 점도 지도에서 삭제했다(즉 다시 그리지 않았다).

대략 초당 400~500히트를 시각화했기에, 이 방식대로 모든 히트(또는 이용자)을 기록하려면 매 초마다 메모리에 오브젝트를 많이 저장해야 했다. 이 방법에 문제가 많다는 점은 인지하고 있었고 최적화 아이디어도 약간 있었지만, 우리는 한 걸음씩 내딛어 보고 싶었기에 우선 이 방식이 잘 동작하는지 보기로 했다.

이것을 실행하고 무슨 일이 일어나는지 보자!

3분 동안 히트들을 점점 희미하게 하는 기능을 추가한 덕분에 트래픽을 시각적으로 더 자세히 표현하게 되었지만, 아직 할 일이 더 많았다. 우선 첫째로 이 시점에는 아직 각 장소별 트래픽의 척도가 시각화에 표현되지 않았다. 속도도 문제였다. 이 버전에서는 45초 밖에 안되는 저속촬영 동영상을 만드는데 무려 25분이나 걸렸다! 이 걸음마용 프로그램은 메모리와 프로세서 자원을 잡아먹는 괴물인데다가 실행 및 렌더링 속도가 느렸다. 랩에 있었던 다른 컴퓨터 몇 대(1GB 램이 장착된 맥 미니, 4GB 램의 맥북 프로 그리고 맥 프로)에서 돌려보았지만, 모두 렌더링 속도가 느렸다. 시각화가 기대하던 바에 한 걸음 가까워지기는 했지만, 새롭게 최적화될 필요가 있었다. 무엇보다 원하는 것은 하루치 저속촬영 동영상이었는데,

이 시점에서는 1시간짜리 동영상이 최대한이었다!

첫 번째 버전 시각화는 http://nylabs.com/dataviz에 가면 볼 수 있다.

시각화 두 번째 과정

시각화가 마음에 들었으므로, 이제 완전히 작동하게 만들 차례였다. 접속 장소별 트래픽 양을 가늠할 척도를 추가하는 일 외에 응용프로그램을 최적화해야 했는데, 이 때문에 데이터를 불러오는 방식을 재고해야 했다.

다시 척도 문제

척도 없이 초당 히트를 표시하는 방식은 소용이 없었다. 처음 버전 프로그램에서는 캐나다 시골에서 접속하는 몇 안 되는 히트나, 뉴욕에서 접속하는 수천 번의 히트나 시각적 가중치가 똑같았다. 게다가 초당 히트를 모두 표시하는 방식으로는 시각화를 렌더링하는데 메모리나 계산 자원이 너무 많이 필요했다.

숙고 끝에 해결책으로 각 장소에서 오는 초당 히트 수 대신 분당 히트 수를 시각화하기로 했다. 접속 로그 파일 데이터에서 매 분마다 각 장소별 히트 수를 모두 합산했다. 이로서 접속 장소별 트래픽에 대한 척도가 생기고, 프로세싱 프로그램에 입력되는 원 데이터 양이 크게 줄어들 거라 예상됐다. 하지만 데이터 처리방식과 맵/리듀스 작업을 바꿔야 했다.

데이터 조금 더 주무르기

원 접속 로그에서 필요한 데이터를 분석하고 시간에 따라 정렬하는 기능을 수행하던 파이썬 맵/리듀스 스크립트를 조금 업데이트할 필요가 있었다. 이제 스크립트는 접속 장소(위경도 쌍)별 분당 히트 수를 접속 시간에 따라 정렬해서 출력해야 했다.

맵/리듀스가 어떻게 동작하는지 잘 모른다면, 온라인에 있는 사용 지침서 tutorial를 꼼꼼히 읽어보기를 권한다. 기본적으로는 맵/리듀스는 대용량 데이터를 처리하는 프로그래밍 모델이다. 처리과정은 맵과 리듀스 두 작업으로 분리된다. 매퍼Mapper는 일반적으로 어떤 입력(우리 경우에는 로그 파일)을 받아서 그 데이터에 간단히 처리 작업을 한 이후, 키key/값value 쌍 형식으로 출력한다. 리듀서Reducer는 매퍼가 출력한 데이터를 받아서 합치거나 더 간단한 형태로 축소해서, 일반적으로 더 작은 데이터셋을 출력한다.

이 시각화에서 매퍼 스크립트는 원 접속 로그파일을 매줄마다 읽어, 다음 키/값 쌍 형식으로 출력했다.

접속 당시 타임스탬프 (HH:MM 형식), 위도, 경도   1

이 경우 '키'는 쉼표로 구분된 문자열로, 로그 파일의 각 히트마다 타임스탬프, 위도, 경도 정보를 포함하며, '값'은 1이었다(히트 수 1을 뜻함).

리듀서는 매퍼에서 줄 단위로 정보를 받아 접속 장소별로 분당 히트 수를 기록했다. 이렇게 하기 위해 매퍼에서 출력한 키를 파이썬 사전Python dictionary 데이터 형식으로 저장하고, 같은 키가 매퍼에서 출력될 때마다 카운터 값을 하나씩 증가시켰다. 다음은 파이썬 사전 데이터 형식 예시이다.

```
{
    "12:00,40.7308,-73.9970": 128,
    "12:00,37.7791,-122.4200": 33,
    "12:00,32.7781, -96.7954": 17,
    # 중략 …
    "12:01,40.7308,-73.9970": 119,
    "12:01,37.7791,-122.4200": 45,
    "12:01,32.7781, -96.7954": 27,
    # …
}
```

매퍼에서 출력한 입력 데이터를 리듀서가 모두 받으면, 데이터가 (키에 따라) 정렬되고 그 순서대로 출력된다.

초창기 매퍼와 리듀서 코드는 다음과 같았다.

```
Mapper
#!/usr/bin/env python

import sys

# STDIN(표준 입력, standard input)에서 온 입력
for line in sys.stdin:
    # 문자열 앞 뒤 공백을 제거
    line = line.strip()
    # 항목들로 쪼갠다
```

```
        words = line.split('\t')
        try:
        # 출력 형식:
        # 시간(HH:MM),위도,경도 1
        time = words[1]
        hours,mins,secs = time.split(":")
        t = hours+":"+mins

        print '%s,%s,%s\t%s' % (t, words[44], words[45], 1)
except Exception:
        pass

Reducer
#!/usr/bin/env python
from operator import itemgetter
import sys
locations = {}

# STDIN에서 온 입력
for line in sys.stdin:
        # 문자열 앞 뒤 공백을 제거
        line = line.strip()
        # mapper.py에서 받은 입력을 분석
        key, count = line.split('\t')
        try:
        # 각 장소별(위경도 쌍)count를 업데이트
        # 1분마다
        count = int(count)
        locations[key] = locations.get(key, 0) + count
        except Exception:
        # count가 숫자가 아니거나 기타 에러가 발생하면,
        # 그 줄을 조용히 무시하고 넘어간다
        pass
# 데이터를 정렬하고 출력
(후략)
```

새로운 데이터 형식

새로운 맵/리듀스 스크립트를 원 접속 데이터에 대해서 적용해서 더 정밀한 데이터셋을 얻었다. 우리는 전체 데이터를 축소(웹 접속 로그를 대략 3천만 줄에서 3백만 줄로 줄였다)했을 뿐 아니라, 접속 장소별로 총 히트 수도 구했다. 이제 우리가 바라던 척도 요소도 생겼다. 다음은 새 데이터의 견본이다. 타임스탬프, 위도, 경도, (분당) 히트 수를 확인하자.

```
12:00,039.948,-074.905,128
12:00,039.949,-082.057,1
12:00,039.951,-105.045,3
12:00,039.952,-074.995,1
12:00,039.952,-075.164,398
```

```
12:00,039.960,-075.270,1
12:00,039.963,-076.728,4
12:00,039.970,-075.832,2
12:00,039.970,-086.160,4
12:00,039.975,-075.048,23
```

시각 척도와 시각화 최적화

새로운 데이터 형식으로 이제 매초마다 히트를 작은 점으로 표시하는 대신 매분마다 위치별로 원을 하나 그리고, 동그라미 크기 단위로 히트 수를 쓸 수 있게 되었다. 이 방식으로 척도에 대한 감을 잡을 수 있어서, 캐나다 시골 지역과 뉴욕에서 접속하는 트래픽 양의 차이가 쉽게 구분이 될 것이다.

또한 이 방식으로 프로그램에 필요한 메모리 양을 크게 줄었다. 여전히 사이트에 도달하는 모든 히트를 메모리에 (그래야 3분 동안 점을 점점 희미하게 표시할 수 있다) 저장해둬야 했지만, 이제는 위치별로 분 단위만 저장하면 되므로 Hit 오브젝트의 수가 크게 줄어들었다. 일반적으로 매분마다 대략 전세계 2,000~3,500개 장소에서 트래픽이 온다. 장소별로 Hit 오브젝트를 메모리에 저장해야 하고, 이 오브젝트는 3분간 유지되므로 매순간 6,000에서 12,000개의 오브젝트가 메모리에 있는 셈이다. 아직도 많기는 하지만, 이전 버전보다는 훨씬 적다.

현 시점에서 매순간 장소별 히트 수를 기록하고, 히트 수에 따라 원 크기를 조절하려면 프로세싱 프로그램의 논리를 수정해야 한다. 이 과정을 설명하는 간단한 예제를 보자.

뉴욕의 특정 위/경도(데이터셋 내에 많이 발견된다) 위치에서 웹 사이트에 접속하는 경우에 대해 생각해보자. 하루에서 짧은 기간만 본다고 했을 때, 시간별 히트 수가 아래와 같다고 하자.

```
12:00 - 100 hits
12:01 - 110 hits
12:02 - 90 hits
12:03 - 80 hits
12:04 - 100 hits
```

지도에 이 장소에 대한 원을 표시할 때, 원 크기에 히트 수를 반영되어서, 척도에 대한 감을 잡기를 바란다. 하지만 단순하게 위에 표시된 1분 간 히트/방문 수를 기초로 크기를 정하면 안 된다. 왜 그럴까? 사이트를 방문할 때마다 보통 3분씩 머무른다고 했던 이야기를 떠올려보자. 그런 이유로 접속 장소별 히트 수를 3분 간 기록하고, 3분이 지난 후에만 총합에서 제하기로 했다.

위에 있는 히트 수 데이터를 그대로 쓰면, 분 당 히트 수는 아래와 같다.

```
12:00 - 100 hits (assuming no previous hits)
12:01 - 210 hits (100 + 110)
12:02 - 300 hits (100 + 110 + 90)
12:03 - 280 hits (110 + 90 + 80)
12:04 - 270 hits (90 + 80 + 100)
```

매분마다 새로운 히트 수와 이전 2분 간 히트 수를 더하고 있음에 주목하자.

접속 장소별 분당 히트 수 합계를 기록하는 코드를 프로세싱 프로그램에 적용한 결과가 그림 16-4에 있다. 새로운 버전을 통해서 매분마다 지도의 여러 장소에서 발생한 히트 수의 상대적 크기를 볼 수 있었으며, 하루 동안 각 장소별로 트래픽 증감에 따라 그 크기가 얼마나 커지고 작아지는지도 관찰이 되었다.

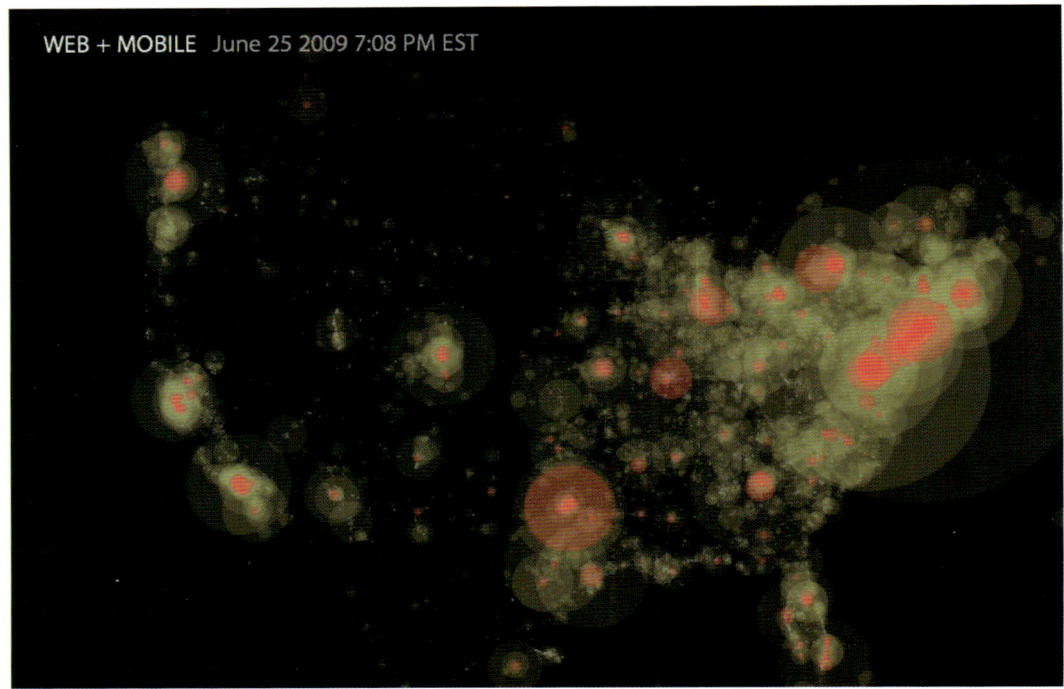

그림 16-4 2009년 6월 25일에 미국에서 nytime.com과 mobile.Nytimes.com로 접속하는 트래픽을 보여주는 업데이트 버전 시각. 노란색 원은 웹 사이트 트래픽, 빨간 원은 모바일 사이트 트래프을 뜻한다.

▌ 저속 촬영하기

새로운 데이터 입력 형식과 방식대로 동작하도록 프로세싱 프로그램을 업데이트한 이후 24시간 짜리 저속촬영 동영상을 만들었다. 전에 겪었던 메모리 문제나 전반적인 장비 지연시간 문제 없이 한 번에 몇 시간 정도는 코드를 실행시킬 수 있으므로, 이제는 전체 저속촬영 비디오를 생성할 차례다. 처음부터 웹과 모바일 데이터 모두 24시간 분량으로 렌더링하는 대신, 우선 모바일 데이터만 해보기로 했다(웹 데이터의 10% 정도 크기이다). 이렇게 하면 전부 다 만들 때보다 결과나 문제점이 더 빨리 확인된다.

24시간 분량을 저속촬영으로 얼마나 줄여야 하는지 몰랐기 때문에(24시간 분량을 1분이나 10분 또는 그중간 정도로 줄여야 하는가?) 일단 10분 길이로 해보기로 했다. 모바일 데이터로 24시간 분량 동영상을 렌더링하려고 프로세싱의 'Run' 버튼을 처음으로 눌렀을 때가 이 프로젝트를 하는 도중에 가장 신났던 순간 중 하나였다. 이 데이터를 맥북 프로에서 10분 길이의 저속촬영 동영상으로 렌더링하는데 약 2시간 정도 걸렸다. 즉 결과가 나왔다!

주먹을 맞부딪히며 축하를 하고 나서, 우리는 비디오를 봤다. 약 2분쯤 지나고 나서 너무 길다는 사실을 깨달았다. 동영상은 너무 느렸다! 데이터를 다시 불러와서 1.5분 정도되는 저속촬영 동영상을 만들 시간이었다.

코드나 프레임 속도를 조정해서 몇 번 더 시도해 본 후에야 동영상을 얻었다. 크기가 더 작은 모바일 데이터셋에서 프로그램이 동작하는 것을 확인했으므로, 웹과 모바일 데이터 조합에 대해서도 시도해보았다. 이번에는 데이터셋 크기가 훨씬 커서 훨씬 오래 걸렸는데, 실행하는 장비에 따라 24~36시간까지 걸렸다.

반자동화

최종적으로는 우리는 전체 처리과정을 자동화해서 어떤 날짜라도 명령만 하면 저속촬영 동영상이 간단히 만들어지기를 바랐다. 이제는 처리과정이 반자동화되어서, 꽤 간단하게 같은 날짜의 동영상을 여러 개 만드는 일이 가능하다. 예를 들어 다음과 같은 동영상을 만들 수 있다.

- 세계 지도에 웹과 모바일 데이터를 표시
- 미국 지도에 웹과 모바일 데이터를 표시
- 세계 지도와 미국 지도에서 웹 데이터만 표시
- 세계 지도와 미국 지도에서 모바일 데이터만 표시

각각의 동영상을 만드는데 얼마나 걸릴까? 큰 뉴스가 있는 날(트래픽이 많다)인지 여부나 날짜에 따라 다르다. 다음은 평균적인 날의 데이터 양과 렌더링하는 데 걸리는 시간에 대한 대략적인 정보이다.

모바일
    데이터 파일 크기는 7MB에 300,000줄 정도
    렌더링은 약 2시간 걸림

웹
    데이터 파일 크기는 70MB에 3백만 줄 정도
    렌더링은 약 하루에서 이틀 정도 걸림

웹 + 모바일
    데이터 파일 크기는 77MB에 3.3백만 줄 정도
    렌더링은 약 하루에서 이틀 정도 걸림

저속 촬영 동영상 렌더링의 수학

이 프로세싱 프로그램에서는 초당 15프레임으로 동영상이 촬영되었다. 매 프레임마다 1분 분량의 로그 데이터를 화면에 표시하고, 파일로 저장했다. 24시간 분량의 데이터일 경우 총 1,440분이 저장된다. 매초마다 15분 분량의 데이터를 렌더링하므로 1,440분 분량은 96초짜리 동영상이 된다(약 1분 30초 분량).

▌이것으로 무얼하지?

이 책이 인쇄될 때 즈음, 우리는 막 며칠 분량의 데이터로 동영상을 만드는 일을 마쳤다. 뉴욕타임스 빌딩 28층에 있는 사무실 밖 복도에 이 트래픽 지도를 포함해서 우리가 만든 시각화를 보여주는 10대의 모니터가 있다. 6대의 모니터에서 이 저속촬영 동영상이 자동으로 재생된다. 남은 모니터에는 웹 사이트와 모바일 사이트(미국 및 세계에서) 하루 동안의 전체 트래픽 정지화면을 표시한다. 우리는 이 동영상을 회사 내에서 공유하고 있으며, 어떤 종류의 일일 패턴을 더 관찰할 수 있을지 시각화를 더 많이 해보는 중이다. 또한 속보가 있는 날과 '평균적인' 날 사이에 사용 패턴의 차이점을 살펴보고 있다.

▌결론

지금까지 제작한 시각화에서 재미있는 패턴 몇 개를 발견했는데, 그중 대부분이 그림 16-5에서 16-8까지에 표시되어 있다.

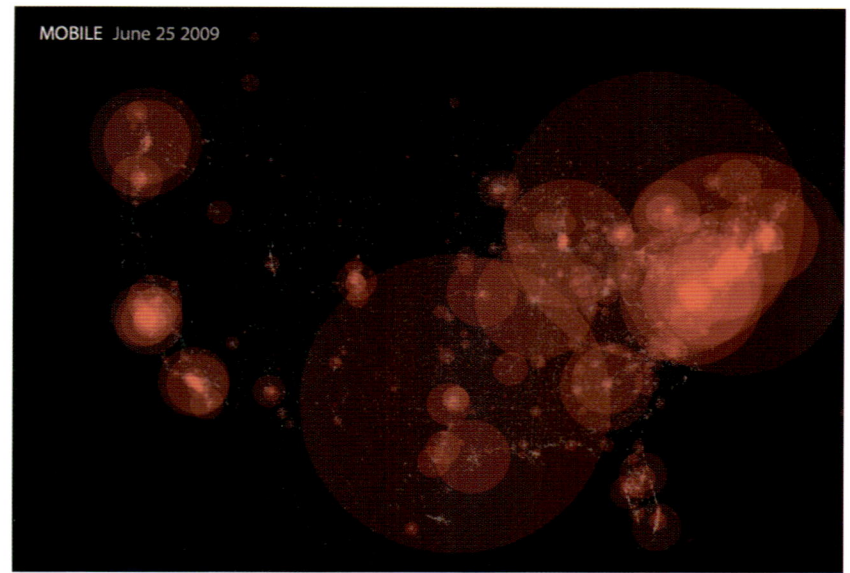

3
커다란 원 두 개는 텍사스 주(州)의 댈러스와 온타리오 주(州)의 워터루에 위치한다. 이 두 도시는 모바일 허브(워터루는 블랙베리 blackberry/RIM의 본사이다)이며, 많은 양의 모바일 트래픽이 댈러스와 워터루를 경유해서 우리 서버에 도달한다.

그림 16-5 2009년 6월 25일 mobile.Nytimes.com의 일일 트래픽[3]

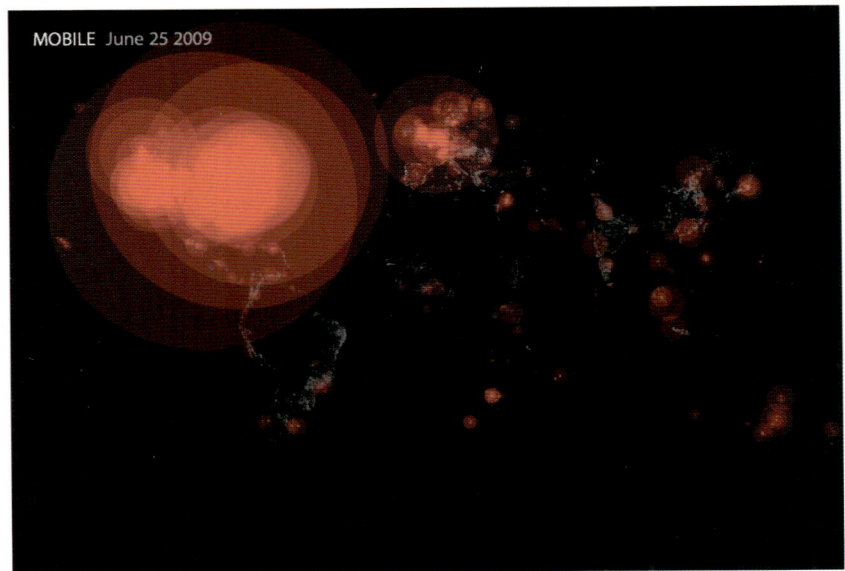
그림 16-6 2009년 6월 25일 mobile.Nytimes.com의 일일 트래픽

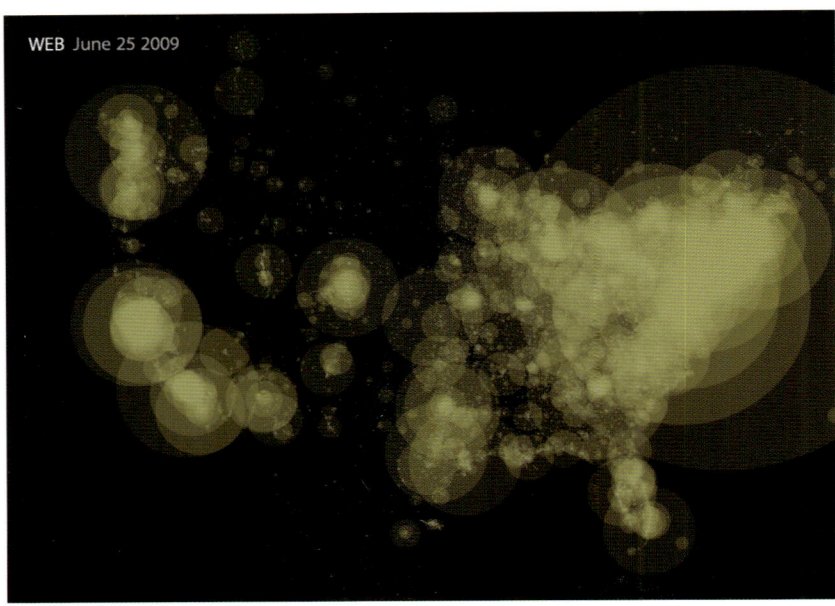
그림 16-7 2009년 6월 25일 Nytimes.com의 일일 트래픽

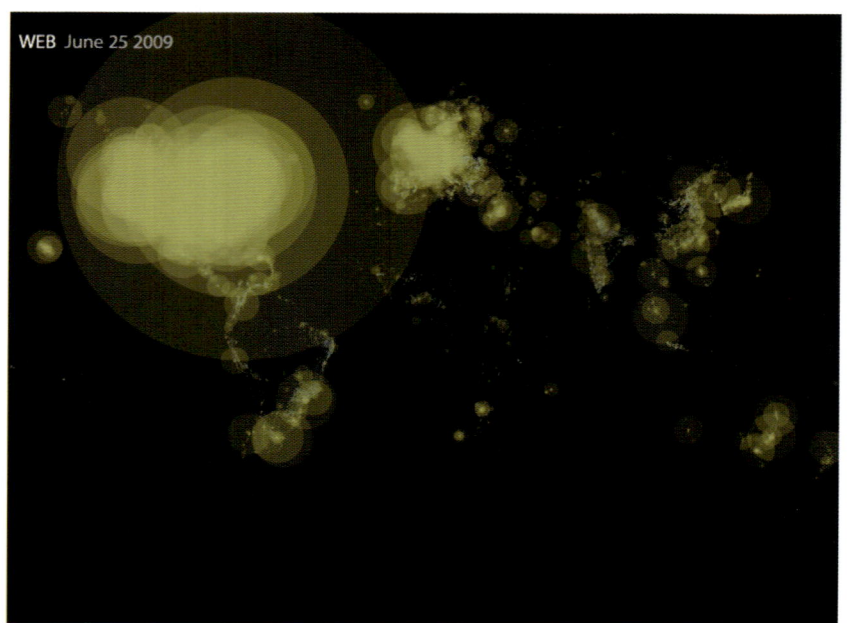

그림 16-8 2009년 6월 25일 Nytimes.com의 일일 트래픽

우선 모바일 사이트 트래픽은 미국에서 오전 5:00에서 오전 6:00 사이에 사람들이 깨어나서 출근할 때 즈음(특히 동부에서) 처음으로 폭발적으로 증가한다. 대략 오전 8:30이나 오전 9:00 즈음에 사람들이 회사에 출근할 때까지는 강한 패턴을 유지하다가, 해당 시점부터는 웹 사이트 트래픽이 그날 처음으로 급증한다. 웹 트래픽은 하루 종일 강하다가(특히 점심시간 전후), 퇴근 시간 즈음으로 생각되는 저녁 시간 동안 살짝 내려가는데, 이때 모바일 트래픽이 또다시 갑자기 늘어난다. 이것은 연구를 시작하기 전부터 예상했던 양상이기는 하지만, 가설을 확증하는데 시각화가 도움이 되었다.

다른 흥미로운 패턴은 웹 사이트와 모바일 사이트 둘 다 해외 트래픽이 강하다는 점과, 아프리카 일부 지역과, 중국, 인도, 일본에서 오는 모바일 트래픽이다.

해외와 미국 트래픽 패턴에서 다른 흥미로운 점을 관찰할 수 있으리라 생각하며, 우리 트래픽 데이터에서 동영상을 더 많이 만들어 조사해볼 생각이다. 독자들도 직접 관찰하고 무엇을 보았는지 우리에게 알려주길 바란다! 견본 시각화는 http://nytlabs.com/dataviz/에서 볼 수 있다.

감사의 글

오카다 노리아키(뉴욕타임즈 R&D Lab 인턴)는 시각화 코드를 작성하는 일과 이 장의 연구에 많이 기여했다. 그의 작업내용은 http://okada.imrf.or.jp에서 찾아볼 수 있다. 이 프로젝트를 꾸준히 지원해준 마이클 크레이머Michael Kramer, 테드 '체비의' 로던Ted 'Chevy's' Roden, 딕 립턴 에게도 감사하다고 말하고 싶다.

17장

펼쳐진 복잡계 안으로 빠져들어 보기

랜스 퍼트넘, 그레이엄 웨이크필드, 지하루, 바삭 알페르, 데니스 애더턴, 조안 쿠체라-모린 |
Lance Putnam, Graham Wakefield, Haru Ji, Basak Alper, Dennis Adderton, JoAnn Kuchera-Morin

미디어아트와 기술, 캘리포니아 대학 산타바바라 캠퍼스
(Media Arts and Technology, University of California, Santa Barbara)

다중 모드 무대

1
옮긴이 미국 공상과학 드라마 〈스타 트렉〉에 나오는 가상현실 공간. 우주 함선 안에 있는 방으로, 승무원이 들어가 실제 세계를 거의 똑같이 체험할 수 있다.

2
옮긴이 미국 만화 〈엑스맨〉에서, 돌연변이를 찾아내기 위한 기기. 커다란 방에 들어가 머리에 장치를 쓰면, 사용자의 텔레파시가 증폭되어 전세계에 있는 돌연변이들을 추적하는 것이 가능하다.

실제로 '홀로덱Holodeck'[1]이나 '세레브로Cerebro'[2]에 걸어 들어가, 전에는 본 적 없는 새롭고 멋진 세계를 경험한다면 어떨까? 나아가 현재까지는 사람이 실제로 체험이 불가능했던 자연의 모습을 관찰할 수 있다면 어떨까? 바로 지금 캘리포니아 대학교(산타바바라 캠퍼스)에 위치한 캘리포니아 나노시스템 연구소에서 앨로스피어AlloSphere로 공동작업 중인 과학자와 예술가들의 마음 속에는 이런 물음이 있다. 아원자Subatomic 입자, 인간의 뇌 또는 인공 생태계 같은 복잡한 고차원 데이터와 시스템을, 마치 우리를 완전히 둘러싼 세계인 것처럼 상호작용하고 탐색할 수 있는 장치가 우리 손 안에 있는 것이다.

앨로스피어는 세계에서 가장 큰 과학적, 예술적인 장치이자 연구소로, 실감형 immersive 시각화, 음향화sonification, 다중모드 데이터 조작을 목적으로 한다. 앨로스피어는 지각적 경험을 위해 정교하게 조정된 3층짜리 구형 공간으로 빛을 거의 반사하지 않는 360도 수퍼블랙 화면에 다채널 스피커가 둘러싸고 있는 구조이며, 이 모든 기기가 무향실echo-free chamber에 설치되어 있다(그림 17-1). 여러 사람이 앨로스피어 중심에 설치된 다리 위에 서서, 수많은 다중모드 기기를 통해 스테레오 투영 및 공간음을 체험하는 것이 가능하다.

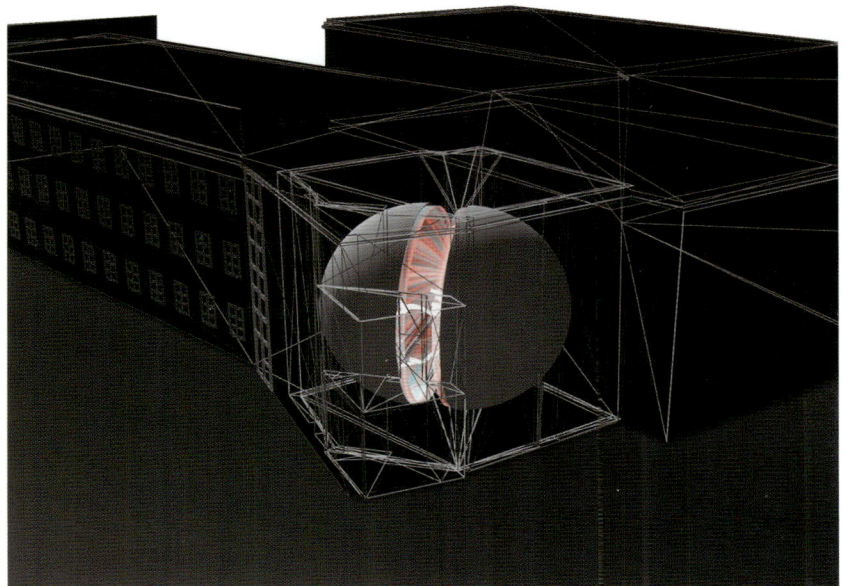

그림 17-1 앨로스피어의 실제 크기 가상 모형

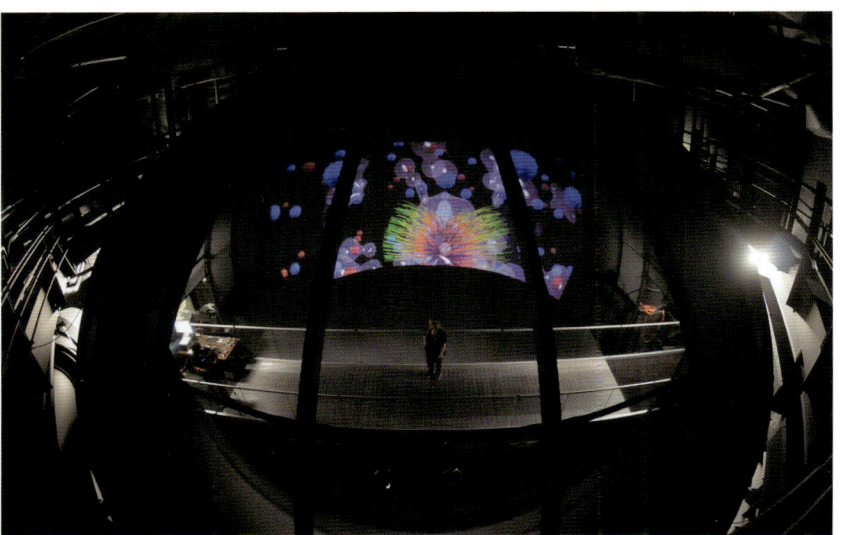

그림 17-2 앨로스피어의 전경 사진

앨로스피어는 눈과 귀로 느끼는 다목적 멀티미디어 장치로, 새로운 예술적인 표현 방식과 과학적 발견 방식을 동시에 추구하기 위해 작곡가 조안 쿠체라-모린 JoAnn Kuchera-Morin이 고안했다. 쿠체라-모린이 의도한 바는 폭넓은 연구분야의 연구자들이 모여 서로의 통찰을 공유하거나, 유사하면서도 기본적인 질문, 즉 대칭, 아름다움, 패턴 형성, 창발에 대한 연구를 수행하는 공통의 장을 마련하는 것이었다. 예술과 과학 양면에 근거를 두되, 하나에만 제한되지 않는 미개척 연구를 하는 것이, 앨로스피어라는 독특한 기회에 대한 우리의 자세이다. 이를 위해 창의적인 수단(계산, 데이터, 처리, 지각, 상호작용, 몰두, 평가)의 본질적 측면을 전반적으로 재고해야 한다.

앨로스피어에서 공동작업을 하는 예술가, 과학자, 기술자들은 독특하고 매력적인 시각화 및 시뮬레이션으로 새로운 세상을 찾아내고 있으며, 아름다움에 대한 개념을 구현하고 있다. 우리는 흥미로운 방정식을 시각화하고 음향화해서 연구자들이 사실을 탐구하는 일을 돕는다. 이런 탐색 과정에서 시각화는 멋드러진 해법이며, 방정식에 나타난 대칭(또는 대칭의 깨짐)을 발견하게 해준다.

▰ 창의적 생각에 이르는 로드맵

앨로스피어는 시작부터 정량적, 정성적인 문제풀이와 발견 방법을 밀접하게 통합한, 대단히 매력적인 대화형, 다중모드 환경을 제공한다. 또한 앨로스피어는 복잡계가 시간에 따라 어떻게 펼쳐지는지 (우리의 모든 감각을 활용해서) 경험하는 독특한 기회를 마련해준다. 우리는 복잡한 시스템들이 어떻게 컴퓨터 구조로 묘사되는지, 그리고 어떻게 아름다움과 대칭으로 표현될지를 공통주제로 삼아 연구하기 시작했다. 아름다운 시각화를 구성하는 도전과 기회는 결과적으로 수학적 사실과 지각의 표현 사이에서 균형을 유지하고, 예술과 연구의 새로운 형식을 인식론의 실험으로 도입하는 일이다.

아름다움과 대칭

아름다움은 확실히 지각 과정에서 핵심적인 역할을 하는데, 대칭과 밀접하게 관련이 있기 때문이다. 사실 아름다움의 핵심이 각 부분의 비율과 상호 관련성에 있고, 대칭과 화음이 각각 시각과 청각 영역에서의 연관성이라고 주장했던 고대 피타고라스 학파의 시대부터 아름다움과 대칭은 밀접한 관련이 있었다(Tatarkiewicz 1972). 피타고라스 학파의 이론은 인류 문화사를 통틀어 가장 오래된 것 중 하나이다.

대칭, 더 정식으로 정의하자면 '변환에 대한 불변성'(Weyl 1952)은 특수상대성이론, 보존 법칙, 끈 이론 같이 정말로 심오한 자연과학 이론의 기초이다. 잘 알려지지 않았지만, 대칭은 컴퓨터 시뮬레이션에서도 중요한 역할을 한다. 고대에는 우리 주위의 자연에서 발생하는 패턴만 관찰했지만, 오늘날에는 컴퓨터 계산으로 균형을 제어해서, 복잡한 자연 패턴을 자율적으로 정밀하게 구성해내는 시스템을 만들 수 있다. 우리는 이런 복잡한 패턴의 중심에서 실제로 대칭을 발견한다. 사실 데이터에서 유의한 패턴을 찾는데 대칭이 길잡이가 되는 경우가 많다.

컴퓨터 계산 도구

컴퓨터 계산과 수학은 과학적 모형과 심미적 경험 사이어 매혹적인 공통 언어로 기능한다. 컴퓨터 계산은 과학 시뮬레이션에 있어 핵심적 도구이며, 예술에서는 제약 없는 재료가 된다. 복잡한 자율 시스템을 설계하고 구현하면서, 우리는 부분을 종합하여 새로운 종류의 지식을 향한 문을 연다.[3]

묻고 싶은 질문과 상관없이, 컴퓨터 계산에서는 데이터 기본 구성에 대한 형식화되고 개별적인 설명이 필요하며, 실시간 처리의 한계에 대한 고려를 해야 한다. 특히 물리에 기반한 모형의 경우 작업 데이터가 주로 공간과 또는 시간의 위치와 관련된 값으로 구성되어 있다는 점을 깨달았다. 값은 속도, 유량, 주파수, 복소 위상 complex phase 같은 특정한 내재적 세기를 뜻하며 보통 공간과 시간(공간 또는 시간)의 위치와 관련이 있다. 우리가 활용하는 시각화 기법에는 대부분 일정한 위치의 값(예: 단면 cross-section)이나, 일정한 값의 위치(예: 등고선 contour line 같은 경우)를 걸러내는 일이 포함된다.

프로그램 수행 중에 값과 위치가 표현되는 방식은 상황에 따라 다르다. 값은 명시적이거나(규칙적으로 표본추출된 점 또는 위치/값 쌍) 내재적(실행 중에 방정식이나 알고리즘을 사용해서 계산되는 값)이다. 마찬가지로 위치도 명시적이거나(위치/값 쌍)또는 내재적(격자의 크기로 결정되는 위치)이다.

[3] 예를 들어 인공생명(Artificial Life) 분야는 생명 현상의 과정을 디지털로 재구성해서 생명을 이해하려 하지만, 창조성 그 자체에 대한 흥미로운 논의도 같이 불러왔다.

다양한 계산 모형을 활용해보면서, 데이터 저장 및 처리를 할 때 데이터를 표현하는 방식이 일반적으로 세 가지 스타일이 있음을 알 수 있었다.

· 격자 모양으로 값을 표본추출하여 표현
· 위치/값 쌍의 집합으로 표현
· 위치에 대한 함수로 표현

처음 두 항목의 차이점은 컴퓨터에서 이미지를 표현하는 일반적인 방법 두 가지, 즉 래스터raster(픽셀의 행렬)나 벡터vector(곡선으로 연결된 점의 집합) 기반 방식의 차이점과 같다. 세 번째 경우는 블랙박스에 가까운데, 위치를 입력 받아 대응 값을 출력한다.

각 스타일별로 특정한 상반관계가 있다. 격자lattice 방식은 예상 외의 신호나 국소적 상호작용 요소가 있는 모형에 적용 가능하지만, 표본추출을 해야 하기 때문에 계단현상aliasing이 생기며, 해상도를 적정하게 유지하려면 메모리가 많이 필요하다. 반대로 위치/값 쌍이나 함수 방식에서는 해상도를 마음대로 촘촘하게 설정할 수 있지만, 요소 간에 상호작용을 계산 모형화하기가 어려워진다.

이런 몇 가지 방식에서 시공간의 장場, field과 자유 행위자free agent 사이에 개념적 분류가 자연스럽게 따라 나온다. 장은 공간의 격자 같은 부류(시간에 따라 변화 가능한)이며, 복잡계의 하층substrata를 이룬다. 장은 시스템 내의 구조와 역학 구성의 기초를 이루며, 밀도 분포, 유체, 파동 같은 개념을 나타낸다. 장의 개념은 여러 학문에 존재한다. 발생생물학에는 형태 형성장morphogenetic field과 후성유전적 지형epigenetic landscape이, 진화생물학에는 적합도 지형fitness landscape이, 물리학에는 양자장quantum field과 파동함수wavefunction가 있다. 반면 행위자는 위치/값 쌍의 집합으로 복잡계의 상층superstrata을 담당한다. 행위자는 실제로 각각의 항목을 나타내며, 연속적인 공간에서 움직일 수 있다. 행위자를 통해서 전체 시스템의 부분에 정교하게 초점을 맞추고, 시스템에서 불변성의 패턴을 걸러내는 방식으로 장이 더 명확하게 관찰된다. 그뿐 아니라 행위자들은 보통 장에 있는 값을 읽거나 쓰는 방식으로 서로 상호작용한다.

필터로 설명

우리가 할 작업에는 복잡계를 설계하고 구현하는 일 외에도 (가장 중요한 일인) 막대한 컴퓨터 계산적/수학적 공간을 인지하고 의미를 끌어낼 수 있는 형태로 압축해주는 필터를 구성하는 일도 포함된다. 바꾸어 말하면, 시각화와 음향화에는 내용을 조직하는 일(구성)과, 알아내려는 패턴을 표현하는 일(설명)이 같이 따른다.

종종 스스로 이런 질문을 던진다. '데이터나 시스템에서 무엇을 찾으려 하는가?' 이 질문에 대한 해답은 시스템이 펼쳐진 대로 그 본질적 측면을 드러내는 흥미로운 패턴을 찾고 있다는 말로 시작될 수 있다. 참고로 대칭을 활용하면, 유의미한 패턴을 탐색하는 데 도움이 된다는 사실을 알게 된다. 보통 사용하는 시각화 기법, 즉 등고면, 등고선, 흐름선streamline, 입자 흐름particle flow같은 기법을 활용하면 시스템에서 값(또는 값에서 파생된 어떤 양)이 동일하거나 변하지 않는 부분이 보인다. 이런 '대칭 지역pockets of symmetry'은 시스템 내의 유사점을 드러내며, 패턴 행동을 더 깊게 이해하는데 시작점으로 좋다. 우리는 이미 대칭요소가 너무 많으면 유의성을 떨어뜨리지만, 대칭 요소가 너무 적으면 통제가 안 된다는 사실을 알고 있다. 결국 질서와 무질서의 양 극단 사이에 필터가 있어야 한다. 이는 시간의 경우도 마찬가지이다. 패턴이 발견되려면 인지가 될 정도로 충분히 오랫동안 동일성을 유지해야 하지만, 주목을 끌 정도로는 충분히 변화해야 한다.

필터를 구성하는 일은 여러 모드에 걸쳐서 구성하는 만큼, 하나의 모드 내에서도 조정하는 과정이다. 데이터에서 대칭과 비대칭이 다른 상태로 숨어있거나 뚜렷하지 않은 경우를 드러내는데 다중모드 표현 방식이 중요하다는 점을 알아냈다. 가끔 데이터셋이나 프로세스를 가장 자연스럽게 지각되는 양식으로 표현해도 그 구조의 중요한 측면이 다 묘사되지 않기도 한다. 예를 들어 우리는 파형에서 대칭이 있는 경우가 더 잘 보이며 공간 데이터에서 살짝 대칭이 깨진 경우가 더 잘 들린다는 사실을 알아냈다. 우리는 컴퓨터 계산의 변환 능력을 활용해서 양식 사이에 연결을 하고, 눈 앞의 현상에 대한 더 완전한 심상을 주도록 어떤 균형을 찾는다. 사실 뇌의 기억 체계는 청각 정보를 다차원 부호로 통합하는 '임시 완충기episodic buffer'로 구성되어 있으며, 이를 통해 장기 기억에 접속해서 학습에 영향을 끼친다는 증거가 있다(Baddely 2000).

행위자 기반 모형은 데이터나 시스템을 표현하고, 정보를 걸러내는데 주요한 역할을 한다. 행위자는 격자 위에서 움직임이 제한되는 경우에 비해, 부드럽고 연속적으로 움직일 때 시각과 청각을 자극한다. 그 결과로 행위자를 이용하면 일관된 구조를 통해 시스템 내의 주도적 패턴을 관찰 가능하므로 잡음이 줄어든다. 다음에 소개할 예제에서는 어떤 장에서 띄엄띄엄 추출한 유량 표본 정보를 행위자를 활용해서 부드럽고 연속적인 곡선으로 표시할 것이다.

프로젝트 논의

이 절에서는 예술적/과학적이자 수학적인 추상화에서, 실제 과학 데이터 및 이론에 기반한 계산 모형을 다중모드로 정밀하게 표현하는 방식에 이르기까지, 여섯 개의 연구 프로젝트에 대해 논의할 예정이다. 우리는 실제 생물학 데이터에서 시작해 생물활동에 영감을 받은 진화 및 발달 알고리즘을 거쳐 원자들의 세계로 갈 것이다. 그리고 원자 단계에서 단일 수소 원자의 전자 수준으로 내려가며, 최종적으로는 전자 스핀 한 개의 결맞은 세차 현상을 표현하는 프로젝트에 다다를 것이다.

앨로브레인

그레이엄 웨이크필드Graham Wakefield, 존 톰슨John Thompson, 랜스 퍼트넘Lance Putnum, 웨슬리 스미스Wesley Smith 그리고 찰리 로버츠Charlie Roberts(미디어아트와 기술)

지도 교수 : 조안 쿠체라-모린 교수와 마르코스 노박Marcos Novak 교수(미디어아트와 기술)

앨로브레인Allobrain 내에서 우리는 인간 대뇌 피질 속을 비행한다(그림 17-3). 기능적 자기 공명 기록법functional magnetic resonance imaging, fMRI으로 측정한 데이터의 구조적 요소를 활용해서 탐색 가능한 하나의 '세상'으로 느껴지는 공간을 창조한다. 원 데이터에는 뇌 전체의 격자 좌표마다 뇌 신진대사의 밀도 값이 저장되어 있는데, fMRI 촬영에 대한 특정 뇌 조직의 반응 강도에 따라 두 개의 등고면(등고면은 일정한 값을 나타내는 3차원 등고선이다)으로 시각화된다. 이 세계에는 '검색 행위자search agent'가 있는데, 공간적, 시각적으로 자신의 존재를 알리면서 자율적으로 돌아다니며 데이터를 추출하고, 관심 영역에 모여서 음악적 소리로 정보를 알려준다. '떠돌이 행위자wanderer agents'는 특정 뇌 영역에 따라 색상으로 구분되며, 데이터 내에서 무작위로 이동하며 혈액 농도가 높은 곳을 찾는다. 그리고 '무리 행위자cluster agents' 집단에 관심 부분이 어딘지 알려서 더 정밀하고 상세한 분석이나 시각화를 한다. 또한 떠돌이 행위자에게 화면 가운데에서 혈액 농도를 노래하도록 지시할 수 있는데, 여기서 음조가 높으면 농도가 높다는 뜻이다.

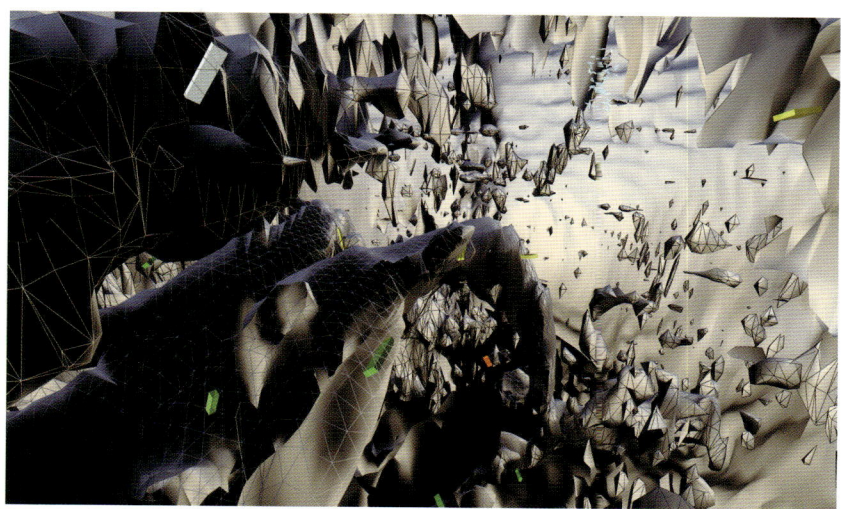

그림 17-3 앨로브레인 내부

앨로브레인을 의료 진단 뿐 아니라 인지와 지각에 대한 심리학 연구에 응용하는 것을 상상 가능하다. 여러 정보 차원을 하나로 표현하여, 세포성 질환의 조기 진단이나 뇌 기능 방식 이해를 쉽도록 한다. 사실 시각 예술가이자 트랜스 아키텍트trans-architect인 마르코스 노박(이 세계의 창조자이며, 여기서의 뇌는 그의 뇌이다)은 미학적 감상을 신경학적 토대에 연결 짓는 프로젝트를 고안했다. 다음은 노박이 그의 작업에 대해 묘사한 내용이다.

우리가 무언가를 '아름답다'고 말할 때 뇌의 어떤 부분이 어떻게 그 평가 행위에 관여하는가지가 알고 싶다면, 사람들마다 심미적 사안에 대해서 편차가 크기 때문에 닫힌 범주에서 한 두 개의 예시를 연구해서 최대한 많은 것을 배운 후 이렇게 배운 내용을 다른 예시에도 일반화 가능한지 알아봐야 할 것이다.

특별히 이 작업은 무언가 아름다운 것을 만드는데 속하는 요소 대부분을 특정한 조사가 쉽도록 상황을 구성하는 데 목표를 두고 있다. 구체적으로는 다음과 같다.

· 아름답거나 아름답지 않다고 평가된 작업
· 작업의 일반화 방법과 작용원리
· 작업의 창작자, 감상자 그리고 연구원

더욱이 예술이 뇌에 영향을 끼치고, 뇌가 새로운 예술을 창조하는 새로운 데이터를 생성하고, 그것이 결국 뇌에 영향을 끼쳐서 새로운 데이터가 생성되는 순환 고리를 만드는 일이 (과학적이고 예술적인) 목표이다.

    그 과정을 시작하기 위해 아름다움에 대한 반응(시각적, 공간적 구성 등)을 촉발하는 자극을 자세히 예측되지 않도록 생성하는 발생 알고리즘을 작성했다. 자극은 a) 대화형/발생적으로 움직이는/변화하는 이미지이거나, b) 이미지의 동영상 기록으로 구성되어 있어서 fMRI 기기에서 사용되었다. fMRI 기기에 있는 동안 나는 이 동영상(전에는 본적이 없었다)에 노출되었다. 나는 시각적 구성을 아름답다고 느낄 때마다 버튼을 눌렀다. 버튼을 누를 때마다 시간이 측정되어서, 그 순간 뇌의 행동과 관련지을 수 있다. fMRI 데이터는 실감형 환경, 하나의 '세계'로 변환되었다. 이 과정을 통해 두 가지 가능성이 동시에 생겼다. 과학적 관점에서 통상적인 시각화 기법으로는 불가능한 구조적이자 기능적 데이터가 가능했다. 예술적 관점에서는 뇌(그리고 그에 따른 정신)가 세상을 생성하고, 그 세상이 마음을 바꾸어서, 결국 또다른 세상을 만드는 일을 반복하는 독창적 예술 형태가 제시되었다. 두 경우 사용자의 반응 그 자체가 반응을 촉발하는 자극을 생성해서, 효과를 증폭시킨다는 점에서 순환 고리가 구성된다.

현재 앨로브레인은 생각을 스냅사진처럼 나타낸다. 앞으로 이 프로젝트가 발전한다면, 노박의 설명대로 연구자들이 fMRI 데이터를 이용한 실시간 대화형 인터페이스를 통해 자신의 생각이 바뀌는 과정을 직접 체감할 수 있을 것이다. 이렇게 뇌는 세상을 인지하고, 세상은 그 인지를 통해 바뀔 것이다.

인공 자연

지하루Haru Ji와 그레이엄 웨이크필드Graham Wakefield(미디어아트와 기술)

http://artificialnature.mat.ucsb.edu

이제 원본 그대로의 생물학 데이터에서 생명의 근본 과정 및 생물계로 넘어간다. 인공 자연Artificial Nature은 초학문적 연구 프로젝트이며, 생명 현상에 영감을 받은 실감형 설치 예술로, 실험데이터 자체가 아닌 시스템 생물학, 인공 생명, 복잡성 과학에서 나온 발생 모형을 바탕으로 한다. 컴퓨터 계산으로 창조되는 인공 자연의 세상은 동적으로 변하는 환경과 상호작용하는 유기체들로 구성된 생태계이며, 관찰자와도 상호작용한다.

인공 자연의 환경은 유체 역학 방정식에 기반한 공간장이다. 그 공간장에서는 서로 다른 에너지 수준(밝기brightness)의 영양소들(색조hue)을 뜻하는 간단한 입자들이 흐르며 서로 활동적으로 상호작용한다. 이 입자들은 유기체의 신진대사에 쓰이는 연료가 되며, 자율적 행위자로 모형화된다. 영양소를 섭취하고 폐기물을 처리하는 일은 유기체가 생존과 번식을 하는 데 필수적인 활동이다.

그림 17-4 인공 자연의 유체장 내에서 인공 영양소가 생성되고 흩어진다(버전1: 무한 게임)

유기체의 자율적인 행동 양상은 지역적(공간적 그리고 역사적) 조건에 따른 유기체의 유전 정보를 해석해서 결정된다. 예를 들어 에너지가 충분히 축적되면, 유기체들이 무성생식을 통해 자식을 낳으며, 이 과정에서 약간의 확률로 돌연변이가 생긴다. 유기체의 외양은 보이 표면 방정식Boy surface equation (Boy 1901)에 따라 정해지고 일생 동안 서서히 성장하고 발달하는 양상을 띤다. 유기체의 건강은 투명도로 표현한다.

섭취, 번식, 이웃 감지 등의 행동마다 각양각색의 짹짹거리는 노래가 같이 나오며, 완전히 공간화된 음향으로 전달된다. 이 음향들은 밝고, 순간성이 풍부하며, 긴밀하게 뭉쳐있는데, 행동을 서로 구분하고, 위치를 특정하고, 시각적 사건과 연결하기 쉽게 해준다.

관찰자는 6축 탐색 장치를 이용해서 자유롭게 끊김 없이 이 세계를 탐색하며, 어렸을 적에 개울이나 모래밭에서 놀았던 방식처럼 난류를 만들어 이 세계에 간접적으로 영향을 끼칠 수 있다. 카메라(눈과 마이크), 귀 그리고 가끔씩 접촉을 통해 수집된 데이터는 유기체가 적응해야 하는 환경적 조건이다. 또한 유체의 난류

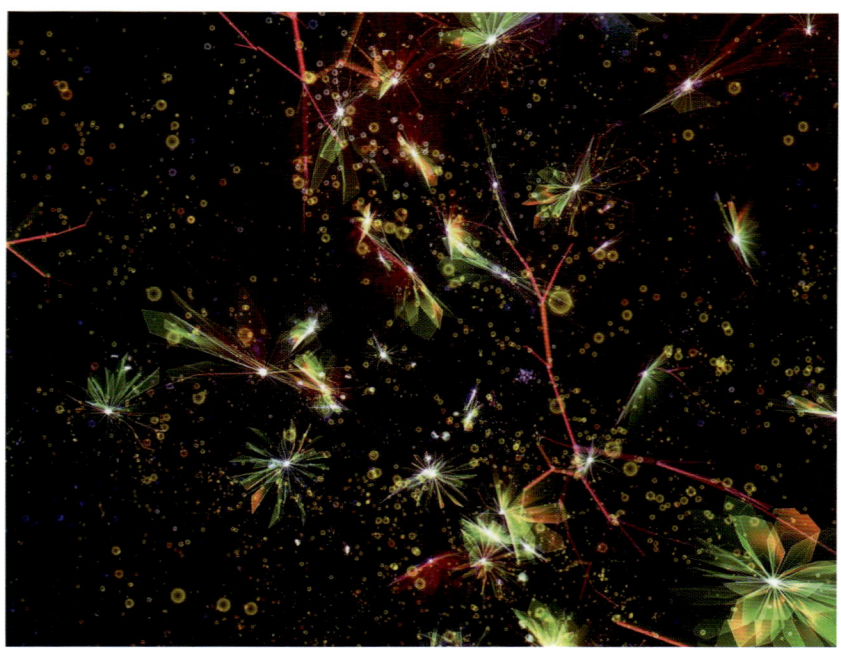

그림 17-5 인공 자연 내에서 성장하고 상호작용하는 인공 유기체(버전2: 유체 공간)

는 다시 관찰자의 탐색에 영향을 끼친다. 관찰자가 포함된 전체 생태계에서는 끊임없이 아름다운 패턴이 만들어진다(그림 17-4와 17-5).

우리는 앨로스피어 공간 내에서 어떤 형태의 예술이 발전할 수 있을지 질문해보았다. 인공 자연은 전통적이지 않은 환경(무한히 펼쳐지는 가능세계)에서의 새로운 경험이자 실감형 예술작품immersive artwork으로, 이런 문제의 의식적인 답이다. 인공자연의 자유로운 성질은 인공 생명을 본떠 구현한 복잡 적응계에 기반을 둔다. 이런 행위자-기반 기법이 실시간 시뮬레이션에 합쳐지고, 관찰자가 다중 모드 상호작용을 통해 생태계 네트워크에 참여한다.

인공 자연은 점차 더 크게 진화하고 있는 프로젝트이다. 우리가 더 많은 차원과 관계를 인공 자연에 넣는다면, 새로운 패턴, 구조, 의미와 아름다움이 탄생할 가능성이 열릴 것이다.

수소 결합

바삭 알페르Basak Alpher, 웨슬리 스미스, 랜스 퍼트넘, 찰리 로버츠(미디어아트와 기술), 앤더슨 자노티Anderson Janotti(재료 연구소Materials Research Laboratory)

지도교수: 조안 쿠체라-모린 교수(미디어아트와 기술), 크리스 G. 밴 더 왈레Chris G. Van de Walle(재료 연구소)

이제 우리는 눈에 보이는 생물학적 세계에서 떠나, 청정 기술을 위한 새로운 화합물과 원자들의 세계인, 다중심 수소 결합multicenter hydrogen bond의 세계로 들어간다. 이는 투명 태양 전지와 저비용 디스플레이 기기 가공에 매우 중요한 단계이다. 보통 수소는 다른 원소와 공유결합covalent bond(전자 쌍을 공유해서 결합한다는 뜻이다. 수소는 전자가 하나 밖에 없기 때문에 동시에 오직 하나의 공유결합만 형성 가능)을 하는데, 산화아연으로 이루어진 격자 내에서는 이례적으로 네 개의 아연 원자와 4면체 결합 구조를 형성한다.

UCSB 대학의 고체 조명 및 에너지 센터Solid State Lighting and Energy Center에서 동료 재료과학 연구자들은 이 독특한 형태의 결합 구조를 발견했으며, 그 시뮬레이션 데이터를 기존 도구의 방식과 다르게 시각적, 음향적으로 표현해달라고 우리에게 부탁했다. 건네 받은 데이터는 수소 결합 위치에서의 정전기적 전하 밀도가 3차원 격자로 표시되어 있었다. 고체 내부를 들여다볼 자연스러운 방법이 없기에, 이런 종류의 체적 데이터volumetric data를 시각화하는 것은 상당히 어렵다.

체적 데이터를 시각화하는 방법은 보통 내부 곡률을 나타내는 등고면을 그리는 것이다. 지도에서 등고선이 높이 변화를 나타내는 것처럼, 전하 밀도에서 등고면은 결합구조의 모양을 좀더 명확하게 보이도록 한다. 데이터 장에서 지역 최대/최소의 정확한 위치를 찾아내는 것 또한 중요한 목표인데, 결합의 핵심 영역을 식별하는데 도움이 되기 때문이다. 우리는 기울기를 체적 데이터 장으로 해석하는 방식으로 이 문제를 풀었다. 초기에는 별다른 결과를 얻지 못했는데, 데이터의 표본 추출 간격이 우리가 찾으려는 영역보다 너무 컸기 때문이었다. 우리는 시각화 알고리즘이 어떻게 작동하는지 과학자들에게 설명하고 고해상도 데이터를 생성해달라고 설득했다. 고해상도 데이터에서 기울기 장의 0 값 등고면을 그리니 지역 최대/최소 영역이 잘 보였다.

또 장의 모양을 더욱 잘 살펴보기 위해 벡터장의 흐름을 따라 곡선을 그리는 방법인 흐름선streamline이라는 시각화 기법을 사용했다. 흐름선은 수소원자의 중심 근처에서 시작해서 기울기를 따라 바깥쪽으로 흘러 '내려'가는데, 여기서 색조는 빠른(빨강) 움직임과 느린(녹색) 움직임을 가리킨다. 처음에는 동료 과학자들이 흐름선을 이상하게 여기긴 했지만, 흐름선이 결합구조의 핵심 위치로 수렴이 되는 모습이 보여서 효과적임이 증명되었다.

우리는 일반 시각화 도구를 확장해서, 여러 시각화 방식을 선택해 하나의 화

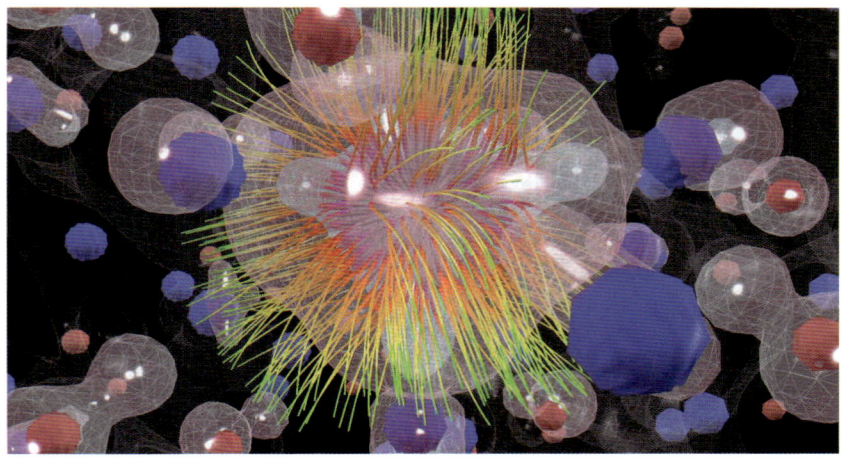

그림 17-6 아연 원자(파랑) 네 개와 4면체 결합한 수소를 확대한 장면

면에 겹쳐 표시하는 기능을 추가했다(그림 17-6). 여러 정보층을 한 번에 표시할 때는 애매함과 혼란스러움이 최소화되도록 그려야 한다. 그런 목적으로 빛이 분산이 덜 되어서 등고면의 곡률에 강조되도록 광원 알고리즘을 조정했다. 그리고 여러 개의 투명한 곡면이 잘 구분되도록 곡면에 투명한 와이어프레임 렌더링 wireframe rendering을 적용했다. 우리는 흐름선과 등고면이 각각 직각 방향의 정보를 보여주기에 시각적으로 자연스럽게 서로 보완된다는 사실을 발견했다. 흐름선과 등고면을 같이 표시하면 여러 층의 등고면을 표시할 때처럼 인지하기 어렵지는 않았는데, 둘을 시각적으로 구분하기 더 쉽기 때문이다.

추가로 시각화 외에 공간 음향도 활용했는데, 결합 장소와 사용자의 위치를 격자 내에서 특정하기 위함이었다(그림 17-7). 원자를 음향으로 구별하기 위해서 수소, 아연, 산소의 방출 스펙트럼emission spectra, 즉 상대적인 전자기 복사를 음향화했는데, 각각의 방출 주파수의 음조를 10옥타브씩 낮추어서 가청범위의 주파수로 만들었다.

그림 17-7 수소 원자를 체감하는 연구자들

시간에 따라 변하지 않는 데이터의 3차원 특성이 있을 때 어떻게 음향화할지 결정하는 일은 도전적인 문제이다. 우리가 생각해낸 한 가지 해법은 매개변수로 묘사되는 곡선을 따라 밀도의 장을 조사하는 방법이었다. 이때 리사주Lissajous 곡선을 이용했는데, 이 곡선은 공간 대칭도가 높고 평탄해서 음향적 왜곡을 최소화한다. 이 기법은 시각적인 보완물은 없지만, 특징적인 소리를 만들어내서 결합의 위치를 찾는데 도움을 주며, 더 완전한 다중모드 경험을 가능하게 한다.

수소 원자

랜스 퍼트넘, 찰리 로버츠(미디어아트와 기술)

지도 교수: 루카 펠리티Luca Peliti 교수(카블리 이론물리학 연구소), 조안 쿠체라-모린 교수(미디어아트와 기술)

우리는 이제 원자 격자에서 단일 수소원자 내 전자구름으로 내려간다. 단일 수소원자의 궤도 함수orbital의 모양에 대해서는 많이 알려져 있고, 물리학자들은 그 모양을 마음속에 그리는데 별 어려움을 느끼지 않는다. 그러나 시간에 따라 변하는 궤도 함수가 둘 이상 중첩되는 경우에 전자 구름이 복잡해져서 각각의 방정식만으로는 쉽고 명백하게 구해지지 않는다. 뿐만 아니라 수학 방정식이나 정적인 그림으로는 시간에 따라 변화하는 전자 구름의 복잡한 동역학을 잡아내지 못한다.

이 작업의 목표는 '수소꼴hydrogen-like' 원자의 전자 파동함수를 대화형으로 시각화하고, 음향화해서 다중 모드 경험을 창조하는 것이었다. 우리는 쿨롱 전자기력 법칙을 따르는 구형 대칭 퍼텐셜이 있는 경우, 시간 의존성 슈뢰딩거 방정식의 해로 원자 궤도 함수를 모형화했다. 이 모형에서 핵과 전자의 관계는 사발(핵)이 액체(전자)로 채워진 형태에 가까운데, 차이점이 있다면 액체의 정지된 모양이 다양하며 사발 밖으로도 퍼져 나갈 수 있다는 점이다. 컴퓨터 계산을 위해서 시간

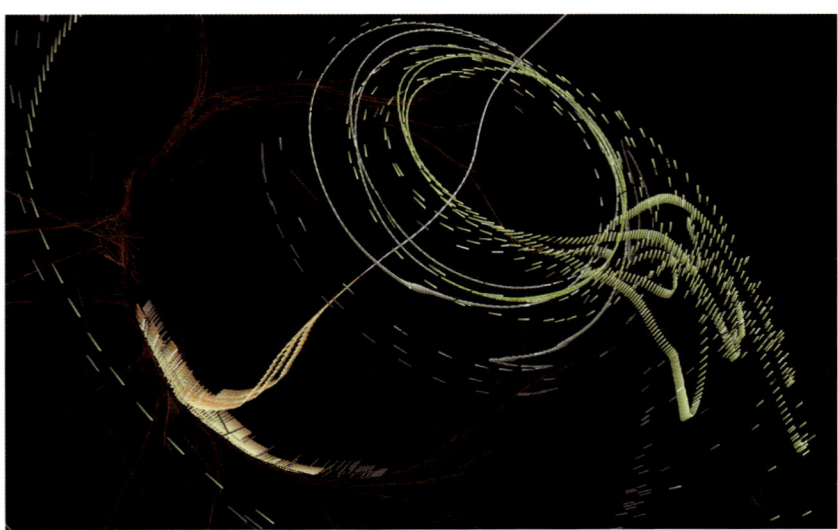

그림 17-8 수소 원자의 발광 배열

에 무관한 단일 궤도함수의 구조를 미리 계산하여 3차원 격자로 저장했고, 시뮬레이션 도중 구조가 각자 시간에 따라 변하며 공간적으로 섞이도록 했다. 우리는 광자 방출이나 흡수 같은 동역학을 관찰하기 위해 미리 설정된 궤도함수 중첩을 몇 가지 프로그램했다.

처음으로 시도한 시각화 기법은 전자 구름을 3차원 부피로 렌더링하는 것이었다. 이 기법으로 파동 함수의 전역적인 바깥쪽 모양을 관찰하기는 쉬웠으나, 내부의 더 지역적인 구조를 보기는 어려웠다. 이를 다루기 위해 부피 렌더링의 파동 함수에서 여러 흐름을 따라 이동하는 행위자의 집합을 포개놓았다. 이 방법으로 전자 구름의 전역적 구조와 지역적 구조를 동시에 알아보게 되었다. 색상을 준 선을 활용하면 수많은 매핑 차원, 시각적 복잡성, 계산적 효율성 사이에서 적당한 수준으로 절충할 수 있음을 알아냈다(그림 17-8). 선 행위자에 색상을 줄 경우 매핑 목적으로 활용 가능한 차원이 색상에는 3개의 내부 차원, 방향과 길이에 대해서는 4개의 공간 차원이 있게 된다. 우리는 여러 종류의 흐름과 방향을 색조hue로 구분했다. 추가로 행위자들이 시야에 나타나거나 사라질 때 선의 밝기와 길이가 부드럽게 변하도록 했다.

또 특정 종류의 사건, 즉 특정 종류의 모양이 출현하거나 사라지는 사건이 전자 구름 내에서 발생할 때를 알기 위해 음향을 활용하고 싶었다. 이를 위해 주사 합성scanned synthesis이라고 불리는 합성 기법을 약간 변형해서 사용했는데, 행위자를 따라 오디오 테이프의 읽기 헤드에서처럼 위치에 따른 파동 함수의 진폭을 읽어오는 방식이었다. 우리는 주사 속도를 변화시켜서, 소리의 음조를 바꿀 수 있었다. 낮은 음조는 모양이 지역적으로 변형되는 사례를 찾아내는데 가장 좋았고, 높은 음조는 전역적 특성을 표시하는데 가장 좋았다. 또한 서로 다른 종류의 행위자에게 다른 음조 등급(음조를 옥타브의 전체 숫자만큼 떨어뜨려서)을 줘서, 서로 음향으로 구분되도록 하는 방식도 효과적이었다. 이 주사 방법은 특이점이나 끌림 영역에서 행위자 집단이 형성되는 위치나 시간을 알려주는 데 성공적이었으나, 특정 모양이 형성되는 것에 대한 정보는 쉽게 주지 않았다. 시스템을 더 전체적으로 표현하는 해법은 단일 양상을 확대하는 방법이 아니라 다중모드 접근법을 써서, 전반적인 시각적 모양을 유지하고 시간에 따른 지역 구조가 소리로 발생하도록 하는 것이었다.

그림 17-9 수소원자의 고차원 궤도 함수 혼합물

이 표현 방식에서 기대하지 않았던 결과로, 단일 궤도 함수에서 혼합 궤도함수로 갈 때 파동함수 패턴의 복잡성과 풍부함이 극적으로 변화하는 것을 관찰했다 (그림 17-9). 발생한 혼성 패턴은 부분과 뚜렷한 관계가 없었으며 수학 방정식에서 전혀 명백하게 드러나지도 않았다. 파동의 간섭이라는 단순하고 잘 알려진 물리학 메커니즘이 복잡한 패턴이나 창발하는 행동에서 강한 구성성분이 된다는 사실을 발견할 수 있었다.

스핀이 있는 수소 원자

랜스 퍼트넘(미디어아트와 기술)

지도 교수: 루카 펠리티 교수(카블리 이론 물리학 연구소), 조안 쿠체라-모린 교수(미디어아트와 기술)

이 프로젝트에서는 이전의 수소 원자 프로젝트를 스핀 양자 수를 포함한 더 완전한 물리적 모형을 활용해서 확장시키고 싶었다. 우리는 또한 파동함수를 공간에서 규칙적으로 표본추출하는 것 외에 공간적으로 더 정밀한 해상도를 얻고 싶었다. 그래서 궤도함수를 미리 계산해서 저장하지 않는 대신 실행 중 공간의 모든 위치에서 파동함수의 정확한 값을 모두 계산하는 게 최선이라고 결론을 내렸다. 이런 관점에서 컴퓨터가 계산한 파동함수는 값의 격자에서 위치의 함수로 바뀌어 표현되었다. 이 새로운 접근법으로 일반적-목적의 시각화와 음향화 도구인 행위자를 새로운 관점으로 바라볼 수 있다. 즉 행위자를 통해서 각각의 움직임을 통해 파동함수에서 유도된 흐름을 보여주는 것만이 아니라, 진동 위상 같이 파동함수의 어떤 상태를 표현할 수 있다. 더 나아가 행위자는 앙상블 방식과 비슷한 방법으로 행동하도록 프로그램해서, 모양을 더 부드럽게 연결되도록 했다.

우리는 선으로 된 행위자들을 격자에 위치시키고 방향과 길이를 파동함수의 진폭에 따라 바꾸는 일부터 시작했다. 이 방식으로 전역적인 특성을 잘 알아볼 수 있었지만, 공간에서 규칙적인 위치 때문에 시각적으로 방해가 되고 오도하는 공간적 결함 artifact(무아레 패턴 Moire patterns)이 발견되었다. 이 결함을 피하기 위해 다시 입방체의 행위자를 무작위로 배치해보았다. 이 방법으로는 결함을 제거하는 데는 성공했다. 하지만 더 심각하고 기본적인 문제가 두 가지 발견되었다. 우선 모든 개별 행위자를 각각의 선 모양으로부터 일관된 형태로 시각적으로 융화시키기 어렵다는 사실이다. 둘째로 3차원 공간에 행위자를 일정하게 분포시키는 것은 자연스럽게 음향화하는 방법에 적합하지 않다는 사실이다. 시각화와 음향화에 따라 다른 공간적 구조를 활용해도 되지만, 이전의 프로젝트(수소 결합 프로젝트)를 통해 우리는 어떤 장면을 이해하는 데 음향과 시각 표현의 연결이 중요하다는 점을 알아냈다.

그림 17-10 스핀이 있는 수소 원자 궤도함수 사이에 보강 간섭

그림 17-11 스핀이 있는 수소 원자의 바깥 쪽 껍질 혼합

이런 연결 문제의 해법으로, 선 행위자를 고리 모양으로 배치하고, 행위자 사이에 용수철을 매달아 연결했다. 이 방식을 통해 부드럽고 연결된 상태이지만, 여전히 충분한 자유도로 공간을 움직이며, 측정된 장의 지역 특성을 나타내는 탄성 있는 리본이 만들어졌다. 고리의 너비는 확률밀도에 대응해서 날카로운 스파이크가 해당 위치에서 전자를 찾을 확률이 높은 경우를 가리키도록 했다(그림 17-10). 고리는 공간에 더 넓게 분포되어 있는 파동함수의 상태를 보여주는데도 잘 동작한다(그림 17-11).

스핀 없는 전자 사례에서처럼 부드러운 고리는 행위자를 따라 음향화하기에도 적합한 모양이다. 시각적으로도 고리는 투명도, 모양의 일관성, 전역 및 지역 속성의 묘사 간에 좋은 절충안이 된다.

전자 스핀의 결맞은 세차

데니스 애더턴, 랜스 퍼트넘(미디어아트와 기술), 제시 베레좁스키Jesse Berezovsky(스핀트로닉스 및 양자 컴퓨팅 센터Center for Spintronics and Quantum Computing)

지도교수: 조안 쿠체라-모린 교수(미디어아트와 기술), 데이비드 오샤럼David Awschalom(스핀트로닉스 및 양자 컴퓨팅 센터)

이 프로젝트의 목표는 양자점 내 전자 스핀의 결맞은 세차coherent precession 또는 회전의 변화를 표현하는 것이었다. 나노척도의 기기 같은 곳에서 양자 결맞음의 결과를 측정하는 가장 성능 좋은 기구를 찾아내기 위해, UCSB 물리학부의 스핀트로닉스 연구실을 방문해서 커 회전 현미경Kerr rotation microscopy에 대해 배웠다. 이 기기는 매우 빠른 레이저 펄스를 반도체 양자 기기에 집중시킨다. 펄스의 편극은 양자점 내 단일 전자 스핀의 결맞은 세차를 유도한다. 이어지는 펄스는 양자점의 회전 편극을 측정하여 스핀 세차 현상을 포착한다. 이 측정을 통해 기기 내의 양자 결맞음의 특성 감쇠 시간characteristic decay time을 정량화하는 것이 가능하다. 양자 상태의 결깨짐decoherence은 양자 세계에서 고전 세계로 전이하는 표시이다.

    음향화를 통해 실험의 현상을 표현하기 위해 속도를 책만 배 정도 느리게 했다. 이제 전자의 음조와 펄스 레이저의 윙윙거리는 소리를 들을 수 있다. 스핀 세차 현상을 시각화하려고, 우리는 위상 각도를 블로흐 구Bloch sphere(물리학자들에게 일반적인 그래픽 도구이다)에 그렸다. 이때 논문으로 출판된 실험(Berezovsky 2008)에 쓰인 간단한 방정식에 따라 3차원 동역학을 생성했다(그림 17-12).

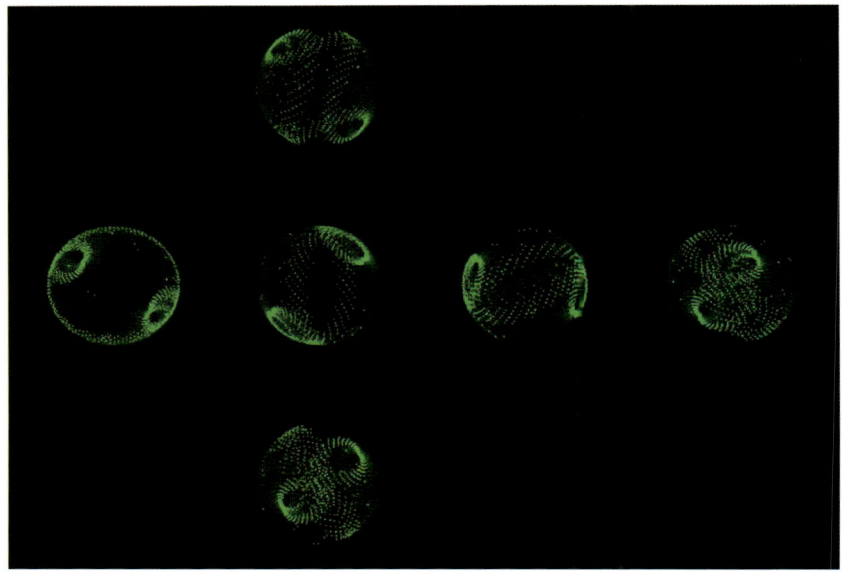

그림 17-12 스핀 세차를 보여주는 블로흐 구의 여러 모습

이 가장 기본적인 테스트가 흥미를 불러일으키기는 해도, 모형이 너무 간단했다는 사실이 금새 드러났다. 세차 현상이 시각적으로 재미있는 구형 패턴을 만들지만, 시간 성분이 대부분 사인곡선 형태라, 쉽게 지루해진다. 양자 현실을 체감하려면 더 복잡한 시스템이 필요하다는 사실이 명백해졌다.

우리의 감각과 관련 짓기 위해, 단순화된 실험 모형보다는 자연에 대한 더 완전한 양자 역학적 모형이 필요하다. 이론적 모형을 표현하려면 해석이 필요하며, 음향적, 시각적 유추를 해야 한다. 결국 인공 구조를 구성해서 감지할 수 있는 무언가가 논의되도록 할 필요가 있다. 예술작품은 진실(수학에 직접 연결되고, 시각화, 음향화되는 진실)에 대한 담론에서 철학적인 장치이다.

이 작업은 철학적 전제(아름다운 시각화가, 대칭이 생기고 깨지는, 복잡한 수학 시스템의 시각화 및 음향화에 연결된다는)의 기초이다.

결론

앨로스피어에서 시각화는 아름다운 실감형 다중모드 표현 방식, 변환, 창조로 변화하며, 독특한 장의 진화의 결과가 된다. 이 새로운 분야는 예술과 과학(즉 성찰 speculation, 생성generation, 변환transformation의 예술과, 모형/이론 구축과 검증으로서 과학)의 여러 기준과 측도와 결합된다. 이 연구를 진행하면, 새롭지만 여전히 '고전적인' 양식의 생각이 펼쳐져 과학과 예술이 하나의 새로운 환경, 새로운 예술과 새로운 기술이 상호적응을 통해 탄생하는 장소로 통합될 것이다. 이 분야가 떠오르고 컴퓨터 계산 도구가 발전됨에 따라 예술가, 과학자, 기술자 사이에 구분은 사라지기 시작하며, 우리 모두가 기술자, 과학자, 예술가임을 깨닫게 될 것이다. 즉 우리 모두는 디자인하고, 분석하고, 창조한다는 것이다.

참고문헌

· Baddeley, Alan. 2000. "A new component of working memory?" Trends in Cognitive Sciences 4, no. 11: 417-423.

- Berezovsky, J., M.H. Mikkelsen, N.G. Stoltz, L.A. Coldren, and D.D. Awschalom. 2008. "Picosecond coherent optical manipulation of a single electron spin in a quantum dot." Science 320, no. 5874: 349-352.
- Boy, Werner. 1901. "Über die curvatura integra und die topologie der geschlossener flachen." PhD diss., Universität Göttingen, Göttingen.
- Tatarkiewicz, Wladyslaw. 1972. "The great theory of beauty and its decline." Journal of Aesthetics and Art Criticism 31, no. 2: 165-180.
- Weyl, Hermann. 1952. Symmetry. Princeton, NJ: Princeton University Press.

아연 원자(파랑) 네 개와 4면체 결합한 수소를 확대한 장면

수소 원자의 발광 배열

18장

검시 시각화: 최고의 표준

안데르스 페르손 | Anders Persson

이 장은 의학 정보시각화 분야에 종사하는 사람들에게 아주 중요한 주제이다. 최신 기술을 통해 인간의 눈이라는, 정신까지 연결되는 광대역 정보 전달로를 활용하는 시각적 표현 방식과 대화형 기법이 가능해져서, 사용자가 복잡한 대량의 정보를 한번에 보고, 탐색하고, 이해하고, 확인할 수 있다.

오늘날의 임상 절차나 의학 연구에서는 굉장히 많은 정보, 특히 이미지로 표현되는 정보라는 부분이 이목을 끌고 있다. 현장 전문가들은 전보다 더 많은 수의 이미지(수십 개를 넘어 수백 수천 개에 이르는 이미지)와 더 복잡하고 고차원인 정보(스칼라 값보다는 벡터나 텐서 정보, 단순한 2차원 이미지보다는 해부구조에 직접 대응되는 3차원 이미지)를 다룬다. 하지만 전문가들은 아직 일반적으로 재래식 모니터 같은 간단한 2차원 기기를 사용해서 넘쳐나는 이미지를 하나씩 보고 있다. 병목 현상이 일어나는 지점은 더 이상 데이터 수집 과정이 아니기에, 앞으로의 발전은 정보를 처리, 분석하는 방법 외에 정보를 이해하기 좋도록 만드는 적절한 방법을 개발하는 데 달렸다. 미래에 가장 중요한 사안 중 하나는 작업흐름 *workflow*이다. 데이터를 수집하는 단계에서 임상의에게 진단 정보를 전달하는 순간까지 전체 흐름이 최적화되어야만 하고, 새로운 방법이 인증돼야 할 것이다.

보통 이런 인증 과정을 생존 환자에게 적용하는 데에는 제한이 있다. 어떤 경우에는 진단 정보를 입수하더라도, 환자가 살아있는 동안에는 그 정보가 정확한지 알기 불가능할 때도 있다. 말하자면 뚜렷한 표준이 없는 것이다. 검시檢屍 영상*imaging* 기법은 이런 문제에 대한 해결책이 될 가능성이 있다. 검시 방법론은 19세기 중엽에 처음 소개된 이후로 큰 변화는 없었다. 하지만 앞으로 임상과 법의학의 주요한 진단 도구로 다중 전산화 단층 촬영장치multidetector computed tomography, MDCT와 자기 공명 영상법magnetic resonance imaging, MRI 같이 새로운 방사선 영상 기법이 쓰일 여지가 많다. 새로운 영상 기술의 유용성을 입증하고, 분석의 질을 보증함으로서 검시 시각화는 미래에 의료 서비스를 이끌어 갈 핵심 기법으로 판명될 것이다.

배경

사인死因을 입증하는데 부검 절차가 중요하다는 사실은 널리 알려져 있다. 법의학 관련 사건에서 부검은 핵심 정보를 제공하고 범죄 수사의 방향을 좌우한다. 과거 수년간 부검 빈도의 감소 추세는 주요한 사안이 되었다.

최근에 부검 작업흐름에 시신을 스캔해서 나온 MDCT나 MRI 데이터와 3차원 직접 볼륨 렌더링direct volume rendering, DVR 기법을 이용하는 검시 영상 기법(3차원 버전에서는 가상 부검virtual autopsy, VA이라고도 한다)이 가능해졌다. VA의 발전에는 1밀리미터 이하의 정밀도로 고품질 대형 데이터셋을 생성하는 현대식 영상 진단 기술이 토대가 되었다. 이런 3차원 데이터셋을 이용한 대화형 시각화로 비침습적moninvasine 진단 절차가 가능해졌고, 시신에 대한 매우 유익한 정보를 얻게 되었다. 하지만 데이터셋을 효율적으로 취급하고 분석하기란 어려운 문제이다. 예를 들어 CT 영상기법을 검시에 활용할 때는 방사선량에 제한이 없으므로 데이터셋이 고정밀도로 생성이 가능해진다. 이 때문에 특히 전신 스캔의 경우 현재의 아카이브 검색 시스템이나 대화형 시각화 시스템으로는 데이터를 다루기 쉽지 않다는 것이다.

그러나 법의학 조사에 가상 부검이 커다란 가능성이 있음을 몇 가지 연구 결과가 보여주었다. 이 장은 VA에 관심이 높아지는 몇 가지 이유를 살펴보겠다.

법의학 연구에 끼친 영향

사망자 검사에서 평가하는 주된 내용은 사인, 사망 유형, 부상의 심각성 외에도, 관찰 결과를 바탕으로 법의학적 사건 재구성이 가능한지 여부이다. 검시 내용에 대한 법의학 보고서는 대개 지난 수 세기 동안 부검에 활용되었던 기법과 절차에 기초해 작성된다. 그리고 그 주요 도구는 외과용 메스, 구두 설명, 사진이다. 이런 방식의 단점은 보고서가 계획성 없이 관찰자에 따라 주관적으로 작성될 우려가 있다는 점이다. 시신이 일단 화장터로 가면, 문서화되지 않은 발견 내용이 회복 불가능하게 손상된다. 최신 단면 영상 기법으로 이런 단점을 극복할 수 있는데, 시신에서 얻어낸 데이터셋에 실제 차원의 정보가 포함되어 있으며, 미래를 위해 저장할 수도 있기 때문이다(그림 18-1, 18-2). 이렇게 디지털 방식으로 수집된 데이터를 새로운 의문이 생길 때마다 참조할 수 있고, 다른 전문가에게도 전송해서 추가로 의견을 들을 수도 있다.

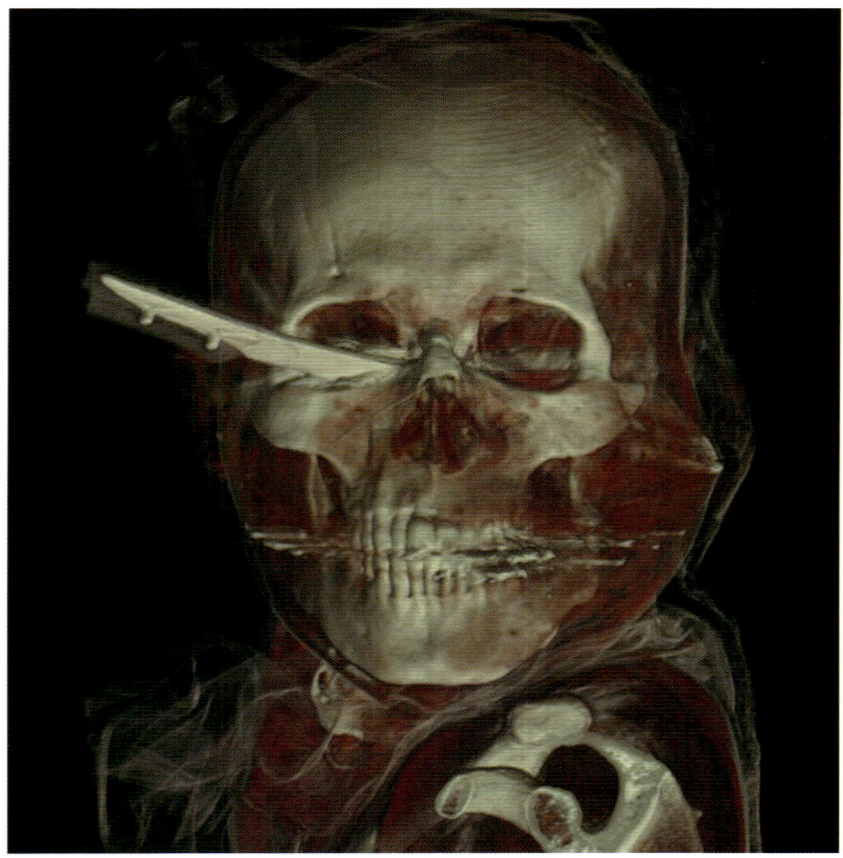

그림 18-1 컴퓨터 단층촬영(CT)으로 시신에 있는 금속 물체를 쉽게 식별가능하다. 이 살인 사건의 희생자는 칼로 얼굴이 관통됐지만, CT를 통해 이것이 직접 사인이 아님이 밝혀졌다.

신체 내 공기의 분포 정보(예: 기흉, 심막기종, 혈류 (공기 색전증), 관통상 경로 (그림 18-3))처럼 통상적인 부검으로는 시각화하기 어려운 정보도 전신 CT를 활

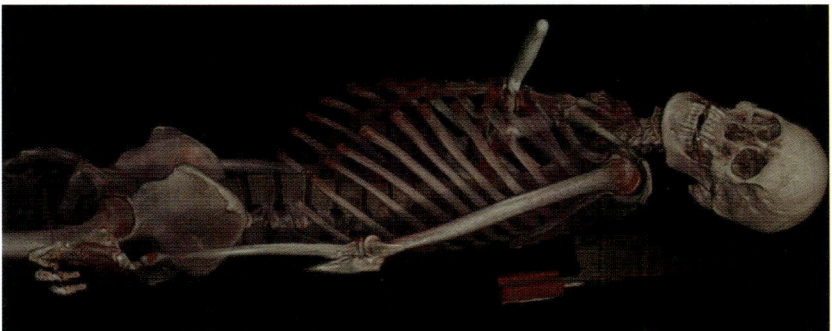

그림 18-2 이 이미지는 다른 사건의 사인을 나타내고 있다. 희생자는 식칼로 심장을 찔렸다.

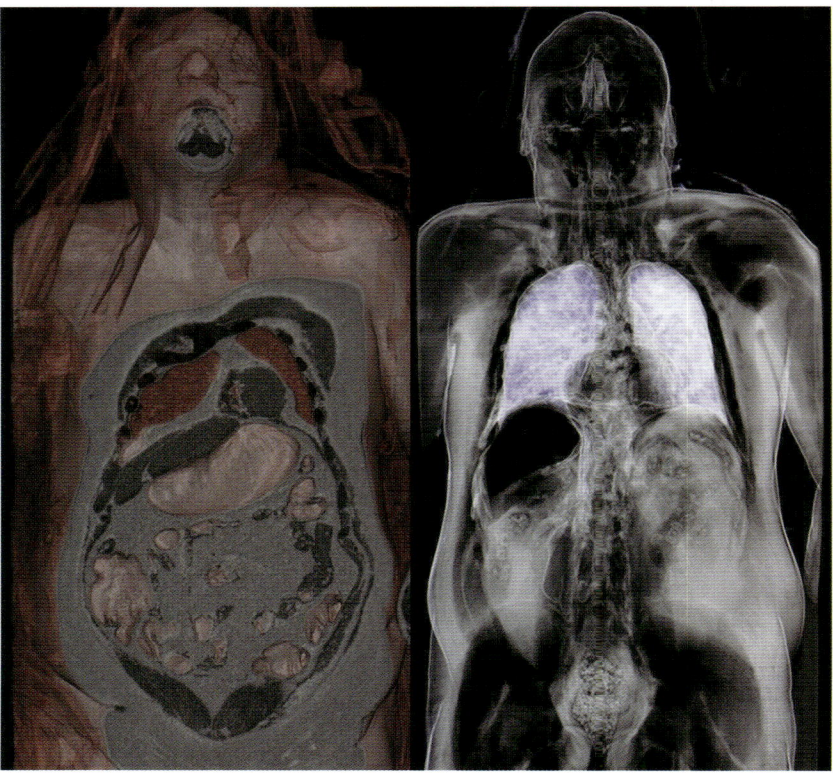

그림 18-3 대화식으로 인수를 바꾸어가며 수집된 CT 데이터를 시각화하는 것이 가능하다. 위 사례에서 왼쪽은 연조직, 오른쪽은 신체의 공기 분포를 나타내고 있다.

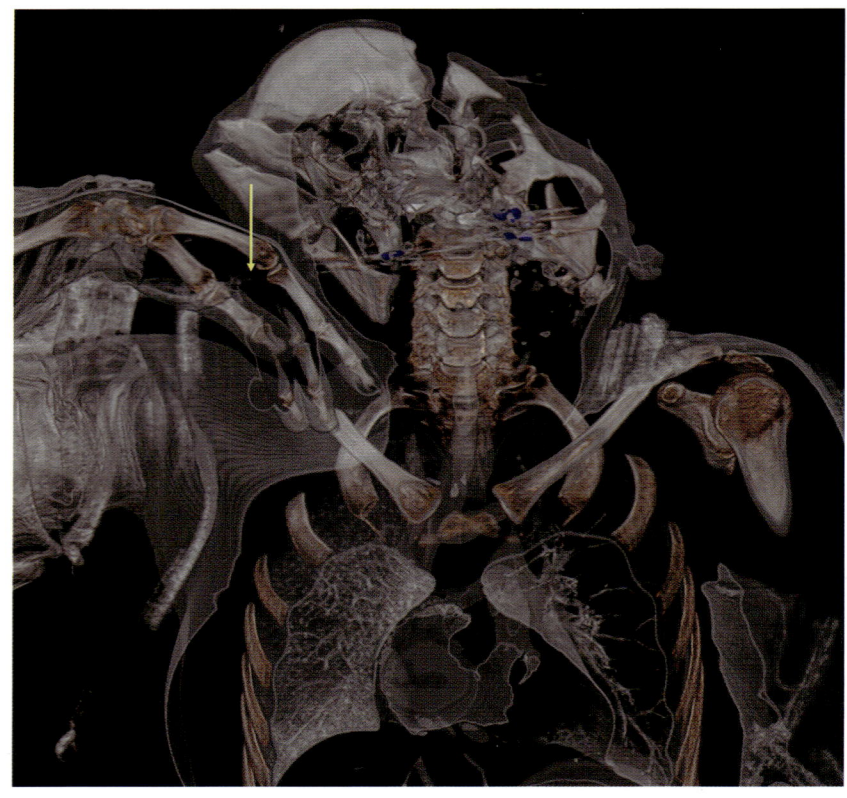

그림 18-4 CT 검시에서 산탄총에서 나온 조그만 납 조각이 수월하게 시각화되었다. 통상의 부검에서 이런 조각은 찾기 어려우며 아예 못 찾는 경우도 있다.

용하면 쉽게 관찰이 된다. 또한 CT는 금속조각이나 총알 같은 외부 물체의 위치를 찾는데 매우 유용하며, 이런 물체는 법의학자에게 아주 중요하다.

가상 부검 절차

스웨덴 린셰핑 대학병원 부설 의료영상 과학 및 시각화 센터the Center for Medical Image Science and Visualization, CMIV는 스웨덴 국립 법의학 위원회Swedish National Board of Forensic Medicine와 협력하여 현재 법의학 조사에 통상적으로 활용되는 가상 부검 절차를 개발했다. 이 방법론은 2003년부터 활용되고 있으며, 이제까지 300건이 넘는 사건(대부분 살인 사건)에 적용되었다. VA에 대한 경험을 통해서 범죄 조사나 생존 환자에 신기술을 검증하는데 전신 고정밀 DVR 시각화가 큰 가치가 있음이 확인되었다. 우리 작업은 검시 MDCT를 위한 전체 작업흐름을 설정하고, 이전에는 일부분만 관찰이 되거나 대화형 기능이 제한되었던 전신 데이터셋 시각화용 소프트웨어를 새로 개발하는 데 초점을 맞추고 있다(그림 18-5에서 18-7까지).

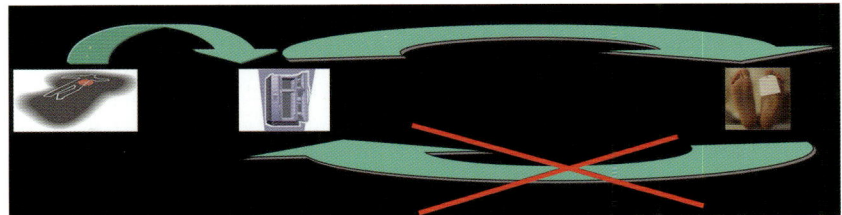

그림 18-5 통상적인 부검을 한 이후에 예전으로 되돌아가기는 불가능하다. 시신이 화장터로 보내지면 문서화되지 않은 정보를 되돌이킬 방법이 없다.

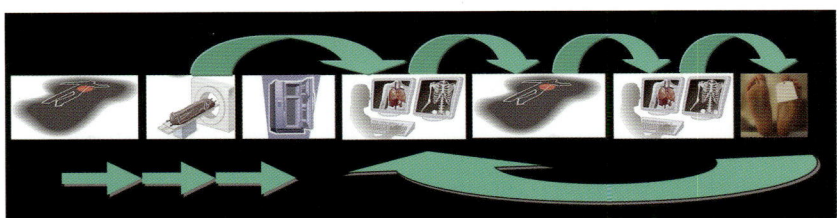

그림 18-6 작업흐름에 CT 또는 MRI를 추가하면, 뒤로 돌아가 가상 부검을 다시 수행할 수 있다. 새로운 의문이 생기면 디지털 데이터를 참조하면 되고, 이 데이터를 다른 전문가에게 보내 의견을 들을 수도 있다.

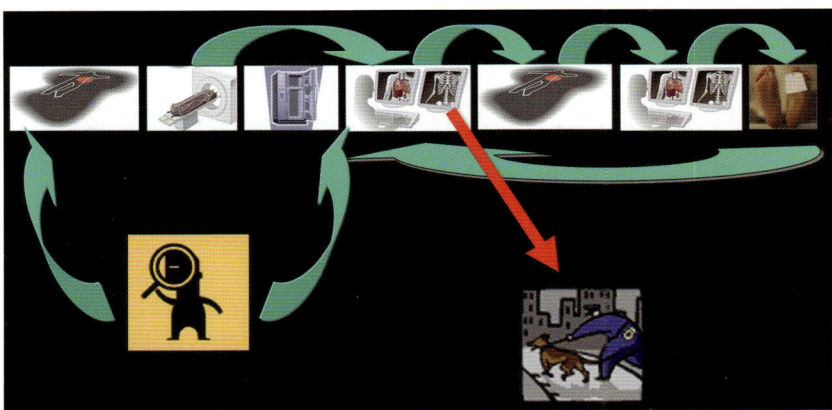

그림 18-7 냉동고에 시신을 보관하는 문제에 관해서 CSI와 경찰 사이에 업무 다툼이 있곤 한다. 경찰은 부검이 가능한 한 빨리 진행되기를 바란다. CSI는 부검이 진행되기 전에 범죄 현장 조사를 끝마치려 한다. 검시 영상 기법이 이 문제의 해결책이 될 수 있다. 검시 CT 조사로 예비 보고서를 내면 시신을 냉동고에 보관해도 된다.

데이터 수집

CMIV에서 수행하던 전통적인 외과적 부검이 확장되어 VA로서 CT와 MRI가 추가되었다. 대부분의 경우 법의학자는 범죄현장에 방문하여 시신 수습을 감독하며, 시신은 법의학 부서로 수송되어 냉동고에 안치될 때까지 봉인된 시신용 백에 보관된다. 다음날 아침에는 CMIV에서 최첨단 기술의 소마톰 데피니션 플래시 스캐너SOMATOM Definition Flash scanner(독일의 지멘스 메디컬 솔루션 사Simens Medical Solutions in Germany)로 전신 다중 튜브 CTDual source CT 스캔을 수행한다. 최근에는 단일 에너지 모드와 다중 에너지 모드가 모두 가상 부검 사건에 활용되고 있다. 그림 18-8(A)와 (b)를 보자. 특수 사건에서도 MRI 조사가 이루어진다(네덜란드 필립스 메디컬 시스템의 아치바 1.5T 스캐너Achieva 1.5T scanner가 활용됨). 모든 아이는 보통 MRI 검사를 받는데, DSCT에 비해서 뇌 시각화 측면에서 훨씬 더 낫기 때문이다(그림 18-9, 18-11). 가상 부검 절차를 진행하는 동안 섬유 조직이나 체액 같이 법의학적 가치가 있는 과학적 증거가 오염되지 않도록 시신은 시신용 백에서 꺼내지 않는다.

컴퓨터 단층촬영: 이중 에너지 CT의 활용

이중 에너지 CTDual Energy CT 이하 DECT는 에너지 레벨이 다른 두 개의 x-선 광원을 동시에 사용하며, 그 감쇠 정도에 따라 두 가지 데이터셋을 생성한다. DECT를 활용하면 CT로 촬영된 물질의 기초 화학 구성에 대해 추가적인 정보를 얻을 수 있다. 여기서 두 가지 평균 광자 에너지를 활용해서 콤프턴 산란Compton

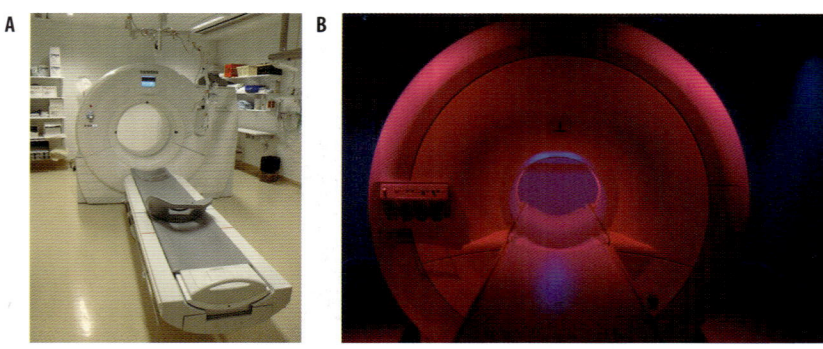

그림 18-8 (a) 이중 에너지 모드가 가능한 최첨단 다중 튜브 컴퓨터 단층촬영기. (b) 자기 공명 스캐너. 이 두 스캐너가 모두 CMIV에서의 가상 부검에 활용된다.

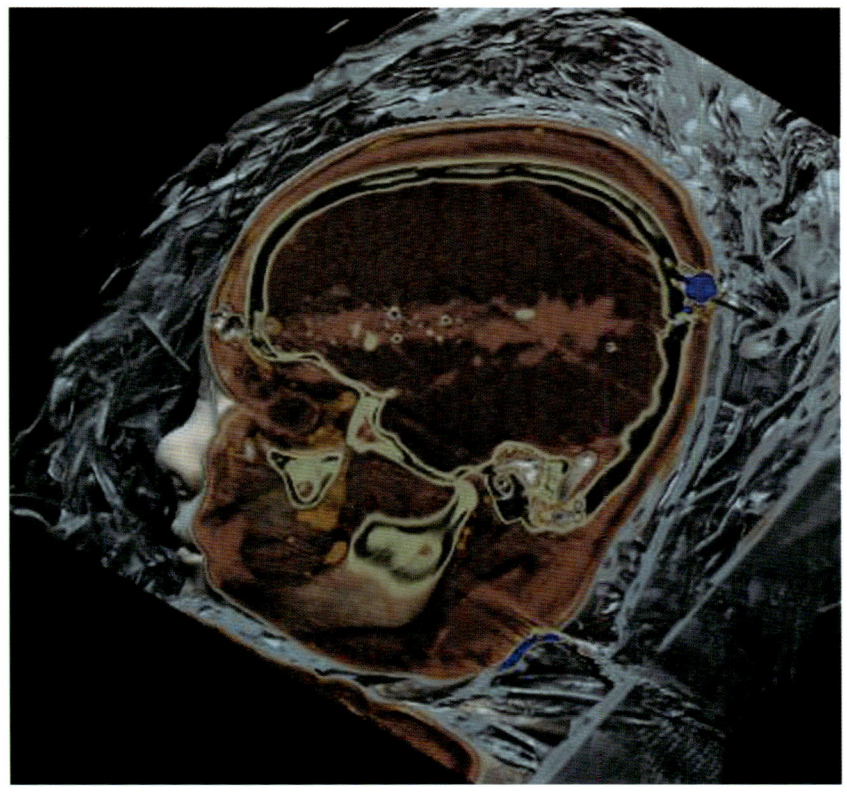

그림 18-9 총에 맞은 어린 아이를 이중 에너지 CT로 찍은 영상. 총알과 관통 경로가 잘 시각화되어 있다. 이런 영상은 법정에 제시하기 좋다.

scattering을 측정하는데, 이 에너지는 각각 두 가지 튜브 전압에 대응한다(80, 140kV). 이를 바꾸어 말하면, x-선 흡수 정도는 에너지에 따라 다르다는 뜻이다. 예를 들면 물체를 80kV로 촬영할 때와 140kV로 촬영할 때는 감쇠도가 다르다. 이 물리 현상은 칼슘과 요오드 조영제 같은 경우처럼 원자번호가 비슷한 물질을 구별하는데 도움이 된다. 그러면 두 종류의 에너지에 따른 CT치의 변화에 따라 색상을 설정할 수 있고, 이 색상을 적용한 이중 에너지 영상으로 석회 변성 calcification과 요오드 조영제가 구분이 된다.

또한 이 기법으로 사후에 혈관에서의 혈액 응고나, 혹시 모르는 연조직에서의 출혈도 더 잘 시각화된다. 결과 영상에서 물질에 특화한 감쇠도의 차이를 통해 피, 연조직, 힘줄, 연골 같은 여러 종류의 조직을 쉽게 분류 가능하다(그림 18-10).

그림 18-10 이중 에너지 CT로 조사된 힘줄. IV 조영제 없이도 힘줄과 작은 혈관이 눈에 보인다. 팔목뼈(수근골(手根骨)) 사이에 인대가 시각화되어 있다.

DECT는 미래에 중요한 의료 진단 도구가 될 가능성이 있다. 하지만 이 새로운 기법을 탐구하려면 더 많은 연구가 필요하다. VA가 그 연구에 박차를 가할 수 있을 것이다.

MRI의 활용

차가운 시신을 대상으로 MRI 방법을 써서 대비가 좋은 영상을 얻기는 어렵다. 체온이 신체 조직의 MR 완화시간에 영향을 주기 때문에 어떤 주어진 온도에서 최적의 영상 품질을 얻으려면 임상에서 정해진 규약을 조정할 필요가 있다. 이 문제는 조직 특성화를 위한 절대 MR 조직 인자MR tissue parameter인 T1, T2 및 양자 밀도(PD)를 측정하면 해결된다.

임상용 MRI 스캐너에서 해보기는 어려우므로, CMIV에서는 합성 MRI(합성 자기 공명 영상법synthetic magnetic resonance imaging)라는 새로운 방법을 개발했다. 합성 MRI는 세 가지 절대 인자를 해석해서 통상적인 MR 대비 영상을 생성한다

(그림 18-11 18-12). 색상 척도는 체온과 상관없이 MR 조직 인자에 따라 조직 마다 특정 색상 배합을 주는 방식 등으로 활용될 수 있다. MR 인자가 절대적인 값이기 때문에 동일한 색상 변환은 특정 색상과 조직 사이에 대응관계가 생겨서 조직이 시각적으로 분할된다. 이 부분은 검시 영상법에서 특히 중요한데, 영상 대비 정도가 온도에 따라 극적으로 변하기 때문이다(그림 18-12).

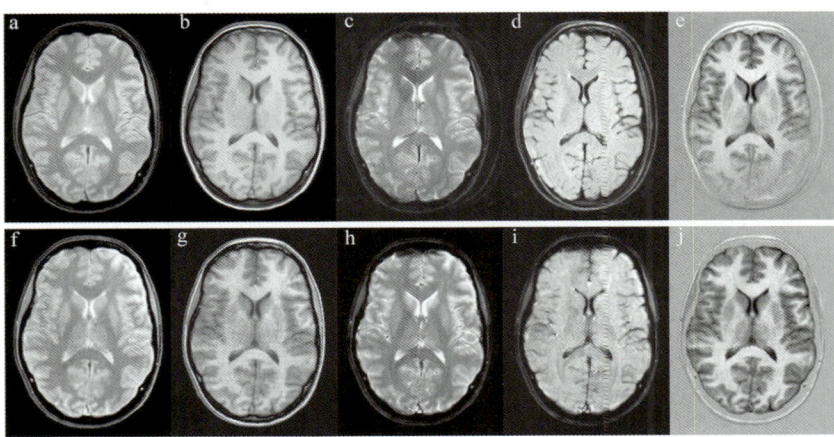

그림 18-11 생존 환자의 합성MRI의 예. 위쪽 줄은 통상적인 영상이며, 아래쪽 줄은 같은 데이터셋으로 만든 합성 영상이다.

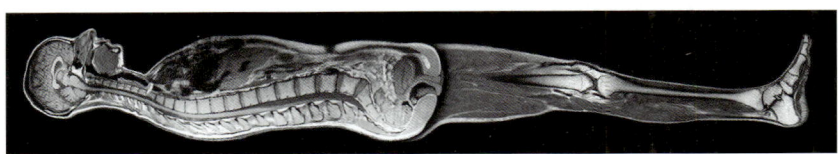

그림 18-12 전신 합성 MRI 스캔. 대비는 합성되고, 조직은 구분되며, MR 인자에 따라 온도도 결정된다.

검시 조사에서 대상이 움직일 걱정은 없으므로, 스캔 시간을 길게 해서 고정밀 영상을 얻을 수 있다. 그림 18-13에 한 예제가 있는데, 이 영상은 머리에 생긴 총상을 1.2mm 등방성 해상도로 보여주고 있다. 합성 MRI는 절대적인 값에 기초하므로, CT 후처리 소프트웨어를 활용해서 3차원 영상을 렌더링할 수 있으며, 그 볼륨 렌더링으로 나온 결과가 그림 18-3 과 18-4에 표시되어 있다.

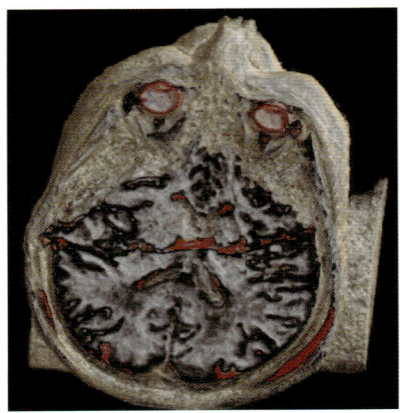
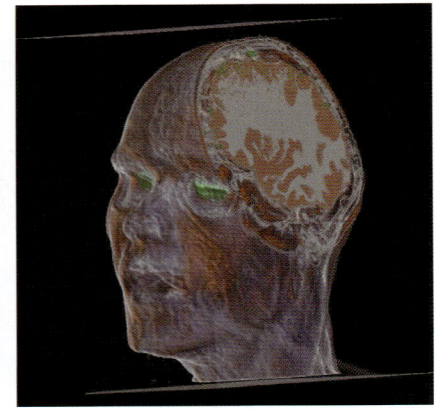

그림 18-13 총상에 대해서 고등방성 해상도로 촬영한 합성 MRI. 왼쪽 그림의 붉은 색은 혈액을 의미한다.

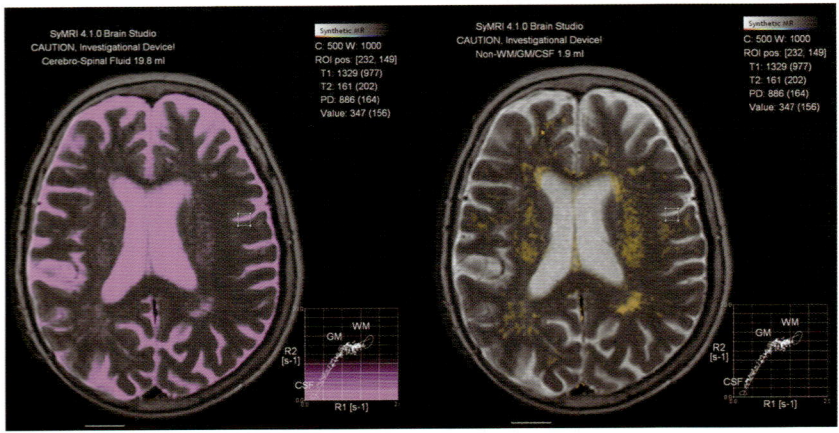

그림 18-14 뇌척수액의 자동 분류(이 단면에서 19.8ml)와 합성 MRI를 이용한 병리pathology(이 단면에서 1.9ml)

시각화: 영상 분석

외과적 부검 준비를 위해서 법의학자와 방사선 전문의는 공동으로 DVR 세션을 한다. 그들은 전신에 대한 명확한 조사결과를 빠르게 얻고, 골절이나 기포의 위치를 확인한다. 금속 조각이나 총알 같은 외부 물체는 전신 조사 과정을 통해서 빠르게 그 위치가 확인된다. 고해상도 데이터도 중요한 요소로 고해상도 데이터를 통해 신분 식별에 활용되는 치아 정보처럼 상세한 정보를 끊김 없는 시각화에서 표시할 수 있다(그림 18-15). 스캐닝은 경찰 초기 조사에서 핵심적인 정보를 제공한다. 스캐닝 이후에 법의학 직원은 CMIV를 떠나고, 통상적인 부검이 시작된다. 공동 DVR 세션에서 얻은 데이터는 법의학 연구소로 전송되며, 나중에 더 많은 정보가 필요할 경우에는 다시 방사선 전문의에게 연락을 취하면 된다.

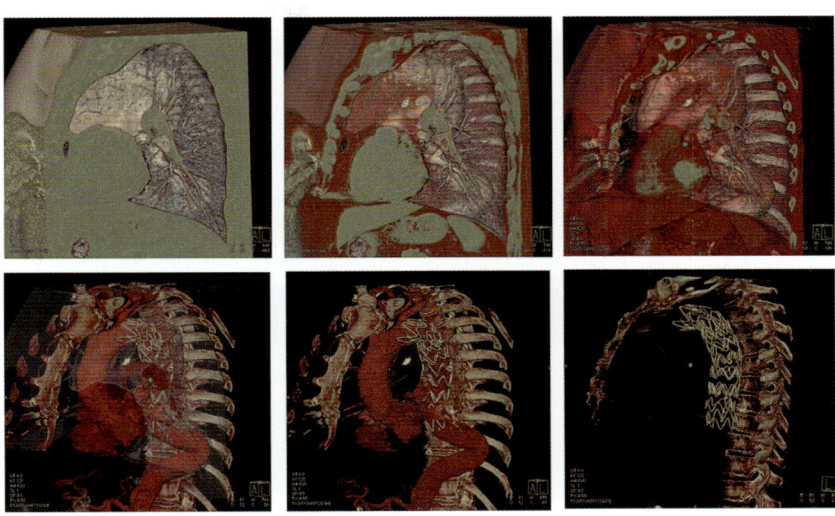

그림 18-15 3D 볼륨 렌더링의 설정을 직접 바꾸어서 시신을 피부에서 골격까지 끊김 없이 시각화할 수 있다.

객관적 보고서 작성

가상 부검 과정의 추가적인 이점은 DSCT 데이터가 파일로 저장된다는 점이며, 이를 통해 전 과정을 반복할 수 있다. 종종 외과적 부검 과정에서 새로 생겨난 의문을 VA로 답할 수 있다. 법의학자 뿐 아니라 범죄 수사관도 (사건 조사 과정 중 어느 때나) 시신을 재검해서 추가적인 정보를 찾는 일이 가능하다(그림 18-16). 게다가 범죄 현장 조사 중에 새로 떠오른 가설을 검시 영상법으로 세밀히 조사할 수도 있다.

현재 VA는 검시 절차의 보완책으로 이용되고 있다. 특히 작업흐름의 비용이 최소화됨을 주목해야 하는데, DSCT 스캔과 시각화 회의에 드는 시간이 외과적 부검에 비해 짧고, 병리학자가 부검을 시작하기 전에 미리 사건에 대한 지식을 얻을 수 있기 때문에 부검을 더 효율적으로 할 수 있다. 또 VA 과정 동안 시신이 봉인된 시신용 백에 있기 때문에 섬유조직이나 체액 같은 법적 증거가 안전하게 지켜지는데, 이는 법의학 사건에 매우 중요한 이점이다.

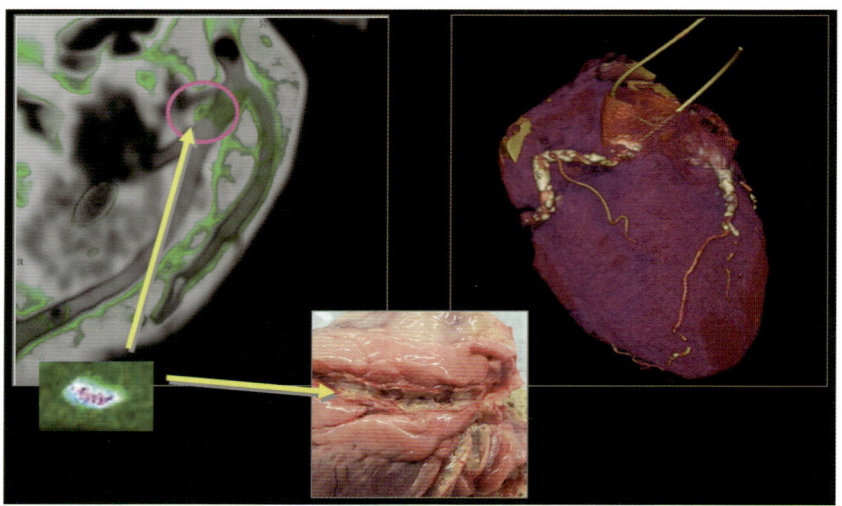

그림 18-16 심장과 관상동맥에 대한 이중 에너지 CT. 이중 에너지를 이용하면 단일 에너지보다 더 많은 플라크 plaque 성분을 시각화하는 것이 가능하다.

가상 부검의 장단점

통상적인 부검에 대한 VA의 장점을 살펴보자.

- 시간이 절약된다. VA는 표준 부검의 보완책이 될 수 있으며, 예를 들어 전체 골격 구조나 신체 내 공기의 존재를 조사하는 일(그림 18-3, 18-4)처럼 보통은 어렵고 시간이 많이 드는 전신 조사를 광범위하고 계획적으로 하도록 해준다.
- 비외과적이다. 전통적인 외과적 부검을 하고 나면, 시신은 원래 상태로 되돌릴 수 없으므로 다른 법의학자가 동일 시신에 대해 새로운 분석을 하기가 불가능해진다(그림 18-5에서 그림 18-7).
- 종교적인 이유로 부검이 고인의 유해를 모독하는 일이라고 믿는 유족들이 부검 절차를 거부할지도 모른다. 예를 들면 정통파 유대교는 다른 사람의 생명을 구하는 경우를 제외하고는 시신을 건드리는 행동을 금지하며, 장기 절제 같은 시술도 하지 못하게 한다. 마찬가지로 이슬람교도 이슬람신자의 시신을 훼손하거나 노출하는 일조차 금한다.
- 범죄 사건에 대한 증거로 제시되는 부검 조서나 사진들은 배심원들이 이해하기 힘들 수 있다. 보통 VA 시각화가 더 알아보기 쉽다(그림 18-4와 18-9).

- 잘라낸 신체 조직 같은 부검 기록은 무기한으로 보관하기 어려운 반면, VA 데이터 저장소에는 그런 문제가 거의 없다(그림 18-16).
- 조류 독감avian influenza A과 신종 플루swine flu, H1N1 virus 같은 전세계적 전염병의 위험성이 늘어나고 있기 때문에 희생자의 장기를 적출하는 시술이 검시관, 병리학자, 검사의들에게 심각한 건강 문제를 야기할 수 있다. VA에서는 그런 위험이 최소화된다.

가상 부검의 몇 가지 단점과 그 해결책도 살펴보자.

- MDCT는 연조직 식별력이 낮다. 에너지 분해 CT Energy-resolved CT, DECT로 이 문제를 해결할 여지가 있다(그림 18-10).
- 대량의 데이터가 생성되어 분석하기 어렵다는 문제가 있다. 이는 더 훌륭하고 빠른 후처리 프로그램으로 해결하면 될 것이다.
- MRI 검사는 시간이 많이 들며, 차가운 시신에는 최적의 결과를 내지 못한다. 합성 MRI가 대안이 될 수 있다(그림 18-14).
- MDCT와 MRI로는 시신에 대한 색상 기록을 얻을 수 없다. 이 문제는 아마 3차원 볼륨 렌더링 신기술과 신체 표면 스캐닝으로 해결할 수 있을 것이다(그림 18-15).
- 거시적인 형태학이 없다(조직학과 화학이 없다). 이는 MDCT 조직검사나 자기공명 분광기술magnectic resonance spectroscopy로 어느 정도 해결 가능하다(그림 18-16).
- 순환계나 혹시 모를 출혈 지점을 시각화하기는 어렵지만, 검시 혈관 조영술로 의미 있는 결과를 낼 수 있다. 이제까지 증명되었듯 검시 CT 혈관 조영술은 VA에서 더 많은 정보를 얻어내는데 편리한 방법이다(그림 18-17).
- 사후에 발생하는 기체와 다른 종류의 기체(장이나 관통 경로 내의 기체 등)를 구분하기 어려울 수 있다. 그러므로 검시 영상 조사를 사망 직후에 하는 일이 중요하다(그림 18-18).

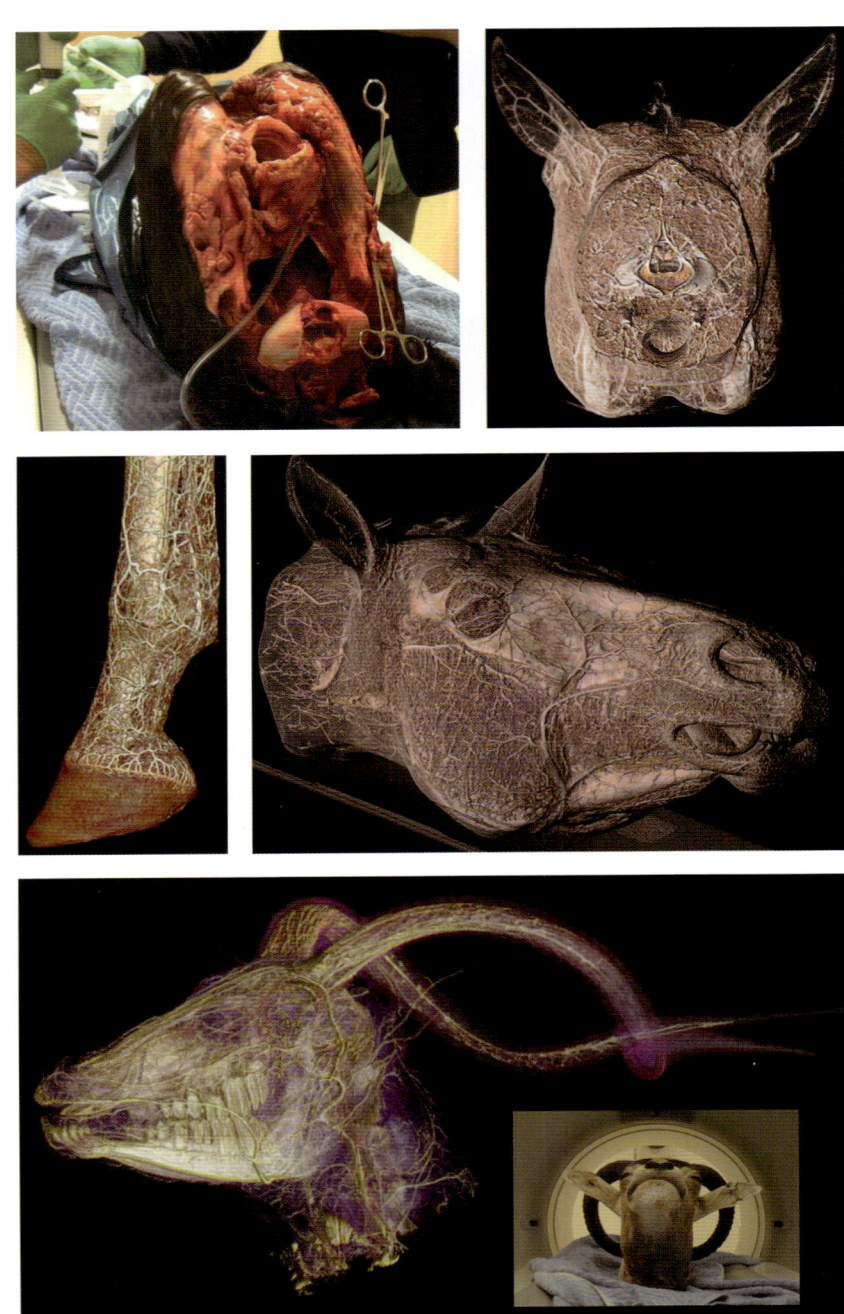

그림 18-17 말과 영양의 동맥 내에 주입된 조영제가 좋은 대비를 보이고 있다. 이중 에너지 CT로 얻은 데이터이다.

 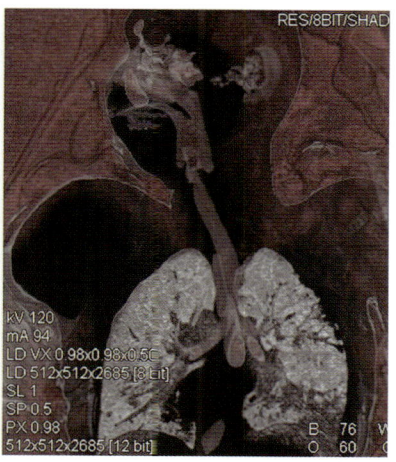

그림 18-18 통상적인 부검으로는 시신 내 기체 종류를 구분하기 어렵다.

가상 부검의 미래

MDCT와 MRI는 둘 다 검시 영상법에 활용된다. 이론적으로 MDCT로 뼈, 가스, 금속을 시각화하기는 쉽다. 그러나 기술의 가능성 뿐 아니라 한계를 인지하는 것도 중요하다.

　미래의 시각화 연구는 첨단 가상 부검을 수행하는데 필요한 모든 요소를 갖춘 가상 부검 워크스테이션 설치가 수반되어야 한다. 가상 부검 절차의 품질과 효율성을 향상시키는 시각화 도구도 개발되어야 한다. 참신한 렌더링 기법과 분류 기법에 초점을 둔 연구 개발 노력도, 사용성을 증진하고 법의학 문제를 명쾌하게 처리하는데 필수적이다. 특히 중요한 목표는 법의학 사건의 주요 범주에 따라 전용 절차를 수립하는 일이다.

　데이터 분석 연구에는 일단 검시 데이터에 적용되면, 관련 법의학적 사실을 찾고 특성화하는데 도움이 되는 컴퓨터 진단 도구를 만드는 일도 포함된다. 이런 도구는 키, 몸무게, 성별, 주요 부상, 외부 물체(예: 탄환), 그리고 예상 사인 같은 사망자에 대한 일반적인 정보를, 사전에 자동으로 생성된 가상 부검 조서 양식에 맞춰 전달한다.

　이런 과업이 모두 성공적으로 해결되면, 가상 부검 절차에 관련된 이 모든 기술을 통해 전체 작업흐름을 자동화할 수 있다. 결국 시간이 흐르며 더 많은 가상 부검이 수행될 것이다. 2004년 아시아에서 발생한 쓰나미 대참사로 희생된 수많은 사람은 부검을 전혀 하지 못했지만, 이런 경우 가상 부검을 활용한다면 그 가치는 헤아릴 수 없을 것이다.

테러리스트가 테러 기술을 매일 발전시키듯, 법의학자가 최신 기술을 활용하지 않아서 테러 희생자에게서 가능한 한 많은 정보를 얻어내지 못하는 경우는 도저히 상상할 수 없다(그림 18-19). 지금처럼 누구나 불안을 느끼는 때에는 사고를 막는데 집중할 뿐만 아니라, 재앙이 일어났을 때 잘 처리하는 방법도 대비해야 한다.

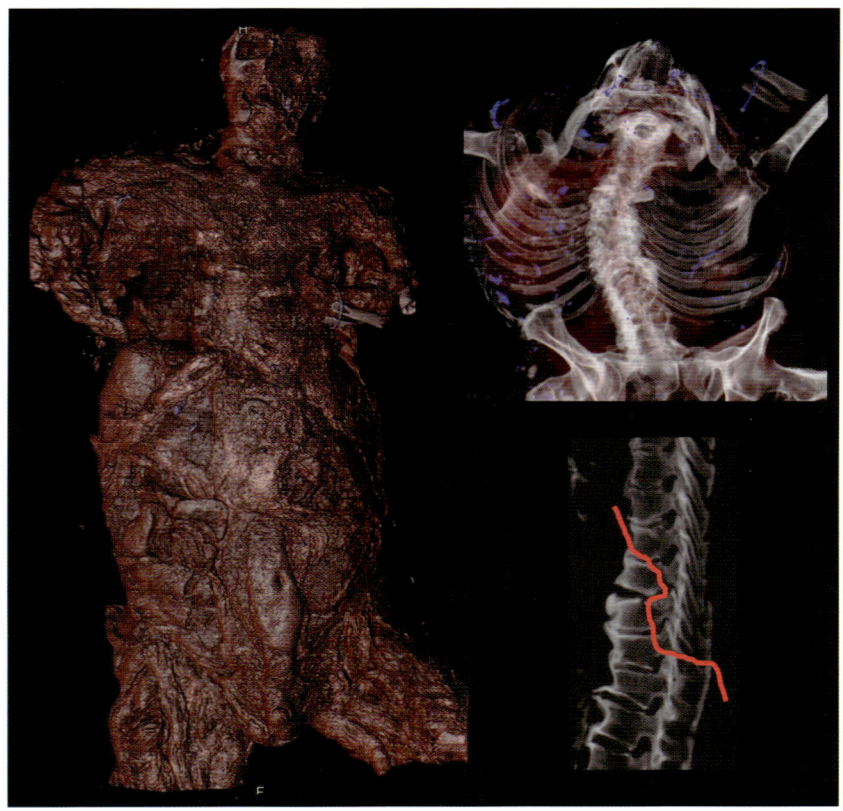

그림 18-19 불에 탄 시신의 검시 CT. 신체 내에 금속이 있어서 MRI 촬영이 불가능했다. CT 조사 이전에는 살인 가능성을 염두에 두지 않았지만, 설명하기 어려운 몇몇 골절이 발견되어 사실이 밝혀졌는데, 살인이었다!

디지털 부검의 새로운 시기가 정말로 열리려면, 몇 가지 원동력이 같이 영향을 주어야 한다. 즉 의료 전문가와 사법당국은 데이터 스캐닝과 저장에 관한 표준 절차를 확립해야 한다. 또 세계의 사법 체계가 사인과 사망 유형을 밝히는 영상의 증거 능력을 인정해야 한다. 전문가들도 앞으로 검시 방사선학 같은 새로운 분야를 습득할 필요가 있다. 방사선의는 보통 생존 환자를 촬영한 영상을 해석하도록 훈련되지만, 시신의 경우 심각한 외상이나 부패 효과로 장기 위치가 바뀔 수 있기 때문에 영상을 다르게 관찰하곤 한다. 이런 차이점을 이해하려면 현재는 일반적이지 않은 지식과 전문성이 요구될 것이다.

적어도 향후 몇 년간은 외과적 부검이 표준으로 유지될 가능성이 높다. 하지만 몇몇 사례에서 전통적인 부검이 비외과적인 가상 부검이나, 필요할 경우 영상으로 위치를 찾아 외과술을 최소화하는 조직 채취 방법으로 대체되는 현상을 관찰하게 될지 모른다. 검시 VA는 전통적인 부검에 비하여 높은 수용률을 보일 가능성이 있으며 법의학과 전통적인 의학에서의 높은 수준의 품질 관리를 가능하게 할 것이다.

결론

가상 부검은 전통적인 부검을 향상시킬 새로운 절차로 개발되고 있으며, 부검 절차에 신뢰성을 더해줄 것이다. 경우에 따라서, 가상 부검이 일반 부검을 대체할지도 모른다. 하지만 검시 방사선학만의 독특한 측면에 대한 연구가 수행되어서, 새로운 절차를 검증하고, 최대한 이로운 사례를 식별해야 한다. 어쨌든 확실히 이 새로운 검시 방법의 도입은 법의학계, 사법제도, 경찰 그리고 미래의 일반 의학에 주요한 영향을 끼칠 것이다.

참고문헌

- Donchin, Y., A.I. Rivkind, J. Bar-Ziv, J. Hiss, J. Almog, and M. Drescher. 1994. "Utility of postmortem computed tomography in trauma victims." Journal of Trauma 37, no. 4: 552-555.
- Etlik, Ö., O. Temizöz, A. Dogan, M. Kayan, H. Arslan, and Ö. Unal. 2004. "Threedimensional volume rendering imaging in detection of bone fractures." European Journal of General Medicine 1, no. 4: 48-52.
- Jackowski, C. 2003. "Macroscopical and histological findings in comparison with CT- and MRI- examinations of isolated autopsy hearts." Thesis, Institute of Forensic Medicine. O.-v.-G.-University of Magdeburg.
- Jackowski, C., A. Persson, and M. Thali. 2008. "Whole body postmortem angiography with a high viscosity contrast agent solution using poly ethylene glycol (PEG) as contrast agent dissolver." Journal of Forensic Sciences 53, no. 2: 465-468.
- Jackowski, C., W. Schweitzer, M. Thali, K. Yen, E. Aghayev, M. Sonnenschein, P. Vock, and R. Dirnhofer. 2005. "Virtopsy: Postmortem imaging of the human heart in situ using MSCT and MRI." Forensic Science International 149, no. 1: 11-23.
- Jackowski, C., M. Sonnenschein, M. Thali, E. Aghayev, G. von Allmen, K. Yen, R. Dirnhofer, and P. Vock. 2005. "Virtopsy: Postmortem minimally invasive angiography using cross section techniques—Implementation and preliminary results." Journal of Forensic Sciences 50, no. 5: 1175-1186.
- Kerner, T., G. Fritz, A. Unterberg, and K. Falke. 2003. "Pulmonary air embolism in severe head injury." Resuscitation 56, no. 1: 111-115.
- Ljung, P., C. Winskog, A. Persson, C. Lundstrom, and A. Ynnerman. 2006. "Full-body virtual autopsies using a state-of-the-art volume rendering pipeline." IEEE Transactions on Visualization and Computer Graphics 12, no. 5: 869-876.

- Oliver, W.R., A.S. Chancellor, M. Soltys, J. Symon, T. Cullip, J. Rosenman, R. Hellman, A. Boxwala, and W. Gormley. 1995. "Three-dimensional reconstruction of a bullet path: Validation by computed radiography." Journal of Forensic Sciences, 40, no. 2: 321-324.
- Ros, P.R., K.C. Li, P. Vo, H. Baer, and E.V. Staab. 1990. "Preautopsy magnetic resonance imaging: Initial experience." Magnetic Resonance Imaging 8: 303-308.
- Thali, M., W. Schweitzer, K. Yen, P. Vock, C. Ozdoba, E. Spielvogel, and R. Dirnhofer. 2003. "New horizons in forensic radiology: The 60-second digital autopsy-full-body examination of a gunshot victim by multislice computed tomography." The American Journal of Forensic Medicine and Pathology 24: 22-27.
- Thali, M., U. Taubenreuther, M. Karolczak, M. Braun, W. Brueschweiler, W. Kalender, and R. Dirnhofer. 2003. "Forensic microradiology: Micro-computed tomography (Micro-CT) and analysis of patterned injuries inside of bone." Journal of Forensic Sciences 48, no. 6: 1336-1342.
- Thali, M., K. Yen, W. Schweitzer, P. Vock, C. Boesch, C. Ozdoba, G. Schroth, M. Ith, M. Sonnenschein, T. Doernhoefer, E. Scheurer, T. Plattner, and R. Dirnhofer. 2003. "Virtopsy, a new imaging horizon in forensic pathology: Virtual autopsy by postmortem multislice computed tomography (MSCT) and magnetic resonance imaging (MRI)—a feasibility study." Journal of Forensic Sciences 48, no. 2: 386-403.
- Yen, K., P. Vock, B. Tiefenthaler, G. Ranner, E. Scheurer, M. Thali, K. Zwygart, M. Sonnenschein, M. Wiltgen, and R. Dirnhofer. 2004. "Virtopsy: Forensic traumatology of the subcutaneous fatty tissue; Multislice Computed Tomography (MSCT) and Magnetic Resonance Imaging (MRI) as diagnostic tools." Journal of Forensic Sciences 49, no. 4: 799-806.

19장

시각화를 위한 애니메이션: 기회와 맹점

대니엘 피셔 | Danyel Fisher

애니메이션은 시각화를 더 풍부하고, 생동감 있고, 이해하기 쉽게 해주는가? 아니면 그저 혼동만 줄 뿐인가?

웹에서 자바, 플래시, 실버라이트, 자바스크립트를 사용하게 되면서 대화형이며, 동영상으로 된 시각화를 배포하기는 더 쉬워졌다. 시각화 제작자들은 애니메이션을 이용해서 시각화를 더 매력적으로 보이게 하는 방법을 궁리하기 시작했다. 정적인 시각화를 더 효과적으로 하는 방법에 대한 좋은 지침은 많고, 대화형 기능을 잘 지원하는 애플리케이션도 많다. 하지만 애니메이션을 이용한 시각화는 아직 새로운 분야로, 좋은 애니메이션을 이루는 요소에 대한 의견 일치도 별다른 게 없는 실정이다.

애니메이션이 더 낫다는 직관, 즉 2차원 그림이 좋다면, 움직이는 그림은 더 좋을 수밖에 없다는 생각은 충분히 납득할 만하다. 움직임은 일상적이다. 사람들은 실세계에서 직접 움직이거나 사물의 매끄러운 움직임을 보는데 익숙하다. 주위 사물들은 모두, 우리가 깊고 풍부하게 이해하는 방식 그대로 움직이고, 자라며, 색을 바꾼다.

시각화에서 중간 단계나 변화 과정을 애니메이션으로 표현해서, 독자가 아이디어 이면의 논리를 짚어 보게 하거나, 시간이 변화함에 따라 데이터가 어떻게 수집되는지 알아보도록 할 수 있다. 움직이는 그림은 독자에게 신선한 관점을 제시하거나, 데이터를 깊게 들여다보도록 할 수도 있다. 또한 애니메이션을 활용해서 데이터에 시간에 관한 구성요소가 없더라도, 두 시점을 매끄럽게 변화시킬 수도 있다.

일례로 조너선 해리스Jonathan Harris와 셉 캄바르Sep Kamvar가 애니메이션을 활용해서 제작한 '우리는 괜찮다고 느껴요We Feel Fine' (http://wefeelfine.org) 시각화 프로젝트를 살펴보자. 이 시각화는 어떤 느낌에 대해 사람들이 블로그에 쓴 글을 모아, 글마다 방울로 표현한다. 관찰자가 시점을 바꾸면 방울이 히스토그램이나 그 외 다른 패턴으로 재정렬된다. 예를 들어 남자와 여자가 쓴 블로그 글을 구분해서 상대적 분포로 표시한 화면과 글에서 묘사된 기분에 따른 상대적 분포를 보여주는 화면이 있는 식이다. 방울은 화면에서 자유롭게 움직이지만, 그 수는 항상 일정하다. 수가 일정한 덕분에 표본 집단을 여러 방식으로 정리하는 개념이 힘을 받는다. 애니메이션은 감정을 떠올리게 하는 데에도 활용되는데, 방울이 힘차게 진동하면 '행복'을 나타내고, 그와 반대의 경우에는 '슬픔'을 나타내는 식이다.

애니메이션이 모두 성공적이지만은 않다. 너무나 많은 애플리케이션이 파워포인트의 단점을 흉내 내어, 뚜렷한 이유 없이 화면의 데이터 점을 이동시키곤 한다. 화면에 표시된 내용을 지우거나 크기를 키우거나 의미 없는 각도로 회전시키는 애니메이션이라면 보통 혼란스럽기만 할 뿐이다.

나는 움직이는 시각화를 만들 기회가 몇 번 있었다. 2000년에 대학원 학생들과 그누텔라비전GnuTellaVision이라는 그누텔라Gnutella P2P 네트워크가 성장하는 과정을 시각화하는 프로젝트를 같이 한 적이 있다. 그 이후로 움직이는 시각화의 이해에 도움이 되는 다양한 프로젝트에 참여해왔다. 산포도 애니메이션을 연구하는 프로젝트를 수행했고, 여러 시각화 사이의 전환을 연구하는 DynaVis 프로젝트도 가까이서 관찰할 기회가 있었다. 이 장에서는 이런 내 경험을 설명하고, 움직이는 시각화의 원리에 대한 이야기를 전개할 생각이다.

애니메이션 기법은 적절하게만 쓰면 강력하나, 그렇지 못할 경우에는 매우 좋지 않은 방법이 되곤 한다. 애니메이션으로 시각화의 시각적 매력을 높여도 그 때문에 데이터셋 탐색이 어려워지는 경우가 있는 반면, 어떤 시각화는 애니메이션을 활용한 덕분에 데이터셋 탐색이 더 쉬워지기도 한다. 이 장에서는 효과적인 애니메이션 시각화를 설계하는 틀을 논의해보겠다. 우선 배경지식을 살펴보고 나서, 애니메이션 시각화 사례로 아주 유명한 한스 로슬링Hans Rosling의 갭마인더

*GapMinder*를 알아볼 생각이다. 내가 작업했던 프로젝트 중 하나에서도 갭마인더 같은 산포도 애니메이션을 탐구했는데, 이는 애니메이션을 활용했을 때의 성공과 실패 요소 양쪽에 대한 논의의 시작점으로 좋을 것이다. 나중에 살펴보겠지만 애니메이션이 성공적이려면 다양한 종류의 전환을 표현할 수 있어야 한다. DynaVis 프로젝트를 보면 어떻게 이런 전환과 변환이 진행되는지에 대해 설명될 것이다. 그후에 몇 가지 시각화 설계 원리를 제시하는 것으로 이 장을 끝마칠 생각이다.

애니메이션의 원리

애니메이션에서는 관찰자에게 그림을 연속적으로 빠르게 보여주는 일이 핵심이다. 관찰자는 이 그림들을 모아, 그 사이에 무슨 일이 일어났는지에 대해 일관된 개념을 형성한다. 사람의 지각 체계는 애니메이션 프레임 사이에 차이점을 인지해서, 연속된 시각적 변화과정으로 이해한다. 변화가 적다면 일어난 일을 이해하기는 아주 쉬우며, 변화도 쉽게 추적할 수 있다. 변화가 많다면 일은 더 복잡해진다.

　게슈탈트 시지각 원리 *Gestalt perceptual principle* 중 공통 운명의 법칙에 따르면, 동일한 속도로 한쪽 방향으로 움직이는 물체가 다수 있을 때 관찰자는 그들을 하나의 집단으로 묶어서 인식한다고 한다. 다른 경로를 따라 움직이는 물체 각각은 분리되어 보이고 쉽게 눈에 띈다. 하지만 물체가 모두 다른 방향으로 움직이면 관찰자가 추적하기가 훨씬 더 어려워진다. 인지 연구자들은 사람들이 네 개나 다섯 개 이상의 물체를 따로따로 눈으로 쫓기 힘들어 한다는 사실을 표현했다. 우리의 눈은 다 추적하기를 포기하고 물체 몇 개만 따라다니며 나머지 움직임은 잡음으로 인식한다.

과학시각화에서의 애니메이션

시각화 관련 연구 회의인 연례 IEEE VisWeek 컨퍼런스 참석자들은 두 집단, 즉 정보시각화 연구자와 과학시각화 연구자로 나뉜다. 이 두 집단은 다른 방에서 다른 내용의 발표를 하며, 가끔 식사할 때 따로 앉기도 한다. 과학시각화 쪽 발표를 들어보면 관련 논문의 대략 절반 정도가 애니메이션을 중요하게 다루는 반면, 정보시각화 쪽에서는 그런 경우가 거의 없다. 이 두 집단이 차이 나는 이유는 과학시각화 쪽의 사람들이 x-, y-, z- 좌표가 실제로 의미하는 바를 잘 이해하고 있기 때문이라고 할 수 있다. 말하자면 과학시각화 연구자들이 그림의 차원을 상상하는 데 매우 익숙하며 거리와 깊이가 뜻하는 바를 잘 안다는 것이다. 과학시각화에서 자주 다뤄지는 동역학 과정(비행기 날개에 부는 바람, 지도를 휩쓸고 지나가는 태풍, 혈관에 흐르는 혈액 등)에도 추가적인 정보 차원, 즉 시간에 관한 차원이 포함된다. 동역학 과정을 표현할 때 시간 차원을 3차원 표현 내에 집어 넣기가 힘들기 때문에 애니메이션이 매력적이다.

반대로 데이터 시각화는 그다지 직접적이지 않다. 정보시각화 연구자들은 보통 추상적인 데이터 공간을 연구 대상으로 하는데, 그 공간에서는 좌표축이 실세계와 대응되지 않는다(축에 아무 의미가 없다면 그렇다). 관찰자는 눈에 보이는 차원에 익숙해져야 하고, 그 차원을 해석하는 법을 익혀야 한다. 그런 이유로 정보시각화 연구 집단에서 애니메이션에 대한 논문이 출판되는 사례는 상당히 드물다(이에 대해서는 나중에 논의하겠다).

▶ 만화영화에서 배우기

물론 애니메이션은 시각화 연구분야 외에서는 일반적으로 많이 보인다. 영화나 만화영화도 컴퓨터 애니메이션과 동일한 물리적 원리에 따라 결정된다. 그래서 만화영화 기법에서 쓸모 있는 아이디어를 빌려와서 움직이는 시각화 제작에 적용할 수 있을지 연구한 사람이 몇 명 있다. 1946년에 이미 벨기에 심리학자인 알베르 미쇼트Albert Michotte가 '인과성 지각perception of causality'에 주목했다(Michotte 1963). 보통 사람들은 애니메이션의 움직임이 어떤 의도를 표현한다고 쉽게 믿는다. 말하자면 화면에서 한 점이 다른 점을 '쫓고 있다'거나(1초 전과 동일한 궤적을 따라 움직였다고 생각하는 대신), 이 공이 다른 공을 '맞췄다'(이 점이 A지점에서 멈추고, 다른 점이 A지점에서 B지점으로 이동했다고 생각하는 대신) 같은 방식으로 생각하기 쉽다. 이와 같이 사람들은 실제로 존재하지도 않는 어떤 힘이나 인과성 탓에 움직임이 생겼다고 착각하곤 한다.

물론 만화영화에서도 인과성을 전달하려 한다. 전통적인 만화가들은 감정을 전달하기 위해 그린 모양에 '생명의 환영illusion of life'(Johnston and Thomas 1987)을 부여하는 방법을 설명해왔으며, 컴퓨터 애니메이션과 시각화의 아이디어 추출 방법에 대해서 연구한 논문(Lasseter 1987과 Chang, Ungar 1993)도 여러 편 출판되었다.

전통적인 만화가는 완전히 현실적이지는 않은 기법을 엄청나게 사용한다. 예를 들어 찌그러뜨리고 잡아 늘리기 기법은 관찰자의 시선을 움직이는 방향 쪽으로 끌기 위해 물체가 움직일 때 모양을 왜곡시키는 방법이다. 즉 물체가 빠르게 날아갈 때는 모양을 잡아 늘리고, 물체가 멈추거나, 에너지를 모으거나, 방향을 바꾸는 경우를 표현할 때는 모양을 찌그러뜨린다. 물체가 직선 방향으로 이동한다면 의도가 담긴 것으로 보며, 곡선을 따라 이동하면 움직임이 더 자연스러움을 뜻한다. 보통 물체가 움직이기 전에는 다음 동작이 준비되며, 연결 동작으로 마무리된다. 가속ease-in과 감속ease-out은 애니메이션 시간을 조절하는 기법으로 방향성이 강조되도록 애니메이션을 천천히 시작시켰다가, 중간에 가속을 하고, 마지막에 다시 속도를 늦추는 방법이다. 한 번에 한 부분씩만 주의를 끌도록, 복잡한 행동은 연출된다.

열정과 성공의 정도는 다르지만, 시각화 연구자들은 이런 만화영화 기법을 적용해왔다. 일례로 정보시각화 프레임워크Information Visualizer framework(Card, Robertson, Mackinlay 1991)는 초기에 나온 3차원 애니메이션 프레임워크로 준비 동작, 곡선, 연결 동작 개념을 포함한 몇 가지 애니메이션 원리를 통합하고 있다. 반면 만화영화 요소 중 몇 가지는 적합하지 않다는 사실이 뚜렷해 보인다. 예를 들어 데이터 점을 찌그러뜨리거나 잡아 늘리면, 애니메이션 각 프레임마다 '높이는 이거고, 너비는 저거'라는 일관된 규칙으로 내용을 설명하기 어려워져 시각화의 본질이 왜곡된다. 슬라이드쇼에 대한 한 연구(Zongker, Salesin 2003)는 대부분의 애니메이션 기법에서 있지도 않은 인과성을 암시하는 바람에 관찰자의 주의가 분산되며 관찰자가 내용을 오해하게 된다고 경고했다. 또한 이런 만화영화 기법은 종종 감정에 대한 착시를 뜻하므로 데이터 시각화에는 적절하지 않을지도 모른다('우리는 괜찮다고 느껴요' 프로젝트가 예외가 될 수 있는데, 이 프로젝트에서는 움직임으로 감정을 전달하기 때문에 이와 같은 기법이 효과적이다).

애니메이션의 부정적 측면

애니메이션을 데이터 시각화에서 활용하면 과학시각화에서보다 성과가 좋지 않다. 두 가지 애니메이션 종류, 즉 절차 애니메이션process animation과 알고리즘 시각화algorithm visualization에 대한 각각의 메타연구에 따르면, 학생들에게 복잡한 과정을 습득시키는 상황에서 두 경우 다 들쭉날쭉한 성과를 보였다.

좀 실망스럽게도 심리학자 바바라 트버스키Babara Tversky가 애니메이션이 절차 시각화(process visualization, 즉 도구를 사용하는 방법이나 기법이 동작하는 원리를 알려주는 시각화)에 별로 도움이 되지 않아 보인다는 사실을 밝혀냈다. 트버스키는 'Animation: Can It Facilitate?(애니메이션: 도움이 되는가?)' (Tversky, Morrison, Betrancourt 2002)라는 제목의 논문에서 거의 100여편에 달하는 애니메이션과 시각화 관련 연구사례를 검토했다. 그중에서 애니메이션이 표현이 풍부한 정적 다이어그램보다 더 나은 성능을 보인다고 보고한 연구는 하나도 없었다. 그렇지만 텍스트 표현 방식이나, 전환과정 없이 단순히 시작과 끝 상태만 표현한 방식보다는 애니메이션 방식이 성능에서 확실히 앞섰다.

알고리즘 애니메이션은 여러 면에서 절차 시각화와 비슷하다. 알고리즘은 각 알고리즘 단계를 보여주어 설명이 가능하다. 몇몇 정렬 알고리즘은 애니메이션에 매우 잘 맞는다. 예를 들어 수치 배열을 막대들의 순서열로 나타내고, 정렬 연산이 이루어질 때마다 막대를 움직이는 방식으로 알고리즘을 표현할 수 있다. 이런 애니메이션 방식으로 버블 정렬bubble sort과 삽입 정렬insertion sort의 차이를 쉽게 보여줄 수 있다. 크리스토퍼 훈트하우젠Christoper Hundhausen, 세라 더글러스Sarah Douglas와 존 스태스코John Stasko(2002)는 학습현장에서 알고리즘 시각화의 효과성에 대해 연구했는데, 통제된 학생 집단 중 절반 정도가 알고리즘을 이해하는 데 애니메이션이 별 도움이 되지 않는다는 사실을 발견했다. 흥미롭게도 성공여부와 가장 강한 연관도가 높은 요소는 애니메이션 이면의 이론이었다. 시각화는 구성주의 이론과 결합될 때(즉 학생들이 코드나 알고리즘을 다룰 때나, 자신이 작업했던 내용을 설명하는 시각화를 볼 때 또는 질문에 대한 답을 하는데 시각화를 활용할 때) 가장 유용했다. 반면 지식을 전달할 때는 애니메이션이 효과적이지 않았는데, 애니메이션을 수동적으로 보는 방법은 다른 형태의 교수법보다 더 효과적이지는 못했다.

갭마인더와 산포도 애니메이션

움직이는 시각화 중에 최근에 성공적이었던 사례는 한스 로슬링의 갭마인더 (http://www.gapminder.org)이다. 로슬링은 스웨덴 글로벌 헬스의 교수로 2006년 2월에 기술, 엔터테인먼트, 디자인(Technology, Entertainment, Design, 줄여서 TED) 컨퍼런스[1]에서 청중을 사로잡는 발표를 했으며, 이 동영상은 온라인으로 널리 퍼져나갔다. 그 발표에서 로슬링은 국제적인 공공 보건 통계에 대한 데이터를 수집해서 그 내용을 산포도로 그려 발표에 활용했다. 그 그림에서 각각의 점은 국가들을, x와 y 좌표 값은 기대수명과 평균 아동 수 같은 통계 수치를 나타냈고, 각 점의 넓이는 해당 국가의 인구에 비례되도록 표현되었다. 처음에 로슬링은 프레임 하나(한 연도에 국가의 통계)를 보여주었는데, 시간에 따라 연도별 그래프의 진행상황이 애니메이션으로 표시되었다.

그림 19-1에 갭마인더 풍의 애니메이션 프레임 세 개를 표시했다. x축은 아이

[1] 동영상은 다음의 주소에서 볼 수 있다. http://www.ted.com/talks/hans_rosling_shows_the_best_stats_you_ve_ever_seen.html. 로슬링은 TED 2007과 TED 2009에서도 비슷한 논제로 발표했다.

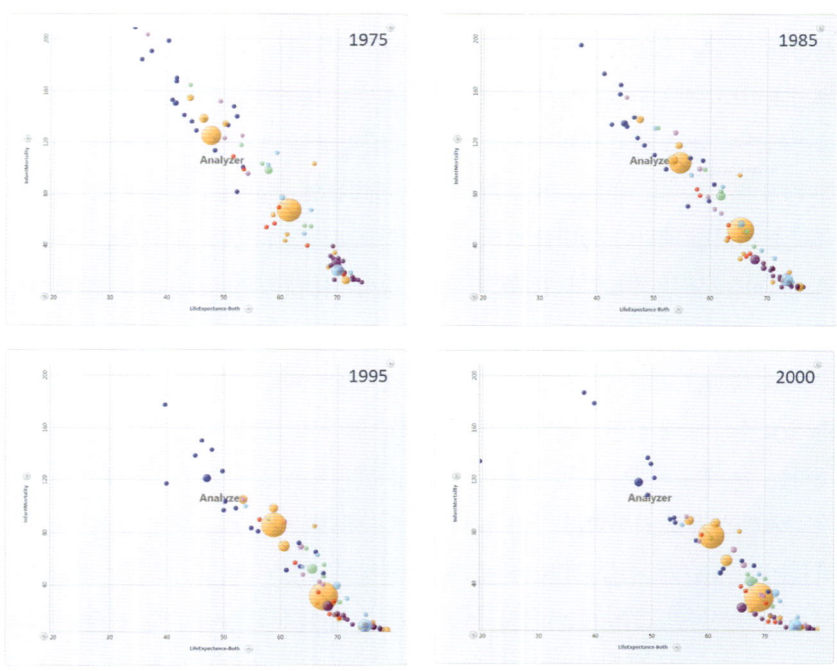

그림 19-1 1975, 1985, 1995, 2000년의 75개국 정보를 보여주는 갭마인더 풍의 시각화. 이 그래프에는 기대수명(x축)에 대한 유아 사망률(y축) 정보가 표시되어 있다. 왼쪽 상단의 국가는 유아 사망률이 높고 기대수명이 짧은 국가이다.

가 태어났을 때 기대수명이고, y축은 유아 사망률이다. 방울의 크기는 인구 수에 비례한다. 대륙별로 색상을 구분했는데, 두 개의 가장 큰 점은 중국과 인도이다.

로슬링의 애니메이션은 눈을 사로잡았다. 로슬링은 점들의 상대적인 움직임에 대한 해설을 덧붙였다. 중국이 공공 보건 프로그램을 시작하고 나서, 중국에 해당하는 점이 동일한 전략을 시행한 다른 나라를 따라 위로 떠올랐다.[2] 인도의 국가 경제가 성장함에 따라 점은 빠르게 오른쪽으로 이동했다. 로슬링은 애니메이션을 통해 우리가 공공 보건 문제와 제 1세계와 3세계의 차이에 대해 선입견[3]을 가지고 있음을 강조했고, 청중들 또한 애니메이션을 통해 그의 논지를 쉽게 따라갈 수 있었다.

점이 너무 많은가?

앞에서 언급한 인지 심리학 연구에서 점이 네 개 이상 동시에 움직일 경우 사람들이 추적하기 어려워한다고 했다. 로슬링은 발표를 할 때 어디를 봐야 할지 가리키면서 청중을 이끌었으며, 그의 해설도 집중해야 할 지점을 보는데 도움이 되었다. 로슬링은 길다란 지시 막대를 보조로 활용해서 국가의 진행 과정을 설명했으며, 주시해야 할 부분이 상당히 분명했다. 이 방식은 혼동이 줄어들도록 했다.

로슬링이 사용한 대부분의 2차원 산포도에서 '좋은' 방향과 '나쁜' 방향이 분명했다는 점도 도움이 되었다. 국가의 GDP가 높아지고 기대수명이 길어지는 쪽(우측 하단)이 좋은 방향이며, 반대편이 나쁜 방향이다(좌측 상단).

로슬링이 확실히 손으로 청중의 시선을 안내하는 일을 포함한 이 시각화는 매우 효과적이다. 하지만 만약 시간에 따른 산포도가 일반 스프레드시트 기능으로 통합된다면, 그 기능이 데이터에서 정보를 습득하려는 사람들에게 쓸모 있을까?

움직이는 산포도 시험하기

마이크로소프트 연구소에 있을 때, 우리는 데이터에 익숙하지 않은 사람들에게도 이 기법이 제대로 기능하는지 궁금했다. 그래서 적절한 x, y 위치에 점을 찍고 연도에 따라 부드럽게 변화시키는 방식의 갭마인더 스타일의 애니메이션을 재구현해서 기본 사례로 삼았다. 그리고 나서 애니메이션과 정보량이 동일한 정적 시각화 세 가지를 그 대안으로 고려했다. 물론 처음에는 간단하게 각각의 프레임을

---

[2] 옮긴이 로슬링의 TED 동영상에 나오는 그래프에서는 그림 19-1의 그래프와 정반대로 y축을 유아 생존율로 표시했다. 따라서 여기서 '위로 떠올랐다'라는 표현은 그림 19-1에서 '아래로 가라앉았다'와 같다고 해석하면 된다.

[3] 옮긴이 1세계는 3세계에 비해 항상 기대수명이 길고 소득수준이 높을 거라는 선입견을 말한다. 로슬링의 발표에 따르면, 3세계 내에서도 그리고 한 국가 내에서도 기대수명과 소득수준의 편차가 아주 크기 때문에 단순히 1세계와 3세계 사이의 평균 차이를 말하는 것은 의미가 별로 없다고 한다. 자세한 내용을 알고 싶으면 그의 TED 동영상을 보기 바란다.

택하는 방법이 있었다(그림 19-1처럼). 하지만 처음 스케치에서조차 이 방법이 좋지 않은 생각임을 깨달았는데, 프레임 사이의 점 이동을 추적하기가 너무 어려웠기 때문이었다. 갭마인더의 핵심은 여러 국가가 따르는 전반적인 경로를 추적하고 비교하는 기능이었다. 우리는 연속성의 개념, 즉 점이 한 곳에서 다른 곳으로 이동한다는 개념을 사용자가 잘 이해하도록 하고 싶었는데, 이때 단순한 개별 프레임은 별 도움이 되지 않았다.

그래서 우리는 그림 19-1과 동일한 국가와 동일한 좌표축을 사용해서, 1975-2000년에 대해 두 가지 시점을 추가로 구현했다. 첫 번째는 트랙tracks 시점으로, 지나간 경로를 모두 겹쳐서 보여준다(그림 19-2). 두 번째는 소형 다중 그래프 small multiples 시점으로 각 경로를 개별 축마다 따로 표시한다(그림 19-3). 트랙 시점에서는 투명도 값으로 시간에 대한 정보를 표현했고, 소형 다중 그래프 시점에서는 투명도 대신 점의 크기를 변화시켜 시간을 표시했다.

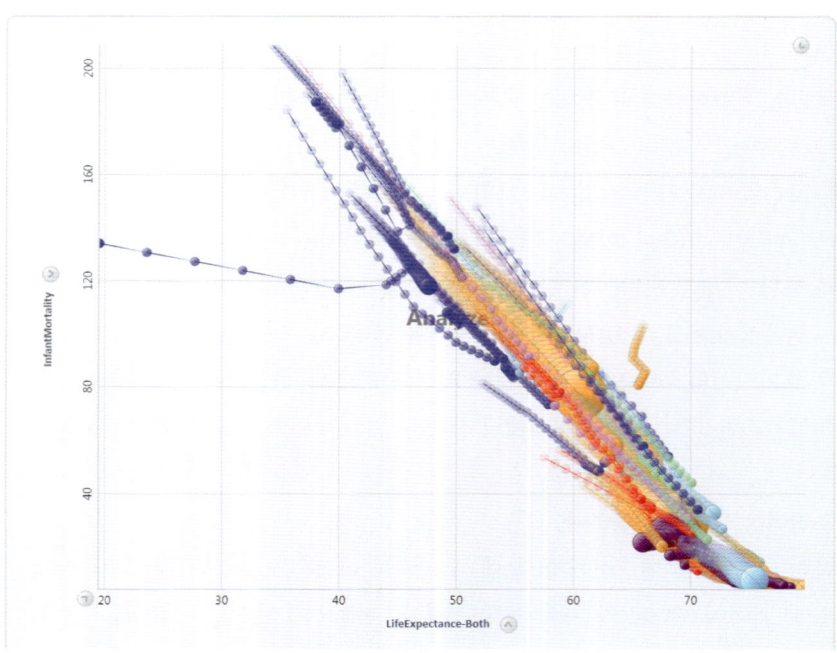

그림 19-2 개별 국가를 점의 연속으로 나타내고, 과거로 갈수록 점이 투명해지도록 표시한 트랙 시점. 연도별 점이 점점 희미해지는 선으로 연결되어 있다.

그림 19-3 개별 국가를 조그만 좌표계에 따로 표시하는 소형 다중 그래프 시점. 시간의 진행을 표시하기 위해서 점을 더 크게 그린다.

우리는 정적인 표현 방식에 비해서 사용자가 애니메이션을 얼마나 더 잘 활용하는지 알고 싶었다. 사용자가 갭마인더 웹 사이트에 자기 나름의 산포도를 구성하게 한다면, 데이터에서 새로운 것을 습득할 수 있을까?

국제연합UN에서 나온 공공 보건과 인구조사 데이터를 기반으로 x, y 값의 조합을 30개 고른 후 그 데이터와 함께 '이 산포도를 보면 어떤 국가의 GDP가 가장 많이 올랐는가?'나 '결혼 비율이 가장 많이 감소하는 나라들이 있는 대륙은 어디인가?' 같은 정말 간단한 질문을 사용자에게 제시했다. 사용자들은 평소에 매일 데이터를 다루고, 산포도에 익숙한 사람으로 모집했다. 한 피험자 집단에게는 컴퓨터 앞에 앉아 데이터를 '탐색'해서 질문에 스스로 답하기 했다. 다른 피험자 집단에게는 해설자가 시각화나 애니메이션을 보여주는 '발표'를 듣게 했다. 그리고 피험자들이 질문에 답하는 시간과 그 정확도를 모두 측정했다.

이 연구의 수치적 결과는 이 논문(Robertson et. al. 2008)에 자세히 기술되어 있다. 하지만 주된 결론은 꽤 간단하게 표현이 된다. 즉 애니메이션은 다른 정보 전달 양식에 비해서 더 느리고 부정확했다.

탐색할 때 애니메이션은 느리다

우리는 사용자가 혼자서 데이터를 탐색할 때 일반적으로 애니메이션을 수십 번 돌려보면서 어느 국가가 정답인지 확인한다는 사실을 발견했다. 그에 반해 발표를 보기만 하고 애니메이션을 스스로 조정 못하는 사용자들은 답을 훨씬 더 빨리 했다. 사용자는 답을 하나 고르면 바꾸지 못하게 되어 있었다. 탐색에서 애니메이션은 가장 느린 조건이었던 반면, 발표에서 애니메이션은 가장 빨랐다.

흥미롭게도 이 사실은 앞의 논문(Tversky et al.)에서 왜 그렇게 절차 애니메이션의 성과가 적었는지에 대한 실마리가 되었다. 이 실험에서 사용자는 애니메이션에서 시간을 앞뒤로 돌릴 수 있기를 분명히 바랐고, 아마도 절차 애니메이션 경우에도 마찬가지일 것이다. 애니메이션에서는 정적 이미지를 나열한 경우와 동일한 정보를 얻으려면 더 많은 노력이 필요한데, 보고 싶은 부분으로 바로 넘겨보지 못하고 전체 애니메이션을 재생해야 하기 때문이다.

애니메이션은 부정확하다

사용자들은 애니메이션에 시간을 추가로 더 많이 사용했지만, 정적 시각화를 보게 된 사용자가 항상 질문에 더 정확한 답을 했다. 말하자면, 애니메이션이 정확하게 답하는 능력을 떨어뜨리는 것 같았다. 답의 정확도는 답하는 속도와는 관련이 없는데, 탐색하는 데 시간을 더 들여도 더 나은 결과를 내지 못하는 듯 했다.

이는 애니메이션에게 좋지 않은 소식이었다. 애니메이션은 정보를 소통하는 데 더 느리고 더 부정확한 것이다. 반면 애니메이션은 감정적으로 강력하고 더 매력적이라는 사실을 발견했다. 피실험자 중 한 명이 전쟁으로 피폐해진 국가에서 30년간 기대수명이 급락하는 애니메이션을 보고 주위에 들릴 정도로 한숨을 내쉴 정도였다. 보통 사용자는 애니메이션 보기를 선호했으며, 다른 방법을 접할 때보다 더 재미있고 흥미로워했다. 그러나 더 좌절하기도 했다. 어떤 사람은 데이터 점이 죽 상승하다가 갑자기 떨어지자 "점이 어디로 갔어?"하며 화내기도 했다.

이 관찰 결과는 로슬링의 발표와 사용자들이 경험한 내용이 어딘가 다름을 시사한다. 비판적으로 보면 로슬링은 이미 답을 알고 있었다. 로슬링은 그 데이터로 작업을 했고, 그가 말하려 했던 수사적 요점을 알고 있었으며, 청중을 그 방향으로 끌고 갔다. 로슬링은 대부분의 발표를 동일한 좌표축을 이용해서 진행했기에, 청중들은 혼란스러워하지 않았다. 그리고 로슬링의 데이터는 상당히 단순했다. 애니메이션에서 동시에 여러 국가가 움직일 때 로슬링이 지적했던 국가 중 추세에 역전한 사례는 몇 안 되며, 추세에 역전한 나라도 확실히 뭉쳐서 같은 방향으로 이동했다. 로슬링은 국가들이 일정한 방향으로 움직이도록 좌표축을 선택해서, 청중이 시작점과 끝점을 쉽게 따라갈 수 있도록 했다. 로슬링은 게슈탈트 공동운명의 원리를 이용해서 국가를 무리지었으며 그 전환 과정을 최대한 명료하게 해설했다.

반면 실험에 참가한 사용자들은 짧은 시간과 다퉈야 했으며, 갑자기 추세가 반전되는 사례를 추적해야 했고, 방금 관찰한 내용을 설명해주는 해설자도 없이 스스로 해답을 찾아내야 했다. 이 사실은 사용자에게 요청했던 행동은 로슬링의 행동과 매우 다름을 뜻했다. 정말 너무 달라서 한 절 분량으로 설명해야 했다.

발표는 탐색이 아니다

스프레드시트를 마주하고 앉은 분석가는 데이터가 무엇을 보여줄지 모르기 때문에 상관관계나 연결관계 또는 데이터에 숨겨진 아이디어를 찾아보는 등 데이터를 여러 각도에서 다뤄봐야 한다. 이 과정은 수렵·채집 활동의 일종이다. 주어진 도표나 관점을 검토하다가 조사해볼 만큼 흥미로운 내용이 있는지 찾아내어 바로 보상을 받고, 다시 새 필터링 방식이나 또다른 그림을 준토하는 식이다.

이와 대조적으로 발표자는 자신의 데이터에 대한 전문가이다. 발표자는 이미 데이터셋에서 오류를 정리해서, 특이점을 제거하거나 전달하려는 핵심 개념을 지지하는 데이터 점를 강조했을 것이다. 그리고 좌표축과 시간 범위를 요점을 잘 나타내도록 선택해서 청중이 데이터를 잘 인지하도록 도울 수 있을 것이다. 가장 중요한 점은 앞 실험에서 사용자가 전에 놓쳤던 요점을 살피기 위해 했던 일처럼 발표자가 애니메이션을 앞뒤로 넘겨볼 가능성이 적다는 것이다. 애니메이션은 이런 조건에 정말 잘 들어맞아서, 발표자가 애니메이션을 통해 생생하고 극적으로 요점을 설명할 수 있다.

탐색의 경험은 발표의 경험과 다르다. 대부분의 도구가 이 두 경험을 혼동하기 때문에 서로 다르다는 사실을 잊기 쉽다. 말하자면 발표에 어울리는 화려한 그래프를 그리는 기능이 있는 패키지가 많은데, 이 패키지는 분석에 어울리도록 읽기 좋은 그래프를 만드는 도구와 명확하게 분리되지 않는다. 예를 들어 마이크로소프트 엑셀에서는 좌표축을 로그 척도로 바꾸는 기능과 막대 그래프를 화려한 색깔로 장식하는 기능이 한 메뉴에 같이 있다. 전자는 탐색할 때 핵심 옵션이고, 후자는 주로 발표할 때 유용한 기능이다. 엑셀에서는 데이터 분석작업을 마치고 나서 바로 그래프를 파워포인트로 복사해서 결과를 표시하는 기능이 있다. 이렇게 부드럽게 연결되는 기능 때문에 이 프로그램을 쓰는 사람 중에 발표와 탐색 사이의 중요한 차이점에 대해 진지하게 논의하는 사람은 거의 없다.

표 19-1에 탐색과 발표 과정에서 요구 사항의 주요 차이점을 요약해 놓았다.

	탐색	발표
특성	데이터에 의외성이 있다 데이터에 특이점이 있을지 모른다 데이터가 예측 못하게 움직이는 경향이 있다 관찰자가 상호작용한다	데이터를 발표자가 잘 안다 데이터가 정리되어 있다 관찰자는 수동적이다
목표/절차	다차원 정보를 동시에 분석한다 대응 관계를 여러 번 바꾼다 추세나 결점을 찾는다	주장에 맞도록 소수 차원 정보만 발표한다 정보 차원을 알기 쉽게 하나씩 검토한다 핵심 요점을 강조한다 추세와 움직임을 보여주기 위해 데이터 점을 묶는다

표 19-1 탐색과 발표 과정의 구분

물론 두 관점 사이에 공통점이 완전히 없지는 않다. 많은 대화형 웹 애플리케이션이 비록 원 데이터는 노출하지 않긴 하지만, 데이터 차원을 어느 정도 탐색하게 해준다. 발표와 탐색 과정 사이에 긴장관계 때문에 디자이너는 시각화의 목적을 고려해야만 한다. 시각화 디자인에는 교환 조건이 있는데, 꼭 애니메이션에서만이 아니라 일반적으로 성립하는 조건이다.

애니메이션의 종류

어떤 애니메이션 형식은 발표에 가장 잘 어울리는 반면, 어떤 종류는 탐색에 잘 맞는다. 이 절에서는 시각화의 시점에서 좌표축과 데이터를 바꾸는 일까지 여러 종류의 변환에 대해 체계적으로 논의할 예정이다. 우선 어떤 시스템 예제부터 시작해서 두 가지 종류의 변경을 다루어 볼 필요가 있다.

동적 데이터, 중심 재조정 애니메이션화

2001년에는 P2P(peer to peer, 개인 대 개인) 파일 공유가 흥미진진한 주제로 떠오르는 중이었다. 그누텔라Gnutella 시스템은 초기 대규모 네트워크 중 하나로, 나는 그누텔라가 좋은 연구 주제가 된다고 생각하는 학생 중 한 명이었다. 그누텔라는 다른 P2P 시스템과는 약간 달랐다. 초창기 냅스터Napster는 네트워크의 모든 데이터 색인을 상세하게 저장했으며, 비트토렌트BitTorrent는 색인을 전적으로 나중으로 미루는 방식이었다. 그누텔라는 질의를 여기저기에 보내고 응답을 기다리는 식으로 개인 사이에 검색 요청을 보낸다. P2P 검색으로 노래를 검색할 때 실제로 몇 대의 컴퓨터에서 검색될까? 클라이언트 입장에서 전체 네트워크 크기는 어느 정도가 될까?

우리는 시각화 목적으로 그누텔라 클라이언트를 수정해서 네트워크를 표시해 보기 시작했다. 그리고 곧 두 가지 사실을 깨달았다. 첫째는 네트워크에서 새로운 노드가 꾸준히 나타난다는 것이고, 둘째는 노드 위치 파악이 정말로 흥미로웠다는 사실이다. 새로운 노드가 등장한다는 사실은 시각화를 안정적으로 바꿀 수 있어야 함을 뜻했다. 시스템에 늘 새로운 데이터가 쏟아지므로 새로운 데이터 때문에 시각화에서 변화가 생겨도 사용자가 갈피를 못 잡는 일을 피하는 게 중요했다. 한편으로 우리는 시각화를 정지시키고 데이터를 추가하고, 다시 그리는 방식을 원치는 않았다. 다만 새로운 데이터가 눈에 잘 띄지 않게 다이어그램에 추가되는 시스템을 원했다.

그누텔라 네트워크가 P2P 탐색 프로토콜을 활용하기 때문에 보통 노드 하나와 그 이웃에 초점을 맞추는 편이 재미있다. '이 노드가 중심이 되는 '수퍼노드'에 연결이 되어 있는가? 요청을 많이 전달하는가'? 같은 의문이 따라, 우리는 노드 하나 하나와 그 이웃에 초점을 맞추거나, 노드를 몇 단계 거쳐야 다른 노드에 도달하는지 추정하기 쉽게 하고 싶었다. 이를 위해서 나머지 배치를 바꾸지 않은 채로 시점을 바꾸는 기능이 필요했다.

우리는 이 도구를 그누텔라비전, 즉 GTV라는 이름을 붙였다(Yee et al. 2001). 그리고 서로 다른 두 가지 애니메이션 기법에 따른 두 가지 요구사항을 다뤘다. 시각화는 방사형radial 레이아웃에 기초하도록 해서, 데이터가 변화하는 방식(연결이 더 많이 발견될수록 바깥쪽으로 자라는 방식)을 반영하고, 중심 노드와 다른 노드 사이에 연결 단계 수를 추정하기 쉽게 했다. 방사형 레이아웃은 중심 점이 잘 정의되고 층이 바깥쪽으로 성장하는 경우에 장점이 있다. 새로운 노드가 발견되면, 그 노드들은 시작점과 연결 단계 수에 해당하는 고리 위에 추가됐다. 그래서 새로운 노드가 생기면, 노드 이웃의 위치를 살짝만 이동시키면 된다(표시된 노드 대부분은 거의 움직이지 않는다). 시각화가 실행되면, 새로운 데이터로 업데이트가 되면서 계속 애니메이션이 재생되었다(그림 19-4).

사용자가 노드를 조사하려 할 때 GTV는 선택된 노드를 중심으로 재조정한다. 처음 설계는 재조정을 최대한 단순한 방법으로 했는데, 새 방사형 레이아웃을 계산해서 전 위치에서 새로운 위치로 노드를 직선으로 이동시키는 방식이었는데, 매우 혼란스러웠다. 예전 위치에서 새 위치로 이동하는 경로가 겹치는 경우 때문이었다. 이에 대한 첫 해결책은 극좌표 경로를 따라 노드를 움직이되, 항상 시

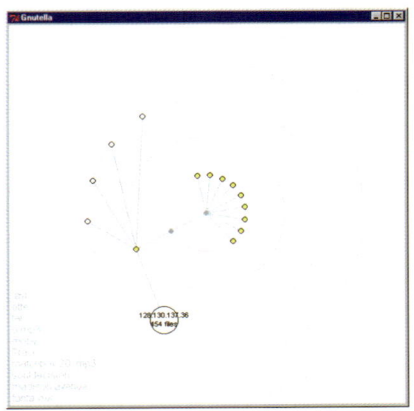 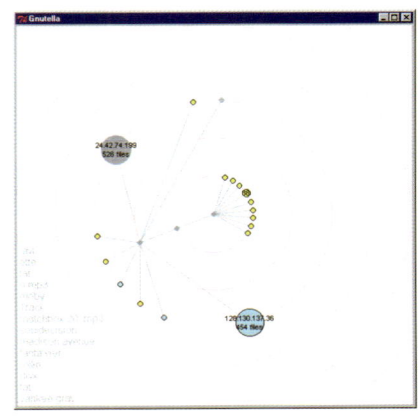

그림 19-4 네트워크에서 몇 개의 새로운 노드가 발견되기 이전(왼쪽)과 이후(오른쪽)의 그누텔라비전(GTV). 노드가 정보를 더 많이 보냄에 따라 색깔과 크기도 변한다.

계방향으로 이동시키는 방법이었다. 그래서 시각화가 그려질 때 노드들은 동일한 공간에 위치했고, 새로운 위치로 부드럽게 이동했다(그림 19-5). GTV는 사용자가 새로운 노드를 조사하는데 방향이 맞춰져 있었고 새로운 정보를 꾸준히 탐색하는 구조였기에, 탐색이 용이하도록 노드가 움직이는 경로를 애니메이션으로 사용자에게 안내하는 것이 중요했다.

　방사형 레이아웃에는 자유도가 몇 차원 있다. 노드를 반경 둘레에 위치시키는 순서가 자유롭기에, 어떤 노드라도 최상단에 위치할 수 있다. 이런 자유도를 제한하지 않는다면, 노드가 화면 최하단에서 최상단으로 이동하는 경우가 종종 생긴다. 그래서 노드를 최소한으로 움직이게 하기 위해 두 개의 제한 조건을 추가했다. 즉 노드는 최대한 상대적인 방향과 순서를 동일하게 유지한다. 상대적인 방향

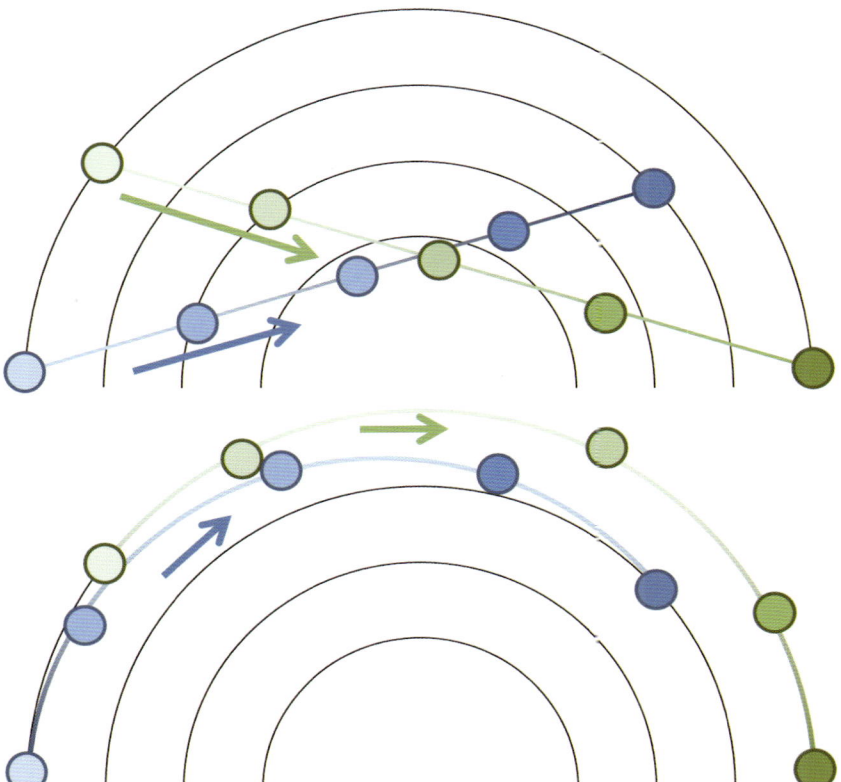

그림 19-5 직각 좌표계(위쪽) 위에서 보간법interpolation을 쓰면 이동 경로가 서로 교차될 우려가 있다. 극좌표계(아래쪽) 위에서 보간법을 쓰면 부드러운 움직임이 생성된다.

유지는 이전 중심과 새로운 중심을 잇는 링크의 상대적 위치가 지속된다는 뜻이다. 상대적인 순서 유지는 노드의 이웃이 고리에서 이전과 동일한 순서로 위치한다는 뜻이다. 이 두 제한 조건이 그림 19-6에 설명되어 있다.

마지막으로 사용자가 움직임이 막 일어나는 순간을 알아차리도록 만화영화의 가속과 감속 움직임 원리를 적용했다.

이후 나오는 유용한 원리들은 매우 가치가 있다.

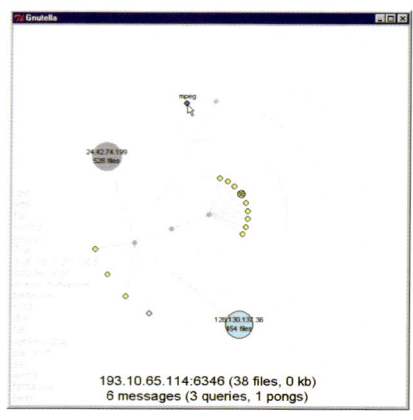

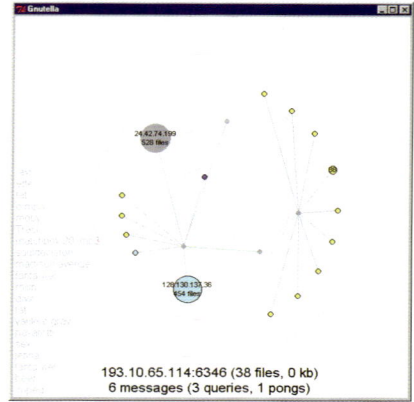
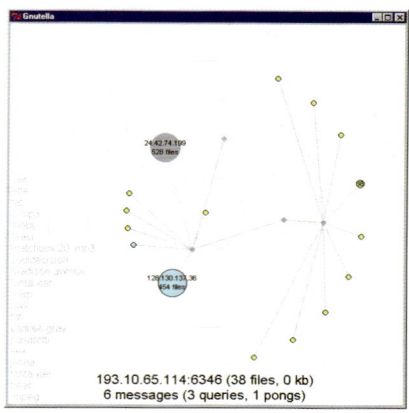

그림 19-6 애니메이션으로 표현한 중심 재조정. 보라색으로 강조된 노드가 중앙으로 오고, 다른 노드들은 상대적인 순서와 위치를 유지한다(큰 파란색 노드는 아래 쪽에 머물고, 작은 노란색 노드들은 바깥쪽 고리를 따라 퍼져 있다).

조화 가능성

애니메이션과 조화 가능한 시각화를 선택하자. GTV의 방사형 레이아웃은 쉽게 수정이 가능하다. 그래프의 변화를 최소화하면서 새로운 노드가 위치될 수 있고, 다른 많은 트리 표현 방식과 마찬가지로 개별 노드를 중심으로 재조정이 가능하다.

좌표 움직임

시각화에서 움직임은 의미 있는 좌표 공간에서 일어나야 한다. 우리는 사용자가 애니메이션이 진행되는 동안 시각화에서 방향을 잃지 않고, 움직임을 더 잘 추적하고 예측하길 바란다. 예를 들어 GTV 사례에서 직교 좌표계에서 변환을 하면, 예측하기 어렵고 혼란스러웠다. 반대로 극좌표계에서는 사용자들이 전환과정을 따라갈 수 있고, 시각화가 의미를 유지했다.

의미 있는 움직임

애니메이션이 사물을 이동시키는 일이기는 하지만, 불필요한 움직임은 매우 혼란스러울 수 있다. 일반적으로 어떤 전환을 할 때 사물을 되도록 적게 움직이는 편이 더 낫다. GTV에서 애니메이션의 자유도를 저한한 덕분에 시각화의 변화가 최소한이 되도록 사물을 거의 같은 곳에 위치시킬 수 있었다.

애니메이션 분류법

시각화에서는 수많은 종류의 변화가 일어난다. 갭마인더를 논의할 때 우리는 데이터에 주는 변화만 이야기했지만, GTV 사례에서는 데이터와 시점 둘 다에 대한 변화를 시험했다. 그럼에도 시각화에서 해볼만한 부류의 전환 방식이 더 많이 있다. 아래 목록은 히어Heer와 로버트슨Robertson(2007)이 정리한 내용을 각색한 것이다. 각각의 전환 방식은 독립적으로 다른 요소의 변화 없이 한 요소만 바뀌어야 한다. 이중 대다수는 발표 과정과 데이터 탐색 과정 모두에 적용 가능하다.

시점 변환
　지도나 큰 데이터 공간처럼 고정된 이미지는 확대해서 보거나 카메라 이동을 하자.

그래프 평면 변환
　그래프에서는 좌표축을 바꿔라(예: 선형 척도에서 로그 척도로 바꿔라). 예를 들어 지도에서는 메르카토르Mercator 사영 표면에서 구면으로 바꾸자.

데이터 필터링
　특정 선택 기준에 따라 현재 시점에서 데이터 점을 제거하자.

데이터 재정렬
　점들의 순서를 바꾸자(예: 열을 알파벳 순으로 정렬하기).

표현 방식 변환
　막대 그래프에서 파이 그래프로 바꾸거나, 그래프의 레이아웃을 바꾸거나, 노드의 색상을 바꾸자.

데이터 변환
　데이터를 한 시간 간격만큼 전진시키고, 데이터를 수정하거나 묘사된 값을 변경하자(예: 막대그래프에서 수익을 손실로 바꾸기). 앞서 논했듯이 데이터를 한 시간 간격만큼 진행시키는 일은 발표에 더 도움이 되는 경향이 있다.

　위 여섯 가지 전환 방식으로 데이터 시각화로 만들어지는 애니메이션 대부분이 설명된다. 흐름을 전달하는(날개 위를 흐르는 공기 같은) 과학시각화 경우처럼 절차 시각화는 약간 분류법이 다를 수도 있다. 다음에는 이런 전환 방식을 가지고 애니메이션을 다루는 방법에 대한 예제를 약간 살펴볼 것이다.

DynaVis를 이용한 애니메이션 연출

두 명의 사람이 컴퓨터 한 대로 데이터셋 하나를 같이 탐색한다면 근본적인 문제가 생긴다. 바로 마우스를 쓰는 사람이 한 명이라는 점이다. 한 명이 '필터filter'를 클릭한 게 직관적으로 완전히 이해가 가능하다 하더라도, 두 번째 사람은 따라가지 못할지도 모른다. 이 사례는 탐색과 발표 사이에서 흥미로운 지점에 위치한다. 애니메이션의 주된 목표 중 하나가 바로 앞선 사람이 방금 적용한 변화를 다른 한 명이 이해하도록 하는 일인데, 구체적으로 막 어떤 점을 강조했는지 앞선 이는 모를 수도 있다. 애니메이션은 두 번째 사람(또는 청중)을 따라가게 하면서 그럴듯하게 여러 시각화를 전환하는 방법이다. 최근 몇 년간 우리는 데이터의 전환 방식과, 잘 알려진 도표(즉 산포도, 막대그래프, 심지어 파이 그래프 같은) 표현 방식을 시각화하는 방법에 대해 실험해왔다.

움직이는 시각화를 위한 프레임워크인 DynaVis는 그 시작점이었다. 지금은 스탠포드 교수인 제프 히어Jeff Heer가 여름 인턴십으로 방문했을 때 우리는 그와 같이 여러 후보 목록을 검토해 볼 기회가 있었다. 이 논의는 제프의 논문에 더 자세히 서술되어 있다(Heer, Robertson 2007).

DynaVis에서 막대, 점 또는 선은 각각 3차원 공간의 오브젝트로 표현되기 때문에 앞 절에서 묘사했던 모든 전환 방식으로 부드러운 움직임이 가능하다. 대부분의 변환 과정은 아주 명백하다. 예를 들어 산포도에서 한 점을 필터링하려면, 그냥 희미해져 사라지게 하면 된다. 하지만 표현 방식의 종류가 바뀌어야 할 경우나, 하나 이상의 변화가 동시에 일어나야 할 때 같이 훨씬 더 흥미롭게 검토해 볼 만한 사례가 몇 가지 있다. 우리는 표현 방식을 바꿀 때 일정한 기본 원리를 따르려 했다. 우선 살펴볼 두 가지 원리는 다음과 같다.

한 번에 하나씩 하라
  시각화에서 여러 변화가 동시에 일어나지 않도록 하라. 이는 다음 단계를 시작하기 전에 전 단계를 마무리 지어서 시각화를 연출함을 뜻한다.

매핑을 보존하자

한 단계가 진행되는 어떤 순간에라도 항상 시각화와 데이터 간 매핑이 의미 있도록 하자. 예를 들어 막대 그래프에서 막대 이름을 변경하는 일은 적절하지 않다. 막대가 각각 하나의 x축 값을 표현하는 게 기본적인 매핑이다.

그림 19-7은 막대 그래프에서 파이 그래프로 전환하는 방식을 처음으로 시도한 사례이다. 이 전환 방식은 다소 좋은 면이 있다. 예를 들어 막대가 모두 동시에 움직이지 않아서, 움직임을 눈으로 따라가는 일이 상당히 쉬우며, 애니메이션 전반에 걸쳐 막대의 값과 동일성이 유지된다. 막대가 지나치면서 서로 가리는 면이 약간의 문제점이지만, 부드러운 경로를 따라 움직여서 막대가 어디서 멈출지 예측하기도 괜찮다. 마지막으로 애니메이션에서 모든 파이 조각이 전체 파이로 합쳐지기 전에 자리를 잡는 방식으로 잘 연출되었다.

하지만 이 시각화에는 중대한 결함이 있다. 막대의 길이가 파이 조각의 길이에 대응이 되어, 긴 막대가 긴 조각이 된다. 그러나 최종적으로 파이 그래프에서 긴 막대는 넓은 조각이 되어야 한다. 이는 막대가 길어지는 동시에 넓어지거나, 짧아지는 동시에 좁아진다는 뜻이다. 결국 시각화가 '픽셀 수는 데이터 값에 비례한다' 같은 일정한 규칙을 따르지 않는다는 이야기이다.

그래서 다음 같은 원리를 정했다.

불변량을 유지하자

앞의 규칙이 데이터 요소와 화면 표시 방식 사이의 관계를 나타냈다면, 이 규칙은 데이터 값과 시각화 사이에 관계를 나타낸다. 만약 데이터 값이 변하지 않는다면, 시각화를 하는 동안 불변하는 값이 있어야만 한다. 예를 들어 각각의 막대 높이가 각각의 데이터 점의 값에 비례한다면, 애니메이션이 진행되는 동안 막대 높이가 변하면 안 된다.

그림 19-8에 막대 그래프에서 파이그래프로 더 성공적으로 전환한 애니메이션 예제에서 앞의 원리들이 잘 나타나 있다. 이 그래프에서는 그려진 대상(막대, 곡선 파이조각)과 기초 데이터 사이에 1:1 대응 관계가 성립한다. 이 관계는 절대로

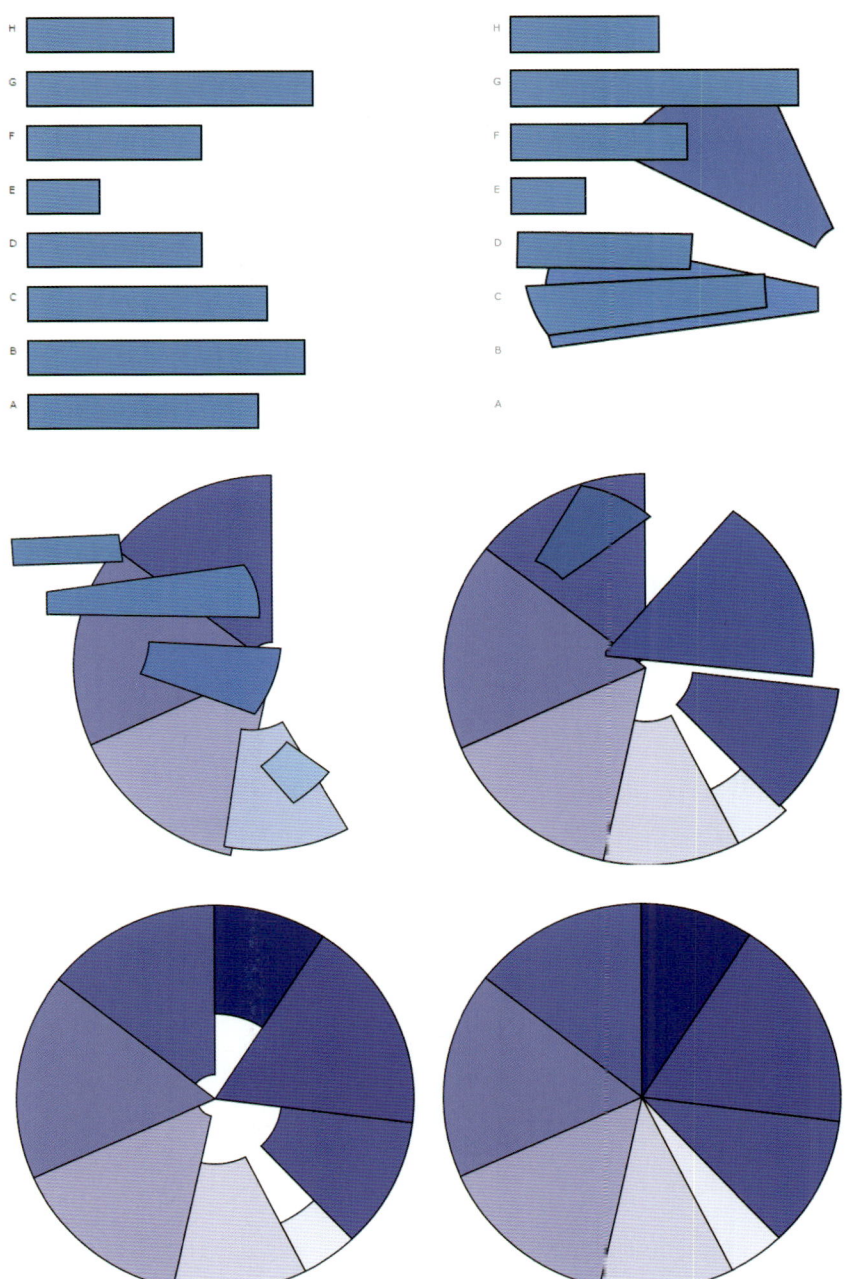

그림 19-7 막대 그래프와 파이그래프 전환 애니메이션 중 비교적 안 좋은 사례. 긴 막대는 길고 넓은 파이 조각이 되고, 짧은 막대는 짧고 좁은 파이 조각이 된다. 파이 조각이 파이를 채우는 방향으로 자란다.

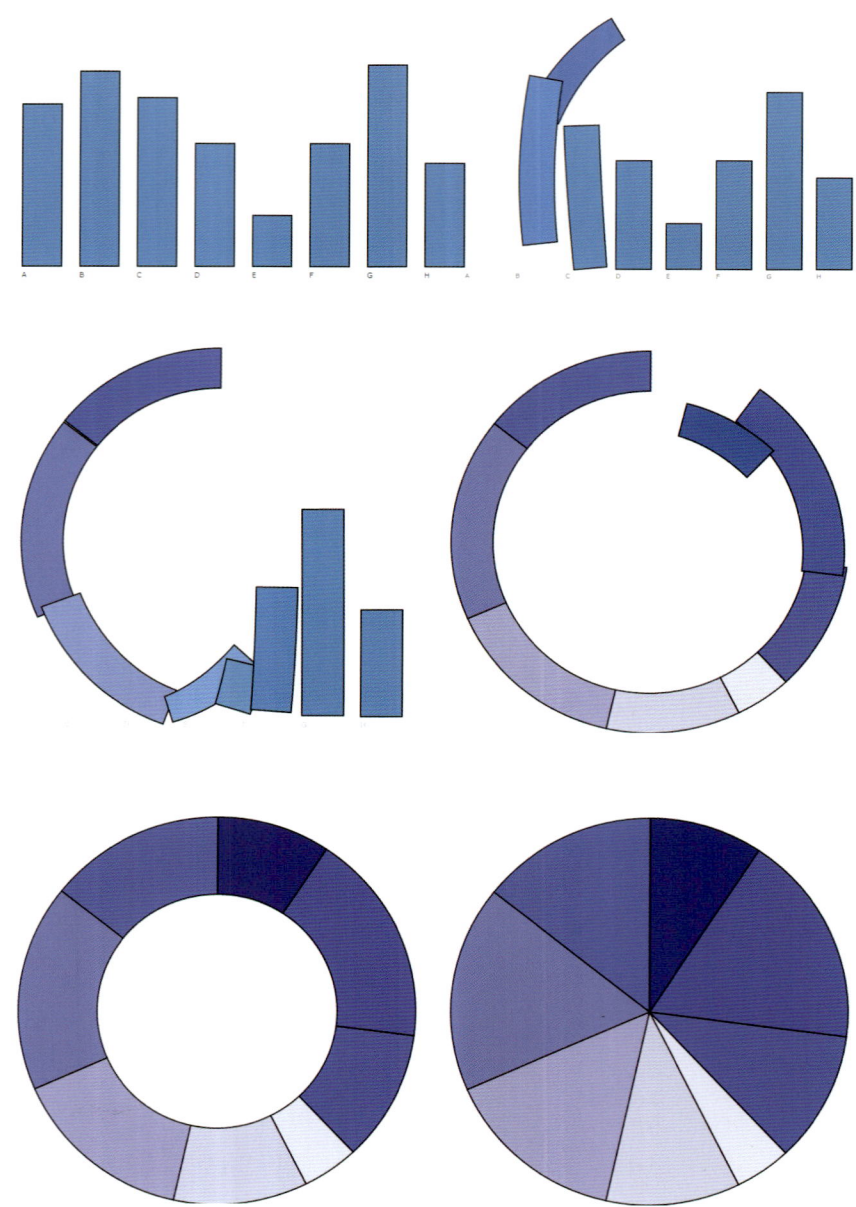

그림 19-8 막대 그래프와 파이 그래프 전환 애니메이션 중 더 좋은 사례. 막대가 고리 모양이 되면서 길이가 유지된다. 그리고 고리가 중심 방향으로 채워지면서 파이가 된다.

바뀌지 않는다. 왼쪽 끝의 막대('A')는 가장 왼편의 파이 조각(마찬가지로 'A')이 된다. 막대 길이는 불변량이 되며, 계속 데이터 값에 비례한다. 여기에서 자세히 설명하지 않겠지만, 막대 그래프를 선 그래프로 바꾸는 데도 비슷한 원리를 따른다. 막대의 왼쪽 상단 모서리가 값을 나타내기에 막대가 선으로 줄어들어도 막대의 왼쪽 상단 모서리에 데이터 점이 고정된 채로 남는다.

만화영화에서 따온 연출 개념을 되살리는 흥미로운 사례가 또 있다. 그누텔라비전에서는 한 번의 움직임으로 중심 재조정을 했지만, DynaVis에서는 대개 변환 과정을 두 단계로 쪼개는 편이 더 좋다. 아래에 예제가 있는데, 한 번에 하나씩만 변화시키는 방식이다.

- 막대 그래프에서 데이터셋을 필터링할 때는, 우선 사용하지 않을 막대를 삭제하고 나서 열을 좁힌다. 필터링을 취소할 때는 추가할 막대를 위한 공간을 만든 이후에 막대를 위로 키운다.
- 데이터가 바뀌어서 막대를 키우거나 줄일 때, 축을 바꿔야 할 경우가 있을지 모른다. 막대 그래프의 값을 $(1, 2, 3, 4, 5)$에서 $(1, 2, 10, 4, 5)$로 키운다고 생각해보자. 이때 분명히 새로운 값을 위한 공간을 확보하려면 y축이 늘어나야 한다. 만약 먼저 막대부터 크기를 키우면 화면 밖으로 넘어갈지도 모르므로, 막대를 변화시키기 전에 축부터 바꿔야 한다.
- 막대를 선택해서 정렬할 때, 동시에 정렬하면 모든 막대가 동시에 중심을 통과하는 사태를 벌어진다. 이런 방식은 혼란스러워서 어느 막대가 어디로 가는지 알아차리기 어렵다. 약간의 시차를 두고 막대를 이동시키면, 정렬 연산을 훨씬 더 뚜렷하게 관찰 가능하다.

연출이 항상 적절하지만은 않다. 히어와 로버트슨의 프로젝트 보고서(2007)에 따르면 연출된 애니메이션 중에 내용을 따라잡기 어려운 경우가 있었다. 특히 도넛 그래프나 파이 그래프에서 한 조각의 크기를 바꾸는 경우 파이가 새로운 크기에 맞춰 공간을 내주는 변화를 추적 관찰하기 힘들다. DynaVis에서는 조각을 외부 고리나 내부 고리로 꺼낸 후 크기를 조정하고 나서 원 위치로 접어 넣는 식으로 이런 전환 과정을 연출했다. 이로서 변화 내용이 훨씬 더 눈에 띄는 반면, 헷갈릴지도 모르는 동작 단계도 들어갔다.

히어와 로버트슨은 사용자가 애니메이션들을 얼마나 좋아하는지 같은 정성적인 결과와 사용자가 가장 정확한 답변을 하는데 도움이 되는 애니메이션이 무엇인지 같은 정량적인 결과를 모두 수집했다. 그리고 애니메이션이 없을 때보다 있는 경우 사용자가 시간에 따라 값의 변화에 대한 질문에 좀더 쉽게 답한다는 사실을 알아냈다. 덧붙여 연출이 되었으나 전환이 한 번만 이루어지는 애니메이션이 전환이 많은 애니메이션보다 대체로 성과가 더 나았다.

주의할 점이 있긴 하지만, 이런 종류의 동역학이 사용자가 전환을 훨씬 더 쉽게 이해하는 데 도움이 될 여지는 뚜렷하다. 발표자가 연달아 슬라이드를 넘길 때마다 청중이 그래프 내용을 다시 이해해야 하는 경우에 비하면, 발표 도중에 사용자가 방향을 잃지 않도록 하는 데 DynaVis 같은 프레임워크가 도움이 된다.

애니메이션의 원리

애니메이션을 위한 원리를 체계화하려는 시도가 몇 가지 있었다. 트버스키Tversky, 모리슨Morrison과 베트란쿠어Betrancourt(2002)는 논문 끝에서 일반적인 가이드라인 두 가지를 제시했는데, 즉 시각화는 일치와 견해를 유지해야 한다는 이야기였다. 전자는 화면 표시 방식이 기반 데이터와 항상 연관이 되어야 함을 뜻한다. 후자는 시각화가 이해하기 쉬워야 함을 말한다. 우리가 앞에서 설명했던 원리는 이 범주에 맞는다(그외에 DynaVis 연구에 대한 논의(Heer and Robertson 2007)와 슬라이드 방식의 발표에서 애니메이션에 대한 논의(Zongker and Salesin, 2003) 그리고 그래프 그리기(Freidrich and Eades 2002)에 관해서 비슷한 가이드라인이 제시되었다).

이 장에서 논의했던 원리들은 다음과 같다

연출

너무 많은 일이 동시에 일어나면 갈피를 잡기 어렵다. 변화가 하나씩 가능하다면, 그렇게 하라. 한편으로 여러 개의 변화가 동시에 일어나야 하는 경우도 종종 있다. 그런 경우에는 연출을 활용한다.

조화 가능성

    애니메이션이 시각화에 방해가 된다면 사용자가 그 내용을 따라잡기 어려워질 것이다. 예를 들어 막대 그래프에 막대 하나를 추가하는 일(전체 막대 그래프가 서서히 이동하기는 가능하다)은 문제가 되지 않으나, 여러 개를 동시에 추가한다면 방해가 될지 모른다. 하지만 사각형 트리맵squarified treemap 경우에는 사각형이 탐욕 알고리즘에 따라 크기 순으로 배치되는데, 이때 사각형 크기를 하나만 늘리면 다른 모든 사각형을 새로운 위치로 이동해야 해서 오히려 헷갈릴 수 있다.

필수 움직임

    특히 필수적이지 않은 움직임은 피하라. 이 말은 움직임이 항상 유의미해야 한다는 뜻이다. 즉 변하는 것만 애니메이션화해야 한다. 그림은 일반적으로 항상 이해가 가능해야 한다. DynaVis 실험에서 보았듯, 지나친 움직임은 (그 움직임이 중요하더라도) 혼란스러워 보인다.

유의미한 움직임

    움직임의 좌표 양식이나 좌표 공간은 늘 의미를 지녀야 한다. 이는 전에 언급했던 두 가지 요점, '매핑을 보존하라'와 '불변량을 유지하라'를 의미한다.

    이 원리를 충실히 따랐는지 확인해보면 어떤 애니메이션이 올바른 방향으로 가는지 알아내는데 도움이 될 것이다.

▍결론: 애니메이션인가 아닌가?

이 장에서 우리는 발표와 데이터 탐색 사이 차이점에 대해 논했다. 또한 바뀔 수 있는 다양한 시각화의 단계와 시각적으로 안전하게 애니메이션을 만드는 원리에 대해서도 논의했다.

    그래서 지금 독자가 작업 중인 시각화를 바라보고 있고, 애니메이션을 쓸지 안 쓸지 결정하려 한다고 하자. 이 장에서 반복적으로 제기했던 질문은 이것이다. 애니메이션이 도움 되는 기능은 무엇인가? 만약 부드럽게 시점을 전환하는 경우라면, 도움이 될 가능성이 있다. 반면 '이전'과 '이후'를 비교할 생각이라면, 애니메이션이 쓸모 있을 가능성이 줄어든다.

사용자는 왜 변화가 일어났는지, 무엇이 변하는지 알고 싶어한다. 만약 화면에서 모든 요소가 계속 움직인다면, 아마도 근본적으로 새로운 그림으로 바꾸는 편이 나을 것이다. 그러면 사용자가 차이점을 찾아보느라 어려워할 필요가 없다. 마지막으로 애니메이션을 활용함은 시각화를 출력하기가 더 어려워진다는 뜻이다. 그러므로 사용자가 프레임 이미지를 갈무리하고 공유가 가능하도록 각각의 프레임은 의미가 있어야 한다. 애니메이션 활용은 복잡하다는 부담이 있지만, 그만한 성과도 있을 것이다.

더 읽을 거리

다음은 독자가 관심 있을 만한 애니메이션 시각화 프로젝트로 이 장의 논의와 관련이 있다.

- 많은 연구자가 기본 시각화 기능인 확대와 카메라 이동을 Pad++를 이용해 다루는데, Pad++는 데이터를 큰 공간에 배치해서 확대하는 용도의 아키텍처이다 (Bederson and Hollan 1994).
- 스캐터다이스 Scatterdice (Elmqvist, Dragicevic, Fekete 2008)는 3차원 회전을 통해 산포도 간에 전환하는 방식을 연구한 결과물이다.
- 트리 데이터 구조를 시각화하는 방법으로 콘트리스 ConTrees (Card, Robertson, Mackinlay 1991), 캔디드트리 CandidTree (Lee et al. 2007)와 폴리아키 Polyarchy (Roberson et al. 2001)가 있다. 연구자들은 트리맵을 확대(왜곡)하고 (Blanch, Lecolinet 2007) 3차원 공간 내에서 이동시키는 방식 (Bladh, Carr, Kljun 2005)으로 트리맵과 애니메이션을 연구했다.
- 그래프 레이아웃 분야에서도 종종 배치의 진행을 보여줄 때 애니메이션을 활용하는데, 최근 10년간 그래프 그리기 연구 커뮤니티는 기반 데이터에 따라 그

래프를 업데이트하는 방법을 연구해왔다. 앞에서 인용했던 방법(Friedrich, Eades 2002) 외에도 GraphAEL(Erten et al. 2003)도 주목할 만하다.

감사의 글

같은 사무실을 썼을 때 이 주제에 대해 했던 소중한 대화와 이런 개념을 2007년 Infovis 논문(Heer, Robertson 2007)과 스탠포드 강의노트에서 이해하기 쉽도록 설명해준 점에 대해 스탠포드 대학의 제프리 히어에게 감사를 표한다. 또한 제프는 이 책의 자매지인 『Beautiful Data』에서 그의 작업인 sense.us에 대해 논의하는 장을 하나 써주었다. 이 논문에 대해 아이디어와 의견을 준 동료 스티븐 드러커Steven Drucker, 롤랜드 페르난데즈Roland Fernandez, 페트라 아이센버그Petra Isenberg 그리고 조지 로버트슨George Robertson에게도 고마움을 표한다.

참고문헌

- Bederson, B.B., and J.D. Hollan. 1994. "Pad++: A zooming graphical interface for exploring alternate interface physics." In Proceedings of the 7th Annual ACM Symposium on User Interface Software and Technology. New York: ACM Press.
- Bladh, Thomas, David A. Carr, and Matjaz Kljun. 2005. "The effect of animated transitions on user navigation in 3D tree-maps." In Proceedings of the Ninth International Conference on Information Visualization. Washington, DC: IEEE Computer Society.
- Blanch, Renaud, and Eric Lecolinet. 2007. "Browsing zoomable treemaps: Structureaware multi-scale navigation techniques." IEEE Transactions on Visualization and Computer Graphics 13, no. 6: 1243-1253.
- Card, Stuart K., George G. Robertson, and Jock D. Mackinlay. 1991. "The information visualizer, an information workspace." In Proceedings of the SIGCHI Conference on Human Factors in Computing Systems. New York:

ACM Press.

- Cavanagh, Patrick, and George Alvarez. 2005. "Tracking multiple targets with multifocal attention." TICS 9: 349-354.
- Chang, Bay-Wei, and David Ungar. 1993. "Animation: From cartoons to the user interface." In Proceedings of the 6th Annual ACM Symposium on User Interface Software and Technology. New York: ACM Press.
- Elmqvist, N., P. Dragicevic, and J.-D. Fekete. 2008. "Rolling the dice: Multidimensional visual exploration using scatterplot matrix navigation." IEEE Transactions on Visualization and Computer Graphics 14, no. 6: 1141-1148.
- Erten, C., P.J. Harding, S.G. Kobourov, K. Wampler, and G. Yee. 2003. "GraphAEL: Graph animations with evolving layouts." In Proceedings of the 11th International Symposium on Graph Drawing. Springer-Verlag.
- Fisher, Danyel A. 2007. "Hotmap: Looking at geographic attention." IEEE Transactions on Visualization and Computer Graphics 13, no. 6: 1184-1191.
- Friedrich, C., and P. Eades. 2002. "Graph drawing in motion." Journal of Graph Algorithms and Applications 6, no. 3: 353-370.
- Heer, Jeffrey, and George G. Robertson. 2007. "Animated transitions in statistical data graphics." IEEE Transactions on Visualization and Computer Graphics 13, no. 6: 1240-1247.
- Hundhausen, Christopher D., Sarah A. Douglas, and John T. Stasko. 2002. "A metastudy of algorithm visualization effectiveness." Journal of Visual Languages & Computing 13, no. 3: 259-290.
- Johnson, Ollie, and Frank Thomas. 1987. The Illusion of Life. New York: Disney Editions.
- Lasseter, John. 1987. "Principles of traditional animation applied to 3D computer animation." In Proceedings of the 14th Annual Conference on Computer Graphics and Interactive Techniques. New York: ACM Press.

- Lee, Bongshin, George G. Robertson, Mary Czerwinski and Cynthia Sims Parr. 2007. "CandidTree: Visualizing structural uncertainty in similar hierarchies." Information Visualization 6: 233 - 246.
- Michotte, A. 1963. The Perception of Causality. Oxford: Basic Books.
- Robertson, George, Kim Cameron, Mary Czerwinski, and Daniel Robbins. 2002. "Polyarchy visualization: Visualizing multiple intersecting hierarchies." In Proceedings of the SIGCHI Conference on Human Factors in Computing Systems. New York: ACM Press.
- Robertson, George, Roland Fernandez, Danyel Fisher, Bongshin Lee, and John Stasko. 2008. "Effectiveness of animation in trend visualization." IEEE Transactions on Visualization and Computer Graphics 14, no. 6: 1325 - 1332.
- Tversky, Barbara, Julie B. Morrison, and Mireille Bétrancourt. 2002. "Animation: Can it facilitate?" International Journal of Human-Computer Studies 57: 247 - 262.
- Yee, Ka-Ping, Danyel Fisher, Rachna Dhamija, and Marti A. Hearst. 2001. "Animated exploration of dynamic graphs with radial layout." In Proceedings of the IEEE Symposium on Information Visualization. Washington, DC: IEEE Computer Society.
- Zongker, Douglas E., and David H. Salesin. 2003. "On creating animated presentations." In Proceedings of the 2003 ACM SIGGRAPH/Eurographics Symposium on Computer Animation. New York: ACM Press.

20장

시각화: 찾아보기

제시카 헤이지 | Jessica Hagy

▎시각화는 코끼리다

시각화. 누군가에게는 도표, 그래프, ROI이다. 어떤 사람에게는 일러스트레이션, 다채로운 은유, 화랑의 개막식 같은 것이다. 그리고 다른 사람에게는 이상하게도 많이 쓰이는 합성어인 인포그래픽Infographics을 뜻한다. '시각화'는 마치 엿처럼 이리저리 늘여지는 용어이다. 이 용어는 코끼리를 처음 본 세 장님의 일화를 떠올린다. 한 장님이 코끼리 꼬리를 만지며 "코끼리는 밧줄 같아"라고 하고, 다른 장님은 코끼리 다리를 만지며 "코끼리는 나무 몸통 같아"라고 하며, 세 번째 장님은 코끼리 코를 만지며 "코끼리는 마치 뱀 같군"이라 했다는 옛날 이야기 말이다. 세 명 다 전적으로 틀린 얘기를 하지는 않았지만, 누구도 코끼리의 전체 모습을 보지 못했기에 그 누구도 전적으로 맞는 얘기를 한 것은 아니다(그림 20-1).

시각화는 단지 눈에 보이는 무언가(또는 전부)일 뿐이다. 시각화는 모자이크 작품을 구성하는 빛나는 돌 하나이면서, 모자이크 작품이기도 전체이기도 하다. 단순히 그래프는 아니다. 시각적 비유도 아니다. 글머리 기호를 대신하는 그래픽 디자인만은 아니다. 단지 아이디어 스케치나 데이터 분석만을 뜻하지도 않는다. 이런 것들은 더 큰 개념을 이루는 단편일 뿐이다.

정말로 훌륭하고, 아름답고, 강력한 시각화, 즉 지성과 감성을 자극하는 시각화는 단지 이미지나 스냅 사진 또는 창유리를 통해 흘끗 보이는 장면에 관련된 것만은 아니다. 강렬한 시각화 코끼리 시험을 통과해야 한다. 즉 실제로 묘사하기는 어렵더라도 곧바로 인식되어야 한다. 이 장에서는 시각화라는 코끼리의 다양한 면을 설명할 생각이다. 이를 통해 시각화가 무엇인지 뚜렷한 그림을 그리는 데 도움을 얻을 수 있을 것이다.

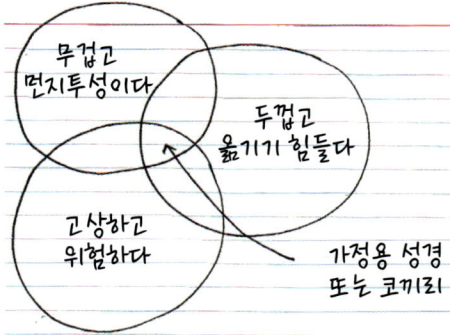

그림 20-1 겉으로 보이는 게 다가 아니다.

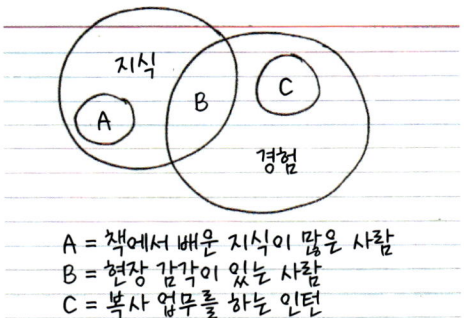

그림 20-2 지식과 행동은 함께 한다.

시각화는 예술이다

그림이 있으면 그 안에 메시지가 있다. 사람들은 그것을 보고 토론한다. 그 때문에 액자를 만드는 사람은 뒷전으로 밀린다. 품질에 대한 판단은 주관적이고, 심미성에는 항상 논란의 여지가 있다. 하지만 고유한 예술성은 분명히 눈에 띈다. 포르노처럼 미술도 눈으로 봐야 알 수 있고, 보기 전에는 모르는 어떤 것이다. 그리고 사람들은 일반적으로 시각화를 미술의 일종으로 여긴다.

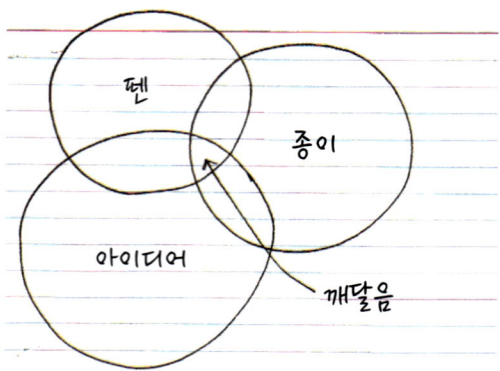

그림 20-3 깨달음의 순간을 시각화하기

시각화를 제작하는 사람들은 대개 창의적인 분위기를 풍긴다. 그들은 그림을 그리며, 두껍고 까만 뿔테 안경을 쓰고 있다. 물론 어떤 일에 예술적 시도라는 낙인이 찍히자마자 진입 장벽이 생긴다. 그 때문에 그림을 그릴 줄 모른다고 생각하거나, 자기 자신을 '창조적'이라는 형용사로 표현해본 일이 없는 사람은 시각화에 겁을 먹고 피하고는 한다. 참 안타까운 일이다. 막대기 한두 개를 대충 그려도 설명이 되는 아이디어를 표현하려고 모두 다 렘브란트Rembrandt가 될 필요는 없기 때문이다.

시각화에 내재하는 아름다움이란 (논쟁의 여지가 있지만) 바로 그림 이면에 있는 아이디어이다. 즉 여러분의 망막에 비치는 선이나 모양에 담긴 개념이다. 누구나 찰흙 한 덩이로 어떤 모양이든 빚을 수 있는 것처럼, 시각적으로 전달할 아이디어만 있다면 누구나 시각화를 할 수 있다. 물론 그 스케치나 시각화의 품질은 논란의 여지가 있다. 그러나 어떤 예술이나 그림이라도 이런 부분은 늘 논란의 여지가 있는 것은 마찬가지이다.

시각화는 보기 나름이다. 그리고 당신에게는 아이디어가 있다.

시각화는 비즈니스다

조그맣고, 이미 들어봤을지도 모를 프로그램이 하나 있다. 이 프로그램은 저렴하고, 상당히 널리 쓰인다. 그리고 시각 교재는 카키색을 좋아하는 중간 관리자들의

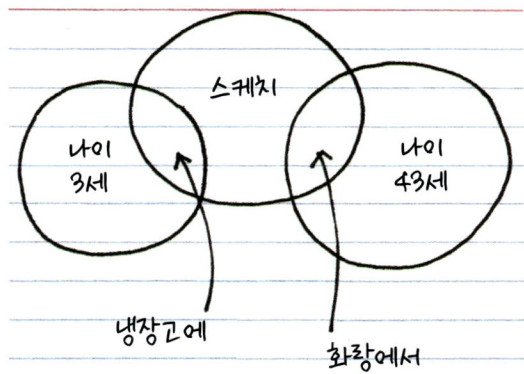

그림 20-4 나이를 먹어도 흥미를 잃지 마라.

도구로 바꾸어놓았다. 이 프로그램은 파워포인트라고 불리며, 홀로 시각화를 비즈니스의 영역으로 데려왔다(그림 20-5).

   시각 정보에 눈을 뗄 수 없다는 사실은 부인할 여지가 없다. 사람들이 내 지루한 글을 알아차리지 못하기를 바라는가? 그렇다면 그림을 넣거나, 대학 수학 강의를 들은 적이 있다면 그래프를 많이 첨부해라. 파워포인트 없이 이사회나 또는 잠재 고객에게 프레젠테이션을 하거나, MBA 수업 중간평가로 발표를 하면 잘해

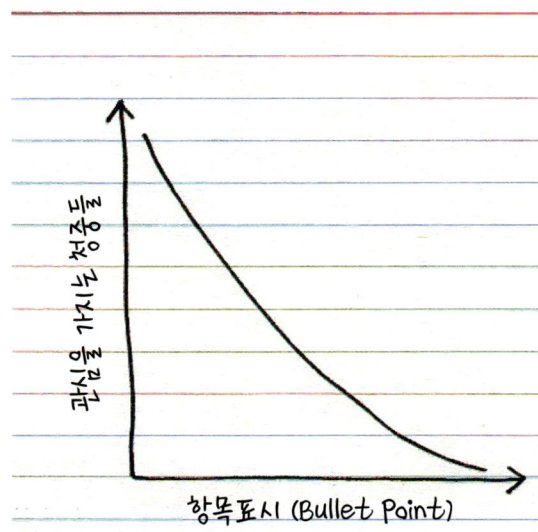

그림 20-5 파워포인트 = 모순어법

시각화는 비즈니스다   411

봤자 괴짜, 못하면 준비 불충분으로 보일 뿐이다. 왜 그럴까? 바로 시각화가 훌륭한 설득 도구이기 때문이다. 그리고 설득은 세일즈의 다른 말이다.

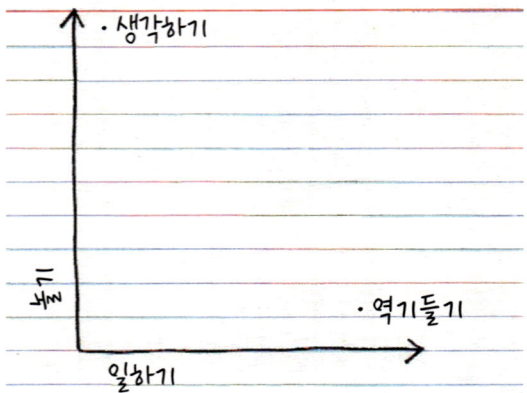

그림 20-6 아이디어가 도움이 될지도 모른다.

기업 인수, 합병, 협상, 광고, 선전, 비즈니스 커뮤니케이션은 매일 시각적으로 이루어지고 있다. 냅킨 뒷면, 화이트보드 또 최근 회의를 네 시간 동안 하면서 어떻게 하면 여기서 빠져나갈 수 있을까 생각하며 그린 낙서에서도 말이다.

보는 것이 믿는 것이다. 그리고 사실 사람들은 무언가를 믿으면, 그것을 사들인다. 회사 본사, 정치 왕조 그리고 거대 교회가 어떻게 생겨났을 것 같은가?

시각화는 시대를 초월한다

프랑스에 있는 유명한 동굴 벽화는 할 일 목록도, 문장도, 단어도, 글자조차도 아니다. 그것은 이미지이다. 수천 년 전 상형문자에는 각 글자마다 이미지가 있었다. 오늘날 중국문자도 마찬가지이다. 우리는 말보다 미소를 먼저 이해한다. 언어가 강력하더라도, 시각화만큼 직관적이고 원초적이지는 않다(그림 20-7).

사진이나 그림 또는 일기예보 지도를 볼 때, 그 이미지를 말로 설명했을 때보다 훨씬 더 빠르게 더 많은 정보를 이해한다. 한 시간 정도 심한 가난에 대해 설명을 듣거나, 쇠약한 아이 주변을 맴도는 독수리 사진[1]을 몇 분의 1초 동안 보는 것과 마찬가지이다. 말로 표현한 주장이 아무리 매혹적이더라도, 결국 이미지가 더

[1] 옮긴이 사진 기자 케빈 카터 Kevin Cater의 유명한 사진. 그는 1994년에 수단에서 독수리가 굶주린 어린 아이를 지켜보는 장면을 사진으로 찍어 그 해의 퓰리처상을 받았다.

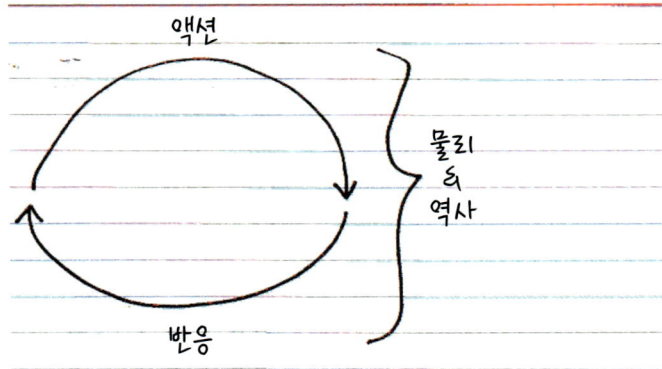

그림 20-7 여러 사람이 말하는, 늘 똑같은 이야기

빨리 이야기를 전달한다. 어릴 적 엄하게 가르친, 관용구나 비유 또는 문법으로 꽉찬 복잡한 어휘나 언어를 쓰는 상류층이라고 해도, 여전히 언어 없이 이미지만으로 의사소통을 하곤 한다(그림 20-8).

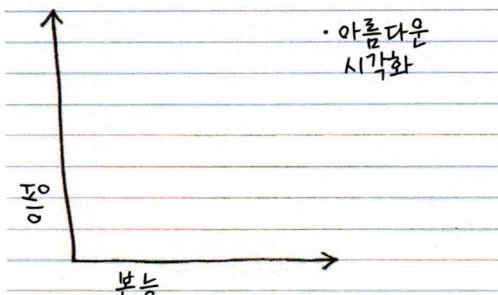

그림 20-8 보는 것이 아는 것

태고적 동굴의 흙벽을 긁어서 그린 그림과 각종 형태를 상상해보자. 또 전문가의 의견이 있기 전과 시가 있기 전, 파워포인트가 있기 전을 말이다.

시각화는 '바로 지금'이다

어느 쪽이 더 많은 내용을 담고 있는가, 이름인가 아니면 로고인가? 사람들이 당신을 무엇으로 인식하는가, 아바타인가 아니면 이력서인가? 가장 값비싼 주소는 무엇인가? 유명한 URL, 아니면 유명한 우편번호 내 지역인가? 오늘날 로고에는 서사적 이야기가 담겨있다. 온라인 별명은 그 사람의 정체성과 동등하다. 웹 주소 가치만으로 저택 수리비나 대목장, 섬, 도시 구역의 가격을 지불한다.

우리는 점점 더 깊은 정보의 바다에서 헤엄치게 되었다. 모든 것이 데이터에 저장된다. 이전 사람들이 본 적이 있거나 심지어 이해해보려 했던 것보다도 더 많은 정보가 매일 생성된다(그림 20-9). 그래서 우리는 시각화에 기대서 정보들을 모으고, 압축하고, 전달한다.

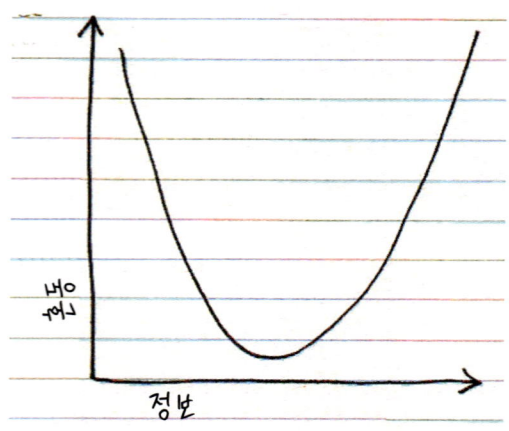

그림 20-9 어디를 가도 바다, 바다

시각 정보는 데이터를 빠르게 처리한다. 시각 정보는 두껍고 거추장스러운 흑백 스프레드시트 문서 뭉치를 매끄럽고 다채로운 도표로 압축해서 나타낸다. 시각 정보를 통해 막대한 양의 데이터에서 패턴이 드러나고, 복잡하고 이해하기 힘든 이론이 우아하게 설명된다(그림 20-10). 데이터 점을 얼음의 입자라고 상상해보자. 시각화는 훨씬 더 작은 정보조각을 아주 멋지고 조직적이게 배열해서 눈송이를 만드는 셈이다.

정보의 바다를 이해하고 싶을 때 우리는 시각화를 한다. 지금은 정보 시대이다. 그래서 '지금은 시각화 시대이기도 하다'라고 말하는 사람도 있을지 모른다.

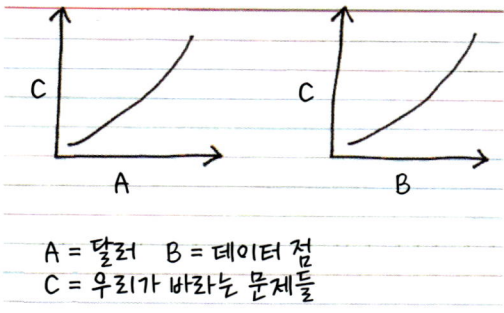

그림 20-10 필요한 것을 얻으려면 둘 다 활용하라

시각화는 코드이다

글자는 소리를 나타내고, 단어는 생각을 나타낸다. 우리는 군장을 결합하고 엮어서 이야기를 한다. 자동차 후드에 달린 장식물은 차 주인이 내는 소득 세율 구간을 뜻한다. 주름은 나이를 말해준다. 사람들은 코드, 즉 청각적, 시각적, 촉각적 그리고 사회적 코드로 의사소통을 한다. 심지어 DNA도 코드이다. 사람은 모두 DNA에 있는 표현형 데이터 비트 정보에 따라 밑바닥부터 만들어진 것이다(그림 20-11). 그래프의 축이 상관관계를 간단히 표현하고, 시사만평의 캐릭터가 이념을 대신하듯, 시각화는 코드로 의사소통 하는 형태 중 하나일 뿐이다. 사진과 그림은 역사를 나타낸다.

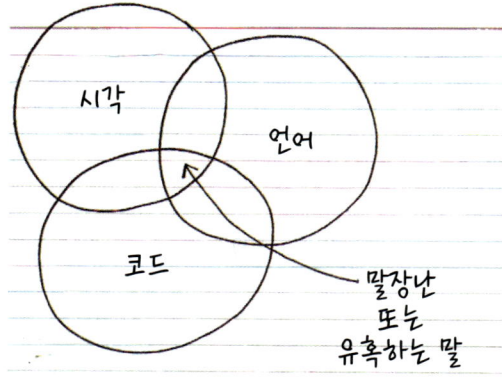

그림 20-11 무슨 뜻인지 알죠?(윙크)

시각화의 연구 범위가 (상아탑, 미술 작업실, 게시판 등지에서) 더 확장되면 기호론이란 개념이 더 자주 등장할 것이다. 기호와 상징을 자세히 살펴보면, 우리가 말로 의사소통하는 것만큼 시각화로도 소통하고 있음을 알게 될 것이다. 빨간 불을 무시하고 지나간 운전자에게 가운데 손가락을 치켜 올리는 일이나, 연애 편지에 그려 넣는 하트나, 이제는 점점 더 진부해지는 이모티콘까지, 상징은 우리 자신을 표현하는데 이용된다.

비유, 관용어구, 뼈있는 농담(영문학 전공자에게는 문학적 암시), 의사소통에는 다양한 층의 상징 표현과 대화 맥락에 따라 다양하게 해석되는 코드가 포함된다. 시각화는 아이디어를 표현하는 하나의 방법, 즉 그렇게 비밀스럽지는 않은 코드이다. 시각화가 명확할수록 시각화의 코드를 풀어내는 사람도 더 많아진다.

범죄 조직원의 문신, 로르샤흐Rorschach 검사[2], 다양한 표현 방식의 예술 작품, 이것들은 숨은 그리고 때로는 심오한 의미를 지닌 수많은 시각화 중 일부일 뿐이다(그림 20-12).

2
옮긴이 피검자에게 좌우 대칭의 잉크 얼룩이 어떻게 보이는지 물어보고, 대답하는 내용을 분석하여 성격 및 정신 상태를 진단하는 인격 진단 검사법. 개발자인 스위스의 정신의학자 로르샤흐의 이름을 따왔다.

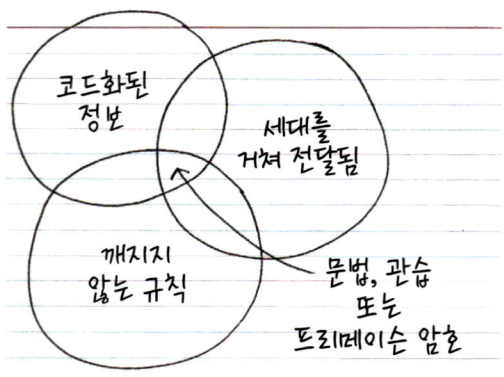

그림 20-12 비밀 또는 사회

▎시각화는 명백하다

보통 시각화가 지니는 아름다움 중 하나는 단순함이다. 순수한 명쾌함! 놀라운 명백함! 그 훌륭한 단순함! 이미지 하나는 프레젠테이션, 특집 기사, 연차 보고서의 분위기를 결정한다. 우리는 본다. 우리는 안다. 우리는 이해한다. 언뜻 보고 '아 알았다'고 할 때까지 불과 1초도 걸리지 않는다.

늘 10쪽짜리 요약문을 읽거나 의미를 분석할 시간이 있는 것은 아니다. 도표를 보고, 연도별 결과를 알고 나면 다음 단계로 넘어가고 싶어지기 마련이다. 이럴 때 이미지는 정보를 신속하게 전달하는데 정말로 탁월하다. 명백함은 이해를 돕고, 행동하도록 한다. 그리고 모호함은 숙고할 시간(우리에게 없는 시간)이 필요하게 한다.

어떤 사람을 10초 동안 만나보고 알아낸 정보가, 한 시간 동안 구글로 뒷조사를 해서 알아낸 내용보다 더 많다. 사람들은 책을 표지로, 부동산은 도로 연석의 디자인으로 판단한다. 자유의 여신상에 올가미가 씌워진 그림을 보면 무언가 불공정한 일을 뜻함을 알아차린다. 과 대표 출마 포스터에 그려진 악마 뿔을 보면 누군가 그를 싫어한다는 사실을 안다. 시각 정보가 전달하는 의미는 명백하다(그림 20-13). 다만 메시지가 명백하다고 늘 진실은 아니다.

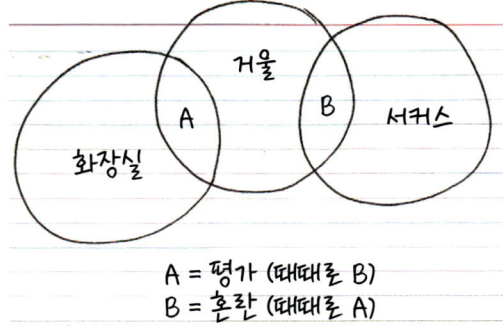

그림 20-13 맥락이 전부다.

사람들은 정보 출처가 편향된 뉴스를 신뢰하지 않는다. 그리고 누군가 놀라운 제안을 하면 계약서에 불리한 내용이 작은 글씨로 길고 빼빼하게 인쇄되어 있을 거라 짐작한다. 광고에서 진실이란 곧 미신myth이다. 아름다운 시각 정보를 접할 때 이 사실을 기억하라. 시각화가 주는 메시지가 명백하고 당연해 보이더라도, 그 이면의 동기를 알려면 시간이 걸릴지도 모른다(그림 20-14).

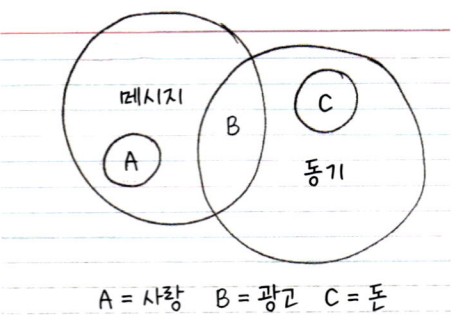

그림 20-14 왜 눈 앞에 있는 것을 보고 있는지 자문해보자.

▎시각화는 배울 수 있다

정보 표현은 어떤 형태로든 표현하는 사람이나 읽는 사람 모두에게 열려있다. 머리 모양에서 코트 색상까지 사람들은 시각적 신호를 보내서 정보를 전달하는 중이다. 누구든 펜을 들어 벽이나 종이에 선을 그릴 수 있다. 마찬가지로 픽셀은 재배열되어 컴퓨터에 접속한 어떤 이의 생각을 표현한다.

미켈란젤로의 예술을 감상하려고 꼭 이탈리아어를 할 필요는 없으며, 누구든 루브르에 방문해서 감명을 받을 수 있다. 마찬가지로 어린아이는 단어를 많이 몰라도 얼굴 표정을 알아본다.

말하고 읽는 법을 배웠던 것과 마찬가지로 연습을 통해서 시각화에 숙련될 수 있다. 그리기는 풍경을 종이로 옮기는 능력, 즉 있는 그대로 옮기는 능력이다. 시각화는 아이디어를 종이에 표현하는 능력, 즉 데이터에서 개념을 추출하는 능력이다. 둘을 혼동하지 말자. 펜과 종이를 쓴다는 점이 공통이기는 하지만, 사고 과

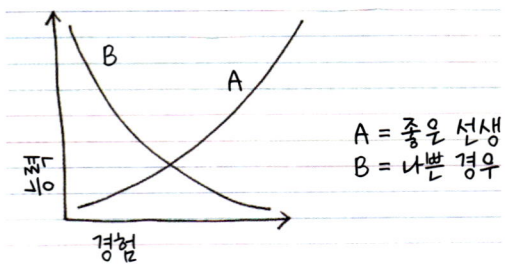

그림 20-15 아는 만큼 행동한다.

정은 다르다. 아이디어(개념, 이론, 수식, 의견, 절차)는 정물화의 과일바구니와는 다르다(그림 20-15).

조잡하고 산만하게 스케치한 상징과 비유라고 해도, 여전히 강력하고 명백하다. 다음 번에 김서린 창유리에 하트를 그릴 때면 이 사실을 기억하라(그림 20-16).

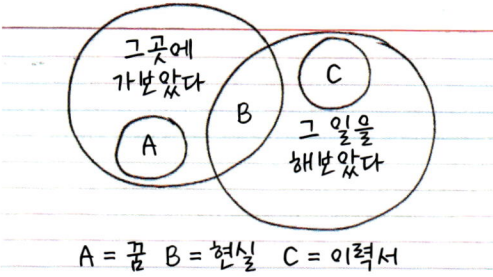

그림 20-16 당신이 하는 일이 당신을 결정한다.

시각화는 유행어다

그래서 시각화는 밈meme³인가(그림 20-17)? 아니면 그저 비즈니스 잡지의 특집 페이지, 제안서, 강의 개요를 휩쓰는 최신 용어일 뿐인가? 마케터가 똑똑하게 보이려고 이리저리 말해보는 단어일 뿐인가? 또는 일시적 유행이거나, 데이터가 넘쳐나는 현실에 대한 반작용에 불과한 것인가?

3
옮긴이 개체 간에 생물학적 정보가 유전자를 통해 복제, 전달되는 것처럼 문화가 전달되는 중간 매개물 역할을 하는 정보의 개념적 단위를 가리키는 용어. 영국의 생물학자 리처드 도킨스 Richard Dawkins가 그의 저서 『이기적 유전자』에서 처음 제시했다. 유전자는 생식세포의 복제를 통해 한 생물 개체에서 다른 생물로 전달되지만, 밈은 모방을 통해서 한 사람의 뇌에서 다른 사람의 뇌로 전달된다.

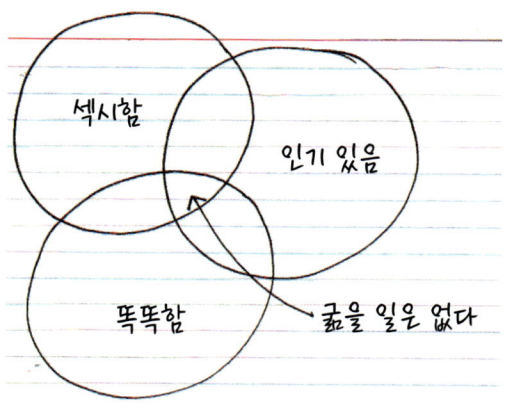

그림 20-17 인터넷에 잘 오셨습니다.

시각화는 많은 관심을 받고 있다. 시각화는 정보 과부하에 대응하는 데, 시간을 절약하는 데, 그리고 본질적 관점에 접근하는 데 도움이 된다. 잘 가공된 시각화는 눈을 사로잡고, 아름다우며 지적인 흥미를 자극한다. 소프트웨어를 아무리 많이 이용하더라도, 아이디어를 이미지로 바꾸기 쉬운 경우는 없다. 그러므로 시각화의 인기란 수요의 함수로 보인다. 엄밀히 조사해야 할 데이터가 늘어날수록 데이터를 이미지로 변환하기도 더 쉬워지고, 이미지를 텍스트와 같이 쓰거나 누군가를 설득해서 승진하려는 사람이 많아질수록, 주위에서 시각화를 접할 일도 더 많아질 것이다.

시각화는 인기가 있고, 그 아이디어도 인기가 있다. 응용분야 또한 인기가 있다. 시각화는 의사소통에 도움이 된다. 시각화는 연결을 가능하게 하고 연결을 촉진한다. 앞 두 문장이 진실인 만큼, 우리는 시각화가 몽키즈Monkees[4]보다는 비틀즈Beatles처럼 대중적이 되길 바랄 따름이다(그림 20-18).

4
옮긴이 몽키즈는 당시 비틀즈의 성공에 영향을 받고, 그를 본따 1966년에 결성된 4인조 미국 록 그룹이다. 1969년에 해체되었다.

5
옮긴이 Pet Rock. 미국에서 70년대에 인기를 끌었던 상품으로, 광고계에 종사하던 게리 달Gary Dahl이라는 사람이 단순한 돌이 애완용 생물인 것 마냥 포장하고 재치 있는 취급설명서를 첨부하여 상품화한 것이다.

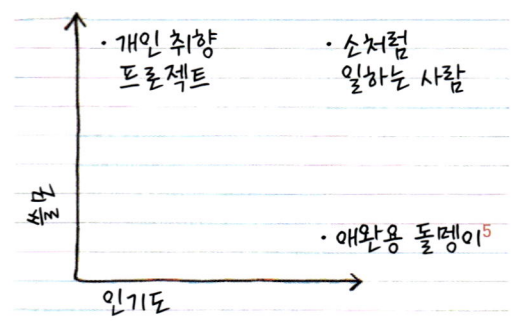

그림 20-18 혁명에 동참할 것인가, 아니면 일시적 유행에 따를 것인가?

▼ 시각화는 기회이다

연결을 하고, 영향력을 가지고, 의사소통을 하고 싶다면, 시각화가 필요하다. 예술과 비즈니스는 결합이 가능하다. 시각화를 통해 사람들에게 빠르고, 강렬하게 감정적인 영향을 끼칠 수 있다. 당신이 창의적인 사람이나 예술가가 아니라고 생각하더라도, 시각화는 할 수 있다(그림 20-19).

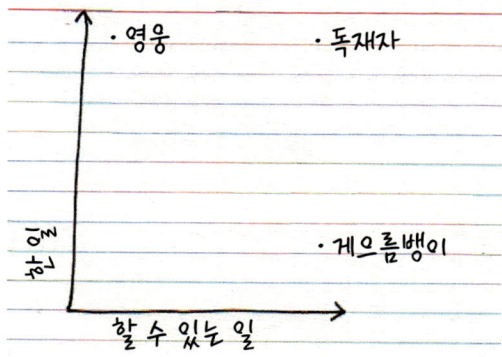

그림 20-19 변명은 통하지 않아요.

작가가 글을 읽으며 글쓰기 기술을 연마하듯, 시각화 창작자는 관찰한다. 그들은 다른 사람이 무시하고 지나치는 부분을 주의 깊게, 그리고 열심히 관찰한다. 또 이미지 말고 사건도 본다. 그들은 어떤 원인, 효과, 동기나 의미들을 넋을 잃고 보기도 한다. 때로는 눈을 감고 워드 문서에 펼쳐진 세계나 이메일에 표현된 감정의 깊이나, 사업 내용을 슬라이드 한 장에 표현하는 방법에 대해 생각한다(그림 20-20).

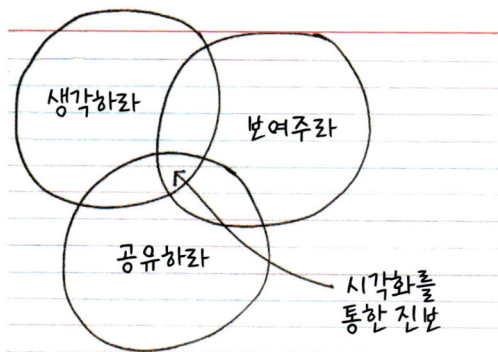

그림 20-20 자세히 보고 더 나아가라.

관찰은 시각화를 하기 위한 첫 걸음이고, 여러분이 바로 지금 하고 있는 일이다. 무언가에 대해 생각할 수 있다면, 시각화할 수 있다. 시각화할 수 있다면, 공유할 수 있다. 그리고 공유할 수 있다면, 세상을 바꿀 수 있다.

먼저 여러분의 주위를 둘러보자. 기회가 보일 것이다.

기고자

데니스 애더턴 Dennis Adderton은 과학 연구용 기구를 설계한 경험이 있는 전기 공학자이다. 현재 산타 바바라에 있는 캘리포니아 대학의 앨로스피어 프로젝트의 연구 기사로 근무하고 있으며 조안 쿠체라-모린 박사 밑에서 미디어아트를 연구하고 있다.

바삭 알페르 Basak Alper는 산타 바바라의 캘리포니아 대학 미디어아트 및 기술 프로그램에서 박사 과정을 밟고 있다. 지난 5년간 컴퓨터 그래픽스와 시각화 분야에서 연구를 했다. 최근 연구는 가상 현실 환경에서 다중모드multimodal 시각화에서 인간 중심의 측면에 대한 것이다.

닉 빌턴 Nick Bilton은 뉴욕타임스 비츠 블로그Bits Blog의 수석 기술부 작가이다. 디자인, 사용자 인터페이스, 저널리즘, 하드웨어 해킹, 다큐멘터리 필름과 프로그래밍 전공 및 경력이 있다. 전에 더 타임스 연구개발 랩the Times Research & Development Labs에서 연구원으로 일하며 미디어 지형을 수년간 지켜봤다. 타임스에서 일한 경력에 덧붙여, 닉은 뉴욕의 브루클린에 NYCResistor라는 하드웨어 해커 공간을 공동 설립하는데 도움을 주었고, NYU의 상호작용 전기 통신 공학 프로그램의 겸임교수이기도 하다.

마이클 드리스콜 Michael Driscoll은 인간 게놈 프로젝트에서 소프트웨어 엔지니어로 일하던 10년 전 데이터 시각화와 사랑에 빠졌다. 샌프란시스코의 분석 자문 회사인 데이터스포라Dataspora 설립자이자 수석 데이터 과학자이다.

조너선 파인버그 Jonathan Feinberg는 매사추세츠 주 메드퍼드 시에서 아내와 두 아들과 함께 사는 컴퓨터 프로그래머이다. 만약 여러분이 보스턴 쪽에 브루클린 그린포인트에 있는 타이 카페Thai Cafe에 맞설만한 팻 타이Pad Thai[1] 집을 안다면, 그에게 jdf@pobox.com으로 편지를 써주면 좋을 것이다.

[1] 옮긴이 태국식 볶음국수

대니엘 피셔 Danyel Fisher는 마이크로소프트 리서치에 있는 VIBEVisualization and Interaction(시각화와 상호작용) 팀의 연구원이다. 연구 관심분야는 주로 정보시각화와 온라인 협업 그리고 시각화가 같이 활용되는 방법이다. 대니얼은 캘리포니아 주립대학교 어바인 캠퍼스에서 2004년에 박사학위를 받았다. 그의 과거 연구는 소셜 컴퓨팅 활동을 나타내고, 이메일 메시지와 트래픽을 시각화하고, 지도와 지리 소프트웨어에서 색상을 주는 일이었다. JUNG이라는 그래프 시각화 패키지의 공동 작성자이며, 최근 프로젝트 정보는 http://research.microsoft.com/~danyelf에서 볼 수 있다.

제시카 헤이지 Jessica Hagy는 명쾌함이 필요한 기업에게 수프 같고 복잡한 아이디어를 끓여서 맛 좋은 시각적 소스로 만들어주는 창작자이자 연사, 컨설턴트이다. 호평받는 사이트인 thisisindexed.com의 운영자로 그녀의 저작이 뉴욕타임스, BBC 매거진 온라인, 페이스트, 골프 다이제스트, 레드북, 뉴욕 매거진, 캐나다의 내셔널 포스트, 가디언, 타임 그외 수많은 미디어에 실렸다.

토드 할러웨이 Todd Holloway는 정보시각화, 정보 검색, 기계 학습, 데이터 마이닝, 네트워크 과학, 인공지능은 아무리 봐도 질리지 않는다. 그는 그리넬 대학과 인디애나 대학 졸업생이다.

노아 일린스키 Noah Ilillnsky는 최근 몇 년간 다이어그램이나 여타 부류의 정보 시각화를 창조하는 효과적인 접근법을 고민해왔다. 또한 인터페이스와 상호작용

설계, 기능적이고 이용자 중심의 시각에서 나온 모든 것에 관련한 분야에서 일한다. 디자이너가 되기 전 몇 년 간 프로그래머로 활동했다. 워싱턴 대학의 기술정보 전공으로 석사학위를 받았으며, 리드 대학에서 물리학 전공으로 학사를 마쳤다. 그의 블로그는 http://ComplexDiagrams.com이다.

에디 자보어 Eddie Jabbour는 뉴욕 시의 KICK 디자인 사社의 공동 창업자이자 크리에이티브 디렉터이다. 20년 이상 KICK 디자인은 세계 유수의 브랜드와 협력해서 시각적 효과를 통해 흥미를 유발하고 혁신을 만드는 일을 해왔다.

지하루Haru Ji는 조각가이자, 트랜스 아티스트trans artist이며, 컴퓨터 예술로서 인공 생명 세계를 만드는 작업을 통해 예술에서의 생명 주제를 탐구하는 연구원이다. 현재 캘리포니아 주립대학교 산타바바라 캠퍼스에서 미디어아트와 기술 전공으로 박사과정을 밟고 있으며, 캘리포니아 나노시스템 연구소의 앨로스피어 연구소에서 연구원으로 있다. ISEA, 에보워크숍EvoWorkshops 또는 SIGGRAPH 등의 전세계 전시회와 예술제에 컴퓨터 설치작품, 디지털 조각, 가상 건축, 비디오 설치작품, 조각물, 3차원 애니메이션을 출품하고 그에 관련한 출판을 해왔다. 또 협동 연구 프로젝트이자 실감 에코시스템immersive ecosystem인 '인공 자연Artificial Nature' 구성의 절반을 담당했으며, 이를 통해 미디어 아트의 예술적 가능성의 확장을 탐구하고 있다. URL: http://haru.name

뱰딘 클럼프 Valdean Klump는 캘리포니아 주 샌프란시스코에 살며, 구글 크리에이티브 랩의 창작자이다.

에런 코블린 Aaron Koblin은 캘리포니아 주 샌프란시스코의 예술가이며, 양 시장Sheep Market, 1만 센트Ten Thousand Cents 그리고 라디오헤드Radiohead의 'House of Cards' 뮤직비디오 같은 데이터 시각화 프로젝트들로 유명하다. 현재 구글 크리에이티브 랩의 기술 수석이다.

로버트 코사라 Robert Kosara는 노스캐롤라이나 주립대학교 샬럿 캠퍼스의 컴퓨터 과학 조교수이다. 범주형 데이터의 시각화, 데이터의 시각적 의사소통, 시각화의 이론적 기초가 그의 연구 관심분야에 속한다. 로버트는 웹 사이트 http://EagerEyes.org를 운영한다.

발디스 크레브스 Valdis Krebs는 클리블랜드에 있는 Orgnet.com의 수석 과학자이다. Orgnet.com은 소셜 네트워크 분석 소프트웨어 및 서비스를 기관, 지역 사회, 컨설턴트에게 제공한다.

조안 쿠체라-모린 JoAnn Kuchera-Morin 박사는 작곡가이자, 미디어아트와 기술 및 음악 전공 교수이며, 복합 미디어 시스템, 콘텐츠, 설비 설계 관련 연구자이다. 25년 이상 디지털 미디어 분야의 선구자로, 캘리포니아 주립대학교 산타바바라 캠퍼스의 캘리포니아 나노시스템 연구소 내에 디지털 미디어 센터를 설립, 디자인하고 발전시키고 있다. 그곳에서 그녀가 디자인한 '앨로스피어 연구 실험실'은 무향 격자 내에 설치된 3층짜리 금속 구인데, 이는 실감형 및 상호작용형으로 다차원 데이터셋을 과학적, 예술적으로 조사하기 위해 설계된 것으로 뛰어난 발명품이다. 현재 앨로스피어 연구 설비의 책임자를 맡고 있다.

앤드루 오드완 Andrew Odewahn은 오라일리 미디어의 사업개발부장으로, 회사와 컴퓨터통alpha geek 같은 오라일리의 열렬한 독자들 사이에 관계를 맺는 일을 하고 있다. 데이터베이스 개발에 관한 책을 두 권 쓴 저자로 tagcater.com의 설립자이다. NYU의 스턴 경영대학원을 졸업했고, 애팔래치아 등산로 완주자이다.

안데르스 페르손 Anders Persson(MD, PhD)는 스웨덴 르셰핑 대학의 의료영상 과학 및 시각화 센터(http://www.cmiv.liu.se)의 부교수이자 책임자이다. 이 센터는 미래의 임상적 문제점에 해결책을 제시하는 여러 분야의 프로젝트에서 최첨단의 집중 연구를 수행한다. 그 목표는 의료제도와 의학 연구 분야에서 응용할 미래의 이미지 분석 및 시각화 방법과 도구를 발전시키는 것이다.

애덤 페러 Adam Perer(PhD)는 이스라엘 IBM 하이파 연구소의 연구 과학자이다. 연구 관심분야에는 복잡한 데이터를 이해하는데 도움이 되는 새로운 시각화 기법들을 디자인하는 일이 속한다. 그의 작업에 대한 더 많은 정보를 웹 페이지 http://perer.org/에서 볼 수 있다.

랜스 퍼트넘 Lance Putnam은 작곡가이자 컴퓨터 생성 음향 및 그래픽스의 맥락에서 주파수와 공간 사이 관계를 연구하는 연구자이다. 그는 현재 캘리포니아 주립대학교 산타바바라 캠퍼스의 미디어아트 및 기술 프로그램에서 박사 과정을 밟고 있다. 위스콘신 대학교 메디슨 캠퍼스에서 전기 및 컴퓨터 공학 전공으로 학사학위를 받았고, UCSB에서 전자 음악 및 음향 디자인 전공으로 석사학위를 받았다. 그는 뉴욕의 IBM T.J 왓슨 연구소의 2007년 멀티미디어 떠오르는 선도자 워크숍에서 미디어 신호 처리에 대한 연구를 발표한 8명의 학생 중 한 명에 뽑혔다. 그의 작업인 S 페이즈S Phase는 북 아일랜드 벨파스트에서 열린 2008 국제 컴퓨터 음악 컨퍼런스와 이탈리아 파르마에서 열린 2009 트라토리에 페스티벌에서 전시되었다.

막시밀리앙 쉬흐 Maximilian Schich는 바라바시랩BarabasiLab의 DFG 방문 연구학자로, 일하는 예술사학자이다. 바라바시랩은 보스턴의 노스웨스턴 대학의 복잡 네트워크 연구 센터인데, 그곳에서 네트워크 과학자와 협업하여 예술사 및 고고학에서 복잡 네트워크를 연구하고 있다. 막시밀리앙은 2007년 박사학위를 받았고, 10년 이상 컨설팅 경험 중에 예술 연구에서 네트워크 데이터로 작업하고, 프로젝트 참가자, 이용자, 프로그래머, 고객들의 4면체 내에서 중개하는 일을 해왔다. 몇 년간 드야볼라 프로젝트Projekt Dyabola를 수행하는 것 외에도 헤르치아나 도서관(막스-플랑크 예술사 연구소Max-Planck Institute for Art History), 뮌헨 국립 고대미술관 조각전시관, 중앙 미술사 연구소에서 일했다. 그의 작업을 http://ww.schich.info에서 더 살펴볼 수 있다.

마티아스 샤피로 Matthais Shapiro는 유타 주 솔트레이크시티 외각에 근거지를 둔 소프트웨어 설계자이자 정보시각화 애호가이다. 독립적인 정보시각화 전도사로서 그의 시각화 대부분을 달빛 아래에서 실버라이트를 이용해서 만들며, 상원의원, CNN 앵커, 마이크로소프트 컨퍼런스 참석자 그리고 현명하게 그의 시선 밖으로 미리 도망치지 못한 사람들에게 시각화의 중요성을 말하고 다닌다.

줄리 스틸 Julie Steele은 사람들과 아이디어들을 연결시키는 데 관심이 있는 오라일리 미디어의 편집자이다. 복잡계를 이해하는 새로운 방식을 발굴하는 데에서 아름다움을 느끼며, 데이터를 조직하고, 수집하고, 시각화하는 일에 관련된 주제를 좋아한다. 러트거스 대학의 정치학(국제 관계) 전공으로 석사학위가 있으며, 오라일리의 Gov 2.0 콘텐츠를 계속 발전시키고 있다. 줄리는 파이썬, PHP, SQL 관련한 일을 하고 있으며, NYC 그룹의 공동 설립자이다.

모리츠 스테파너 Moritz Stefaner는 디자인과 정보시각화의 교차로에 서있는 연구자이자 프리랜서이다. 주 관심사는 정보를 조직하고 발굴하는데 정보시각화와 데이터 마이닝이 어떻게 도움이 될 수 있을지에 대한 것이다. 인지과학 및 인터페이스 디자인 전공으로 학위가 있다. 그의 작업은 SIGGRAPH와 아르스 일렉트로니카에 전시되었다. 최근에 2010 독일 디자인 어워드the Design Award of Federal Republic of Germany 2010 후보에 올랐다. 그의 작업은 http://moritz.stefaner.eu와 http://well-formed-data.net에서 볼 수 있다.

제르 소프 Jer Thorp는 캐나다 밴쿠버 출신의 예술가이자 교육자이다. 예전에 유전학자였던 그의 디지털아트 연습은 과학과 예술 사이에 많이 중첩된 경계를 탐색한다. 최근의 작업은 뉴욕타임스, 가디언, 캐나다 공영방송에 특집으로 소개되었다. 수상 경력이 있는 소프의 소프트웨어 기반 작업들은 유럽, 아시아, 북미, 남미, 오스트레일리아 그리고 웹 곳곳에서 전시되었다. 제르는 와이어드 영국의 편집기자이기도 하다.

페르난다 비에가스 Fernanda Viegas와 **마틴 와튼버그**Martin Wattenberg는 매사추세츠 캠브리지에 위치한 시각화 디자인 스튜디오인 플로잉 미디어 사(社)의 설립자이다. 이 둘은 후에 11장에서 서술한 역사 흐름 프로젝트가 되는 위키백과를 시각화 작업을 시작했던 2003년 한 팀이 되었다. 플로잉 미디어를 설립하기 전에,

그들은 IBM의 비주얼 커뮤니케이션 랩을 이끌었는데, 그곳에서 대중매체인 시각화와 시각화가 가능하게 하는 데이터 분석의 사회적 형태를 탐구했다.

비에가스Viegas는 채팅 이력과 이메일을 묘사하는 선구적 작업으로 알려져 있다. 와튼버그Wattenberg의 주식시장과 아기 이름에 대한 시각화는 인터넷 고전으로 여겨진다. 비에가스와 와튼버그는 시각화 기반 미술 작품으로도 유명한데, 그 작품은 뉴욕 현대미술관, 런던 현대 미술학교 그리고 미국 휘트니 미술관 등의 장소에서 전시되었다.

그레이엄 웨이크필드 Graham Wakefield는 생물학적 시스템과 생물학에 영감을 받은 철학에서 나온 착상을 그리는 방식으로 컴퓨터아트의 제한 없는 자율을 탐구한다. 캘리포니아 주립대학교 산타바바라 캠퍼스에서 미디어아트 및 기술 전공으로 박사과정을 밟고 있으며, 런던 골드스미스 대학교에서 작곡 전공으로 석사학위를, 워릭 대학교에서 철학 전공으로 학사학위를 받았다. CNSI 앨로스피어의 연구자이면서, Cycling '74(Max/MSP/Jitter)의 소프트웨 개발자이자, 남부 캘리포니아 건축대학교의 강사이다. 그의 작업과 저술은 SIGGRAPH, ICMC, ISEA를 포함한 국제 행사에서 전시되고 발표되었다.

마틴 와튼버그 Martin Wattenberg와 **페르난다 비에가스**Fernanda Viegas는 플로잉 미디어 사의 설립자이다(위 내용 참조).

마이클 영 Michael Young은 뉴욕타임스 연구 개발 그룹의 크리에이티브 기술자이다. 다양한 플랫폼과 기기에서 콘텐츠 소비의 비례를 탐구하고 그 원형을 만드는 일을 하는 기술자들로 된 작은 팀을 이끌고 있다. 그의 작업은 http://81nassau.com에서 더 살펴볼 수 있다.

찾아보기

숫자

2차원 공간을 채우기 48
2차원 그래픽 51
3차원 직접 볼륨 렌더링 359
4진트리 61
14인의 갱단 142
2008년 대통령 선거 지도 13

A

Aaron Koblin 77, 424
Abortion 206
Achieva 1.5T scanner 364
Adam Perer 425
adjacency matrix 270
Adobe Photoshop 29
Aircraft Situation Display to Industry 107
Allobrain 340
AlloSphere 334
alphaWorks 66
Anders Persson 425
Andrew Odewahn 425
Animation: Can It Facilitate? 383
anomaly 112
ANOVA 192
API 292
a priori percentage 230
area chart 240
Arlen Specter 142
Armenian Secret Army for the Liberation of Armenia 200
Armitage, Tom 244
AT&T 167
AT&T 응용 연구실 168
avg 232
axis 11

B

Bank Wiring Room 119
Basak Alper 422
Beautiful Data 52, 128
　같이 구매한 책 정보 129
　둘러싼 책 네트워크 129
Ben Shneiderman 185
betweeness centrality 185, 195
bin-packing 48
bipartisanship 142
Bloch sphere 353
bubble sort 383

C

CandidTree 404
Car Allowance Rebate System 30
Carl DeToress 116
Casey Reas 317
catalog text 241
CENSUS 2005 261
CENSUS BBAW 261
CENSUS 데이터 모델 282
CENSUS 프로젝트 262
Cerebro 334
Change We Can Believe In 137
Chernoff face 72
Chris North 192
Chris Wilson 195
CIDOC Conceptual Reference Model 261
CIDOC-CRM 261
CJKV 스크립트 53
clustering algorithm 185
cold start problem 178
Colin Ware 75
conditional percentage 230
Congressional Quaterly 193

context of use 3
ConTrees 404
cosine similarity 174
cross-tabulation 229
CSI 363
CSV 파일 240
CT 359, 364
    다중 튜브 CT(dual source CT, DSCT) 364
    이중 에너지 CT(dual energy CT, DECT) 364
CT 후처리 소프트웨어 367
curated database 260
Cytoscape 270

D

Danyel Fisher 423
Data-formatting rules 264
Data model convention 264
Data munging 23, 161
Data-processing rules 264
data warehousing 232
dbcounter 240
DBpedia 260
DECT 371
degree 185
del.icio.us 46
Dennis Adderton 422
Dick Lipton 333
Dieter Daniels 258
Dietmar Offenhuber 238, 255
direct volume rendering 359
disconnected network 270
Document-Location 270
dogear 43
DOT 149
DrL 179
DSCT 364, 369
Dual Energy CT 364
Dual source CT 364
DynaVis 379, 397

기본 원리 397
막대 그래프와 파이 그래프 전환 애니메이션의
더 좋은 사례 400
막대 그래프와 파이그래프 전환 애니메이션 중
안 좋은 사례 399
매핑을 보존하자 398
불변량을 유지하자 398
한 번에 하나씩 하라 397

E

Eddie Jabbour 424
Edward Tufte 70
Ellis Island 99
Emotion Fractal 49
Energy-resolved CT 371
ETL 161
extract 161

F

Facebook 26
Fernanda Viegas 66, 427
flare 245
Flickr 42
Flight Pattern 104
fMRI 342
Freebase 260, 262
Fritz Saxl 261
functional magnetic resonance imaging 340

G

Gabriel Dunne 116
GameStop 170
Gang of Fourteen 142
GapMinder 380
CENSUS 데이터베이스 267, 274
    CIDOC-CRM 261
    네트워크 차원수 267
    데이터 모델 정의와 창발 265

데이터베이스를 네트워크로 바라보기 263
    데이터 모델 관례 264
    데이터 형식화 규칙 264
로문쿨루스 271
미술사와 고고학 분야 260
사이토스케이프 270
시맨틱 웹 260
오픈 액세스 262
인접행렬 270
행렬 매크로스코프 269
GeoIP 314
George Salomon 86
Gerhard Dirmoser 255
German Research Foundation 286
Gestalt perceptual principle 380
Giant Connected Compo-nent 275
Gigapan 169
GIMP 38
Global Jihad 196
Gnutella 379
GnuTellaVision 379
golden angle 247
Golden Nicas 243
golden section 247
Google Maps 169
GovTrack 145, 161
Graham Wakefield 428
GraphAEL 405
GraphViz 179
GTV 392

H

Hans Rosling 379
Haru Ji 424
hash table 230
Henry Beck 6
Histogram 38
history flow 205
Hit 오브젝트 322

Holodeck 334
homunculus 271
hue 349
hydrogen-like 348

I

IBM 45, 66, 202
    알파워크 웹 사이트 56
    협력적 사용자 경험 연구 랩 202
immersive 334
immersive artwork 365
InFlow 3.1 133
infographic 29
Infographics 408
Information Visualizer framework 382
Infovis 405
Inkscape 37
insertion sort 383
intended message 3

J

Jack Abramoff 154
Jackson Pollock 191
Jacob Moreno 119, 136
Jared Tarbell 49
Jason Salavon 215
Jaume Nualart 255
Java2D API 51
Java2D Shape 56
Jeff Hammerbacher 128
Jer Thorp 427
Jessica Hagy 423
jigsaw map 247
jihadist 197
JoAnn Kuchera-Morin 425
John Stasko 383
Jonathan Feinberg 423
Jonathan Miles 235
JSON 294

Julie Steele 427
Justice Commandos for the Armenian Genocide 200

K

Kam Tin Seong 235
Kerr rotation microscopy 353
KickMap 80

L

Lance Putnam 426
Lattice 그래픽 패키지 77
Linked Data 269
Lissajous 347
load 161
Location-Location 271
Lord Kames 192
Ludwig Boltzmann Institute for media.art. research 238
luminosity 73

M

magnectic resonance spectroscopy 371
magnetic resonance imaging 359
Mapper 323
Mapping the Archive 255
map/reduce 315
Marc Sageman 196
marginal probability 226
Mark Lombardi 182
Martin Wattenberg 427
Massimo Vignelli 86
Matthais Shapiro 426
max 232
Maximilian Schich 426
MDCT 359
metalink 265
metanetwork 265

metanode 265
Metropolitan Transit Authority 85
Michael Driscoll 422
Michael Young 428
Microsoft Excel 29
min 232
Moire patterns 351
Moritz Stefaner 427
MovieMaker 321
MRI 359
MTA 85
MTA 지도 87, 92
multidetector computed tomography 359

N

Napster 391
navigation 43
neato 148
neato 레이아웃 알고리즘 159
Netflix Prize 165
NetSci09 286
NetViz Nirvana 187
New England Moderates 142
Nick Bilton 422
Noah Ilillnsky 423
node 11
Norm Coleman 153
NYTArticleSearch 라이브러리 296

O

OAI-OMH 261
O.J. 심프슨 293
Oline Analytical Processing 232
Olympia Snowe 153
Open Access 262
Open Archives Initiative Protocol for Meta-data Harvesting 261
Oscar Villarreal 70

P

P2P 네트워크 379
Parallel Coordinates 225
Pareto 80/20 rule 140
Paul Heckel 205
peer production 214
Perl 179
phi 248
Phrase Net 66
pivot table 229
Places & Spaces exhibit 179
Polaris 228
Polyarchy 404
preattentively processed 72
PRIME 문자부호 54
PRIME 부호 52
Prix Ars Electronica 238
Processing 77

R

randomized greedy algorithm 48
RDF 덤프 형식 265
Real-Time Collision Detection 61
Reducer 324
Replica 268
result set 234
Robert Kosara 424
romunculus 271
Rules for Radicals 139
R 프로그래밍 언어 77

S

Sandor Herramhof 240
Sankey diagram 235
Sarah Douglas 383
Scalable Vector Graphics 37
scale-free network 130
Scatterdice 404
scatterplot 2

SciFoo09 286
Scott Hessels 107
Seadragon 169
Semantic Web 129, 260
small multiples 71, 386
SNA 119, 184
SocialAction 185
Social Network Analysis 119, 184
sociogram 119
SOMATOM Definition Flash scanner 364
Southern Republicans 142
SQLite 232
SQL 구문 162
SQL 질의 231
streamline 346
sum 232
Susan Collins 153

T

Tableau 228
tag cloud 42
Tauranac-Hertz 86
Ted 'Chevy's' Roden 333
test mule 96
TGA 파일 107
The Late Great USA 137
The National Consortium for the Study of Terrorism and Responses to Terror 196
The Post American World 137
TimeArticleSearch 오브젝트 296
Time-lapse 321
TimesArticleSearchResult 오브젝트 299
TimesArticleSearch 오브젝트 298
Toby Segaran 128
Todd Holloway 423
Toiling in the data mines: What data exploration feels like 244
Tom Armitage 244
Tom Delay 154
trade-off 92

transform 161

t-test 192

Tube map 82

Twitter 26

t 검정 192

U

UCINET 196

UCLA 대학 CENS 그룹 317

Ulisse Aldrovandi 271

Understanding Terror Network 196

V

Valdean Klump 424

Valdis Krebs 425

virtual autopsy 359

visual dimen-sion 23

VisWeek 2010 235

W

We Are Colorblind 25

We Feel Fine 379

Wesley Autrey 194

What Happened 137

What Went Wrong 134

Wikimedia Commons 37

Wikipedia 34

Winckelmann Corpus 269

Wired 107

Word Cloud Generator 66

Word Tree Visualization 66

World Wide Web Consortium 37

WP-Cumulus 블로그 플러그인 47

Y

YELLOWPAGES.COM 165

yFiles 179, 270

Yitzhak Rabin 305

Yochai Benkler 214

ㄱ

가브리엘 던 116

가상 부검 359

가상 부검 절차 362

가중치가 적용된 단어 56

가중치 척도 47

감정 프랙탈 49

개별 편집자 210

개별 편집자들이 기여한 내용 210

개선 18

갤럭시 퀘스트 176

갭마인더 379

갭마인더 풍의 애니메이션 384

거짓말 정부 137

검색과 탐색

    YELLOWPAGES.COM 166-173

        검색로그 167

        범주 유사도 167-168

        분석의 기본 요소로서 시각화 168

        상위 4,600개 검색어 168

    넷플릭스 프라이즈 176

        SF 영화들의 군집 176

        가족용 영화의 군집 177

        기분 좋은 영화 군집 178

        비슷한 유머 감각을 지닌 영화들의 군집 176

        선호 유사도 174

        숨어 있는 속성 175

        액션 영화 군집 177

        이름표 붙이기 174

        코사인 유사도 174

    시각화 기법 165

검색어 군집 170

검색어 로그 167

검색 엔진 262

검시 시각화 358

    3차원 직접 볼륨 렌더링(DVR) 359

    CMIV (스웨덴 린셰핑 대학병원 부설 의료영상 과학 및 시각화 센터) 362

CSI 363
CT 영상기법 359
CT 후처리 소프트웨어 367
가상 부검 절차 362-371
가상 부검(VA) 359
가상 부검의 미래 373-375
가상 부검의 장단점 370-371
객관적 보고서 369
검시 혈관 조영술 371
공동 DVR 세션 369
다중 전산화 단층 촬영장치(MDCT) 359
다중 튜브 CT(Dual source CT, DSCT) 364
방사선 전문의 368
배경 359
법의학 연구 359
비침습적 진단 절차 359
에너지 분해 CT(Energy-resolved CT, DECT) 371
영상 분석 368-369
이중 에너지 CT(dual energy CT, DECT) 365
자기 공명 분광 기술 371
자기 공명 영상법(MRI) 359
전세계적 전염병 371
전신 CT 361
전신 고정밀 DVR 시각화 363
통상적인 부검 370
합성 MRI 366
검시 혈관 조영술 371
게르하르트 디르모서 255
게슈탈트 근접성 원리 165
게슈탈트 시지각 원리 380
게임스톱 170
격자 337
결과 셋 234
겹침 테스트 60
계층적 경계 상자 59
고물차 현금화 30
고차원 데이터 71
고체 조명 및 에너지 센터 345
공동 DVR 세션 369

공화당의 미국과의 계약 152
과학시각화 연구자 380
관리형 데이터베이스 250
광도 73
광역 충돌 탐지 60
교우도 119
교차표 229
구글 29, 130, 164, 169
   맵스 169
   문서도구 29
   웹 검색 엔진 164
   페이지랭크 130
구글 맵스 169
군집 데이터 57
군집 알고리즘 185
그누텔라 379
그누텔라비전 379
그래프 2
그래프 레이아웃 404
그래프비즈 148, 179
그럼 무엇이 아름다움을 해치는가? 157
그레이엄 웨이크필드 334, 428
글꼴 모음 53
글리프 54
급진주의자를 위한 규칙 139
기가팬 169
기념물 267
기능적 자기 공명 기록법 340
기본 양식에서 벗어나기 8
긴 꼬리 분포 282
긴 꼬리 현상 262

ㄴ

나라별 지도 36
낙태 206
남부 공화당파 142
남부 여인 데이터셋 119
남아프리카 298
냅스터 391
네임보이저 29

네트시각화 득도 187
네트워크 27, 119, 191, 239
    네트워크 차원수 267
    메타네트워크 265
    시각화 265
    책 271
    척도 없는 130
    측도 130
    페이스북 소셜 191
네트워크 차원수 267
네트워크 측도 283
넷플릭스 132
넷플릭스 프라이즈 165, 173
    SF 영화들의 군집 176
    가족용 영화의 군집 177
    기분 좋은 영화 군집 178
    비슷한 유머 감각을 지닌 영화들의 군집 176
    선호 유사도 174
    숨어 있는 속성 175
    액션 영화 군집 177
    이름표 붙이기 174
    코사인 유사도 174
노동 통계국 23
노드-링크 다이어그램 265
노아 일린스키 2
    아름다움에 대해 2
놀이 공간 56
놈 콜맨 153
뉴욕 지하철 지도 80-103
    1958년 버전 81
    1972년 버전 87
    2004년 버전 85
    각도 디자인 98
    격자형 도로 96
    뉴욕의 복잡성 88-89
    다리와 터널 98
    도시 교통국 공식 지도(MTA 공식 지도) 85
    런던 튜브 지도 82
    맨해튼 92
    미드타운 92

    브롱크스 90
    브루클린 다리 99
    브루클린의 L 노선 90-91
    비넬리 지도 87
    시각적 잡음 93
    시험용 노새 지도 96
    엘리스 섬 99
    엠파이어 스테이트 빌딩 99
    자유의 여신상 99
    퀸즈 90
    킥맵 88-102
        야간용 지도 100
    토라낙-허츠 지도 91
    해변 96
    해안선 정보 97
뉴욕타임스
    API 292-309
    2009년 수퍼볼 관련 트윗 27
뉴욕타임스 기사 검색 API 292-309
    http 요청 296
    NYTArticleSearch 라이브러리 296
    TimesArticleSearch 오브젝트 296
    TimesArticleSearchResult 오브젝트 296
    남아프리카와 르완다 298
    뉴욕타임스 API 요청 도구 297
    데이터 얻기 292-294
    세 가지 간단한 단계 300-301
    연결하기 304-308
    패싯 297
    패싯 질의 필드 297
    패싯을 이용한 검색 302-304
    프로세싱 295
        라이브러리 설치 295
뉴욕타임스 웹 사이트 312-333
    데이터 수집하기 313-314
    맵/리듀스 315
    무비메이커 라이브러리 321
    시각화 두 번째 과정 323-327
        척도 문제 323
        데이터 주무르기 323-325

새로운 데이터 형식 325-326
매퍼, 리듀서 323-324
시각화의 첫 단계 316-319
    프로세싱 317
    배경 지도 317
원 접속 기록 314
    데이터 정리 314
저속 촬영 321
저속 촬영하기 328-329
반자동화 328
동영상 렌더링의 수학 329
첫 번째 버전 시각화 323
뉴잉글랜드 중도파 142
닉 빌턴 312
    뉴욕타임스의 하루 312
닉슨의 남부 전략 156

ㄷ

다운샘플링 74
다이어그램 127, 208, 247
    E-R 데이터 구조 265
    가독성 208
    남부 여인 사교 행사 데이터셋 127
    네트워크 차원수 267
    노드-링크 266
    마크 롬바르디 295
    버전 이력 210
    수상별 251
    역사 흐름 207
    정적 383
    지그소 맵 247
다중 모드 348
다중모드 데이터 조작 334
다중 모드 상호작용 345
다중 시각 표현 기법 28
다중 전산화 단층 촬영장치 359
다중 튜브 CT 364
다차원 데이터 75
단어구 네트워크 66
단어 구름 56, 62, 64

단어 구름 생성기 66
단어 모양 57
단어 찾기 52
단어 트리 시각화 66
대니엘 피셔 423
더 맨 쇼 176
데니스 애더턴 334, 422
데이비드 오샤럼 352
    전자 스핀의 결맞은 세차 352
데블스 에드버킷 177
데이터 30, 118
    마이닝 118
    모으기 30
    분류: 기술적 측면 32
    수집 135
데이터 광산에서 노역하기: 데이터 탐색이란 어떤 느낌인가 244
데이터 구조 다이어그램 265
데이터 그래픽스 70
데이터 마이닝과 사회적 패턴의 시각화 118
    남부 여인 데이터셋 119
    단일 모드 분석 120
    소셜 그래프 118
        아마존 책 구입 데이터 127
        여인 집단의 사회적 구조 118
    아마존닷컴 127
    이중 모드 분석 121
    파레토의 80/20 규칙 140
데이터 모델 관례 264
데이터 밑작업 23, 161
데이터베이스 모델 231
데이터 분류 32
데이터셋 22
데이터 수집 22
데이터 시각화 71
데이터와 시각화를 통합 33
데이터 웨어하우징 232
데이터 작업 30
데이터 처리 규칙 264
데이터 탐색 23

데이터 형식화 규칙 264
도시 교통국 85
도표 128, 235, 389
    관심 집단 128
    막대 172
    샌키 235
    영역형 240
    활동도 241
독일어 43
독일 연구 재단 286
동료 생산 214
동영상 77
듄 176
디비피디아 260
디자이너 실버라이트 20
디터 다니엘스 258
디트마어 오펜후버 238, 255
딕 립턴 333

ㄹ

랜스 퍼트넘 334, 426
    수소 결합 345-347
    수소 원자 348-350
    스핀이 있는 수소 원자 350-352
    앨로브레인 340-342
    전자 스핀의 결맞은 세차 352-354
    펼쳐진 복잡계 안으로 빠져들어 보기 334-355
랩 73
런던 지하철 지도 6
레이아웃 13
로드 161
로르샤흐 검사 416
로무쿨루스 271
로버트 코사라 222, 424
    비행 패턴: 깊게 파고들기 104
록키 호러 픽쳐 쇼 176
루트비히 볼츠만 연구소 238, 258
루카 펠리티 348
    스핀이 있는 수소 원자 350-352
    수소 원자 348-350

르네상스 시대에 알려진 고미술 및 고건축 조사 데이터 260
르완다 302
리눅스 214
리듀서 324
리본 아이디어 226
리사주 347
링크 184
    노드 유형과 링크 유형이 나타나는 횟수의 이질성 265
    대칭 링크 관계 284
링크 데이터 269

ㅁ

마가렛 조 176
마르코스 노박 340
    앨로브레인 340-342
마시모 비녤리 86
마이닝 18
마이크로소프트 엑셀 29, 242
마이크로소프트 워드 205
마이클 드리스콜 70
    색: 데이터 시각화의 신데렐라 70
마이클 영 428
마크 롬바르디 182, 193, 295
마크 세이지먼 196
마티아스 샤피로 426
    옛날 옛적에 중첩 시계열이 있었는데 18-41
마틴 와튼버그 427
막시밀리앙 쉬흐 426
    행렬 드러내기 260-291
매퍼 323
매퍼 스크립트 324
맥스마인드 314
맵/리듀스 315
머라 연방 빌딩에서의 폭탄 테러 152
메르카토르 사영 표면 396
메타네트워크 265
메타노드 265

메타링크 265
멘델레예프의 원소 주기율표 5
멱함수 법칙 283
멱함수 분포 47
명도 74
모리스 스테파너 427
    X 대 Y의 디자인 238-259
모자이크 그림 224
무비메이커 321
무아레 패턴 351
무엇이 아름답게 만드는가? 156
무엇이 잘못되었나 134
무작위 탐욕 알고리즘 48
문서 267
문서-장소 270
문자부호 53, 54
문자부호 목록 54
문자부호 집합 54
미국 국토 안보 센터 196
미국 상원 소셜 네트워크 142-163
    제 102회기 151
    제 104회기 152
    제 105회기에서 제 110회기까지 153
    제 111회기 154
미국 인구 지도 318
미국 총 조사 22
미 연방 총 조사국 23
밀집 배치 56
밀집 픽셀 표현 방식 247

ㅂ

바삭 알페르 334, 422
    수소 결합 345
    펼쳐진 복잡계 안으로 빠져들어 보기 334
발디스 크레브스 118, 425
    당신의 선택이 당신이 누구인지를 밝힌다: 사회적 패턴을 발굴하고 시각화하기 118
발표 대 탐색 387-388
방사선 전문의 369

배전기 권선실 119
배치 57
밸던 클럼프 104, 424
    비행 패턴: 깊게 파고들기 104
버락 오바마 21, 159
    어떤 연설에서 사용했던 단어의 트리맵 50
버블 정렬 383
범주 유사도 167
범주형 데이터 224
    모자이크 그림 224
    패러럴 셋 225
벡 지도 82
벡터 객체 37
벤 슈나이더만 185
벤 프라이 18, 66, 317
변환 161
복잡계 263, 334
복잡 네트워크 182, 265
복잡 적응계 345
복잡한 구조 159
복잡한 구조도 286
복잡한 데이터 6, 185, 299
복잡한 동역학 348
복제품 268
부분집합 228
분석 18
불용어 55
브루클린 다리 98
블로흐 구 353
비넬리 지도 90
비침습적 진단 절차 359
비행 패턴 77, 104, 107
    데이터와 기법 107
    색 107
        엠브라에르 사의 ERJ 145 중형 항공기 110
        보잉 737 111
    비행기 모델 110
    이륙과 착륙 111
빈켈만 말뭉치 269
빌 클린턴 151

ㅅ

사용맥락 10
사이토스케이프 270
사전 백분율 230
산도르 헤람호프 240
산포도 2, 70
   애니메이션 379
   오스카 비야레얄의 투구 70-78
산포도 애니메이션 380
살로몬 지도 80, 94
삽입 정렬 383
상반관계 92
상자 채우기 48
색 70
   '보상처리/폐차'의 이분법 39
   2차원 팔레트 77
   R 프로그래밍 언어 77
   노선 색칠하기 93
   비행 패턴 104
      엠브라에르 사의 ERJ 145
      중형 항공기 110
      보잉 737 111
      비행기 모델 110
      이륙과 착륙 111
   색 공간 71
   색깔로 구분된 출판사별 군집 130
   알파벳 색상 체계 216
   왜 데이터 그래픽스에서 색을 사용할까 70
   워들 43
색각이상 75
색상 24
색상 시각화 25
색 스펙트럼 75
색조 74, 349
샌키 도표 235
생의학 데이터베이스 262
선별 18
선호 유사도 174
세계에서 가장 위험한 마약들 24
세계 인구 지도 318

세라 더글러스 383
세레브로 334
셸 스크립트 162
소마톰 데피니션 플래시 스캐너 364
소셜 그래프 118
   아마존 책 구입 데이터 127-140
   초창기 118-127
소셜 네트워크
   상원 표결 193
   소셜 네트워크 분석에서의 발견 도식 138
   시각적 이미지를 사용하기 시작한 역사 186
   시각화 186-188
   테러리스트 196
소셜 네트워크 분석 119, 184, 185
소셜 네트워크의 통계적 측도 188
소셜액션 185-200
   개관 188
   군집 찾기 188
   노드 그리기 188
   노드 순위매기기 188
   링크 순위매기기 188
   상원 표결 193
   소셜액션의 디자인 188-192
   화면 이동 189
   확대/축소 189
소형 다중 그래프 71, 73, 386
수소 결합 345
   공유결합 345
수소꼴 348
수소 원자 340
   궤도 함수 348
   파동 함수 349
수잔 콜린스 153
숨어 있는 속성 175
스캐터다이스 404
스콧 헤셀스 107, 116
스크립트 결정하기 53
스타일 13
스타 트렉 176
스토리보드 2

스핀이 있는 수소 원자 350
슬레이트 지 142
시각적 방해물 11
시각적인 연결고리 36
시각적인 잡음 93
시각적 정보 찾기 주문 188
시각적 차원 23
시각 표현 23
시각 표현 적용 35
시각화 구축 143-151
    DOT 149
    그래프비즈 148
    원 데이터 수집 144-146
    투표 친밀도 행렬 계산 147-148
시각화 도구 185
시각화의 맥락 19
시간 27
시드래곤 169
시맨틱 웹 129, 260
시험용 노새 96
신분 식별에 활용되는 치아 정보 368
실감형 334
실감형 예술작품 345
실버라이트 378
실시간 충돌 탐지 61
심미성 3

ㅇ

아르메니아 정의 특공대 200
아르메니아 해방군 200
아름다운 패턴 345
아름다움 2
    고전에서 배우기 4
    무엇인가 2
    심미성 3
    정보성 3
    참신성 2
    효율성 3
아마존 127, 129
    『Beautiful Data』 네트워크 이웃 책들 129

InFlow 3.1 133
    같이 구매한 책 133
    관심 집단 132
    독자가 제출하는 서평 131
    물품 추천 164
    정치 서적들의 소셜 네트워크 133
    책 구입 데이터의 소셜 그래프
        특정 책 주위의 네트워크 128
    파레토의 80/20 규격 140
아마존 EC2 315
아마존닷컴 127
아마존 일래스틱 맵리듀스 315
아이콘 13
아치바 1.5T 스캐너 364
아카이브를 지도로 그리기 255
안데르스 페르손 425
    검시 시각화 358-377
알렌 스펙터 142
알파워크 66
애니메이션 3차원 애니메이션 프레임워크 382
    We Feel Fine 379
    갭마인더 379
    갭마인더 스타일의 시각화 385
    게슈탈트 공동운명의 법칙 389
    과학시각화 375
    그누텔라비전 392
    그래프 레이아웃 121, 404
    그래프 평면 변환 396
    데이터 변환 396
    데이터 재정렬 396
    동적 데이터 391
    만화영화 382, 394
        정보시각화 프레임워크 382
        전통적인 만화구 382
    버블 정렬 383
    변환 391
    부정적 측면 375
    분류법 395
    삽입 정렬 383
    생명의 환영 382

스캐터다이스 404
슬라이드쇼에 대한 연구 382
시점 변환 396
알고리즘 403
애니메이션인가 아닌가 403
연출 402
움직이는 산포도 385
원리 389
의미 있는 움직임 395
정확도 387
조화 가능성 395
종류 395, 397
좌표 움직임 395
중심 재조정 애니메이션화 391
카메라 이동 396
트리 데이터 구조 404
표현 방식 변환 396
필수 움직임 403
확대 404
애니메이션: 도움이 되는가? 383
애니메이션 분류법 395
애덤 페러 425
   소셜 네트워크 시각화의 혼돈에서 아름다운 통찰을 찾아내기 358-377
애플리케이션 프로그래밍 인터페이스 292
애플의 아이튠즈 102, 132
앤드루 오드완 142
   미국 상원 소셜 네트워크 시각화(1991-2009) 142-163
앨로브레인 340
앨로스피어 334, 335, 336
   실제 크기 가상 모형 335
   전경 사진 335
야코프 모레노 119, 186
어도비 일러스트레이터 37, 84
어도비 포토샵 29
에너지 분해 CT 371
에드워드 터프티 70
에디 자보어 424
에런 코블린 77, 104, 317, 424

엑스 파일 176
엘리스 섬 99
역사 흐름 205
   다이어그램 208
   색상을 넣은 210
역사 흐름의 초기 버전 207
연결도 중심성 185, 195
연결수 185
연결수 분포 그래프 283
연결이 끊어진 네트워크 270
연구에 관련된 맥락 10
영역형 도표 240
예상 밖의 전개 37
오스카 비야레알 70
오픈 액세스 262
온라인 분석 처리 232
온라인 플레이스 앤 스페이스 전시 179
올림피아 스노우 153, 158
와이어드 107
와이어드 잡지 116
요하이 벤클러 214
우리는 팬찮다고 느껴요 379
울리세 알드로반디 271
워들 42
워들 레이아웃 알고리즘 63
워들의 작동방식 51
원소 주기율표 6
월드 와이드 웹 컨소시엄 37
웨슬리 스미스 340
   수소 결합 345-347
   앨로브레인 340-342
웨슬리 오트리 194
웹 검색 엔진 164
위치/값 쌍이나 함수 방식 338
위키미디어 공용 37
위키백과 34, 202, 262
윌리엄 클리블랜드 73
   격자망 그래프 73
유니코드 51
   PRIME 문자부호 54

간단한 설명 54
텍스트 처리 51
유니코드 스크립트 53
유니코드 표준 54
음향화 334
이상 사례와 오류 112
이상 사례 112
이용 맥락 3
이중 에너지 CT 364
이츠하크 라빈 305
인공 자연 343, 345
인접 행렬 267, 269
인포그래픽 29, 70, 408
잉크스케이프 37

ㅈ

자기 공명 분광기술 371
자기 공명 영상법 359
자레드 타벨 49
자바 51, 378
자바스크립트 378
자유의 여신상 99
장고 기반 PitchFX 웹 도구 78
장소-장소 271
잭슨 폴락 191
잭 아브라모프 154
저속 촬영 321
적녹색맹 75
전달하려는 메시지 3
전세계적 성전 196
전신 고정밀 DVR 시각화 363
전자 스핀의 결맞은 세차 352
　블로흐 구 352
전주의적 처리가 되는 72
전형적인 태그 구름 46
점 11
정규 분포 283
정규 실체-관계 265
정규 표현식 52

정보 매핑 80
정보성 3
정보시각화 18, 42
정보시각화 연구자 380
정보시각화 프레임워크 382
정보 탐색 43
정보 획득 18
정성적 문제풀이와 발견 방법 336
　결과 402
　데이터 11
　발견 193
　연구 213
정적 시각화 29
제르 소프 427
　1994년에 있었던 일: 뉴욕타임스의 기사 검색
　API를 이용한 데이터 탐색 292-309
제시 베레좁스키 352
　전자 스핀의 결맞은 세차 352
제시카 헤이지 408
　시각화: 찾아보기 408
제이슨 샐러번 215
제프리 히어 405
제프 해머배커 128
조건부 백분율 230
조너선 마일스 235
조너선 파인버그 42
　워들 42
조안 쿠체라-모린 334, 425
　수소 결합 345-347
　수소 원자 347
　스핀이 있는 수소 원자 350-352
　앨로브레인 340-342
　앨로스피어 334
　전자 스핀의 결맞은 세차 352
　펼쳐진 복잡계 안으로 빠져들어 보기 334
조지 부시 137, 151
조지 살로몬 86
　1958년 뉴욕 도시 지하철 지도 81
존 스태스코 383
존 톰슨 340

앨로브레인 340-342
좌표축 11
주변분포 225
주변확률 226
줄리 스틸 427
  정보 매핑하기: 뉴욕 도시 지하철 지도를 다시 디자인하기 80-102
중고차 현금보상 법안 30
중심선 57
중심 재조정 애니메이션화 391
중첩 57
중첩 시계열 29
중첩 테스트 59
지그소 맵 247
지도 2
  2008년 대통령 선거 지도 13
  데이터를 나라별 지도와 같이 보여주기 36
  지하철 80
지하디스트 197
지하루 334, 424
  인공 자연 343
  펼쳐진 복잡계 안으로 빠져들어 보기 334
지하철 지도 6-7
직접 해보는 시각화 작업 29
  데이터 작업 30
    데이터 모으기 30
    데이터 분류 30
  시각화 구축 38
  질문을 정식화하기 33
    데이터 분류하기 33
질문-데이터-표현 29
집단 편집 202
짝 관계 26

ㅊ

참신성 2
찰리 로버츠
  수소 결합 345-347
  수소 원자 348-350
  앨로브레인 340-342

척도 없는 네트워크 130
천체 역학 107
체르노프 얼굴 72
초기 기둥 문제 178
초당적 협력 142
최대 연결 성분 275
최상의 시각화 18
추출 161
축척 가능한 벡터 그림 37

ㅋ

카탈로그 본문 241
칼 데토레스 116
캄 틴 성 235
캐싱 60
캔디드트리 404
커 회전 현미경 353
컨그레셔널 쿼터리 193
케이시 레아스 317
케임즈 경 192
코드 포인트 53
코사인 유사도 174
콘트리스 404
콜린 웨어 75
크기 24
크로모그램 214
크리스 노스 192
크리스 윌슨 142, 193
키아누 리브스 177
킥맵 80

ㅌ

타블로 228, 241
타이포그래피집합 50
타이타닉 데이터 223-234
탐정 몽크 176
태그 구름 42
태그 탐색기 44
테드 '체비의' 로던 333

테러리스트 소셜 네트워크 196
테러리즘과 테러 대응에 대한 연구를 위한 국가 컨소시엄 196
테리 샤이보 사건 154
텍스트 분석 51
토드 할러웨이 164
    빅 픽처: 검색과 탐색 164
토라낙-허츠 지도 91
토비 세가란 128
톰 딜레이 154
톰 아미티지 244
통계적 유의도 62
통계적 중요도 측정치 185
투표인단수 14
튜브 지도 6, 82, 87, 98
트리맵 49, 224, 247, 404
트위터 26
티핑 포인트 184

ㅍ

파동함수 348
파레토의 80/20 규칙 140
파워포인트 390
파이썬 315
패러럴 셋 222-237
    VisWeek 2010 235
    교차표 229
    데이터 웨어하우징 232
    데이터베이스 모델 231-232
    리본 226
    모자이크 그림 224
    묶음 방식 226
    범주형 데이터 223-224
    사전 백분율 230
    샌키 도표 235
    수치형 데이터 224
    시각적 재설계 226-229
    온라인 분석 처리(OLAP) 232
    조건부 백분율 230

주변 분포 225
타이타닉호에 탑승한 사람에 대한 데이터 223
트리 구조 227
트리맵 224
평행 좌표계 225
표준 방식 226
피벗 테이블 229
해시 테이블 230
패싯을 이용한 검색 302
펄 179
페르난다 비에가스 66, 202, 427
    아름다운 역사: 위키백과 시각화하기 202-220
페이스북 26, 191
평행 좌표계 225
포토샵 37, 38
폴라리스 228
폴리아키 404
폴 헤켈 205
표준 SQL 집계 함수 232
표준적인 양식과 관계 8
표현 18
프로세싱 50, 77, 167, 295, 300, 317
프리베이스 260
프리츠 작슬 261
프릭스 아르스 일렉트로니카 238
플래시 378
플래시 액션스크립트3 245
플레어 245
플레어 라이브러리 245
플리커 42
피벗 테이블 229
픽셀 채우기 시각화 215

ㅎ

하우메 누알라르트 255
한스 로슬링 379
합성 MRI 366
항공기 상황 전시기 107
해리 트루먼 63

1948년 취임 연설 63
해시 테이블 230
행렬 매크로스코프 269
행위자-기반 기법 345
허리케인 카트리나 사건 154
허츠 지도 90
헨리 벡 6
호문쿨루스 271
홀로덱 334
화면 이동 189
화면이동 기능 171
확대 그림 106
　　　애틀랜타 공항
　　　미국 남서부
　　　비행 제한 구역 114
황금각도 247
황금 니카 243
황금분할 247
효과적인 시각화 21
　　만드는 단계 21
　　말하고자 하는 이야기를 이끌어내는 질문 21
효율성 3, 10
흐름선 346
힐러리 클린턴 21